戴震朴学著作选译

郭全芝◎译注

戴学文库（第一辑）

潘定武　朱宏胜◎主编

北京师范大学出版集团
BEIJING NORMAL UNIVERSITY PUBLISHING GROUP
安徽大学出版社

图书在版编目(CIP)数据

戴震朴学著作选译/郭全芝译注. —合肥:安徽大学出版社,2023.11
(戴学文库/潘定武,朱宏胜主编. 第一辑)
ISBN 978-7-5664-2693-2

Ⅰ. ①戴… Ⅱ. ①郭… Ⅲ. ①戴震(1723—1777)—著作—译文 Ⅳ. ①K061

中国国家版本馆 CIP 数据核字(2023)第 212619 号

戴震朴学著作选译
Dai Zhen PuXue Zhuzuo Xuanyi

郭全芝 **译注**

出版发行:北京师范大学出版集团
安 徽 大 学 出 版 社
(安徽省合肥市肥西路 3 号 邮编 230039)
www.bnupg.com
www.ahupress.com.cn
印　　刷:江苏凤凰数码印务有限公司
经　　销:全国新华书店
开　　本:710 mm×1010 mm 1/16
印　　张:37.75
字　　数:620 千字
版　　次:2023 年 11 月第 1 版
印　　次:2023 年 11 月第 1 次印刷
定　　价:128.00 元
ISBN 978-7-5664-2693-2

策划编辑:李　君
责任编辑:吴泽宇
责任校对:范文娟
装帧设计:李　军
美术编辑:李　军
责任印制:陈　如　孟献辉

《戴学文库(第一辑)》编委会名单

《戴学文库(第一辑)》弁言

章学诚《书朱陆篇后》有论:"及戴(震)著《论性》《原善》诸篇,于天人理气,实有发前人所未发者;时人则谓空说义理,可以无作,是固不知戴学者矣。""戴学"一词,首见于此。近代以来,则有刘师培、梁启超、张舜徽、张立文诸先生屡次论及"戴学"。前贤所论"戴学",概指戴震学术思想;稍引申之,则可以包括对戴震学术思想及生平著述等的研究。犹如学界熟知的"红学""龙学"等。戴震(1724—1777),字东原,清代徽州休宁隆阜(今黄山市屯溪区)人。黄山学院横江校区正坐落于隆阜,毗邻先贤故里。黄山学院(前身徽州师专)得此地利,传承弘扬先贤学术思想也当义不容辞,故于 1986 年即成立了戴震研究会。研究会于国内最先整理出版了现代点校本《戴震全集》(全六册,清华大学出版社 1991—1999 年),并多次组织、举办相关学术会议,进行学术研究,取得了可观的研究成果。在此基础上,研究会汪良发会长率研究会同人谋划若干新的戴学研究计划,包括《戴震年谱长编》(课题成功申报 2013 年度国家社科基金项目)和戴学普及性系列作品《戴震著作译注》(分戴震哲学、朴学、自然科学、序跋书信等四册)以及《戴震二百年诞辰纪念文汇》。本计划得到了上海戴鸿安先生的倾力支持,并有安徽大学徐道彬教授、淮北师范大学郭全芝教授、山东农业大学张庆伟副教授等热情参与。《戴震年谱长编》经历六载终于初步完成并顺利结题,《戴震著作译注》等则历时三年陆续完稿。时值戴震诞生三百周年之际,研究会同人不揣浅陋,欲以上述初步成果聊作纪念,并拟为《戴学文库(第一辑)》。从《戴震年谱长编》到《戴震著作译注》系列,均得到了中国人民大学张立文先生,中国社会科学院陈祖武先生、刘跃进先生,南京大学李开先生及安徽省社会科学院陶清先生等的热情关心和指导。在此一并致以诚挚的谢意!

潘定武

2023 年 7 月 26 日

前言:戴震的朴学成就

朴学家学宗汉儒,所以又称汉学家。学界一般认为朴学是对于宋学的反动。汉学家重师法家法,对师说不敢稍有背离,解经偏重于字词训诂。宋学家解经偏重于义理阐述。朴学家认为宋人之说无根底,因此对宋儒非常不满,这正是受了汉儒重师法家法的影响。

但是被看作朴学大师的戴震,却认为“经之至者道也”,认为“君子务在闻道”(戴震《答郑丈用牧书》)。故此,发明经义就成为其解释经典的重要目的。

与宋儒不同的是,戴震主张义理须通过训诂获取,即由字而词,由词而最终明达。他反对偏废:“言者辄曰:有汉儒经学,有宋儒经学,一主于故训,一主于义理。此诚震之大不解者也。……训故非以明理义,而训故胡为?理义不存乎典章制度,势必流入异学曲说而不自知。”(戴震《题惠定宇先生授经图》)认为若为训诂而训诂,不以求义理为宗旨,训诂就失去了存在的价值,但是求义理必须经由训诂之途获取。所以他批评宋人空谈义理:“宋儒讥训诂之学,轻语言文字,是犹渡江河而弃舟楫,欲登高而无阶梯也。”(《与段茂堂书》)。至于在治学中怎样做到明词通义,戴震也指出了具体路径:“儒者治经,宜自《尔雅》始”,“夫援《尔雅》以释《诗》《书》,据《诗》《书》以证《尔雅》,由是旁及先秦以上凡古籍之存者,综核条贯,而又本之六书、音声,确然于训故之源,庶几可与于是学”(戴震《尔雅文字考序》)。从《尔雅》开始,实质上就是从训诂开始;以经典互证及“本之六书、音声”,都是训诂手段。因此,就戴震治学路径而言,学人视之为朴学家自有其道理。况且在朴学家擅长的文字音韵训诂领域,戴震成果斐然,深受世人瞩目。

一、戴震的音韵学成就

音韵学方面，戴震受江永影响至深，但他本人的贡献也堪称巨大，成果影响至今。表现在如下诸端：

首先是古音研究。

清人严式诲《刻声韵考跋》谈到戴震在古音学研究中的地位时说："古音之学，椎轮于昆山顾氏，而婺源江氏继之。亭林考古之密，慎修审音之精，皆足超越前代。其后金坛段氏、曲阜孔氏，推究益以精密。而上承顾、江，下起段、孔，兼考古审音之长，则休宁戴氏也。"这也是学界公认的看法。历史上，古音研究起步较晚，严格说来是从清代开始的。大体上，顾炎武撰《音学五书》奠定了古音研究的基础。从顾炎武到江永再到戴震，古音研究的成果集中于上古韵部的分类问题。所谓"考古""审音"指的就是古韵分类依据上的差异。顾氏分类主据《诗经》押韵（即文献考古），而分古韵为 10 部。江永看到了顾氏分类依据的局限，批评后者"考古之功多，审音之功浅"，他自己则既重考古也兼审音，分韵达到 13 部。戴震沿袭江永的做法，分古韵为九类二十五部。他重视审音，"每类中各详其开口、合口、内转、外转、重声、轻声，呼等之繁琐，今音古音之转移，纲领既张，纤悉毕举"，也兼顾考古，在当时是"考古审音均诣其极"，因而古韵分类"集诸家大成"（段玉裁《声类表序》）。在当时，戴震与段玉裁分部互有不同，最终又互相吸收了对方的研究，例如有关支脂之三部分立，戴震接受了段玉裁的看法；有关"以脂微去入分配真文元寒为二之说"，段玉裁接受了戴震的看法。戴震提出"歌韵为声音之元"的看法，后来黄侃受此启发，认为"今韵歌戈是古本音"，在此基础上推求出古韵二十八部。

戴震的古韵分部有一点与前人明显不同，即主张入声独立。以入声为枢纽，将古韵按阴、阳、入三分，是戴震首倡。后来入声独立成为审音派的重要标识，而戴震则是清代审音派的代表。今日古韵分部也深受戴震影响，沿用其阴阳入相配的做法，古韵划分越加精细，达至 30 部。

其次是韵书研究。

刘师培论及戴震音韵学研究成果时说："盖先生深明音韵，其论韵之文有《书玉篇声论反纽图后》诸篇。又著《声韵考》四卷，凡韵书之源流得失，皆檃栝其间。"（刘师培《戴震传》）戴震《声韵考》有"韵书之始"一条，其中对古代韵书的考究，从汉末建安时期杜夔善于识别音韵开始，继之曹魏时期李登《声类》用五声来区划命名文字，再到晋代吕静仿《声类》撰作《韵集》而其中宫、商、角、徵、羽各自为一篇，又到吕静之兄吕忱上呈《字林》……展示出韵书起始源流。段玉裁论述戴震韵书研究的成果云："先生之学精于六书，论'转注同意相受'，得自汉后不传之旨，既一洗诸说之踳驳矣，而'反语'本原汉魏经师，匪始于释氏字母，其言尤为雅驯。又今韵二百六部，宋景祐中许附近通用之十三处，补昆山顾氏所未详，而唐宋用韵功令沿革具见。"认为自己的《六书音均表》是对戴震之说的"引而伸之，补所未备"（段玉裁《刻声韵考序》）。"反语"即反切。戴震《声韵考》论述反切法的使用溯源至汉末孙炎："孙叔然创《尔雅音义》，是汉末人独知反语。"又从反切讲到韵谱，继而讲到字母："未有韵书，先有反切。反切散见于经传古籍，论韵者博考以成其书。反切在前，韵谱在后也。就韵谱部分辨其唇、齿、喉、舌、牙，任举一字以为标目，名以字母。韵谱在前，字母在后也。"至于"今韵二百六部"，即《广韵》二百零六部。戴震考订了《广韵》各本在韵类分部上的细微不同；以及于宋代景祐四年颁行天下、因简约《广韵》而撰成的《韵略》，其中十三处窄韵被允许与附近韵部通用，从而指出这些情形不仅反映出宋代不同时期韵部分类的分合差异，也说明唐宋语音的某些变化。

值得特别一提的是戴震的转语理论。刘师培《戴震传》："（戴震）尝以训诂必出于声音，当据声音求训诂，成《转语二十章》。"但又认为该书已经失传。另有一些学者如曾广源、郭晋稀认为《转语二十章》

即《声类表》，戴氏所谓"转语"指的是"声转"和"韵转"。郭晋稀《声类疏证》："（戴震）书以'声类表'命名，就在指明声位通转，书以韵部分类就在指明韵部通转。"而据蔡锦芳、崔富章研究，《转语》立足于声母，与《声类表》并不相同。从戴震《转语二十章序》有关说明来看，其"声转"包括"同位正转"与"位同变转"。位，即位次。戴震按发音部位将声类划分为喉、舌、腭、齿、唇五"大限"，每四章一大限；每大限再细分为四小限，如喉音四小限分别为见溪影晓；四小限按位次排序就有四位，如见溪影晓的位次分别为一二三四。"凡同位则同声，同声则可以通乎其义。位同则声变而同，声变而同则其义亦可以比之而通。"蔡锦芳、崔富章更指出，"同位正转"多为双声转，偶有同一大限但声母不同的声转；"位同变转"则是指不同大限的声转，例如泥母字与日母字分别属于舌、腭两大限，但位次相同，在一定条件下可以通转。像"能"（泥母）、"而"（日母）两字，都是三位，韵则一属于咍韵，一属于之韵，即可通转。"'位同音变'说虽是戴震针对转语而提出的，但它其实是建立在大量的声训基础实例基础上的，它的适用范围已远远超越了转语。它是在双声转、同韵转之外被人们发现的又一条音转规律，因而弥补了声转、韵转说的不足，也解释了一些长久以来得不到很好解释的训诂现象。"（蔡锦芳、崔富章《戴震转语理论研究》）这是戴震对音韵学的又一重要贡献。

二、戴震的文字学研究

戴震文字学研究成果主要在于对六书内涵的说明。

戴震著有《六书论》，其书已亡佚。但作者在《答江慎修先生论小学书》中阐释了有关内容。该文将六书分成两个类别，即"四体二用"："指事、象形、谐声、会意四者为书之体，假借、转注二者为书之用。"（《凌廷堪《戴东原先生事略状》）并有详备说明。如指事、象形、谐声、会意："大致造字之始，无所凭依，宇宙间事与形两大端而已，指其事之实曰'指事'，一二、上下是也；象其形之大体曰'象形'，日月、水火是也。文字既立，则声寄于字，而字有可调之声；意寄于字，而字有可通之意。是又文字之两大端也。因而博衍之，取乎声谐，曰‘谐声’；声不谐，而会合其意曰‘会意’。四者，书之体止此矣。”文中对容易混淆的“谐声”与“假借”进行了区分：“六书之谐声、假借并出于声。谐声以类附声，而更成字；假借依声托事，不更制字。或同声，或转声，或声义相倚而俱近，或声近而义绝远。谐声具是数者，假借亦具是数者。后世求转注之说不得，并破坏谐声、假借，此震之所甚惑也。”对前人辨析不清的“假借”与“转注”更是作出令人耳目一新的解释：“一字具数用”为假借，“一字具数用者，依于义以引伸，依于声而旁寄，假此以施于彼，曰‘假借’”；“数字共一用”为“转注”，“数字共一用者，如‘初、哉、首、基’之皆为‘始’；‘卬、吾、台、予’之皆为‘我’，其义转相为注，曰‘转注’。”又指出“数字共一用”即《尔雅》中的数字共一义：“《尔雅·释诂》有多至四十字共一义，其六书‘转注’之法与?”因此得出“转注”即后人所谓“互训”的结论，意思是“转相为注”：“转相为注，互相为训，古今语也。”所以，“《说文》于‘考’字训之曰‘老也’，于‘老’字训之曰‘考也’。是以《叙》中论转注举之。”这种说法解决了自汉至清众多学者对六书尤其是假借与转注认识上的局限问题，因而被广泛采纳。

三、戴震的训诂主张

戴震无论研究文字学还是音韵学，都是为了经籍训诂。其训诂实践取得了很大成就，专书训诂新意频频，获得学界肯定。同时，戴震还提出了不少有价值的训诂主张。例如，“戴氏提出了‘经之至者，道也。所以明道者，其词也。所以成词者，未有能外小学文字者也’的著名论断，由此而演化为乾嘉学者‘以字考经，以经考字’的学术规范，成为清代辉煌的学术研究的主流得以确立的理论依据。”（宋永培《〈诗经〉、群经的贯通研究与诗义考释》）

因此，说到戴氏训诂主张，论者往往特别重视其“由字以通其词，由词以通其道"的说法，以及"一字之义，当贯群经、本六书，然后为定"等字义考正方法(戴震《与是仲民论学书》)。毋庸置疑，这些确实是戴震训诂主张的大端。而事实上，戴震对于训诂的阐释内容相当丰富，试别举数端。

第一，注重甄别训诂对象的真伪。

戴震治学目的是"闻道"，故其训诂是围绕着儒家经典而进行的。即使是屈原赋作、《水经注》及《方言》，戴震的训释也是出于经学方面的考虑。戴震《原象》内容是说明天文和算法的基本知识，但撰写目的仍然"是为读经者参用"(胡炳生《原象说明》)。尤其是天文部分，《原象》正文每篇必引经，或《尚书》或《周礼》，尤能说明问题。所以有关经典的真伪、异文等就成为戴震十分重视的问题。

注意解释对象真伪问题在戴震《尚书义考》里表述得非常明晰。戴震认为《尚书》是所有现存经籍中最古老的一种："《书》自唐虞而下，《诗》自商而下，《易》始庖牺，然有象而无辞，与诸经皆自周而下，故有书契以来，莫古于《尚书》。"(戴震《尚书义考义例》)正因为如此，所以《尚书》在长期流传过程中不可避免地出现了很多异文。为此，必须注意校勘原文真伪，才能相对保障经典原文的可靠性，在此基础上的考释也才能够相对准确可靠。"欲搜考异文，以为订经之助"(戴震《古经解钩沉序》)。因之校勘《尚书》传本讹误等内容就成为《尚书义考义例》的主要内容。《尚书义考》的内容也有不少与校勘相关。"今姑就其书详考各本异同，订其得失"(《尚书义考义例》。戴震的《石经补字正非》四卷都是"对于唐《开成石经》系统校勘的汇录"(彭君华《石经补字正非说明》)。而校勘有时与训诂很难截然划分，甚至在一定意义上可以说某些校勘就是训诂。

区别经传也是戴震注重甄别对象真伪的一种表现。戴震在《春秋究遗序》中提出解读者要区别《春秋》经传，不以传代经。由于《春秋》三传影响巨大，不仅本身被列为经典，而且长期以来不少经学家用对三传的诠释代替对《春秋》的解释，潜意识里认为解释三传就是解释《春秋》。

戴震在《春秋究遗序》中对此现象进行了批评:"《春秋》一再传,而笔削之意已失,故《传》之存者三家,各自为例,以明书法,不得书法者盖多。何邵公、杜元凯诸人,徒据《传》为本,名为治《春秋》,实治一《传》,非治经也。"区别《春秋》经传,从根本上来讲是为了维护经典的纯正,对《春秋》解释存在的问题具有明确的针对性和纠偏意义。这种主张从训诂学的角度看,是为了保障解说与原典的契合。

第二,主张对不同训诂对象采取不同训诂方式。

对不同对象采取不同的训诂方式,在戴震看来是准确阐释经义的必要措施。在《春秋究遗序》中,作者指出解释《春秋》应特别重视其笔法义例。他在为同代学人叶酉(字书山)《春秋究遗》所作序文中肯定了叶氏《春秋》之学重视探究笔法义理的做法,并批评前人:"三家之传而外,说是经至数千百家,其于《春秋》书法,卒不得也。"甚至,"迨宋而'废例'之说出",因此距《春秋》书法"益疏矣"。

《尚书义考》的训诂方式则是采取"具列其说"之后,再"加案语折中之"的方式(戴震《尚书义考义例》),引述大大详于戴震的其他训诂撰著。这同样是因其认为《尚书》是最为古老的一部经典。作者指出,古注在时间上与《尚书》距离较近,"古注语简义精,虽尽收不见其多"(戴震《尚书义考义例》)。《尚书义考》的训诂方式体现出戴震的又一训诂主张:"广览汉儒笺注之存者,以为综考诂训。"(戴震《古经解钩沉序》)

而对于《诗经》与楚辞这两类诗歌性质的经典,戴震的解读又显示出不同的内容特点。对于《诗经》,戴震一般是介绍自己的考释成果而很少参与解说所谓作诗之意。这是由于《诗经》文体的特殊性使戴震认为《诗经》经义只能归结于孔子指出的"思无邪",在训释上只需"就全诗考其名物字义于各章之下",而"不以作诗之意衍其说"(戴震《毛诗补传序》)。因此,其解《诗》诸作具有考证典章制度及名物训诂的特殊内容。但在《屈原赋注》中,戴震重视的是发掘原典蕴含的寓意、段落章句的喻义;对字词注释虽然也很重视,但往往选要择难,并不一一疏解，而且解释用语以简要为务，对观点通常不加论证，不旁征博引、不评论前人。这是由注者对屈赋的特殊看法决定的。戴震《屈原赋注自序》称：“（屈原）二十五篇之书，盖经之亚。”认为屈原作品犹如儒家经典一样蕴含深义。而“经之至者道也”。儒家经典蕴含着天下至道，即孔孟之道。明经的最终目的是明道。因此戴震也强调屈原作品的合“道”内蕴，认为很有必要对它疏言抉奥，以使“赡涉之士，讽诵乎章句，可明其学，睹其心，不受后人皮傅，用相眩疑”（《屈原赋注自序》）。但历史上已经有很多学者对屈原作品进行解读，涌现出像王逸、洪兴祖、朱熹等大家，他们也多以为屈氏原作蕴含着类同于儒家学说的深义，故解释上也对这一特殊内容多少进行了揭示。但历史上的这些楚辞学者对屈原作品的解说在戴震看来是不理想的，它们“碎义逃难，未能考其精核，且弥失其所以著书之指”（《屈原赋注自序》）。于是戴震将注解重点放在揭示屈原作品所蕴含的“道义”上，解说因之体现出自出新见的特色。（戴震的《孟子字义疏证》更是如此。）

至于对屈赋中的词义训诂，戴震提出“在楚言楚”的主张，借此解决了长期争论不休的《离骚》里“三后”之具体所指，也为楚辞这部地方性色彩浓厚的作品补充了一条切实可行的解释路径。此外，用方言解释屈赋词语意义，用《诗》《骚》互证、用其他典籍与屈原作品互证，是戴震解说屈原作品时较为常见的也是有效的训诂手法。

戴震这种解经不拘一格，训诂内容随着经籍的不同而自然生变，体现出既重视解释对象的经典性也同时重视其特殊性的训诂思想。

第三，解经重视融会贯通。

戴震训诂重视群经的融通。与之相关，戴震也积极倡导研究百科知识以为解经服务。他在《与是仲明论学书》中讲得很清楚：

> 至若经之难明，尚有若干事。诵《尧典》数行至“乃命羲和”，不知恒星七政所以运行，则掩卷不能卒业。诵《周南》《召南》，自《关雎》而往，不知古音，徒强以协韵，则龃龉失读。诵古《礼经》，

先《士冠礼》，不知古者宫室、衣服等制，则迷于其方，莫辨其用。不知古今地名沿革，则《禹贡》职方失其处所。不知少广、旁要，则《考工》之器不能因文而推其制。不知鸟兽虫鱼草木之状类名号，则比兴之意乖。而字学、故训、音声未始相离，声与音又经纬衡从宜辨。汉末孙叔然创立反语，厥后考经论韵悉用之。……中土测天用句股，今西人易名三角、八线，其三角即句股，八线即缀术。然而三角之法穷，必以句股御之，用之句股者，法之尽备，名之至当也。管、吕言五声十二律，宫位乎中，黄钟之宫四寸五分，为起律之本。学者蔽于钟律失传之后，不追溯未失传之先，宜乎说之多凿也。凡经之难明若干事，儒者不宜忽置不讲。仆欲究其本始，为之又十年，渐于经有所会通，然后知圣人之道，如县绳树臬，毫厘不可有差。

戴震的训诂内容本身就包含了一些其他相关学科的研究。如文字学、方言学、音韵学与训诂学关系十分密切，而戴震在这些领域都取得了引人注目的成就。他的训诂成就也离不开这些领域的建树。此外，戴震在天文、地理、数学、哲学、历史、图像乃至手工制作等领域也都有研究。这些研究也旨在为经籍训诂服务。

此处，拈出戴震的《方言》研究稍作论述。

戴震认为汉代学者训诂成就及方法可通过《方言》获得："庶几汉人故训之学犹存于是，俾治经、读史、博涉古文词者，得以考焉。"认为"许慎《说文解字》、张揖《广雅》多本《方言》"（戴震《方言疏证序》），小学家是离不开《方言》的："或以字为纲，以《方言》之字傅《说文》之字；或以训为纲，以《方言》之训傅《说文》之字；又或以声为主，以《方言》同声之字傅《说文》，可谓同条共贯之学矣。"（刘师培《戴震传》）故而不惜花费二十余年时间疏证《方言》。

在《方言》研究中，戴震将语音、文字与训诂结合起来，取得了令人瞩目的成就。如《方言疏证》卷一针对《方言》"烈、枿，余也，陈、郑之间曰枿，晋、卫之间曰烈，秦、晋之间曰肄或曰烈"，有如下疏证：

案:《诗·大雅·云汉·序》“宣王承厉王之烈”,《郑笺》云:“烈,余也。”“烈”与“裂”“𦘴”音义同。《说文》:“裂,缯余也。”《广雅》:“𦘴,余也。”“栟”,《说文》作“櫱”,云:“伐木余也。”又作“櫱”,《商书·盘庚》篇“若颠木之有由櫱”,《释文》云:“櫱,本又作栟。马云:颠木而肄生曰栟。”《鲁语》“山不槎櫱”,韦昭《注》云:“以株生曰櫱。”《诗·周南》“伐其条肄”,《毛传》:“肄,余也。斩而复生曰肄。”“肄”“余”语之转。《尔雅·释诂》:“烈、栟,余也。”郭《注》云:“晋、卫之间曰櫱,陈、郑之间曰烈。”《疏》云:“《方言》文。”《盘庚疏》引郭《注》亦作“晋、卫之间曰栟”,与《方言》本文互异,盖郭《注》偶讹耳。《注》内“烈余”当作“遗余”。

由于对方言词汇产生原因具有深刻体认,戴震在研究《方言》时体现出重视语音关联而不拘于文字形体的特点,其研究成果不仅仅是对一词一义的合理解释,更体现出一种方法论的意义。这种内容与后来王念孙的《广雅疏证》有着相通之处。

第四,主张训诂应注重精审而非淹博。

戴震为学,有注重精审的特点。与之相应,他的著述如专书训诂类在文字表述上也尽量删繁就简。

如其《屈原赋注》的内容十分丰富,不仅解释字词,辨析章句,同时也概括篇章大意,揭示屈原所赋予的深沉意蕴。仅就字词解释来看,又涉及音义、校勘和名物通释等方面。但同时,戴震注释文字的简要也是非常显明的。丰富的内容,加上屈原原作二十五篇的完整文字,戴震以五、六万字的篇幅就容该已尽。

重视注文的简要、不枝蔓,可以说是戴震这类训诂著述的一致特点。戴震的《屈原赋注》初稿和定稿都很努力地去除闲言碎语,没有繁琐考证和庞杂的引经据典等内容,但是定稿还删除了初稿之中本来就很少的引述前人的文字,因而特点更加突出。他解释《毛诗》的情况与此类似。这种做法符合其“学贵精,不贵博,吾之学不务博也”的治学主张(此为段玉裁《戴东原先生年谱·附言谈辑要》所引述。戴震在《与是仲民论学书》一文里也曾批评“前人之博闻强识，如郑渔仲、杨用修诸君子，著书满家，淹博有之，精审未也”的现象，可证段氏之述。）。

这种主张也与戴震志在明道的经学观密不可分。由于治学以明道为中心，因而其训诂目的是对“道”的精准理解而不是停留在解字通词层面。以字词训诂为目的的经学家，将“闻道”委诸他人，而实际上对经旨的理解多是盲从于历史上某种经师之说，其作为往往限于为前人提供疏证。在他们的经学著作中，有丰富的考证，充斥着大量引经据典的文字，所以常常会形成淹博的风格。戴震明确地反对这种治经目的以及相应的经学内容，指出这不是“志乎闻道”之学。其《答郑丈用牧书》云：

> 今之博雅文章善考核者，皆未志乎闻道，徒株守先儒而信之焉，如南北朝人所讥，“宁言周、孔误，莫道郑、服非”，亦未志乎闻道者也……（戴震以其睿见，在下文还指出与上所论相反的一种表现也非正确的治学之道：“私智穿凿者，或非尽掊击以自表襮，积非成是而无从知，先入为主而惑以终身；或非尽依傍以附骥尾，无鄙陋之心，而失与之等。故学难言也。”）

戴震训诂也因此呈现出特殊的风格。刘师培为戴震所作《传》引刘光汉指出：“戴先生之学，出于婺源江氏，特由博反约，与江氏稍殊。”

* * * * *

戴震解经，重在义理创获，有很多新见，其创获新见又往往通过训诂考据而得到验证，在内容上体现出浓厚的“朴学”意味，故此令人信服。钱大昕《戴先生震传》：“其学长于考辩，每立一义，初若创获，及参互考之，果不可易。”认真研究包括戴震著述在内的前人类似训诂文字对于完善我们今天的训诂理论及方法是必要的，也可从一个方面避免千人一口的研究窘境。此外，戴震的一些训释方式乃至具体的训诂结论也显然可资借鉴。

故此，本编选取戴震相关要籍进行译注。

戴震著作多属于学术类，从内容上看大都可划到朴学范围。但按照此次译注人员分工，本撰将戴震朴学类著作大略限定在小学和专书训诂两类。

小学方面，戴震治学从研究古代字典辞书即《尔雅》《方言》《说文》着手，因为“训诂之学自《尔雅》外，惟《方言》《说文》切于治经”（段玉裁《戴东原先生年谱》）。其结果是撰成了《尔雅文字考》《六书论》（两书均亡佚）《方言疏证》《续方言手稿》等小学类著述。文字及古训之外，戴震认为“音声”也是重要训诂依据，因此探究古音及声韵演变也成为其研究的重要内容。于是他的小学类研究成果中还出现了《转语》（或认为不传，或认为即《声类表》）《声韵考》《声类表》等重要音学著述。

戴震从事小学研究，目的是解经，其著述中不乏专书训诂一类。如《尚书义考》《毛诗补传》《毛郑诗考正》《杲溪诗经补注》《屈原赋注初稿》《屈原赋注》等。此外，其《经考》《经考附录》《经雅》等虽非专书训诂，但也属于对古籍的释训考据，体例上与《尚书义考》相同。

因篇幅所限，选译仅以《尚书义考》《毛郑诗考正》《声韵考》为对象。理由如下：

戴震小学类著述中，《方言疏证》14 万字，若入选，其他重要著述就很难兼顾；《声类表》是表列形式，文字数量有限且词语大多系音韵学术语，不适宜翻译。故此仅《声韵考》（3 万字）入选。而为了尽可能完整反映戴震在音韵学方面的杰出成就，故将《声类表》卷首即《答段若膺书》（近万字）这篇重要文献也作为译注篇目。专书训诂类中，《毛诗补传》《屈原赋注初稿》是初稿，作者后来有新撰，故不宜录入。《屈原赋注》（9 万字）虽是作者认可之撰，但因字数较多，故亦不录。考虑到戴震于诸经中尤其重视《诗》《书》，故此录入《毛郑诗考正》（4 万字）与《尚书义考》（约 6 万字）。《毛郑诗考正》为作者认可，也是作者用训诂考据形式研治《诗经》的重要成果，同时又是在有关古代典章制度方面“考证之精者”（凌廷堪《戴东原先生事略状》），且内容带有方法论特点；《尚书义考》虽非完秩，但采取广泛纂集前人之说兼用按语表达自己观点的形式，实为戴震研治经典的一种重要体式，反映出戴震治学的一种重要方法，也可使读者由此集中了解古代解读《尚书》部分章节的具有代表性的不同看法。

总之，入选书目试图兼顾戴震在音韵学、训诂考据以及集注式训诂体式三方面的成就或治学特点，读者或可借此一窥戴氏语言文字学成就。

* * * * *

凡戴震原文，本编皆予加注，目的是补译文之未足。

目　录

《尚书义考》译注

《尚书义考》译注说明

《尚书义考》是一部未竟之作，撰写时间大概在乾隆十八年(1753)至二十八年(1763)间，作者三十一至四十一岁之时(从蒋立甫说)。

戴震此著由《尚书义考义例》与正文二卷构成。

《义例》内容是说明《尚书》真伪等问题以及《尚书义考》的体例形式。戴震认为“有书契以来，莫古于《尚书》”，所以《尚书》训诂具有特殊意义。其解经，强调对本经负责，在《义例》中，戴震即用大篇幅介绍《古文尚书》真伪问题，还不惮琐细地考求《尚书》原有篇目及其顺序、《尚书》的序文篇次及分合问题、《尚书》古本的异同问题，力图恢复《尚书》原貌。

《尚书义考》正文原定完成《虞夏书》四篇、《商书》五篇、《周书》十九篇，但最终只完成了《尧典》二卷。这二卷实际包括了《舜典》。戴震认为今本《尚书》中的《舜典》是后人从《尧典》一篇分划出来的，所以又将其合并到了《尧典》中。

《尚书义考》虽非完秩，但采取的解释形式是，选择历代对《尧典》(包括《舜典》)中疑难内容的解释，裁断以戴震本人的看法。这种纂集式解说考述了历代的不同看法，是戴震喜欢运用的一种训释方式。《尚书义考》之外，他的《经考》《经考附录》采用的也是这种形式，其《方言疏证》也有类似意味。读者可借这一文本了解戴震解经的一种体式。

《尚书义考》的体式体现出一种治学方法。胡朴安《戴东原先生全集序》曾评论说:“求字于《说文解字》,求义理于《十三经》,此二书诚为治中国学者所当先读之书,然仅拘于此二书,所见未宏,则所识不卓必须详征而博引之,然后事有佐证,理无虚设。其言曰:‘搜考异文,以为订经之助;广览汉儒笺注之存者,以为综考诂训。’又曰:‘凿空之弊有二:其一缘辞生训也,其一守讹传谬也。缘辞生训者,所释之义非其本义;守讹传谬者,所据之经并非本经。’(胡氏原注:以上《古经解钩沉序》。)此先生治学之进一步方法。”

戴震探讨的某些问题,至今仍是学界研究的兴趣所在。例如“象以典刑”之“象”,通常有两种解释,一是以之为“法”,一是以之为“像”。后者又分两种,一是认为直接让犯人身穿绘有其罪行图案的衣服或直接在犯人身上绘出类似图案,以此侮辱性惩罚代替肉刑;一是认为官方事先借图画形式公布对此类犯罪的惩处手段,目的在于防备犯罪。因此实际上“象”的解释有三种。至今,学者仍在撰文探讨,但论说内容及结论仍未超出古人所及。而戴震早在百年前就已经作了完整论述。戴震引述了《尔雅》、《周礼》、郑玄《周礼注》、《尚书孔传》、孔颖达《尚书正义》、《史记集解》、《史记正义》、《朱子语录》、《困学纪闻》及徐广、陆德明、苏轼、程颐、黄度、蔡沈、林之奇等人的说法,而对三种解释进行了详细介绍,最后又以案语形式表达了对第三种解释的肯定。《尚书义考》中,诸如此类有关古代典制的探讨极多。

除了裁断前人之说,《尚书义考》还具有新见迭出的特点。例如,学者广泛赞誉的戴氏对《尧典》“光被四表”的解说,以为“《尧典》古本必有作‘横被四表’者(郭按:戴震事实上已经从《汉书》中查得此句异文“横被四表”。见钱大昕《戴先生震传》)。横被,广被也”。释“光”为“横”。此论大胆而新颖,但又不乏理据。受到钱大昕、姚鼐、段玉裁等人的支持,他们寻找出一些文献依据,学界因之而认可。戴震对天文历法及数学等都有深入研究,他利用当时先进的科学成就探寻《尚书》中的某些内容,也解决了不少问题。如以“黄道极”解释《尧典》"璇玑玉衡"，认为《虞夏书》'在璇玑玉衡以齐七政'，盖设璇玑以拟黄道极也。"(凌廷堪《戴东原先生事略状》)洪榜《戴先生行状》对戴震这一研究的价值作了探讨："释《周髀》者数家，未解'北极璇玑'何指。而《虞夏书》之'璇玑'《注》徒以为可旋转曰机，不得其本象。先生以为，所谓正北极者，今之赤道极也；所谓北极璇机者，今之黄道极也。赤道极为左旋之枢，黄道极为右旋之枢。自中土言之，皆在北方，故通曰北极。赤道极不动，黄道极每昼夜左旋环绕之而过一度，每一岁而周四游。故《周髀》谓赤道极曰正北极，而黄道极无其名，取诸测器之名命之。用是知唐虞时设璇玑环转于中，拟夫黄道极者也。先生此论匪惟得《周髀》之解，并以见古璇玑玉衡之遗制。"其他，如日食问题、岁差问题、月建问题、节气问题等，戴震都能利用新的研究成果加以说明。

译注工作在蒋立甫先生《尚书义考》整理本(收入黄山书社2010年《戴震全书》修订本)的基础上进行，校以刘世珩聚学轩从书本。译注基本保留了蒋先生标点及校勘成果。凡吸收蒋先生校勘成果处，均在注文中说明。另，王光汉先生曾发表对蒋先生标点商榷的文字，此次整理也吸收了王先生的考释成果，凡属其校勘成果亦在注文中予以说明。

《尚书义考义例》(原文及注释)

一、《今文尚书》汉时博士所习,以隶传写,故称"今文"①。《史记·儒林列传》云:"秦时焚书,伏生壁藏之。汉定,伏生求其书,亡数十篇,独得二十九篇。即以教于齐鲁之间,伏生教济南张生及欧阳生。"《汉书·儒林传》云:"欧阳生,字和伯,千乘人也。事伏生,授兒宽,宽又受业孔安国。欧阳、大小夏侯氏学,皆出于宽②。"此所谓今文者也。伏生《书》无《大誓》③。刘向《别录》云④:"民有得《大誓》书于壁内者,献之,与博士使读说之,数月,皆起传以教人。"刘歆《移书太常博士》曰⑤:"孝文皇帝始使掌故晁错从伏生受《尚书》⑥。《尚书》初出屋壁,朽折散绝。《大誓》后得,博士集而读之。"郑康成《书论》曰:"民间得《大誓》。"据此,则伏生所传仅二十八篇。《太常蓼侯孔臧·与安国书》曰⑦:"臧闻《尚书》二十八篇,取象二十八宿,何图乃有百篇⑧?"是

---

① "今文尚书"至"今文":今文:相对于"古文"而言,指一种字体。概略而言,古文指先秦时期六国古文字即篆书系统文字,今文指通行于汉代的文字隶书。《今文尚书》,传为汉代伏生用隶书传写,故有此称。又有《古文尚书》,为孔子旧宅壁中藏书,用先秦古文字写成,已亡佚。

② 欧阳、大小夏侯氏学皆出于宽:此"欧阳"谓前述"欧阳生"的后人。生,即先生。《汉书·儒林传》:"欧阳、大小夏侯氏学皆出于宽。宽授欧阳生子,世世相传,至曾孙高子阳,为博士。"大小夏侯,大夏侯指夏侯胜,小夏侯指夏侯胜侄子夏侯建。

③ 大誓:《尚书正义》作"泰誓","大","太"的古字。

④ 刘向:西汉文献学家、经学家。

⑤ 刘歆:刘向之子,西汉至王莽时期文献学家、天文历法学家。

⑥ 掌故:汉代职官名,负责掌管礼乐制度。

⑦ 太常蓼侯孔臧:书名,最早见于《汉书·艺文志》"儒家类"记载。原书载文十篇,今仅存两篇,《与安国书》为其中之一。作者孔臧,西汉人,孔安国的长辈。

⑧ 何图乃有百篇:何,蒋立甫谓《孔丛子》作"河";"《史记·儒林传·索隐》作'何',与戴同。按《戴震文集·尚书今古文考》载臧镛堂按语云:'《孔丛子》伪书,不足据。'"据此,则戴震以作"何"为是。百篇,汉代有部分学者谓《尚书》最初有百篇。参见朱彝尊《经义考》卷七十三"书二"。

也。而《史记》称二十九篇者，孔颖达云[1]："司马迁在武帝时见《大誓》出而得行，入于伏生所传内，故为总之。并云伏生所出，不复曲别分析云'民间所得'，其实得时不与伏生所传同也。"孔氏此说得之。朱彝尊谓"二十八篇及百篇之《序》为二十九"[2]，不知《序》与古文并出，故孔臧言"何图乃有百篇"，非传自伏生无疑。今惟据二十八篇为本。

一、汉时所传之《古文尚书》，许慎《说文解字序》论六体书[3]："一曰古文，孔子壁中书也[4]。"盖如商周彝鼎之文，故称古文。《史记·儒林传》云："孔氏有古文《尚书》，而安国以今文读之，因以起其家。《逸书》得十余篇。盖《尚书》滋多于是矣。"刘歆《（遗）〔移〕书太常博士》曰[5]："鲁恭王坏孔子宅，欲以为宫，而得古文于坏壁之中：《逸礼》有三十九，《书》十六篇。天汉之后[6]，孔安国献之，遭巫蛊仓卒之难，未及施行[7]。"《汉书·艺文志》云："以考二十九篇，得多十六篇。"《儒林传》云："安国为谏议大夫，授都尉朝[8]，而司马迁亦从安国问，故迁书载《尧典》《禹贡》《洪范》《微子》《金縢》诸篇多古文说。都尉朝授胶东庸生。"荀悦《汉纪》云[9]："鲁恭王坏孔子宅，得古文《尚书》多十六篇，武

---

① 孔颖达云：下引文出自孔颖达为孔安国《尚书序》所作之《疏》。

② "朱彝尊"句：朱彝尊，清代经学家，撰有《经义考》。朱彝尊有关《今文尚书》篇数的看法，见《经义考》卷七十四"书三"按语。

③ 六体书：指六种字体。许慎《说文解字叙》："时有六书，一曰古文，孔子壁中书也；二曰奇字，即古文而异者也；三曰篆书，即小篆，秦始皇帝使下杜人程邈所作也；四曰佐书，即秦隶书；五曰缪篆，所以摹印也；六曰鸟虫书，所以书幡信也。"

④ 孔子壁中书：指汉代从孔子旧宅屋壁中获得的用六国古文字写成的先秦典籍，《古文尚书》是其中一种。详戴震下引刘歆《移书太常博士》。

⑤ （遗）〔移〕书太常博士：（遗）〔移〕，蒋立甫整理本《尚书义考》校注（以下引蒋先生校注径称"蒋立甫"）谓戴震前引"遗书"作"移书"，此处应同之。是。移，致。《移书太常博士》即《移书让太常博士》，又名《移让太常博士书》，为汉代著名的经学文献。

⑥ 天汉：汉武帝年号（公元前 100—公元前 97）。

⑦ "遭巫"两句：巫蛊事，即发生在汉武帝征和二年（公元前 91）的巫蛊之乱。施行：指列为学官。《汉书·艺文志》："孔安国者，孔子后也，悉得其书，以考二十九篇，得多十六篇。安国献之。遭巫蛊事，未列于学官。"

⑧ 都尉朝：人名。

⑨ 荀悦：东汉史学家，其《汉纪》一书记西汉历史。

帝时孔安国家献之。”马融《书序》云[1]：“逸十六篇，绝无师说[2]。”此十六篇者，孔颖达云：“郑注《书序》：《舜典》一，《汩作》二，《九共》九篇十一，《大禹谟》十二，《益稷》十三，《五子之歌》十四，《胤征》十五，《汤诰》十六，《咸有一德》十七，《典宝》十八，《伊训》十九，《肆命》二十，《原命》二十一，《武成》二十二，《旅獒》二十三，《冏命》二十四。以此二十四为十六卷，以《九共》九篇共卷，除八篇[3]，故为十六。”又云：“郑玄于伏生二十九篇之内，分出《盘庚》二篇、《康王之诰》、又《泰誓》三篇，为三十四篇。更增益伪《书》二十四篇，为五十八。故《艺文志》、刘向《别录》云五十八篇[4]。”颖达不知刘向、班固所见为真古文，而以为张霸之徒伪造[5]。史言霸所伪造，乃百两篇，非二十四也。桓谭《新论》云[6]：“古文《尚书》，旧有四十五卷，为四十八篇[7]。”盖二十九与十六合为四十五。《汉书·艺文志》列“《尚书》古文经四十六卷，为五十七篇”，增多百篇之序一卷，缺《武成》一篇。郑康成云“《武成》逸篇建武之际亡”是也[8]。古文藏于秘府，故又称“中古文”[9]。“刘向以中古文校欧阳、大小夏侯三家经文，《酒诰》脱简一，《召诰》脱简二。……文字异者七百有余，脱字数十”，是也。以不立于学官，故谓之“逸篇”，刘向、刘歆、班固、贾逵皆得见之[10]。成帝时民间则有胶东庸生之遗学，建初、延光、光和中尝诏选高才生能通者，以扶微学，广异义。

---

① 马融：东汉经学家，郑玄之师。

② 师说：谓传注解说。

③ 篇：此处即卷之意。孔颖达疏《汉书·艺文志》“古文又多十六篇”：“篇即卷也。”

④ 五十八篇：蒋立甫校注：“《汉书·艺文志》班固自注‘五十七篇’，此言‘五十八篇’，系孔《疏》误，下文戴氏引已纠正。”

⑤ 张霸：东汉经学家。

⑥ 桓谭：东汉思想家。

⑦ 四十八：蒋立甫云戴震《东原文集·尚书今文古文考》引《新论》为“五十八”，当从。是。

⑧ 建武：东汉光武帝年号(25—56)。

⑨ “古文”两句：秘府为古代朝廷收藏图书秘籍之处，设置在禁中。“中”即禁中，系帝王所居宫苑，故藏于秘府的古文经籍又称为“中古文”。

⑩ 贾逵：东汉经学家、天文学家，贾谊后人。

后汉之儒如尹敏、周防、孔僖、杜林、卫宏诸人并传古文。然贾、马、郑虽注古文，仅及今文所有者，不注逸篇，必逸篇残缺失次，不复能成读。其后遂渐亡矣。

一、马、郑本皆有百篇之《序》，合为一篇。其旧次《汤誓》在《臣扈》后，《咸有一德》在《汤诰》后，《周官》在《立政》前，《蔡仲之命》《费誓》在《吕刑》前。孔颖达云“郑依贾氏所奏别录为次”是也。今仍复其旧次为一篇，附于二十八篇之后。

一、东晋元帝时，豫章内史梅赜奏上《古文尚书孔安国传》[1]。赜自言受之臧曹，曹受之梁柳，柳受之苏愉，愉受之郑冲[2]。陆德明云：“孔传《古文尚书》亡《舜典》一篇，购不能得。齐明帝建武中，吴兴姚方兴采马、王之注，造孔传《舜典》一篇，云于大舟行头买得，上之。梁武时为博士，议曰：孔《序》称伏生误合五篇[3]，皆文相承接，所以致误，《舜典》首有‘曰若稽古’，伏生虽昏耄，何容合之？遂不行用。”又云：“永嘉丧乱[4]，众家之《书》并灭亡，而古文《孔传》始兴。近惟崇古文，马、郑、王注遂废。时以王肃注颇类孔氏，故取王注，从‘慎徽五典’以下为《舜典》，以续《孔传》。”孔颖达云：“至晋世肃注《书》始似窃见《孔传》[5]，故《注》乱其纪纲为夏太康时。”又云：“王肃之注《尚书》，其言多同《孔传》。”如陆氏、孔氏所言，今之《古文尚书》及《孔传》殆出于王肃，犹之《孔子家语》出于王肃私定也。肃欲夺郑氏而冀行其学，故往往假托以为佐证。东晋古文增多之篇与十六篇异者：《仲虺之诰》，《太甲》三篇，《说命》三篇，《大誓》三篇，《微子之命》《蔡仲之命》《周官》《君陈》《毕命》《君牙》，凡十六篇；其余如《大禹谟》《五子之歌》《胤

---

① “东晋”两句：采用陆德明《经典释文叙录》语。

② “赜自”至“郑冲”：采用孔颖达《尚书正义》引《晋书》语。郑冲，魏晋时期经学家。

③ “孔《序》”句：指孔安国《尚书序》谓伏生将《舜典》与《尧典》合一，《益稷》与《皋陶谟》合一，《盘庚》三篇合为二篇，《康王之诰》与《顾命》合一。合计五篇。

④ 永嘉丧乱：指前赵灭亡西晋之事。因发生在西晋之末永嘉（307—311）时期，故史称永嘉之乱。

⑤ 至：蒋立甫云：“至，原误置在‘肃’字上，今依《尚书正义》移置‘晋’字前。”今从之。

征》《汤诰》《伊训》《咸有一德》《武成》《旅獒》《冏命》，凡九篇，篇名虽同，其文未必符合。自宋吴棫、朱子始疑之，元吴澄、明梅鷟辨之尤力，至阎若璩《尚书古文疏证》剖核明晰①，无庸更议矣。今别为一编，附于二十八篇及百篇之序后，庶几不相淆杂。

一、今文、古文传本各异，其东晋《孔传》未出以前，所引《尚书》皆古本也。今于案语内论其异同得失，而经文之下则云某当从古本作某。(暨)〔概〕称古本②，以明不必存今文、古文之见。至如《尧典》"慎徽五典"上二十八字③，今删去，别见后增多之篇内；其"慎徽五典"以下，分为《舜典》，《皋陶谟》"帝曰：来，禹，汝亦昌言"以下分为《益稷》，《顾命》"王出在应门之内"以下分为《康王之诰》，今仍合为《尧典》《皋陶谟》《顾命》。

一、《尔雅》解释《诗》《书》，汉儒释经多宗之，则注内已见采录，如《诗》有《毛传》《郑笺》，《礼》有郑氏《注》④，并宜全载其文，然后附以诸儒之说。惟《尚书》无汉儒全注⑤，今经文之下，即取《尔雅》以存古义。

一、《今文尚书》欧阳和伯及夏侯胜、夏侯建所传，《古文尚书》胶东庸生及卫宏、贾逵、马融、郑康成所传，其本久亡，惟见于经史传注引"今文作某"，"马郑本作某"。而东晋古文与二十八篇同者，虽有改易，皆不出马、郑、王之本。自东晋以来行之既久，今姑就其书详考各

---

① "自宋"至"明晰"：有关《古文尚书》真伪的考察史，《四库全书总目》叙述甚明："自吴棫始有异议，朱子亦稍稍疑之。吴澄诸人本朱子之说，相继抉摘，其伪益彰，然亦未能条分缕析，以抉其罅漏。明梅鷟始参考诸书，证其剽剟，而见闻较狭，搜采未周。至若璩乃引经据古，一一陈其矛盾之故，古文之伪乃大明。所列一百二十八条，毛奇龄作《古文尚书冤词》，百计相轧，终不能以强词夺正理。则有据之言，先立于不可败也。"可看作戴震所述的注脚。吴棫辨伪，见于其《书稗传》(此书已亡佚)；朱熹辨伪，见《朱子语类》卷七十八《尚书一》及朱熹《文集》；吴澄辨伪，见其《书纂言》；梅鷟辨伪，见其《尚书考异》及《尚书谱》。

② (暨)〔概〕：蒋立甫："概，原误作'暨'，据抄本改。"今从之。

③ "慎徽五典"上二十八字：指"曰若稽古，帝舜曰重华，协于帝，浚哲文明，温恭允塞，玄德升闻，乃命以位"这二十八字。戴震认为这些字为《尚书》伪《孔传》所加，故决定删除不用。

④ 礼有郑氏注：按《十三经注疏》中，《周礼》《仪礼》《礼记》俱用郑玄注。

⑤ 《尚书》无汉儒全注：此系针对《尚书孔传》为后人伪托而言。

本异同，订其得失。

一、欧阳、大小夏侯学，惟许慎《五经异义》多载其说，其旁见于他书者甚少。贾、马、郑之注则犹可搜辑。宋王应麟撰集《古文尚书郑氏注》十一卷，于郑氏一家亦未能详备，又多讹舛，且征引之体不拘本文，或因辨论所涉[①]，约略其意，不得掇出冠以汉儒之名。今但列引之者名氏或书名于上，如陆德明《释文》、孔颖达《义疏》以及《史记集解》等。书内称"马云""郑云"，而"郑注"又单称"注云"，与兼言马、郑，或举姓略名，或姓名并称之类，各如其旧，庶免掇拾爽失之病。

一、注内引先儒之说，始见称某氏，某下系以书名；次条以下惟称某氏某曰。至《孔安国传》，虽晋人伪托，大抵多袭用古注，其与贾、马、郑、王同者，无庸重见，惟删取其异者，次古注之后，或亦古注所有，特不可考耳。不称"孔氏安国曰"，惟称"孔传曰"，以别真伪。书内所引多与今注疏本异者，系从宋本校正。

一、古人语言文字多失传，以今人所知字义读古人书，往往扞格。《书》自唐虞而下，《诗》自商而下，《易》始庖牺，然有象而无辞，与诸经皆自周而下，故有书契以来，莫古于《尚书》。汉儒训诂各有师承，又去古未远，使其说皆存，用备参稽，犹不足以尽通于古，况散逸既多，则见者可忽视之乎？故是编于各书所引欧阳、大小夏侯氏说及贾、马、郑之注，详略必载。古注语简义精，虽尽收不见其多；至宋以来凿空衍说，载之将不胜载，故严加删汰。

一、数义各异者，仿许氏《五经异义》之意，具列其说，加案语折衷之。以其人之先后为次。至转相祖袭，则惟载其创立是说者，或后人因前说引伸，或后之特见偶与前人合，而语更详明，皆作小字附前说之下。

---

① 辨：蒋立甫云："辨，抄本作'辩'"。

一、《汉书》言司马迁亦从安国问，故迁书多古文说[①]。又许慎《说文解字》所引《书》与今本异，慎自序云“其称《易》：孟氏；《书》：孔氏；《诗》：毛氏；《礼》：《周官》；《春秋》：左氏；《论语》《孝经》，皆古文也。”此所谓“古文”，乃孔氏所传之真古文，非东晋以后所谓“古文”者也。今于案语内并备论之。

一、是编虽备列异说，意主于发明经义，故案语内或折衷诸家，聊出所见，以明去取；或诸家说皆未及，则旁推交通以得其义。

一、扬雄《法言》云：“虞夏之《书》浑浑尔，《商书》灏灏尔，《周书》噩噩尔。”郑康成《书赞》云“三科之条”[②]，以虞夏同科也。孔颖达云：“马融、郑玄、王肃、《别录》题皆曰‘虞夏书’。”今定《虞夏书》四篇，《商书》五篇，《周书》十九篇。其篇第《费誓》在《吕刑》前，据贾、郑旧次也。

《尚书义考义例》(译文)

一、《今文尚书》是汉代博士所研习的典籍，因为它是用当时流行的字体隶书抄写传授的，所以称为《今文尚书》。《史记·儒林列传》说：“在秦朝焚书之时，伏生将这部典籍藏在墙壁里……汉朝平定天下后，伏生寻找到它，发现亡佚了数十篇，仅仅得到二十九篇。于是就用这些残篇在齐鲁之间教授门徒。……伏生教授济南人张生以及欧阳生。”《汉书·儒林传》说：“欧阳生，字和伯，是千乘人。师事伏生，教授兒宽，兒宽又师从孔安国接受学业。欧阳氏和大、小夏侯氏的学术，都由兒宽传授出来。”他们传承的就是所谓《今文尚书》。伏

---

① “《汉书》”句：《汉书·儒林传》：“孔氏有古文《尚书》，孔安国以今文字读之，因以起其家。《逸书》，得十余篇，盖《尚书》兹多于是矣。遭巫蛊，未立于学官。安国为谏大夫，授都尉朝。而司马迁亦从安国问，故迁书载《尧典》《禹贡》《洪范》《微子》《金縢》诸篇多古文说。”《汉书》此处“故”字或以为从上读。究戴震之意，似从下读。

② 三科之条：意即三种条目。郑玄以为《尚书》分《虞夏书》二十篇、《商书》四十篇、《周书》四十篇(见郑玄《书序》)。孔颖达《尚书正义》谓郑玄之意是以虞夏同科，虽虞事亦连夏。

生传授下来的《尚书》没有《大誓》这一篇。刘向在《别录》中说："民间有人从墙壁中获得《大誓》一文，把它献给朝廷。朝廷交给博士官，让他们研读解说。经过数月解读，他们就都成功开始传授给学生《大誓》的内容。"刘歆在《移书太常博士》中说："孝文皇帝一开始让掌故官晁错师从伏生学习《尚书》。《尚书》最初从墙壁出土的时候，是简朽绳断散乱毁损的状态；《大誓》是后来获得的，由博士将它们汇集起来加以解读。"郑康成在《书论》中说："民间获得了《大誓》。"根据这些说法，可知伏生所传授的《尚书》仅有二十八篇。孔臧在《太常蓼侯孔臧·与安国书》中说："我听说《尚书》有二十八篇，是比附模仿二十八星宿的数字，因此怎么会图冀有百篇呢。"这一说法是正确的。而关于《史记》称《尚书》篇数为二十九篇的原因，孔颖达解释说："司马迁在武帝时期看见《大誓》出现并流传，于是将它归入伏生所传授的《尚书》篇目内，所以在介绍相关情况的时候就将其一并计算；连同此篇一起称为伏生所传，不再曲加区别分析说《大誓》一篇为'民间所得'。其实这一篇刚出现的时候并没有与伏生所传的篇目收录在一起。"孔氏这种说法是得当的。朱彝尊认为"二十八篇加上百篇的序文一篇，构成二十九篇"，不知序文是与《古文尚书》同时出现的，所以孔臧说："怎么会图冀有百篇。"可见序目并非从伏生那里传出这一点是确定无疑的。现在只将二十八篇作为义考的对象。

一、有关汉代所流传的《古文尚书》之"古文"的含义，许慎《说文解字序》在论述古字六种字体时说："第一种叫古文，是孔子壁中书所用的文字。"大概这一字体如同商周彝鼎铜器上的文字，所以称之为"古文"。《史记·儒林传》说："孔氏家族拥有《古文尚书》，孔安国将其改成今文后就根据今文解读，因而据此兴起为一家之学。当时还另外获得《尚书》逸文十余篇，《尚书》篇目滋生增多的原因大概就在于此了。"刘歆《遗书太常博士》说："鲁恭王毁坏孔子旧宅，想将它改造成为自己的房屋建筑，不料从毁坏的宅壁之中获得了古文经典：其中逸《礼》有三十九篇，《尚书》十六篇。在汉武帝天汉之后，孔安国将这些古文经典呈献给了朝廷。但因突然遭遇巫蛊之难，朝廷没有来得及将其列为学官而颁行天下。”《汉书·艺文志》说：“孔安国用《古文尚书》考校《今文尚书》二十九篇，结果《尚书》增多十六篇。”《儒林传》说：“安国任职谏议大夫的时候，向都尉朝教授《尚书》，而司马迁也师从孔安国问学，所以其《史记》所引述的《尧典》《禹贡》《洪范》《微子》《金縢》诸篇多采用古文经说。后来都尉朝又将其学术传授给胶东人庸生。”荀悦《汉纪》说：“鲁恭王毁坏孔子旧宅，从宅壁中获得的《古文尚书》比《今文尚书》多十六篇。武帝时，孔安国家人将它献给了朝廷。”马融《书序》说：“在出土的《尚书》逸文十六篇里，绝对没有先师对它们的传注解说。”关于这十六篇的情况，孔颖达说：“郑玄注解《书序》指出：《舜典》是第一篇，《汨作》是第二篇，至《九共》九篇就是十一篇，《大禹谟》是第十二篇，《益稷》是第十三篇，《五子之歌》是第十四篇，《胤征》是第十五篇，《汤诰》是第十六篇，《咸有一德》是第十七篇，《典宝》是第十八篇，《伊训》是第十九篇，《肆命》是第二十篇，《原命》是第二十一篇，《武成》是第二十二篇，《旅獒》是第二十三篇，到《冏命》为止共有二十四篇。将这二十四篇合为十六卷，即将《九共》九篇合为一卷，因为减去了八篇，所以是十六篇。”又说：“郑玄从伏生二十九篇之内，分出《盘庚》二篇、《康王之诰》一篇，又将《泰誓》分成三篇，加起来共三十四篇。另外增加了伪《书》二十四篇，就有了五十八篇。所以《艺文志》和刘向《别录》记载为五十八篇。”孔颖达不知道刘向、班固所见到的是真《古文尚书》，而以为是张霸之流等后人伪造的。史上记载张霸所伪造的《尚书》，乃是一百零两篇，不是二十四篇。桓谭《新论》说：“《古文尚书》旧有四十五卷，共四十八篇文章。”大概是将今文《尚书》的二十九篇与《古文尚书》多出的十六篇合计为四十五篇。《汉书·艺文志》列出“《尚书》古文经四十六卷，自注为五十七篇”，增加了《百篇尚书》的《序》一卷，但缺少了《武成》一篇。郑康成说：“《武成》这一逸篇是在光武帝建武之际亡佚的。”这是正确的说法。古文典籍因收藏在禁中秘府，所以又被称作“中古文”。“刘向用中古文《尚书》校勘欧阳和大、小夏侯这三家传授的《今文尚书》经文，发现《酒诰》脱简一片，《召诰》脱简二片。……两种《尚书》有七百余个文字不同，脱字有数十个”。这一记载就是证明。因为不立于学官，所以称之为“逸篇”，但刘向、刘歆、班固、贾逵等人都曾见过它。汉成帝时，民间流传有胶东人氏庸生遗留下来的《尚书》之学。到建初、延光、光和年间，汉廷曾经诏令选拔能通解庸生《尚书》学的高才生，以此扶持微学，广增不同义解。后汉时期的儒生如尹敏、周防、孔僖、杜林、卫宏诸人，都传习《古文尚书》。然而贾逵、马融、郑玄等人虽然注释的是《古文尚书》，但其注文涉及的范围仅仅是《今文尚书》同时拥有的篇章，不注解逸篇。原因必定是逸篇文字残缺加上顺序淆乱，不能够成文通读。后来这些篇章也就逐渐亡佚了。

一、马融、郑玄的本子都有《百篇尚书》的序文，这些序文被合起来算作一篇。它们旧有的顺序是，《汤誓》之序在《臣扈》序文之后，《咸有一德》之序在《汤诰》序文之后，《周官》之序在《立政》序文之前，《蔡仲之命》序与《费誓》序在《吕刑》序文之前。孔颖达说：“郑玄依照贾逵所奏呈的《尚书》，另行著录了篇目顺序。”这个说法是正确的。现在仍然恢复这些序文的旧有顺序，将它们作为一篇附在二十八篇之后。

一、东晋元帝时期，豫章内史梅赜上奏《古文尚书》与孔安国《传》。梅赜自己说是从臧曹那里接受过来的，臧曹是从梁柳那里接受来的，梁柳是从苏愉那里接受来的，苏愉是从郑冲那里接受来的。陆德明说：“孔氏所传注的《古文尚书》中亡佚了《舜典》一篇，想购买也购买不到。齐明帝建武年间，吴兴人姚方兴采纳马融、王肃的注释，伪造出孔氏传注的《舜典》一篇，说是在大舫头买到的，将它上呈给朝廷。梁武帝当时身为博士，他在朝廷评议说：孔安国《序》文称原先伏生误将五篇合在一起，是因为这五篇文意前后承接，所以致误。但《舜典》开首有‘曰若稽古’字样，在这种情况下，伏生即使是糊涂老耄，又怎么允许将这一篇与其他四篇合在一起呢？因此新呈上的这篇《舜典》就没有被发布采用。”又说：“西晋永嘉丧乱时期，众家传授的《尚书》都亡佚了，解说《古文尚书》的《孔传》开始兴起。近年只推崇古文，马、郑、王各家注释遂被废弃。当时认为王肃的注释颇为类似孔氏传注，所以采用王氏注释之说，将《今文尚书·尧典》中的‘慎徽五典’以下的文字当作《舜典》，就用王《注》来接续《孔传》。”孔颖达说：“到晋代王肃注释《尚书》之时似乎偷窥了《孔传》，所以他的注文也随之淆乱了《舜典》的纪事时代而将其划归为夏朝太康时期的作品。”又说：“王肃注释《尚书》，言辞多与《孔传》相同。”依照陆德明、孔颖达的说法，现在的《古文尚书》以及《孔传》恐怕是出自王肃之手，犹如《孔子家语》是出自王肃私修编定一样。王肃想要压倒郑玄而希冀自己的学术通行天下，就往往假托古人撰作来作为自己学说的佐证。东晋《古文尚书》增多的篇目与郑玄所说的十六篇不同的是：《仲虺之诰》、《太甲》三篇、《说命》三篇、《大誓》三篇，以及《微子之命》《蔡仲之命》《周官》《君陈》《毕命》《君牙》，共十六篇；其余如像《大禹谟》《五子之歌》《胤征》《汤诰》《伊训》《咸有一德》《武成》《旅獒》《冏命》，共九篇，这九篇篇目名称虽然与十六篇中的九篇相同，但在内容文字方面未必相符合。从宋人吴棫、朱子开始对《古文尚书》产生怀疑；元人吴澄、明人梅鷟对这部书的辨伪工作尤其有力；阎若璩的《尚书古文疏证》对问题的剖析核查更加明白清晰，已经不用就此再作议论了。现在将这些作伪的篇章另外集成一编，附在二十八篇及百篇之序后面，目的是希望两者不掺杂在一起。

一、《尚书》今文、古文传本各不相同，在东晋《孔传》未出现之前，文献所引《尚书》都是古本。这次所撰《义考》的体例是在“案”语内讨论今文、古文传本间的异同与各自得失，而在经文之下则就其异同情况注明“某当从古本作某”，一概将今文、古文传本统称作“古本”，以此表明我认为对于《尚书》不必存有区分今文和古文的看法。至于《尧典》“慎徽五典”上面的二十八字，则将它们从此篇移除，另行安排到后面的“增多之篇”中。“慎徽五典”以下的文字，前人将其分离出来作为《舜典》篇;《皋陶谟》中“帝曰来禹汝亦昌言”以下文字,前人将其分离出来作为《益稷》篇;《顾命》中“王出在应门之内”以下文字,前人将其分离出来作为《康王之诰》篇,现在仍将它们分别合并到《尧典》《皋陶谟》《顾命》中去。

一、《尔雅》解释了《诗经》《尚书》等经籍的内容,汉代儒者在解释经典时多以它为依据,因此对《尔雅》的采录已经见于汉人的注文,如像《诗经》有《毛传》《郑笺》,“三礼”有郑氏的“注”文。故而后人在解释经典时,应该完备记录汉人的这些传注文字,然后再附上诸儒各家的说法。唯有《尚书》没有汉儒的完整注释,所以《义考》采取经文之下引用《尔雅》释义的做法,借此保留古义。

一、《今文尚书》系欧阳和伯以及夏侯胜、夏侯建所传授,《古文尚书》系胶东庸生以及卫宏、贾逵、马融、郑康成所传授,这些传本亡佚已久,只能在经史传注引述的“今文作某”“马、郑本作某”等材料中见到一些文字。而东晋所传《古文尚书》与古本二十八篇篇目相同的篇章,虽然文字有改易,但都未出离马、郑、王等人的传本。这一本子从东晋以来传播既已久远,现在就姑且用它来核查各本异同情况,并订正各本得失。

一、对于欧阳与大、小夏侯的《尚书》之学,唯有许慎的《五经异义》记载他们的注说较多,其他文献的相关记载文字非常少。至于贾、马、郑三家的注说,还是可以进行搜集辑录的。宋人王应麟撰集《古文尚书郑氏注》一书达十一卷,但对于郑氏一家的注说仍然未能做到完备采录,其中在文字方面又有很多讹误舛乱。在征引体式上,其不仅仅拘于引述郑氏原文,有的材料甚至是来源于前人辨析时涉及的内容,故而只是简单引述原文大意而已。对此类材料,就不能简单地掇取出来而将其作者冠上汉儒的姓名。我现在的处理方式是,只在引文前面列出引述人的姓名或者所引书名,如陆德明的《释文》、孔颖达的《义疏》,以及《史记集解》等。至于这些书内所称“马云”“郑云”,而将“郑注”又单称为“注云”,与称“注云”时兼言马、郑,或者只列举姓氏而略去名字，或者姓氏与名字并称之类，都各自依循引者原貌，希望以此避免因掇拾摘引而出现爽错失误的毛病。

一、本注文在引用先儒说法时，第一次引用某人时称述其姓氏名称，姓名之下接续所引用的书名；从第二次开始，往下就只是称“某氏某曰”。至于《尚书孔安国传》一书，虽然是晋人托名伪造，但内容大抵多沿用古注，所以若与贾、马、郑、王等人注文内容相同的，就没有必要重复引述，因此本注文只是摘取其不同于贾、马、郑、王的说法而将它放在古注之后。《孔传》有的说法古注里或许也有，只是已经不可考而已。不称作“孔氏安国曰”，只是称作“孔传曰”，以此来区分两者真伪。书中所引多与今注疏本《尚书》不同的原因，是因为依从宋本作了校正。

一、古人使用的语辞文字，很多都失传了，凭借今人所掌握的字义去解读古人的书，往往会扞格抵牾。《尚书》的编撰从唐虞时代就开始了，《诗经》的诗文创作从商朝就开始了。《周易》的创制虽然从庖牺时期就开始了，然而当时的情况是有卦象而没有说辞的，它与其他经典一样都是从周朝才开始完善的。所以从有书契产生以来，没有比《尚书》更古老的文献了。汉儒在经籍训诂方面各有师承，又离古代成书时期不远，即使他们的解说都存留下来，后人备用以便参考稽查尚且不能够完全通达古经，何况汉儒文献已经散佚很多，因此看到汉儒遗留文献的人怎么可以忽视它们呢？所以我这部编著对于各书所引用的欧阳和大、小夏侯氏的解说，以及贾、马、郑三人的注文，不论它们是详备还是简略都必定全部载录。古注语言简略而注义精粹，即使全部收录都不显多。至于宋代以来的凿空无据、衍溢发挥式的解说，若对其载录将会载不胜载，所以采录宋人说法时会严加删减淘汰。

一、对于数种说法而意义各不相同的，就仿效许慎《五经异义》的编排体例，将不同说法都列举出来，再用按语形式分析取正。列举时，是以作者生活年代为序来安排先后次序。至于辗转沿袭的说法，就只载录首创者的言论。若或遇到后人因为前人说法而引申出新见解的,或遇到后人的独立见解只是偶然与前人说法相合但语言表述更加详明的,就都用小字引述出来附录在前人说法的后面。

一、《汉书》记载说司马迁也曾师从孔安国问学,所以他的《史记》一书在《尚书》取录方面多采用古文经说。此外,许慎《说文解字》所引用的《尚书》与现在流传的本子不同。许慎在《说文解字》自序说:"其书称引《周易》时采用孟氏解说;称引《尚书》时采用孔氏解说;称引《诗经》时采用毛氏解说;称引《周礼》时采用《周官》;称引《春秋》时采用《左传》解释的文字;还有称引《论语》《孝经》之时,也都采用古文经。"这段话所说的《尚书》"古文",乃是孔氏所传的真古文本,不是东晋以后所谓的"古文"经籍。对此安排在按语内一并予以完备论述。

一、此编虽然完备列出不同说法,但旨意在阐发彰显经义,所以在按语内采取折中各家之说的方式,略微提出自己的见解,借以让读者清楚取舍;或者对各家之说都不涉及,靠另行依据其他相关材料来推求经义。

一、扬雄《法言》说:"《尚书》中《虞书》《夏书》这一部分的风格是浑厚朴实的状态,《商书》这一部分的风格是浩漫宏大的状态,《周书》这一部分的风格是严肃端正的状态。"郑康成《书赞》解说"三科之条"的时候,把《虞书》《夏书》看作同一科目。孔颖达说:"马融、郑玄、王肃另行著录《尚书》篇目时把《虞书》《夏书》都叫作《虞夏书》。"现在《义考》将《尚书》篇目类别确定为《虞夏书》四篇、《商书》五篇、《周书》十九篇。至于《虞夏书》中的篇第,将《费誓》放在《吕刑》之前,这是按照贾、郑所注《尚书》的旧有次序安排的。

《尚书义考》卷一(原文及注释)

尧典第一　虞夏书一

曰若稽古(曰,当从古本作“粤”。)

《尔雅》:“粤,于也[①]。”“若,顺也。”

《后汉书·李固传》注曰[②]:“《书》曰:‘粤若稽古帝尧。’郑玄《注》曰:‘稽,同也。古,天也。言能同天而行者帝尧[③]。’”

《三国志·三少帝纪》:“帝问曰[④]:‘郑玄云“稽古,同天,言尧同于天也”。王肃云“尧顺考古道而行之”。二义不同,何者为是?’博士庾峻对曰:‘先儒所执,各有乖异,臣不足以定之。然《洪范》称“三人占,从二人之言”,贾、马及肃皆以为“顺考古道”。以《洪范》言之,肃义为长。’帝曰:‘仲尼言“惟天为大,惟尧则之[⑤]”。尧之大美在乎则天,顺考古道,非其至也。今发篇开义以明圣德,而舍其大,更称其细,岂作者之意乎?”’(孔氏颖达《尚书正义》曰:“郑玄信纬,训‘稽’为‘同’,训‘古’为‘天’,言能顺天而行之,与之同功。‘古’之为‘天’,经无此训。”)

林氏之奇《尚书解》曰[⑥]:“李校书推本古文《书》[⑦],以‘曰’字为

---

① 粤于也:《尔雅·释诂》语。“粤”“于”,邢昺《尔雅注疏》谓俱为发语词。

② 后汉书注:指唐人李贤等人之《注》。下同。

③ “言能”句,郑玄因于“曰若稽古帝尧”后断句,故《注》语如此。下引《三国志·三少帝纪》郑玄、王肃解释,断句同。

④ 帝:指魏文帝曹丕的孙子曹髦。曹髦为帝数年即被弑,以王礼葬。

⑤ “惟天”两句:出自《论语·泰伯》。

⑥ 林之奇《尚书解》:林之奇,北宋学者,吕祖谦之师。《尚书解》,即《尚书全解》。此书汇集与论评既往《尚书》研究的重要成果。

⑦ 李校书:当即北宋学者李经。李经是当朝宰相李伯纪之弟,时任校书郎,曾被朱熹赞誉为善解《尚书》者。下同。

‘越’[1]，与《召诰》‘越若来三月’同[2]。程氏云[3]：若稽古者，史官之体，发论之辞也。史官记载前世之事，谓考古某人之事，为如此也。苏氏云[4]：史官之为此书也，谓吾顺考在昔，而得其为人之大凡如此。其说比先儒为优[5]。然《虞书》谓尧为古可也，(为)〔舜〕、皋陶其时尚存[6]，亦谓之古可乎？若从《周官》‘唐虞稽古’之文，以稽古为尧，则下加‘曰’字又为难说。如‘允迪厥德[7]’，皋陶之言也，谓‘若稽古皋陶曰’可也。‘放勋’以下非尧之言[8]，而加‘曰’字，则其义不行。此说为难折[9]，故当阙之，以俟知者。”

刘氏安世《尚书解》曰[10]：“当为‘粤若稽古’。粤若，发语之辞。所谓‘越若来三月’是已。”

案：发端之辞，或言“于”，或言“爰”，或言“粤”，声义相近。《说文》：“粤，于也。审慎之辞。《周书》：‘粤三日丁亥。’”[11]据《说文》，“粤”为本字，其作“越”，或作“曰”，并六书之假借。《尔雅·释诂》：“粤、于、爰，曰也。爰、粤，于也。”“粤”与“曰”重出，于六书为疏。《尔雅·释言》：“若、惠，顺也。”“若”与“如”一声之转，“惠”与“顺”一声之

---

① 以曰字为越：《尚书全解》引李氏原文作“以‘曰’字为胡越之‘越’”，与戴震所引之意似有出入。

② 越若来三月：谓及至三月。越若，发语词；来，至(据王引之《经义述闻·尚书下》)。戴震之意以“越”同“曰”，亦发语词。

③ 程氏：指北宋理学家程颐、程颢兄弟，下文见于《程氏经说》卷二《书解》。下同。

④ 苏氏：指苏轼。下引出自其所撰《书传》。下同。

⑤ 其说比先儒为优：其说，谓程、苏二人之说。林之奇原文“其说”前有“二公之说如此”句。先儒，谓前引《孔传》、王肃及李校书。林之奇原文在引李校书之前，还引述了《孔传》与王肃之说。

⑥ (为)〔舜〕：“舜”原作“为”，据林之奇《尚书全解》校正。

⑦ 允迪厥德：《尚书·皋陶谟》中语。

⑧ “放勋”以下非尧之言：按《尚书》“曰若稽古”之下为“帝尧曰放勋”，其下为称颂尧的话：“钦明文思安安。”

⑨ 难折：谓难以判断。折，折中，取正。

⑩ 刘安世：南宋人。

⑪ 丁亥：蒋立甫据段玉裁《说文解字注》谓当作“丁巳”，“三日丁巳”语出《召诰》。当从。

转。《说文》:“如,从随也。”从随之义,引而伸之为顺、为同。篇内“若”字多矣,皆相因无异解,不得合“曰若”二字为发语辞。《召诰》之“越若来三月”,越者,发端语辞(徐锴《说文系传》释“粤三日”云:“心中暗数其日数,然后言之。”)若来三月,则由二月顺数之,至方来之三月也。“若”字宜从古注。稽古,犹言考之昔者,凡已往则称古昔。《盘庚》篇谓前王曰“古我先王”[①],《孟子》书谓数日之间为“昔者”,是也。前史所注记,后史从而删取成篇,故发端言“粤若稽古”,犹后人言“谨案”云尔。明不敢以臆见爽失其实也[②]。自汉迄今并误读“粤若稽古帝尧”为句,汉唐诸儒以“稽古”属“尧”,郑康成训“稽古”为“同天”,于字义全非。贾逵、马融、王肃皆为“尧考古道”,而梅赜奏上之《古文尚书》孔安国《传》亦同。《孔传》本晋人伪撰,袭取贾、马之注,故魏博士庾峻引贾、马及肃,而不言安国。《周官》“唐虞稽古”又伪古文语[③],与伪《传》同出一说也。宋儒以“稽古”属史官,而未明于“粤若稽古”四字句绝,其下文“帝尧曰放勋”,记帝名号也。《皋陶谟》与《尧典》一例,下文“皋陶曰”则直记皋陶之言也,林氏疑于两“曰”字由句读失传耳。

帝尧曰放勋(“勳”亦(同)〔通〕作“勋”[④]。)

《尔雅》:“勋,功也。”

陆氏德明《经典释文》曰:“尧,唐帝名。马融云:谥也。翼善传圣曰尧。放,方往反。徐云[⑤]:郑、王如字。马云:放勋,尧名。皇甫谧同[⑥]。一云放勋,尧字。”

---

① 盘庚:《尚书》中的篇目。

② 爽失:错失。

③ 周官:《尚书》中的篇目。

④ (同)〔通〕:“通”原作“同”,蒋立甫据抄本正之,今从之。

⑤ 徐:指东晋经学家徐邈。

⑥ 皇甫谧:三国至西晋时期人。

《孔传》曰："言尧放上世之功化[①]。"

苏氏轼《书传》曰："放，法也。有功而可法曰'放勋'。此论其德之辞也。自孟子、太史公咸以'放勋''重华''文命'为尧、舜、禹之名，然有不可者：以类求之，则皋陶为名'允迪'乎[②]？"

林氏之奇曰："李校书曰：放者，大而无所不至也。"（夏氏僎《尚书解》曰[③]："尧功勋放于四海。"）

黄氏度《书说》曰[④]："放，古仿字。放勋，谓仿古而有其功也。"

陈氏大猷《书集传或问》曰[⑤]："或问：尧、舜、禹、汤，先儒或以为名，或以为谥，何也？曰：陈氏谓观'师锡帝曰虞舜''曰格汝舜''曰来禹''曰弃''曰皋陶''曰咨垂''曰咨益'[⑥]，例以名命之，则'舜''禹'当为名，'舜''禹'为名，则'尧'亦名也。《檀弓》曰[⑦]：'死谥，周道也。'至周而后有谥。惟《论语》曰'予小子履'[⑧]，'履'为名，则'汤'非名矣。说者又谓汤名天乙，改为履，此则不可知。"

顾氏炎武《日知录》曰："尧、舜、禹，皆名也，古帝王皆以名纪。（胡文定《修春秋札子》[⑨]：臣闻古者不以名为讳，《尧典》称'有鳏在下，曰虞舜'。则'尧''舜'者，固二帝之名。而《尧典》乃虞氏史官所作，直载其君之名而不讳也。）考之《尚书》帝曰'格汝舜''格汝禹'，名其臣也。尧崩之后，舜与其臣言则曰'帝'，不敢名其君也。自'启'至

---

① 放：《孔传》以"放"为"效仿"之"仿"。

② "以类"两句：《尚书·皋陶谟》开篇"皋陶曰允迪厥德……"，格式与《尧典》"帝尧曰放勋"同，故苏轼有此说。

③ 夏僎：南宋人，撰有《尚书详解》。

④ 黄度《书说》：黄度，南宋人。《书说》，即黄度《尚书说》。

⑤ 陈大猷：南宋人。

⑥ "陈氏"句：陈氏，蒋立甫谓是宋人陈经，其人著有《尚书详解》五十卷。"师锡帝曰虞舜""曰格汝舜""曰来禹""曰弃""曰皋陶""曰咨垂""曰咨益"，均为《尚书》语。师，众。锡，推举。格，来。舜、禹、弃、皋陶、垂、益，皆人名。咨，语气词，一说为咨询之义。

⑦ 檀弓：《礼记》中的一篇。

⑧ 予小子履：商汤自称。予小子，意谓我是上天的儿子。履，商汤名。

⑨ 胡文定《修春秋札子》：胡文定，即北宋学者胡安国，文定为其谥号。札子，系上奏给皇帝的章奏一类文书。

‘发’皆名也[①]。夏后氏之季，始有以十干为号者，桀之‘癸’，商之‘报丁’‘报乙’‘报丙’‘主壬’‘主癸’皆号，以代其名。（《白虎通》曰：“殷质，以生日名子。”）自‘天乙’至‘辛’皆号也[②]。（太甲、沃丁、仲丁、河亶甲、祖乙、盘庚，皆以为书篇之名，惟其号也）。商之王著号不著名，而名之见于经者二：天乙之名履，辛之名受是也（‘武庚’亦是号，‘禄父’乃名也）。曰‘汤’、曰‘纣’，则亦号也。号则臣子所得而称，故伊尹曰‘惟尹躬及汤’[③]，《颂》曰‘武汤’、曰‘成汤’、曰‘汤孙’，是也。《多士》言‘尔先祖成汤’[④]，对其臣子称之。曰‘文祖’、曰‘艺祖’、曰‘神宗’、曰‘皇祖’、曰‘烈祖’、曰‘高祖’、曰‘高后’、曰‘中宗’、曰‘高宗’，而庙号起矣。曰‘玄王’、曰‘武王’，而谥立矣。自夏以前纯乎质，故帝王有名而无号，自商以下浸乎文，故有名有号，而德盛者有谥以美之。于是周公因而制谥，自天子达于公卿、大夫，美恶皆有谥，而十干之号不立。（《史记·齐太公世家》：‘太公子丁公，丁公子乙公，乙公子癸公，犹用商人之称。’陆淳曰[⑤]：‘《史记》《世本》厉王以前诸侯有谥者犹少，其后乃皆有谥。’）然王季已上不追谥，犹用商人之礼焉。”

胡氏渭《禹贡锥指》曰[⑥]：“记当时之言动，君不可与臣俱名，故名臣而称其君曰帝。篇中称名者，惟发端‘曰若稽古帝某’。书名则垂诸简策，以诏来世，与叙述之文不同。故二《典》《谟》《贡》不嫌以名著也[⑦]。或曰史迁云舜名重华，禹名文命，由此推之，则‘放勋’亦名也。《孟子》再称‘放勋’，屈原三称‘重华’。尧、舜、禹岂有二名哉？曰：‘放勋’‘重华’‘文命’皆号也，而亦可谓之名。阎百诗曰[⑧]：名者，号

---

① 发：指夏朝第十六任帝王姒发。

② 天乙至辛：天乙，即商汤，为商朝开国之君。辛，即殷纣王后辛，商朝最后一位君主。

③ 惟尹躬及汤：系《礼记·缁衣》引《尚书》文，今本《尚书·商书》之《咸有一德》作“惟伊躬暨汤”。其意是伊尹与汤。躬，自身。暨，与，和。

④ 多士：《尚书·周书》中的一篇。

⑤ 陆淳：唐代经学家。

⑥ 胡渭：清代经学家，地理学家。

⑦ 二《典》《谟》《贡》：指《尚书》中的《尧典》《舜典》《大禹谟》《皋陶谟》和《禹贡》。

⑧ 阎百诗曰：下引为阎若璩《尚书古文疏证》卷四第五十九。胡氏对原文略有改动。

也。言舜号曰重华，禹号曰文命云尔[①]。孔《疏》云人有号、谥之名。余谓‘名曰重华’‘名曰文命’，此生号之名也。《孟子》‘名之曰幽、厉’[②]，此死谥之名也，皆得谓之名。然则‘典’‘贡’之上曷不系以号[③]？曰：上古淳朴，无嫌子名，故不必以号著也。商则稍有所嫌矣。汤，号也，亦曰‘成汤’‘武汤’，与‘放勋’‘重华’‘文命’同。其名曰履，《论语》云‘予小子履’是也。避名著号，故《书》有《汤征》《汤誓》《汤诰》[④]。商人以十干为号，自上甲微始[⑤]。《鲁语》：展禽曰‘上甲微，能师契者也，商人报焉[⑥]’。上甲者，十干之号，微其名也。汤号天乙，而更有美号，故以‘汤’著，后王无他美号，则亦以十干之号著而不名，故《书》有‘太甲’‘沃丁’‘仲丁’‘河亶甲’‘祖乙’‘盘庚’。又有庙号，太甲为太宗，太戊为中宗，武丁为高宗，故《书》有《高宗肜日》《高宗之训》《太甲》三篇，及身而作，史亦不追改也。《高宗》二篇，据《殷本纪》，为其子祖庚时作，故称庙号。序以为祖己训高宗，误也[⑦]。周人以讳事神，死则制为谥，以易其名，故《书》有《康王之诰》，以谥著焉。”（《文侯之命》[⑧]，臣亦称谥。据《左传》：成王命鲁公以《伯禽》[⑨]，命唐叔以《唐诰》[⑩]。“伯禽”“唐诰”，皆诰命篇名也。《文侯之命》，初亦当类此，其以谥著者，盖史所追改。）

---

① “言舜”两句：系阎若璩解释《史记·五帝本纪》“虞舜者名曰重华”与《夏本纪》“夏禹名曰文命”之语。

② 名之曰幽厉：引自《孟子·离娄上》。

③ 典贡系以号：谓《尧典》《舜典》《禹贡》中“尧”“舜”“禹”之称分别用其人之号“放勋”“重华”“文命”代替。

④ 汤征：《尚书》有《胤征》篇，无《汤征》，“汤”为避雍正帝胤禛名讳所用字。

⑤ 上甲微：契八世孙。

⑥ 报：即报祭，一种祭祀名称，又称告祭、祰祭。报，即报恩德的意思。

⑦ “序以”两句：胡渭认为“高宗”既是庙号，只能是身后称呼。祖己是高宗的大臣，面谏时不可能用其庙号称呼对方。序，指《高宗肜日》《高宗之训》两篇开端的叙述文字。《高宗肜日》开篇：“高宗祭成汤，有飞雉升鼎而雊。祖己训诸王，作《高宗肜日》《高宗之训》。”

⑧ 文侯之命：系《尚书·周书》中的一篇，内容为周平王表彰晋文侯。命，册命。文侯，晋国第十一代国君，名“仇”，“文”为其谥号。

⑨ 伯禽：周公之子，代替周公受封为鲁公。

⑩ 唐叔：指唐叔虞，武王之弟，受封在唐国，故称为唐叔。

案:“曰放勋”三字为句,犹“曰虞舜”三字为句也。放勋、重华,皆臣民推美之号,犹汤之为美号也。“放”字之义,林氏引李校书之说得之。

钦明文思安安(思,当从古本作“塞”。安安,当从古本作“晏晏”。)

《尔雅》:“钦,敬也。”

陆氏德明曰:“马云:威仪表备谓之钦,照临四方谓之明,经纬天地谓之文,道德纯备谓之思。”

孔氏颖达曰:“郑玄云:敬事节用谓之钦,照临四方谓之明,经纬天地谓之文,虑深通敏谓之思。其敬、明、文、思为次者,顾氏云[①]:随便而言,无义例也。”

《孔传》曰:“以敬、明、文、思之四德,安天下之当安者也。”

林氏之奇曰:“下文‘黎民于变时雍’,方是安天下之所当安者。此谓‘安安’者,盖言尧有钦、明、文、思之四德,安而行之,非事于勉强修为,若《孟子》所谓性者也。”(《朱子语录》曰:“能敬便能明,惟明故文理详察,粲然可观,而意思自是深远。安安只是重叠字,若‘小心翼翼’‘成性存存’。言尧之钦、明、文、思皆出于自然,不勉强也。”)

案:《后汉书·冯(异)〔衍〕传》“思唐虞之晏晏[②]”,《注》引《考灵耀》曰[③]:“放勋钦明,文思晏晏。”郑玄《注》曰:“宽容覆载谓之晏。”又《第五伦传》“体晏(然)〔晏〕之姿[④]”,《注》引《尚书考灵耀》“尧文塞晏晏”。据马、郑本皆作“文思”,而《后汉书》注两引《考灵耀》,一作“思”,一作“塞”,宜以作“塞”为正。其作“思”者,后人习见“思”,罕见“塞”,涉笔遂为“思”耳。凡言德性,“明”与“诚”尽之矣。塞,即诚也。《中庸》曰:“道之不行也,我知之矣:智者过之,愚者不及也。”盖智者

---

① 顾氏:指隋朝学者顾彪。顾氏有关《尚书》的解释,见《尚书顾氏疏》。

② (异)〔衍〕:“衍”原作“异”,从蒋立甫勘正。下文引自《冯衍传》。按《后汉书》另有《冯异传》。

③ 考灵耀:汉代纬书名,即《尚书考灵耀》。

④ (然)〔晏〕:“晏”原作“然”,蒋立甫据《后汉书·第五伦传》勘正。今从之。

恃其明，以为施诸行不失，而其失多矣。尧之德钦，所以大其明也。《论语》曰："十室之邑，必有忠信如丘者焉，不如丘之好学也。"忠信，亦诚之属也。文之以礼乐，则学以进于纯粹矣。尧之德文，所以成其"塞"也。晏晏者，形容其"钦明文塞"出于自然也。

允恭克让

《尔雅》："允，信也。""克，能也。"（苏氏轼曰："恭有伪，让有不克，故以允克为贤。"）

孔氏颖达曰："郑玄云：不懈于位曰恭，推贤尚善曰让。"

案：史臣称尧之"钦明文塞"，以"晏晏"形容之。四者，德之有于中者也。见其晏晏然著乎外，即《孟子》所谓"睟然见于面，盎于背，施于四体，四体不言而喻"也①。恭让皆在外，而实本乎内，故曰"允"、曰"克"。

光被四表，格于上下。（光，当从古本作"横"，《尔雅》《说文》并作"桄"。）

《尔雅》："桄，充也。""格，至也。"（《孔传》曰："光，充也。既有四德，又信恭能让，故其名闻，充溢四表，至于天地。"）

孔氏颖达曰："界外之畔为表。"

案：《汉书·王莽传》："昔唐尧横被四表。"《后汉书·冯异传》："横被四表，昭格上下。"又班固《西都赋》："横被六合。"王子渊《圣主得贤臣颂》②："化溢四表，横被无穷。"《尔雅·释言》曰："桄、熲，充也。"《释文》："桄，孙作'光'，古黄反。"许氏《说文解字》"桄"字下云："充也。"盖古字"桄"与""横"通用，遂讹而为"光"。《乐记》："钟声铿，

① "即孟"至"喻也"：《孟子·尽心上》："君子所性，仁义礼智根于心，其生色也，睟然见于面，盎于背，施于四体，四体不言而喻。"意思是君子有良好的内在品质，相应的就有温润满溢的外在表现。睟然，温润的样子。见，同"现"，展现。盎，饱满外露的样子。施，延伸。

② 王子渊：即西汉文学家王褒，"子渊"是其字。

铿以立号，号以立横，横以立武[①]。"郑康成注云："横，充也。谓气作充满也。"《释文》："横，古旷反。"《孔子闲居篇》[②]："夫民之父母乎，必达于礼乐之原，以致'五至'而行'三无'[③]，以横于天下。"郑注云："横，充也。"《疏》不知其义出《尔雅》。史言尧之德"横被四表"，正如《记》所称"横于天下""横乎四海"也。东晋所出之《孔传》云"光，充也"，应是袭汉人旧解经之文义。"横四表""格上下"对举，充盛所及曰横，贯通所至曰格。四表有人民，故言"被"。"上下"谓天地，故言"于"。《诗·周颂·噫嘻》篇《郑笺》举"光被四表，格于上下"二语，《疏》引《注》云："言尧德光耀及四海之外，至于天地。所谓大人与天地合其德，与日月齐其明。"此所谓注，或马、郑、王之注，然以"光"为光耀，则汉时相传之本亦自不一。蔡氏沈云[④]："光，显也。"又以"被四表，格上下"对言之，失古人属辞之意。

克明俊德（俊，亦通作"骏"。）

《尔雅》："骏，大也。"

孔氏颖达曰："郑玄云：俊德，贤才兼人者[⑤]。"（《孔传》曰："能明俊德之士任用之。"苏氏轼曰："明，扬也。俊，杰也。尧之政以举贤为首，亲亲为次。"陈氏大猷《书集传或问》曰："或问：克明俊德，诸家皆以为尧自德，如何？曰：上文言'钦明''光被'，已载尧之明德，不应于

---

① "钟声"至"立武"：意即钟声铿铿是为了传达号令，号令的传达发布是为了气势满溢，气势满溢是为了激发起勇武精神。铿，象声词。

② 孔子闲居篇：《礼记》中的一篇。

③ 五至、三无：系孔子提出的官员应该达到的行为准则。五至，即志、诗、礼、乐、哀。孔子解释说："志之所至，诗亦至焉；诗之所至，礼亦至焉；礼之所至，乐亦至焉；乐之所至，哀亦至焉。"志，即志向。三无，孔子解释说："无声之乐，无体之礼，无服之丧。"无体，谓无肢体动作。三无，旨在让人发自内心地自然循守礼制。

④ 蔡沈：南宋人，撰有《尚书集传》。

⑤ 贤才：孔颖达解释此两字为"有德"。

此又言。伊川、东莱举《中庸》九经之序[①]，尊贤在亲亲之先，可谓有据，兼经文言。俊(父)〔乂〕[②]、俊民、俊有德，并是贤俊之德。俊之为义，非所以名圣人之德也。曰：然则《大学》言《帝典》曰'克明俊德'，皆自明也，非欤？曰：经传所引经文姑借以发明己意，非必尽与出处本意相合。如'于缉熙敬止[③]'，《诗》之本旨，'止'字即训助语，而《大学》乃以为'知止'之"止"。《礼记》中此类极多，固难相律。")

《朱子语录》曰："克明俊德，是明明德之义[④]，与'文王克明德'同[⑤]。问：《尧典》自'钦明文思'已下，皆说尧之德，则所谓'克明俊德'者，古注作'能明俊德之人'，似有理。曰：且看文势，不见有用人意。"

案：《夏小正》正月"时有俊风"，说曰："俊者，大也。"[⑥]古字"俊""骏"通。凡德行、行事苟有所失，则如日月之蔽亏。克明者，言大德之昭显，无或蔽亏也。《大学》"明明德"之义本乎此。以德行、行事之大谓之大德，以人所瞻仰谓之明德，其实一也。陈氏引"敬止"，"止"字训语助辞。考之《诗》，"缉熙""敬止"对称，"缉熙"言继其光明，"敬止"言敬其所止[⑦]，"止"字无从定为语辞[⑧]。古人引《诗》《书》必无并其字义失之者。

---

① 九经之序：蒋立甫指出，《中庸》"凡为天下有九经"之九经次序是：修身、尊贤、亲亲、敬大臣、体群臣、子庶民、来百工、柔远人、怀诸侯。是。九经，即经理天下的九件大事。

② (父)〔乂〕："乂"原作"父"，王光汉因《尚书》后文而疑当作"乂"。按，陈大猷《书集传或问》作"乂"，聚学轩丛书本《尚书义考》亦作"乂"，因据正。俊乂，德才出众的人。后"俊民"义同。

③ 于缉熙敬止：语出《大雅・文王》。

④ 明明德：语出《大学》，意为弘明彰显光明高尚的品德。

⑤ 文王克明德：语出《尚书・康诰》。克，能够。

⑥ "夏小"至"大也"：夏小正，系《大戴礼记》中的一篇。"说"即大戴(戴德)之解说。

⑦ "考之"至"所止"："敬止"言敬其所止。《大学》："《诗》云：'穆穆文王，于缉熙敬止。'为人君，止于仁；为人臣，止于敬；为人子，止于孝；为人父，止于慈；与国人交，止于信。"戴震释"敬止"之"止"与《大学》一致，即截止的意思。

⑧ 语辞：即虚词。

以亲九族，九族既睦。

许氏慎《五经异义》曰："九族，今《戴礼》《尚书》夏侯、欧阳说云：九族乃异姓有亲属者[①]。父族四：五属之内为一族[②]，父女昆弟适人者与其子为一族[③]，己女昆弟适人者与其子为一族，己之女子子适人者与其子为一族[④]。母族三：母之父姓为一族，母之母姓为一族，母女昆弟适人者与其子为一族。妻族二：妻之父姓为一族，妻之母姓为一族。古《尚书》说[⑤]：'九族者，上从高祖下至玄孙凡九。'皆为同姓也。谨案：礼，缌麻三月已上服[⑥]，恩之所及。礼为妻父母有服，明在九族中也。九族不得但施于同姓。"郑《驳》云[⑦]："玄之闻也，妇人归宗[⑧]。女子虽适人，字犹系姓，明不与兄父为异族。其子则不然，《昏礼》请期辞曰[⑨]：'惟是三族之不虞[⑩]。'欲及今三族未有不亿度之事而迎妇也[⑪]。如此所云，则三族不当有异姓，异姓其服皆缌麻。《礼·杂记下》：'缌麻之服，不禁嫁女取妻。'是为异姓不在族中明矣。《周礼·小宗伯》：'掌三族之别。'《丧服小记》说'服'之义曰：'亲亲，以三为

---

① 异姓：今文学家观点，"九族"应包括异姓亲属。戴震同。其《毛郑诗考正》卷二解释《小雅·伐木》"兄弟不远"："举凡异姓，不专为母之党。"

② 五属：即五服之亲。

③ 女昆弟：即姐妹。

④ 女子子：即女儿。

⑤ 古尚书说：指马融、郑玄等人的说法。下文引自《经典释文》，《释文》谓"马、郑同"。

⑥ 缌麻：即缌麻之服，为丧服中等级最低的一种。因孝服用细麻制成，故名。

⑦ 郑驳：谓郑玄《驳五经异义》。郑驳文字附于许慎《五经异义》，"非别为一书"。参《四库全书总目》。今为阅读方便，暂且分之。

⑧ 归宗：指已婚女子回娘家省亲。

⑨ 请期：谓请示迎亲的日期。

⑩ 不虞：无可担忧，谓无死丧之事可担忧。参王引之《经义述闻·仪礼》。

⑪ 不亿度：不可测，指死丧。参郑玄《仪礼·昏礼》注。

五，以五为九[①]。’以此言之，如高祖至玄孙昭然察矣。”

《后汉书·班固传》注曰：“《尚书》曰‘九族既睦’，郑玄注云：‘睦，亲也。’”（孔氏颖达曰：“睦，即亲也。章，即明也。雍，即和也。各自变文，以类相对[②]。”）

陆氏德明曰：“九族，上自高祖，下至玄孙，凡九族。马、郑同。”（《孔传》曰：“以睦高祖玄孙之亲也。”）

林氏之奇曰：“高祖非己所得而逮事，玄孙非己所得而及见，若必谓非高祖玄孙之亲，但据其族系出于高祖者，则但本宗族亦何以为九族哉？（《朱子语录》：‘问：九族为上至高祖下至玄孙，林氏谓如此只是一族。九族者：父族四，母族三，妻族二。是否？曰：父族谓本族、姑之夫家、姊妹之夫家、子女子之夫家[③]。母族谓母之本族、母族与姨母之家。妻族谓妻之本族与其母族，是也。又曰：九族，且从古注。又曰：九族以三族言者较大。’蔡氏沈《集传》曰：‘九族，高祖至玄孙之亲，举近以该远。五服，异姓之亲亦在其中也。’）敦宗睦族之道，必遍内外之亲。”

陈氏大猷《书集传》：“吴氏曰：九族者，数之极。凡王者于袒免之亲[④]，同姓之国，皆所当亲也。”

王氏充耘《读书管见》曰[⑤]：“‘既’字当训‘尽’，如‘既用’之‘既’，言无一人不亲睦也。”

---

① 以三为五，以五为九：郑玄注：“己上亲父，下亲子，三也。以父亲祖，以子亲孙，五也。以祖亲高祖，以孙亲玄，九也。”意即自己因为父亲而上亲祖父，因为儿子而下亲孙子，这是由三亲扩展至五亲。同样道理再由五代相亲扩展至九代相亲，即在五代基础上再扩而展之，上至高祖，下至玄孙。

② “孔氏”至“相对”：孔颖达此处是针对《尚书》“以亲九族，九族既睦，平章百姓，百姓昭明，协和万邦”而言。

③ 子女子：指女儿。

④ 袒免之亲：谓五服之外的远亲。

⑤ 王充耘：元人，善治《尚书》，以《读书管见》知名。

顾氏炎武曰[①]:"《尔雅》于内宗曰族[②],于母、妻则曰党。而《昏礼》及《仲尼燕居》'三族'之文[③],康成并释为父、子、孙。(《仪礼·士昏礼》'三族之不虞'注:'三族,谓父昆弟、己昆弟、子昆弟。'《礼记·仲尼燕居》篇'故三族和也'注:'三族,父、子、孙也。')杜元凯乃谓[④]:'外祖父、外祖母、从母子及妻父、妻母、姑之子、姊妹之子、女子(子)之子[⑤]、非己之同族,皆外亲有服而异族者。'孔氏《正义》谓'高祖玄孙无相及之理'(《左氏桓公六年》注疏[⑥])。不知高祖之昆弟与玄孙之昆弟固可以相及。《礼·小记》曰[⑦]:'亲亲者,以三为五,以五为九,上杀下杀旁杀而亲毕矣[⑧]。'是所谓九族者也。"(《春秋鲁成公十五年》"宋共公卒"《传》曰:"二华,戴族也[⑨];司城,庄族也[⑩];六官者皆桓族也[⑪]。"共公距戴公九世。宋洪迈《容斋随笔》言"嗣濮王士歆,在隆兴为从叔祖,在绍熙为曾叔祖,在庆元为高叔祖[⑫]"。)

案:古人宗族称谓,同祖而下,曰世父[⑬]、叔父、从父昆弟[⑭];同曾祖

---

① 顾炎武曰:下引为顾炎武《日知录》卷二"九族"之中语。

② 内宗:谓父系亲属。

③ "而昏"句:"昏礼"即"士昏礼",为《仪礼》中的篇目。"仲尼燕居"为《礼记》中的篇目。

④ 杜元凯:即魏晋经学家杜预,"元凯"为其字。撰有《春秋左传集解》。

⑤ 女子(子):蒋立甫认为第二个"子"当从《左传》杜注删。今从之。

⑥ "左氏"句:此系顾炎武原注。

⑦ 礼小记:即《礼记·丧服小记》。

⑧ 上杀:此处谓服丧等级递减。杀,是减轻的意思。郑玄注:"杀,谓亲益疏者,服之则轻。"

⑨ "二华"两句:二华指宋国大臣华元(时任右师)和华喜(时任司徒)。戴,指宋戴公。

⑩ "司城"两句:司城,官名,时任司城的是公孙师。庄,指宋庄公。

⑪ 六官:指鱼石(时任左师)、荡泽(时任司马)、向为人(时任大司寇)、鳞朱(时任少司寇)、向带(时任大宰)、鱼府(时任少宰)。桓,指宋桓公。

⑫ "嗣濮"至"叔祖":言宋嗣濮王赵士歆与不同皇帝间的辈分关系。嗣濮王士歆:蒋立甫据《宋史》,以嗣濮王另有其人即赵宗楚,认为赵士歆不是嗣濮王。按:赵宗楚、赵士歆都曾为嗣濮王,《容斋随笔》不误。隆兴,宋孝宗年号(1163—1164)。绍熙,宋光宗年号(1190—1194)。庆元,宋宁宗年号(1195—1201)。宋宁宗系光宗子、孝宗孙。

⑬ 世父:即伯父。

⑭ 从父昆弟:即叔伯兄弟。从父,祖父亲兄弟的儿子。

而下，曰从祖祖父[①]、从祖父[②]、从祖昆弟[③]；同高祖而下，曰族曾祖父、族祖父、族父、族昆弟。服制则同祖而下大功，同曾祖而下小功，同高祖而下缌。世父母、叔父母之期也，加隆也。《尔雅》"族昆弟之子相谓为亲同姓"《注》云："同姓之亲无服属。"明服之制，止于同高祖而下也。《昏礼》：请期辞曰"惟是三族之不虞"，郑以缌麻之服，不禁嫁女取妻，明异姓不在族中。据《杂记》云[④]："大功之末，可以冠子，可以嫁子。父小功之末，可以冠子，可以嫁子，可以取妇。己虽小功，既卒哭，可以冠、取妻。"父小功，己为之缌者也。昏礼以己上对父、下对子言之。己小功之末，乃可取妇，于子实缌麻之服。自子而数至族曾祖父，不得为三族矣。族曾祖父，同高祖者也，夏侯、欧阳说谓"五属之内为一族"，指此。郑氏谓"女子虽适人，不与父兄为异族"。考之服属，姑姊妹之外[⑤]，有父之姑、从父姊妹及从祖姑姊妹适人者[⑥]，若姑姊妹女子子别于五属，则无以该之。《仪礼》缌麻三月者，列外孙、甥、姑之子，因姑姊妹女子子而及之，为九族之三。又列舅与舅之子，此二者统于母之父姓。杜元凯独举外祖父，则遗此矣。又别从母及其子为二，而遗五属之内，尤失之。顾氏援《尔雅》于内宗曰族，于母、妻则曰党，证异姓不得言族。夫异姓之不得引为己族，故就己而言，则于母、妻称"党"。各就其族而言，固各为一族，合之有九也。况《尧典》之九族，该举甚广，九族不必尽有服属。详言之曰九族，概言之曰三族。《周礼》："小宗伯掌三族之别，以辨亲疏。"《仲尼燕居》篇曰[⑦]："以之闺门之内有礼[⑧]，故三族和也。"三族承闺门言，不遗母党、妻党可知。"三族不虞"之辞，不过泛言，在喜乐时，本无庸拘泥。至《丧服小记》

① 从祖祖父：即祖父的亲兄弟。

② 从祖父：即父亲的堂兄弟。

③ 从祖昆弟：即祖父兄弟的孙子。

④ 杂记：《礼记》中的一篇。

⑤ 姑姊妹：指父亲的姐姐和妹妹，即姑母。

⑥ "从父"至"人者"：从父姊妹，即堂姐妹。从祖姑姊妹，即父亲的堂姐妹。

⑦ 仲尼燕居：《礼记》中的一篇。

⑧ 闺门：指家庭。

"亲亲以三为五,以五为九",专以明"上杀下杀旁杀"之等,论服制,非论族属。顾氏谓高祖之昆弟与玄孙之昆弟,固可以相及。据五属,高祖之昆弟于己为亲同姓,若谓同高祖而下有为玄孙之昆弟者,然皆服既穷,戚既单。使广推及此,又不得以九为限,徒因以"五"为"九"之文附会"九族",而不知义各有当也。

平章百姓,百姓昭明。("平",当从古本作"便",亦通作"辩"。下"平(章)〔秩〕""平在"并同[①]。)

《史记·五帝本纪》"便章百姓"[②],裴骃《集解》:"郑玄云:百姓,群臣之父子兄弟。"

《后汉书·刘恺传》注曰:"《尚书》曰'辩章百姓',郑玄《注》云:'辩,别也。章,明也。'"

《孔传》曰:"百姓,百官也。"(苏氏轼曰:"百姓,凡国之大族,民之望也。方是时,上世帝皇之子孙其得姓者[③],盖百余族而已,故曰百姓。"陈氏大猷曰:"按《史记》:黄帝二十五子,得姓者十四人。上古必得位尊显者始得姓,故百姓多指百官。其后人皆有姓,故百姓多指民。")

林氏之奇曰:"平章者,平章百官之职业而升黜之,后世以宰相为'平章[④]',事盖出于此。"

《朱子语录》曰:"平章百姓,只是近处百姓;黎民,合天下民言之。《典》《谟》中'百姓'只是说民,如'罔咈百姓'之类[⑤];若《国语》说'百姓',则多说百官族姓。"蔡氏沈曰:"平,均。章,明也。百姓,畿内民庶也。"

---

① (章)〔秩〕:蒋立甫云:"秩,原误作'章',据《尚书》原文改。"据戴震文义,蒋说是。今从之。

② 便章:即"平章",也写作"辩章",意即辨别清楚。

③ 上世:指上古之世。

④ 后世以宰相为平章:指唐代所设"同中书门下平章事"一职,实为宰相。

⑤ 罔咈百姓:语出《尚书·大禹谟》,意思是不要违逆百姓的意愿。咈,戾,违逆。

案:《诗·小雅》“平平左右”[①],《韩诗》作“便便”,可证《史记》“便章”,乃《书》之本文。《索隐》云:“今文作‘辩章’。”郑所注者古文,其本亦作“辩章”矣。《诗·小雅》“群黎百姓,遍为尔德”[②],《毛传》曰:“百姓,百官族姓也。”《周语》“百姓兆民”,韦昭《注》曰:“百姓,百官也。官有世功受氏姓也。”《楚语》子期对昭王曰:“民之彻官百[③],王公之子弟之质能言能听彻其官者,而物赐之姓以监其官,是为百姓。”《注》云:“彻,达也。自以名达于上者,有百官也。质,有贤(质)〔行〕[④]。物,事也。以功事赐之姓,官有世功,则有官族,若太史、司马之属。”据此,则百姓之称,周时犹不指民,而谓唐虞时即以指民,非也。“罔咈百姓”,语见伪古文,不足引以相证。

协和万邦,黎民于变时雍。

《尔雅》:“黎,众也。”“时,是也。”“雍雍,和也。”

林氏之奇曰:“于变者,唐孔氏曰[⑤]:其万国之众人,于是变化从上。子和云:于者,叹美之辞也。盖言之不足,故嗟叹之,与《诗》所谓‘于论鼓钟’之‘于’字同[⑥]。当从子和之说。时雍者,孔氏云:是以风俗大和。程氏曰:化成俗美而时雍和。程氏之说善。”

案:时雍,犹言斯和耳[⑦]。万邦君长,亦在百官族姓之内,故此遂言黎民。凡在民上者,欲其昭明。民则能使由之,不能使知之也。至于从化而无乖戾,可以观治教矣。

---

① 平平左右:引自《小雅·采菽》。平平,平定。

② 群黎百姓,遍为尔德:引自《小雅·天保》。

③ 彻官:犹言达官,这里指因为姓名而做的官。彻,达至。

④ (质)〔行〕:“行”原作“质”,蒋立甫据《国语》韦昭《注》文而正。今从之。

⑤ 唐孔氏:指孔颖达。林之奇《尚书全解》通例,以“孔氏”指孔安国,以“唐孔氏”指孔颖达。

⑥ 于论鼓钟:语出《大雅·灵台》。

⑦ 斯和:如此和谐。斯,此。

乃命羲和

陆氏德明曰："马云：羲氏掌天官，和氏掌地官，四子掌四时[①]。"（孔氏颖达曰："马融、郑玄皆以此'命羲和'者，命为天地之官[②]。下云'分命'[③]'申命'[④]，为四时之职。"）

《周礼疏》曰："《尧典》'乃命羲和'《注》云：'高辛之世命重为南正，司天；犁为火正，司地。尧育重、犁之后羲氏、和氏之子贤者，使掌旧职天地之官。亦纪于近，命以民事[⑤]。其时官名盖曰稷、司徒。'"（孔氏颖达曰："《楚语》：'少昊氏之衰，九黎乱德，民神杂扰，不可方物。颛顼受之，乃命南正重司天以属神[⑥]，火正黎司地以属民，使复旧常，无相侵渎。其后三苗复九黎之德，尧复育重、黎之后，不忘旧者，使复典之。'《吕刑》先重后黎[⑦]，此文先羲后和。扬子《法言》曰[⑧]：'羲近重，和近黎。'是羲承重，而和承黎矣。《吕刑》称'乃命重、黎'，与此'命羲、和'为一事也。羲和虽别为氏族，而出自重、黎，故《吕刑》以重、黎言之。郑《注》：'黎为高辛氏火正。'则高辛亦命重、黎，故郑玄于此注云：'高辛氏世，命重为南正司天，黎为火正司地。'《楚世家》云[⑨]：'重黎为帝喾火正，能光融天下。帝喾命曰祝融。共工氏作乱，

---

① 四子掌四时：此据《尧典》"分命羲仲……以殷仲春，申命羲叔……以正仲夏，分命和仲……以殷仲秋，申命和叔……以正仲冬"而言，谓羲仲、羲叔、和仲、和叔四人分别负责确定春夏秋冬四季来临的准确时间。殷、正，此处都是判明、确定的意思。

② 天地之官：孔颖达《疏》谓天地之官负责观察日月星辰的运行及变化、制定历法等事务。

③ 下云分命：指《尧典》下文"分命羲仲"。孔颖达《疏》谓意即分别命令羲氏当中名仲的人担任东方天文事务的职官。分命，分别命令。

④ 申命：又命令。申，重。

⑤ "亦纪"两句：《左传·昭公十七年》："自颛顼以来不能纪远，乃纪于近，为民师而命以民事。"纪近，谓官职名称以人事纪之，与之前以动物神灵称之等不同。

⑥ 属：会聚。韦昭注："会也。（属神的意思是）所以会群神，使（神与人）各有分序，不相干乱也。"

⑦ 吕刑：《尚书·周书》中的一篇。

⑧ 扬子《法言》：扬子，即西汉学者扬雄。《法言》是其仿《论语》之作。

⑨ 楚世家：《史记》中的一篇。

帝喾使重黎诛之而不尽。帝乃以庚寅日诛重黎，而以其弟吴回为重黎，复居火正，为祝融。'案：《昭二十九年左传》称少昊氏有子曰重，颛顼氏有子曰黎。则重、黎二人，各出一帝，而《史记》并以重黎为楚国之祖。束皙讥马迁并两人以为一[①]，谓此是也。《郑答赵商》云[②]：先师以来，皆云火当为北，当云黎为北正。高辛所命明是重、黎之后，世以'重''黎'为号。")

林氏之奇曰："唐孔氏谓羲、和为氏族，下云'咨，汝羲暨和'，则似名矣，非氏族也。王氏云[③]：'散义气以为羲，敛仁气以为和。日出之气为羲，羲者，阳也。利物之谓和，和者，(阳)〔阴〕也[④]。''羲''和'即人之名，安有阴阳仁义之说哉？"

陈氏栎《书集传纂疏》曰[⑤]："愚谓重、黎自掌天地神民，羲、和自掌四时作历，当是两官。纷纭之说不足泥，四子先总命之，继分命之，末又总命之。虽分方与时，其实通掌。"

钦若昊天"昊"(昊，当从《说文》作"昦"。)

许氏慎《五经异义》曰："今《尚书》欧阳说曰：'春曰昦天，夏曰苍天，秋曰旻天，冬曰上天，总为皇天。'《尔雅》亦云。古《尚书》说云：'天有五号，各用所宜称之。尊而君之，则曰皇天；元气广大，则称昦天；仁覆慜下，则称旻天；自上监下，则称上天；远视之苍苍然[⑥]，则称苍天。'谨案：《尚书》'尧命羲和，钦若昦天'，总敕四时，知昦天不独春也。《春秋左传》曰：'夏四月己丑，孔丘卒。'称曰'旻天不吊'[⑦]。时非

---

① 束皙：西晋人，撰有《五经通论》等。

② 郑答赵商：指《郑志》中的"答赵商问"。

③ 王氏：指王安石。下引文字出自王氏《三经新义·尚书新义》。林之奇《尚书全解》对王氏《尚书新义》多所驳正。

④ (阳)〔阴〕："阴"原作"阳"，蒋立甫据抄本勘正。按，林氏原文亦作"阴"。故从之。

⑤ 陈栎：宋末元初人。

⑥ 苍苍然：富有生机的样子。《尔雅·释天》"春为苍天"郭璞注："万物苍苍然生。"

⑦ 称曰旻天不吊：称曰，指鲁哀公诔词所说，见《左传·哀公十六年》。旻天不吊，谓上天不悯惜不庇护。旻天，本指秋天，此处泛指天。

秋也。”郑驳云：“玄之闻也，《尔雅》者，孔子门人所作，以释六艺之言[①]，盖不误也。春气博施，故以‘广大’言之；夏气高明，故以‘远’言之；秋气或杀或生，故以‘愍下’言之[②]；冬气闭藏而清察，故以‘监下’言之。皇天者，其尊大号。六艺之中诸称天者，以己情所求言之耳，非必于其时称之。浩浩昦天，求天之博施；苍天苍天，求天之高明；旻天不吊，则求天之杀生当其宜；上天同云[③]，求天之所为当顺于时也。此之求，犹人之所事，各从其主耳。若察于是，则‘尧命羲和，钦若昦天’，孔丘卒，称‘旻天不吊’，无可怪耳。”

历象日月星辰，敬授人时。（人，当从古本作“民”。）

孔氏颖达曰：“二十八宿随天转运[④]，更互在南方，每月各有中者[⑤]。日行迟，月行疾，每月之朔，月行及日而与之会，其必在宿，分二十八宿，是日月所会之处。辰，时也。集会(之)(有)时[⑥]，故谓之辰。日月所会与四方中星俱是二十八宿，举其人目所见，以星言之；论其日月所会，以辰言之。《益稷》称‘古人之象，日月星辰’[⑦]，共为一象，由其实同故也。《周礼·大宗伯》云‘实柴祀日月星辰[⑧]’，郑玄云：‘星

---

① 六艺：此处指《诗》《书》《礼》《乐》《易》《春秋》六部经籍。下同。

② 愍：通“悯”，谓怜悯。

③ 上天同云：语出《诗经·小雅·信南山》。

④ 二十八宿：古人将黄道附近的星象划分为二十八处区域，即为“二十八宿”。二十八宿按其方位又分别归属为四宫，即东方青龙七宿，南方朱雀七宿，西方白虎七宿，北方玄武七宿。

⑤ 每月各有中者：谓每月都有二十八宿中的一个星宿作为中星出现在正南方。中，中星。

⑥ (之)[有]：“有”原文作“之”，据注疏本《尚书正义》正之。

⑦ “益稷”两句：《益稷》谓古人衣服绘以日月星辰等形象。从孔颖达《疏》说。益稷，《尚书·虞书》中的一篇文字。

⑧ 柴祀：一种祭天仪式，即烧柴祭天。

谓五纬[1]，辰谓日月所会十二次[2]。'以星辰为二者。五纬与二十八宿俱是天星，天之神祇，礼无不祭。此'敬授人时'，无取五纬之义，故郑玄于此注以星辰为一。"

苏氏轼曰："历者，其书也。象者，其器也，璇玑玉衡之类[3]，是也。或曰辰，三辰[4]，心、伐、北辰也[5]。"

林氏之奇曰："薛氏云：周建子，天时也[6]；商建丑，地时也[7]；夏建寅，人时也[8]。尧之所授为人事而已，以建寅之月授之，故曰'敬授人时'。此说虽近似，然改正朔始于商时，尧舜之世无三正之异[9]，故《春秋疏》举郑氏曰'正朔三而改[10]，自古皆相变'，而以其说为不然，谓古惟用夏正，惟商革夏命，而用建丑，周革商命，而用建子。观此说，则薛氏之说，亦不可用矣。人时，《史记》作'民时'。"

分命羲仲，宅嵎夷，曰旸谷。寅宾出日，平秩东作。（宅，当从古本作"度"。）

《尔雅》："寅，敬也。"

《周礼疏》曰："'分命羲仲''申命羲叔''分命和仲''申命和叔'，

---

① 五纬：即五星，指金、木、水、火、土五星。古人很重视五星，将其与日月合称为"七曜"。

② 十二次：即十二星次。古人将黄道带分为十二等分，叫作十二次或十二星次。十二星次对应于二十八宿，借以量度日、月、行星在一年中的运行区域。

③ 璇玑玉衡：语出《尚书·舜典》，后人或解释为北斗七星，或解释为观测天象的仪器。苏轼以为仪器。

④ 三辰：此处意谓三种星辰。

⑤ "心伐"句：心，指心宿；伐，指参宿中的伐星；北辰，即北极星。

⑥ 天时：即天统。《礼记·檀弓上》"夏后氏尚黑"孔颖达疏："建子之月为正者，谓之天统。以天之阳气始生，为百物得阳气，微稍动变，故为天统。"

⑦ 地时：即地统。《礼记·檀弓上》"殷人尚白"孔颖达疏："建丑之月为地统者，以其物已吐芽，不为天气始动，物又未出，不得为人所施功，唯在地中含养萌芽，故为地统。"

⑧ 人时：即人统。《礼记·檀弓上》"周人尚赤"孔颖达疏："建寅之月为人统者，以其物出于地，人功当须修理，故谓之人统。"

⑨ 三正：谓上述建子、建丑、建寅之异。正，正月。

⑩ 正朔三而改：谓分别改用了三个不同的月份为正月。正朔指岁首，即正月第一天。

使分主四方。《注》:仲、叔,亦羲、和之子。尧既分阴阳四时,又命四子为之官。掌四时者,字曰仲、叔,(《疏》又曰:“分命‘仲’‘叔’《注》云:‘官名’。”)则掌天地者,其曰‘伯’乎?”(阎氏若璩《尚书古文疏证》曰:“朱子言羲和即是下四子[①]。或云有羲伯、和伯共六人,未必是。金仁山案[②]:《尚书大传》:舜巡四岳,奏羲伯之乐、和伯之乐。则羲伯、和伯当有其人。盖四子分职,必有二伯以总之,不然历法无统矣。说至确。羲伯、和伯官在国(子)〔都〕中[③],四子则分遣之,测验于四极之地。羲伯、和伯犹今监正、监副,四子则犹今春官正、夏官正、秋官正、冬官正。又古者太史职掌察天文、记时政;汉时太史公掌天官,不治民,而䌷石室金匮之书[④],犹是任也。”)

陆氏德明曰:“马云:嵎,海嵎也。夷,莱夷也。旸谷、海嵎,夷之地名。(王氏应麟《困学纪闻》曰:“今按:《史记·尧本纪》‘居郁夷’《正义》:‘郁,音隅。’《夏本纪》‘嵎夷既略’《索隐》云[⑤]:‘《今文尚书》及《帝命验》并作“禺”[⑥]。’”胡氏渭曰:“銕,古文铁。从夷则可读为夷,不当作‘铁’。其作‘铁’者,盖后人传写之误。《说文》:‘旸山在辽西。一曰嵎铁,旸谷也。’[⑦]既在辽西,则冀域而非青域。薛士龙云[⑧]:嵎夷,今登州[⑨]。《齐乘》因以宁海州为禺夷[⑩],近世皆宗其说。余按:《封禅

---

① 下四子:指下文提到的四人,即羲仲、羲叔、和仲、和叔。

② 金仁山:即金履祥,宋末元初人,撰有《尚书表注》。

③ (子)〔都〕:蒋立甫云“都,原误作‘子’,据抄本改。”按阎若璩《尚书古文疏证》原文亦作“都”,故从之。

④ 䌷石室金匮之书:《史记·太史公自序》及阎若璩《尚书古文疏证》原文“䌷”下并有“史记”二字。石室金匮,系古时国家藏书处。

⑤ 嵎夷既略:为《史记》沿用《尚书·禹贡》语。略,孔安国《传》:“用功少曰略。”孔颖达《疏》:“‘略’是简易之义。”胡渭认为应训为“界”。

⑥ 帝命验:即《尚书帝命验》,汉代的一部纬书。

⑦ 旸:《说文》此条“旸”皆作“崵”。段玉裁谓《说文》此条“一曰”下引为《今文尚书》。《说文》“旸”下云:“日出也。从日昜声。《虞书》曰‘旸谷’。”段玉裁谓《说文》此条所引为《古文尚书》。

⑧ 薛士龙:即薛季宣,南宋人。下引见于其《书古训》。

⑨ 登州:旧地名,辖区大致当今山东烟台之蓬莱、福山两地。

⑩ 齐乘:书名,记载山东地方的一部志书,元人于钦撰。

书》：‘秦始皇东游海上，祠齐之八神，其七曰日主，祠成山。成山斗入海，最居齐东北隅，以迎日出云。’韦昭曰[①]：‘成山在东莱不夜县。’今文登县东北百八十里有成山是也。自古相传为日出之地，谓羲仲之所宅在此，颇近理。然文登与莱州接壤，禹既略嵎夷，不应越莱夷而治潍、淄，是则可疑耳。且朝鲜更在成山之东，寅宾出日[②]，尤为得宜。《范史》以东夷九种为嵎夷[③]，必有根据。杜氏《通典》亦用其说。《通鉴》：唐高宗显庆元年，命苏定方伐百济，以新罗王春秋为嵎夷道行军总管。是亦以东夷为嵎夷也。《元史·天文志》言郭守敬为太史，“四海测景之所凡二十七[④]，东极高丽，西至滇池，南逾朱崖[⑤]，北尽铁勒[⑥]”，皆古人所未及。高丽即古朝鲜，北极出地三十八度与登州同[⑦]。后世朝鲜为外国，测景但可在登州。尧时嵎夷为青域，则测景自当在朝鲜也。”）宾，徐音傧，马云从也。平，马作‘苹’，云使也。”

孔氏颖达曰：“郑玄云：寅宾出日，谓春分朝日[⑧]。（蔡氏沈曰：“盖以春分之旦，朝方出之日，而识其初出之景也。”）郑以‘作’为生，计秋言‘西成’，春宜言‘东生’。”（林氏之奇曰：“东作，谓万物发生于东耳，非取于农作之义也。惟曾氏谓春为阳中，万物以生；秋为阴中，万物以成。且引《诗》‘薇亦作止’[⑨]，《老子》‘万物并作’为证[⑩]。此可以补先儒之失。”）

---

① 韦昭曰：指韦昭《国语注》。但下引“成山在东莱不夜县”，《国语注》未见。

② 寅宾出日：《尚书·尧典》语，迎接太阳出来的一种仪式。孔安国《传》：“寅，敬。宾，导。”孔颖达《疏》：“令此羲仲恭敬导引将出之日。”

③ 范史：即《后汉书》。因该史籍为范晔所撰，故有此别称。

④ 四海：谓元代管辖境内。

⑤ 朱崖：古地名，今属海南海口市。

⑥ 铁勒：谓铁勒人所居之地，即今内蒙古高原一带。铁勒，系古代北方民族，又称敕勒、高车等。

⑦ 北极出地：古代天文术语，又叫“极高”，为区分南北不同地点而设，作用略相当于今纬度。北极出地，意即北天极的地平高度。

⑧ 朝日：郑玄之意指朝阳。郑玄解释《尚书》后文“寅饯纳日”为“秋分夕日”。

⑨ 薇亦作止：引自《小雅·采薇》。

⑩ 万物并作：引自《道德经》第十六章。

《孔传》曰："宅，居也。东表之地称嵎夷[①]。旸，明也。日出于谷而天下明，故称旸谷。旸谷、嵎夷一也。（孔氏颖达曰："据日所出，谓之旸谷；指其地名，则称嵎夷。居者，居其官，不居其地，居在帝都而遥统领之。王肃云：皆居京邸而统之，亦有时述职。"蔡氏沈曰："嵎夷，即《禹贡》'嵎夷既略'者也。曰旸谷者，取日出之义。羲仲所居官次之名，盖官在国都，而测候之所则在于嵎夷东表之地也。"）宾，导。秩，序也。平均次序东作之事[②]，以务农也。"

苏氏轼曰："《禹贡》嵎夷在青州。又曰旸谷，则其地近日而先明，当在东方海上。以此推之，则昧谷当在西极，朔方、幽都当在幽州，而南交为交趾明矣。当是致日景以定分、至[③]，然后历可起也，故使往验于四极，非当居也。"

林氏之奇曰："据孔氏云：宾，导也。则音傧者，是与傧相之'傧'同。'宾出日''饯纳日'[④]，盖将以候日晷之早晚，以验晷刻之长短也。'帝喾历日月而迎送之'[⑤]，即此法也。阴阳四时之气，运于天地之间，造化密移[⑥]，莫不有序。平秩、平在者[⑦]，盖所以候其气节之早晚，如后世分定(三)〔二〕十四气之类[⑧]，是也。"

《朱子语录》曰："'宅'字古与'度'字通，见《周礼注》等书者非一。

---

① 东表之地：指山东东部临海之地。陆德明《经典释文》："马（融）曰：嵎，海嵎也。夷，莱夷也。"

② 平均：谓统一。

③ 致日景：谓观测日影的长度。景，同"影"。

④ 宾出日、饯纳日：即《尧典》中的"寅宾出日""寅饯纳日"，意即恭迎日出、恭送日入之礼仪。饯，送。纳日，即落日。

⑤ 帝喾历日月而迎送之：语出《史记·五帝本纪》。句意为帝喾观测日月运行的情况来迎接日出或送别日落。

⑥ 造化密移：语出宋徽宗《宣和殿荔枝》"密移造化出闽山"，意思是荔枝被秘密运出闽山。

⑦ 平秩平在者：按林氏原文其后尚有"平均次序在察之"句，故"平秩平在"意思是统一有序地观察。平在：《尧典》有"平在朔易"句，意思是有序视察北方岁末改易的情况。在，观察。

⑧ (三)〔二〕："二"原作"三"，蒋立甫据抄本勘正。按，林之奇原文亦作"二"。故从之。

‘宅嵎夷’之属，皆谓度日景于此[①]。”

金氏履祥《尚书表注》曰：“帝尧以嵎夷正东方之景，青境实跨有东夷。”（胡氏渭曰：“《后汉书》：东夷有九种，昔尧命羲仲，宅嵎夷，曰旸谷，盖日之所出也。是以九夷为嵎夷。金说本此。”）

案：《周礼·缝人》注曰：“《书》度西[②]。”以是例之，郑康成本当作“度嵎夷”“度南交”“度朔方”。古音“宅”读如“度”，分四方测景，故言“度”。王肃释“宅”为“居”，遂不可通。蔡氏以“旸谷”为所居官次之名，尤非。寅宾，《史记》作“敬道”[③]，即其字义。平秩，《史记》作“便程”，《索隐》引《尚书大传》“辩秩东作”[④]，便，即“辩”也。

日中星鸟，以殷仲春。

陆氏德明曰：“殷，马、郑云：中也。”

孔氏颖达曰：“马融云：古制刻漏，昼夜百刻。昼长六十刻，夜短四十刻；昼短四十刻，夜长六十刻；昼中五十刻，夜亦五十刻。（《隋书·天文志》曰：“昔黄帝创观漏水，《周礼》挈壶氏则其职也。其法，总以百刻，分于昼夜，昼有朝、有禺、有中、有晡、有夕。夜有甲、乙、丙、丁、戊。汉哀帝时改用昼夜百二十刻，寻亦寝废。梁天监六年[⑤]，武帝以昼夜百刻分配十二辰，辰得八刻，仍有余分，乃以昼夜为九十六刻，一辰有全刻八焉。至大同十年[⑥]，又改用一百八刻，依《尚书考灵耀》昼夜三十六顷之数，因而三之。陈文帝天嘉中亦命舍人朱史造漏[⑦]，

① 度：测度。

② 度西：为郑玄注释《尧典》“宅西”的词语，即在西方观测日影之意。

③ 敬道：即恭敬引导，意即恭敬地举行迎接仪式。道，通“导”。

④ 辩秩东作：即辨别耕作的先后顺序来安排东方的农事生产。辩秩，同“平秩”。

⑤ 天监：梁武帝的年号（502—519）。

⑥ 大同：梁武帝年号（535—546）。

⑦ 天嘉：陈文帝年号（560—565）。

依古百刻为法。”《五代会要》曰[①]：晋天福三年[②]，司天台奏《漏刻经》云：昼夜一百刻，分为十二时，“六十分为一刻，一时有八刻二十分。四刻十分为正前，十分四刻为正后，二十分中心为时正[③]。上古以来皆依此法”。王氏逵《蠡海集》曰[④]：百刻之说[⑤]，每刻分为六十分，百刻共六千分，数于十二时，每时得五百分。如此则一时占八刻零二十分。将八刻截作初、正各四刻，却将二十分零头数以作初初、正初，微刻各一十分也。”）马融、郑玄以为‘星鸟’‘星火’[⑥]，谓正在南方。春分之昏，七星中[⑦]。仲夏之昏，心星中[⑧]。秋分之昏，虚星中[⑨]。冬至之昏，昴星中[⑩]。举仲月以统一时。王肃以所宅为孟月，日中、日永为仲月，星鸟、星火为季月。‘以殷’‘以正’皆总三时之月[⑪]。读‘仲’为‘中’，言各正三月之中气也[⑫]。”

《周礼·小司马》疏曰[⑬]：“郑注《尧典》云：日中者[⑭]，日见之漏与不

---

① 《五代会要》：系宋人王溥编撰的会要，内容接续《唐会要》。下引文见《五代会要》卷十《漏刻》。

② 天福：后晋高祖年号(936—944)。

③ “四刻”至“时正”：意即一个时辰有八刻二十分，以二十分的中心为“时正”，一时的前四刻十分叫作“正前”，后面的十分加四刻为“正后”。

④ 王氏逵：即明代学者王逵。下述内容见王逵《蠡海集》“历数类”。

⑤ 百刻之说：王逵下文所述是“百刻之说”中较好的一种。

⑥ 星鸟星火：星鸟，《孔传》以为是朱雀七星。星火，《孔传》以为本是苍龙中的一个星宿，此处代指苍龙七星，孔颖达《疏》以为指房宿和心宿。

⑦ 七星中：《孔传》以“七星”为朱雀七星。“中”是作为中星的意思。

⑧ 心星：按孔颖达《疏》意，即心宿。

⑨ 虚星：《孔传》以为即玄武七星正中的虚宿。

⑩ 昴星：《孔传》以为即白虎七星正中的昴宿，此处代指白虎七星。

⑪ 以殷、以正皆总三时之月：谓《尧典》这两个词语虽然只是与“仲春”“仲夏”等词语搭配，但实际上是举“仲”而包括孟、季。“殷”即是正。

⑫ 中气：古人将每月的第二个节气称作“中气”。古人以太阳所在十二宫次的位置来定节气，太阳在某宫之初为节气，在某宫宫内为中气。《汉书·律历志》：“凡十二次，日至其初为节，至其中为气。”

⑬ 小司马：当系“挈壶氏”之误。下引文见于《周礼·挈壶氏》贾公彦《疏》。

⑭ 日中：谓白昼与夜晚时间等长，指春分日。

见者齐。日长者[①],日见之漏五十五刻,于四时最长也。夜中者[②],日不见之漏与见者齐。日短者[③],日见之漏四十五刻,于四时最短。”(孔氏颖达曰:“天之昼夜以日出入为分,人之昼夜以昏明为限。日未出前二刻半为明,日入后二刻半为昏,损夜五刻以裨于昼,则昼多于夜复较五刻[④]。古今历术与太史所候皆云夏至之昼六十五刻[⑤],夜三十五刻。冬至之昼四十五刻,夜五十五刻。春分秋分之昼五十五刻,夜四十五刻。此其不易之法。然今太史(气)〔细〕候之法[⑥],则较常法半刻也。从春分至于夏至昼渐长,增九刻半,夏至至于秋分所减亦如之。从秋分至于冬至,昼渐短,减十刻半,从冬至至于春分,其增亦如之。又于每气之间增减刻数有多有少,不可通而为率。汉初未能审知率九日增减一刻,和帝时待诏霍融始请改之。郑《注》与历不同[⑦],故王肃难云:知日见之漏减昼漏五刻[⑧],不知马融为传已改之矣,因马融所减而又减之,故日长为五十五刻,因以冬至反之,取其夏至夜刻以为冬至昼刻,此其所以误耳。”

《诗·七月》疏曰:“《尧典》注云:星鸟[⑨],鹑火之方[⑩]。”(朱子曰:

---

① 日长:又称作“日永”,谓白昼时间最长的那天,指夏至日。

② 夜中:又称作“宵中”,谓昼夜与白昼时间等长,指秋分日。

③ 日短:谓白昼时间最短的那天,指冬至日。

④ 较:同“校”。今《十三经注疏》本孔《疏》作“校”。下“较常法半刻”之“较”同。

⑤ 历数与太史所候:谓推测岁时节候的记录与太史所记录的天文观测结果。候,即候簿,指天文观测记录。

⑥ (气)〔细〕:“细”原作“气”,蒋立甫据抄本勘正。今从之。

⑦ 郑注与历不同:指郑玄《书纬考灵耀》注语仍然认为“九日增减一刻”(引文为孔颖达《疏》引郑玄)。

⑧ 知日见之漏减昼漏五刻:孔颖达之前还引了郑玄《注》“日长者,日见之漏五十五刻,日短者,日见之漏四十五刻”语,故“知日见之漏减昼漏五刻”意为知道冬至日要用夏至白昼出现的刻漏数减去昼漏五刻。

⑨ 星鸟:谓南方朱雀七宿中的星宿。因为属于朱雀,故以“鸟”称之。

⑩ 鹑火之方:即鹑火次位。“鹑火”为十二星次之一。

“中星或以象言[①]，或以次言，或以星言[②]。盖星适当昏中，则以星言，如‘星虚’‘星昴’是也。星不当中而适当其次者，则以次言，如‘星火’是也[③]。次不当中，而适界于两次之间者，则以象言，如‘星鸟’是也。”）

《孔传》曰：“鸟，南方朱鸟七宿也。殷，正也。春分之昏，鸟星毕见，以正仲春之气节[④]，转以推季孟，则可知矣。”

苏氏轼曰：“殷，当也。”

林氏之奇曰：“鸟、火、虚、昴，皆是分、至之昏见于南方，直正午之中星[⑤]。王子雍谓星鸟[⑥]、星火、星虚、星昴，季月也。盖不知历家有岁差之法，以《月令》“日在某宿”求之[⑦]，所以不合。《月令》日在某宿，比之尧时则已差矣。岁差之法乃历家之所通知，先儒未之思耳。”

案：古法昼夜百刻，后代或改用百二十刻，或用九十六刻，或用百八刻。取于分隶十二辰，每一辰为十刻、八刻、九刻，无奇零耳。百刻之分，隶十二辰也，每一辰八刻二十分。此二十分，据《五代会要》之时正，(若)〔居〕一辰之中[⑧]，而分前四刻为正前，后四刻为正后。据《蠡海集》，则分十分为初初刻，在初一刻之前；十分为正初刻，在正一刻之前。二法皆通。其昼夜永短之故，盖由人所居有南北，则北极、

---

① 中星：即位置在南方中天的星宿。东西南北四方各有七宿，七宿处于南方中天之时，其正中的星宿叫中星。

② 以星言：即以七宿正中的星宿名来称说。如下所举星虚例。星虚即虚宿，是北方玄武七宿中间的一个星宿之名。

③ 星火：谓居于十二次位置上的大火。

④ 气节：即中气与节气，今统称为“节气”。

⑤ 直：同“值”。

⑥ 王子雍：即三国曹魏时期著名经学家王肃，“子雍”是其字。

⑦ 日在某宿：意即太阳的位置在某星宿区域，《月令》借这种格式述说某个月份的天象状况。

⑧ (若)〔居〕：“居”原作“若”，蒋立甫据抄本校正。今从之。

赤道因而异势。于是日躔之发敛[①]，每日成一左旋之规[②]，在平地上下随其南北不同。就中土言之，春、秋分日值赤道，其左旋之规赤道是也。与地平交于卯酉[③]，地平上下之度适均，故昼夜平分。冬至在赤道南，其左旋之规外衡是也[④]。与地平交于辰申[⑤]，地平上之度少[⑥]，故昼短，地平下之度多，故夜永。夏至在赤道北，其左旋之规内衡是也。与地平交于寅戌[⑦]，地平上之度多，故昼永，地平下之度少，故夜短。自中土而北，北极去地愈远，赤道去地愈近，则夏至左旋之规在地平上之度愈多，冬至左旋之规在地平下之度愈多，而永者愈永，短者愈短。至北极正当天顶[⑧]，赤道环地平如带，则春分至秋分为昼，秋分至春分为夜。自中土而南北极，去地愈近，赤道去地愈远，则夏至左旋之规在地平上之度渐少，冬至左旋之规在地平下之度渐少，永短皆渐减。至赤道正当天顶，南北极皆适准地平，则日躔虽有发敛，而无永短。又黄道交于赤道，二分前后，交之势斜，则发敛疾，数日而差一刻。二至前后，势近平则发敛迟，半月而差一刻。此随时随地永短各殊也。古法昼长六十刻，昼短四十刻，约计大致云尔。据中土所见日出(人)〔入〕[⑨]，昼长逾六十刻，昼短不及四十刻也。古又有以日未出前二刻半为明，日入后二刻半为昏，合之五刻。损夜以裨于昼。郑

---

① 日躔发敛：日躔谓太阳循黄道运行。发敛，出发与回归。

② 左旋之规：古代天文学术语。戴震认为是“日躔黄道，其高下逆顺以成盈缩者曰左旋之规”，即设想太阳在循黄道运行时，具有高下盈缩缓急逆顺变化的“左旋之规”的运行方式（此为解释岁差形成的原因）。

③ 左旋与地平交于卯酉：即与地平相交于东（卯）、西（酉）点，谓太阳自卯出而从酉入。卯酉：古人用十二地支表示地平方向，“卯酉”指与子午线垂直的东西向经线圈。

④ 外衡：古代天文学术语。古人以黄道与天赤道的交点为中衡，春分、秋分太阳在中衡；冬至时太阳位置远离赤道而偏南，此时即在外衡；夏至太阳位置远离赤道而偏北，此时即在内衡。

⑤ 与地平交于辰申：谓太阳自辰出而从申入。此时为冬至。

⑥ 度：古代天文学术语。系地平高度的量度单位。

⑦ 与地平交于寅戌：谓太阳自寅出而从戌入。此时为夏至。

⑧ 天顶：天文学术语，指观测者头顶上方的天空。

⑨ (人)〔入〕：“入”原作“人”，据聚学轩丛书本勘正。

康成注《仪礼》云“日入三商为昏”[①]，《疏》以为三刻。凡言三刻、言二刻半者，亦约计大致云尔。日未出前及日入后，距(北)〔地〕平十八度奇皆有光[②]。惟春、秋分左旋之规即赤道，其度最广，昏明各分五刻。冬、夏至左旋之规其度狭，则昏明分且非五刻之可限也。至若人所居愈北，赤道距天顶愈远，地平下十八度奇，左旋之规以斜当其正，远逾乎十八度矣。人所居愈南，赤道距天顶愈近，地平下十八度奇，左旋之规势渐正而与之等，此昏明则分之亦随时随地各殊也。大抵北极出地几五十度，则夏至夜半犹有光，故《唐书·天文志》言“骨利干居瀚海之北[③]，北距大海[④]，昼长而夜短。既夜，天如曛不瞑，夕胹羊髀才熟而曙。”又言：“凡晷差，冬夏不同，南北亦异。今为覆矩图[⑤]，南(至)〔自〕丹穴[⑥]，北暨幽都，每极移一度，辄累其差，可以稽日食之多少，定昼夜之长短，而天下之晷皆协其数矣。”自古论昼夜永短，以南北里差言，实始乎此。

又案：日中、宵中、日永、日短，此分至之不变者也。星鸟、星火、星虚、星昴，举昏见南方之星以知时节。天左旋[⑦]，日月星皆右旋，而北极为左旋之枢[⑧]，以正南北；赤道为天之中带[⑨]，以正东西，以界南

---

① 日入三商为昏：系《仪礼·士昏礼》郑玄《注》语，意即太阳落山之时，壶漏反映在三刻之际为黄昏。商，贾公彦《疏》：“商，谓商量，是漏刻之名。”又说“日入三刻外昏”。

② (北)〔地〕：“地”原作“北”，误。《清史稿·时宪志三》：“立曚影刻分限以定晨昏，测得在太阳未出之前、已入之后，距地平一十八度内。”太阳未出之前、已入之后，距地平十八度内的亮光即曚影。

③ “唐书”句：《唐书》，指《新唐书》。骨利干，古代北方少数民族，属于敕勒部族。瀚海，唐时指内蒙古高原等广袤的沙漠区域。

④ 距：到达。

⑤ 今为覆矩图：《新唐书》原文“今”下有“更”字。覆矩图，古代用于测量北极出地高度(地理纬度)的仪器，传为唐代天文学家僧一行所造。

⑥ (至)〔自〕：“自”原作“至”，蒋立甫指出《新唐书》“至”作“自”。今从之。

⑦ 天左旋：这是古人对天宇运动方式的看法，认为天左旋，地右旋。(《春秋纬》：“天左旋，地右动。”)

⑧ 北极为左旋之枢：谓北极在天体运行中处于中央地位，位置不变动。

⑨ 赤道为天之中带：谓赤道是环绕在天体中间的圈带，天球以它为界可平分为南北两部分。

北。左旋者，东西旋也。右旋者，迤而为南北旋也[①]。月二十七日，小余不及三分日之一[②]，出入于黄道一终。其行黄道之南谓之“阳历”，行黄道之北谓之“阴历”。日躔黄道三百六十五日，小余不及四分日之一，出入于赤道一终。自春分至秋分，日之发敛在赤道之北；自秋分至春分，日之发敛在赤道之南。恒星，或谓之列星，或谓之经星，古人分之为四象、为二十八宿[③]、为十二次，凡二万余年出入于赤道一终。近春分，黄赤道之交，古在赤道南者，今右旋入赤道北矣。近秋分，黄赤道之交，古在赤道北者，今右旋出赤道南矣。此日月星迤而南北旋之验也。迟速不同，其皆右旋则同。以日言之，夏至而后自北发南，冬至而后自南敛北。岁一南至，一北至，右旋之为南北旋明矣。有南北旋以成寒暑，有东西旋以成昼夜，昔儒惑于“左”“右”之名，以为日月与天皆左旋，少迟则反右[④]，是知有东西旋，而不察其何以南北发敛也。又昔人所谓天者，即以四象、二十八宿当之，其言天左旋，即指恒星，而不知恒星亦右旋，特其推移甚微，六七十年才及一度，仰观不觉耳。晋虞喜之言曰[⑤]：“尧时冬至日短，星昴。今二千七百余年，乃东壁中[⑥]，则知每岁渐差之所至。”言岁差始此，稽诸载籍，《尧典》《夏小正》所言星象相近，《诗》三百篇暨《国语》《左氏春秋》《月令》所言星象相近。尧时日永，星火以正仲夏[⑦]。《夏小正》：“五月，初昏大

---

① 迤：谓慢速。

② 小余：古历法术语，此处指月亮运行一周需二十七天有余之余数。余，余数。余数不满一日为“小余”，满则为大余。

③ “古人”两句：古人将星宿按东、南、西、北方位划分为四个区域，每区七个星宿，按其形状命名，即青龙、朱雀、白虎、玄武，故称为“四象”。四象共二十八星宿。

④ “昔儒”三句：指宋儒张载等人的说法。张载《张子正蒙·参两》：“天左旋，处其中者顺之，少迟则反右矣。”张载认为日月五星被天带动都作左旋运动，但速度慢下来时会右旋，因为“日月右旋最速”（右旋速度最快）。少，稍微。《张子正蒙·参两》：“日月五星逆天而行，并包乎地者也。地……虽顺天左旋，其所系辰象随之，稍迟则反移徙而右耳。”

⑤ 虞喜：东晋天文学家，是中国最早发现岁差的人。

⑥ 东壁：指壁宿，它是玄武七宿中位置最靠东的星宿。

⑦ 星火以正仲夏：意即以当天黄昏出现在正南方最亮的火宿来判断仲夏季节来临的准确时间。

火中[①]。"流火宜在六月,《豳诗》"七月流火"[②],《春秋传》张趯曰"火星中而寒暑退"[③],《月令》"季夏之月,昏火中",则六月昏中暑退[④],十有二月旦中寒退[⑤]。而七月初昏,大火西流于星后一次,故于时后一月。然不闻古人疑之,亦不闻古人谓之差,而随其世之推移,表以示民,非明知恒星右旋一同乎日月之右旋欤?推步家分天自为天,岁自为岁,谓岁周不及天周[⑥]。所云天周,亦指恒星言之,以恒星譬之邮程,日月譬之过客。夫借恒星以纪日月之躔离可也[⑦]。谓日右旋,岁岁于天有差,非也。黄道斜络赤道,半在赤道南,半在赤道北,春、秋分日值二道之交。冬至日值赤道南最远,是为子宫之半。夏至日值赤道北最远,是为午宫之半。春分卯宫之半。秋分酉宫之半。千岁之日至起子半,历十二宫而复起其所,无毫末之差。使未值赤道之南最远,不为冬至;未值赤道之北最远,不为夏至;未值二道之交,不为春、秋分。据黄道言,日躔恶得有差!古今节气,日所在之宿以渐而异,由星右移故也。黄道分十二宫,与列宿分十二次,推步家本未区别为二。即以星纪至析木十二次之名,名黄道十二宫。汉时未觉冬至日躔于宿度相差,以其时节气日躔所在分十二次,大雪属星纪之初,冬至属星纪之中,故曰日至其初为节气[⑧],至其中为中气。此由不明二十八宿虽近黄道之星,而日星各自运行也。列宿十二次因星得名,终古不变。《宋书》大明六年[⑨],南州从事史祖冲之曰[⑩]:"次随星名,义合宿体,分至虽迁,而厥位不改。"斯言足正十二次随节气、中气推移之谬

---

① 初昏大火中:意即黄昏来临时,大火星宿出现在正南方。

② 流火:谓大火西移。火,即星宿大火。

③ 《春秋传》张趯曰:张趯语见《左传·昭公三年》,原话:"火中而寒暑乃退。"

④ 昏中:指昏中星,即黄昏出现在正南方的最亮的恒星。

⑤ 旦中:指旦中星,即黎明出现在正南方的最亮的恒星。

⑥ 岁周:指回归年。

⑦ 日月躔离:指日月在运行中经过或离开某一区域。躔,行经。离,离开。

⑧ 其初:指宫次之初,即不在宫内。

⑨ 大明:南朝宋武帝年号(457—464)。

⑩ 南州:即南徐州,今属江苏镇江。

矣。黄道十二宫，大雪子宫之初，冬至子宫之中，芒种午宫之初，夏至午宫之中，二十四气各有定在，亦终古不变。所谓日至其初为节气，至其中为中气者，加于黄道十二宫，斯至当不易。古历皆节气过宫[①]，节谓两节之间，中谓一宫之中。西域诸国推步日躔以中气过宫，冬至属星纪之初，小寒属星纪之中，故于冬至曰某日某刻日躔星纪之次，则中气居两宫之间，而节气反居一宫之中，名与实悖。又袭用星纪至析木等名，冬至日在析木之箕半二三度，犹曰日躔星纪，其宫界从中气而定，故仅差半次。苟正中节之名，使宫界从节气而定，则析木全改为星纪，十二次名义悉因之淆惑，越四千余年。将东陆三次全改为北陆三次[②]，此由不知十二次之名起于列宿，不可以名黄道十二宫也。与汉时昧于日星运行，所以失不同，而其失则同。《左氏春秋》"玄枵，虚中"，又言婺女为玄枵之维首[③]，是婺女值玄枵之初，虚值玄枵之中，十二次宜准是递之。凡一规皆可分十二宫，皆可以十二子名之，十二子分奠四方，亥子丑位北，寅卯辰位东，巳午未位南，申酉戌位西，是为四方之定位。十二次配十二子，北陆三次：星纪丑、玄枵子、娵訾亥。西陆三次：降娄戌、大梁酉、实沈申。南陆三次：鹑首未、鹑火午、鹑尾巳。东陆三次：寿星辰、大火卯、析木寅。自昔相配如是，究其实，丑配十二次星纪，非丑配黄道冬至也。冬至必建子月[④]，则宜为子宫之半明矣。天地之定位，赤道居正卯、正酉[⑤]，春秋分值二道之交，非卯宫、酉宫之半而何？是故黄道十二宫宜顺序十二月建以为之定名。西洋人又称黄道冬至为丑宫，而春分为戌，秋分为辰，名义安在？盖不惟十二次之名不可袭，即十二次配十二子之名亦不可袭。凡举

---

① 过宫：谓太阳经过宫次。

② 东陆：谓太阳运行于黄道东方。下"北陆"类此。

③ "玄枵"至"维首"："玄枵虚中"引自《左传·襄公二十八年》，意思是玄枵所配置的星宿以虚宿位居当中。玄枵，十二星次之一，对应女（婺女）、虚、危三宿。"婺女为玄枵之维首"语出《左传·昭公十年》。

④ 冬至必建子月：谓以冬至所在的十一月配子。

⑤ 正卯正酉：谓卯酉线，即东、西点所在线。

星象十二次及黄道十二宫，名实之际所宜察也。《史记》“衡殷南斗”，宋均云[①]：“殷，当也。”又“衡殷中州河济之间”，张守节云：“殷，当也。”当，谓相当值。

厥民析，鸟兽孳尾。（“孳尾”，当从古本作“字微”。）

《尔雅》：“厥，其也。”

《孔传》曰：“冬寒无事，并入室处。春事既起，丁壮就功。言其民老壮分析。乳化曰孳。交接曰尾也。”

案：析，谓分散而适野。孳尾，《史记》作“字微”。“孳”“字”，“尾”“微”，声义通，言字养其生之微者。《说文》云“字，乳也。”《诗》“琐兮尾兮”[②]，尾亦微也。

申命羲叔，宅南交。平秩南讹，敬致。

《尔雅》：“申，重也。”“讹，化也。”（孔氏颖达曰：“禾苗秀穗，化成子实，亦胎生乳化之类。”）

孔氏颖达曰：“郑云：夏不言‘曰明都’[③]，三字摩灭也。王肃以夏无‘明都’，避‘敬致’[④]。”

《史记索隐》曰：“南方地有名交趾者，或古文略举一字名南交，即是交趾不疑也。”（刘氏敞曰[⑤]：“本言宅南曰交趾，传写脱二字耳。”黄氏度曰：“案汉初置交趾郡，后置交州。杜佑《通典》曰：‘复禹旧号’。是则本名‘交’，后世增益之也。”）

林氏之奇曰：“南交，孔氏云：夏与春交。王氏云：南方相见之时，

---

① 宋均：东汉至曹魏时期经学家。

② 琐兮尾兮：语出《邶风·旄丘》，意思是细小又微弱。

③ “夏不”句：谓“宅南交”之后本应有“曰明都”三字，因为下文“宅朔方”后有“曰幽都”三字。南，与“朔”相对，为夏之方位，“朔”为冬之方位。

④ 避敬致：孔颖达解释王肃之意为“阙文相避”，又云是“嫌仲叔所掌非顺天之事”。敬致，说不同。据后文所引林之奇，“致”为“致日”，“敬致”指恭敬地对待观察日影之事。

⑤ 刘敞：北宋经学家。

阴阳之所交也[1]。此说不然，盖南交即交趾也。《史记·五帝本纪》曰：黄帝之地'北至于幽陵，南至于交趾'。则'交趾'之对'幽都'，由来尚矣。交趾在正南，故曰'南'。敬致，孔氏谓'敬行其教，以致其功'。其说不然，《周官》：'春夏致日，秋冬致月。'[2]《左氏》曰'日官居卿以底日[3]'。则敬致者，致日之谓也。"

惠氏栋《尚书古义》曰[4]："平秩南讹，《史记》作'南譌'[5]。司马贞本又作'为'，云'为，依字读。春言东作，夏言南为，皆是耕作营为劝农之事。'栋案：'譌'与'讹'古字本通。《毛诗·无羊》曰'或寝或讹'，(《传》云'讹，动也。')《韩诗》作'譌'。(薛夫子云[6]：'讹，觉也。')《说文》引《诗》'民之讹言'，今《正月》诗作'讹'，《笺》又训'讹'为'伪'，'伪'亦与'讹'通，故《王莽传》又作'南伪'。《索隐》作'为'者，古伪字皆省文作'为'。《淮南·天文》曰'岁大旱，禾不为[7]'，高诱曰'为，成也。'禾成于夏，故曰'南为'。此与'东作''西成'皆言农事。《索隐》本是也。"

案：惠氏引高诱注《淮南·天文》证"禾成于夏，故曰南为"，与孔颖达《正义》言"禾苗秀穗[8]，化成子实"同一义。《索隐》以"耕作营为"解"东作""南为"，非也。《周官》："土方氏掌土圭之法[9]，以致日景。"

---

① 南方：二字当是补充"夏与春交"的地点。孔颖达《疏》："经言'南交'，谓南方与东方交。《传》言'夏与春交'，见其时、方皆掌之。春尽之日与立夏之初，时相交也；东方之南，南方之东，位相交也。"

② "周官"至"致月"："周官"指《周礼》。下同。春夏致日，秋冬致月：语出《周礼·冯相氏》，意思是在春夏两季观测日影，在秋冬两季观测月影。(据孔颖达《疏》)

③ 日官居卿以底日：引自《左传桓公十七年》，意思是执掌天象的官员位居卿位，职责是观测太阳推算历法。《左传·桓公十七年》："天子有日官，诸侯有日御。"底，义如致，为观测之意。

④ 惠栋：清代经学家。

⑤ 《史记》作"南譌"：见《史记·五帝本纪》。

⑥ 薛夫子：一般认为是汉代的薛汉，薛汉撰有《韩诗薛君章句》；惠栋认为是薛汉的父亲薛方丘，因其字夫子，谓薛方丘之撰为《薛夫子章句》。

⑦ 禾：泛指谷类作物。

⑧ 秀穗：开花结穗。

⑨ 土圭之法：古代观测日影的一种方法。

郑注云："致日景者，夏至景尺有五寸，冬至景丈三尺，其间则日有长短。"《隋书·天文志》："刘焯云[①]：《周官》夏至日景尺有五寸[②]。张衡、郑玄、王蕃、陆绩先儒等[③]，皆以为景千里差一寸。言南戴日下万五千里，表景正同[④]，天高乃异[⑤]。考之算法，必为不可。寸差千里，亦无典说，明为意断，事不可依。今交、爱之州[⑥]，表北无景[⑦]，计无万里，南过戴日。是千里一寸，非其实差。"又载姜岌言地有游气[⑧]，故参伐在旁则其间疏[⑨]，在上则其间数[⑩]。日晨夕近地，故色赤而大，无游气则色白，大不甚矣。今考一岁之推步起冬至，而《尧典》"敬致"言于仲夏[⑪]，《周官》"日至之景"[⑫]，亦据夏至言。盖冬至日在赤道南，去地平近，夏至日在赤道北，去地平远。近则游气能映小为大，升卑为高。远则出游气而上，渐还其本体。故冬夏致日于仲夏尤准。古人因表景知黄赤道高下，犹唐以来测北极高下也[⑬]。赤道距北极四分天周之一，南行二百余里，而北极下一度，则赤道高一度。北行二百余里，而北极高一度，则赤道下一度。环地之周，上应天周。《晋书·天文志》王蕃

---

① 刘焯：隋朝天文历学家。

② 夏至日景尺有五寸：语出《周礼·大宗伯》。

③ 王蕃、陆绩：王蕃，三国时期天文学家、数学家。陆绩，东汉天文学家。

④ "言南"两句：意思是在洛阳测日影的景表，当影长为一尺五寸时，往南行一万五千里的地方，太阳正当头顶。表：指景表，测量日影的仪器。古代以洛阳地区为地中，故在那里设立景表。

⑤ 天高乃异：古代盖天说认为天的高度不一致，因为天象斗笠，是中间高、四周低的状态。

⑥ 交、爱之州：交州，即"交趾"，与爱州(今属越南)相邻。

⑦ 无景：谓正午时分，太阳正值头顶上方故没有日影。景，同"影"。

⑧ "又载"句：姜岌，后秦天文学家。游气，浮动的云气，可理解为大气。

⑨ 参伐：皆星名。参宿原本指三星，后范围扩大，增加了伐等数星。伐星离三星最近。

⑩ 数：紧密，与前文"疏"相对。

⑪ 《尧典》"敬致"言于仲夏：谓尧在仲夏要求羲叔"敬致"。《尧典》："申命羲叔，宅南交。平秩南讹，敬致。日永星火，以正仲夏。"

⑫ 日至：指夏至与冬至。

⑬ 唐以来测北极高下：应是指唐代高僧一行主持的测量。一行等人测得每隔三百五十一里余，北极高度就相差一度。

曰："前儒旧说，天地之体，状如鸟卵，天包地外，犹壳之裹黄也。"由此言之，天即成大圜[①]，地又以圜体处其中，故大圜之中心即地体之中心。人所居者，地体外周，犹卵黄之上也。距中心为圜径之半，古割圜术，自圜之中心弧分之，割圜周成弧背[②]，而得句股弧矢之用[③]。凡推算所得者，皆据圜之中心与外周相应，天之实象也。测望所得者[④]，人居地体外周，较诸推算所得，隔地半径，于是差数又生焉。凡为差者数端，致日所当知也。

日永星火，以正仲夏。

《诗・七月》疏曰："《尧典注》云：'星火，大火之属。司马之职，治南岳之事，得则夏气和。夏至之气，昏火星中。'《郑志》曰：'日永星火[⑤]，此谓大火也。大火，次名。东方之次，有寿星、大火、析木三者，大火为中。故《尚书》举中以言焉。'"

金氏履祥曰："心宿有三星，中一星名曰大火。"

案：十二次之名，周人之文始举之。唐虞时，仲春初昏，适朱鸟七宿在南，苍龙七宿在东，白虎七宿在西，玄武七宿在北。列星旋转，随时不同，本无东西南北之别。其曰南陆、东陆、西陆、北陆，各以方位言者，疑即唐虞时据"仲春初昏"名之。然则四象，盖辨自羲和，而十二次首星纪，殆因周时冬至日在牵牛，遂以是为纪之首[⑥]。十二次盖

---

① 大圜：原二字互乙，蒋立甫据抄本校正。今从之。圜：圆形。

② 弧背：即弧。

③ 句股弧矢：即用勾股定理求圆弧（圆弧实际是指近似弧长的圆内接多边形的边长）及半径。句：同勾。

④ 测望：古人使用的一种测量方法，主要是通过人眼贴地观测所立标杆高度而获得相关数值。

⑤ 日永星火：系《尧典》原文。

⑥ "而十"至"之首"：戴震之意是，十二星次的起点是冬至，周代之时太阳运行到牵牛星位置为冬至点，而星纪正与二十八宿中的斗、牵牛、织女三宿相配，故以星纪为十二星次之首。

周人所定矣。《夏小正》“五月初昏大火中[①]”，说曰：“大火者，心也。”不必为次名。

厥民因，鸟兽希革。

《诗·斯干》疏曰：“《尧典》注云：夏时，鸟兽皮疏毛见[②]。”

《孔传》曰：“因，谓老弱因就在田之丁壮，以助农也。夏时鸟兽毛羽希少改易。革，改也。”

案：革，犹皮也。于夏言“希革”，于冬言“氄毛[③]”。郑《注》得之。

分命和仲，宅西，曰昧谷。**寅饯纳日，平秩西成**。（昧，当从古本作“柳”。）

《史记·五帝本纪》：“居西土，曰昧谷[④]。”《集解》：“徐广曰：‘西者，今天水之西县也[⑤]。一作柳谷。’骃案：郑玄曰：‘西者，陇西之西，今人谓之兑山[⑥]。’”

陆氏德明曰：“饯，马云：灭也。灭，犹没也[⑦]。”

孔氏颖达曰：“郑玄以‘寅饯纳日’谓秋分夕月也[⑧]。”

《周(氏)〔礼〕·缝人》注曰[⑨]：“柳之言聚，诸饰之所聚。《书》曰：‘分命和仲，度西，曰柳穀。’”《疏》曰：“柳者，诸色所聚。日将没，其色赤，兼有余色，故曰柳穀。”（惠氏栋曰：“‘穀’与‘谷’通，‘臧与穀二人

---

① 五月初昏大火中：谓五月黄昏时分大火出现在正南方。

② 皮疏毛见：当作“毛疏皮见”。今本《诗经·斯干》“如鸟斯革”孔颖达《疏》引郑玄作“毛疏皮见”。

③ 氄毛：指鸟兽贴近皮肤的细小柔软的绒毛。

④ “居西”两句：意即居住在西方一个叫“昧谷”的地方。

⑤ 西县：古地名，今属甘肃陇南市礼县。

⑥ “骃案”至“兑山”：裴骃《集解》引郑玄为：“西者，陇西之西，今人谓之兑山。”《后汉书·郡国志》李贤《注》引郑玄语：“西，在陇西之西，今谓之八充山。”

⑦ 没：此处是结束的意思。

⑧ 夕月：祭月。秋分夕月是古代的一种祭月活动。

⑨ (氏)〔礼〕：“礼”原作“氏”，蒋立甫据抄本校正。今从之。

相与牧羊’[①]，崔譔本‘穀’作‘谷’[②]。郑注《尚书》从古文作‘昧谷’，故虞仲翔奏郑解《尚书》违失事目[③]，言古文篆‘丣’字读当为‘柳’，古‘柳’‘丣’同字，而以为‘昧’。栋案：《史记》亦作‘柳谷’，此古文也。郑康成依贾逵所奏，定为‘昧谷’，故虞氏驳之。《管子·幼官篇》言‘春三丣同事，秋三丣同事’[④]。《说文》曰：‘丣，冒也。二月万物冒地而出，象开门之形。故二月为天门。’‘丣，古文酉。（丣）〔卯〕为春门[⑤]，万物已出。（丣）〔酉〕为秋门[⑥]，万物已入。从一、丣，闭门象也。’‘柳’‘丣’同字。日出于旸谷，入于柳谷。西者，陇西西县之八兑山，一曰兑山。”）

《孔传》曰：“昧，冥也。日入于谷而天下冥，故曰昧谷。昧谷曰西，则嵎夷东可知也。饯，送也。日出言导，日入言送[⑦]，因事之宜。”

宵中，星虚，以殷仲秋。

《尔雅》：“宵，夜也。”（《孔传》曰：“春言日，秋言夜[⑧]，互相备。”）

《诗·七月》疏曰：“《尧典》注云：虚，玄武中宿也。”

《史记索隐》曰：“虚，旧依字读，而邹诞生音墟[⑨]。案：虚星主坟墓，邹氏或得其理。”

---

① “臧与”句：语出《庄子·骈拇》。

② 崔譔：东晋学者。

③ 虞仲翔：即虞翻，三国吴人。其“奏郑解《尚书》违失事目”见《三国志·吴书·虞翻传》。

④ “春三”两句：春三丣，谓在春季里最后出现的始卯、中卯、下卯三个节气；秋三丣类此，指始酉、中酉、下酉三个节气。丣，同“卯”。丣，同“酉”。齐国一年有三十个节气，春、秋各八个。同事，做同样的事情。

⑤ （丣）〔卯〕：卯，原作“丣”，据《说文》正之。

⑥ （丣）〔酉〕：“酉”原文作“丣”，从蒋立甫勘正。

⑦ 日入：两字为解释“纳日”。

⑧ “春言”两句：春，指春分；秋，指秋分。

⑨ 邹诞生：南朝宋（或云齐梁时期）人，撰有《史记音义》。

厥民夷,鸟兽毛毨。

《孔传》曰:"夷,平也。老壮在田,与夏平也。(林氏之奇曰:"于夏既言'老弱因就在田',于秋又言'与夏平',则是三时之辞其言无异[①]。程氏谓秋稼将成,岁事将毕,民获卒岁之实,心力平夷安舒也。")毨,理也,毛更生整理。"

陆氏德明曰:"毨,《说文》云:仲秋鸟兽毛盛,可选取以为器用也[②]。"

苏氏轼曰:"农事至秋稍缓,可以渐休,故曰夷[③]。"

案:"夷"字之义,苏氏得之。毨,洗声,义相迩。程子云"泽好也"。

申命和叔,宅朔方,曰幽都。平在朔易。

《尔雅》:"朔,北方也。""在,察也。"

孔氏颖达曰:"人则三时在野,冬入隩室[④]。物则三时生长,冬入囷仓[⑤]。是人之与物皆改易也。王肃云:改易者,谨约盖藏,循行积聚。引《诗》'嗟我妇子,曰为改岁,入此室处'[⑥]。三时皆言'平秩',此独言'平在'者,以三时乃役力田野,当次序之,冬则物皆藏入,须省察之。"

---

① 三时之辞其言无异:这是林之奇批评《孔传》的话。林氏前引孔氏云:"析者,言春事既起,丁壮就功,言其民老壮分析。因者,谓老弱因就在田之丁壮,以助农也。夷者,平也。老壮在田,与夏平也。"认为孔氏的解说"非说经之体"。(见林之奇《尚书全解》卷一)

② "说文"至"用也":《说文》以"毨"为选取之意。

③ "苏氏"至"曰夷":苏氏解"夷"略同程氏,即平夷安舒的样子。

④ 隩室:隐隩的屋室。

⑤ 囷仓:即仓房。囷,圆形粮仓。

⑥ "嗟我"至"室处":系《豳风・七月》诗句。

《史记》:“居北方,曰幽都。便在伏物。[①]”《索隐》曰:“案:《山海经》曰‘北海之内,有山名幽都’,盖是也。使和叔察北方藏伏之物,谓人畜积聚等冬皆藏伏。《尸子》亦曰:‘北方者,伏方也。’今案:《大传》云‘便在伏物’[②],太史公据之而书。”

苏氏轼曰:“朔易,岁于此改易也。《礼》[③]:十二月,‘天子与公卿大夫共饬国典,论时令,以待来岁之宜’。”

黄氏度曰:“北限沙漠,荒茫幽远[④],山川不可见,故称朔方,以为大界[⑤]。”

案:“在”“察”声义通。凡六书之假借,依声托事也。

日短,星昴,以正仲冬。

《诗·七月》疏:“《尧典》注云:昴,白虎中宿也。”

齐氏召南曰[⑥]:“尧时冬至日躔所在,术家多以意说。宋何承天、隋袁充皆谓日在须女十度,已为近之。唐一行直谓日在虚一,则星火、星昴皆以仲月昏中,得其解矣。”

厥民隩,鸟兽氄毛。(“隩”,当从古本作“燠”。)

陆氏德明曰:“隩,马云:暖也。氄,马云:温柔貌。”

《孔传》曰:“隩,室也。民改岁入此室处,以避风寒也。(林氏之奇曰:“胡氏谓若如孔氏之说,当作‘奥’字读,据陆氏《释文》云‘于六反’。冬寒,民集隐暖,此说为是。”)鸟兽皆生耎毳细毛以自温。”

---

① “居北”至“伏物”:系《史记》引《尚书·尧典》语,意即(尧命令和叔)居住北方一个叫作“幽都”的地方,目的是辨别查看收藏的物品。便,《尚书·尧典》作“平”,辨别的意思(据孙星衍《疏》)。在,观察。

② 大传:指《尚书大传》。

③ 礼:此处指《礼记》。下引文见《礼记·月令》。

④ 幽:蒋立甫云抄本作“悠”。

⑤ 大界:谓极尽边远的广袤区域。黄度《尚书说》:“朔,始也。北限沙漠,荒茫幽远,山川不可见,故称朔方,以为大界,而亦有独称‘方’者。”

⑥ 齐召南:清代地理学家,撰有《水道提纲》,并曾参与修撰《大清一统志》。

惠氏栋曰："《说文》引云'鸟兽毣'，云：'毛隼，毛盛也'。毣，古毛字。《既夕记》云'马不齐毣'，郑《注》云'今文毣为毛'。古文《尚书》'毛'皆作'毣'。"

案：《史记》作"(作)〔其〕民㬇"①。"毹""茸""㬇"三字声义通。

帝曰："咨，女羲暨和，期三百有六旬有六日，以闰月定四时成岁。允厘百工，庶绩咸熙。"(定，当从古本作"正"。)

《尔雅》："咨，嗟也②。""暨，与也。""庶，众也。""绩，业也，功也。""咸，皆也。""熙，光也，兴也。"

《春秋公羊传·隐公元年》《疏》曰："《尧典》郑《注》云：以闰月推四时，使启闭分至不失其常③，著之用成岁历，将以授民时，且记时事。"

《孔传》曰："匝四时曰期④。厘，理。工，官。熙，广也。"

陆氏德明曰："十日为旬。"

孔氏颖达曰："期，即匝也，王肃云'期四时'是也。古时真历遭战国及秦而亡，汉存六历，皆秦汉之际假托为之，实不得正。要有梗概之言，周天三百六十五度四分度之一，而日日行一度，则一期三百六十五日四分日之一。此言三百六十六日者，王肃云'四分日之一，又入六日之内，举全数以言之，故云三百六十六日也。'斗之所建⑤，是为

---

① (作)〔其〕："其"原文为"作"，《史记·五帝本纪》引述《尚书》作"其"，聚学轩丛书本《尚书义考》亦作"其"，因据正。

② 嗟：同"嗟"。

③ 启闭分至：古人对八个重要节气的称谓。启指立春、立夏，闭指立秋、立冬，分指春分、秋分，至指夏至、冬至。

④ 匝四时曰期：谓完整经历四季一个周期叫作期。匝：经过一个周期。期：周期。

⑤ 斗之所建：即斗建，谓北斗斗柄所指十二辰(十二辰，见下注)。利用斗建可以判断节气。

中气。闰月所在，斗指两辰之间[①]，无中气，故以为闰也。”（梅氏文鼎曰[②]：“周天之度以十二分之，各得三十度奇[③]，凡各月中（中）气[④]，皆在其三十度之中半；各月节气，皆居其三十度之首尾。今依其说[⑤]，斗柄所指，各在其月之辰，则交节气日，斗柄所指必在两辰之间矣。十二节气日，皆指两辰之间，又何以别其为闰月乎？若夫闰月，则止有节气，无中气，其节气之日固指两辰之间矣。然惟此一日而已，其前半月后半月，并非两辰之间也。地盘周围分为十二（度）〔辰〕[⑥]，首尾鳞次，如环无端，又何处设此三十度于两辰间，以为闰月三十日之指乎？斗杓之星距北极止二十余度[⑦]，必以北极为天顶，而后可以定其所指之方。今中土所处在斗杓之南，仰而观之，斗杓与辰极并在天顶之北。古人以星象授人时，若以岁差考之，则于今日并相差一二旬矣。然而各据其时之星象为之著令，所以使民易知也，而终未有言斗柄指何方而作何事者[⑧]，则以其方位之难定也。十二月建之非（闰）〔关〕斗柄明矣[⑨]。”）

《史记》：“以闰月正四时。信饬百官，众功皆兴[⑩]。”《索隐》曰：“日一日行一度，月一行日十三度十九分度之七。至二十九日半强，月行

---

① 两辰之间：古人将一个回归年划分为十二份，用十二地支分别命名，称为“十二辰”。此处“辰”即指十二辰位之辰。

② 梅文鼎：清代天文学家、数学家。下所引见其《历学全书》卷五《历学疑问补下》之“再论斗建”。

③ “周天”两句：梅氏认为：“天上星辰匀分为十二宫，共三百六十度，是为天周。”（见《历学全书》卷五《历学疑问补下》之“论太阳过宫”。）十二宫将天周均分，每宫大略三十度。

④ 中（中）：第二个“中”字，梅氏《历学全书》原文无，因据正。

⑤ 其说：为梅文鼎虚拟当时的一种说法。梅文鼎《历学全书》此节开端有“说者又以各月斗柄皆指其辰，惟闰月则斗柄指两辰之间”云云。

⑥ 地盘周围分为十二（度）〔辰〕：“辰”原作“度”，蒋立甫据抄本校正。今从之。地盘周围分为十二辰，地盘是与周天十二辰方位（旧谓之天盘）相对的地下十二辰方位。

⑦ 斗杓之星：指斗柄三星。斗杓即斗柄。按四库本梅氏原文此处“杓”作“柄”。

⑧ 斗柄：按四库本梅氏原文此处“柄”作“杓”。

⑨ （闰）〔关〕：原文“关”作“闰”，据梅文鼎原文正之。

⑩ “以闰”至“皆兴”：此数句为《史记》意引《尧典》文。“信饬”二字《尧典》作“允厘”，《孔传》：“允，信。饬，治。”饬：整饬、治理。

天一匝，又逐及日而与会。一年十二会，是为十二月。每月二十九日过半，年分出小月六，是每岁余六日。又(六)〔大〕岁三百六十六日[①]，小岁三百五十五日。其实一岁惟余十一日弱，未满三岁，以成一月，则置闰。若三年不置闰，则正月为二月。九年差三月，则以春为夏。十七年差六月，则四时皆反。以此四时不正，岁不成矣。故《传》曰[②]：'归余于终，事则不(惑)〔悖〕'是也[③]。"

苏氏轼曰："有，读为又，古有、又通。熙，光明也。"

晁氏以道曰[④]："以闰月定四时，古文'定'作'正'，开元方误作'定'[⑤]。"

阎氏若璩《尚书古文疏证》曰："天周之度，岁周之日[⑥]，皆三百六十有五而又有馀分。自今岁冬至距来岁冬至为一期，历三百六十五日而日行一周，凡四周积千四百六十则余一日。析而四之，则四分之一也[⑦]。经言"六日"者，举其成数也。自正月朔日至十二月晦日为一岁[⑧]，得三百五十四日，三岁则多出三十二日有奇，所以置闰也。置闰之法，其先则三年一闰者三，继以两年一闰者一，续又三年一闰者二，继以两年一闰者一。如是七闰，然后气朔分齐，是为一章也[⑨]。"

---

① (六)〔大〕岁：蒋立甫云："大，原作'六'，据抄本及《史记索隐》改。"今从之。大岁，指按太阳运行一周来计年的历法，即阳历。按月亮运行所计之年，谓之"小岁"，即阴历。

② 传：指《左传》。下文系《索隐》引《左传·文公元年》语。

③ (惑)〔悖〕："悖"原作"惑"，蒋立甫云《索隐》原文作"悖"。按此系《索隐》引《左传》语中用词。《左传·文公元年》："举正于中，民则不惑。归余于终，事则不悖。"此处"惑"显系涉上文而误。故从蒋。

④ 晁以道：即北宋学者晁说之。"以道"为其字。

⑤ 开元：唐玄宗年号(713—741)。

⑥ 天周之度，岁周之日：按两句句意相对。梅文鼎《历学疑问补下·论太阳过宫》："天上星辰匀分为十二宫，共三百六十度，是为天周。每岁太阳十二中气共行三百六十度微弱，是为岁周。"

⑦ 也：蒋立甫云原文"也"字与下"经"字互乙，据抄本勘正。今从之。

⑧ 朔日：阴历每月初一。晦日：阴历每月最后一日。

⑨ 气朔分齐，是为一章：气朔分齐指日月再次处于同宫同度即在同一节气点会合。气朔，谓节气。气偏指阳历节气，朔偏指阴历初一。分齐，谓周期。古人在十九年里置闰七次，日月就会再次在同一节气点会合，这样的一个周期就是一章。

案：天度以日之平行为准[①]。度也者，行而过之之名。日一昼夜右旋所过是为一度。自今岁冬至至来岁冬至，凡三百六十有六日，故曰期三百有六旬有六日。以发敛一终言之，则三百六十五日，小余不满四分日之一，而日行适一周天。《周髀算经》及后汉永平中用四分法[②]，皆三百六十五日四分日之一为经岁，后世谓之岁周，又谓之岁实者也。即以是为天周三百六十五度四分度之一，故《后汉书》曰“在天成度，在历成日”。密计之，实不及四分之一。《后汉书》又曰：“日月相推[③]，日舒月速，当其同[④]，谓之合朔。舒先速后，近一远三[⑤]，谓之弦。相与为衡[⑥]，分天之中，谓之望。以速及舒，光尽体伏，谓之晦。”盖月有晦朔弦望之节，仰观即得，古人因之以明民。日月之行，日平行一度，月平行十三度有奇，凡二十七日小余不满三分日之一，而月行适一周天，日已离其故处二十七度有奇，又必逾二日而后月始追及之。日月同度是为合朔。其经月凡二十九日过半日[⑦]，于是定之为大月三十日，小月二十九日。其多一日者，余分满一日也。十二月，凡三百六十四日，于经岁差十日有奇，不及三年而差数之积满一月。凡物候以日躔发敛为本，故春夏秋冬从日而序，古人分之为八节[⑧]、为二十四气，皆平分经岁以为之限。而寄见于月曰某月某日冬至，某月某

---

① 平行：谓运行速度均平。

② “周髀”句：周髀算经，西汉初期出现的一部算学著作，也是天文学著作。永平，东汉明帝的年号(58—75)。四分法：即四分历法，得名于一年三百六十五日整数余下的四分之一日。

③ 日月相推：是日月运行状况的比喻说法，语出《周易·系辞下》“日往则月来，月往则日来”。

④ 其同：蒋立甫谓《后汉书》“同”下有“所”字，而据后文疑当有“度”字。按，“所”即处所，谓日月相会之处所，似不必加“度”。

⑤ 近一远三：指太阳和月亮相隔位距之差。朱熹《答廖子晦》：“望时，日月极远而相对；其上下弦，则日月近一而远三。如日在午，则月或在卯或在酉之类是也。”(《朱文公文集》卷四十五)

⑥ 相与为衡：谓日月相距极远但它们所处位置又能使彼此平正相望(此时两者间相距为180度)。衡，平。

⑦ 经月：整月，指太阴历中月亮运行一周天的时间。

⑧ 八节：指立春、春分、立夏、夏至、立秋、秋分、立冬、冬至八个节气。

日春分，使冬至恒在十一月，春分恒在二月，时序乃正。故曰以闰月正四时成岁。《汉书》曰："启闭者，节也。分至者，中也。节不必在其月，中必在正数之月[①]。""朔不得中，是谓闰月"。《后汉书》曰："四时推移，故置十二中以定月位。有朔而无中者为闰月。"此古人置闰之定法，然日月在天皆非平行。《后汉书》："章帝使左中郎将贾逵问治历者卫承[②]、李崇、太尉属梁鲔、司徒〔掾〕严[③]、太子舍人徐震、巨鹿公乘苏统及编欣、李梵等十人。逵论曰：今史官推合朔、弦、望、月食加时[④]，率多不中，在于不知月行迟疾意。梵、统以《史官候注》考校，月行当有迟疾。"《宋书》称刘洪制迟疾法[⑤]，以步月行。《北齐书》称信都芳算月有频大、频小[⑥]，食必以朔[⑦]。《隋书》称刘焯推二十四气，皆有盈缩定日，春、秋分定日，去冬至各八十八日有奇，去夏至各九十三日有奇。《唐书》曰："北齐张子信积候合食加时[⑧]，觉日行有入气差[⑨]。至刘焯，立'盈缩躔衰术'。《麟德历》因之更名'躔差'[⑩]。"《元史》曰：

---

① 正数之月：与"闰月"相对，指正常年份的十二个月。农历十九年必设七个闰月，闰月都是没有中气的月份。

② 章帝问治历：章帝之时用四分历，所作推测与天象不符，"晦朔失实"，于是章帝询问研究历法的学者以期解决问题。事见《后汉书·律历志中》。

③ 掾：原文无。蒋立甫据《后汉书》补。今从之。

④ "今史"句：谓史官推算合朔等天象出现的具体时间以调整历律。此处"加时"为律历特殊用语。

⑤ 刘洪：东汉天文历学家。

⑥ 信都芳算月有频大、频小：信都芳为北齐时期天文学家、数学家。频，连续。信都芳撰私历《灵宪历》，运用定朔法制历，月份有连续为大月或连续为小月的情况。

⑦ 食必以朔：指日食必定发生在农历的每月朔日。此外，农历每月朔日，月亮与太阳同时出入，因而地球上的人也看不见它。

⑧ "北齐"句：张子信，北齐天文学家。积候，谓观察天文现象。合食：古代天文学术语，即交食。

⑨ "日行"句：指太阳在不同节气其运行速度有疾缓不同，即"日行春分后迟，秋分后则速"。见《隋书·天文志》。

⑩ 麟德历：唐朝李淳在刘焯《皇极历》基础上编制的历法书，于麟德(664—665，唐高宗年号)年间颁行。

“日有盈缩，月有迟疾，以盈缩、迟疾之数损益之，始为定朔[①]。古人立法简而未密，初用平朔一大一小，故日食有在朔二，月食有在望前后者。”以上史家所言步气朔之法，大致后代加密于前人。古有平气、平朔而已，平气亦谓之恒气。唐麟德以来，定朔之法既行，而《大衍历》议曰[②]：“凡推日月度及晷漏、交食，依定气。”《注》：“历依恒气。”夫定气、定朔一也，用定朔而不用定气者。凡立法不出二端：其一自然之限，天定之也。如日随天而左以成昼夜，其循黄道右旋则成寒暑。月与日会为朔，相对为望，此当因天求合。纯乎天，不参以人。定朔、定望，天象则然；其一因乎自然，复酌取中数以为详密之限，人所定也。如因昼夜而十分之、或十二分之，其刻漏则百分之；因寒暑而分至启闭八分之，中气，节气各十二则二十四分之，此人之为之。本宜以日数为均，如昼夜之辰刻，不必拘泥夫天度者也。古推步法谓朔数不满三十日(以)〔为〕朔虚[③]，中数逾三十日为气盈[④]，合气盈、朔虚为月闰。若定气[⑤]，均分天度以步日躔，度均而日数不均，多或三十余日，少或二十九日有奇。今时之冬月，其定朔最大者，一月可容三气。遇节气在望，中气一在朔一在晦，必前后两月俱无中气。既不可一岁再闰，又不可置闰于此月之前，不以后月为闰。乱“朔不得中是谓闰月”之例[⑥]。况古人言气盈、朔虚，而用定气又有气虚也。设谓皆可不顾，惟一以天度为准，则物候之变以渐因乎日躔发敛，论南北，不论东西，宜均分冬、夏至相距之四十余度以为二十四。苟均分冬、夏至之距，将

---

① 定朔：古代天文学术语，与“平朔”法相对。这两种方法都是将太阳和月亮会合的时间确定为“朔”，但“平朔”法确定朔的时候不考虑日月运行速度的不均衡性，定朔法对此作了弥补，能更真实地反映天象。

② 《大衍历》：唐代开元年间编撰的一部历书，著者僧一行。

③ “古推”句：谓两个合朔期之间的天数不满三十天叫朔虚。朔数，即两个合朔期之间的天数。(以)〔为〕，蒋立甫云“为”原作“以”，据抄本正。今从之。

④ 中数：折中取数之意，即将气盈、朔虚之数合起来取其中间之数。

⑤ 定气：即定气法，古代天文学术语。将太阳运行轨道黄道的度数分为 24 等份，每 15 度为一个节气。

⑥ 朔不得中：谓闰月不能有中气。朔，开始，此处指开月。

节气短长之差更甚，不拘泥南北发敛之正以取均，而徒拘泥其斜络东西以取均，亦失所据矣。此用定朔不用定气，所以行之久而未尝有迁就之失也。

帝曰："畴咨若时？登庸。"放齐曰："胤子朱启明。"帝曰："吁！嚚讼，可乎？"

《尔雅》："畴，谁也。""时，是也。""胤，继也。"

陆氏德明曰："胤，马云：嗣也。讼，马本作'庸'。"

孔氏颖达曰："马融以羲和为卿官，尧之末年，皆以老死，庶绩多阙，故求贤顺四时之职，欲用以代羲和。马融、郑玄以为帝之胤子曰朱也。"

《周礼疏》："'帝曰畴次若时登庸'郑《注》云：尧末时，羲和之子皆死，庶绩多阙，而官废。当此之时，驩兜、共工更相荐举。"

《史记正义》曰："郑玄云：帝尧胤嗣之子名曰丹朱，开明也。"

《孔传》曰："庸，用也[①]。谁能咸熙庶绩顺是事者，将登庸之。放齐，臣名。胤，国。子，爵。朱，名。（孔氏颖达曰："夏王仲康之时，胤侯命掌六师。《顾命》陈宝有胤之舞衣。"）启，开也。吁，疑怪之辞。言不忠信为，又好争讼。"

许氏谦《读书丛说》曰[②]："登庸，未须便指曰禅位，大意亦是欲授相职，故放齐举胤国之君。盖尧庭大事，必咨四岳，治水、禅位是也。而此但曰畴，可见其轻重。若'朱'是丹朱，恐不必放齐举。"

林氏之奇曰："程氏谓尧老，广求圣贤以逊帝王之意。故放齐以胤子朱对，不与上文相连。其说是也。而王氏以'若时登庸'与'若予采'相对为言，谓'畴咨若时'者，咨顺天道也；[③]（蔡氏沈曰："尧言谁为我访问能顺时为治之人，而登用之乎？"）'畴咨若予采'者，顺人事也。此说则非。'畴咨若时'者，谁能顺是登庸之任，盖将授以天下也。"

---

① 庸，用：谓"庸"音义同"用"。

② 许谦：元代学者。

③ 咨：告诉，用于上级对下级的习用语。下同。

案：若时，《史记》作“顺此”；胤子朱，《史记》作“嗣子丹朱”，可为确解矣。

帝曰：“畴咨若予采？”驩兜曰：“都！共工方鸠僝功。”帝曰：“吁！静言，庸违，象恭滔天。”

《尔雅》：“采，事也。”“都，于也[①]。”“鸠，聚也。”

陆氏德明曰：“采，马云：官也。僝，马云：具也[②]。”

《史记集解》：“郑玄曰：共工，水官名。”（《周礼疏》引《注》云：“共工，水官也。”）

孔氏颖达曰：“《舜典》‘命垂作共工’。知共工是官称，郑以为其人名氏，未闻。先祖居此官，故以官氏也。”

《孔传》曰：“驩兜，臣名。都，于，叹美之辞也。共工，官称。僝，见也。叹共工能方方聚见其功也。静，谋。滔，漫也。言共工自为谋言，起用行事而背违之，貌象恭敬而心傲狠若漫天。言不可用。”

苏氏轼曰：“方，类也。僝，布也。言共工能类聚而布其工也。静则能言，用则违之，貌象恭敬，而实灭其天理。滔，灭也。”

林氏之奇曰：“曾氏云：诚者，天之道也。汩没其胸中之诚，故曰滔天。审如是说，则与下文‘浩浩滔天’语意断异。《史记》作‘似恭漫天’，则与下文‘滔天’为一意。然而洪水之为害，际天所覆，滔滔（在）〔皆〕是[③]，谓之滔天可也。‘象恭’云‘滔天’，其说有理而难通，故齐唐以谓古者竹简容二十字，自‘象恭’至‘滔天’始及一行，故传者误书‘滔天’二字[④]。”（朱子曰：“‘滔天’二字不可晓，与下文相似，疑有舛误。”）

---

① 都于也：见《尔雅·释诂》。郭璞《尔雅注》及邢昺《疏》认为“都”“于”两词皆是句末叹词。孔颖达《尚书疏》同，并指出作为叹词，“于”音“乌”。

② 具：具备。左思《魏都赋》“僝拱木于山林”李善注：“魏具材木，宫室经始也。”

③ （在）〔皆〕：“皆”原作“在”，蒋立甫云抄本作“皆”。按林氏《尚书全解》原文亦作“皆”。故从之。

④ “故齐”至“二字”：《尧典》此处“滔天”两字在相隔十九个字之后再次出现，林之奇认为此处造成语句不通的“滔天”是误抄了后文出现的两字。齐唐，北宋学者。

案：方，读为旁。《说文》："旁，溥也。""逑，聚敛也。""孱，具也。"引《虞书》"旁逑孱功[1]"。"孱"与"僎"声义通，左思《魏都赋》"孱拱木于山林[2]"，《注》云"具材木"，是也。

帝曰："咨！四岳：汤汤洪水方割，荡荡怀山襄陵，浩浩滔天。下民其咨，有能俾乂？"佥曰："于，鲧哉！"帝曰："吁，咈哉！方命圮族。"岳曰："异哉！试可乃已。"帝曰："往，钦哉！"九载，绩用弗成。

《尔雅》："洪，大也。""怀，至也。""襄，驾也。""俾，使也。""乂，治也。""佥，皆也。""圮，毁也，覆也。""载，岁也。"

《诗·崧高》疏："《尧典》注云：尧之末年，庶绩多阙，羲、和之子则死矣。（孔氏颖达曰："计尧在位六十余年，乃命羲、和，盖应早矣。若使成人见命，至此近将百岁，故马、郑以为羲、和皆死。"）于时分四岳，置八伯。四岳，四时官，主方岳之事。"《周礼疏》曰："郑云：四岳，四时之官，主四岳之事。始羲和之时，主四岳者谓之四伯。至其死，分岳事置八伯，皆王官。其八伯惟驩兜、共工、放齐、鲧四人而已，其余四人无文可知。"）

《史记集解》："马融曰：鲧，臣名，禹父。"（《释文》引马云"禹父也"。）

陆氏德明曰："咈，忿戾也。方命，马云：方，放也。徐云：郑、王音放。异，徐云：郑音异；王音怡，已也。"

孔氏颖达曰："郑、王以'方'为'放'，谓放弃教命。马融云：'尧以大圣知时运当然[3]，人力所不能治，下民其咨，亦当忧劳，屈己之是，从人之非，遂用于鲧。'李颙云：'尧虽（德）〔独〕明于上[4]，众多不达于下，故不得不副倒悬之望，以供一切之求耳'。"

---

① 旁逑孱功：《说文解字》于"逑"字下所引《尚书》语，即"方鸠孱功"，谓广为聚合所做业绩以便彰显其功绩。

② 拱木：大木，成材之木。

③ 大圣：蒋立甫云原文二字互乙，据《尚书正义》正之。今从之。

④ （德）〔独〕："独"原作"德"，蒋立甫据抄本及《尚书正义》正之。今从之。

《孔传》曰:“四岳即上羲和之四子,分掌四岳之诸侯,故称焉。汤汤,流貌。割,害也,言大水方为害。荡荡,言水奔突有所涤除也。怀,包。襄,上也。包山上陵。浩浩盛大若漫天。鲧,崇伯之名,朝臣举之。凡言吁者,皆非帝意。咈,戾。族,类也。言鲧性狠戾,好此方〔名〕[①],命而行事,辄毁败善类也。异,已也。已,退也[②]。言余人尽已,惟鲧可试,无成功乃退也。”

苏氏轼曰:“太史公以羲、和为司马之先,以四岳为齐太公之祖,则四岳非羲、和。当以史为正。汤汤、荡荡、浩浩,皆水之状也。水逆流曰襄。异,举也。举而试之,可以治水而已,无求其他。”

林氏之奇曰:“下民其咨,与‘民咨胥怨’同[③]。《春秋外传》云[④]:姬、姜之胤出于禹、四岳,而曰一王四伯。谓之四伯,则四岳为四人也。韦昭曰:四岳,官名,掌四岳之事,为诸侯伯,故曰四伯。”(《朱子语录》曰:“四岳,管领十二牧者,通九官、十二牧为二十二人,则四岳为一人矣。尧欲巽以位,不成是与四人?”)

黄氏度曰:“有材而不知,道逆而施之,鲜不败其类者。”

蔡氏沈曰:“方命者,逆命而不行也。王氏曰:圆则行,方则止。方命,犹今言‘废阁诏令’也[⑤]。异,义未详,疑是已废而复强举之之意。”(刘氏三吾《书传会选》曰[⑥]:“异,孔传训‘已也’,《说文》训‘举也’。蔡《传》盖兼取二义。《广韵》训‘叹也’。又《列子·杨朱》篇‘何以异哉’,张湛《注》:‘异,古“異”字。’”)

案:“方割”之“方”,亦读为“旁”,溥也。方命,《史记》作“负命”。“方”“负”一声之转。张守节云:“负,违也。违负教命。”异,当从《说文》训“举”,言且举之试用或可,而不可乃退。古人语多省略。

---

① 名:戴震原文脱,据《孔传》及孔《疏》补。

② 退:谓停止。

③ “下民其咨”两句:林氏原文“其咨”下有“此咨”二字,故其意是“下民其咨”与“民咨胥怨”两句中的“咨”义同。

④ 春秋外传:即《国语》。古人以《左传》为《春秋》内传,《国语》为《春秋》外传。

⑤ 废阁:搁置不实行。

⑥ 刘三吾:元明时期人。

《尚书义考》卷一(译文)

尧典第一　虞夏书一

曰若稽古(曰,当从古本作“粤”。)

《尔雅》:“粤,是‘于’的意思。”“若,是顺从的意思。”

《后汉书·李固传》李贤《注》说:“《尚书》说:‘粤若稽古帝尧。’郑玄《注》说:‘稽,是相同的意思。古,指的是天。“曰若稽古帝尧”这句话的意思是说帝尧能够顺从天意而行事。’”

《三国志·三少帝纪》:“皇帝问道:郑玄说,‘稽古’的意思是同天一样,‘曰若稽古帝尧’是说尧顺同于上天。’王肃说:‘曰若稽古帝尧’的意思是尧稽考古道,选择其中正确的,来依顺它行事。’这两种解释不同,哪一种说法是正确的?博士庾峻回答说:先代不同儒者对此所持有的解释,相互之间有乖违不同之处,以我的能力还不足以判定谁是谁非。然而《洪范》宣称‘若是三人占卜,所持结论不能统一的话,就应当依从其中二人的意见’。既然贾逵、马融以及王肃都认为应该解释为‘稽考古道并依顺于它’,那么依据《洪范》原文,王肃与郑玄相较其释义就更好一些。皇帝说道:仲尼讲过‘惟有天是伟大的,惟有尧能效法天’。尧的大美是在于他效法上天,至于顺从古道并不是其至美的表现。现在《尚书》开篇就揭示主旨是为了显明尧帝的圣德,但通过我们的解释成了舍弃尧帝的主要美德而宣扬其细微之处,这难道符合作者的意图吗?”(孔颖达《尚书正义》说:“郑玄相信纬书,因此将‘稽’解释为‘同’,将‘古’解释为‘天’,说‘稽古’的意思就是能够顺应天意而行事,因此与上天有相同的功业。将‘古’看作‘天’,经籍当中没有这样的训释。”)

林之奇《尚书解》说:“李校书推测《古文尚书》词义,是以‘曰’为

‘越’字，认为它与《召诰》中的‘越若来三月’的‘越’字之义相同。程氏解释说：‘若稽古’，属于史官写史的一种格式，是引发下文论述的用语。史官在记载前世之事时，称说为稽考古代某人的事迹，就用这种格式开头。苏氏说：史官在撰写这部史书的时候，开头用‘若稽古’这种格式，其所表达的意思是，我按照顺序考往昔历史而得悉某君主的为人状况。程、苏二人的说法比起前引先儒所说的要好。然而《虞书》当中将尧的时代称为古代是可以的，但在《虞书》编纂之时，舜和皋陶都还活着，仍然把《虞书》中的《舜典》《皋陶谟》两文开篇的‘曰若稽古’之‘古’称为古代难道可以吗？若是依据《周官》‘唐虞稽古’文字，把‘稽古’理解为稽考尧帝，那么下文所加上的‘曰’字就又成了难以解释的词了。例如《皋陶谟》里‘允迪厥德’是皋陶说的话，因此认为该篇的“曰若稽古”即‘若稽古皋陶曰’的意思是可以的。但此篇下文‘放勋’以下并非尧所说的话，而加上了‘曰’字，这样的解释就难以圆通了。对这种说法难以判断其是非，所以应当付之阙如不作解释，而等待能正确解释的人予以解决。”

刘安世《尚书解》说：“应当断句为‘粤若稽古’。‘粤若’是发语辞，就如同所谓‘越若来三月’中的‘越若’。”

案：发端之辞，古籍当中或者用“于”表示，或者用“爰”表示，或者用“粤”表示，它们是声义相近的词。《说文》：“粤，是‘于’的意思。是表示审慎的用辞。例如《周书》：‘粤三日丁亥’。”根据《说文》的解释，“粤”是本字，写作“越”或写作“曰”，都属于六书中的假借。《尔雅·释诂》：“粤、于、爰，曰也。爰、粤，于也。”“粤”与“曰”两词重复出现，对于六书条例而言属于疏略未涉及的范围。《尔雅·释言》：“若、惠，顺也。”“若”字与“如”字是一声之转的关系，“惠”字与“顺”字也是一声之转的关系。《说文》：“如，从随也。”“从随”这项意义加以引申，就有顺从、顺同的意义。《尧典》这一篇使用的“若”字多了，词义都是相因袭而没有不同的解释，所以不能将“曰若”二字合在一起都作为发语辞看待。《召诰》一篇当中的“越若来三月”一句，“越”是用来发端的语辞。(徐锴《说文系传》解释“粤三日”说:“在心中暗自数好其天数,然后说出来。”)“若来三月”的意思就是从二月开始按顺序数天数,一直数到即将来临的三月。“若”字的解释顺从古注更为适宜。“稽古”二字之义,犹如说考查往昔。古代对凡是已经过往的就称为“古”“昔”。如《盘庚》篇将前王称作“古我先王”,《孟子》书中将相差只有数日之间的过去称为“昔者”,就是例子。前面的史官说明记录的文字,后来的史官在其基础上加以修改采纳而形成篇章,所以就在发端处说“粤若稽古”。这就犹如后人在开篇之处说“谨案”一样,是表明不敢因为自己的意见而误失事实的意思。从汉代直到今天都误断“粤若稽古帝尧”为句,汉唐时期的儒者们认为“稽古”的对象属于“尧”;郑康成将“稽古”解释为“顺同天意”,这样的解释对于词义来说完全不对。贾逵、马融、王肃都将此句解释为“尧稽考古道”,而梅赜奏呈给皇帝的《古文尚书》之孔安国《传》也与其解释相同。《孔传》本是晋人托名伪撰的著作,它沿袭了贾、马等人的注释,所以曹魏时期的博士庾峻引用贾、马以及王肃的解释,而不提孔安国。《周官》一书中的“唐虞稽古”又是伪古文经中的词语,与这部伪《传》都出自同一种说法。宋儒虽然认为“稽古”属于史官的话语,但未明了应在“粤若稽古”四字后断句,四字下面的文字“帝尧曰放勋”是记载帝王的名号。这方面,《皋陶谟》与《尧典》是同一体例,其下文“皋陶曰”就是直接记录皋陶的言论。林氏对两个“曰”字疑惑不清,是由于古代正确的句读失传导致的。

帝尧曰放勳(“勳”字亦通作“勋”。)

《尔雅》:“勋,是功绩的意思。”

陆德明《经典释文》记载说:“尧,是陶唐帝的名字。马融说:‘尧’是谥号,翼助善行、传继圣明叫作‘尧’。放,读音方往反。徐邈说:郑玄、王肃两家读‘放’字的本音。马融说:放勋,是尧的名字。皇甫谧的说法与马融相同。有一种说法认为‘放勋’是尧的字。”

《孔传》说："'帝尧曰放勋'的意思是说，尧仿效上代的功德来化育天下。"

苏轼《书传》说："放，就是效法。有功德而值得效法叫作'放勋'。'放勋'是用以评论尧的功德的辞语。从孟子、太史公开始都是把'放勋''重华''文命'分别当作尧、舜、禹的名字，然而这种解释有说不通的地方：按此类推的话，那么皋陶就应该称名为'允迪'了吧？"

林之奇说："李校书说：放，是扩大而无所不至的意思。"（夏僎《尚书解》说："尧的功勋扩大到了四海边境。"）

黄度《书说》说："放，就是古'倣'字。放勋，是说仿效古代而获得同样的功绩。"

陈大猷《书集传或问》说："有人问：'尧''舜''禹''汤'这些称谓，前代儒者有的以为是人名，有的以为是谥号，为什么呢？答：陈氏说观察《尚书》中'师锡帝曰虞舜''曰格汝舜''曰来禹''曰弃''曰皋陶''曰咨垂''曰咨益'这些语句，其中'虞舜''舜''禹''弃''垂''益'都是用其名来称呼其人，因此'舜''禹'应当是人名，'舜''禹'是人名，那么'尧'也应该是人名了。《檀弓》说：'死后给予谥号，是周朝才开始有的规矩。'表明到了周朝，然后才有谥号。只是《论语》说'予小子履'，'履'为商汤的名字，那么'汤'就不应该是其人的名字了。还有解说者认为商汤的名字本来是'天乙'，后来改为'履'，对这种说法无从知道其是与否。"

顾炎武《日知录》说："'尧''舜''禹'都是人名，当时在对古代帝王的纪事中都是称记其名的。（胡文定《修春秋札子》："臣听闻古代不把人名视为忌讳内容。《尧典》称'有个鳏夫身处下层，名字叫作虞舜'。这表明'尧''舜'本来就分别是二位帝王的名字。而《尧典》乃是有虞氏一朝史官撰写，该书就是直接记载其君王的名字而不忌讳的。"）就此情况考查《尚书》中帝曰'格汝舜''格汝禹'，这都是帝王用大臣的名字称呼其人的例子。尧去世之后，舜跟他的大臣在言谈中提到尧就称之为'帝'，而不敢称呼其君主的名字。在夏后氏王朝的君王中，从‘启’直至‘发’，这些称呼都是君王的名字。到了夏朝末期，才开始有用十个天干来取号的君王。例如对夏桀所称呼的‘癸’，以及商朝的‘报丁’‘报乙’‘报丙’‘主壬’‘主癸’等都是号，这些号被用来代替他们的名字。（《白虎通》说：“殷人崇尚质朴，就用孩子的生日给他命名。”）商朝的君王中，从‘天乙’直至‘辛’，这些称呼都是君主的号（‘天乙’至‘辛’之间还有太甲、沃丁、仲丁、河亶甲、祖乙、盘庚等君主。其中用来作《尚书》篇名的，都只是君主的号）。对商朝君王是以其号著录，不以其名著录，在经籍之中商朝君王只有两人的名字出现：天乙的名字‘履’，辛的名字‘受’（‘武庚’也是号，‘禄父’乃是他的名）。称‘汤’称‘纣’，说明‘汤’‘纣’也是号。君主的号，臣子是可以直接称呼的，所以伊尹称自己与商汤王的时候是‘惟尹躬及汤’，还有《商颂》中对君主称‘武汤’、称‘成汤’、称‘汤孙’等，都是例子。《多士》一篇所谓‘尔先祖成汤’，这是周成王在殷商遗臣面前用号称呼其先代君王。祭祀时将先帝称为‘文祖’、称为‘艺祖’、称为‘神宗’、称为‘皇祖’、称为‘烈祖’、称为‘高祖’、称为‘高后’、称为‘中宗’、称为‘高宗’，于是庙号开始兴起。将先帝称为‘玄王’、称为‘武王’，于是谥号也开始设置了。在夏朝结束之前，都是纯粹崇尚质朴的风气，所以帝王有名而无号。自商朝以来，世风渐渐浸润于爱好文采，所以帝王有名又有号，而功德美盛的君主还另有谥号用以称美。于是周公顺势制定了谥号运用的规矩，从天子开始到公卿、大夫为止，无论具有美德还是恶行，死后都有谥号，而那种在十个天干中取号的做法就不再实行。（据《史记·齐太公世家》记载，姜太公的儿子是丁公，丁公的儿子是乙公，乙公的儿子是癸公，他们仍然沿用商人以天干为号的做法。陆淳说：“据《史记》和《世本》，厉王以前诸侯有谥号的还很少，之后才都有了谥号。”）然而王季之前的周人先君不追授谥号，仍然用的是商人的礼制。”

胡渭《禹贡锥指》说：“《尚书》记载的是当时的言行，因为对君主不能像对臣子一样直呼其名，所以称呼大臣时用其名，而对君主则用

‘帝’这一称谓(书篇之中称呼君主名字的地方,惟有发端之处的‘曰若稽古帝某’)。用文字书写君主的名字,其名就在简策中留存下来,可借以昭示后世,这与描述言行的文章内容不同。所以二《典》、二《谟》和《禹贡》这些篇章并不避嫌用君主的名字著录其人。有人说,司马迁记载舜的名字是‘重华’、禹的名字是‘文命’,由此来作推定,那么‘放勋’也是名字了。《孟子》两次称说‘放勋’,屈原三次称说‘重华’。尧、舜、禹这三位君主难道各有两个名字吗?回答是:‘放勋’‘重华’‘文命’都是号,但是也可以把它们看作名。阎百诗说:‘名,就是号。《史记·五帝本纪》中“虞舜者名曰重华”与《夏本纪》中的“夏禹名曰文命”,是说舜的号叫“重华”、禹的号叫“文命”而已。孔《疏》说其人有号和谥两种名号。我认为《史记·五帝本纪》中的“名曰重华”,“名曰文命”,这“重华”“文命”是其人生前的名号。《孟子》所说的“名之曰幽、厉”,这“幽”“厉”是其人死后的谥名。号、谥都可以叫作“名”。’若是这样的话,那么《尚书》当中的篇名,在‘典’与‘贡’的前面为什么不冠以君主的号呢?回答是:上古世风淳朴,不忌讳称呼君主的名字,所以不必用其号来著录其人。商代就稍微有所忌讳了。‘汤’是号,其人也叫‘成汤’‘武汤’,这些称号与‘放勋’‘重华’‘文命’类同。汤的名字叫‘履’,《论语》所说的‘予小子履’就是指他了。因为想避开其名而著录其号,所以《尚书》有《汤征》《汤誓》和《汤诰》。商人在十个天干中取名号是从上甲微开始的。《国语·鲁语》记载,展禽说:‘上甲微,是个能效法契的人,所以商人为他举行报祭之礼。’上甲,是取自天干的号;微,是他的名字。汤的号是‘天乙’,而另外有称美他的号‘汤’,所以《尚书》用‘汤’字来著录他。后来的君王没有其他称美之号,也就取用天干著录其号而不用他们的名,所以《尚书》中的商王有‘太甲’‘沃丁’‘仲丁’‘河亶甲’‘祖乙’‘盘庚’这些称谓。另外商代还出现了庙号,太甲的庙号为太宗,太戊的庙号为中宗,武丁的庙号为高宗,所以《尚书》有《高宗肜日》《高宗之训》以及《太甲》三篇,它们都是在这些君主生前撰写的,史官也没有在事后加以改动。(《高宗》二篇,根据《史记·殷本纪》的记载是在高宗的儿子祖庚时期撰写的,所以文中用庙号称呼为高宗。序文以为内容是祖己劝谏高宗,这是错误的说法。)周人因为祭祀神主时有称名忌讳,就在其人死后为他制定谥号,以此来更换他生前的名讳,所以《尚书》有《康王之诰》,这是用谥号著录其人。”(《文侯之命》中,作为大臣的晋文侯也被史官用谥号称呼。据《左传》记载,成王曾颁布《伯禽》用来封命鲁公,颁布《唐诰》用来封命唐叔。“伯禽”“唐诰”,都是分封所用的诰命文书中的篇名。《文侯之命》的情况,最初也应当与此类似,它用谥号著录先君大概是史官事后改动的结果。)

案:“曰放勋”三字后应该点断,犹如“曰虞舜”三字为句一样。“放勋”与“重华”,都是臣民为推重称美君主而为他起的名号,犹如“汤”是后起的美号一样。“放”字的意义,林氏所引李校书的说法是得当的。

钦明文思安安(思,当从古本作“塞”。安安,当从古本作“晏晏”。)

《尔雅》:“钦,是恭敬的意思。”

陆德明说:“马融说:威仪在外表完备地展示叫作‘钦’,光芒普照四方叫作‘明’,以天地作为行为榜样叫作‘文’,道德纯粹完善叫作‘思’。”

孔颖达说:“郑玄解释说:慎重对待事务、节约用度叫作‘钦’,光芒普照四方叫作‘明’,以天地作为行为榜样叫作‘文’,虑事深入而通达机敏叫作‘思’。以敬、明、文、思为先后次序,顾氏说是史官随意而言,这种安排没有什么深意。”

《孔传》说:“这句话的意思是用敬、明、文、思四种美德来安治所应当安治的天下人事。”

林之奇说:“‘钦明文思安安’后面的文字‘黎民于变时雍’,才是指安治所应当安治的天下人事。此处所说的‘安安’的意思,大概是指尧有钦、明、文、思这四德,而安然自在地践行,不是勉强修正自身本性地去做，因此四者对于尧来说就正如《孟子》所说的本性。”(《朱子语录》说：“能够慎重就能够行事光明，唯其光明才能够有条理地周密考察事物，这些都粲然明显地表现出来，而其中含意本身就很深远。‘安安’只是重叠字，如同‘小心翼翼’的‘翼翼’、‘成性存存’中的‘存存’一样。‘钦明文思安安’的意思是说尧具有的钦、明、文、思四种美德都是出于自然，不是靠勉强自己才具有的。”)

案：《后汉书·冯衍传》“思唐虞之晏晏”，李贤《注》引《尚书考灵耀》说：“放勋钦明，文思晏晏。”郑玄注释《尚书考灵耀》说：“为人宽容而对人事有包容承载的心胸叫作‘晏’。”此外《后汉书·第五伦传》“体晏晏之姿”，李贤《注》引《尚书考灵耀》“尧文塞晏晏”。据马融、郑玄注本，“文塞”都写作“文思”。而《后汉书》李贤《注》文两次引用《尚书考灵耀》，一次作“思”，一次作“塞”。应该以作“塞”字为正确。引文写作“思”字的原因是，后人习惯了“思”字，罕见“塞”字，于是动笔就写成了“思”字。凡是称说德性，用“明”与“诚”两字就能道尽内涵了。塞，即是诚的意思。《中庸》说：“道不能通行的原因，我已经清楚了。是因为智慧的人做得过度，愚笨的人却又做得不足。”大概智慧的人依恃自身明哲，以为践行起道来不会有失误，但实际上失误多了。尧在道德上具有“钦”的特点，这就是他的“明”德能够增加的原因。《论语》说：“哪怕只是具有十间房屋的小邑，其间都必定存在像我这样忠信的人，但不如我这么好学。”忠信，也属于“诚”的范围。用礼乐修养来成就“文”，那么就是通过学习而进入纯粹的境地了。尧在道德上具有“文”的特点，是成就他“塞”德的原因。晏晏，是用于形容他具备的钦、明、文、塞四德出自自然的状态。

允恭克让

《尔雅》说：“允，是确实的意思。”“克，是能够的意思。”(苏轼说：“恭敬当中有时会有虚伪的成分，谦让则可能遇事该做而不能做，所以把允、克视作贤德。”)

孔颖达说:“郑玄说:在职位上不懈怠叫作恭,推举贤良、崇尚善行之人叫作让。”

案:史臣称扬尧“钦明文塞”,而用“晏晏”加以形容。这四种品格,属于尧内心具有的善德,而它们又在外表自然地展露出来。也就是《孟子》所说的“美德植根于心,由此导致温润的神色展现在脸上,还盎然饱满地溢出于肩背,延施到四肢,而四肢的动作不言而喻地令人知其符合美德”。恭敬、谦让都是展现在外的姿态,而实际上它们源自内心,所以用“确实”来肯定它们,用“能够”来肯定它们。

光被四表,格于上下。(光,当从古本作“横”,《尔雅》《说文》并作“桄”。)

《尔雅》:“桄,是充满的意思。”“格,是达至的意思。”(《孔传》说:“光,是充溢的意思。尧既具有‘钦明文塞’四德,又注重诚信、恭敬,能够谦让,所以声名显赫,以至于其影响充溢四方之外,达至整个天地。”)

孔颖达说:“界域外部的边缘即是‘表’。”

案:《汉书·王莽传》:“昔唐尧横被四表”。《后汉书·冯异传》:“横被四表,昭格上下。”此外,班固《西都赋》有“横被六合”句,王子渊《圣主得贤臣颂》有“化溢四表,横被无穷”句。《尔雅·释言》说:“桄、颎,都是充满的意思。”《释文》说:“桄,孙炎所据本作‘光’,读音古黄反。”许氏《说文解字》在“桄”字下解释说:“充满”。大概古字“桄”与“横”通用,于是“桄”误成了“光”字。《乐记》:“钟声铿,铿而立号,号以立横,横以立武。”郑康成《注》:“横,就是充满。此处是形容气盛充满的样子。”《释文》:“横,读音古旷反。”《孔子闲居篇》:“作为人民的父母官,一定要遵循礼乐规定,进而达到‘五至’并践行‘三无’的境界,还要将这种表现扩展开去使之‘横’于天下。”郑玄注释说:“横,是充满的意思。”孔《疏》不知道郑玄的释义出自《尔雅》。史书称说尧的德行“横被四表”,意思正如《礼记》所称扬的“横于天下”“横乎四海”。东晋时期面世的《孔传》说:“光,是充满的意思。”这应该是沿袭汉人原有的解释经典的文义。“横四表”“格上下”两句对举而出，其中，能充盈满盛所到之处叫“横”，能直达贯通所到之处叫作“格”。四方境内有人民，所以用了“被”字。“上下”指天地，所以在其前面用了“于”字。在对《诗经·周颂·噫嘻》篇的解释中，《郑笺》举出“光被四表，格于上下”两句，孔《疏》引述《注》文说：“这两句是说尧的美德光辉照耀四海之外，充满整个天地。也就是人们所说的伟人与天地品德相合，他的光芒与日月同等明亮。”孔《疏》此处所谓“注”，也许是马融、郑玄、王肃等人的注文，然而将“光”解释为“光辉照耀”，说明汉代相传的本子本来就不止一种。蔡沈说“‘光’是显露的意思”，又认为“被四表”与“格上下”两句是对举而言的，这是没有理解古人属辞遣字的原意。

克明俊德（俊，亦通作“骏”。）

《尔雅》说：“骏，是大的意思。”

孔颖达说：“郑玄说：‘俊德’是才华过人的意思。”（《孔传》说：“能明俊德之士任用之。”苏轼解释说：“明，是称扬的意思。俊，是杰出的意思。尧在施政方面以举荐贤才为首要措施，亲亲之道反倒是次要的。”陈大猷《书集传或问》说：“有人询问：‘克明俊德’一语，各家都以为是尧彰显出自身俊德的意思，对此怎么理解？答：‘克明俊德’前面的文字说‘钦明’‘光被’，已经记载了尧彰明其德，不应该在此处又一次称说。伊川、东莱举出《中庸》之中排列的‘九经’顺序里，‘尊贤’排在‘亲亲’的前面，可以称得上是有依据了，因为兼用了经文里的言说。俊乂、俊民、俊有德，一并都是贤俊之德。‘俊’在这里的意思，不是用来称谓圣人之德的。问：既然如此，那么《大学》认为《帝典》当中的‘克明俊德’都是尧彰显出自身俊德，难道不对吗？答：经传当中引述经文是姑且用来阐明引者的意思，不一定与引文出处的本意相吻合。例如‘于缉熙敬止’，若按《诗经》本意，‘止’字应当解释成助词，而《大学》却以为是‘知止’之‘止’。《礼记》之中此类例子极多，解释上本来就难求一律。”）

《朱子语录》说："'克明俊德'表达的是彰显光明高尚的品德的意思，与'文王克明德'中的"克明德"意思相同。问：《尧典》从'钦明文思'以下都是称说尧的俊德，因此对于'克明俊德'几个字，古注解释为'能明察出有俊德的人才'，似乎有道理。答：若是看文章态势，是见不到有用人之意的。"

案：《夏小正》正月"时有俊风"，大戴解说道："俊"是大的意思。古字"俊"与"骏"通用。凡是在德行、行事上如果有缺陷失误，就如同光明的日月被遮蔽亏损一般。"克明"的意思，是说大德的昭明显示，没有丝毫遮蔽亏损。《大学》当中"明明德"的旨意正是基于此而言。在德行、行事上有大美高尚的表现叫作"大德"，人们所能够瞻仰到的"大德"叫作"明德"，其实"大德""明德"是一回事。陈氏引述《诗经》中的"敬止"，把"止"字解释为语助词。查考《诗经》原文"缉熙"与"敬止"是对称的词语，"缉熙"是说继续其光明，"敬止"是说慎重地对待职责范围内事情。这里的"止"字是无从确定为语助词的，古人引述《诗经》和《尚书》也必定没有连并把其中字义一起丢失的道理。

以亲九族，九族既睦。

许慎《五经异义》说："九族，当今戴氏《礼记》以及《尚书》夏侯氏、欧阳氏诸家的共同看法是：九族是包含异姓亲属关系在内的族亲。其中包括父族四种：父系五代之内的亲属为一族，父亲已经嫁人的姊妹连同其孩子为一族，自己已经嫁人的姊妹连同其孩子为一族，自己已经嫁人的女儿连同其孩子为一族。母族三种：母亲的父姓亲属为一族，母亲的娘家亲属为一族，母亲已经嫁人的姊妹连同其孩子为一族。妻族二种：妻子的父姓亲属为一族，妻子的娘家亲属为一族。《古文尚书》的解说是：'九族，是指上从高祖开始下至玄孙为止共九代范围的直系亲属。'因此九代都是同姓。谨案：周礼规定，缌麻之服为服期三月以上的丧服，这是为最远亲属关系所服之丧。按照《周礼》，有为妻子的父母服丧的规定，表明这些亲戚关系是在九族之中，因此九族不只是指同姓亲属。”郑玄驳斥说：“我听说，妇人需要回娘家省亲。女子虽然嫁人，但称名仍然需要系以娘家父姓，以此表明不与父兄成为异族。她的孩子则不是这样。《士昏礼》说：夫家在请求结婚日期时所用辞是：‘考虑婚礼应当是在三族当中都没有不可测之事发生的日期里举行。’这是想要趁着现在三族都没有不测之事的时候来迎亲。像这样说的话，三族当中就不应当包含有异姓，为异姓丧事所配饰的丧服都是缌麻这一级别。《礼记·杂记下》说：‘服缌麻这一级别的丧事期间，不禁止嫁女或者娶妻。’这就清楚地表明异姓不包括在三族中了。《周礼·小宗伯》：‘小宗伯一职掌管三族的区别。’《丧服小记》解说服丧的意义说：‘亲亲之道，是以祖孙三代相亲睦扩展为上至曾祖的五代相亲睦，以五代相亲睦再扩展为上至高祖的九代相亲睦。’根据这一说法来看，像高祖直至玄孙一代都是相亲睦的亲属关系就是昭然明晰的了。”

《后汉书·班固传》李贤《注》说：“《尚书》说‘九族既睦’，郑玄《注》说：‘睦，是亲近的意思。’”（孔颖达说：“睦，就是‘亲’。章，就是‘明’。雍，就是‘和’。这里是用不同文字表达相同的词义，它们都是按照义类相对而出的。”）

陆德明说：“九族，往上从高祖开始，往下直至玄孙，共计九族。马融、郑玄的看法与此相同。”（《孔传》说：“这样计算九族是为了使从高祖直到玄孙之间的亲属都能亲睦起来。”）

林之奇说：“对于自己的高祖，不是玄孙自身能够有机会侍奉的；对丁自己的玄孙，不是高祖自身能够有机会相见的。倘若一定要认为九族不是指高祖与玄孙能直接亲近，而只是依据族系出自高祖这一点，那么只是本宗族又怎么能够认为是九族呢？（《朱子语录》：“问：九族是指上至高祖下至玄孙共九代范围，林氏却说如此这般只能算是一族。九族的范围，包括父族四种，母族三种，妻族二种，对不对呢？答：父族指的是自己木族、姑姑的夫家、姊妹的夫家、女儿的夫家这四种。母族指的是母亲的娘家本族、外祖母娘家与出嫁的姨母家族这三种。妻族指的是妻子的娘家本族与她母亲的娘家这两种。又补充说:对九族的理解,还是依从古人吧。又说:对九族的解释以父族四种、母族三种、妻族二种这三族的说法影响较大。”蔡氏沈《尚书集传》说:“九族,是指上自高祖下至玄孙这九代亲属,用这种解说是以列举直系亲属关系的方式来包含旁系亲属关系。五服之内的亲属,其中也包含异姓亲戚。”)敦固宗亲关系、和睦家族亲属的礼数规定,是必定会对同姓宗亲和异姓亲属都有所顾及。”

陈大猷《书集传》:“吴氏说:九族的‘九’,是表示极限的数字。凡是作君王的,对于袒免关系之外的远亲,以及与自己同姓的诸侯国,都是应当亲睦的。”

王充耘《读书管见》说:“‘既’字应当解释为‘尽’,如同‘既用’一语中的‘既’。‘既睦’的意思是说没有一人不被亲睦对待。”

顾炎武说:“《尔雅》将父系宗亲叫作‘族’,将母亲娘家亲族、妻子娘家亲族叫作‘党’。而《昏礼》以及《仲尼燕居》两篇中的‘三族’之语,郑康成一并解释为父亲、儿子和孙子这三族。(《仪礼·士昏礼》“三族之不虞”郑玄《注》说:“三族,指的是父亲及其兄弟、自己及兄弟、儿子及其兄弟。”《礼记·仲尼燕居》篇“故三族和也”。郑玄《注》说:“三族,指的是父亲、儿子和孙子这三族。”)杜元凯却说是‘外祖父、外祖母、姨母儿子以及妻子父亲、妻子母亲、姑姑的儿子、姊妹的儿子、女儿的儿子,都不是自己的同族,而是对自己来说有服丧义务但属于异族的旁系亲属’。孔氏《正义》认为‘高祖与玄孙之间没有能互相顾及的道理’(引文见于《左氏桓公六年》之《注疏》)。不知道高祖的兄弟与玄孙的兄弟之间本是可以相顾及的。《礼记·丧服小记》说:‘亲亲之道,是以祖孙三代相亲睦扩展成为曾祖以下五代相亲睦,以五代相亲睦再扩展成为高祖以下九代相亲睦。服丧时由服父丧开始越往上服丧的等级越低,由子辈丧事开始越往下服丧的等级也越低,旁系亲属也是关系越远的服丧等级越低,直至最后超过九族也就没有亲属关系了。’这就是所谓九族的界限了。”(《春秋鲁成公十五年》"宋共公卒",《左传》解释说:"两位华氏官员属于宋戴公后人,司城属于宋庄公后人,其余六位官员都属于宋桓公的后代。"宋共公距离戴公已经是第九代子孙。宋人洪迈《容斋随笔》说:"嗣濮王赵士歆,在隆兴年间是皇帝的从叔祖,在绍熙年间是皇帝的曾叔祖,在庆元年间是皇帝的高叔祖。")

案:古人有关宗族方面的称谓是这样的:对同一祖父之下的父辈,称为"世父"或"叔父"或"从父昆弟";对同一曾祖之下的祖辈,称为"从祖祖父"或"从祖父"或"从祖昆弟";对同一高祖之下的曾祖辈,称为"族曾祖父"或"族祖父"或"族父"或"族昆弟"。丧服的规制则是:对同一祖父之下的父辈要服大功之丧,对同一曾祖之下的祖辈要服小功之丧,对同一高祖之下的曾祖辈要服缌麻之丧。为逝世的伯父伯母、叔父婶母要服一年之期的齐衰之丧,这是表示对原有服丧范围的扩大。《尔雅》"族昆弟之子相谓为亲同姓"郭璞注:"这是指同姓的远亲,不属于五服之内。"说明按服丧的规制,只限于对同一高祖之内的亲属服丧。《士昏礼》说:夫家请求结婚日期的用辞是"考虑婚礼应当是在三族范围内都没有不可测事情发生的日期里举行"。对此,郑玄借助服缌麻之丧时不禁止嫁女娶妻之事,来说明异姓亲戚不计入九族之中。据《礼记·杂记》载:"在为大功之亲服丧期限即将结束的时候,可以给儿子举行加冠仪式,也可以嫁女儿。作为父亲,在为小功之亲服丧期限即将结束的时候,可以给儿子举行加冠仪式,可以嫁女儿,还可以为儿子娶妻。若就自身而言,如果只是处于为小功之亲服丧期间,但如果哭祭仪式已经结束,也可以行冠礼、娶妻子。"因为在父亲服小功之丧的时候,就自己而言只是服缌麻之丧。婚礼是以自己的口吻而上对父亲、下对儿子称说的。自身服小功之丧是在丧期即将结束的时候才可以娶妻,对于儿子而言实际上只是为缌麻之亲服丧。从儿子一代开始往上数到族曾祖父的时候,三族之亲就截止了,其余亲属与自己就不在三族之内了。因为族曾祖父也是同一高祖的后代,夏侯与欧阳的解说认为"五服之内的亲属为一族",指的就是这种情况。郑玄认为“女子虽然已经嫁人,也不与自己娘家父兄构成异族关系”。考查女性亲属关系,在自己的姑母之外,还有父亲已经嫁人的姑母、自己已经嫁人的堂姊妹以及父亲已经嫁人的堂姊妹。如果将姑母的女儿视作五服之外的人,那么五服亲属关系就无法将她包括在内。《仪礼》记载作为服丧三月的缌麻之亲对象当中,列出了外孙、外甥、姑母的儿子及姑母的女儿因嫁人而连及的亲属,为九族中的三族。又列出舅舅与舅舅的儿子,这二者统属于母亲娘家父姓。杜元凯独独举出外祖父,就遗漏了这些亲属关系。他又将姨母及其儿子区分为二族,而将其留在五服之内,就尤其失误了。顾氏援引《尔雅》将直系宗亲叫作“族”,将母亲娘家亲族、妻子娘家亲族叫作“党”,用来证明异姓不能用“族”来称谓。既然异姓不能作为自己的同族,所以就自己的立场而言,就把母亲家族、妻子家族称为“党”。因为是各按自己的宗族而言,所以各自的宗族就成为一族,合在一起共有九族。何况《尧典》中的“九族”,包括的范围很广,九族之间不一定全都有服属关系。详备的亲属关系称谓是“九族”,概略的称谓就是“三族”。《周礼》说:“小宗伯掌管区别三族,以便辨清亲属间的亲疏远近的关系。”《仲尼燕居》篇说:“借此让闺门之内有礼制约束,三族就会因此和睦。”这里的“三族”是承上“闺门”所说的,可知并不曾遗漏母党和妻党。“三族不测之事”这类言辞,不过是泛泛而谈,在婚礼喜乐的时期本来是无庸拘泥的。至于《丧服小记》中的“亲亲之道,是以祖孙三代亲睦扩展成为曾祖以下五代亲睦,以五代亲睦再扩展成为高祖以下九代亲睦”,这些话语是专门用来说明“服丧时由父丧开始越往上服丧的等级越低,由子辈丧事开始越往下服丧的等级也越低,旁系亲属也是关系越远的服丧等级越低”之类内容的。谈的是服丧规制,而不是说宗族亲属关系。顾氏认为高祖的兄弟与玄孙的兄弟,固然是可以相顾及的。依据五服的范围,高祖的兄弟对于自己来说是亲近的同姓,若是说到同一高祖往下有同为玄孙一代的兄弟,那么这些兄弟之间已经到了服丧义务的尽头了,亲戚关系也薄弱殆尽。如果使亲属关系推广到这一代，就又不能用“九”来限定，因此顾氏只是在用以“五”为“九”的文辞来附会“九族”，而不知道它们各有各的内涵。

平章百姓，百姓昭明。（“平”，当从古本作“便”，亦通作“辩”。下“平(章)〔秩〕”“平在”并同。）

《史记·五帝本纪》“便章百姓”，裴骃《集解》说：“郑玄说：百姓，指的是群臣的父亲、儿子和兄弟。”

《后汉书·刘恺传》李贤《注》说：“《尚书》中的‘辩章百姓’，郑玄《注》说：‘辩，是辨别的意思。章，是显明的意思。’”

《孔传》说：“百姓，即是百官。”（苏轼说：“百姓，凡属一国当中的世家大族，都是民众的希望。当时，上古帝皇的后代子孙获得姓氏的，大概只有一百多个家族而已，所以叫作‘百姓’。”陈大猷说：“按《史记》记载，黄帝有二十五个儿子，其中获得姓氏的有十四人。在上古时期，必须是地位尊显的人才能获得姓氏，所以‘百姓’一词多指百官。百姓的后人都有姓，所以后来‘百姓’多指普通民众。”）

林之奇说：“平章，意思是辨别彰显百官在职位上的工作表现以方便对他们提拔或贬黜。后世将宰相称作‘平章’，缘由大概就出自于此。”

《朱子语录》说：“‘平章百姓’中的‘百姓’，只是指住在帝王宫廷近处的百姓；黎民，则是包括了普天下的民众。《典》《谟》中的‘百姓’只是指称普通民众，比如‘罔咈百姓’一类例子中的‘百姓’就是如此；至于《国语》当中说到的‘百姓’，就多是指百官族姓而言了。”（蔡沈说：“平，是均平的意思。章，是显明的意思。百姓，是指居住在王畿内的普通民众。”）

案：《诗经·小雅》“平平左右”，《韩诗》“平平”写作“便便”，可以证明《史记》引述的“便章”乃是《尚书》原文。《史记索隐》解释说：“《今文尚书》中的‘便章’写作‘辩章’。”郑玄所注释的是《古文尚书》，但他所据的本子也写成“辩章”。《诗经·小雅》“群黎百姓，遍为尔德”,《毛传》解释说:“百姓,指百官族姓。”《周语》“百姓兆民”,韦昭《注》说:“百姓,就是百官。指先辈因有功绩而获得姓氏的官员。”《楚语》记载子期回答楚昭王说:“民之彻官百,王公之子弟之质能言能听彻其官者,而物赐之姓以监其官,是为百姓。”韦昭注释说:“彻,是达到的意思。民之彻官百,意思是因为自身姓名关系而达到在帝王手下任职资格的,计有百官。质,指有贤能表现。物,是事迹。物赐,意思是根据官员的工作业绩而赐给他姓氏,前代官员有传代的业绩,于是就有了官族,例如‘太史’‘司马’之类。”依据这种说法,那么“百姓”这一称谓在周代还不是指普通民众,所以认为唐虞之时就用来指普通民众这种说法就更不正确了。“罔咈百姓”这一词语出自《伪古文尚书》,是不足以作为证据来引用以说明“百姓”词义的。

协和万邦,黎民于变时雍。

《尔雅》说:“黎,是众多的意思。”“时,是‘此’的意思。”“雍雍,是和谐的意思。”

林之奇说:“‘于变’两字,唐人孔氏解释说:是指治下的万国民众于是随从在上者的心愿而发生变化。子和说:‘于’是表示叹美的虚辞。大概由于用言语表达已经不足,于是就用嗟叹的方式表达,这与《诗经》当中所谓‘于论鼓钟’的‘于’字用法相同。此处‘于’字的解释应当依从子和的说法。‘时雍’两字,《孔传》解释说:因此世俗民风变得十分注意和谐。程氏说:在上者的教化成就风俗的美好和时代的雍和亲睦气象。程氏这一说法很好。”

案:时雍,犹如说“斯和”而已。管理“万邦”的君长,也属于百官族姓中的成员,所以接下来就称说“黎民”。凡是地位在黎民之上的人,君王是希望他能够明晰自己治理黎民的道理。至于黎民,则只能使他们顺着在上者指引的道路前行,不能使他们知晓其中的道理。治理的结果最终能让他们达到随从教化而没有乖戾不顺的表现,这样就可以从中观察到治理和教化的效果了。

乃命羲和

陆德明说："马融说：羲氏执掌天官事务，和氏执掌地官事务，两个家族另外还有四人执掌春夏秋冬四季事务。"（孔颖达说："马融、郑玄都将此处的'命羲和'解释成命令羲氏、和氏分别担任天官和地官。《尧典》下文所说的'分命'和'申命'的对象，是掌管春夏秋冬四季事务的职官。"）

《周礼疏》说："《尧典》'乃命羲和'郑玄《注》说：'高辛统治天下的时期，命令重担任南正，负责掌管天象事务；命令犁担任火正，负责掌管土地民事。后来尧在执政的时期培养重、犁的后代羲氏与和氏中有才华的人，让他们出任先人旧职执掌天、地之官。'乃命羲和'也是就近用人事名称来指代其官职、委命他们治理人事的意思。当时担任的官职名称大概叫作'稷''司徒'。"（孔颖达说："《楚语》：'在少昊氏统治衰微的时期，九黎氏族扰乱良德，社会上人神杂居相互搅扰，已经到了人神不辨的程度。颛顼接受的天下就是这一局面。于是他命令时任南正的重掌管天象事务并将其职事归为神职一类，担任火正的黎掌管土地并将其官职归为人事一类，使社会重新回到原先的正常状态，不再让人神掺杂、互相侵染不分。后来三苗恢复九黎那种恶劣的做法，于是尧重新培养重、黎两人的后代，让他们不忘先辈旧职，命令他们接替前辈执掌天、地之官。'至于重、黎两人的地位排序问题，在《吕刑》中是先提到重，后提到黎，《尧典》这篇文字是先提到羲，后提到和。扬子《法言》说：'在亲属关系上羲与重更近，和与黎更近。'所以羲继承的是重的官职，而和继承的是黎的官职。《吕刑》称说'乃命重、黎'，与此文的'命羲、和'叙述的是同一件事情。羲、和虽然区别为不同氏族，但都是源自重、黎，所以《吕刑》就用'重''黎'称呼他们了。郑玄《注》说：'黎担任高辛氏的火正。'这说明高辛也任命重、黎担任先辈旧职，所以郑玄对此注释说：'高辛氏执政时期，命令重担任南正负责天象事务，黎担任火正负责掌管土地民事。'《楚世家》记载：重黎是帝喾的火正，他能够使光芒普照天下，帝喾赐予他的称号是‘祝融’。在共工氏犯上作乱的时候，帝喾派遣重黎前去诛杀但最终没能把共工的人马尽数消灭。帝喾于是在庚寅这一天杀了重黎，而让他的弟弟吴回担任重黎的职务，使其家族成员重新位居火正之职，仍旧称为‘祝融’。案：昭公二十九年《左传》说少昊氏有个名叫‘重’的儿子，颛顼氏有个名叫‘黎’的儿子。这说明重、黎二人各自源出不同的帝王，而《史记》将重、黎一并看作楚国的祖先。束皙讥讽司马迁将两人合并看成一个人，说的就是这件事。《郑志》中，郑玄回答赵商问题时说：从先师以来，都说‘火’字应当是‘北’字，所以此句应当说的是黎担任北正。高辛所任命的火正明显是重、黎的后人，这些人世世代代就以‘重’‘黎’为名号。”）

林之奇说：“唐代孔氏认为‘羲’‘和’是氏族名称，但《尧典》下文说‘咨，汝羲暨和’，因此‘羲’‘和’似乎是人名，而不是氏族名称。王氏说：‘义气散布开去成为羲，仁气收敛聚拢起来成为和。日出之气是羲，羲是阳气。有利于万物的是和，和是阴气。’‘羲’‘和’就是人名，怎么会产生出阴阳仁义之气这些说法呢？”

陈栎《书集传纂疏》说：“我认为重、黎本自掌管天、地、神与人，羲、和本自掌管春夏秋冬四时事务并负责制作历法，他们的职责应当分别属于两套职官系统。那些纷纭不一的说法，不值得拘泥。对于重、黎、羲、和四人的职务，是先总的予以任命，继而再分别予以分配具体官职，最后又总合起来任命。虽然他们的职责范围被分别划分为东南西北四方与春夏秋冬四季，但其实是通掌这些范畴的。”

钦若昊天（昊，当从《说文》作“昦”。）

许慎《五经异义》说：“《今文尚书》欧阳一家的解说是：‘对于天的称谓，春季叫作昦天，夏季叫作苍天，秋季叫作旻天，冬季叫作上天，总的称呼为皇天。’《尔雅》也是这种解释。《古文尚书》的解说是：‘天有五种名号，人们各自取用自认为适宜的称号来称呼它。尊敬上天而以之为君主，就把它叫作皇天；看重它元气充盈广大的一面，就把它叫作昦天；看重它的仁德覆盖愍顾全天下，就把它叫作旻天；看重它从天上而监临下方的姿态，就把它叫作上天；远远地看上去，它是苍苍然富有生机的样子，就把它叫作苍天。’谨案：《尚书》‘尧命羲和，钦若昦天’，这句话是尧命令羲和总管四时，可知‘昦天’不仅仅是指春季之天。《春秋左传》记载说：‘夏四月己丑，孔丘卒’，鲁哀公对此称说是‘旻天不吊’。但当时并不是秋天。”郑玄《驳五经异义》说：“我听说，《尔雅》这部书是孔子门人编撰的，目的是解释六艺中的词语。这种说法应该不会错。春天的特征是春气广博施予，所以用‘广大’来称道它；夏天的特征是高远明亮，所以用‘远’字来称道它；秋天特征复杂，有时肃杀有时生化，所以用‘愍下’来称道它；冬天具有闭门收藏而体察清明的特点，所以用‘监下’来称道它。‘皇天’这一称谓，是天尊的大号。六艺当中各处对‘天’的不同称呼，是按照自身临时需求所作出的，并不一定是按时节给予上天的称呼。呼唤‘浩浩昦天’，是希求上天广博施予；呼唤‘苍天苍天’，是希求上天高远明亮；呼唤‘旻天不吊’，则是希求上天杀生要恰当适宜；呼唤‘上天同云’，是希求上天所作所为都顺应时节变化。这些不同的诉求，就犹如人的不同作为，是各自依从其职责的需求而已。如若能明察这些情况，那么对‘尧命羲和，钦若昦天’两句，以及对孔丘去世而宣称‘旻天不吊’这样的语句，就没有什么可奇怪的了。”

历象日月星辰，敬授人时。（人，当从古本作“民”。）

孔颖达说：“二十八组星宿随同天空运转，它们位置的更替变化发生在南方，因此每个月依次有不同的星宿在南方中天出现。太阳运行迟缓，月亮运行疾速。在每月的朔日，月亮运行到太阳所处的位置与之交会。这种交会必定是在星宿所在的区域发生。这些星宿被分为二十八组，它们处于日月相会的不同地方。辰，本义是时辰。由于日月与星宿的集会有固定时辰，所以这些星宿又叫作‘辰’。日月会聚的处所，以及四方中星都属于二十八宿区域。如果是列举人眼中所能看见的天象，就用‘星’来表达；如果述说的是日月会聚，就用‘辰’来表达。《益稷》称说‘古人之象，日月星辰’，将日月星辰绘成图像，这是由于它们其实本就相同的原因。《周礼·大宗伯》说‘实祡祀日月星辰’，郑玄《注》说：‘星，指的是金、木、水、火、土五纬。辰，指的是日月在一年之中会逢的十二星次。’此处是将星辰看作两种东西。五纬与二十八宿都属于天星，是天上的神祇，就礼仪方面而言，对它们无不予以祭祀。《尚书》此处‘敬授人时’一句，不含有五纬的意义，所以郑玄在对此文的注释里又将星辰看作同一种东西。”

苏轼说：“历，是记载日月星辰的书面形式。象，是观测日月星辰的器物，属于璇玑玉衡之类。有人认为此处‘辰’指三辰，即心辰、伐辰和北辰三种星辰。”

林之奇说：“薛氏说：周朝以子月为正月，表明重视的是天时；商朝以丑月为正月，表明重视的是地时；夏朝以寅月为正月，表明重视的是人时。可见尧所授令的历法内容属于人事而已。因为是在寅月授予历法律令，所以叫作‘敬授人时’。这种说法虽然近似得当，但是正朔的开始时间在商朝才作了改动，尧舜之时是没有三种正月的差异的。所以《春秋疏》列举郑氏的说法‘正朔三而改，自古皆相变’，而认为薛氏的说法不当，说古代只用夏历，只是在商朝推翻夏朝之后才改用建丑历法，周朝推翻商朝，又改用建子历法。鉴察郑玄的说法，可知薛氏的说法也不可采用了。人时，《史记》写作‘民时’。”

分命羲仲，宅嵎夷，曰旸谷。寅宾出日，平秩东作。（宅，当从古本作“度”。）

《尔雅》说：“寅，是恭敬的意思。”

《周礼疏》说：“《尧典》记载尧‘分命羲仲’，‘申命羲叔’，‘分命和仲’，‘申命和叔’，意思是让这四人分别执掌东西南北四方事务。郑玄《注》说：仲、叔等四人，也分别是羲、和的儿子。尧既已区分阴阳四季，又命令四人为执掌阴阳四季的官员。掌管四季的官员，分别叫作

‘仲’‘叔’,(贾公彦《疏》又说:“分命‘仲’‘叔’郑玄《注》说:‘仲’‘叔’是官名。”)那么执掌天地事务的官员,其官名应该叫作‘伯’吗?”(阎若璩《尚书古文疏证》说:“朱子说:‘羲和即是下文所述四人。有人认为还有羲伯、和伯,加起来一共六个人,这个看法未必正确。’金仁山案:《尚书大传》说舜在巡查四岳的时候,演奏羲伯的乐曲与和伯的乐曲。这样看来,羲伯、和伯应当是实有其人的。大概在四个人各司其职的情况下,必定另有两位兄长担任统管,不然历法就失统而不一致了。这一说法非常正确。羲伯、和伯在国都之中担任总职,羲仲等四人则被分别派遣出去,让他们到四方边极地区测验日影变化。羲伯、和伯担任的职务分别犹如今天的监正和监副,另外四人担任的则分别犹如今天的春官正、夏官正、秋官正和冬官正。此外,古代的太史官执掌上观天文、下任记录时政的职事;汉代的太史公执掌天官事务,不再掌管人事记录,但编辑登记石室、金匮中的藏书仍然是其职责。”)

陆德明说:“马融说:嵎,指的是海嵎。夷,指的是莱夷。旸谷、海嵎,都是夷人地区的地名。(王应麟《困学纪闻》说:“今按:《史记·尧本纪》‘居郁夷’,《正义》解释说:‘郁,读音为隅。’《夏本纪》‘嵎夷既略’,《索隐》解释说:‘《今文尚书》以及《帝命验》“嵎”字都写作“禺”。’”胡渭说:“銕,是古文‘铁’字。声符从夷,因此可以读作‘夷’,不应当写作‘铁’。写成‘铁’字的,大概是后人因传写导致的失误。《说文》:‘旸山在辽西。一曰嵎铁,旸谷也。’既然是在辽西,就属于冀州区域而不是青州区域。薛士龙说:嵎夷属于现在的登州。《齐乘》因此认为宁海州是禺夷。近代人都沿袭这种说法。按:《史记·封禅书》记载:秦始皇曾经前往东部巡游海上,在齐地建祠祭祀当地的八位神灵,其中第七位叫作‘日主’,秦始皇就在成山建祠祭祀它。成山山形如斗一般环曲,山地伸入海中,因为位于齐地东北最边缘的角落,所以最早迎接日出。’韦昭解释说:‘成山在东莱地区的不夜县。’今天文登县东北方向一百八十里处有成山,就是它了。自古相传成山是太阳升起的地方，因而认为羲仲为观测日影而宅居的地方在此处，这是颇有道理的。然而文登与莱州两地接壤，大禹既然治理的边界是嵎夷地区，就不应该再越过莱夷地区去治理潍、淄两水，这是令人可疑的一点。而且朝鲜在成山的东面，羲仲清晨在那里举行仪式恭敬地引导将要出现的太阳是更为适宜的。《范史》认为居住在东部的九种夷人属于嵎夷，必定有它的根据。杜氏《通典》也采用了它的说法。《资治通鉴》记载，唐高宗显庆元年命令苏定方攻伐百济，让新罗王金春秋担任嵎夷道行军总管。这说明当时也是将东夷视为嵎夷的。《元史·天文志》记载，郭守敬担任太史，在四海之内观测验察日影，观测的处所有二十七个，它们所在的位置东边到达高丽边境，西边到达滇池，南边逾越朱崖，北边到了铁勒人居住的边境。这些都是之前古人所未能到达的地方。高丽，即是古朝鲜，其地理位置在北天极地平高度为三十八度之处，与登州相同。到了后世，朝鲜成为外国，国内东部观测日影只能被许可在登州进行。唐尧时期嵎夷属于青州地域，那么观测日影自然应当在朝鲜境内了。”）‘宾’字，徐邈读音为‘傧’，马融说是随从的意思。‘平’字，马融所据本写作‘苹’，解释为‘使’。”

孔颖达说：“郑玄说：‘寅宾出日’的‘日’，指的是春分时期的朝阳。（蔡沈说：“郑玄作这样的解释，大概是因为在春分那天的破晓时分，若朝向刚刚出现的太阳，可以辨识清楚它最初出现的景象。”）郑玄认为‘作’是滋生的意思，计算秋收就说‘西成’，谈论春季生长适宜就说‘东生’。”（林之奇说：“东作，是说万物兴发滋生在东方罢了，并非取义农业耕作。只有曾氏认为春季是阳气适中的时节，万物因此而滋生成长；秋季是阴气适中的时节，万物因此而成熟。而且引用《诗经》‘薇亦作止’和《老子》‘万物并作’两句作为证明。这种看法可以弥补前代儒者的失误。”）

《孔传》说：“宅，是居住的意思。东部那片临海之地称作嵎夷。旸，是明亮的意思。太阳出自山谷而天下因此明亮，所以依据这一场景把该地称作‘旸谷’。旸谷、嵎夷，指的是同一处地方。（孔颖达说：“‘旸谷’与‘嵎夷’称谓不同的原因是，若是依据日出之地来命名，就叫作‘旸谷’；若是指地名，就称为‘嵎夷’。居，是指位居其官但并不居住在自己的管辖之地，即居住在帝都而遥远地统领管辖地。王肃说：羲、仲都是居住在京都官邸而统领遥远的管辖地，他们都按时去述职。”蔡沈说：“嵎夷，即是《禹贡》‘嵎夷既略’中的‘嵎夷’。把它叫作‘旸谷’的原因，是取自日出的意义。把‘嵎夷’作为羲仲官职的名称，大概是因为人在国都做官，由其负责观测节候变化的地方却在嵎夷这东部之地。”）宾，是引导的意思。秩，就是次序。“平秩东作”即统一有序地安排东方耕作事务，以此表示致力于农业。”

苏轼说：“《禹贡》记载的嵎夷在青州。又叫作‘旸谷’，表明那个地方更接近太阳的出处，所以先得到光明。它的位置应当是在东方的海上。据此推广引申，昧谷就应当在西部边极地区，朔方幽都应当是在幽州，而南交是指交趾就很明确了。羲仲应当是通过测量日影来确定春分、夏至、秋分、冬至等节气来临的时间，这样做了之后，新的年历就可以制定了。所以要派人前往四方边极之地进行检察，这些地方并非其应当居住之处。”

林之奇说：“依据孔氏解释，‘宾’是引导的意思，那么若是将其读音认定为‘傧’，就是认为其义与傧相的‘傧’相同。‘宾出日’‘饯纳日’的意思，大概是通过早晚候望日晷在日出与日落显示的不同，来查验日光投影在日晷刻度上的长短变化。‘帝喾历日月而迎送之’，记述的就是这种方法。阴阳四时之气运行在天地之间，万物的化育是隐秘进行的，但又无不是有序安排。‘平秩’‘平在’的意思，大概就是借此方式候望节气来临的早晚时间，正如同后世分别确定二十四节气之类所用的方式一样。”

《朱子语录》说：“‘宅’字在古代与‘度’字相通，其例见于《周礼注》等书中的不止一个。‘宅嵎夷’一类文字，意思都是说在嵎夷这类地方测度日影。”

金履祥《尚书表注》说："帝尧依靠嵎夷来测正东方的日影，青州之境实际上跨越了东夷所处的地方。"（胡渭说："《后汉书》记载东夷部族有九种，从前尧命令羲仲在嵎夷测度日影，把东夷所在地叫作'旸谷'大概因为它是太阳升起的地方，所以把九夷看作嵎夷。金履祥的说法来源于此。"）

案：《周礼·缝人》郑玄《注》说："《书》度西。"按照"宅"解释为"度"这种情况看其对《尚书》的注释，郑康成本来应当将"宅嵎夷""宅南交""宅朔方"注释成"度嵎夷""度南交""度朔方"。"宅"字的古音如同"度"字的读音。因为是分别在东西南北四方观测日影，所以将这种行为称为"度"。王肃将"宅"解释为"居"，于是导致"宅嵎夷"句义不通。蔡氏将"旸谷"解释为所任官职的名称，尤其错误。寅宾，《史记》写作"敬道"，"敬道"就是"寅宾"二字字义。平秩，《史记》写作"便程"，《索隐》引用《尚书大传》"辩秩东作"一语作为解释，"便"就是"辩"。

日中星鸟，以殷仲春。

陆德明说："殷，马融、郑玄解释为'中'。"

孔颖达说："马融说：古代用刻漏来计时的制度规定，一昼夜的时间在刻漏上就反映为一百刻。比如白昼时间长，在刻漏上就占用六十刻，夜间只有四十刻；如果白昼时间短，在刻漏上就只占用四十刻，夜间则成为六十刻；如果昼夜时间等长，就是白昼占五十刻，夜间也占五十刻。（《隋书·天文志》说：'从前黄帝创造了利用观察漏水来计时的方法，《周礼》中的挈壶氏就是掌管这一观察事务的职官。这种计时方法是，将总共一百刻按昼夜分配。白昼本身经过划分，又有朝，有禺，有中，有晡，有夕这几个时段，夜晚则有甲、乙、丙、丁、戊这几个时段。汉哀帝时改用一昼夜分为一百二十刻的刻漏制度，但不久也废除了。梁代天监六年，梁武帝将昼夜一百刻分段与十二辰相配，每辰获得八刻，但刻数仍有余数。于是就将昼夜划分为九十六刻，这样每一辰就有完整的八刻之数。到了武帝大同十年，又改用一百单八刻的刻漏制度，这是依照《尚书考灵耀》将一昼夜分为三十六顷的数字定下来的，只不过在因袭这种分法时改用为三倍于它的数字。后来陈文帝在天嘉时期也命令舍人朱史制造漏壶，依循古代百刻之制作为计时方法。'《五代会要》记载：后晋天福三年，司天台在上奏的《漏刻经》中说：昼夜流水共计一百刻，这一百刻又对应十二时辰，每一刻划分为六十分，'一个时辰就有八刻二十分。这八刻二十分中的前四刻十分为正前，其后的十分加上四刻为正后，以二十分的正中为时正。从上古以来都依循这种方法计时"。王逵《蠡海集》说：按照百刻计时的说法，是将每刻分为六十分，一百刻共有六千分，将这六千分的数目对应配置十二时，每一时获得五百分。'这样一时就占有八刻零二十分。将八刻划分为初、正两段，每段各四刻。再将剩下的二十分零头之数划分为初初、正初两种微刻，每刻各有一个十分。'）马融、郑玄认为'星鸟''星火'的意思，是表示此时用以校准节气的两个星宿作为中星出现在南方的名称。春分日的黄昏，朱雀七星是中星，借助其出现在南方这种天象可确定春分节气来临的时间。仲夏日的黄昏，苍龙七星是中星，借助其出现在南方这种天象可确定夏至节气来临的时间。秋分日的黄昏，玄武七星是中星，借助其出现在南方这种天象可确定秋分节气来临的时间。冬至日的黄昏，白虎七星是中星，借助其出现在南方这种天象可确定冬至节气来临的时间。列举每一季的仲月是借此统领一个季度。王肃认为测度日影的时间是在孟月，而昼夜时间等长及白昼时间最长的月份为仲月，借助于观测星鸟、星火这两个星宿来确定季节则是在季月，'以殷''以正'其后虽然只是提到一个季节的'仲'月，但实际上是总括这个季节的孟仲季三个月份而言的。将'仲'读为'中'，是表示各自用来确定孟仲季三种月份的中气。"

《周礼·小司马》贾公彦《疏》说："郑玄注释《尧典》说：日中，是指太阳出现的白昼刻漏数与未出现的夜晚刻漏数等齐。日长，是指太阳出现的刻漏数为五十五刻，因此这天的白昼在四季当中是最长的。夜中，是指太阳未出现的夜晚刻漏数与太阳出现的白昼刻漏数等齐。日短，是指太阳出现的白昼刻漏数为四十五刻，因此这天的白昼在四季当中是最短的。”(孔颖达说：“自然的白昼与黑夜的划分是以太阳的出现与没入为界限，人为的白昼与黑夜的划分是以昏与明为界限。即规定以太阳未出之前二刻半为明，太阳没入之后二刻半为昏，在适当时间减损夜晚的五刻用来裨益白昼刻数，于是白昼的刻数就多于夜晚的刻数，后来再次校正五刻。古今用历数推算节候与太史官监候天象都有记录说，夏至当日白昼为六十五刻，夜晚为三十五刻；冬至当日白昼四十五刻，夜晚五十五刻；春分和秋分当日白昼五十五刻，夜晚四十五刻。这是古今不变的划分昼夜的方法。然而按照当今太史官候望测定节气的方法，则与普通方法相比校正了半刻。从春分开始到夏至为止，白昼逐渐变长，最终就增加了九刻半。从夏至开始到秋分为止，白昼刻数所减少的也是这么多。从秋分开始到冬至为止，白昼逐渐变短，最终就减少了十刻半。从冬至开始到春分为止，最终增加的刻数也是这么多。另外在每种节气变化之间增减的刻数有多有少，不能够通用一种比率。汉初还没有能够细致了解到这一点，一概都使用九日增减一刻的方法。到了和帝时期，才因待诏霍融请示开始改正这一状况。郑玄注释内容与历数推算不同，所以王肃驳难他说：只知道冬至日要用夏至白昼出现的刻漏数减去昼漏五刻，却不知道马融的注释已经对此作了修改，故而接着马融所减的刻数再减；由于夏至白日长度有五十五刻，就因此类推而将冬至昼夜的刻数反过来，采用夏至当夜的刻漏数作为冬至白昼的刻漏数，这就是郑玄失误的原因了。”

《诗经·七月》孔颖达《疏》说：“《尧典》郑玄《注》说：‘星鸟，鹑火之方。’”(朱子说：“位于四方七宿中间的星宿，或者因为形象来命名，或者依据所在十二次的位次名称来命名，或者依据这个星宿本身的名字来命名。大概情况是，某星宿恰好在黄昏出现在南方正午位置，就用这一星宿的名字来称呼它，例如‘星虚’‘星昴’这类就是。星宿不在正午位置但恰好出现在十二星次中其应有的位次上，就用星次名字来称呼它，例如‘星火’就是如此。如果没有处于对应的位次而恰好界于两个星次之间的，就以所属七宿的形象来称呼它，例如‘星鸟’就是如此。”）

《孔传》说：“鸟，指的是南方朱雀七宿。殷，是调正的意思。春分当日的黄昏，朱雀七宿全都出现，就以这种天象来调正仲春各节气来临的准确时间，并转而以此来推算季春、孟春中的节气，它们各自来临的时间也就可以知道了。”

苏氏轼说：“殷，是正当的意思。”

林之奇说：“鸟、火、虚、昴，都是分别在春分、秋分、夏至、冬至当日黄昏分别出现在南方正值午位的中星。王子雍认为星鸟、星火、星虚、星昴这些星宿对应的是季月。这大概是不了解历法家有计算岁差的方法，只是按照《月令》“日在某宿”的说法来探求，所以其结果与事实不相吻合。《月令》记载的“日在某宿”情况，跟唐尧时期的天象相比就已经有差异了。岁差推算的方法乃是历法家所通晓的，先儒有误解，是因为对此未作思考。”

案：古代计时方法是将一昼夜的时间分为一百刻，后代有时改用一百二十刻，有时改用九十六刻，有时改用一百单八刻。之所以采用这样一些刻数，是因为将这些刻数划归于十二时辰的时候，每一时辰或者有十刻，或者有八刻，或者有九刻等不同的刻数，但都不会有余数零头。例如划分为一百刻，一百刻划归于十二时辰，每一时辰就有八刻二十分。这二十分，根据《五代会要》“时正”，是处在一个时辰的正中，这样就将一个时辰分为前后各四刻，而所分前四刻为“正前”，后四刻为“正后”。根据《蠡海集》的记载，则是从二十分里分出十分当作初初刻，安排在初一刻之前；剩下十分当作正初刻，安排在正一刻之前。这二种方法用起来都通达无碍。白昼与黑夜之所以有或长或短的变化，大概是由于人所居住的地方有南有北，因而在不同地方观测起来所见北极、赤道也就显示出不同状态。于是日躔的南往北返表现，即太阳每天完成一个左旋之规的运行，是在地平之上还是之下也是随着人在南北不同位置而具有的不同观感。就居于中土这一位置的人看来，春分和秋分之时，太阳正值赤道位置，日躔的左旋之规就同于赤道。这一运行轨道与地平相交的位置在卯与酉，这时地平之上与地平向下的高度度数正好均等，所以昼与夜在时间上是平分均等的。冬至时，太阳位居赤道的南面，它的左旋之规就在外衡。这一运行轨道与地平相交的位置在辰与申，此时地平之上的区度少，所以白昼时间短；地平之下的区度多，所以夜晚时间长。夏至时，太阳位居赤道的北面，它的左旋轨迹在内衡。这一运行轨道与地平相交的位置在寅与戌，此时地平之上的区度多，所以白昼时间长；地平之下的区度少，所以夜晚时间短。从中土往北推移，北极距离地平越远，赤道距离地平就越近，这样夏至之时太阳左旋之规在地平之上才会获得越多的区度，冬至时太阳左旋之规在地平之下的区度也越多，因而昼与夜就会长的越长，短的越短。推移到北极正当天顶的地方，赤道如同带子般环绕地平，这样春分到秋分这一时间段就是白昼，秋分到春分这一时间段则为夜晚。从中土往南北两极推移，离地平越近，赤道离地平就越远，这样夏至时太阳左旋之规在地平之上区度就逐渐减少，冬至时太阳左旋之规在地平之下区度就逐渐减少，导致昼与夜的时间都是由长而渐短。推移到赤道正当天顶的地方，南北两极都正好与地平高度持平，这时日躔表现上虽然运行有往返，却不会导致昼夜出现长短不同的差异。此外，在黄道与赤道相交之时，春分、秋分前后会出现相交偏斜的状态，这样日躔表现出的往返运行就会加速，只需数日就会有一刻的差异。在夏至、冬至前后会出现两者接近平衡的趋势，日躔表现出的往返运行就会迟缓，因此半月才有一刻的差异。这表明随着时间或地区的不同，昼夜时间的长短也就各不相同。用古代计时方法推算出的白昼最长达到六十刻、白昼最短只有四十刻的结果，只是约略计算出的大致数字而已。依据中土所见到的太阳出入的时间，白昼最长时超过了六十刻，白昼最短时还不到四十刻。古代另外还有将太阳未出之前的二刻半规定为明，太阳没入之后的二刻半规定为昏，两者合在一起是五刻。这是减损夜晚的刻数用来裨益白昼的刻数。郑康成注《仪礼》说“日入三商为昏”，孔颖达《疏》以为“三商”即是三刻。凡是称说三刻、二刻半的，也是约略统计大致数字而已。太阳未出之前及太阳没入之后，距离地平上下十八度多的地方都仍然有光亮。只是在春分与秋分之时，太阳左旋之规即是赤道，这时区度最为广大，昏、明各自占据五刻。在冬至、夏至时，太阳左旋之规所占区度最为狭窄，昏、明所分就不是五刻能够限定的了。至于人所居住的地方越是偏北，观测到的赤道距离天顶就越远，这时地平之下的区度有十八度多，太阳左旋之规与赤道相较是斜转状态而与之不同，因此就远超过十八度了。人所居住的地方越是偏南，观测到的赤道距离天顶就越近，这时地平之下十八度多，太阳左旋之规渐渐趋正而与赤道等同，这种昏、明的刻度区分也随着时间或地域的不同而各有差异。大抵北天极的地平高度几乎为五十度，因此夏至时分直到夜半仍然有光亮，所以《唐书·天文志》记载“骨利干族居住在瀚海以北的地方，他们的北方领地已经连接大海，在那里常年白昼长而夜晚短。已经入夜了，天空仍然如日曛一般有余光而不是暝黑一片，晚间煮羊大腿骨，肉刚熟曙光就再现了。”又说：“有关晷影差异方面，冬夏时期是各不相同的，在南北不同地方也各有差异。现在制造的覆矩图仪器测量出，南边自丹穴，北边到幽都，每当极高移动一度，就会累加度数之差，可以借此稽考日食出现多少，确定昼夜的长短时分，而天下各地方的日晷测影处都会协助其确定度数。”自古以来论述昼夜的长短，而从南北里距差异的角度来作说明的，实际上是从这段文字开始的。

又案：日中、宵中、日永、日短，分别是春分、秋分、夏至、冬至四个节气出现的恒定不变的天象。星鸟、星火、星虚、星昴，分别举出这四种黄昏出现在天际正南方的星宿是用来让人知道此时的节气。天的运动方式是左旋，日、月、星辰的运动方式都是右旋，而北极是左旋的中心枢纽，可以用来指正南北；赤道是天球正中的区划带，划出它是用来指正东西，并借此划分南、北半球。左旋，是指东西向的旋转。右旋，是天体运行因放慢速度而由东西向旋转变成南北向旋转的状态。月亮的运行周期为二十七日，二十七日之外剩余的时间只是小余，还不到三分之一天，二十七天有余是月亮出入黄道南北一次的完成时间。月亮在黄道南部的运行叫作“阳历”，在黄道北面的运行叫作“阴历”。日躔循黄道一周需要三百六十五日，三百六十五日之外剩余的时间只是小余，还不到四分之一日，三百六十五日有余是太阳出入赤道南北一次的完成时间。从春分到秋分这段时间，太阳的往返活动是在赤道的北面运行的；从秋分到春分这段时间，太阳的往返活动是在赤道的南面运行的。恒星，有时称作“列星”，有时称作“经星”。古人将这种星划分为四象，也划分成二十八宿，又划分成十二宫次，它们每二万余年出入赤道一次。接近春分的时候，黄道与赤道的交点古代是在赤道之南，今天作右旋运行是进入赤道之北了。接近秋分的时候，黄道与赤道的交点古代是在赤道之北，今天作右旋运行是进入赤道之南了。这是日月星辰连续不断地作南北向旋转的验证。它们的运行速度有迟缓快速不同，但都是在作右旋运行，这一点是相同的。以太阳为例而言，太阳在夏至以后从北往南出发，冬至以后从南往北回归。一年当中太阳的运行有一次南至，有一次北至，因此右旋指南北向旋转就是明了的。有了南北向的旋转运行，于是形成寒暑季节的不同；有了东西向的旋转运行，于是形成了昼夜的不同。先儒因为“左”“右”名称而迷惑，以为日月与天一样都是左旋运行，但速度稍微迟缓就回返到右旋模式。这是古人只知道这些天体有东西向旋转行为，而不能理解它为什么有南往北返的原因。另外，从前人所说的天，是用四象、二十八宿来作代替，他们所说的“天左旋”，即是指恒星左旋。却不知道恒星也右旋，只是因为右旋这种推移运行速度太过缓慢，六七十年才达到一度，所以人在仰头观察时感觉不出来而已。晋人虞喜说过这样的话:“唐尧时期冬至白昼短,冬至黄昏出现在正南方最亮的星宿是昴宿。现在过去了二千七百余年,冬至点已经是由东壁星宿出现在正南方而确定了,由此可以知道每岁渐次出现的偏差。”这是最早谈到岁差的言论。稽考相关记载材料,《尧典》《夏小正》这两种文献所记载的星象情形是接近的,《诗经》三百篇与《国语》《左氏春秋》《月令》这几种文献所记载的星象情形是接近的。唐尧时期的夏至日,是用火宿来确定仲夏的。《夏小正》说“五月,初昏大火中”,因此火宿西移现象就应该发生在六月。《豳诗》说“七月流火”,《春秋左传》记载张趯的话“火星出现在正南方,寒暑就开始消退”,《月令》说“季夏之月,黄昏初现,火宿位于正南方”,说明在六月里黄昏之时中星出现则暑热开始消退,十二月里清晨时分中星出现则严寒开始消退。而七月黄昏来临之时,大火星宿往西移动到星后一个宫次的地方,所以从时间上来说就是迁移到了后一个月。然而不曾听说古人对此有过怀疑,也不曾听说古人将此看作时差,进而随着时间的推移将这种差异公布出来告示人民,古人不是明明知道恒星右旋完全同于日月右旋的吗?推步家的划分是,天就是天本身,年岁就是年岁本身,认为岁周比不上天周。这里所说的“天周”,也是从恒星的角度而言,是将恒星比喻作邮程驿道,日月譬喻为驿道上的过往客人。借助恒星来记录日月行经或离开某区域是可以的,而要说太阳右旋造成其年年在天上的位置都有差异则是不对的。黄道斜穿天球赤道与之相交,一半在赤道的南边,一半在赤道的北边,春分、秋分之时,太阳正值黄道与赤道二道相交的地方。冬至之时,太阳正值距离赤道南方最远的地方,这是位于子宫位次一半的地方。夏至之时,太阳正值距离赤道北方最远的地方,这是位于午宫位次一半的地方。春分之时,太阳位于卯宫位次一半的地方。秋分之时,太阳位于酉宫位次一半的地方。经过千年运行,太阳到达子宫位次一半的地方,这一地点也是太阳运行的出发地。太阳历经十二宫回到原地,之后再重新从子宫位次一半的地方开始新的运行周期,而没有丝毫差异。如果太阳不是在赤道南方最远的地方，对应的节气就不是冬至；如果太阳不是在距离赤道北方最远的地方，对应的节气就不是夏至；太阳不是位于二道相交的地方，对应的节气就不是春分或秋分。就黄道而言，面临同一节气，日躔轨迹怎么会有差异！古今节气推移之时，太阳所处位置对应的星宿以渐变的方式而更替，这是由于星宿右移的缘故造成的。由黄道分成的十二宫次，与由其周边星宿分成的十二星次，推步家本来未曾将它们区别为二种，所以就用从星纪开始到析木为止的十二星次的名称来命名黄道十二宫。汉代未曾发觉冬至时分的日躔度数与对应的星宿度数有差异，于是就按照当时的节气将日躔轨迹分为十二位次，大雪这一节气对应的是星纪宫次之初，冬至对应的是星纪宫次之中，所以说是太阳运行到某宫开端的位置对应的是节气，到某宫内的位置对应的是中气。这是由于不明白二十八宿虽然是位置靠近黄道的星宿，但其实太阳和这些星宿是各自分别运行的。由二十八宿划分成的十二次，其次名是因为星名而获得，这是亘古不变的情况。《宋书》记载，在大明六年，南州从事史祖冲之说："宫次随用星宿名称，是因为这些名称含义符合星宿本身情形，春分秋分与夏至冬至虽然有节气迁移的变化，但是它们对应的宫次位置是不变的。"这番论述足以修正十二次随同节气和中气的推移而变化的谬论了。在节气与黄道十二宫的对应上，大雪这一节气对应的是子宫之初，冬至对应的是子宫之中，芒种对应的是午宫之初，夏至对应的是午宫之中，二十四节气各有固定对应的宫次，这也是亘古不变的。所谓太阳运行到某宫之初为节气，到某宫之中为中气这种情况，是将节气的确定与黄道十二宫关联起来，这是至当不易的。古代历法都是指节气到临之时太阳行度过宫。"节"是指太阳的位置在两个节气之间，"中"是指太阳的位置在一个宫次之中。而西域诸国用推步法推测出的规律是，日躔在中气到临之时过宫，冬至日属于太阳位于星纪之初，小寒属于太阳位于星纪之中，所以对于冬至的说明是"某日某刻日躔星纪之次"，因此中气就成了太阳位居于两宫之间，而节气反倒是太阳位居于一宫之中，名称与实际情形相背离。又沿用了从星纪到析木等十二星次的名称，冬至日太阳是在析木星次的箕宿一半大约二、三度的地方，却仍然说是日躔星纪宫次。宫次间的划界是依据中气而确定的，所以仅仅相差半次。如果修正中气、节气的名称，让宫次间的划界依据节气而确定，那么析木宫就全部改为星纪宫了，十二宫次的名称与实际意义也全部因此混乱，这种情况就有四千多年。将东陆三个宫次全都改成北陆三个宫次，这是由于不知道十二次的名称起源于二十八宿，是不可以用来命名黄道十二宫的。这与汉代因不懂太阳、星宿运行的真实情况所以造成的误解不同，但它们的失误却是相同的。《左氏春秋》说“玄枵之次，以虚宿为中”，又说婺女正值玄枵的首位。这说明婺女星宿的位置处于玄枵之初，虚宿的位置就处于玄枵之中，对十二次的位序应该照此类推下去。物体凡是运行一周的轨道都可以分成十二宫，也都可以用十二辰来命名。十二辰被分成四部分，分别用以奠定四方，亥子丑这三辰位据北方，寅卯辰这三辰位据东方，巳午未这三辰位据南方，申酉戌这三辰位据西方，这就是四方的定位了。将十二次配对十二辰，北陆有三个宫次：星纪丑宫、玄枵子宫、娵訾亥宫；西陆有三个宫次：降娄戌宫、大梁酉宫、实沈申宫；南陆有三个宫次：鹑首未宫、鹑火午宫、鹑尾巳宫；东陆有三个宫次：寿星辰宫、大火卯宫、析木寅宫。从来都是如此相配。探究其实际含义，丑与十二次中的星纪相配，不是指丑与黄道冬至相配。冬至必定是建子月，所以它应该对应子宫宫次一半的地方就是明确的了。有关天地的定位是，赤道居于正卯、正酉，春分和秋分正值黄道与赤道二道相交的地方，这不是卯宫、酉宫的一半位置又是哪里呢？因此黄道十二宫的名称应该按十二月建的顺序来确定。西洋人又将黄道冬至称为丑宫，而春分是戌宫，秋分为辰宫，如此一来，名与实的吻合体现在哪里呢？所以不只是十二次的名称不能沿袭使用，即使是十二次与十二辰相配的名称也不能袭用。凡是称举星象十二次以及黄道十二宫的时候，就应该考察它们名实之间的关系问题。《史记》所说“衡殷南斗”，宋均解释为：“殷，是‘当’的意思。”此外，《史记》所说的“衡殷中州河济之间”，张守节解释说：“殷，是‘当’的意思。”此处“当”的意思是相当、正值。

厥民析，鸟兽孳尾。（“孳尾”，当从古本作“字微”。）

《尔雅》：“厥，就是‘其’。”

《孔传》说：“冬季寒冷没有农事，人们都进入屋室居处。春天农事一旦开始，丁壮劳力于是进行生产活动。“厥民析”的含义是将人民按照老壮不同来分类。哺乳繁育后代叫作‘孳’。鸟兽雌雄交尾叫作‘尾’。”

案：析，是说人民分散开来前往原野。孳尾，《史记》写作“字微”。“孳”与“字”两字，“尾”与“微”两字，分别声义相通，“孳尾”的意思是说鸟兽喂养它们刚刚出生的微弱幼小的后代。《说文》解释说：“字，是哺乳。”《诗经》“琐兮尾兮”一句中，“尾”也是微小的意思。

申命羲叔，宅南交。平秩南讹，敬致。

《尔雅》：“申，是重复的意思。”“讹，是变化的意思。”（孔颖达解释说：“禾苗开花结穗，最后变化成为果实，也类似于动物的胎生乳育一类成长状况。”）

孔颖达说：“郑玄说：今本《尚书》在讲到夏季内容之后不说‘曰明都’，是因为这三个字在传抄过程中磨灭不见了。王肃认为夏季不说‘明都’，是为了避开‘敬致’二字的缘故。”

《史记索隐》说：“南方有一处名叫‘交趾’的地方。‘南交’或许是因为古文简略而举出“交趾”地名中的一个字，所以叫作‘南交’，没有疑问‘交’指的就是交趾。”（刘敞说：“《尚书》此处本来的文字是‘宅南曰交趾’，今本‘宅南交’是由于传写而脱漏了两个字。”黄度说：“案：汉初设置交趾郡，后来才设置交州。杜佑《通典》说：‘设置交州是恢复大禹时期的旧有称号。’说明该地本名就是‘交’，后世增字成了‘交趾’。”）

林之奇说："对于'南交'，《孔传》的解释是：夏季与春季相交会的时间。王氏说：夏季与春季在南方相交之时，体现的是阴阳相交会的情况。这种说法是不对的。大概'南交'指的就是交趾。《史记·五帝本纪》说：黄帝统辖的地方'北边到达幽陵，南边到达交趾'。因此用'交趾'来对'幽都'，是由来已久流行的风气。交趾位置在正南，所以叫'南'。'敬致'的含义，《孔传》说是'慎重执行尧有关"平秩"的教令以获得事功'。这种说法是不对的。《周官》：'春夏致日，秋冬致月。'《左氏春秋》说'日官居卿以底日'。因此'敬致'就是'致日'的意思。"

惠栋《尚书古义》说："平秩南讹，《史记》'南讹'写作'南譌'。司马贞所据《史记》之本'讹'又写作'为'，解释说：'为，按这个字的本音读。春季称说'东作'，夏季称说'南为'，'东作''南为'都是有关耕作经营等劝农的内容。'栋案：'譌'与'讹'，古字本就相通。《毛诗·无羊》'或寝或讹'（《毛传》解释说'讹，是动起来的意思。'），《韩诗》'讹'字写作'譌'（薛夫子解释说：'讹，是睡醒的意思。'）。《说文》引《诗经》此句作'民之讹言'，今天《诗经》中的《正月》一诗'譌'字写作'讹'，《郑笺》又将'讹'解释为'伪'。'伪'字亦与'讹'字相通，所以《汉书·王莽传》又将'南讹'写作'南伪'。《史记·索隐》写作'为'字的原因，是由于古代'伪'字都省文写作'为'字。《淮南子·天文》说'岁大旱，禾不为'，高诱注释说：'为，是成熟的意思。'谷物在夏天成熟，所以称作'南为'。这种说法与'东作''西成'一样都是在称说农事方面的问题。《索隐》所据《史记》本是正确的。"

案：惠氏引用高诱注释《淮南子·天文》之语来证明"禾成于夏，故曰南为"的解释，与孔颖达《正义》所说的"禾苗经过开花结穗，最后变化成为果实"的说法都是相同的含义。《索隐》用"耕作营为"来解释"东作""南为"，是不对的。《周官》："土方氏掌土圭之法，以致日景。"郑玄《注》说："'致日景'观测到的具体情形是，在夏至当天影长是一尺五寸，在冬至当天影长是一丈三尺，这期间每日的影长都有长短不同的表现。"《隋书·天文志》:"刘焯说:《周官》:夏至当天观测,影长有一尺五寸。张衡、郑玄、王蕃、陆绩等先儒都认为每隔千里测出的影长会相差一寸,说是在南方太阳正当头顶之时,与之相距一万五千里的洛邑景表反映出的影长正是一尺五寸,但两地对应于天的高度却不同。用算法考查,这种情况必定是不可能出现的。说景表反映出的一寸差距在实际距离上相差千里,也没有典籍出处可资证明,因此明明就是臆断,这样的测量结果是不能依据的。在今天交、爱两州的范围内,在景表北面没有显示出影长的时候,算起来不会相距万里的南方已经过了太阳当头之时。说明所谓南北相距千里、影长就会有一寸之差并不是真实的数据。"又记载姜岌的话说,大地有游气,所以参、伐数星初现之时是在天空旁侧,它们之间的距离就会显得疏远,后来移动到天空上方,就会显得靠近。太阳在早晨和傍晚接近大地,所以颜色发红而且形体较大,如果没有游气就会颜色发白,而且也不太大了。今天要进行一岁的考察是从冬至开始,而《尧典》"敬致"一语却说的是在仲夏开展的工作,《周官》中的"日至之景"中的"日至"也是根据夏至观测到的日影长度而言。大约冬至之时,太阳在赤道之南,距离地平较近;夏至之时,太阳在赤道之北,距离地平较远。距离近的话,游气就能够将小的折射成大的,将低的折射成高的。距离远的话,太阳就超越游气而在上,因此就渐渐从不实的虚象返还为本体面目。所以在冬夏两季对太阳观测,以仲夏日的观测数据最为准确。古人根据圭表测得的影长就可以知道黄道、赤道的高低,就犹如唐代以来可以借此方法测量出北极高低一样。赤道距离北极的距离是天周的四分之一长,往南前行二百余里,北极高就会降低一度,而赤道则会升高一度。若是往北前行二百余里,北极高升高一度,赤道则会降低一度。环绕大地的一周,是对应着上面的天周。《晋书·天文志》记载王蕃的话说:"前儒旧有的说法是,就天地的体态来说,形状犹如鸟卵,天球在外面将大地包裹着,就犹如蛋壳包裹着蛋黄。"根据这种说法,天就成为大的球体,地又是以球体形态处于天球之中,所以大球的中心就是地球实体的中心。人所居住的地方,是在地球实体的外表圆面上,犹如在卵黄的上面。圆面距离其中心的长度是圆直径的一半。古代的割圜术,是从圆中心开始将圆周进行圆弧分割,即将圆周分割成若干段弧,从而得以运用勾股弧矢的计算方法求得圆弧及半径。长度凡是用这种推算法所得到的数据,都是依据圆的中心与外周的对应关系,体现的是天的实象。而用测望法所得到的数据,因为人是居于地体的外表圆面上来进行观测,与推算法所得到的数据相比较是隔着地体半径计算的结果,于是差数又因此产生。凡是造成差数的数种情况,观测日影的人都应当知道。

日永星火,以正仲夏。

《诗经·七月》孔颖达《疏》说:"《尧典》郑玄《注》说:'星火,属于大火星宿。司马这种官职,分管南岳事务,若管理得当,夏季气象就会谐和。夏至这一节气来临时,黄昏时分火星为中星。'《郑志》说:'日永星火'这句话中的'星火'说的是大火星宿。叫作'大火',是按星次所取的名称。东方星次,分别有寿星、大火、析木三种,大火位于中间,所以《尚书》是列举中间的星次作为代表来作相关说明。'"

金履祥说:"心宿包括有三个星宿,中间的一个名字叫作'大火'。"

案:十二星次的名称,在周人撰写的文字中才开始称举到。唐虞时期,仲春黄昏之初,正逢朱雀七宿位于南方,苍龙七宿位于东方,白虎七宿位于西方,玄武七宿位于北方。这些星宿在旋转中,因此随着时间的变化就会处于不同的位置,本来没有东西南北方位的差别。它们之所以分别叫作"南陆""东陆""西陆"和"北陆",各自被从方位的角度来称举,怀疑是在唐虞时期依据"仲春初昏"之时各星宿出现的方位给它们的命名。这样,四象的辨别大概就是从羲和开始。而十二星次之首星纪的位次,极有可能是因为在周朝冬至之时太阳所在位置对应的是牵牛星，于是就以星纪作为十二星次之首了。这说明十二星次大概是周人确定的。至于《夏小正》中的“五月初昏大火中”一语，《孔传》的解说是：“大火，指心宿。”这里的“大火”不必看作某个星次的名称。

厥民因，鸟兽希革。

《诗经·斯干》孔颖达《疏》说：“《尧典》郑玄《注》说：‘在夏季，鸟兽毛羽逐渐稀疏，皮肤开始显露出来。’”

《孔传》说：“因，指老弱前往农田趋附于在那里的丁壮劳力，以便助益农事生产。在夏季，鸟兽的毛羽会稀少、更换。革，是更改的意思。”

案：革，犹如皮。对于夏季里鸟兽的毛羽状态就用“希革”来形容，对于冬季里鸟兽的毛羽状态就用“氄毛”来形容。郑《注》的解释是得当的。

分命和仲，宅西，曰昧谷。**寅饯纳日，平秩西成**。（昧，当从古本作“柳”。）

《史记·五帝本纪》：“居西土，曰昧谷。”《史记集解》：“徐广解释说：‘西，即今天属于天水的西县。有的本子“昧谷”写作“柳谷”’。裴骃案：郑玄说：‘西，即陇西的西面，今人叫作兑山的地方’”。

陆德明说：“饯，马融解释说：是灭的意思。灭，犹如‘没’。”

孔颖达说：“郑玄认为‘寅饯纳日’是秋分之时拜祭月亮的意思。”

《周礼·缝人》郑玄《注》说：“‘柳’犹如说‘聚’，此处是多种装饰聚集在一起的意思。《尚书》说‘分命和仲，度西，曰柳穀’。”贾公彦《尚书疏》说：“柳，此处是指多种色彩聚集在一起的状态。太阳在将要落山的时候，柳穀之处的颜色是红的，同时还兼有其他颜色，所以叫作‘柳穀’。”（惠栋解释说：“‘穀’与‘谷’相通。‘臧与穀二人相与牧羊’一句，崔骃的本子‘穀’写作‘谷’字。郑玄注释《尚书》时依从古文写作‘昧谷’，所以虞仲翔上奏列举郑玄解读《尚书》出现的违误失真事例，说古文篆体‘丣’字读音当为‘柳’，古代‘柳’‘丣’是同字的关系，郑玄却以为‘柳’是‘昧’的意思。栋案：《史记》也引作‘柳谷’，这是《古文尚书》所用字。郑康成依照贾逵上奏文字，确定为‘昧谷’两字，所以虞氏批驳他。《管子·幼官篇》说：‘春三丣同事，秋三丣同事’。《说文》解释说：‘丣，是冒出的意思。二月里万物从地里冒出生长，‘丣’字表示二月，字形象开门的形状。所以二月叫做天门。’‘丣，是古文“酉”字。‘丣’字从卯，“卯”表示春门，春天里万物已经从春门出现。酉是秋门，秋天里万物已经从秋门进入。“丣”字从一、丣，是关闭门户的象形。’‘柳’‘丣’是同一个字。黎明太阳从旸谷升出，傍晚再从柳谷落入。西，指的是陇西西县的八兑山，有一种说法认为是兑山。”）

《孔传》解释说：“昧，是冥暗的意思。太阳落入山谷因而天下冥暗，所以太阳落入的山谷叫作‘昧谷’。昧谷叫作‘西’，那么嵎夷是‘东’就由此可知了。饯，是送行的意思。太阳出来，用‘导’表示迎接；太阳入山，用‘送’表示送行，是因事项不同而分别采取的适宜说法。”

宵中，星虚，以殷仲秋。

《尔雅》：“宵，是夜晚的意思。”（《孔传》说：“表示春分就用‘日中’，表示秋分就用‘夜中’，两种不同用语因为互相借义而完备了语意。”）

《诗经·七月》孔颖达《疏》说：“《尧典》郑玄《注》说：虚，是玄武七星里位置在正中的那一星宿。”

《史记索隐》说：“虚，过去是依照这个字的本音来读，但是邹诞生读作‘墟’。案：虚星主管坟墓职事，邹氏的解释或许占理。”

厥民夷，鸟兽毛毨。

《孔传》说：“夷，是平的意思。在秋天，人不分老壮都在农田操作，这与夏季的情形是齐平的。（林之奇说："对于夏季的农事既然说是老弱前往趋赴在农田的丁壮，对于秋季的农事又说是与夏季的情形齐平，因此有关春夏秋三季农事方面的言辞其含义没有不同。程氏说是秋天庄稼即将成熟，一年的农事即将完毕，人民获得了年终的劳动果实，因此心情平夷安泰。"）毨，是整理的意思，即鸟兽整理刚刚更换新生出的毛羽。"

陆德明说："毨，《说文》解释说：'仲秋之时鸟兽毛羽繁盛，可以从中选取适宜的部分用来制作器具用品。'"

苏轼说："农事活动到了秋天稍稍缓和下来，人民可以逐渐进入休息阶段，所以说是'夷'。"

案："夷"字的意义，苏氏的解说是得当的。毨，"洗"声，字义与"洗"字相近。程子解说为"润泽美好的样子"。

申命和叔，宅朔方，曰幽都。平在朔易。

《尔雅》说："朔，是北方。""在，是观察的意思。"

孔氏颖达说："人都是春夏秋三季在田野劳作，冬季进入隐隩的房屋休息。农作物则是春夏秋三季在田野生长，冬季纳入粮仓。这说明人与作物都有改易的情况。王肃说：'改易的意思是，谨慎地束扎、覆盖收藏农作物，依循这样的行为顺序将粮食积聚起来。'并引《诗经》'嗟我妇子，曰为改岁，入此室处'加以佐证。《尚书》对春夏秋三季都说是'平秩'，此处独独说'平在'，是因为春夏秋三季乃是在田野劳役力作，所以应当按前后次序安排这些劳役力作；冬季则是作物都收藏纳入粮仓，需要的是省视察看它们。"

《史记》："居北方，曰幽都。便在伏物。"《索隐》解释说："案：《山海经》说：'北海之内，有座名叫"幽都"的山。'《史记》所说的大概就是这座山了。尧命令和叔察看北方收藏的物质，这是说人畜需要的积聚起来的物品在冬天都要收藏起来。《尸子》也说'北方，就是收藏的地方。'今案：《尚书大传》说'辨别、观察收藏的物品'，太史公据此写下了这些内容。”

苏轼说：“朔易，是指新旧年度在此时进行更替改易。《礼记》：在十二月，‘天子与公卿大夫共同整饬国家的典章制度，制定对应时节的政令，借此迎候来年事宜’。”

黄度说：“北方地界有沙漠，沙漠一片荒茫幽远，在那里看不到山川，所以北方称作‘朔方’，被看作大界。”

案：“在”“察”两字声义相通。凡属于六书中的假借，都指的是依声托事的做法。

日短，星昴，以正仲冬。

《诗经·七月》孔颖达《疏》：“《尧典》郑玄《注》说：‘昴，是白虎七星里位置处于正中的星宿。’”

齐召南说：“唐尧时期冬至当天日躔所在的地方，天文历算家多用主观臆见来说明。南朝宋人何承天、隋朝人袁充都认为冬至时太阳位于须女宿十度的地方，这种说法已经近于准确了。唐代的一行直接说太阳位于虚宿一的时候，星火、星昴两宿就都作为中星出现在冬季仲月黄昏时分的正南方，这是正确的解释。”

厥民隩，鸟兽氄毛。（隩，当从古本作“燠”。）

陆德明说：“隩，马融解释说：温暖。氄，马融解释说：温柔的样子。”

《孔传》说：“隩，是屋室。人民在新旧之年交替的时候进入此屋居住，借以躲避风寒。（林之奇说：“胡氏认为如果像孔氏这样解释，‘隩’就应该当作‘奥’字来读，依据陆氏《释文》注明的读音应该是‘于六反’。冬季寒冷，所以人民居住在隐蔽温暖的地方。这种说法是正确的。”）此时，鸟兽都长出柔软的绒毛用来温暖自身。”

惠栋说：“《说文》引《尧典》作‘鸟兽𣰆髦’，解释说：‘𣰆，毛盛也。’髦，是古‘毛’字。《既夕记》说‘马不齐髦’，郑玄《注》：‘今天“髦”字写作“毛”。’古文《尚书》中‘毛’字都写作‘髦’。”

案：厥民隩，《史记》引述作“其民燠”。“氄”“茸”“耎”三字声义相通。

帝曰：“咨，女羲暨和，期三百有六旬有六日，以闰月定四时成岁。允厘百工，庶绩咸熙。”（定，当从古本作“正”。）

《尔雅》说：“咨，是嗟叹的意思。”“暨，是‘与’的意思。”“庶，是众多的意思。”“绩，是业绩的意思，功业的意思。”“咸，是全都的意思。”“熙，是光明的意思，兴起的意思。”

《春秋公羊传·隐公元年》孔颖达《疏》说：“《尧典》郑玄《注》说：用设置闰月的方法来推定四季的准确时间，让启、闭、分、至这些重要节气的来临不至于违背正常时间，再将此著录下来以便制成年历，目的是向人民预告时节，并且记录时事。”

《孔传》说：“匝四时叫作‘期’。厘，是治理的意思。工，是职官的意思。熙，是‘广’的意思。”

陆德明说：“十日为一旬。”

孔颖达说：“期，即是‘匝’的意思。王肃将‘期三百有六旬有六日’解释为‘期四时’是正确的。真正的古代历书因遭遇战国以及秦朝战乱而亡失，汉代所存留的六种先秦历书都是秦汉之际的人假托古人伪造而成的，确实不能由此获得古代正确的历法。但古历的大要有梗概说法：一个周天划分为三百六十五度零四分之一度，而太阳每天运行一度，因此运行一周需要三百六十五天零四分之一天。此处《尧典》说三百六十六天的原因，王肃的解说是‘余下的四分之一天，又被计入三百六十五天之后的第六天之内，这样举出全部的天数来称说，所以说是三百六十六天。’利用北斗斗柄指向十二辰来判断节气，此时确定的是中气。闰月所在的时期，北斗斗柄指向的是十二辰中的两辰之间，月内没有中气，所以就把这一月当作闰月了。”（梅文鼎说：“将一周天的度数分为十二等份，每份各占有三十余度，凡是各月的中气，都在其月内拥有的三十度的中间位数上；各月的节气，都是居于其月内拥有的三十度的首尾上。现在依照某种说法，斗柄所指向的方位是各在相应月份的辰位上，因此在节气交替之日，斗柄所指向的地方必定会在两辰之间。在十二个节气来临当天，斗柄都是指向两辰之间的，又怎么能够据此另行区划出闰月呢？至于闰月本身，是只有节气没有中气的，因而在它的节气日当天斗柄固然是指向两辰之间了。但是唯有这一天是这种情况罢了，闰月的前半月和后半月，斗柄指向并不在两辰之间。地盘一周分为十二辰位，辰位与辰位之间呈现出首尾鳞次相接的状态，犹如圆环一般没有始末开端，又能在什么地方将此三十度设置在两辰之间而作为闰月三十日的斗柄指向处呢？斗杓三星的位置距离北极只有二十余度，因此必定要以北极作为天顶，然后才可以确定斗杓所指的方位。今天中土所处的位置在斗杓的南方，若是仰头观察北斗，可以看到斗杓与整个北斗星都在天顶的北方。古人是根据星象来颁行岁时历法，如果根据岁差来考查制定历法，那么与前述历法相比，现在一年里总会有一二旬的天数差异了。然而历代都是根据各个时代的星象情况颁行历法，目的是使人民容易知晓。最终也没有哪部历法说斗柄指向何方就意味着作什么农事，原因就是指向的方位难以确定。所以十二月建非关斗柄指向就是很明确的了。”）

《史记》：“尧用设置闰月的方式校正了历法中的春夏秋冬四季时间，他还凭借诚信有征的品格来统领百官，于是各项事业都兴盛起来。”《史记索隐》解释说：“太阳一天移行一度，月亮一天移行十三度零十九分之七度。到二十九天零半日稍多的时候，月亮就绕行天空一周，这时又追逐上太阳而与之会逢。在一年里与太阳有十二次会合，这就是一年划分为十二个月的缘故。每月二十九日还有超过半日的余数，一年划分出小月六个，这样每年的天数较太阳运行一周的时间就余有六日。另外大年有三百六十六日，小年有三百五十五日。其实小年与大年相较，一年只余有十一日不到的天数，但不满三年就多出了一个月的时间，因此要设置闰月。若是连续三年不设置闰月，就会出现把实际上的正月当成二月的情况。若是连续九年不设置闰月，历法就会与实际日期相差三个月，就会出现把实际上的春天当成夏季的情况了。若是连续十七年不设置闰月就会相差六个月，就会出现实际上的四季与历法中的四季正好相反的情况了。这样一来，四季时间得不到校正，年历也就不能制定了。所以《左传》说：将余下的天数归结到年终用置闰的方式解决，就不会出现让人困惑难解的事情了。这是正确的说法。”

苏轼说：“有，读作‘又’，古代‘有’‘又’两字相通。熙，是光明的意思。”

晁以道说：“‘以闰月定四时’这一句，古文‘定’写作‘正’，到唐朝开元时期才误将‘正’字写成了‘定’。”

阎若璩《尚书古文疏证》说：“一个天周的度数，以及一周年的天数，都是三百六十五而另有余数。从一年的冬至到来年的冬至为一个周期，其间太阳经历三百六十五天的时间而运行一周。太阳运行四周，累积起来的时间就有一千四百六十日，另外还有一日的余数。将这一日分成四等份，每份就是四分之一日。《尧典》经文将三百六十五日余之‘五日余’说成‘六日’的原因，是举其整数而言。按月亮运行的时间来计算，从正月朔日开始到十二月晦日这天结束是一周年，这一年就有三百五十四日，经过三年较阳历就多出三十二日有余，这就是需要设置闰月的原因。置闰的方法，一开始是三年设置一个闰月，在设置三个闰月之后，接着安排一次两年设置一个闰月；接着又按三年设置一个闰月，连续两次之后再接着安排一次两年设置一个闰月。如此经历七个闰月，然后回到节气与朔日再度相合的周期，就是一章了。”

案：天度是以太阳均平的运行速度为标准设置的。所谓度，是运行所经过的距离单位名称。太阳在一昼夜的时间里通过右旋方式所经过的距离为一度。从这年的冬至到来年的冬至，期间共三百六十六日，所以《尧典》说“期三百有六旬有六日”。从太阳出发到其回到出发点这一个周期的时间来说，就是三百六十五日，剩下来的小余之数还不满四分之一日，而太阳运行范围正好是一周天。《周髀算经》以及后汉永平年间使用的是四分历法，都是以三百六十五日零四分之一日为经岁。后世把经岁叫作“岁周”，又叫作“岁实”，就是以经岁为天周三百六十五度零四分之一度。所以《后汉书》说：“计量单位就天周来说是度，就历法来说是日。”细致计算起来，经岁三百六十五日之后的余数实际上不到四分之一日。《后汉书》又说：“太阳和月亮的运行状态似乎是相互推进着前行，太阳运行舒缓，月亮运行迅速，当它们运行到同一位置时叫作‘合朔’。舒缓的在先，迅速的在后，当两者位距之差是‘太阳为一而月亮为三’的时候，月相就犹如弓弦，因此叫作‘弦’。当两者处于相互平正的位置，正好将天周平分，这时月亮与太阳处于相互对望的位置，因此就叫作‘望’。当行动迅速的月亮追赶上行动舒缓的太阳的时候，月光消失已尽，月体看似隐伏起来，这时就叫作‘晦’。”大致每月具有的晦、朔、弦、望等不同时段，只要抬头仰观月相就可以知道，因此古人就用这种观察方法让人民明了每月的不同时段。太阳和月亮的运行关系是，当太阳平移一度，月亮就平移十三度有余。每二十七天另加小余之数不满三分之一天，月亮正好运行一周天，太阳则已经距离其原地二十七度有余，这时又必须再有超过两天的时间，月亮才能追赶上太阳。追赶上的月亮此时与太阳处于同一区度，这就是合朔。这样经月的时间就总共有二十九天零半日，于是就规定大月为三十天，小月为二十九天。大月较小月多一天的原因，是所余零头已经满一天了。但如此一来，十二个月总共有三百六十四天，对于经岁来说就相差十日有余。这样不到三年，相差的天数累积起来就会有满一个月的时间。大凡万物的生长变化是以日躔周而复始地往返为根本，所以春夏秋冬这样的时序安排是根据太阳运行的情况所确定。古人将四季又分为八节、二十四节气，都是以平分经岁作为这些节序的时间范围。因为是将这些节气寄名在月份之中来表达，所以有某月某日冬至，某月某日春分等说法。因此将冬至固定在十一月，春分固定在二月，季节时序才合乎正常。故而说是“用设置闰月的方式来校正四季出现的月份从而确定一岁始末”。《汉书》说：“启、闭是节气。分、至是中气。某个节气不一定固定在某月，但中气必定是在正常的十二个月份之内。”“自朔日之后没有中气的月份，叫作闰月”。《后汉书》说：“四季在递进迁移，所以要设置十二个中气来确定月份序位。有朔日而没有中气的月份就是闰月。”这是古人设置闰月的固定方法。然而太阳和月亮在天上的实际运行速度都不是均平的。《后汉书》说：“章帝派遣左中郎将贾逵咨询当时掌管历法的卫承、李崇、太尉属梁鲔、司徒掾严、太子舍人徐震、钜鹿公乘苏统以及编欣、李梵等十人。贾逵论说道：‘今天史官调整推算出的合朔、弦、望及月食时间，但结果大多不准确，其原因是在于不知道月亮的运行有迟缓迅疾之不同。……李梵、苏统两人用《史官候注》进行考校，认为月亮的运行应当有迟缓迅疾的不同状态。’”《宋书》记载说刘洪制定出了“迟疾法”，目的在于准确模拟出月亮的实际运行情形。《北齐书》记载说，信都芳计算出有频繁为大月也有频繁为小月的现象，并认为日食必定只是发生在朔日。《隋书》记载说刘焯推算二十四节气，主张它们拥有的天数虽然长短不一但却各自具有恒定不变的“定日”，例如春分、秋分的定日，是各自在离冬至为八十八日有余的时间，和各自在离夏至为九十三日有余的时间。《唐书》记载说：“北齐时期张子信累积其观察所得，推测日月交食发生的时间需要调整，发觉太阳运行速度在不同的节气期间有迟速差异。后来到刘焯手中，就制定出了‘盈缩躔衰术’。其后《麟德历》据此将这种现象叫作‘躔差’。”《元史》说：“太阳在黄道上的运行有盈缩变化，月亮在白道上的运行有缓急不同，考虑到盈缩、缓急的差数并借此对朔日日期加以修正，于是开始了定朔法的使用。古人的立法特点是简略而不周密，最初用平朔法确定的月份是一大一小交替出现，所以日食实际发生时间有的是在朔日的第二天，月食发生时间有的是在望日的前后。”以上历史学家所说的推算节气与朔日的各种方法中,大致趋势是后代对前人的方法加以周密化。古代只有平气、平朔两种方法而已。平气也叫作"恒气"。唐朝麟德年间以来,在定朔法已经颁行的情况下,《大衍历》中却议论说:"凡是推算日月运行区间度以及晷漏、交食等问题,依照定气法操作。"原注说:"历代都依照的是恒气法。"定气、定朔,实际是同一种方法,用"定朔"而不用"定气"称谓的原因是:凡是订立历法都不超出两个范围:其一是自然具有的限度范围,这是由上天注定的。例如太阳随同天而左旋就成为昼夜的来源,太阳依循黄道右旋就成为寒暑不同季节的来源,月亮与太阳会合就是朔,月亮与太阳相对就是望。测算时应当根据自然本身的状况而寻求测算结果与自然现象相合,即纯粹由天决定,而不是人为参与的。采用定朔、定望的方法,测得的天象就是这种自然真实。其一是基于自然,但在此基础上又适当采取中数,借此制定出周密的规则,就是由人来制定。例如基于昼夜的存在而将其分成十份或者十二份,刻漏更是将其分成百份。又如基于寒暑季节的存在而将其分成春分、秋分、夏至、冬至、立春、立夏、立秋、立冬等八份;如果是分成中气和节气各十二份的话,那么就将寒暑季节分成了二十四份。这些都是人为制定的。本来应该将一个周期的天数看作是均等的,如像体现昼夜变化的时辰刻度就是均等的,而不必拘泥太阳实际运行的度数来确定。古代推步法认为两次合朔之间的日期不满三十天是"朔虚",超过三十天是"气盈",将气盈和朔虚合起来考虑,于是就测算出月闰之数。像定气法,是均分天度以遵循日躔状况。但用这种方法,天度的划分是均等的,对应的年份天数却并不均等,两者之差多则达到三十多天,少则也有二十九天有余。现在的冬月,如果用定朔法会成为天数最多的月份,以至于可以在一个月之内容纳三个节气。遇见节气出现在冬月的望日,当月就另有两个中气,一个在朔日出现,一个在晦日出现。这样一来,必定导致这个月份的前后两个月都没有中气。面对这种情况,既不可以在一年中两次设置闰月,又不可以在容有三个节气的月份之前设置闰月而不以它后面的月份为闰月。因此，淆乱了“开月之后没有中气的月份作为闰月”的规定。何况古人说到有气盈、朔虚的问题，但是用定气法又会产生气虚的问题。假设说这些都可以不考虑，只统一用天度作为划分节气的标准，那么节气物候的逐渐变化就是因为日躔往返引起。这时依据日躔来确定节气来临的时间，只考虑日躔的南北向运行，而不考虑东西向问题，就应该不考虑太阳行经冬至、夏至点时，两点之间相距四十余度之差的问题，而将太阳运行一个周期的轨迹均分为二十四份。但假如如此均分冬至、夏至间的这种相距度数，就将会出现不同节气之间日期长短差异更大的情况。不拘泥日躔南北为始末的实际运行而采纳其均平数值，只是拘泥于日躔斜络东西的运行状态来采纳其均平数值，也就丧失了合理依据。这就是采用定朔法而不用定气法却能够行之久远也未尝会发生因迁就一端导致失误的缘由。

帝曰：“畴咨若时登庸？”放齐曰：“胤子朱启明。”帝曰：“吁！嚚讼，可乎？”

《尔雅》：“畴，是‘谁’的意思。”“时，是‘此’的意思。”“胤，是继承的意思。”

陆德明说：“胤，马融解释说：是承嗣的意思。讼，马融注本写作‘庸’。”

孔颖达说：“马融认为，羲氏、和氏担任卿官，他们在尧统治的末年都因为年老死去，致使众多政务缺人料理，所以尧寻求能够顺应四季变化而胜任这些职位的贤才，就是要用他们来代替羲氏与和氏。‘胤子朱’的意思，马融、郑玄认为是尧帝的嗣子其名为‘朱’。”

《周礼疏》：“‘帝曰畴次若时登庸’郑玄《注》说：在尧统治的末年，羲氏、和氏家族的子嗣都死亡了，众多政务缺人料理，导致相应官职空置。正当此时，驩兜、共工开始互相荐举对方。”

《史记正义》说：“郑玄说：作为后嗣继承者的、帝尧的儿子名叫丹朱，是个开通明达的人。”

《孔传》说：“庸，就是‘用’。‘畴咨若时登庸’这句话的意思是，谁能够使各项事业都兴盛起来而又能顺应地位变化，谁就将被提拔任用。放齐，是尧一个大臣的名字。胤，是其国名。子，是其爵位。所以称'胤子'。朱，是这位胤国君主的名字。（孔颖达说："夏代君王仲康统治时期，胤侯受命掌管六师。《顾命》里记载所陈列的宝物中有胤国为舞者制作的衣服。"）启，是开明的意思。吁，是表示疑怪的语气词。说话不真诚不可靠叫作'嚚'，又加上喜欢争论诉讼，所以说是'嚚讼'。"

许谦《读书丛说》说："'登庸'这两个字未必一定要直接理解为禅让帝位，尧大意也是要授予对方相位职务，所以放齐举荐胤国君主。大概尧时朝廷逢遇大事，必定会向四岳咨询，例如治理洪水和禅位这样的大事就是如此。而此处只是说'畴'，可见授予相位与治理洪水、禅让帝位相比，其轻重是不同的。如果'朱'是指丹朱，恐怕就不必需要放齐来举荐了。"

林之奇说："程氏认为尧的谈话表明，他因为年老而广泛寻求圣贤以此传递要逊让帝王之位的意思，所以放齐用'胤子朱'来应答是与上文尧的意思不相关联的。程氏的说法是对的。而王氏认为'若时登庸'与'若予采'是相对而言的语辞，说'畴咨若时'是访求顺应天道的人（蔡沈解释说："尧问：谁为我访求能够顺应时势变化而治理政事的人，让我提拔任用他呢？"）；'畴咨若予采'指的是访求顺应人事的人。这种说法则是不对的。'畴咨若时'的意思是谁能顺应这一提拔任用之事而又能胜任职事，大概是将要把天下授予对方的意思。"

案：若时，《史记》表述为"顺此"；胤子朱，《史记》表述为"嗣子丹朱"，可说是对这两个词语做了准确的解释。

帝曰："畴咨若予采？"驩兜曰："都！共工方鸠僝功。"帝曰："吁！静言，庸违，象恭滔天。"

《尔雅》说："采，是事项的意思。""都，是叹词'于'的意思。""鸠，是聚集的意思。"

陆德明说："采，马融解释为：官职。僝，马融解释为：具备。"

《史记集解》说："郑玄说：共工，是当时水官的名字。"（《周礼疏》引郑玄《注》说："共工，是水官。"）

孔颖达说："《舜典》：'命垂作共工。'由此知道共工是官职名称。郑玄认为是其人姓名，但未曾听闻。应该是因为先祖担任这一官职，所以后人就用官职名称作为姓氏了。"

《孔传》说："驩兜，是一位大臣的名字。都，即是'于'，是表示叹美的虚辞。共工，是官职名称。孱，是显现的意思。'共工方鸠孱功'这句话是慨叹共工能将各项业绩都聚合起来，以此显现自己的功绩突出。静，是谋虑的意思。滔，是漫溢的样子。'静言，庸违，象恭滔天'这句话的意思是说，共工都是想好了才说话，但是他被起用后所做的事却违背了当初所说，其外表看似恭顺但内心傲慢凶狠的程度大到了漫天无际。这是说其人不可任用。"

苏轼说："方，是类属的意思。孱，是布展的意思。'共工方鸠孱功'的意思是说，共工能够按类聚集其所做业绩从而展露其事功。'静言，庸违，象恭滔天'的意思是，在其静默不显还未被任用之时能够说得当的话，被任用了就违背曾经说过的话；从表面形象看起来是恭敬的，但其实却是在泯灭天理。滔，是泯灭的意思。"

林之奇说："曾氏说：诚信属于天道，汩没自己内心的诚信品质，所以说是'滔天'。对这种说法进行查考，就可发现它与下文'浩浩滔天'的语意断然不同。《史记》将'象恭滔天'表述为'似恭漫天'，这就与下文'滔天'的意思相同了。然而洪水在成灾为害之时能覆盖天际，漫漫滔滔到处都是，将其形容为'滔天'是适当的；但是将'象恭'形容为'滔天'，这种表述虽然有理由，却难说通顺。所以齐唐认为古时一片竹简能够容纳二十个字，从'象恭'到'滔天'才够一行字，应是传抄的人误将后文'滔天'二字抄在了此处。"（朱子说："此处'滔天'二字之意不可知晓，又与下文文字相似，怀疑其中有舛误。"）

案：方，读音为"旁"。《说文解字》解释说："旁，是溥博广大的意思。""逑，是聚敛的意思。""孱，是具备的意思。"所引述《虞书》中的

"方鸠僝功"为"旁逑僝功"。"僝"与"僎"声义相通，左思《魏都赋》"僝拱木于山林"，李善《注》解释说"具办好材木"就是例子。

帝曰："咨！四岳：汤汤洪水方割，荡荡怀山襄陵，浩浩滔天。下民其咨，有能俾乂？"佥曰："于，鲧哉！"帝曰："吁，咈哉！方命圮族。"岳曰："异哉！试可乃已。"帝曰："往，钦哉！"九载，绩用弗成。

《尔雅》说："洪，是'大'的意思。""怀，是达至的意思。""襄，是凌驾的意思。""俾，是'使'的意思。""乂，是治理的意思。""佥，是'皆'的意思。""圮，是毁坏的意思，倾覆的意思。""载，是年岁的意思。"

《诗经·崧高》孔颖达《疏》："《尧典》郑玄《注》：在尧统治的末年，众多政务缺人料理，本该接任祖先职位的羲氏、和氏家族的子嗣都死亡了。"（孔颖达说："经统计尧在位有六十余年，'乃命羲、和'之事大概应该发生在早些时候。如果羲氏、和氏成年即被任命，到这个时候就会将近百岁，所以马融、郑玄认为羲氏、和氏都已死亡。"）在这时就将四岳职掌事务细分，再设置八伯来掌管。四岳，是掌管四时的官职，主掌方岳事务。"《周礼疏》说："郑玄解释说：四岳，是掌管四时的官职，主掌四方方岳事务。最初羲、和在任的时候，主掌四方方岳的被称作四伯。到四伯去世，就将四方方岳职事分开成八种，并为此配置八伯之职，这些都是王官。当时担任八伯的只知道有驩兜、共工、放齐、鲧四人而已，其余四人没有文字记载可以让人了解。"）

《史记集解》："马融解释说：鲧，是一位大臣的名字，他是大禹的父亲。"（《释文》引马融的话说："鲧是大禹的父亲。"）

陆德明说："咈，是愤怒狠戾的意思。方命，马融说：方，音义同'放'。徐邈说：郑玄、王肃音'放'。异，徐邈说：郑玄认为读音为'異'；王肃认为读音为'怡'，是停止的意思。"

孔颖达说："郑玄、王肃将'方'视为'放'，将'方命'解释为放弃教令。马融说：'尧是大圣，所以知道时运应当如此，这是人力所不能够改变的。对于人民的咨嗟忧愁，也应当为之忧心操劳，委屈自己而放弃正确的想法，顺从他人不正确的想法，于是任用了鲧。'李颙说：'尧在上虽然本身虑事明晰，但众人在其下却多不能通晓其意，所以他不得不顺应处于倒悬般危险境地之人的愿望，以便提供给他们所希求的一切。’”

《孔传》说：“四岳即是上文所述羲、和的四个儿子，因为分别掌管四方诸侯，所以用‘四岳’称呼他们。汤汤，是水流动的样子。割，是祸害的意思。‘汤汤洪水方割’的意思是说，大水正在制造灾难。荡荡，是形容洪水奔流横冲直撞而涤除阻碍的样子。怀，是包裹的意思。襄，是上面的意思。‘怀山襄陵，浩浩滔天’的意思是说，洪水大到包裹群山、漫过山峰，浩浩盛大，其势有如漫上天际。鲧，是崇伯的名字，他受到朝臣举荐。尧凡是发出‘吁’声之时，就表明其下面说到的人、事都不符合自己的心意。咈，是乖戾不顺从的意思。族，是类属的意思。‘咈哉方命圮族’的意思是说，鲧性情凶狠乖戾，只是喜好这种方直的名声，若是任命他做事，辄就毁坏良善物类了。异，就是‘已’。已，是退止的意思。‘异哉试可乃已’的意思是，其余的人都停滞不前，只有鲧一人可以试用，若试用了却不成功再罢退他。”

苏轼说：“太史公认为羲、和是司马氏的先人，认为四岳是齐太公的祖先，因此四岳不是羲、和。应当以历史记载为标准。汤汤、荡荡、浩浩，都是形容水势状态。水逆流叫作‘襄’。异，是举荐任用的意思。举荐他而加以试用，表示可以用他治理洪水而已，不希求让他治理其他事务。”

林之奇说：“‘下民其咨’中的‘咨’与‘民咨胥怨’中的‘咨’意思相同。《春秋外传》说：姬氏、姜氏的后嗣传人出自禹和四岳，因而称作‘一王四伯’。称为‘四伯’，那么四岳就是四个人。韦昭解释说：四岳，是官职名称，掌管四岳事务，是诸侯的首领，所以叫作‘四伯’。”(《朱子语录》说：“四岳，是管领十二牧的官员，连同九官、十二牧一起共有二十二人，因此四岳就是一个人了。尧想要逊位，不能把位置给予四个人吧。”)

黄度说：“有人才却不了解，而以逆行方式去做事，最终鲜有不败坏其事务的。”

蔡沈说:“‘方命’的意思是违逆命令而不执行。王氏说:圆,是表示行事;方,是表示停止。方命,犹如今人所说的‘废阁诏令’的意思。异,其义不详,怀疑是其人已经被废用而又勉强被举荐的意思。”(刘三吾《书传会选》说:“异,《孔传》训释为停止,《说文》训释为举荐。蔡氏《书集传》大概是兼相采取了这两种义项。《广韵》训释为叹气之声。另外《列子·杨朱》篇‘何以异哉’张湛注释说:‘异,是古“異”字。’”)

案:“方割”的“方”,也读为“旁”之音,是溥博广大的意思。方命,《史记》表述为“负命”。“方”“负”两字是一声之转的关系。张守节说:“负,是违背的意思。“负命”就是违背教令。”异,应当随从《说文》训释为举荐。“试可乃已”的意思是说姑且举荐他试用,说不定可以胜任,如果不可以再停止对他的任命。古人话语多有省略现象。

《尚书义考》卷二(原文及注释)

《尧典》第一虞夏书二

帝曰:“咨! 四岳,朕在位七十载,汝能庸命,巽朕位?”岳曰:“否,德忝帝位。”曰:“明明扬侧陋。”师锡帝曰:“有鳏在下,曰虞舜。”帝曰:“俞,予闻。如何?”岳曰:“瞽子。父顽,母嚚,象傲。克谐以孝烝烝,(又)〔乂〕不格奸[①]。”帝曰:“我其试哉!”

《尔雅》:“朕,我也。”“忝,辱也。”“师,众也。”“锡,赐也。”“俞,然也。”“谐,和也。”“烝,进也。”“格,至也。”“试,用也。”

陆氏德明曰:“朕,马云:我也。巽,马云:让也。(黄氏度曰:“《易》‘巽’《象》曰[②]:‘以木巽火。’火出而木泯也。否,不也。虞,氏。舜,名也。马云:舜,谥也。舜死后贤臣录之,臣子为讳,故变名言谥。”)

《史记集解》:“郑玄曰:言汝诸侯之中,有能顺事用天命者,入处我位,统治天下之事者乎?”

孔氏颖达曰:“《文王世子》论举贤之法云[③]:‘或以事举,或以言扬[④]。’扬,亦举也。王肃云:‘古者将举大事,讯群吏,讯万人。尧将禅位,咨四岳,使问群臣,众举侧陋[⑤],众皆让与舜。尧计事之大者莫过禅让,必应博询吏人,非独在位。’郑以‘师’为诸侯之师。王肃云:‘虞,地名也。’皇甫谧云:‘尧以二女妻舜,封之于虞,今河东太阳山西

---

① (又)〔乂〕:“乂”原作“又”,《十三经注疏》本《尚书正义》、聚学轩丛书本《尚书义考》均作“乂”,因据正。

② 巽象:下文引自《周易·鼎卦》中的巽下离上象之《象》辞。

③ 文王世子:系《礼记》中的一篇。

④ 或以言扬:孔颖达解释为“能言语应对,堪为使命,亦举用之”。

⑤ 侧陋:指身处侧陋(谓民间)之人。

虞地[①]，是也。'然则舜居虞地，以虞为氏。尧封之虞为诸侯，及王天下，遂为天子之号，故从微至著常称'虞氏'。郑玄云'试以为臣之事'，王肃云'试之以官'。郑、王皆以《舜典》合于此篇，故指历试之事充此'试哉'之言。"

《孔传》曰："巽，顺也。言四岳能用帝命，故欲使顺行帝位之事也。锡，与也。无妻曰鳏。无目曰瞽。舜父有目不能分别好恶，故时人谓之'瞽'。配字曰'瞍'。瞍，无目之称也。心不则德义之经为顽。象，舜弟之字也，傲慢不友[②]。言并恶也。烝，进也，使进进以善自治，不至于奸恶也。"

苏氏曰："巽，受也。明其高明者，扬其侧陋者，言不择贵贱也。奸，乱也。舜能以孝和谐父母、昆弟，使进于德，不及于乱。"

林氏之奇曰："瞽者，无目人也。盖舜父名瞽瞍。《诗》曰'蒙瞍奏公'[③]，则'瞍'亦无目称也。以其无目，故名曰'瞽瞍'，犹云'黑臀''黑肩'之类[④]。《史记》云'盲者之子'，则舜父之无目也审矣。孔氏说非也。"

马氏骕《绎史》曰[⑤]："《史记》：'重华父曰瞽瞍。瞽瞍父曰桥牛，(《大戴礼》"桥"作"蟜"。)桥牛父曰句望。(《大戴礼》"望"作"芒"。)句望父曰敬康，敬康父曰穷蝉，穷蝉父曰帝颛顼。"《吕梁碑》云[⑥]："舜祖幕，幕生穷蝉，穷蝉生敬康，敬康生乔牛，乔牛生瞽瞍，瞽瞍生舜。'中无'句望'一世。《史记》所叙黄帝以至三王皆同族异号[⑦]，舜亦黄帝苗

---

① 河东太阳山西虞地：河东，古代指山西西南地区。西虞，在今山西平陆县境内。

② 不友：谓象不能善待其兄。《尔雅·释训》："善兄弟为友。"

③ 蒙瞍奏公：引自《诗·大雅·灵台》，意思是蒙瞍这类盲人演奏乐歌。公，通"颂"。

④ 犹云'黑臀''黑肩'之类：谓据其生理特点取名。黑臀，晋成公名。黑肩，即周公黑肩，系周公旦后裔、周桓王卿士。

⑤ 马骕《绎史》：马骕，清代历史学家。其《绎史》广辑文献，详载从传说时期至秦末的历史。

⑥ 吕梁碑：汉代记载大禹治水的石碑。碑立于吕梁山，故称吕梁碑。

⑦ 三王：指夏商周有作为的几位君王即大禹、商汤、周武王。据《史记》，夏、商、周皆为黄帝后裔，黄帝为少典部族。

裔，盖尧之群从玄孙属也。先儒非之曰：‘以尧舜为同族，则二女之妻几于嬻姓乱序[①]。’《路史》据《国语》[②]，以为舜之系出于虞幕[③]，独不祖黄帝。余因是反复详究，不独舜不祖黄帝，即颛顼亦不当祖黄帝。《国语》史伯之言曰[④]：‘成天地之大功者，其子孙未尝不章，虞、夏、商、周是也。虞幕能听协风以成乐物生[⑤]。’（韦昭注：“幕即虞思。”非也。）《左传》史赵之言曰[⑥]：‘自幕至于瞽瞍，无违命。舜重之以明德。’是舜之祖幕审矣。《国语》又曰‘幕能帅颛顼者也’[⑦]，《左氏传》又曰‘陈，颛顼之族也[⑧]’，是幕之祖颛顼亦审矣。《史记》之误，由于轻信《世本》。（《世本》一书出于周末，采记前代之世次必多遗脱。《史记》用之，而不知其察也。）然如穷蝉以下诸名，必非凿空增设，再加以虞幕，而幕亦未必即颛顼之子、穷蝉之父也。《国语》[⑨]：‘少昊氏之衰，九黎乱德，颛顼受之。’盖‘少昊’一代之通称，非当其世而遽衰也。然则颛顼之去黄帝，中间旷隔，何得为黄帝之孙、昌意之子？且颛顼不知传历几世而后高辛氏兴，将帝喾上至黄帝，又不止三世矣。（《春秋命历序》曰[⑩]：“黄帝传十世[⑪]，少昊传八世，颛顼传二十世。帝喾传十世。”此虽纬谶杂说，不足深信，然而足以补迁史之疏，济诸说之穷，未可尽弃也。）古者帝王一代之兴，必建立名号，至于世及相承，则因之而不改。

---

① 渎姓：谓亵渎自己的姓氏。

② 路史：南宋历史学家罗泌撰写的一部反映上古状况的史书，中多传说、仙话等芜杂内容。

③ 虞幕：即上文“幕”。因属于有虞氏部落，故又称为“虞幕”。

④ 《国语》史伯之言：下文引自《国语・郑语》。史伯，即西周太史伯阳父。

⑤ 协风以成乐物生：韦昭注：“协，和也。言能听知和风，因时顺气，以成万物，使之乐生者也。”

⑥ 《左传》史赵之言曰：下文引自《左传・昭公八年》。史赵，春秋时期晋国史官。

⑦ 幕能帅颛顼者也：引自《国语・鲁语上》。帅：遵循。

⑧ 陈：即春秋时期的陈国，其第一代君主妫满系舜后裔。

⑨ 国语：下文所引为《国语・楚语》文。

⑩ 春秋命历序：汉人所撰纬书，内容主要为古代帝王世系及受命历数。

⑪ 黄帝传十世：此处“黄帝”，或以为是朝代的代名词，故能“传十世”。下言“少昊”“颛顼”“帝喾”等，类同。

（太皞十五世皆袭庖牺氏之号，神农八世皆以炎帝称。）何独黄帝之后世世殊称也哉！《汉书》[1]：'《帝系》曰颛顼五世而生鲧。'则鲧又非颛顼之子，是夏之上世史有遗脱矣。《左传》称高阳氏之才子八恺[2]，高辛氏之才子八元[3]，此十六族者[4]，世济其美。（杜预《注》云："皆其苗裔。"）夫高辛之苗裔，尧未能举，是喾、尧亦非父子相承。（或高辛氏历世既久，及挚而衰，尧始起而代之。）则尧之上世，史亦有遗脱矣。"

案："我其试哉"之上，孔颖达云："马、郑、王本说此经皆无'帝曰'。"《史记》于此作"尧曰吾其试哉"，东晋所出之古文《尚书》，殆因《史记》之文加之耳。舜祖虞幕，是以世称虞氏。马宛斯论少皞、颛顼、帝喾、帝尧其上世史皆失考[5]，足以祛疑解惑。少皞、颛顼、帝喾非黄帝后，尧及稷、契非帝喾后，治经者不可不知也。

女于时，观厥刑于二女。厘降二女于妫汭，嫔于虞。帝曰："钦哉！"

《尔雅》："刑，法也。""降，下也。""嫔，妇也[6]。"

郦氏道元《水经注》："蒲坂县[7]，魏秦州刺史治，太和迁都罢州[8]，置河东郡。郡南有历山，有舜井，妫、汭二水出焉。南曰妫水，北曰汭水，西径历山下。《尚书》所谓'厘降二女于妫汭[9]'也。王肃曰：'妫汭，虞地名。'马季长曰[10]：'水所出曰汭。'然则'汭'似非水名。而今见有二水异源同归，浑流，西注入于河。"

---

① 下文所引见于《汉书·律历志》。

② 才子八恺：谓八个有才能的儿子，号称"八恺"。才子，有才的儿子。孔颖达《疏》谓"恺"是和谐的意思，即和谐事物。

③ 八元：孔颖达《疏》谓"元"是善的意思，即善于处理事务。

④ 十六族：《史记索隐》："谓元、恺各有亲族，故称'族'也。"

⑤ 马宛斯：即《绎史》撰著者马骕，"宛斯"为其字。

⑥ 妇：已婚女子。

⑦ 蒲坂县：古县名。今属山西省永济市。

⑧ 太和：三国时期魏明帝年号(227—233)。

⑨ 厘降二女：谓尧操办两个女儿下嫁(从朱熹说)。厘，经营。

⑩ 马季长：即东汉经学家马融。"季长"为其字。

孔氏颖达曰:“以女妻人谓之女。郑云:‘不言妻者,不告其父,不序其正[①]。’妫水,在河东虞县历山西,西流至蒲坂县,南入于河。虞与妫汭一地,分为二文。汭,水涯也。郑云‘汭之言内也’。(《史记索隐》曰:“皇甫谧云:妫水在河东虞乡县历山西[②]。汭,水涯也。犹洛汭、渭汭然也。”《正义》曰:“《括地志》云:妫水源出蒲坂河东南山[③]。按:《地志》云河东郡青山东[④],山中有二泉,下南流者妫水,北流者汭水。二水异源合流,出谷西注河。薛氏季宣曰:“妫水出解州解县[⑤],至河中河东县入河[⑥]。汭,小水入大水也。”)

陆氏德明曰:“汭,水之内也。杜预注《左传》云:水之隈曲曰汭。”

《孔传》曰:“舜为匹夫,能以义理下帝女之心于所居妫水之汭,使行妇道于虞氏也[⑦]。”

苏氏轼曰:“妇敬曰嫔。虞,其族也。舜能使二女不独敬其亲,而通敬其族。”

《朱子语录》曰:“‘我其试哉’至于‘二女’[⑧],皆尧言。‘厘降’至‘于虞’[⑨],乃史官之辞。‘帝曰钦哉’是尧戒二女之辞。厘,训‘治’。厘降,止是经理二女下降时事。”

案:“女于时,观厥刑于二女[⑩]”,此史臣之辞。女于时,言于是女

① 不告其父不序其正:意即娶妻而不告知父亲,则所娶就不能立为正妻。郑玄注《礼记·檀弓上》“舜葬于苍梧之野”:“舜不告而娶,不立正妃。”

② 虞乡县:古县名,今属山西省永济市。

③ 妫水:蒋立甫指出《史记正义》原文“妫”下有“汭”字。是。

④ 地志:《史记正义》原作“地记”。

⑤ 解州解县:古地名,今属山西运城市。

⑥ 河中河东县:古地名,今属山西永济市。

⑦ “舜为”至“也”:为《孔传》解释“厘降二女于妫汭”语。孔氏以“厘”为整治义。

⑧ “我其试哉”至于“二女”:谓《尧典》“我其试哉,女于时观厥刑于二女”两句。

⑨ “厘降”至“于虞”:谓《尧典》“厘降二女于沩汭,嫔于虞”两句。

⑩ 观厥刑于二女:谓尧借二女出嫁来观察舜如何治家,从而了解其为人处世的一贯做法。刑,范式。

之[①],《史记》云“于是尧妻之二女”是也。古人便文倒句多如此[②]。妫水,在今山西蒲州府南三十里[③],因其两源双导,后人遂以“妫”“汭”二字分而名之,盖出于方俗之附会,不足据证。汭,《说文》“水相入也”。既曰“于妫汭”,又曰“于虞”,辞系不省者。“厘降”,尧治嫁事也。嫔,则为妇也。《公羊春秋》:“天子嫁女于诸侯,必使诸侯同姓者主之。”帝女下嫁,盖使妫汭之诸侯主之,礼或然欤!

慎徽五典,五典克从。纳于百揆,百揆时叙。宾于四门,四门穆穆。纳于大麓,烈风雷雨弗迷。[④]

《尔雅》:“徽,善也。”典,“常也”,“经也”。“揆,度也。”“时,是也。”穆穆,“敬也”,“美也”。

陆氏德明曰:“徽,王云:美也。马云:善也。麓,王云:录也[⑤]。马、郑云:山足也。”(《史记索隐》曰:“《谷梁传》云:‘林属于山曰麓。’是山足曰麓。”)

《史记集解》:“郑玄曰:五典,五教也[⑥]。盖试以司徒之职。马融曰:四门,四方之门。诸侯群臣朝者,舜宾迎之,皆有美德也。”

孔氏颖达曰:“郑玄以‘宾’为‘摈’,谓舜为上宾以迎诸侯。王肃云:尧得舜任之,事无不统,自‘慎徽五典’以下是也。”

《孔传》曰:“五典,五常之教:父义、母慈、兄友、弟(共)〔恭〕[⑦]、子

---

① 女之:谓将女儿嫁给他。女,嫁女。

② 便:更换。

③ 蒲州:古地名,今属山西永济市。

④ 从此段开始,解释对象为《尚书·舜典》文。戴震因认为今存《古文尚书》之《舜典》原是《今文尚书·尧典》的一部分,故合之。见其《义例》。

⑤ 录:谓统理。王氏之训本《孔传》。孔颖达云:“‘麓’声近‘录’,故为录也。”“纳舜使总录万机之政。”

⑥ 五教:郑玄“五教”意当同于《孔传》之说,即“五常之教,父义、母慈、兄友、弟恭、子孝也”。

⑦ (共)〔恭〕:蒋立甫云戴氏抄本作“恭”。按《孔传》原文作“恭”。因据正。

孝。揆，度也。度百事，总百官[①]。麓，录也。使大录万机之政，阴阳和，风雨时，各有其节，不有迷错愆伏。”

程子曰：“五典，谓父子有亲，君臣有义，夫妇有别，长幼有序，朋友有信也。五者，人伦也。言长幼，则兄弟尊卑备矣。言朋友，则乡党宾客备矣。”（王氏应麟《困学纪闻》曰：“五典克从，《孔传》本于左氏[②]，程子解本《孟子》[③]。左氏言五教，不及君臣、夫妇、朋友。天叙有典，而遗其三焉，惟《孟子》得之。”）

苏氏轼曰：“徽，和也。或曰大麓，泰山麓也。古者易姓告代，必因泰山，除地为墠，以告天地，故谓之‘禅’[④]。其礼既不经见，而尧乃于未告舜禅之前、先往泰山以易姓告代，岂事之宾也哉？（林氏之奇曰：“纳于大麓，所谓荐之于天是也。烈风雷雨弗迷，所谓使之主祭而百神享之是也。说者以谓麓，地名也，即《禹贡》所谓‘大陆既作’也[⑤]。又说者以谓麓，泰山之足，若梁父之类，然经无明文。孔氏谓‘阴阳和，风雨时’。既曰‘阴阳和，风雨时’，则不应又有‘烈风雷雨’也。程子曰‘无烈风雷雨之迷错，其辞亦不顺’。孙博士曰[⑥]：‘阴阳以散而生风，至于烈风，则阴阳之极也。阴阳薄而成雷，阴阳亨而成雨。雷雨，则阴阳相成之极也。阴阳之极，多迷而不复常，则为物之害。圣人在上，德足以当天心，虽风之烈，而雷雨不至于迷而害物，则阴阳之不失其序。’此说粗通矣。时氏澜曰‘大麓’之说不同[⑦]，曰泰山之麓者颇近

① 度百事，总百官：此处“总百官”为解释“度百事”。孔颖达《疏》：“百事散在诸官，故度百事为‘总百官’也。”

② 《孔传》本于左氏：谓《孔传》之说据《左传·文公十八年》这段话：“舜臣尧，云云。举八元，使布五教于四方：父义、母慈、兄友、弟恭、子孝，是布五常之教也。”

③ 程子解本《孟子》：谓程子的解释据《孟子·滕文公上》的这番话：“使契为司徒，教以人伦：父子有亲，君臣有义，夫妇有别，长幼有序，朋友有信。”

④ 除地为墠故谓之禅：意思是，墠是经过修整用于祭祀的土地，因与祭天有关，所以其字音同于“禅”。禅，祭天。

⑤ 大陆：泽名，在河北巨鹿之北。（据孔颖达《疏》。）

⑥ 孙博士：疑即孙觉，苏轼同时期学者，有《孙莘老尚书解》。

⑦ 时澜：南宋学者，吕祖谦弟子。

意。尧使舜摄行祭事于泰山之麓,《孟子》云‘使之主祭而百神享之’,言至祭而风雨不迷,阴阳和调也。”《朱子语录》:“问:‘纳大麓’恐是为山虞之官?曰:若此则其职益卑,且合从《史记》说,虽遇烈风雷雨弗迷其道也。若主祭之说,某不敢信,若是舜主祭而乃有烈风雷雨,岂是好事?”)太史公曰:‘尧使舜入山林川泽,暴风雷雨,舜行不迷。’此其实也。尧之所以试舜者,亦多方矣,洪水为患,使舜入山林,相视原隰。雷雨大至,众惧失常,而舜不迷,其度量有绝人者。”(蔡氏沈曰:“遇烈风雷雨非常之变,而不震惧失常,非固聪明诚智确乎不乱者,不能也。《易》‘震惊百里不丧(七)〔匕〕鬯[①]’,意为近之。”)

案:慎徽五典,敷教于天下也。纳于百揆,总百官也。宾于四门,率诸侯也。纳于大麓,盖尝有巡行在外之时,举其所经所值一事言之。古者山林荒远之地,易于迷失,故《易》曰“即麓无虞,惟入于林中”,言就山麓而无虞人导之,则将陷入于林莽之中,迷不知所向也。上三者,德礼政教之显,而此尤足以见立德之本,圣人之诚敬所存。若滞于一端求之,则非矣。

帝曰:“格汝舜,询事考言,乃言厎可绩,三载。汝陟帝位。”舜让于德弗嗣。(弗嗣,当从古本作“不怡”。)

《尔雅》:格,“来也”,“至也”。“询,谋也。”“厎,致也。”“陟,升也。”“怡,乐也。”

陆氏德明曰:“厎,王云:致也。马云:定也。”

《史记》“舜让于德不怿”《集解》:“郑玄曰:‘三年者,宾四门之后三年也。’徐广曰:‘今文《尚书》作“不怡”。怡,怿也。’”

《史记索隐》曰:“今文作‘不怡’,怡即怿也。谓辞让于德不堪,所以心意不悦怿也。”(胡氏士行曰[②]:“天地万物之责,一旦将任之,惕然

① (七)〔匕〕:“七”为“匕”字之误,聚学轩丛书本《尚书义考》作“匕”,《周易·震》卦原文亦作“匕”,因正之。匕,器皿,形似勺。鬯,香酒。匕与鬯均为宗庙祭祀用品,此处代指宗庙祭祀。

② 胡士行:南宋学者,撰有《尚书详解》。

如不胜。此尧之兢兢，舜之业业[①]，文王之纯亦不已[②]，非具文之逊也[③]。”）

《孔传》曰：“乃，汝也。汝言致可以立功三年矣。（董氏鼎曰[④]：“陆农师点‘乃言厎可绩三载’句。”朱氏升曰[⑤]：“访问所行之事，而稽考所言，则汝言之致可有功三载矣。”）舜让于德不堪，不能嗣成帝位也。”

林氏之奇曰：“王氏云：让于德者，让有德之人也。弗嗣，弗肯陟帝位以嗣尧也。”

许氏谦曰：“‘让德弗嗣’之下，王鲁斋先生谓尧试舜如此之详[⑥]，而‘让德弗嗣’之下无再命之辞，巽位之际亦无丁宁告戒之语[⑦]，何也？按：《论语·尧曰》篇首二十字[⑧]，乃此脱文也。”

案：“舜让于德”，盖以己之德不堪为辞，如岳之言“否德忝帝位”者，史臣约略之，但曰“让于德”云耳。尧、舜之让，本以天下为重任，而其身无乐有天下之心。既无乐有天下之心，则尧以重任授舜，舜岂宜辞而不受！如曰让于有德之人，则便当举此人，如岳之举舜，否则“让”属虚文，圣人岂为之哉？然必无不让者，临事而惧之，诚虽小节，必恐其不胜，况任天下重器而不为之变动恐惧，则非也。是以至德犹惧德薄，史臣记其授受之时，不怡见于貌。“不怡”也者，惕然内变，精

---

① 尧之兢兢，舜之业业：系胡士行《尚书详解》引宋人项安世语：“谓尧之兢兢、舜之业业、禹之孜孜、汤之栗栗、文王之翼翼，为百圣相传之心法。”

② 文王之纯亦不已：语出《诗经·周颂·维天之命》“文王之德之纯”《郑笺》“纯，亦不已也”。《郑笺》谓诗句意为“文王之施德教之不倦已”。孔颖达《疏》：“郑以纯为纯美”。

③ 具文：空文。

④ 董鼎：南宋学者，撰有《书传辑录纂注》。

⑤ 朱升：元末明初军事家，教育家。撰有《书经旁注》。

⑥ 王鲁斋：即王柏，南宋经学家，“鲁斋”为其号。

⑦ 巽位：为尧询问四岳能否承接帝位用语。《尧典》：“帝曰：‘汝能庸命，巽朕位？’”

⑧ 尧曰篇首二十字：即“尧曰：咨！尔舜！天之历数在尔躬，允执其中。四海困穷，天禄永终。”（尧说：啊！你这舜！上天将做君主的大事安排在你身上，你要忠诚地执掌起来，使你的统治达到中正的境地。如果天下人在你的治理下穷苦贫困，那么上天交给你的禄位也就永久终止了。）“二十”为约数。

诚外著也。古字“嗣”“怡”声同,《毛诗》“子宁不嗣音[1]”,《韩诗》作“不诒音”,亦“怡”“嗣”互出之证。若以“不嗣帝位”为解,则于圣人之仁,以天下为己任,圣人之心,不以己为至德,二者合而为一之极致,与夫圣人之诚让非虚文,皆不可见。且下文“受终”以承“弗嗣”,亦扞格不可通矣。此一字之误,关于至道者非浅小也。

正月上日,受终于文祖。

陆氏德明曰:“王云:文祖,庙名。马云:文祖,天也。天为文万物之祖[2],故曰文祖。”

《史记》:“文祖者,尧大祖也。”(《孔传》:“文祖者,尧文德之祖庙也。”苏氏轼曰:“上日,上旬日也。受尧之终[3],必于尧之祖庙。有事于祖庙,则余庙可知。”王氏炎曰:“文祖,尧所从受天下者也。”(《集解》:“马融曰:‘上日,朔日也[4]。’郑玄曰:‘文祖者,五府之大名[5],犹周之明堂’。”

《史记正义》曰:“郑玄云:‘帝王易代,莫不改正[6]。尧正建丑,舜正建子,此时未改尧正,故云正月上日也[7]。’”

孔氏颖达曰:“郑玄以为:‘帝王易代,莫不改正。尧正建丑,舜正建子,此时未改尧正,故云“正月上日”。即位乃改尧正,故云“月正元日”[8],是以异文。’先儒王肃等以为惟殷周改正,易民视听,自夏以上,皆以建寅为正。此篇二文不同,史异辞耳。”

---

① 子宁不嗣音:语出《郑风·子衿》。

② 文:此处为开启之义。

③ 受尧之终:指接受尧的退位而摄行帝王之事。终,《孔传》:“谓尧终帝位之事。”

④ 朔日:即每月初一。

⑤ 五府:五帝之府。府,庙。

⑥ 改正:谓改正月。孔颖达谓尧正建丑(即以十二月为岁首),舜正建子(即以十一月为岁首)。

⑦ 正月上日:即正月初一。上日,每月初一。

⑧ 月正元日:也即正月初一的意思。月正,即正月。

林氏之奇曰："上日，曾氏云：所谓上辛、上丁、上戊之类[1]。然《月令》'仲春之月，择元日，命民社'，则元日亦不必为朔日也。受终而不言舜者，蒙上之文也。薛氏云'受天下于人，必告于其人之从受者'，此论当矣。"

在璇玑玉衡，以齐七政。（璇玑，当从古本作"旋机"[2]。）

《尔雅》："在，察也。"

《史记集解》："郑玄曰：'璇玑玉衡，浑天仪也。七政，日月五星也[3]。'"（陈氏大猷曰："人有政耳，天岂有政乎？曰：此但譬喻之辞，日月五星司天之政，亦犹人之有政也，故以'政'言之耳。"）

《史记正义》："蔡邕云：'玉衡长八尺，孔径一寸，下端望之，以视星宿。盖县机以象天[4]，而以衡望之，转机窥衡，以知星宿。机径八尺，圆周二丈五尺而强也。'郑玄云：'运转者为机，持正者为衡。'"（《隋书·天文志》："马季长创谓机衡为浑天仪。郑玄亦云：'其运转者为机，其持正者为衡，皆以玉为之。七政者，日月五星也。以机衡视其行度，以观天意也。'"《孔传》曰："七政，日月五星各异政。舜察天文，齐七政，以察己当天心与否也[5]。"《朱子语录》曰："孔注谓舜察天文，齐七政，以审己当天心与否，未必然。止是从新整理起，此是最先当理会者。"

---

① "上日"至"之类"：曾氏的意思是，此处"上日"犹如"上辛""上丁""上戊"，指的是正月里的日期。

② 璇玑当作旋机：戴震认为璇玑得名于可旋转的机器，所以认为字当从古本作"旋机"。

③ 五星：指金（太白星）、木（岁星）、水（辰星）、火（荧惑星）、土（镇星）五星。从孔颖达《疏》说。

④ 县机：即璇玑。蒋立甫云："此及下文三'机'字，《史记正义》引皆作'玑'。又下文夹注三'机'字，《隋书·天文志》引亦皆作'玑'。"按：戴震文皆作"机"者，有其特殊看法，即认为机是能够运转的机器部件。

⑤ "舜察"至"否也"：孔颖达《疏》："乃复察此璇玑玉衡以齐整天之日月五星七曜之政，观其齐与不齐，齐则受之是也，不齐则受之非也。"

孔氏颖达曰:“马融云:浑天仪可转旋,故曰机。衡,其横箫所以视星宿也。以璇为机,以玉为衡,盖贵天象也。日月星皆以璇玑玉衡度知其盈缩进退、失政所在。”(《史记·天官书》:“北斗七星,所谓‘璇玑玉衡,以齐七政[①]’。”《索隐》曰:“马融云:璇,美玉也。机,浑天仪,可转旋,故曰机。衡,其中横筒。以璇为玑,以玉为衡,盖贵天象也。七政者,北斗七星,各有所主:第一曰(主)〔正〕日[②],法天;第二曰主月,法地;第三曰命火,谓荧惑也;第四曰杀土,谓填星也;第五曰伐水,谓辰星也;第六曰危木,谓岁星也;第七曰罚金,谓太白也[③]。日月五星各异政,故曰七政也。”)

《尚书大传》:“璇玑者何也?传曰:璇者,还也。机者,几也,微也。其变几微而所动者大,谓之璇玑。是故璇玑谓之北极。”

案:璇玑、玉衡,先儒徒据汉以后之浑天仪为说,皆失之。扬雄《法言》[④]:“或人问浑天于雄,雄曰:洛下闳营之[⑤],鲜于妄人度之[⑥],耿中丞象之[⑦],几几乎莫之违也[⑧]。”浑天之器,创于此三人,遂以其转旋名之曰璇玑,以其中之窥管名之曰玉衡,虽袭取古名,非唐虞时所谓机衡也。考之《周髀算经》[⑨],谓赤道极曰正北极[⑩],谓黄道极曰北极璇机[⑪]。正北极者,左旋之枢。北极璇玑者,右旋之枢。左旋之枢,即

---

① “北斗”两句:司马迁认为北斗七星就是所谓璇玑玉衡,七星各有其所负责的政务。主,执掌。

② 主日:蒋立甫云《史记索隐》引马融注“主”作“正”。是。

③ “第一”至“白也”:论述北斗七星所主日月星辰事。其中,荧惑之星即火星,于五方中主南方;填星即土星,于五方中主中央;辰星即水星,对应的分野地为齐地;岁星即木星,于五方中主东方;太白即金星,于五方中主西方。它们的运行变化与分野地战争、礼仪、君主、大臣、天灾等吉凶有关。详见《史记·天官书》。

④ 法言:下引为《法言·重黎》文。

⑤ 洛下闳:西汉天文学家,已知第一位制造出浑天仪的人。

⑥ 鲜于妄人:西汉天文学家。

⑦ 耿中丞:即西汉天文学家、数学家耿寿昌。

⑧ 几几乎:扬雄原文作“几乎几乎”。

⑨ 周髀算经:中国最早的一部天文学和数学著作。

⑩ 正北极:即北极星。

⑪ 北极璇机:即北斗七星。

《论语》《尔雅》之'北辰'[①],《隋书·天文志》谓之不动处者也。右旋之枢环绕正北极[②],昼夜一周而过一度。冬至夜半起正北极下子位,夏至夜半起正北极上午位,春分夜半起正北极左卯位,秋分夜半起正北极右(卯)〔丣〕位[③],是为璇玑四游[④],即吴太常姚信《昕天论》所云"冬至极低[⑤],夏至极高"者也。璇玑顺月建推移,夜半所至,用知日躔发敛[⑥],而黄道之高下亦昭然矣。衡,横也。横界,冬、夏至相距四十余度之间。古有"分"至""启""闭",谓之八节,准以设衡[⑦]。宜为衡者五[⑧],外衡冬至,内衡夏至,中衡春、秋分,自内而外为之次。五衡相距不均,其于黄道得均分之限八[⑨]。日躔敛北,入次四衡为春,入次二衡为夏,当其衡启也。日躔发南,出次二衡为秋,出次四衡为冬,当其衡闭也。《周髀》之七衡六间[⑩],则当其衡为十二中气,当其间为十二节气。惜乎汉以来为浑天仪,未能深考机衡本象,使古者测天之器不传。释《尧典》者,因汉制附会,故似同而异,似是而非。郑康成以日月五星谓之七政;其注《尚书大传》又云[⑪]:"七政,谓春、夏、秋、冬、天

---

① 北辰:即北极星。

② "右旋"句:谓北斗七星环绕北极星运行。

③ (卯)〔丣〕:原作"卯";聚学轩丛书本《尚书义考》作"丣",是,因据正。"丣"同"酉"。《说文》:"丣,古文酉。"

④ 璇玑:此处璇玑即北极璇玑,指北斗七星。

⑤ 姚信:三国时期吴人。

⑥ 知日躔发敛:意在借此准确知道不同节气的来临日期。

⑦ 设衡:系盖天说中据太阳的运行所作出的描述。衡为圆周,有外衡、中衡、内衡等,以表示太阳在不同时间的运行轨道。如冬至,太阳是沿着外衡运行;夏至,太阳是沿着内衡运行。

⑧ 宜为衡者五:五衡是古人较早描述出的太阳运行的五种轨道。

⑨ 黄道:此处指内衡与外衡之间的环道,因被涂以黄色,故称黄道。太阳只在黄道运行。

⑩ 七衡六间:盖天说据太阳运行轨道而描述出的七个同心圆,即"七衡",衡与衡之间的区域叫作"间",七衡即有六间。七衡较五衡后出。

⑪ 其注《尚书大传》又云:此处当为戴氏误记。下引文字见于《尚书大传》卷一正文,非郑玄《注》文。清人孙之騄所辑《尚书大传》于此文字下有云:"《玉海》引《大传》"。

文、地理、人事[①]，所以为政也[②]”；司马子长作《天官书》，马季长注《尚书》，皆以为北斗七星。三说参差，非有明证。《尧典》“历象日月星辰”，星谓中星，初不及五纬。《洪范》：‘五纪：一曰岁，二曰月，三曰日，四曰星辰，五曰历数。”其星辰同于《尧典》。孔颖达曰：“五星所行，下民不以为候”，其说得之。五星，至后代推测渐详。尧命羲、和，敬授民时，无取乎此。即推之不失，亦非正四时成岁攸关，何以与此〔日〕月并列称七政乎[③]？天道远，不必尽知，无伤于大智。如日月食、五星搶犯，古人皆不豫推。惟日月运行，寒暑物候因之变迁，准是出政，乃敬天时，重民事也。然则政之为言，实人有政，非天有政甚明。以人之有政论，其一为岁之政，分至启闭，如祭祀典礼、登台书云物之属是也[④]。其一为月之政，如听朔朝庙之属是也[⑤]。既谨因岁月以明其节之大，于是遂顺时序，而举夫木火土金水五者之政，如法制禁令，协天时而布其事是也。《皋陶谟》曰[⑥]“抚于五辰[⑦]，庶绩其凝[⑧]”，《尧典》曰“庶绩咸熙[⑨]”。庶绩之熙也、凝也，由政之得宜，而政之得宜由顺天。在璇玑玉衡者，审验天行也。以齐七政者，齐人事合天也，“庶绩熙凝”之本也。

---

① 人事：当为“人道”之误。孙之騄所辑《尚书大传》原文作“人道”。且《尚书大传》后文又云：“人道正而万事顺成。”

② 为政：《尚书大传》：“七者得失在人君之政，故谓之为政。”

③ 〔日〕：原文无，蒋立甫整理本据抄本补。今从之。

④ 分至启闭登台书云物：系古代的一种仪式。君主在春分等重要节气来临之时登上观台观望云彩晴雨等气候状况，并令人将观望情况记录下来。《左传·僖公五年》：“公既视朔，遂登观台以望而书，礼也。凡分至启闭必书云物，为备故也。”

⑤ 听朔朝庙：“听朔”即“视朔”。古代礼仪：君主在每月初一祭祀宗庙，行告朔听政之礼。《春秋·文公六年》“闰月不告月犹朝于庙”杜预注：“诸侯每月必告朔听政，因朝宗庙。”

⑥ 皋陶谟：《尚书》中的一篇。

⑦ 抚于五辰：承《皋陶谟》上文谓百官顺应四时。抚，抚顺。五辰：谓四时。《孔传》谓“五辰”为“五行之时”。孔颖达《疏》：“五行之时即四时也。”五辰，本是五行，古人以五行中的木主春，火主夏，金主秋，水主冬，土则分属四时，故以“五辰”代指四时。

⑧ 庶绩其凝：各项事业因此而成就。凝：成功。从《孔传》说。

⑨ 熙：兴旺。

肆类于上帝

陆氏德明曰："王云：上帝，天也。马云：上帝，太一神，在紫微宫，天之最尊者。"

《孔传》曰："肆，遂也。"（程子曰："肆，遂也。犹后之属文者言'于是'也。"）

《礼记疏》曰："《异义》：夏侯、欧阳说：'类，祭天者，以事类祭之[①]。'古《尚书》说'非时祭天谓之类'。许慎谨案：《周礼》郊天无言'类'者，知'类'非常祭，从古《尚书》说。"（《史记正义》曰：'《五经异义》云"非时祭天谓之类"，言以事类告也。时舜告摄，非常祭也。"）郑氏无驳，与许同也。郑又以'类'虽非常祭，亦比类正礼而为之，故《小宗伯》注云：'类者，依其正礼而为之。'是也。"（孔氏颖达曰："《诗》云'是类是祃[②]'，《周礼・肆师》云'类造上帝[③]'，《王制》云'天子将出，类乎上帝'，所言'类'者，皆是祭天之事，言以事类而祭也。《周礼・(少)〔小〕宗伯》云[④]：'天地之大灾，类社稷，则为位[⑤]。'是类之为祭所及者广。"）

苏氏轼曰："凡祀上帝必及地示[⑥]，何以知其然也？以郊之有望知之。《春秋》书'不郊，犹三望[⑦]'，《传》曰'望，郊之(细)〔属〕也'[⑧]。《书》曰[⑨]：'庚戌，柴、望，大告武成。'柴，祀天也。望，祀山川也，而礼

---

① 事类：指告祭的事情与正常祭天时的告祭之事相类似或同等重要。

② 是类是祃：语出《大雅・皇矣》。此处类、祃，皆为祭名。

③ 类造：此处类、造皆为祭名。

④ (少)〔小〕："少"当是"小"之误，《周礼》有"大宗伯""小宗伯"，无"少宗伯"，且下引文见于《小宗伯》。因正之。

⑤ 为位：谓为神主设置祭位。

⑥ 地示：与天神相对，即地上的神灵。

⑦ 春秋书不郊犹三望："春秋"谓《春秋・宣公三年》。三望：《公羊传》以为此处"三望"的祭祀对象是泰山、黄河和海河，郑玄以为是黄河、海河和岱山。均为鲁境内山川。此处《春秋》认为鲁公当郊而不郊，不郊而又望，均不合礼制。

⑧ 书曰：下引文出自《尚书・武成》篇。

⑨ 昊天有成命：语出《周颂・昊天有成命》。

成于一日。祀山川而不祀地,此理之必不然者也,是以知祀天必及地也。《诗》曰'昊天有成命[①]',郊祀天〔地〕也[②]。汉以来学者考之不详。而世主或出其私意,五(畤)〔畤〕祭(地)〔帝〕[③],汾阴祀后土,而王莽始合天地。世祖以来,或合或否,而唐明皇始下诏合祀。至于今者疑焉,以谓莽与明皇始变礼,而不知祀天之必及地,盖自舜以来见于经矣。"

林氏之奇曰:"《周礼·肆师》'类造上帝'《注》云'类祈因郊祀而为之[④]'。盖郊祀者,祭昊天之常祭也,非常祭而祭告于天,则其礼依郊祀而为之,故谓之类。"(黄氏镇成曰[⑤]:"按:天子祭天地,郊祀,祭之常也。郊迎长日之至,冬至祭之[⑥],时也。今以摄告,则非常也。以正月有事,则非时也。然祀天之礼不可以不备,故依郊祀为之而曰类。类,犹似也。")

禋于六宗

许氏慎《五经异义》曰:"今《尚书》欧阳、大小夏侯说:'六宗者,上不及天,下不及地,旁不及四方,居中央,恍惚无有,神助阴阳变化,有益于人,故郊天并祭之。'(朱氏升《书经旁注》曰:"上下四方六合,宗主之神。")古《尚书》说贾逵等云:'六宗者,天地属神之尊者[⑦]。谓天宗三,地宗三。天宗:日、月、北辰。地宗:岱山、河、海。日、月为阴阳

---

① (细)〔属〕:蒋立甫指出《左传·宣公三年》原文"细"为"属"。今从之。

② 〔地〕:"地"字系蒋立甫据抄本及《毛诗序》补。今从之。

③ 五(畤)〔畤〕祭(地)〔帝〕:"畤"原作"畤",王光汉据《说文》谓为"畤"之误,是。聚学轩丛书本《尚书义考》亦作"畤"。"帝"原作"地",蒋立甫据抄本勘正。按,"五畤祭地"为"五畤祭帝"之误,苏轼《东坡先生书传》卷一"肆类于上帝"条原文即作"五畤祭帝"。因据从。畤,系祭祀天帝的祭坛。从秦文公至汉高祖共筑有五畤分别用于祭祀白帝、青帝、赤帝、黄帝及黑帝。详见《史记·孝武本纪》"上初至雍郊见五畤"张守节《正义》。

④ 祈:蒋立甫据《周礼正义》,谓"祈"为"礼"之误。按林氏原文引《周礼注》作"祈"。

⑤ 黄镇成:元代学者,撰有《尚书通考》,下引即该书卷三语。

⑥ "郊迎"至"祭之":此两句系据《礼记·郊特牲》而言。郊,郊祭。《郊特牲》:"郊之祭也,迎长日之至也。"长日,指夏至。

⑦ 属神:众神。

宗，北辰为星宗，岱为山宗，河为水宗，海为泽宗。祀天则天文从，祀地则地理从[①]。'谨案：夏侯、欧阳说宗实一而有六，名实不相应。《春秋》鲁郊祭三望，言郊天祭日、月、星、河、海、山，凡六宗。鲁下天子，但祭其分野星[②]、其国山川，故言'三望'。六宗，与古《尚书》说同。"郑驳云："玄之闻也，《书》曰'肆类于上帝，禋于六宗，望于山川，遍于群神。'此四物之类也、禋也、望也、遍也，所祭之神各异。六宗言禋，山川言望，则六宗无山川明矣。《周礼·大宗伯》曰：'以禋祀祀昊天上帝[③]，以实柴祀日月星辰[④]，以槱燎祀司中[⑤]、司命、风师、雨师。'凡此所祭皆天(地)〔神〕也[⑥]。《礼记·郊特牲》曰：'郊之祭也，迎长日之至也，大报天而主日也[⑦]）。兆于南郊[⑧]，就阳位也。扫地而祭，于其质也。'《祭义》曰：'郊之祭，大报天而主日，配以月。'则郊祭并祭日月可知。其余星也、辰也、司中、司命、风师、雨师，此之谓六宗，亦自明矣。"(《周礼·大宗伯》疏曰："《礼论》：王莽时，刘歆、孔昭以为《易·震》《巽》等'六子之卦'为六宗[⑨]。至魏明帝时，诏命王肃议六宗，取

---

① "祀天"两句：谓祭天之时，就同时祭祀日、月、星；祭地之时，就同时祭祀山、川之神。《汉书·郊祀志下》："祀天则天文从，祀地则地理从。三光，天文也。山川，地理也。"三光，指上述日、月、北辰(北极星)。

② 其分野星：鲁地分野星为奎、娄二星宿。

③ 禋祀：古代祭礼名。燔柴升烟，然后将牺牲等置于柴上焚烧，以使气味上达，用于祭天。禋，音义同"烟"。

④ 实柴：古代祭礼名，将牛置于柴上烧烤以用于祭祀。

⑤ 槱燎：古代祭礼名。将牺牲置于柴堆上焚之，使其光炎上达于天，用于祭天。槱，积(柴)。

⑥ (地)〔神〕：据文意"地"当为"神"之误。《礼记·祭法》孔颖达《疏》引许慎《五经异义》即作"神"。因据正。

⑦ 主日：以日在天神之中地位最为尊显，所以祭祀以日为主要对象。贾公彦《礼记疏》："天之诸神，唯日为尊。"

⑧ 兆：祭坛界域。

⑨ 六子：在《周易》中，乾坤为父母，生六子，震为长子，巽为长女，其余尚有坎、离、艮、兑四卦。

《家语》宰我问六宗[①]，孔注《尚书》与此同[②]。张融《注》从郑君，于义为允。”《续汉志》刘昭《注》：“《月令》‘孟冬祈于天宗’卢植《注》云：‘天宗，六宗之神。’六宗之议，自伏生及后代，各有不同。伏生、马融曰：‘万物非天不覆，非地不载，非春不生，非夏不长，非秋不收，非冬不藏。禋于六宗，此之谓也。’欧阳和伯、夏侯建曰：‘六宗，上不谓天，下不谓地，旁不谓四方，在六者之间，助阴阳变化者也。’刘歆曰：‘六宗谓水、火、雷、风、(川)〔山〕、泽也[③]。’贾逵曰：‘六宗谓日宗、月宗、星宗、岱宗、河宗、海宗也。’郑玄云：‘六宗，星、辰、司中、司命、风师、雨师也。星，五纬也。辰，谓日月所会十二次也。司中、司命，文昌第五、第四星也。风师，箕也。雨师，毕也。’晋武帝初，司马绍统表驳之曰[④]：‘臣以为帝在于类，则禋者非天。山川属望，则海、岱非宗。宗犹包山，望何秩焉？伏与歆、逵失其义也。六合之间，非制典所及；六宗之数，非一位之名。阴阳之说，又非义也。并五纬以为一，分文昌以为二，箕、毕既属于辰，风师、雨师复特为位，玄之失也。安国按《祭法》为宗，而除其天地于上，遗其四方于下，取其中以为六宗[⑤]。四时、寒暑、日月、众星并水旱，所宗者八，非但六也。《传》曰[⑥]：“山川之神，

① 宰我问六宗：按此下戴氏引文有省略，贾《疏》原文尚有如下字样：“孔子曰：‘所宗者六，埋少牢于大昭，祭时；相近于坎坛，祭寒暑；王宫，祭日；夜明，祭月；幽禜，祭星；云禜，祭水旱。’”

② “孔注”句：指孔安国语：“精意以享谓之禋。宗，尊也。所尊祭其祀有六：埋少牢于太昭，祭时；相近于坎坛，祭寒暑；王宫，祭日；夜明，祭月；幽禜，祭星；雩禜，祭水旱。是为六宗。”

③ (川)〔山〕：蒋立甫云：“‘山’原误作‘川’，据中华书局点校本《后汉书》刘昭注改。”今从之。

④ 司马绍统表：指司马彪《驳祀六宗表》。绍统，司马彪的字。

⑤ “安国”至“六宗”：《礼记·祭法》谓“有天下者祭百神”：“燔柴于泰坛，祭天也；瘗埋于泰折，祭地也；用骍犊。埋少牢于泰昭，祭时也；相近于坎坛，祭寒暑也。王宫，祭日也；夜明，祭月也；幽宗，祭星也；雩宗，祭水旱也；四坎坛，祭四方也。”孔安国注《尚书》“禋于六宗”：“宗，尊也。所尊祭者，其祀有六，谓四时也、寒暑也、日也、月也、星也、水旱也。”较之《祭法》，祭祀对象少了天地与四方。

⑥ 传：谓《左传》。下引文见《左传·昭公元年》。

则水旱(厉)〔疠〕疫之灾[①]，于是乎禜之。日月星辰之神，则雪霜风雨之不时，于是乎禜之。”又曰：“龙见而雩[②]。”如此，禜者，祀日月星辰山川之名；雩者，周人四月祭天求雨之称也。雪霜之灾，非(天)〔夫〕禜之可禳[③]，雩祭之礼，非正月之所祈。周人之后说有虞之(兴)〔典〕[④]，故于学者未尽喻也。且类于上帝，即礼天也。望于山川，禜所及也。案《周礼》云[⑤]，昊天上帝，日月星辰，司中、司命，风师、雨师，社稷、五祀[⑥]、五(狱)〔岳〕[⑦]，山林川泽，四方百物。又曰[⑧]：兆五帝于四郊[⑨]，四类、四望亦如之。无六宗之兆。《祭法》云：祭天、祭地、祭时、祭寒暑日月星、祭水旱、祭四方，及山林川谷丘陵，能出云为风雨、见怪物，皆曰神。有天下者祭百神，非此族也，不在祀典。复无六宗之文。明六宗所禋，即《祭法》之所及；《周礼》之所记，即《虞书》之所宗，不宜特复立六宗之祀也。《春官》大宗伯之职掌玉作六器，“以礼天地四方。以苍璧礼天，以黄琮礼地，以青珪礼东方，以赤璋礼南方，以白琥礼西方，以玄璜礼北方”。天宗，日月〔星〕辰寒暑之属也[⑩]；地宗，社稷五祀之属也；四方之宗者，四时五帝之属也。如此，则群神咸秩而无废，百礼遍修而不渎，于理为通。’幽州秀才张髦又上疏曰：‘禋于六宗，祀祖考所尊者六也。何以考之？《周礼》及《礼记·王制》[⑪]：“天子将出，类

---

① (厉)[疠]：王光汉据《后汉书》刘昭《注》谓“厉”为“疠”字之误，是。按《左传》及《后汉书》刘昭《注》引皆作“疠”。因从之。

② 龙见而雩：引自《左传·桓公五年》，意谓苍龙星宿在夏四月黄昏出现在东方，就要举行雩祭来求雨。杜预注：“龙见，建巳之月。苍龙宿之体，昏见东方，万物始盛。待雨而大，故祭天。远为百谷祈膏雨也。”

③ (天)〔夫〕：“夫”原作“天”，蒋立甫云据《后汉书》刘昭注勘正。今从之。

④ (兴)〔典〕：“典”原作“兴”蒋立甫云据《后汉书》刘昭注勘正。今从之。

⑤ 周礼：指《周礼·春官·大宗伯》。下引为《大宗伯》所述祭祀对象。

⑥ 五祀：谓五行之神。从郑玄说。

⑦ (狱)〔嶽〕：“岳”原作“狱”，王光汉据《后汉书》刘昭注勘正。按，聚学轩丛书本《尚书义考》亦作“嶽”。故从之。

⑧ 又曰：下文引自《周礼·春官·小宗伯》。

⑨ 五帝：指太昊、炎帝、黄帝、少昊、颛顼。从郑玄说。

⑩ 〔星〕辰：原文无“星”字，王光汉据《后汉书·祭祀志中》刘昭《注》补。今从之。

⑪ 周礼及礼记王制：下引两段文字均为《礼记·王制》语。

乎上帝，宜乎社[1]，造乎祢[2]。""巡狩四方，觐诸侯，归格于祖祢[3]，用特。"《尧典》亦曰："肆类于上帝，禋于六宗，望于山川，遍于群神。""班瑞于群后，肆觐东后。协时月正日，同律度量衡。"巡狩一岁(一)〔以〕周[4]，尔乃"归格于艺祖[5]，用特"。臣以《尚书》与《礼王制》同事一义，符契相合。禋于六宗，正谓祀祖考宗庙也。文祖之庙六宗，则三昭三穆也[6]。'太学博士吴商以为'禋'之言'烟'也，三祭皆积柴而实牲体[7]，然以升烟而报阳[8]，非祭宗庙之名也。郑所以不从诸儒之说者，将欲据《周礼》禋祀皆天神也。日、月、星、辰、司中、司命、风师、雨师凡八，而日、月并从郊，故其余为六宗也。以《书》'禋于六宗'，与《周礼》事相符，故据以为说也。且文昌虽有大体，而星名异[9]，其目不同[10]，故随事祭之。而言文昌七星，不得偏祭其第四第五[11]，此为《周礼》。复不知文昌之体，而又妄引为司中、司命。箕、毕二星既不系于辰，且同是随事而祭之例，又无嫌于所系者。范宁注《虞书》曰[12]：'考观众议，各有说难。郑氏证据最详，是以附之。'案六宗义众[13]，未知孰是。虞

---

① 宜：祭名，专指祭祀土地神。社，土地神。

② 造乎祢：谓在父庙祭祀。祢，父庙。

③ 格于祖祢：指到祖庙和父庙告祭。格，来到。祖，指祖庙。

④ (一)〔以〕："以"原作"一"，王光汉据《后汉书·祭祀志中》刘昭《注》勘正。今从之。

⑤ 艺祖：即文祖，此处指舜的祖庙。

⑥ 三昭三穆：此处指文祖以下的神主。尧以文祖为始祖。古人祭祀时以始祖神位居中，始祖之下的二世、四世、六世祖神位居于始祖左边，为昭；三世、五世、七世位居右边，为穆。

⑦ 三祭：当是指禋祀、实柴、槱燎三种祭祀方式。《周礼·春官·大宗伯》："以禋祀祀昊天上帝，以实柴祀日月星辰，以槱燎祀司中、司命、风师、雨师。"郑玄注："禋之言烟。周人尚臭，烟气之臭闻者。槱，积也……三祀皆积柴、实牲体焉。"

⑧ 阳：指天神，即昊天上帝、日月星辰、司中、司命、风师、雨师等。

⑨ 星名异：谓文昌星不止一个名字，如其又叫"南斗六星"。

⑩ 目：蒋立甫指《后汉书》刘昭《注》引《全晋文》所载"目"作"日"。

⑪ 第四第五：文昌星宿的第四颗星叫作"司命"，第五颗星叫作"司中"，被古人视作天神。

⑫ 范宁：东晋经学家。

⑬ 义众：《后汉书》刘昭《注》原文作"众议"。

(书)〔喜〕别论云[①]:‘地有五色,太社象之[②]。总五为一则成六,六为地数。推案经句,阙无地祭,则祭地。’臣昭谓虞喜以祭地,近得其实。而分彼五色合为六,又不通禋,更成疑昧。寻《虞书》所称‘肆类于上帝’,是祭天。天不言天而曰上帝,帝是天神之极,举帝则天神斯尽,日月星辰从可知也。‘禋于六宗’,是实祭地。地不言地而曰六宗,(宗)〔六〕是地数之中[③],举中(足)〔是〕以该数[④],社稷等祀从可知也。天称神上,地表数中,仰观俯察,所以为异。宗者,崇尊之称,斯亦尽敬之谓也。禋也者,薶祭之言也,实薶瘗之异称[⑤],非周禋之祭也。夫置字涉神,必以今之‘示’,今之‘示’即古之‘神’,所以‘社’‘稷’诸字莫不以‘神’为体。《虞书》不同祀,名斯隔。《周(体)〔礼〕》改烟[⑥],音形两异。《虞书》改(二)〔土〕[⑦],正元祭义[⑧]。此焉非疑,以为可了,岂六置宗更为(旁)〔傍〕祭乎[⑨]?《风俗通》曰[⑩]:‘《周礼》以为槱燎[⑪],祀司中、司命,文昌上二星也。槱燎,积薪燔柴也。今民犹(置)〔祠〕司命耳[⑫],刻木长尺二寸为人像,行者置箧中,居者别作小居[⑬]。(斋)

---

① 虞(书)〔喜〕:喜,蒋立甫云原作“书”,据抄本及《后汉书》刘昭注改。今从之。虞喜,东晋天文学家。

② 太社:祭祀土神及谷神的场所。

③ (宗)〔六〕:“六”原作“宗”,《后汉书》刘昭《注》原文作“六”,因据正。

④ (足)〔是〕:“是”原作“足”,蒋立甫据抄本及《后汉书》刘昭《注》勘正。按聚学轩丛书本《尚书义考》亦作“足”。故从之。

⑤ “薶祭”两句:薶祭、薶瘗相同,都是指祭地。《尔雅·释天》:“祭地曰瘗薶。”薶,同“埋”。

⑥ (体)〔礼〕:“礼”原作“体”,蒋立甫据抄本及《后汉书》刘昭《注》勘正。今从之。

⑦ (二)〔土〕:“土”原作“二”,蒋立甫据抄本及《后汉书》刘昭《注》勘正。今从之。

⑧ 元:原本。

⑨ (旁)〔傍〕:“傍”原作“旁”,王光汉据《后汉书》刘昭《注》勘正。今从之。

⑩ 风俗通:即应劭《风俗通义》。下文引自《风俗通义》卷八“司命”条。

⑪ 周礼:指《周礼·春伯·大宗伯》。

⑫ (置)〔祠〕:“祠”原作“置”,按《后汉书》刘昭《注》原文“置”作“祠”,其于文意也更符,因据正。

⑬ 居:《后汉书》刘昭《注》同,应劭《风俗通义》作“屋”。

〔齐〕地大尊重之[①]，汝南诸郡亦多有者，皆祀以猪，率以春秋之月。'")

陆氏德明曰："禋，王云：洁祀也。马云：精意以享也。六宗，王云：四时、寒暑、日、月、星、水旱也。马云：天地四时也。"

《史记集解》："郑玄曰：'六宗，星辰、司中、司命、风师、雨师也。'骃案：六宗义众矣，愚谓郑说为长。"

案：《觐礼》[②]："诸侯觐于天子，为宫方三百步[③]，四门，坛十二有寻[④]，深四尺，加方明于其上[⑤]。方明者，木也。方四尺，设六色[⑥]：东方青，南方赤，西方白，北方墨，上玄、下黄。设六玉：上圭，下璧，南方璋，西方琥，北方璜，东方圭。天子出，拜日于东门之外，反祀方明。礼日于南门外，礼月与(西)〔四〕渎于北门外[⑦]，礼山川丘陵于西门外。祭天燔柴，祭山丘陵升，祭川沈，祭地瘗[⑧]。"郑注云："方明者，上下四方神明之象也。有象者，犹宗庙之有主乎。六色象其神，六玉以礼之。"《司盟职》曰"北面诏明神"[⑨]。言"北面诏明神"，则明神有象也。象者，其方明乎？燔柴升沈瘗，祭礼终矣、备矣。《郊特牲》曰[⑩]："郊之祭也，迎长日之至也，大报天而主日也。"《宗伯职》曰"以实柴祀日月星辰"，则燔柴祭天谓祭日也。柴为祭日，则祭地瘗者，祭月也。据《仪礼》，方明之祀，行之于合诸侯。以春拜日，夏礼日，秋礼月与四

---

① (斋)〔齐〕："齐"原作"斋"，蒋立甫据《后汉书》刘昭《注》勘正。按：应劭《风俗通义》亦作"齐"，故从之。

② 觐礼：系《仪礼》中的一篇文字。觐礼指诸侯在秋天朝见天子之礼。

③ 宫：谓墙。郑玄注："宫，谓壝土为埒，以象墙壁也。"

④ 十二有寻：谓九十六尺。郑玄《注》："八尺为寻。十二有寻则方九十六尺也。"

⑤ 方明：指四方神明的像。贾公彦《仪礼疏》："谓合木为上下四方，故名'方'；此则神明之象，故名'明'。"

⑥ 设六色：胡培翚《仪礼正义》："方明设六色者，每面各设一色，以象其神。"

⑦ (西)〔四〕：蒋立甫云"四"原作"西"，据抄本及《仪礼·觐礼》勘正。今从之。

⑧ "祭川"两句：指祭祀山川时对祭品所作不同处理。川沉，即将祭品沉于水中。地瘗，即将祭品埋在地下。瘗，埋。

⑨ "司盟"句："司盟"系《周礼·秋官》中的一篇。诏明神，谓用书面形式诏告神灵。明神，明察之神。从郑玄说。

⑩ 郊特牲：系《礼记》中的一篇文字。

渎，冬礼山川丘陵，分之于四时。出所为宫之门外，行燔柴升沈瘗之礼，而皆反祀方明于坛①。盖变《尧典》“类上帝，禋六宗，望山川，遍群神”者，损益用之。方明，即六宗也。《汉书》引《伊训》曰②：“‘伊尹祀于先王，诞资有牧方明③。’”是周沿于殷之证。殷初宜承乎夏，实上起唐虞矣。《周礼·大宗伯》以玉作六器，以礼天地四方，以苍璧礼天，以黄琮礼地，以青圭礼东方，以赤璋礼南方，以白琥礼西方，以玄璜礼北方，与《典瑞》“四圭有邸以祀天，两圭有邸以祀地”者异④。然则《大宗伯》之六器礼天地四方，即祀方明所用六玉矣。《五经异义》载今《尚书》欧阳、大小夏侯说“指上下四方之宗”，其说必传之自古。周人既祀昊天上帝，又祀五帝，而合诸侯又祀方明，则唐虞之既“类上帝”，又“禋六宗”，事固相因者也。

望于山川

《孔传》曰：“九州名山大川、五（狱）〔岳〕四渎之属⑤，皆一时望祭之。”

遍于群神

《史记》“辩于群神”，《集解》：“徐广曰：‘辩，音班⑥。’骃案：郑玄：

---

① 反：同“返”。

② 汉书引伊训：下引为《汉书·律历志下》文字。伊训，系《尚书》中的一篇文字。

③ 诞资有牧方明：今《伊训》篇无此句。诞，大。

④ “与典”两句：典瑞：系《周礼·春官》中的一篇文字。四圭有邸、两圭有邸，皆为礼器。四圭有邸，郑玄《注》：“圭本着于璧，故四圭有邸，圭末四出故也。”贾公彦《疏》：“谓用一大圭琢出，中央为璧形……四面琢，各出一圭。”两圭有邸，孔颖达《疏》谓是形状上琢有两足相向的圭，系黄琮体。邸，是本体的意思。

⑤ 五（狱）〔岳〕四渎：“岳”原作“狱”，注疏本《尚书》、聚学轩丛书本《尚书义考》俱作“岳”，因据正。五岳，据《尔雅》及孔颖达《疏》，指东岳泰山、西岳华山、南岳霍山、北岳恒山、中岳嵩山。四渎，指长江、黄河、淮河、济水。《尔雅·释水》：“江河淮济为四渎。四渎者，发源注海者也。”

⑥ 班：颁还。

‘群神，若丘陵坟衍[①]。’”

辑五瑞，既月乃日，觐四岳群牧，班瑞于群后。

《尔雅》：“觐，见也。”“班，赋也。”“后，君也。”

陆氏德明曰：“辑，王云：合。马云：敛也。”

《史记集解》：“马融曰：‘辑，敛也。五瑞[②]，公侯伯子男所执[③]，以为瑞信也。尧将禅舜，使群牧敛之，使舜亲往班之。’”

《孔传》说：“既，尽。班，还也。舜敛公侯伯子男之瑞圭璧，尽以正月中，乃日日见四岳及九州牧监[④]，还五瑞于诸侯，与之正始[⑤]。”（苏氏轼曰：“古者朝觐贽玉，已事则还之。故始辑而终班。”程子曰：“辑，敛。五瑞，征五等诸侯也。至月终则四方诸侯至矣，远近不同，来有先后，故日日见之，不如他朝会之同期于一日也[⑥]。盖欲以少接之，则得尽其询察之意也。既见，则颁还其瑞玉。”）

刘氏敞《七经小传》曰：“辑五瑞者，收诸侯圭瑞，还之王府。既月乃日者，既正月之明日，谓二月朔耳。辑五瑞，必俟既月之明日颁之诸侯者，以新历数也[⑦]。”

案：日者，择其日之谓。朝觐礼大，待诸侯齐至，然后择觐日，《史记》所谓“择吉月日”是也。言“辑五瑞”，则知诸侯咸至。言“班瑞于群后”，则知同时觐而班之。

---

① 丘陵坟衍：系《孔传》解释“群神”语。孔颖达《疏》据郑玄《大司徒》注认为丘陵坟衍包括山川水泽林木高地平川等。

② 五瑞：作为诸侯王凭信的玉器，按诸侯等级分为五种，统称为“五瑞”。参下注。

③ 公侯伯子男所执：《周礼·典瑞》：“公执桓圭，侯执信圭，伯执躬圭，子执谷璧，男执蒲璧。”

④ 九州岛牧监：谓监管诸侯的官员。孔颖达《疏》：“州牧各监一州诸侯，故言监也。”

⑤ 正始：正式开始。孔颖达《疏》：“正新君之始。”

⑥ 期：约定日期。

⑦ 历数：即历法。

岁二月，东巡守，至于岱宗，柴，望秩于山川。

《尔雅》："河东岱[①]。""泰山为东岳。""祭天曰燔柴。"《汉书·地理志》："泰山郡博岱山在西北。"

《史记集解》："马融曰：'舜受终后五年之二月。'郑玄曰：'建卯之月也[②]。柴祭东岳者，考(积)〔绩〕[③]。柴，燎也。'"

《春秋公羊传·隐公八年》疏："郑《注》：'岁二月者，正岁建卯之月也[④]。巡守者，行视所守也[⑤]。岱宗者，东岳名也。柴者，考(积)〔绩〕(柴)燎也[⑥]。望秩于山川者，遍以尊卑祭之。五岳视三公[⑦]，四渎视诸侯。其余小者，或视卿大夫，或视伯子男矣。秩，次也。'"

陆氏德明曰："马云：祭时积柴加牲其上而燔之。"

《诗·周颂·般》疏："《尧典》注云：'遍以尊卑次秩祭之'。"

《后汉志》注[⑧]："范宁曰：'巡守者，巡行诸侯所守。二月直卯，故以东巡守也[⑨]。祭山曰燔。柴，积薪加牲于其上而燔之也。'"

《孔传》曰："诸侯为天子守土，故称守。巡行之，既班瑞之明月，乃顺春东巡守。岱宗，泰山为四岳宗。燔柴，祭天告至也。"

林氏之奇曰："岁二月者，来岁之二月，故加'岁'一字于其中。盖前一年群后来朝，故至明年舜乃巡狩[⑩]，考制度于四岳，非与觐岳牧、颁瑞用在一年之中。"(蔡氏沈曰："岁二月，当巡守之年二月也。")

---

① 河东岱：谓黄河以东地区的名山是岱山。郭璞指出此"岱"即岱宗，也即泰山。

② 建卯之月：谓夏历二月。

③ (积)〔绩〕："绩"原作"积"，蒋立甫据抄本及中华书局点校本《史记》勘正。今从之。

④ 正岁：谓夏历。

⑤ 所守：谓诸侯所管辖区域。"巡守"《孔传》："诸侯为天子守土，故称守。"

⑥ (积)〔绩〕(柴)："绩"原作"积"，蒋立甫据抄本及《公羊传疏》勘正；"柴"，据《公羊传疏》是衍文。今从之。

⑦ 视：比照。下"视"同。

⑧ 后汉志：指《后汉书·祭祀志》。

⑨ "二月"两句：谓二月是卯月，已值春季，故按春位在东方巡守。直，同"值"。

⑩ 巡狩：即巡守。林之奇于后文自为解释："狩者，巡诸侯之所守也。"(见《尚书全解》卷二)

案：岱宗，应劭云“宗者，长也，为五岳之长”是也。山在今山东泰安府治北五里。

肆觐东后，协时月正日，同律度量衡，修五礼，五玉、三帛、二生、一死贽，如五器，卒乃复。

《尔雅》：“卒，已也”，“终也”。“复，返也。”

陆氏德明曰：“王云：同，齐也。律，六律也[①]。马云：律，法也。郑云：同阴律也。”

《史记集解》：“马融曰：‘五礼，吉、凶、军、宾、嘉也。三帛，三孤所执也[②]。贽[③]：二生羔、雁，卿大夫所执；一死雉，士所执。五器，上五玉，礼终则还之，三帛已下不还。’”（《孔传》曰：“复，还也。器谓圭璧也。”程子曰：“诸侯尊而贽重，故已觐则复还其玉，余则否，所以礼答列辟也[④]。五器，即五瑞，以其物言则玉，以其宝言则瑞，以成形言则器。”）

《春秋公羊传·隐公八年》疏：“郑注：‘东后，东方之诸侯也。协正四时之月数及日名[⑤]，备有失误者。度，丈尺。量，斗斛。衡，斤两。五礼，公侯伯子男朝聘之礼矣。（程子曰：“所至协正时日，同其度量，正五等诸侯之秩序，制度之等差，是修五礼也[⑥]。五等之制，古有之矣。防其乱，故巡守所至必修明也。正其五等制度，并其君臣所执圭币，皆使合理也。”）五玉，瑞节。执之曰瑞，陈列曰(至)〔玉〕也[⑦]。三

---

① 六律：音乐术语，指六种音高。古人将乐音按高低分为十二音阶，又按十二音阶位序的奇偶不同分为阴律（偶数）和阳律（奇数）两大类，因每类六音故即称为“六律”。

② 三孤：指周时少师、少傅、少保。许慎《五经异义》：“天子立三公曰太师、太傅、太保。又立三少以为之副，曰少师、少傅、少保，是为三孤。”

③ 贽：送给尊长的礼物。

④ 列辟：诸侯。

⑤ 协正四时之月数及日名：谓协合定正历法使诸侯各国在历法上保持一致。协，谓协合一致。“四时之月数”指一年四季的月数。因有闰月与否，所以每年的月数不是恒定的，需要及时正定。“日名”谓每日的名称，古代往往用干支纪日，故日有其名。

⑥ 修：阐明。

⑦ (至)〔玉〕：蒋立甫云：“玉，原误作‘至’，今据《公羊传疏》引郑《注》改。”今从之。

帛，所以荐玉也。受瑞玉者，以帛荐之。帛必三者，高阳之后用赤(绘)〔缯〕[①]，高辛之后用黑(绘)〔缯〕，其余诸侯皆用白(绘)〔缯〕，周礼改之为缫也。二生、一死(者)〔贽〕(贽)〔者〕[②]，羔、雁生也，卿大夫所执；雉死，士所执也。如者，以物相授与之言。授贽之器有五，卿、大夫、上士、中士、下士也，器各异饰，饰未闻所用也。周礼改之，饰羔雁饰雉[③]，执之而已，皆去器。卒，已也。复，归也。巡守礼毕，乃反归矣。每归，用特牛告于文祖矣。'"

孔氏颖达曰："王肃云：'三帛，纁[④]、玄、黄也。附庸与诸侯之适子[⑤]、公之孤执皮帛，其执之色未详闻。或曰孤执玄，诸侯之适子执纁，附庸执黄。'王肃之注《尚书》，其言多同《孔传》。如，若也。《聘义》曰'以圭璋聘，重礼也。已聘而还圭璋，此轻财而重礼之义也。'《聘义》主于说聘，其朝礼亦然。"

刘氏敞曰："如者，同也。五器者，吉凶礼乐及戎器同之，一制度也。"(蔡氏沈曰："'五玉三帛二生一死贽'，此九字当在'肆觐东后'之下，'协时月正日'之上。"刘侍讲曰：'五器，即五礼之器也。卒乃复者，数事皆毕，则不复东行而遂西向，且转而南行也，故曰"卒乃复"。)

案：五礼以周之吉、凶、军、宾、嘉言者，非也。盖不惟唐虞时未必分设此名。此五者，乃人事之经，巨细毕核，委曲繁重，岂觐于方岳下之顷所能举而修之！后儒兼以五器为五礼之器，其器又何以备稽哉！当从郑说为公侯伯子男朝聘之礼，率群后行之，即所以修明之也。时月正日，布政之大者。正日，谓正朔也。律度量衡，法制之大者。公侯伯子男各依其命数之仪、爵秩等威之大者，于巡守协之、同之、修

---

① (绘)〔缯〕：蒋立甫据《公羊传疏》引郑《注》将此及下文二"绘"字径改为"缯"。今从之，但为保持体例一致故而保留戴氏原字。下同。

② 贽者：原二字互乙，据注疏本《疏》文正之。

③ "修饰羔"句：孔颖达《疏》："《曲礼》：'饰羔雁者以缋。'谓衣之以布而又画之。"饰，即是绘有图案的布帛，以之包裹羔、雁。孔《疏》谓雉是死物，不用饰。

④ 纁：红、黄相合之色。

⑤ "附庸"句：附庸，指附庸于诸侯大国的小国君主。(从《礼记·王制》疏)适，同"嫡"。

之。皆一时所能遍之大端，不可使之或失者也。下即言所执五等玉瑞，及诸臣所执币物为贽，其贽若五玉之器，礼终乃还之，以觐时礼仪所关，故接“修五礼”之下。《觐礼》曰：“乃朝以瑞玉”。《聘礼》曰：“凡四器者，惟其所宝。”注云：“四器，谓圭、璋、璧、琮。”此“器”“玉”“瑞”互称之明证。

五月，南巡守，至于南岳，如岱礼。

《尔雅》：“江南，衡。”“霍山为南岳。”《汉书·地理志》：“长沙国湘南，《禹贡》衡山在东南，荆州山。”《王制》疏曰：“《尔雅·释山》‘霍山为南岳’郭《注》云：‘山在衡阳湘南县南①’。又云：‘今在卢江灊县西②。汉武帝以衡山辽旷，因谶纬皆以霍山为南岳，故移其神于此。其土俗人皆呼之为南岳。南岳本自以两山为名，非从近也。’而学者多以霍山不得为南岳，又以汉武帝始乃名之。即如此言，谓武帝在《尔雅》前乎？斯不然矣。如郭此言，则南岳衡山自有两名，一名衡山，一名霍山，自汉武帝以来，始徙南岳之神于卢江霍山耳。”《尔雅疏》曰：“孙炎以‘霍山’为误，当作‘衡山’。案：《书传·虞夏传》及《白虎通》《风俗通》《广雅》并云霍山为南岳，岂诸文皆误？明是衡山一名霍山也。《注》：‘即天柱山，潜水所出。’此据作《注》时霍山为言也。此山本名‘天柱’，汉武帝移江南霍山之祀于此，故又名‘霍山’。其经之‘霍山’即‘江南衡’是也。”

案：衡山在今湖广衡州府衡山县西北三十里，接衡阳及长沙府界。《水经注》云：“《山经》谓之‘岣嵝山’③。为南岳也。”

---

① 湘南：古县名，今属湘潭县。

② 灊县：古县名，今属安徽霍山县。

③ 山经：《山海经》中的一部分。

八月，西巡守，至于西岳，如初。

《尔雅》："河南，华。""华山为西岳。"《汉书地理志》：京兆尹华阴[①]，"故阴晋"。"太华山在南，豫州山。"

案：西岳华山，《禹贡》谓之"太华"，今在陕西同州府华阴县南十里；其西八十里有少华，峰势相连。《西京赋》曰"缀以二华"是也[②]。《九域志》[③]："华山，四州之际，东北冀，东南豫，西南梁，西北雍。"

十有一月朔巡守，至于北岳，如西礼。（当从马、郑本作"如初"。）

《尔雅》："河北，恒。""恒山为北岳。"《汉书·地理志》："常山郡上曲阳[④]，恒山北岳在西北，并州山。"

陆氏德明曰："'至于北岳如西礼[⑤]'，方兴本同，马本作'如初'"。

《春秋公羊传·隐公八年》疏："郑注：五月不言'初'者，以其文相近；八月、十一月言'初'者，文相远故也。"[⑥]

案：今直隶定州曲阳县西有上曲阳故城。韩琦《岳庙碑》曰[⑦]："恒山，一名大茂山也"。

---

① 京兆尹华阴：此处为汉代区域名。尹，地位相当于郡。华阴，汉代为县，今为华阴市。

② 缀以二华：缀，连缀。二华：即太华与少华两山。

③ 九域志：即《元丰九域志》，北宋王存等人编著。

④ 常山郡上曲阳：常山郡，在今石家庄一带。上曲阳，古县名，即今曲阳县。

⑤ 如西礼：指如同祭祀西岳之礼。

⑥ "五月"至"故也"：谓"五月南巡守至于南岳"这些文字与其前面"岁二月东巡守至于岱宗柴望秩于山川"这些文字相距较近，所以述其祭祀就直接写出"如岱礼"，而不用写为"如初"。后文"八月西巡守至于西岳""十有一月朔巡守至于北岳"等因为与"岁二月东巡守"等文字相距较远，所以述其祭祀就加上了"初"字。

⑦ 韩琦：北宋军事家。

归,格于艺祖,用特。

陆氏德明曰:"艺,马、王云:祢也[①]。"(程子曰:"归格[②],告至于祖庙也[③]。止言祖庙,举尊耳,实皆告也。四时之祭则各有牲。如告朔、告至之类,非祭也,共享一牲而已,故云'用特[④]'"。薛氏季宣曰:"艺祖,王考也[⑤]。孔子论巡守礼告于祖庙、考庙[⑥]。舜时瞽瞍尚在,故但告王考也。")

孔氏颖达曰:"四巡之后,乃云'归格',则是一出而周四岳。郑玄以为每岳礼毕而归,仲月乃更复去。"(林氏之奇曰:"一年而巡四岳,胡舍人尚计其地理,考其日程,而谓不能周历万五千里。若巡一岳归,至于仲月复往,则一岁周数万里,此必无之理也。")

《孔传》曰:"巡守四岳,然后归,告至文祖之庙。艺,文也[⑦]。(蔡氏沈曰:"艺祖,疑即文祖。或曰:文祖,艺祖之所自出。亦未有所考证也。")言祖则考著。特,一牛。"

案:归而告至,事祖祢之道也。艺祖,当为舜之祖,以为文祖者,非也。前"受终"义系乎尧,故于尧之祖[⑧]。此"告至",义系乎舜,于舜之祖审矣。

五载一巡守,群后四朝。敷奏以言,明试以功,车服以庸。

《尔雅》:"庸,劳也[⑨]。"

---

① 祢:祭祀亡父的宗庙。

② 格:至,到。

③ 告至:指告至礼。指帝王外出返归时祭告祖庙之礼。

④ 特:用作牺牲的公牛。

⑤ 王考:即已故祖父。

⑥ 考庙:祭祀亡父的宗庙。

⑦ 艺文也:孔颖达《疏》:"才、艺、文、德其义相通,故'艺'为文也。"

⑧ "前受"两句:谓《舜典》"正月上日受终于文祖"之义。《孔传》:"文祖者,尧文德之祖庙也。"

⑨ 庸,劳也:《尔雅·释诂》文。邢昺《疏》:"皆谓劳苦也"。又云:"民功曰庸"。

陆氏德明曰:"四朝,马、王皆云:四面朝于方岳之下[①]。郑云:四朝,四季朝京师也。"

《史记集解》:"郑玄曰:巡守之年,诸侯见于方岳之下,其间四年,四方诸侯分来朝于京师也。"(蔡氏沈曰:"五载之内,天子巡守者一,诸侯来朝者四。盖巡守之明年,则东方诸侯来朝于天子之国,又明年则南方之诸侯来朝,又明年则西方之诸侯来朝,又明年则北方之诸侯来朝。又明年则天子复巡守。")

《孔传》曰:"敷,陈。奏,进也。诸侯四朝,各使陈进治理之言。明试其言以要其功[②],功成则赐车服,以表显其能用也[③]。"

程子曰:"自'岁二月'以下,言巡守之事,非是当年二月便往,亦非一岁之中遍历五岳也。每五载一巡守,则一方之诸侯朝于岳下,故曰'四朝'。巡守非能遍至诸国也。至方岳,则觐见一方之君,使各进陈其为治之说。其言之善者则从之而明考其功,有其功则赐车服,以旌其功也。"

刘氏敞曰:"五载一巡守者,唐虞氏分天下五服[④],其在畿内甸服之君,则皆执事之人也,朝夕见焉,故不特修朝觐之礼。至于侯服,当朝一年;绥服,当朝二年;要服,当朝三年;荒服,当朝四年。绥服下诸侯毕见一朝。一朝,则天子巡守,故五载一巡守也。"(林氏之奇曰:"《周官》之:"六年,五服一朝。又六年,王乃时巡,考制度于四岳。诸侯各朝于方岳,大明黜陟。"此则唐虞之礼也,但其年岁久近之不同耳。胡氏既疑舜之时不能一载而巡守,谓一年而东,一年而南,一年而西,一年而北,此群后所以四朝也;五载之中,一岁息驾。信如此

---

① 方岳:即四方山岳的意思。如东岳泰山、西岳华山之类。

② 要功:探求其业绩。要,探求,获取。

③ 能用:《孔疏》:"其人有才能可用"。

④ 唐虞氏分天下五服:指唐虞氏按距王畿远近结合政治需要将管辖地划分成五服(即五类地区)。据《禹贡》,五服分别是甸服、侯服、绥服、要服和荒服。其划分是将王畿作为中心,甸服属于王畿地区由天子治理,其他四服由诸侯治理。四服各自按五百里等差渐次远离。

说，则是诸侯惟朝天子于方岳之下，而未尝朝于京师也。五载一巡守，盖巡守于方岳之下，而诸侯来朝京师，则有'敷奏以言、明试以功、车服以庸'之三事也。盖苟以封建为国，则巡守朝觐之时，不可以不严。周东迁之后，此礼皆废。于是强陵弱、众暴寡，大并小，而周道陵夷，不可复振。论者不探其本，如柳子厚则以封建为不可行[1]，此盖未尝深考唐虞致治之绩也。"陈氏大猷曰："叶氏谓侯、绥、要、荒各年一朝，四年而周。是一岁朝一服之侯也。夫圣人详内略外，要、荒之君政事尚从疏阔，岂与侯、绥之诸侯均责其四岁一朝乎？《周官》止言六年五服一朝，而不及于四服[2]。《记》言'四塞世告至'[3]，正为此也。孙氏谓甸服之君朝夕见焉，故无朝觐之礼，夫唐虞甸服不以封，至侯服始有采，谓甸服之有君，已不合矣。至谓侯服一年一朝，则是服之间四年四朝也。以绥服两年一朝，则是四年两朝也。要服三年一朝，则不及四年而朝。惟荒服为四年一朝耳，概之四朝之数皆不合，兼要、荒必无四年一朝之理。"）

案：郑氏说一岁周于四岳之下，谓之"一巡守"。而分四方诸侯，以四年遍来一朝，谓之"四朝"，不可也。况《禹贡》之甸、侯、绥、要、荒五服，必唐虞相承之制，以定朝贡之节。而甸服外之百里，始为卿大夫采邑，未有诸侯。其外之百里男邦，又其外之三百里诸侯，此于京师不出千里，虽岁一朝，尚不为数。绥服分内之三百里揆文教，外之二百里奋武卫，于京师逾千里，又其外要服、荒服益远矣。《周官》"大行人"职曰："邦畿方千里，其外方五百里，谓之侯服，岁一见。又其外方五百里，谓之甸服，二岁一见。又其外方五百里，谓之男服，三岁一见。又其外方五百里，谓之采服，四岁一见。又其外方五百里，谓之卫服，五岁一见。又其外方五百里，谓之要服，六岁一见。九州之外，

---

① 柳子厚：即柳宗元，"子厚"为其字。撰有《封建论》。

② 四服：指除了位于王畿的甸服之外的其他四服。

③ 记言四塞世告至：语出《礼记·明堂位》。郑玄《注》："四塞，谓夷服、镇服、蕃服在四方为蔽塞者。"

谓之藩国,世一见。”谓夷服、镇服、蕃服也。《周官》经言方,则面二百五十里[①]。周之侯甸当《禹贡》侯服,男采当《禹贡》绥服,卫、要当《禹贡》要服,夷、镇当《禹贡》荒服。然则《禹贡》之侯服,周且分一岁、二岁矣,绥服分三岁、四岁,要服分五岁、六岁,而荒服世乃一见者也。岂唐虞不分远近为等差,不然矣。意“群后四朝”特以侯服言之,此外别有年限,略而不言也。上记摄帝位之初,巡守至方岳下,因举岁一朝之诸侯,有“敷奏以言,明试以功,车服以庸”之法。本非于此详言制度,故不备举。敷,如敷求之敷[②],遍也。故《史记》作“遍告以言”。庸,如功庸之庸[③]。《国语》曰:“无功庸者,不敢居位。”

肇十有二州,封十有二山,浚川。

《尔雅》:“肇,始也。”“浚,深也。”

《史记集解》:“马融曰:禹平水土,置九州;舜以冀州之北广大,分置并州,燕、齐辽远,分燕置幽州,分齐为营州。(阎氏若璩曰:“青之分而为营也,不独以地广,实以吏民艰于涉海,故别置一州,以避其险。”)于是为十二州也。(程子曰:“上古九州,治水之后,禹别正其九州之封界,舜始分为十二州,在洪水既平之后。”)郑玄曰:“更为之定界,治水害也。”

《孔传》曰:“封,大也。每州之名山,殊大之以为其州之镇[④]。(程子曰:“封十有二山,盖表其山为一州之镇耳。”蔡氏沈曰:“如《职方氏》言扬州‘其山镇曰会稽’之类[⑤]。”)有流川,则深之使通利。”

孔氏颖达曰:“《左传》云:‘昔夏之方有德也,贡金九牧。’[⑥]则禹还

---

① 面:指单面,即每服单面为二百五十里。由于服是环绕王畿的区域,所以每服所辖区域直径应按双面计。

② 敷求:谓广泛寻求。敷,通“溥”。

③ 功庸:即功绩。庸,亦功绩。

④ “每州”两句:孔颖达《疏》:“州内虽有多山,取其最高大者以为其州之镇,特举其名,是殊大之也。”殊大之,即加大其声望之意。

⑤ 职方氏:《周礼》中的一篇。

⑥ “昔夏”两句:引文见《左传·宣公三年》。金,指青铜。

置九州，其名盖如《禹贡》，其境不可知也。"（陈氏栎曰："舜即位之初，'咨十有二牧'[①]，后又曰'州十有二师[②]'，则舜世分九州为十二州，审矣。《左氏宣三年》：'昔夏之方有德也，贡金九牧。'则至夏禹之世又并十二州为九州，亦审矣。"）

苏氏轼曰："封，封殖也。十二州之名山，皆禁采伐也。"（林氏之奇曰："洪水既平之后，封殖其山而加树艺焉。凡十有二州之山，皆封殖之。如'九（州）〔山〕刊旅'，谓凡九州之山皆得刊木而旅祭也[③]。"陈氏大猷曰："王氏说：封山，则材木不可胜用；浚川，则谷米不可胜食。张氏推其说以为此王道之始，正合《孟子》之言[④]。如何？曰：'肇州''封山''浚川'皆疆理地势之事，故连言之。王说乃虞衡之职[⑤]，不应言于'肇州'之后。若以为王道之始，何不及分田制产之事乎[⑥]？"）

案：《周礼》有并州、幽州。《尔雅》有营州。孔颖达以为《职方》《尔雅》"州名必因于古"[⑦]，是也。"（浚）〔濬〕""浚"古字通[⑧]。《说文》"（浚）〔容〕[⑨]，深通川也。"分州、表镇、通川，盖舜初摄帝位时事，此与巡守类叙。'殛鲧'与'象以典刑'类序[⑩]。其实因鲧功用弗就，故舜有浚川之政。殛鲧兴禹断非一时。鲧既殛，禹未兴，舜必慎求其人而后得禹。计舜即位后命官，禹作司空未数年，故仍勉其平水土。前以司

---

① 咨十有二牧：语出《尚书·皋陶谟下》。

② 州十有二师：语出《尚书·益稷》。师，指一种行政区划。《尚书大传》卷二："古者处师，八家而为邻，三邻为朋，三朋为里，五里为邑，十邑为都，十都为师，州十有二师焉。"

③ "如九"两句：（州）〔山〕："山"原文作"州"，王光汉据《禹贡》原文勘正。按，林氏引文亦作"山"。因正之。刊木，谓砍斫树木以通山路。《禹贡》"随山刊木"孔《疏》："随行山林，斩木通道。"

④ "张氏"两句：谓张氏认为王氏谈到的内容正同于《孟子·梁惠王上》所说："谷与鱼鳖不可胜食，材木不可胜用，是使民养生丧死无憾也。养生丧死无憾，王道之始也。"

⑤ 虞衡：官职名，主掌山林川泽事务。

⑥ "若以"两句：谓若依张氏所说，那么王氏还应像《孟子》在"王道之始也"后接着论及应予民"五亩之宅""百亩之田"，以使之有恒产，因而"黎民不饥不寒"，这样作才是王道。

⑦ 职方：系《周礼》中的一篇。

⑧ （浚）〔濬〕："濬"原作"浚"，据聚学轩丛书本《尚书义考》勘正。

⑨ （浚）〔容〕："容"原作"浚"，据《说文》正之。容，《说文》认为其古文为"浚"。

⑩ 殛鲧与象以典刑类序："殛鲧"与"象以典刑"在经文中属于同一段文字。

空治水，后以百揆治水也。舜摄二十八载，而禹治水时方娶，是鲧遏在羽山，禹之年甚幼，固显然者。方鲧殛死，忧在洪水，有浚川之政，及后之命禹治水，两不相蒙。浚川者，舜救一时之患。举禹者，舜定万世之安。禹治水，舜既分十二州矣，故曰"州有十二师"。而"作贡"又在后[①]，复别为九州。时有所宜，各从其宜而已。

象以典刑，流宥五刑，鞭作官刑，朴作教刑，金作赎刑。眚灾肆赦，怙终贼刑。钦哉，钦哉，惟刑之恤哉！（恤，当从古本作"谧"。）

《尔雅》："典，常也"，"经也"。"怙，恃也。"

《史记集解》："马融曰：'言咎繇制五常之刑[②]，无犯之者，但有其象[③]，无其人也。流，放。宥，宽也。一曰幼少，二曰老耄，三曰盍愚。五刑：墨、劓、剕[④]、宫、大辟[⑤]。（《朱子语录》："问：五刑，吴才老说是五典之刑[⑥]，如所谓不孝、不弟之刑。曰：此是乱说。人有罪，合用五刑，如何不用？"《困学纪闻》云："范蜀公《正书》曰[⑦]：'舜之五刑：流也、官也[⑧]、教也[⑨]、赎也、贼也[⑩]。'流宥五刑者，舜五流以宥[⑪]，三苗之劓、刖[⑫]、剕、宫、大辟。《皇王大纪》之说本诸此[⑬]。官刑，为辨治官事者为刑。（苏氏轼曰："官刑，以治庶人在官慢于事，而未入于刑者。"）金，

---

① 作贡：语出《禹贡》，谓禹根据各地土地等情况制定不同贡赋。

② 咎繇：人名，即皋陶。

③ 象：本指象刑，一种带有侮辱性的象征性的处罚形式，即用画图在衣的方式代替肉体惩戒，此处当为法律条文之意。

④ 剕：剕刑，砍去双脚的刑法。

⑤ 大辟：古代重刑，即死刑。

⑥ "吴才老"句：吴才老：即吴棫，北宋音韵学家，"才老"是其字。五典之刑，就违背伦理而制定的刑制。据《尧典》，对违背的人主要采取教化的方式。

⑦ 范蜀公《正书》：范蜀公指北宋人范镇，因封为蜀郡公，故称为范蜀公。《正书》为其书法著作。正书，指楷书。

⑧ 官：指官刑，即惩戒官员的刑法。

⑨ 教：指教刑，即惩戒教官的刑法。

⑩ 贼：古代重刑，即死刑。贼，即杀之意。

⑪ 五流以宥：谓用流放的形式对本应实施五刑的罪人表示宽宥。

⑫ 刖：古代的一种刑法，砍掉左脚、右脚或双脚。

⑬ 皇王大纪：系两宋之际史学家胡宏所撰史学著作。

黄金也。意善功恶，使出黄金赎罪，坐不戒慎者。'郑玄云：'朴，榎楚也[①]。朴为教官为刑者。（《孔传》云："不勤道业，则挞之。"）眚灾，为人作患害者也[②]。过失，虽有害则赦之。怙其奸邪[③]，终身以为残贼，则用刑之。'（孔氏曰："《春秋》言'肆眚'者，皆谓缓纵过失之人。"苏氏曰："《易》曰'无妄，行有眚'，眚亦灾也。眚灾者，犹曰不幸，非其罪也。终，不改也。贼，害也。恃恶不悛以害人，则刑之。"）徐广曰：'今文云"惟刑之谧哉[④]"。《尔雅》曰：'谧，静也。'"

陆氏德明曰："马云：宥，三宥也。"

《史记正义》："郑玄云：'三宥，一曰弗识，二曰过失，三曰遗忘也。'"

《周礼·司刑》疏："郑注《尧典》云：'正刑五，加之流宥、鞭、朴、赎，此之谓九刑者。'"

孔氏颖达曰："郑玄曰：'其轻者，或流放之，四罪是也。'王肃云：'谓君不忍刑杀[⑤]，宥之以远方。言'宥五刑'，则正五刑见矣。'"

《孔传》曰："象，法也[⑥]。法用常刑[⑦]，用不越法也。（孔氏颖达曰："五刑虽有常法，所犯未必当条，皆须原其本情，然后断决，使不越法。"）眚，过。灾，害。肆，缓。贼，杀也。过而有害，当缓赦之。怙奸自终，当刑杀之也。"（程子曰："象以典刑，象罪之轻重立为常典[⑧]。眚，谓过失入于罪者。灾，谓非人所致而至者。赦，除释之也。眚者肆之，灾者赦之也。虽罪非固犯，失由于人故，必致法，矜其情而缓之

---

① 榎楚：古时一种刑具，木制。

② 患害：祸害。

③ 怙：依据。

④ "今文"句：谓《今文尚书》如此。《古文尚书》"谧"作"恤"。"惟刑之恤"谓用刑需慎重。"谧"同"恤"。

⑤ 刑杀：即用死刑。

⑥ 象，法也：孔颖达认为"象"是效法之意，由此引申出法则之义。

⑦ 常刑：固定的刑罚。

⑧ 象罪之轻重立为常典：此句释"象"为图像。谓"象以典刑"意即用图像形式予以侮辱性惩处，而不实施肉刑。与孔说不同。

耳。灾非由人,宜加恤也,故直赦之。怙恃其恶与终固其非者,凶恶之民也,故残害之以刑,使不得为人害也,是贼刑也。")

苏氏轼曰:"典刑,常刑也。杀人者死,伤人者刑,象其所犯。(黄氏度曰:"象者,像也。像其事也。刑有轻重,像其事而用之,是谓常刑。")作五流之法,以宥五刑之轻者。墨,薄刑也。其宥乃至于流乎?曰:刑者,终身不可复,而流者,有时而释,不贤于刑之乎?过误而入于刑与罪疑者,皆入金以赎。"(蔡氏沈曰:"据此经文则五刑有流宥而无金赎,《周礼·秋官》亦无其文,至《吕刑》乃有五等之罚[1]。疑穆王始制之,非法之正也。盖当刑而赎,则失之轻,疑赦而赎,则失之重。且使富者幸免,贫者受刑,又非所以为平也。")

林氏之奇曰:"王氏云:象者,垂以示人之谓。若《周官》'垂法象魏'是也[2]。此说比先儒为长,盖王者之法如江河,必使易避而难犯,故必垂以示之,使知避之。《周官·司寇》:'正月之吉[3],始和布刑于邦国都鄙[4],乃县刑象之法于象魏[5],使万民观刑象,挟日而敛之[6]。)。'此则唐虞之'象以典刑'之意也。而说者多以象刑为画象(像),其说出于《大传》与汉帝之诏[7],薛氏又论世俗以为画衣冠异章服为象刑,岂非读《舜典》而误与?此说有理。"

案:象刑之义,林氏所论当矣。苏氏谓过误而入于刑与罪疑者,皆入金以赎。此与肆其眚者之亦属过误,何一入金,一缓纵欤?马融以为"意善功恶,坐不戒慎"是,准(是)〔事〕论刑[8],不得谓之过误,而意虽可原,宜以不戒慎罚之金者也。罪与人同,意与人异,乃入于此。

---

① 吕刑:《尚书·周书》中一篇论述刑法问题的文字,传为周穆王大臣吕侯所作。

② 垂法象魏:在楼阙上悬垂发布法令。象魏:楼阙。

③ 吉:谓吉日,即每月初一。

④ 和:宣示。王引之《经义述闻·周官上》:"和,当读为'宣'。"谓"和布"即"宣布"。

⑤ 县:悬挂。县,同"悬"。

⑥ 挟日:谓十日。挟,通"浃",陆德明《经典释文》:"挟,字又作浃。"浃,一周。古以天干纪日,故十天为一周。

⑦ 汉帝之诏:蒋立甫云:"指《汉书·武帝纪》诏曰:'朕闻惜在唐虞画像而民不犯。'"

⑧ (是)〔事〕:"事"原文作"是",蒋立甫据抄本校正。今从之。

眚本自眚，惜其义为一时迷谬，得过之名。灾本天灾，绝无因而入于罪戾，斯名为灾。故眚则肆之，灾则赦之。有恃而犯为怙；长恶不悛为终；《春秋传》[①]：叔向之言曰“杀人不忌为贼”。此三者皆必刑。《诗》“假以溢我[②]”，《左传》引作“何以恤我”，《说文》引作“诐以谧我”。《毛诗》训“溢”为“慎”，义出《尔雅》。而“溢”“慎”“谧”，《尔雅》又皆训“静”。故《史记》云“惟刑之静哉”。谧之为静，虽《尔雅》正训，而“谧刑”为“慎刑”，义尤切至。

流共工于幽洲，放驩兜于崇山，窜三苗于三危，殛鲧于羽山，四罪而天下咸服。（洲，当从古本作“州”。）

陆氏德明曰：“王云：三苗，国名。”

孔氏颖达曰：“郑玄云：‘舜不刑此四人者，以为尧臣，不忍刑之。’”（林氏之奇曰：“殛鲧于羽山，说者多以为杀之，遂举《洪范》‘鲧则殛死’之言为证，是不然。使鲧之罪，果在所当杀，则直杀之矣，何必殛之羽山？《洪范》所谓‘殛死’者，正如后世史传言‘贬(之)〔死〕’也[③]。太祖皇帝读《书》叹曰‘尧舜之始，四凶之罪止从投窜，何近代法网之密也。’[④]”)

《史记集解》：“马融曰：‘三苗，国名。幽州，北裔也。崇山，南裔也。三危，西裔也。殛，诛也。羽山，东裔也。’”（程子曰：‘流，去远之也，如水流去。放者，屏斥之。窜者，投置之。殛，则诛死之也。”)

《孔传》曰：“幽洲，北裔。水中可居曰洲也。崇山，南裔。三苗，国名。缙云氏之后为诸侯，号饕餮[⑤]。三危，西裔也。殛、窜、放、流，皆诛也。异其文，述作之体也。羽山，东裔，在海中也。”（孔氏颖达

---

① 春秋传：指《春秋左传》。下所引见于《左传・昭公十二年》。

② 假以溢我：引自《周颂・维天之命》。

③ (之)〔死〕：“死”原作“之”，蒋立甫云抄本作“死”。按林氏原文亦作“死”，因据正。

④ “太祖”至“密也”：太祖皇帝，指宋太祖。四凶：古人因共工、驩兜、三苗、鲧四者残暴而谓之“四凶”。

⑤ “缙云”两句：《史记・五帝本纪》：“缙云氏有不才子，贪于饮食，冒于货贿，天下谓之饕餮。”《集解》引贾逵语谓炎帝之苗裔在黄帝时在缙云掌事。故此处缙云氏即指炎帝后裔。

曰："《左传》说此事，言'投诸四裔'。《释地》云'燕曰幽洲'[①]，《禹贡》羽山在徐州，三危在雍州。三者所居皆言山名。共工所处不近大山，故举州言之。此流四凶，在治水前，于时未作十有二州[②]，则无幽州之名，而云幽州者，史据后定言之。《禹贡》无崇山，不知其处，盖在衡岭之南也。《昭元年左传》说自古诸侯不用王命者，'虞有三苗，夏有观、扈。'杜预言'三苗地阙，不知其处'。郑玄具引《左传》之文，乃云：'命驩兜举共工，则驩兜为浑敦也，共工为穷奇也，鲧为梼杌也，而三苗为饕餮亦可知[③]。'《汉书·地理志》：'羽山在东海郡祝其县西南。'《洪范》云[④]：'鲧则殛死，禹乃嗣兴。'《僖三十三年左传》云：'舜之罪也殛鲧，其举也兴禹。'《襄二十一年左传》云：'殛鲧而禹兴。'皆言殛鲧而后用禹为治水。而郑玄以为禹治水事毕乃流四凶，故王肃难郑言：'若待禹治功成，而后以鲧为无功而殛之，是为舜用人子之功而流放其父，则禹之勤劳，适足使父致殛，为舜失五典克从之义，禹陷三千莫大之罪[⑤]，进退无据，亦甚迂哉！'"薛氏季宣曰："三苗，旧说为岳州地，盖以吴起所称洞庭彭蠡与韩婴衡山准之[⑥]。羽山、三危皆见《禹贡》。幽州，今燕云路，舜十二州之一也。崈，古'嵩'字。汉世嵩高犹曰'崈高'，今交趾驩州及澧州澧阳县、鄂州崇阳县皆有崇山，称放驩兜之地，皆傅会之说耳。"

案：幽州，《史记》作"幽陵"。又称"颛顼四方所及，北至于幽陵"。

---

① 释地：《尔雅》中的一篇。

② 未作十有二州：指此时仍为九州，舜在大禹治水之后方将天下划分为十二州。

③ "命驩兜"五句：浑敦、穷奇、梼杌、饕餮为古代神话中的四个神兽。一说为古代四个部落首领，即驩兜、共工、鲧和三苗（郑玄持此看法），四人性残暴，号为"四凶"。

④ 洪范：《尚书》中的一篇文字。

⑤ 禹陷三千莫大之罪：谓禹导致其父被杀是犯了重罪。《尚书·吕刑》："五刑之属三千。"谓属于五刑这类重罪的有三千种之多。

⑥ "盖以"句："吴起所称洞庭彭蠡"即《史记·孙子吴起列传》所记吴起语"在德不在险.昔三苗氏左洞庭，右彭蠡"。"韩婴衡山"，韩婴《韩诗外传》卷三所记韩婴所说衡山："当舜之时，有苗不服，其不服者，衡山在南，岐山在北，左洞庭之波，右彭泽之水，由此险也。"即今湖南衡山。

“幽州”之名，或起于幽陵矣。今顺天府密云县东北塞外有故共城，《括地志》作“龚城”，于秦汉属渔阳郡。崇山今在湖广澧州永定县，西汉武陵郡充县也。三苗，吴起所云“三苗之国，左洞庭，右彭蠡”是也[①]。今为湖广武昌岳州二府、江西九江府地。三危，黑水所经，后人以古瓜州之山当之，谓之三危山，在今嘉峪关外汉敦煌地。《左氏春秋》：“允姓之奸，居于瓜州。”不言三苗[②]。而敦煌之水不得入南海，今所谓三危山者，其下亦无水以当黑水，则三危宜近怒江，今怒江实古黑水也。羽山在今登州蓬莱县东南三十里，古莱夷地。《寰宇记》：“县南有鲧城，四罪皆流耳。”《说文》：“殛，殊也。”汉《诏》曰[③]：“骨肉之亲，粲而不殊。”言明于仁恩而不离绝。是“殛”即离绝之谓。古人一事累言之，往往变其文，后人因字附会，求罪之重轻，非也。

二十有八载，帝乃殂落。百姓如丧考妣。三载，四海遏密八音。

《尔雅》：“殂落，死也。”（林氏曰：“人之死也，魂气归于天，故谓之殂；体魄降于地[④]，故谓之落。”）“父为考，母为妣。”“遏，止也。”“密，静也。”

《史记》：“尧立七十年得舜，二年而老[⑤]。（今《史记》各本皆作“二十年而老”，“十”字衍文。）今舜摄行天子之政，荐之于天，尧辟位凡二十八年而崩[⑥]。（《孔传》曰：“尧年十六即位，七十载求禅，试舜三载，自正月上日至崩二十八载[⑦]。尧凡寿百一十七岁也。”孔氏颖达曰：

---

① 吴起所云：见上注。

② “允姓”至“三苗”：谓《左传》提到当年允姓戎族被流放到瓜州，但未提及同被流放的三苗。允姓之奸：指允姓戎族中的罪人。瓜州，即三危山，在今敦煌一带。

③ 汉诏：指汉宣帝所颁布诏令。

④ “魂气”至“于地”：魂气，即魂，古人认为魂是主宰人的精神活动的阳气，故称之为魂气。体魄，即魄，古人认为魄是构成人形体的阴气，故称之为形魄或体魄。殂，前往死境，即死亡之意。

⑤ 老：谓告老退位。

⑥ 辟位：谓离开王位不听政。

⑦ 上日：即元日，谓初一。

“案求禅之年即得舜而试之，求禅试舜其在一年也，更得二年，即为历试三年。故王肃云征用三载，其一在征用之年，其余二载与摄位二十八年，凡三十岁也。以此计之，惟有百一十六岁，不得有七，盖误也。”蔡氏沈曰：“尧十六即位，在位七十载，又试舜三载，老不听政二十八载乃崩，在位通计百单一年。”王氏天与曰[①]：“邵子《皇极经世》[②]，纪尧甲辰年即位，癸丑征舜登庸[③]，乙卯逊于位，至舜二十八年乃殂落，通在位一百年。”）百姓悲哀，如丧父母，三年（黄氏度曰：“臣为君服三年始于此。”）四方莫举乐，以思尧。”《集解》：“徐广曰：‘尧在位凡九十八年。’骃案：《皇览》曰：‘尧冢在济阴城阳[④]。’刘向曰：‘尧葬济阴丘陇山。’《吕氏春秋》曰：‘尧葬谷林。’皇甫谧曰：“谷林即城阳。”（《史记正义》曰：“《括地志》云：‘尧陵在濮州雷泽县西三里。’郭缘生《述征记》云[⑤]：“城阳县东有尧冢，亦曰尧陵，有碑。”是也。《括地志》云：‘雷泽县本汉城阳也。’”）尧都平阳，于《诗》唐国[⑥]。”

案：古字“密”“謐”通，《诗》“夙夜基命宥密[⑦]”，贾谊《新书》引作“宥謐”。《说文》云：“謐，无声也。”

月正元日，舜格于文祖。

《尔雅》：“元，始也。”

孔氏颖达曰：“王肃云：‘月正元日’犹言‘正月上日’[⑧]，变文耳。《礼》云‘令月吉日’[⑨]，又变文言‘吉月令辰’，此之类也。”

---

① 王天与：元代学者，著有《尚书纂传》。

② 邵子：指北宋理学家邵雍。

③ 登庸：谓提拔任用。

④ 城阳：古地名，今属菏泽市。

⑤ 郭缘生：东晋地理学家。

⑥ 于诗唐国：指在《诗经》中属于《唐风》所产地，即晋国。晋国为唐尧故国，西周时初封国君为唐叔虞，故亦称“唐国”。

⑦ 夙夜基命宥密：引自《周颂·昊天有成命》。

⑧ 月正：即正月。

⑨ 礼：指《仪礼》。“令月吉日”见于《仪礼·士冠礼》。

询于四岳，辟四门，明四目，达四聪。

《尔雅》："询，谋也。"

《诗·缁衣》疏："《舜典》云'辟四门[①]'者，《注》云：'卿士之职，使为己出政教。（金氏履祥曰："辟四门者，来四方之贤。明四目者，察四方之事。达四聪者，通四方之言。皆四岳职也。"王氏充耘曰[②]："询于四岳，非谋治于四岳之官，盖'咨''询'皆命官之辞，作书者变文错综用字耳。下文'辟四门''明四目''达四聪'，即四岳职事。若以询四岳，非命四岳以职事，则后面总命二十二人[③]，无乃欠一人乎？"）天下言"四门"者，亦因卿士之私朝在国门，鲁有东门襄仲[④]，宋有桐门右师[⑤]，是后之取法于前也。'"

《孔传》曰："开辟四方之门未开者，广致众贤也，广视听于四方，使天下无壅塞也。"（陈氏大猷曰："明四目、达四聪，不过谓使四方之闻见皆无壅于上耳。"）

案：四岳，总四方之诸侯。郑《注》以"辟四门，明四目，达四聪"为其职，得之。

咨十有二牧，曰："食哉惟时，柔远能迩。迩德允元，而难任人，蛮夷率服。"

《尔雅》："咨，谋也。""柔，安也。""迩，近也。""惇，厚也。""任，佞也。""率，循也。"

孔氏颖达曰："王肃云：能安远者，先能安近。"

---

① 辟四门：打开四方之门，谓广纳贤才。

② 王充耘：元代学者，善治《尚书》，有《读书管见》等。下引即见于其《读书管见》。

③ 后面总命二十二人：指后文"帝曰：'咨汝二十二人'"。《孔传》谓二十二人包括禹、垂、益、伯夷、夔、龙以及四岳、十二州牧。

④ 东门襄仲：春秋时期鲁庄公之子，名遂，又名仲遂，谥号"襄"，居住鲁国东门，故有"东门襄仲"之称。

⑤ 桐门右师：春秋时期宋国人，名乐大心，居住宋国桐门，官居右师，故有"桐门右师"之称。

《孔传》曰:“所重在于民食,惟当敬授民时也。元,善之长也[①]。言当安远乃能安近,厚行德信,使足长善。佞人斥远之,则忠信昭于四夷,皆相率而来服也。”

苏氏轼曰:“能,读如‘不相能’之‘能’[②]。柔怀远者,使与近者相能。”

林氏之奇曰:“此则咨在外之十有二牧也。李校书曰:‘能者,耐也。古者能、耐同字。能迩者,居上以宽之谓也。’其意盖以‘能迩’为‘耐迩’者,若俗所谓忍耐得事,恐亦不然。谓‘能迩’为‘居上以宽’者,亦非也。某窃谓‘迩德允元,而难任人’,此‘能迩‘之道也。德者,有德也。元者,善人也。曰‘惇’、曰‘允’,厚之、信之之谓也。难者,遏绝之使不得进也。自古蛮夷所以敢凭陵中国者,皆由守土之臣不能用宽厚长者之道,行优游宽大之政,以忠信镇服蛮夷,邀功生事、开边鄙之隙者众也。”

案:《诗·大雅》“柔远能迩[③]”,《郑笺》云:“能,犹侞也。安远方之国,顺侞其近者。”《释文》云:“能,徐云:毛如字,郑奴代反。”侞,检字书未见所出,《广雅》云:“如,若也,均也。”义音相似,而字则异。旧音如庶反,义亡难见。《疏》云:“谓顺适其意也。能迩,谓惠中国。柔远,即绥四方也。”今以声义考之,“能”“而”“如”“若”,一声之转。后汉《督邮斑碑》“柔远而迩”,《易》“利建侯而不宁[④]”,《释文》云“郑读‘而’曰‘能’”。能,犹安也。《礼运》“圣人耐以天下为一家”《注》云:“耐,古‘能’字。”《疏》云:“亦有误不安‘寸’直作‘而’字。刘向《说苑》‘能’字皆为‘而’也。”《尔雅》:“若,善也”,“顺也”。盖“柔”有使之驯伏意,“能”有与之调善意。下“敦德”“允元”对文,则“柔远”“能迩”之为对文,明矣。

---

① 元,善之长也:语出《周易·干卦》之《文言》。长,首,谓初始。

② 不相能:语出《左传·襄公二十一年》,谓不相尊重,不和睦。能,和睦。

③ 柔远能迩:引自《大雅·民劳》。

④ 利建侯而不宁:引自《周易·屯》“彖辞”,“彖辞”原文“利”作“宜”。建侯,封建诸侯。

舜曰:“咨,四岳,有能奋庸熙帝之载,使宅百揆,亮采惠畴?”佥曰:“伯禹作司空。”帝曰:“俞,咨禹,汝平水土,惟时懋哉!”禹拜稽首,让于稷、契暨皋陶。帝曰:“俞,汝往哉!”

《尔雅》:“宅,居也。”“亮,导也”,“右也[①]”。“采,事也。”“惠,顺也。”“时,是也。”懋,勉也。”

《史记集解》:“马融曰:‘奋,明。庸,功也。’郑玄曰:‘然其举得其人。汝往居此官,不听其所让也。’”

孔氏颖达曰:“‘郑玄云:‘载,行也。’王肃云:‘载,成也。’郑云:‘时天下赖后稷之功,故以官名通称。’”

《周礼疏》[②]:“《尧典》‘伯禹作司空’,郑云:‘初,尧冬官为共工[③]。舜举禹治水,尧知其有圣德必成功,故改命司空,以官名宠异之,非常官也。至禹登百揆之任,舍司空之职,为共工与虞[④],故曰:垂作共工,益作朕虞[⑤]。’”

陆氏德明曰:“懋,王云:勉也。马云:从也。”

《孔传》曰:“奋,起。庸,功。载,事也。访群臣有能起发其功,广尧之事者。亮,信也。求其人使居百揆之官,信立其功,顺其事者,谁乎?(苏氏轼曰:“奋,立也。有能立功光尧之事者,当使宅百揆[⑥],其能信事而顺者谁乎?”)禹代鲧为崇伯,入为天子司空。居稷官者,弃也[⑦]。契、皋陶,二臣名也。稽首,首至地也。”

林氏之奇曰:“《尔雅》:‘左、右,亮也。’以是‘亮’有辅相之义,亮采者,辅相朝廷之事。畴,如‘九畴’之‘畴’[⑧],谓天下之事,各以其类

---

① 右:佐助。邢昺《尔雅疏》:“左、右即亮也,亦皆谓佐助。”

② 《周礼疏》:此处指贾公彦《周礼正义序》,下引为《序》文。

③ 共工:官名。贾公彦《周礼正义序》引郑玄《注》:“共工,水官。”

④ 共工与虞:此处“共工”“虞”俱为官职名称。

⑤ “垂作”两句:语出《舜典》:“垂,汝共工”,“益,汝作朕虞”。垂、益,分别为舜两个大臣的名字。

⑥ 宅:居任。

⑦ 弃:人名,史称后稷。

⑧ 九畴:语出《尚书·洪范》,指九类大法。畴,类。

无不顺也。”(蔡氏沈曰:“亮,明也。一说亮,相也。舜言奋起事功,以广帝尧之事者,使居百揆之位,以明亮庶事,而顺成庶类也。以司空兼百揆,如周以六卿兼三公也。”)

时氏澜曰:“惠畴者,谓顺天下人才而任之,人各有所长,顺而任之而已。”

案:百揆,于百官之事无不统。禹以司空治水,舜谋百揆之官,皆以禹方为司空对,故舜则举其所为未竟者,命之终事。考《国语》诸书,内而百僚,外而群牧,皆佐禹治水者,禹治水总百官可知。“亮采”,《史记》作“相事[①]”,即其义也。古字“畴”“俦”通。

帝曰:“弃,黎民阻饥,汝后稷播时百谷。”

《尔雅》:“阻,难也。”“后,君也。”(朱子曰:“后,谓有邰之君[②],所谓三后[③]。‘后(夔)〔稷〕’皆有爵土之称也[④]。”)“时,是也。”

陆氏德明曰:“阻,王云:难也。”

《诗·周颂·思文》(传)〔笺〕[⑤]:“黎民阻饥,后稷播殖百谷。”《释文》曰:“马融注《尚书》作‘祖’,云‘始也’。(《史记》:“舜曰:‘弃,黎民始饥。’”《集解》:“徐广曰:‘今文《尚书》作“祖饥”。祖,始也。’”)《疏》曰:“《舜典》注云:祖,读曰‘阻’。阻,厄也。时,读曰‘莳’。始者洪水时,众民厄于饥,汝居稷官,播莳五谷,以救活之。”《周礼疏》:“‘汝后稷’《注》:‘稷,弃也。初,尧天官为稷。’”

孔氏颖达曰:“王肃云:播,敷也。”

《史记》正义曰:“播时,谓顺四时而种百谷。”

《孔传》曰:“播,布也。众民之难在于饥,汝后稷布种是百谷以济之。美其前功,以勉之也。”

---

① 相事:辅佐做事。相,辅佐。

② 有邰之君:此处指后稷。

③ 三后:古时通常指大禹、商汤和周文王。

④ (夔)〔稷〕:“稷”原作“夔”,王光汉疑为“稷”之误。从此处所释《尚书》原文看,当从。

⑤ (传)〔笺〕:“笺”原作“传”,据下引文字为《郑笺》语而正之。

案:“阻”之义为难、为厄。时,当训“是”。

帝曰:“契,百姓不亲,五品不逊,汝作司徒,敬敷五教,在宽。”

《史记集解》曰:“郑玄曰:五品,父母兄弟子也。王肃曰:五,五常也。马融曰:五教,五品之教。”(孔氏颖达曰:“品,谓品秩。一家之内尊卑之差,即父母兄弟子是也。教之义、慈、友、恭、孝,此事可常行,乃为五常耳。《文十八年左传》曰:‘布五教于四方,父义、母慈、兄友、弟恭、子孝。’是布五常之教也。”苏氏轼曰:“以此教民,必宽而后可,亟则以德为怨[①],否则相率为伪。”陈氏大猷曰:“敷,有宣、布二义,宣谓阐明之,布谓班行之。兼此二义,方能敷教。”)

《孔传》曰:“逊,顺也。”

林氏之奇曰:“五品,五典之教,皆言人伦也[②]。窃谓《左传》之言,不如《孟子》之说为尽[③]。”

案:郑氏注“辩章平姓”为群臣之父子、兄弟。《国语》言“百姓”,亦云“王公之子弟”[④],韦昭以“官族”释之。盖百官即拔出其中,故欲其昭明,欲其亲爱逊顺。此黎民所视之以从化而无违戾也。父子、君臣、夫妇、昆弟、朋友,有尊卑少长之差,故称“五品”。《孟子》之言亲、义、别、序、信,则五教也。

帝曰:“皋陶,蛮夷猾夏,寇贼奸宄,汝作士。五刑有服,五服三就;五流有宅,五宅三居:惟明克允。”

《史记集解》:“郑玄曰:‘猾夏,侵乱中国也。’马融曰:‘士,狱官之

---

① 亟:急迫。

② 五品,五典之教,皆言人伦也:林之奇认为五品即五典,其原文“皆言人伦也”有说明:“自其可以为万世之法而言之,谓之‘五品’;自其设而为教言之,则谓之‘五教’。其实一也。”(见《尚书全解》卷二)

③ 孟子之说:指《孟子·滕文公上》所言:“父子有亲,君臣有义,夫妇有别,长幼有序,朋友有信。”

④ “国语”两句:《国语·楚语》载观射父云:“民之彻官百,王公之子弟之质,能言能听,彻其官者,而物赐之姓,以鉴其是官,是为百姓。”

长。五刑，墨、劓、剕、宫、大辟。三就，谓大罪陈诸原野，次罪于市朝，同族适甸师氏[①]。既服五刑，当就三处。五流，谓在八议[②]，君不忍刑，宥之以远。五等之差亦有三等之居：大罪投四裔，次九州之外，次中国之外[③]。当明其罪，能使信服之。'（孔氏颖达曰："《定十年左传》云：'裔不谋夏，夷不乱华。'是'中国'为华夏也。《成十七年左传》云：'乱在外为奸，在内为宄。'《周礼》司寇之属有士师、卿士等，皆以'士'为官名。郑玄云：'士，察也。主察讼狱之事。'《月令》云'命大理'。昭十四年《左传》云'叔鱼摄理'，是谓狱官为理官也[④]。《鲁语》云：'刑五而已，大刑用甲兵，次刑斧(铖)〔钺〕[⑤]，中刑刀锯，其次钻(窄)〔笮〕[⑥]，薄刑鞭朴[⑦]，以威民。故大者陈之原野，小者致之市朝。五刑三次。'所言'三次'，即此'三就'是也。惟死罪当分就处所，其墨、劓、剕、宫，无常处可就也。马、郑、王三家皆以'三就'为'原野'也，'市朝'也，'甸师氏'也。案刑于甸师氏者王之同族，刑于隐者，不与国人，虑兄弟耳，非所刑之正处。此言正刑，不当数甸师也。又市、朝异所，不得合以为一。王肃云：'惟明其罪，能使之信服。'"薛氏季宣曰："礼大刑用甲兵，则蛮夷盗贼之事，亦领于士师也。"）

《周礼·司刑》疏："《舜典》云'寇贼奸宄'，郑《注》云：'强聚为寇，

---

① "三就"至"八议"：谓行刑应当根据情况在三处地点中加以选择。此处所谓"陈诸原野""于市朝""适甸师氏"之罪，皆针对"大辟"(死罪)之罪。据孔颖达《疏》。甸师氏，官名。甸师氏在疆场有屋舍，便于隐蔽做事，故王之同族犯死罪者需押往甸师氏处秘密处死。

② 八议：指八种犯下死罪但身份特殊不适于直接判刑而须交由大臣商议定刑的人。《周礼·秋官·小司寇》："以八辟丽邦法，附刑法：一曰议亲之辟，二曰议故之辟，三曰议贤之辟，四曰议能之辟，五曰议功之辟，曰议贵之辟，曰议勤之辟，曰议宾之辟。"

③ "大罪"至"之外"：语出《孔传》。四裔，四方边远区域，《孔传》解释为北裔幽州、南裔崇山、西裔三危、东裔羽山。

④ 理官：掌刑狱司法之官。

⑤ (铖)〔钺〕："钺"原作"铖"。《鲁语》原文："其次用斧钺。"孔颖达《尚书疏》引同。聚学轩丛书本《尚书义考》亦作"钺"。因正之。

⑥ 钻(窄)〔笮〕："笮"原作"窄"。《鲁语》原文："其次用钻笮。"孔颖达《尚书疏》引同。因正之。钻、笮俱刑名。韦昭《国语注》："钻，膑刑也。笮，黥刑也。"

⑦ 朴：《鲁语》原文作"扑"。孔颖达《尚书疏》引同。扑：杖。朴、扑，两字相通。

杀人为贼，起内为奸、起外为宄。御奸以德，御宄以刑。'"

《礼记·王制》疏："《虞书》曰'五流有宅，五宅三居'，郑注云：'宅，读曰咤，惩刈之器。谓五刑之流，皆有器惩刈。五咤者，是五种之器，谓桎一、梏二、三拲[①]。三处者，自九州之外，至于四夷，三分其地远近，若周之夷服、镇服、蕃服。'"

《孔传》曰："猾，乱也。士，理官也。服，从也。言得轻重之中正也。既从五刑，谓服罪也。行刑当就三处：大罪于原野，大夫于朝，士于市也。五刑之流各有所居，五居之差有三等之居：大罪四裔，次九州之外，次千里之外。"

林氏之奇曰："此非境外之蛮夷。舜之世，九州之内盖有蛮夷与吾民错居境内，冀州、扬州之岛夷，青州之莱夷，徐州之淮夷、梁州之和夷是也。王氏云：行刑者或就重，或就轻，或就轻重之中，此之谓'三就'。流者，或居远，或居近，或居远近之中，此之谓'三居'。此说为善，盖教皋陶原情而定罪耳。此所贵于'惟明克允[②]'也。"

黄氏度曰："服，言罪各有状，使服其刑。《吕刑》'上服下服'是也[③]。五刑以轻重为三等，曰'三就'。'就'犹'成'也，成其罪也。大辟重，宫、剕次之，墨、劓又次之。刑有五，流而宥之亦有五，若今所谓加役牢城不刺面之等[④]，当时宜有其名也，而亦以所居远近为三等，曰'三居'。"

朱子曰："三就，若大辟则就市，宫刑则如汉时就蚕室，其墨、劓、剕既非死刑，则就僻处。当风必致杀人，圣人既全其生，不忍如此。三居，如居四海之外，九州之内，或近甸，皆以轻重为差。"

---

① "谓桎"句："三拲"，聚学轩丛书本《尚书义考》二字互乙，按此文体例当从聚本。《疏》亦有本作"二"者。桎、梏、拲：都是约束犯人的刑具，桎相当于今天的脚镣，后二者相当于手铐。

② 克允：此处是能够取信的意思。允，信用。

③ 上服下服：服，指服罪。上服，指接受在人体上部所施之刑，如墨刑、劓刑。下服，指接受在人体下部所施之刑如剕刑、宫刑。（据郑玄注《周礼·秋官·司寇》"以施上服下服之刑"）

④ 牢城：指由囚犯充当驻守及杂役人员的特殊城防地。

孙氏觉曰[①]:"惟明[②],则情伪毕知。克允[③],则轻重适当。"(陈氏大猷曰:夏氏谓惟明则能原情定罪,得其允当。")

应氏镛曰[④]:"刑与事称之谓服。就者,狱辞之成者,一就之不足而至于再,再就之不足而至于三,谓'三就'也。《易》曰"革言三就[⑤]",岂非参错审订,省其已成之说乎。《周礼》有'三刺[⑥]''三赦[⑦]''三宥[⑧]'之法,《王制》'三公以狱之成告于王,王三宥,然后制刑。'盖虽后世断刑,尚有三覆奏、五覆奏者,况隆古之盛乎!"

案:服,谓服罪之实状也。宅,《史记》作"度",谓流有等差,审度当其轻重也。就、居,以处所言者近之。

帝曰:"畴若予工?"佥曰:"垂哉!"帝曰:"俞,咨,垂,汝共工。"垂拜稽首,让于殳、斨暨伯与。帝曰:"俞,往哉!汝谐。"

《尔雅》:"谐,和也。"

《史记集解》:"马融曰:'工,谓主百工之官也。共工为司空,共理百工之事。'"

《孔传》曰:"垂,臣名也。共,谓共其职事。殳斨、伯与,二臣名也。"

苏氏轼曰:"谐,宜也。"(王氏充耘曰:"禹让稷、契、皋陶,而用稷、

---

① 孙觉:北宋学者,撰有《孙莘老尚书解》。

② 惟明:即惟有明察。

③ 克允:此处是能够允当的意思。

④ 应镛:南宋学者,撰有《尚书约义》。

⑤ 革言三就:语出《周易·革》,意即变革的主张已经多次验证成功。《注》:"从命而变,不敢自违,故曰'革言三就'。"《疏》:"从革之言三爻并成就不虚,故曰'革言三就'。"

⑥ 三刺:周代审案程序。凡疑难案件,必经群臣讨论,若仍不能断案就交由群吏讨论,再不行就交由国人讨论。《周礼·秋官·小司寇》:"以三刺断庶民狱讼之中,一曰讯群臣,二曰讯群吏,曰讯万民。"

⑦ 三赦:指周代对三种人犯进行宽赦处理,一是幼小之人,二是老迈之人,三是愚蠢之人。见《周礼·秋官·司刺》。

⑧ 三宥:指周代对三种因过失导致的罪行进行宽大处理,一是因疏忽犯罪,二是因过失犯罪,三是因遗忘而未注意引发的犯罪。(据郑玄注《周礼·秋官·司刺》"三宥")

契、皋陶，伯夷让夔、龙，而用夔、龙，故皆不言‘汝谐[1]’，是听其让也。益让朱虎、熊罴[2]，而未尝用朱虎、熊罴，垂让殳、斨、伯与，而未尝用殳、斨、伯与，故各言‘汝谐’，言惟汝可以宜此职耳。”）

林氏之奇曰：“禹让稷、契、皋陶三人也，则曰‘让于稷、契暨皋陶’。伯夷让于夔、龙二人也，则曰‘让于夔、龙’。此之所让与禹正同，然中加‘暨’字，则其为三人也无疑矣。殳一也，斨二也，伯与三也。”（朱子曰：“殳以积竹为兵[3]，建兵车者。斨，方銎斧也。古多以其所能为名，殳、斨岂能为二器者与？”）

案：“殳斨暨伯与”，当从林氏说为三人。此三人应是工官之佐，仍各居其官可知。“汝谐”者，与其佐协和在官也。

帝曰：“畴若予上下草木鸟兽？”佥曰：“益哉！”帝曰：“俞，咨，益，汝作朕虞。”益拜稽首，让于朱、虎、熊、罴。帝曰：“俞，往哉！汝谐。”（佥曰，当从古本作“禹曰”。）

《史记集解》：“马融曰：‘上谓原，下谓隰。虞，掌山泽之官名。’”

孔氏颖达曰：“马、郑、王本皆为‘禹曰益哉’。郑玄云：‘言朕虞重鸟兽草木’。”

《孔传》曰：“上谓山，下谓泽。朱虎、熊罴，二臣名也。”（《史记索隐》曰‘即高辛氏之子伯虎、仲熊也”。）

林氏之奇曰：“朱、虎、熊、罴，据《左传》载：高辛氏之子，有伯虎、仲熊[4]。‘虎’与‘熊’既为二人，则‘朱’与‘罴’亦当为二人矣。（蔡氏沈曰：“意以兽为名者，亦以其能服是兽而得名欤？”）朱博士云：‘殳、斨、伯与，三人也，故言“暨”以别之。朱、虎、熊、罴，四人也，故不言

---

① 汝谐：此处是你和他们一起负责的意思。

② 朱虎、熊罴：苏轼认为是两个人的名字。或读之为朱、虎、熊、罴，以为是四个人名字。

③ 积竹：又名攒竹，指将竹子的青皮剥离下来攒合在一起，目的是加强坚韧度。（据明代杨慎《升庵经说 · 积竹》说）

④ “高辛”两句：语出《左传 · 文公十八年》。左氏原文为：“高辛氏有才子八人，伯奋、仲堪、叔献、季仲、伯虎、仲熊、叔豹、季狸。”

"暨"。'此说为善。"

案:朱、虎、熊、罴,当从林氏说为四人。《史记》云:"舜曰:'往矣,汝谐。'遂以朱、虎、熊、罴为佐。"亦以"汝谐"之云该及其所荐者。

帝曰:"咨,四岳,有能典朕三礼?"佥曰:"伯夷。"帝曰:"俞,咨,伯,汝作秩宗,夙夜惟寅,直哉惟清。"伯拜稽首,让于夔、龙。帝曰:"俞,往,钦哉!"《尔雅》:"夙,早也。""寅,敬也。"

《史记集解》:"马融曰:'三礼,天神、地祇、人鬼之礼也。'郑玄曰:'天事、地事、人事之礼也。主秩次尊卑[①]。'"

《孔传》曰:"伯夷,臣名,姜姓也。(孔氏颖达曰:"《郑语》云:'姜,伯夷之后也。伯夷能礼于神以佐尧。'是伯夷为姜姓也。"林氏之奇曰:"《国语》以姜姓为四岳之后,又以为伯夷之后。韦昭遂谓即四岳。经云:'咨,四岳,有能典朕三礼?佥曰[②]:伯夷。'岂四岳以是自荐也?揆之人情,决不如此。则伯夷之为姜姓,虽先儒有所据而云,亦未可信。")宗,尊也。主郊庙之官也。(孔氏颖达曰:"此时秩宗,即《周礼》之大宗伯也。"蔡氏沈曰:"典,主也。宗,祖庙也。秩宗,主叙次百神之官,而专以'秩宗'名之者,盖以宗庙为主也。《周礼》亦谓之'宗伯',而都家皆有宗人之官[③],以掌祭祀之事,亦此意也。"王氏天与曰:"夏氏曰:宗,如'宗主'之'宗',故长子主器,谓之宗子。秩宗云者,岂非以天秩之礼,而是礼彼实主之乎?故成周掌邦礼者,谓之宗伯;掌都家之礼者,谓之都宗人、家宗人。")夔、龙,二臣名也。"

案:周始分吉、凶、军、宾、嘉为五礼。唐、虞时统名天地人之礼耳也。此三礼者,五礼毕具其中。郑康成《礼论》曰'唐、虞有三礼,至周分为五礼",是也。伯夷四岳,何必不皆姜姓?林氏疑之未当。

---

① 主秩次尊卑:《史记集解》引郑玄此五字原置于"秩宗"下,故系解释"秩宗"二字之语。

② 佥:全都,皆。

③ 都家:都,诸侯子弟及公卿采邑;家,大夫采邑。(据郑玄注《周礼·秋官·方士》)

帝曰："夔，命汝典乐，教胄子，直而温，宽而栗，刚而无虐，简而无傲。诗言志，歌永言，声依永，律和声，八音克谐，无相夺伦，神人以和。"

《尔雅》："永，长也。"

陆氏德明曰："王(公)〔云〕[①]：胄子，国子也[②]。马云：胄，长也[③]。教长天下之子弟。"

《史记集解》："郑玄曰：'胄子，国子也。声之(典)〔曲〕折又依长言[④]，声中律乃为和也。'神人以和'，'祖考来格'，'群后德让'[⑤]，其一隅也。'马融曰：'正直而色温和，宽大而谨敬战栗也。歌所以长言诗之意也。'"

《孔传》曰："子，谓天子以下至卿大夫子弟也。声，谓五声，宫、商、角、徵、羽也。律，谓六律六吕，十二月之音气也[⑥]。伦，理也。"(陈氏大猷曰："谐是众音和协，伦是各音条理。")

苏氏轼曰："教者，必因其所长而辅其所不足。直者患不温，宽者患不栗，刚者患虐，简者患傲。声者，乐声也。永者，人声也。乐声升降之节，视人声之所能，至则为中声，是谓声依永。"

案：声、律，皆所以均节高下之度数也。歌以永长其言，而五声随其巨细所中，故曰'歌永言，声依永"也。律则准声之巨细调和之，使成节奏，故曰"律和声"。凡作乐以人声为本，而金、石、丝、竹、匏、土、革、木之八音应之。

---

① (公)〔云〕："云"原作"公"，蒋立甫据抄本及《经典释文》勘正。今从之。

② 国子：指公卿大夫子弟。(据郑玄注《周礼·地官·师氏》)

③ 长：养育。(依阮元《校勘记》)

④ "声之"句：声，指五声，即宫商角徵羽五音。(典)〔曲〕："曲"原文作"典"，王光汉认为是"曲"之误。按，《史记集解》以及孔颖达《诗谱序疏》引郑玄《注》、聚学轩丛书本《尚书义考》均作"曲"。因正之。

⑤ "祖考"两句：出自《尚书·益稷》，是描述在乐官演奏之下，祭礼上出现的和乐场面。格，至。群后，指诸侯。

⑥ 音气：古人声律调制的目的不单单是为了音乐本身，还兼有预测迎候节气的作用。孔颖达《疏》："圣人作律也，既以出音，又以候气，布十二律于十二月之位，气至则律应，是六律六吕述十二月之音气也。"

夔曰:"于,予击石拊石,百兽率舞。"

苏氏轼曰:"此舜命九官之际也,无缘夔于此独称其功。此《益稷》之文也。简编脱误复见于此。"(刘氏敞曰:"《益稷》之末又有夔曰:'于,予击石拊石,百兽率舞。'然则《舜典》之末衍一简也。何以知之邪?方舜之命二十二人,莫不让者,惟夔、龙为否,则亦已矣。又自赞其能,夔必不为也。"时氏澜曰:"或者以为简脱亦未可知,不然,夔若自言其功,盖闻舜之言心领神受,曰于予击拊之际,百兽尚将率舞,则神人以和可知。")

案:苏氏、刘氏以此条为简编衍误,得之。然《史记》于此命官,亦载夔之言,则汉初已讹舛矣。

帝曰:"龙,朕堲谗说殄行,震惊朕师,命汝作纳言,夙夜出纳朕命,惟允。"

《尔雅》:"殄,绝也。""震,动也。""震、惊,惧也。"

《史记集解》:"郑玄曰:'所谓色取仁而行违,是惊动我之众臣,使之疑惑。'"

《孔传》曰:"堲,疾也。言我疾谗说绝君子之行,而动惊我众,欲遏绝之也。纳言,喉舌之官也。听下言纳于上,受上言宣于下,必以信也。"

苏氏轼曰:"绝行,独行行之,不可继者也。"

陈氏栎曰:"愚谓欲其审君命之当否,当者出之,否者纳之,惟在于允当。如后世批敕之官①,庶于'朕命'二字明顺。"

案:《周礼·稻人》"夏以水殄草而芟夷之②",郑《注》云:"殄,病也,绝也。"谗说殄行,谓足以伤病人之德行,举其为害之实也。出纳朕命,不得专为听下言纳于上。《诗·大雅·烝民》篇曰:"出纳王命,

---

① 批敕之官:代皇帝批示敕令的官员。

② "夏以"句:意为夏季用水淹绝杂草,对未绝之草就动手将其芟除。芟夷,即芟除。

王之喉舌”,《郑笺》云:“出王命者,王(日)〔口〕所自言承而施之也[①]。纳王命者,时之所宜复于王也。”然其官名“纳言”,且告之曰“朕谗说殄行,震惊朕师”,是谗说之可畏,欲其审察下言,不惑于谗说,然后出纳上之命。出者,出宣之也。纳者,入陈之也。盖上之命既允,则直出宣之;上之命未允,则必入陈其当否,归于允乃出之。故曰:“夙夜出纳朕命,惟允。”陈氏谓“如后世批敕之官”,得之。

帝曰:“咨,汝二十有二人,钦哉,惟时亮天功。”

《史记集解》:“马融曰:‘稷、契、皋陶皆居官久,有成功,但述而美之,无所复敕。禹及垂以下皆初命,凡六人,与上十二牧四岳,凡二十二人。’郑玄曰:‘皆格于文祖时所命也[②]’。”

孔氏颖达曰:“郑玄云自‘咨十有二牧’至‘帝曰龙’,皆月正元日格于文祖所命也。郑以为二十二人,数殳、斨、伯与、朱、虎、熊、罴,不数四岳。”

苏氏轼曰:“尧欲使巽朕位,则非四人明矣。二十二人,盖十二牧、四岳、九官也。而旧说以为四人,盖每访四岳,必‘佥曰’以答之。访者一而答者众,不害四岳之为一人也。亮,弼也。”

林氏之奇曰:“此四岳、九官、十二牧,当有二十五人,但言二十二人者,盖或有兼居岳牧之任者,或有在州牧之中而居九官之列者,不得而知也。”

案:二十有二人,皆主达官言之,故不数殳、斨、伯与及朱、虎、熊、罴。苏氏以四岳一人,合十二牧、九官适二十二人,得之。四岳、百揆皆官名,必无命百揆而不命四岳者。询于四岳、咨十有二牧,是就其旧职询之、咨之。《国语》曰‘咨亲为询”,殊其文以别异之[③],非不命以

---

① (日)〔口〕:“口”原作“日”,阮元《十三经注疏》本《郑笺》、孔颖达《疏》及聚学轩丛书本《尚书义考》皆作“口”,因正之。

② 文祖:指尧的祖先。

③ “国语”两句:谓《国语·鲁语下》“咨才为诹,咨事为谋,咨义为度,咨亲为询”这几句是变换词语以形成区别和不同。

职事者也。

三载考绩，三考，黜陟幽明，庶绩咸熙。分北三苗。

《尔雅》："绩，事也"，"业也"，"功也"。

《史记集解》："郑玄曰：'所窜三苗为西裔诸侯者，犹为恶，乃复分析流之[①]。'"

孔氏颖达曰："郑玄以为流四凶者，卿为伯、子，大夫为男，降其位耳，犹为国君。故以三苗为西裔诸侯犹为恶，乃复分北流之[②]。王肃云：'三苗之民有赦宥者，复不从化，不令相从，分北流之。'"

《孔传》曰："九岁则能否、幽明有别[③]，黜退其幽者，升进其明者。"

苏氏轼曰："苗之国，在洞庭右彭蠡，南方之国也。而窜之西裔，必窜其君耳，其民未也。至此治功大成，而苗民犹不服，故分北之。"

惠氏栋曰："分北三苗，北读为'别'，'北''穴'字相似。《说文》于《八部》曰'穴'，别也'，又亇部》曰'兆，古文别'。许君学于贾逵，逵传古文《尚书》，必得其实。虞翻曰：'郑注《尚书》"分北三苗"：北，古"别"字，又训"北"，言"北"犹"别"也。'若此之类，诚可怪也。栋谓'北'字似'别'，非古'别'字。又'北'与'穴'异，不得言'北'为'别'也。虞(翻)〔郑〕皆失之[④]。苗本一也，分别流之，故有三苗。犹三危本一也，三苗分三危之地，亦因分别而言，盖依三居之法，离绝之使不得通也。"

案：前言"窜三苗于三危"，此言"分北三苗"，《皋陶谟》言"苗顽弗

---

① 分析：蒋立甫指出抄本及《尚书正义》引郑《注》"析"均作"北"，孔颖达《疏》："北，背。"又述江声《尚书集注音疏》谓"分析"即"分别"。可知戴氏此处引作"分析"亦不误。

② 分北：谓分开流放到不同区域。北，通"背"。

③ 九岁：指"三考"所需时间。三年完成一轮业绩考查，三考故需九年。

④ (翻)〔郑〕：蒋立甫云："'郑'原误作'翻'，据抄本改。"按，戴震此处系引惠栋《九经古义》卷三，惠氏原文正作"郑"，故从之。

即功[①]”，皆兼其君民言之。三苗应是同在一地，而其别有三，仍分三处窜之。危，盖地名，分其地为三，故曰“三危”。后人以卑羽山三峰傅会“三危”之名，于黑水远矣。分北者，未窜之余民“弗即功”者，分别之使各随其君也。盖其顽亦可矜，徙之不使居旧土而已。

舜生三十，征庸三十，在位五十载，陟方乃死。

《尔雅》：“征，召也。”“陟，升也。”

《史记》：“舜年二十以孝闻，年三十尧举之，年五十摄行天子事，年五十八尧崩，年六十一代尧践帝位。践帝位三十九年，南巡守，崩于苍梧之野。葬于江南九疑，是为零陵。”《集解》：“皇甫谧曰：‘舜所都，或言蒲阪，或言平阳，或潘[②]。潘，今上谷也。’《皇览》曰：‘舜冢在零陵营浦县[③]。其山九溪皆相似，故曰九疑[④]。’《传》曰：‘舜葬苍梧，象为之耕。’[⑤]《礼记》曰[⑥]：舜葬苍梧，二妃不从。《山海经》曰：‘苍梧山，帝舜葬于阳，帝丹朱葬于阴。’皇甫谧曰：‘或曰二妃葬衡山。’”(《史记正义》曰：“《括地志》云：‘平阳，今晋州城是也。潘，今妫州城是也。浦阪，今蒲州南二里河东县界蒲阪故城是也。’”黄氏度曰：案《孟子》舜‘卒于鸣条[⑦]’，在安邑[⑧]，则舜故都也。舜禅与尧有不同者，舜世禹虽摄大政，令犹自舜出，故舜亲巡守。陟四方高山祭天，觐诸侯，谓之

---

① “皋陶”句：此处《皋陶谟》为今文《尚书》篇目，《伪古文尚书》属于《益稷》篇。功，注疏本《尚书》作“工”，即官职。苗顽弗即功，据孔颖达《尚书正义》，意谓苗君有罪因而未能就任其诸侯之官位。弗即功：即不使担任官职。戴震认为“苗顽”兼指未能迁徙的苗君与苗民。

② 潘：古地名，今属北京延庆地区。

③ 营蒲：古地名，今属湖南永州市。

④ 九疑：《水经注》：“苍梧之野，峰秀数郡之间，罗岩九峰，各导一溪，岫壑负阻，异岭同势。游者疑焉，故曰九疑山。”

⑤ “传曰”至“之耕”：引自王充《论衡·书虚》。古人认为，大象耕地的原因是出于天意，不愿意人们在舜陵祭祀。

⑥ 礼记：指《礼记·檀弓上》，下文语出此篇。

⑦ 卒于鸣条：语出《孟子·离娄下》。鸣条：古地名，今属山西运城市。

⑧ 安邑：旧地名，即今山西运城市。

'陟方'。《颂》曰'陟其高山'[①],后世缘此谓之'登封',谓之'升中'[②]。"薛氏季宣曰:"《书传》多称舜南巡守而崩于苍梧九疑,惟《孟子》以为'舜迁负夏[③],卒于鸣条'。《吕氏春秋》:'舜葬于纪。'韩子以为舜老而禹摄矣[④],尚何南方之守?且南方地下,不可谓之陟方。稽于吕、孟之书,其说当矣。苍梧山在海州界,近莒之纪城,舜后虞国在应天虞城。鸣条亭在陈留之平邱。负夏,今兖州之瑕丘。则苍梧不在南也。《记》曰[⑤]:'舜葬苍梧之野,二妃未之从也。'今二妃墓在蒲阪。")

孔氏颖达曰:"郑读此经云'舜生三十',谓生三十年也。'登庸二十',谓历试二十年。'在位五十载,陟方乃死',谓摄位至死为五十年,舜年一百岁也。"

《孔传》曰:"方,道也。舜即位五十年,升道南方巡守,死于苍梧之野而葬焉。三十征庸[⑥],三十在位,服丧三年,其一在三十之数[⑦],为天子五十年,凡寿百一十二岁"。(苏氏轼曰:"为民者三十载,历时三载,摄位二十八载,通为三十,尧崩,舜服丧三年然后即位,盖年六十二矣,在位五十载而崩,寿百有一十二岁者。以为舜巡守南方,死于苍梧之野,韩愈以为非。其说曰:'陟方者,犹曰升遐尔[⑧]。'《书》曰'惟新陟王'是也[⑨]。传《书》者以'乃死'为'陟方'之训,盖其章句,而后之学者误以为经文。此说为得之。"林氏之奇曰:"陟方者,犹云升遐也。乃死,谓升遐而死,犹云'帝乃殂落'也。杨子曰'黄帝、尧、舜殂落而

---

① 颂:指周颂。下引文见于《周颂·般》。

② "颂曰"至"升中":《周颂·般》:"于皇时周,陟其高山。"言周天子巡守登山祭祀之事,后人即谓天子登高祭天叫作"登封"或"升中"。

③ 负夏:古地名,一般认为在今山西垣曲县,一说今属山东兖州区。

④ 韩子,蒋立甫谓"抄本作'韩氏',即韩愈"。

⑤ 记:即上所述《礼记》。

⑥ 征庸:即征用。征,征召。庸,任用。

⑦ "服丧"两句:谓名义上服丧三年,实际服丧只有两年,另外一年计入在位的三十年中。

⑧ 升遐:婉词,谓帝王去世。

⑨ 新陟王:新去世的帝王。陟,升天,谓帝王去世的婉词。

死'[①],与'陟方乃死'文势正同。"蔡氏沈曰:"韩子曰[②]:帝王之没皆曰陟。陟,升也,谓升天也。《书》曰'殷礼陟配天',言以道终,其德协天也。故《书》纪舜之没云'陟'。其下言'方乃死'者,所以释'陟'为死也。案此得之,但不当以'陟'为句绝耳。方,犹'云徂乎方'之'方'[③]。"

案:陟方,朱升《旁注》云[④]:"巡守而升方岳。"于义为近。《史记》云:"南巡守,崩于苍梧之野,葬于江南九疑。"与《礼记》合。《孟子》所言多战国时异说,不必为通证。

《尚书义考》卷二(译文)

《尧典》第一虞夏书二

帝曰:"咨!四岳,朕在位七十载,汝能庸命,巽朕位?"岳曰:"否,德忝帝位。"曰:"明明扬侧陋。"师锡帝曰:"有鳏在下,曰虞舜。"帝曰:"俞,予闻。如何?"岳曰:"瞽子。父顽,母嚚,象傲。克谐以孝烝烝,乂不格奸。"帝曰:"我其试哉!"

《尔雅》:"朕,是'我'的意思。""忝,是玷辱的意思。""师,是众人的意思。""锡,是赐予的意思。""俞,是应答词'然'的意思。""谐,是协和的意思。""烝,是进前的意思。""格,是至于的意思。""试,是'用'的意思。"

陆德明说:"朕,马融解释说:是'我'的意思。巽,马融解释说:是禅让的意思。(黄度说:"《周易》'巽'《象》说:'以木巽火。'这是说,火

① 杨子:指扬雄。下引见扬雄《法言》。

② 韩子:即韩愈。下引见其《黄陵庙碑》文。

③ 云徂乎方:语出扬雄《法言·寡见》,意即云飞往四方,形容疾行前往目的地。徂,往。

④ 旁注:蒋立甫谓两字原乙,据抄本正之。今从之。按:朱升"旁注",即其《尚书旁注》。

出现后，木就泯灭消失了。否，是‘不’的意思。虞，是姓氏。舜，是人名。马融说：‘舜’是谥号。舜死后，贤臣需要将此事著录下来，臣子此时为了避君主名讳，所以就改变以往称名的习惯而起用谥号。”）

《史记集解》说：“郑玄说：‘汝能庸命，巽朕位’的意思是说，你们四岳当中有能够听从我的交代而承担起天命、继承我的帝位而做统治天下之事的人吗？”

孔颖达说：“《文王世子》在论述荐举贤才的原则时说：‘或者因为其事迹而被荐举，或者因为其言论而受称扬。’扬，也是荐举的意思。王肃说：‘古代在即将决定重大事项的时候，会先讯问群臣、讯问普通民众。尧将要禅位，于是就继位人选咨询四岳，让他们帮着讯问群臣，又让众人举荐身处僻远地区的贤人或地位卑贱的贤人。后来众人都建议尧将帝位禅让于舜。对于尧来说，他认为最重大的事莫过于禅让，所以必定会就此广泛地询问官吏及普通民众，而不只是询问身居上位的官员。’郑玄认为‘师’指诸侯之师。王肃说：‘虞，是地名。’皇甫谧说：‘尧将自己的两个女儿许配给舜作妻子，将他分封到虞。虞就是今天河东地区太阳山的西虞地。’按照这样的说法，舜就居住在虞地，因而把‘虞’当作了自己的姓氏。尧分封舜到虞地的时候，‘虞’还只是诸侯的称号。等到舜称王天下的时候，‘虞’就成了天子的称号，所以舜从地位卑微到著称于世都常常被称为‘虞氏’。‘试’的意思，郑玄解释说是‘让他做大臣应做之事来试用他’，王肃解释为‘让他担任官职来试用他’。郑、王两人都认为《舜典》相关内容与此篇相合，所以是用舜被历次试用的事情来充当‘试哉’的具体内容。”

《孔传》说：“巽，是顺从的意思。‘汝能庸命，巽朕位’，意思是说四岳能够奉行尧帝的命令，所以尧想让其顺应变化而接受帝位。锡，是给予的意思。失去妻子的人叫作‘鳏’。没有眼睛的人叫作‘瞽’。舜的父亲有眼睛却不能辨别美好与丑恶，所以当时的人称他为‘瞽’。又在‘瞽’后加配一字‘瞍’。瞍，是对没有眼睛的人的称呼。内心不将恒定的德义作为原则叫作'顽'。象,是舜的弟弟的名字。此人傲慢,对兄长不友善。"父顽母嚚象傲"是说舜的父母兄弟都不好。烝,是前进的意思,'烝烝乂不格奸'的意思是说舜让自己奋力向前,用善德来约束自身,而不至于变成奸恶之人。"

苏氏说:"巽,是接受的意思。'明明扬侧陋'的意思是,显扬那些高超、明哲的人才,宣扬那些居处偏僻的民间贤人,就是说不分贵贱举荐贤人。奸,是乱妄的意思。'克谐以孝烝烝,乂不格奸'两句的意思是,舜能够凭借孝行使自己与父母、兄弟和谐相处,使家人向道德的方向迈进而不至于达到乱妄的地步。"

林之奇说:"瞽,是没有眼睛的人。大概舜的父亲名字叫作'瞽瞍'。《诗经》说'蒙瞍奏公',因此'瞍'也是对没有眼睛的人的称谓。因为舜的父亲没有眼睛,所以名字叫作'瞽瞍',犹如'黑臀''黑肩'之类人名的来由。《史记》说'舜是盲人的儿子',因此舜的父亲没有眼睛这种情况是确定无疑的了。《孔传》的说法是不对的。"

马骕《绎史》说:"《史记》记载:'重华的父亲是瞽瞍,瞽瞍的父亲是桥牛(《大戴礼记》"桥"字写作"蟜"),桥牛的父亲是句望(《大戴礼记》"望"字写作"芒"),句望的父亲是敬康,敬康的父亲是穷蝉,穷蝉的父亲是颛顼帝。"《吕梁碑》记载:"舜的祖先是幕,幕生育了穷蝉,穷蝉生育了敬康,敬康生育了乔牛,乔牛生育了瞽瞍,瞽瞍生育了舜。'其中没有'句望'一代。《史记》所叙述的从黄帝开始一直到大禹、商汤、周武王三王都属于同族,但是他们各自的名号不同。舜也是黄帝的后裔,大概是属于唐尧家族的玄孙一代。先儒对这种记载批评说:'将尧舜视为同族,那么尧把自己的两个女儿嫁给舜就几乎等同于亵渎家族姓氏而淆乱了伦理秩序。'《路史》根据《国语》的记载,认为舜的家族是出自虞幕,独独不是以黄帝为祖先。我因此反复周密地考查,发现不单是舜不能以黄帝为祖先,即使是颛顼也不应当以黄帝为祖先。《国语》记载史伯的话说:'成就天地间大功业的,他的子孙未尝不声名彰显,像虞、夏、商、周等朝代的兴起就都是例子。虞幕能够听闻感知和风，从而顺应时节，使万物成就而乐于生存’。（韦昭注："幕，即是虞思"。这个说法不对。）《左传》记载史赵的话说：‘从幕到瞽瞍，各代都没有违抗天命的人。舜又在此基础上增加了明德。’因此舜的祖先是幕这一点就明确了。《国语》又说‘幕是能够继承颛顼事业的人’，《左氏传》又说‘陈国，属于颛顼一族’，说明幕的祖先是颛顼也是明确的了。《史记》的错误源自轻信《世本》。（《世本》一书产生在周朝末期，它采摘记录前代的世次必定多有遗漏脱文。《史记》用它的说法，却不知道对其内容进行考察。）然而如像穷蝉以下诸人的名字，《史记》一定不是凭空增设的。《路史》另外又加上了虞幕，而虞幕也未必就是颛顼的儿子、穷蝉的父亲。《国语》：‘在少昊氏衰微的时候，九黎氏族淆乱社会原本良好的秩序，这时颛顼登位接受的就是这样的局面。’大概这里的‘少昊’是少昊氏世族作统领的一个时代的通称，而不是指少昊氏个人，不是说正当其个人作天下统领之时而国家突然衰微。但是颛顼距离黄帝生活时期，中间相隔的时间遥远，怎么能够成为黄帝的孙子和昌意的儿子呢？而且从颛顼开始，不知道经历了几代相传，到了高辛氏一代才又兴盛起来，而从高辛氏帝喾上溯到黄帝，又不止三代了。（《春秋命历序》说："黄帝一朝的统治经过十代相传到少昊，少昊一朝的统治经过八代相传到颛顼，颛顼一朝的统治经过二十代相传到帝喾，帝喾一朝的统治传了十代。"这些虽然属于纬谶内容，是芜杂不纯的说法，不值得深信，然而足以弥补司马迁《史记》记载的疏失，有助于疏解其他说法的窘困难通之处，因此不能完全抛弃。）古代凡是王业兴起的一代帝王，必定会创建名号，等到其后人世代相承为王，就会因袭其名号而不作改动。（例如太皞传承十五代都因袭着‘庖牺氏’的名号，神农传承八代都是以‘炎帝’作为称号。）为什么独独黄帝的继承者代代都用不同的称号呢！《汉书》：‘《帝系》说颛顼经过五代相传而鲧诞生。’因此鲧也不是颛顼的儿子。说明对于夏朝的前世祖先，史书记载是有遗漏的。《左传》称说高阳氏才华突出的后代有‘八恺’，高辛氏才华突出的后代有‘八元'，这十六个家族，代代都能为前人增添美誉。(杜预注释说："这十六个人都是高阳氏的后代苗裔。")那些高辛氏的后代苗裔，尧没有能够起用，说明喾和尧也不是直接相承的父子关系。(也许高辛氏一族作统领传承的世代已经很长久，到挚这一代就衰微了，这时尧开始兴起并最终代替了他们。)因此尧的前代情况，史书记载也有遗漏了。"

案：在"我其试哉"一句的上面，孔颖达加注说："马融、郑玄、王肃的注本解说这一经文时都没有提到'帝曰'两字。"《史记》引述这句话为"尧曰吾其试哉"，东晋出现的《古文尚书》大概是依据《史记》文辞而加上了'帝曰'两字。舜以虞幕为祖先，所以后世称他为'虞氏'。马宛斯论证说少皞、颛顼、帝喾、帝尧这些君王的前代史况都失考无据，这一说法足可以祛除疑问、解除困惑。少皞、颛顼、帝喾都不是黄帝的后代，尧以及稷、契都不是帝喾的后代，研究经典的人不能不知道这些情况。

女于时，观厥刑于二女。厘降二女于妫汭，嫔于虞。帝曰："钦哉！"

《尔雅》："刑，是法规的意思。""降，是落下的意思。""嫔，是已婚妇女的意思。"

郦道元《水经注》："蒲坂县，在三国时期是魏国秦州刺史治所所在地，魏明帝太和年间迁都时废弃州制而在此地设置了河东郡。郡南有座山叫历山，历山有一处名为舜井的泉水，妫、汭两条河水源出于此泉。南边的一条叫妫水，北边的一条叫汭水，它们取道历山往西流去。这两条河水就分别是《尚书》所说的'厘降二女于妫、汭'的妫、汭。王肃说：'妫汭，是虞地地名'。马季长说'水流的来源叫作汭'。这样的话，'汭'似乎不是河水的名称。而今天见到的情况是有两条流水来自不同水源，后来相混合流，往西注入黄河。"

孔颖达说："把女儿嫁给人作妻子叫作'女'。郑玄说：'不称为妻子的原因是，娶妻没有告知自己的父亲，就不能将此女按妻妾顺序立为正妻。'妫水，在河东虞县历山的西面，它往西流至蒲坂县，在县的南面汇入黄河。虞与妫汭是同一个地方，而此处分成两句表述。汭，是水的边涯陆地。郑玄说：‘汭，犹如说“内”。’(《史记索隐》说：“皇甫谧说：妫水在河东虞乡县历山的西面。汭，是水的边涯陆地。妫汭，就犹如‘洛汭’‘渭汭’这样的状况。”《史记正义》说：“《括地志》说：妫水源出于蒲坂城河东县的南山。按：《地志》说在河东郡的青山东，山中有两条泉水，其中往山谷流向南去的是妫水，向北流去的是汭水。两条流水不同源泉但合流为一水，它们汇聚后从山谷西面流出注入黄河。薛季宣说：“妫水出自解州解县，在河中的河东县汇入黄河。汭，是小河流入大河的意思。”)

陆德明说：“汭，是流水之内的区域。杜预注《左传》说：流水弯曲的地方叫作汭。”

《孔传》说：“舜以匹夫身份，能够凭借道义伦理让帝王的女儿放下原有的骄矜心态，在所居住的妫水岸畔，让其在虞氏家族里遵行妇道。”

苏轼说：“妇人能恭敬待人叫作嫔。虞，是舜的族名。舜能够让尧的两个女儿不只是敬重自己的双亲，还能够普遍恭敬其族人。”

《朱子语录》说：“从‘我其试哉’到‘二女’为止，都是尧所说的话。从‘厘降’到‘于虞’为止，才是史官的言辞。‘帝曰钦哉’是尧告诫两个女儿的言辞。‘厘’字的解释是治理。厘降，意思只是经营两个女儿下嫁的事情。”

案：“女于时，观厥刑于二女”，这两句是史臣的语辞。女于时，即“于是女之”，意思即是《史记》所说的“于是尧将两个女儿嫁给他”。古人为更换行文使用的倒桩句式大多是这样。妫水，在今天山西省蒲州府南面三十里处，因为它有两个源头，是由妫、汭双水导流而形成的，后人于是用“妫”“汭”二字分别为它命名。这个说法大概是出于地方风俗的传闻附会，不足以作为证据。汭，《说文》解释为“水相入也”。《尧典》此处既说“于妫汭”，又说“于虞”，这是不简略辞语的表现。原因是，放在“于妫汭”三字之前的“厘降”一语是说尧经营嫁女儿的事情；放在“于虞”两字之前的“嫔”则是表明其女已经为人妻子了。《公羊春秋》说：“天子将女儿嫁给诸侯，一定要让同姓诸侯来主持婚事。”尧帝的女儿下嫁于舜，大概就得让妫汭地方的同姓诸侯来主婚。当时的礼仪或许是这样吧！

慎徽五典，五典克从。纳于百揆，百揆时叙。宾于四门，四门穆穆。纳于大麓，烈风雷雨弗迷。

《尔雅》说：“徽，是美好的意思。”“典，是恒常的意思”，“是恒久法则的意思”。“揆，是揣度的意思。”“时，是‘此’的意思。”“穆穆，是恭敬的意思”，“是美好的意思”。

陆德明说：“徽，王肃说：是美好的意思。马融说：是美善的意思。麓，王肃说：是统理的意思；马融、郑玄说：是山脚的意思。”（《史记索隐》说：“《谷梁传》说：‘在山里生长的林木叫作麓。’因此山脚叫作麓。”）

《史记集解》：“郑玄说：‘五典，就是五常之教。“慎徽五典，五典克从”的意思大概是尝试让舜担任司徒一职。’马融说：‘四门，即东西南北四方之门。“宾于四门”是说，对于来朝见的诸侯群臣，舜都像对待宾客般地亲自出门迎接，这都是有美德的表现。’”

孔颖达说：“郑玄认为‘宾’是接引宾客的‘摈’的意思，说舜以上宾的身份迎接诸侯。王肃说：尧得到舜而任命他，舜在任何事项上都无不是主掌之人，从‘慎徽五典’以下就是对舜主掌具体事务的记述。”

《孔传》说：“五典，就是有关五常的教育：具体内容即父义、母慈、兄友、弟恭、子孝。揆，是揣度的意思。度量百事，并据此统领做这些事的百官。麓，是统理的意思。“纳于大麓，烈风雷雨弗迷”的意思是，尧帝让舜总掌各种政务的治理，于是阴阳就此协和，风雨按时来临，这些自然现象表现出各有节度而没有迷失错乱或发生过多过少的状况。”

程子说：“五典，是指父子之间要亲近、君臣之间要讲究礼义、夫妇之间要讲究男女做事有区别、长幼之间要讲究尊卑有序、朋友之间要讲究诚信。这五项内容，涵盖的是人伦的关系。说到长幼，那么兄弟间的尊卑关系也就包含在内了。说到朋友，那么乡党宾客间的礼仪关系也就包含在内了。”（王应麟《困学纪闻》说：“对于‘五典克从’，《孔传》的解释依据的是《左传》，程子的解释依据的是《孟子》。《左传》解说五教，没有涉及君臣、夫妇、朋友这三类关系。这些天然的伦理关系本来就有典制规定，但《左传》遗漏了其中三种，所以只有《孟子》的解释是得当的。”）

苏轼说：“徽，是和谐的意思。有人认为‘大麓’指的是泰山山麓。古代在王朝更替时，必定会依凭泰山，在那里修整土地作为祭祀之墠，以便祭告天地，所以把这种仪式叫作‘禅’。但这种礼仪既是不能经常见到的，而尧在未告知舜让他接受自己所禅让的帝位之前就先往泰山祭告将君主易姓朝代更替之事，哪里是在将他作为宾客对待呢！（林之奇说：“纳于大麓，就是所谓将他举荐给上天的意思。烈风雷雨弗迷，就是所谓让他主祭而使百神享祭的意思。有的解说者认为‘麓’是地名，‘纳于大麓，烈风雷雨弗迷’即是《禹贡》所说的‘大陆泽的土地因此可以耕作’的意思。又有解说者认为‘麓’指的是泰山山脚，如同梁父山一类作为帝王举行封禅的处所。但是经文对此没有明确的记载。孔氏认为‘烈风雷雨弗迷’即是‘阴阳和，风雨时’的表现。但是既然说‘阴阳和，风雨时’，就不应该又同时有‘烈风雷雨’的现象。程子说：‘将“烈风雷雨弗迷”解释成无烈风雷雨之迷失错乱，这样的措辞也不顺畅。’孙博士说：‘阴阳相分而离散就产生风。至于烈风，就是阴阳极端不合的反映了。阴阳交相迫近就形成雷，阴阳和顺就形成雨。雷雨，是阴阳相存相成的极端表现。阴阳的各种极端关系，多使自然呈现迷乱的状况而不再是常态，因此成为万物的灾难。圣人高居在上，其德行完美足以符合天意，虽然遭遇烈风，但雷雨却不至于迷乱失态而祸害万物，因此属于阴阳关系没有失去常规秩序的表现。’这种说法粗略可通。时澜解释‘大麓’的说法不同，他认为指泰山山麓。这种解释颇为接近原文含意。‘纳于大麓’是说尧派遣舜代替自己在泰山山麓举行祭事仪式，也就是《孟子》说的‘让他主祭而百神接受祭祀’。‘烈风雷雨弗迷’是说舜祭祀之后出现风雨不迷乱失常、阴阳调和的情况。”《朱子语录》：“问：‘纳大麓’的意思恐怕是舜担任山虞这一官职？答：若像这样解释的话，那么舜的职位就愈加卑微了。而且结合《史记》的记载，‘烈风雷雨弗迷’的意思是舜虽然遇到烈风雷雨也没有迷失方向，说明他担任的并不是山虞这样卑微的官职。至于‘主祭’的说法，我不敢相信：若是舜主祭而却出现烈风雷雨，难道是好事吗？”）太史公说：‘尧派遣舜进入山林川泽。尽管遭遇到暴风雷雨，舜在前行路上也不曾迷失方向。’这是舜的实际表现。尧所用来试察舜的方式，也是多种多样的了。在洪水造成灾难的时候，派遣舜进入山林观察高平低湿之地受灾的情形；在雷雨大作的时候，众人都因恐惧而失常，但是舜却不迷乱，表明他的气度胸襟有独绝过人的地方。”（蔡沈说：“遭逢烈风雷雨这些不同寻常的自然变化，却没有震惊惧怕因而失常的表现，如果不是本来就耳聪目明心诚明智而确实不昏乱的人，是不能够做到的。《周易》所说的‘虽然雷震大作惊动百里，但人们却不在此危险时刻放弃宗庙祭祀’，意思与此相近。”）

案：慎徽五典，是说在天下广泛施行教化。纳于百揆，是说总领百官。宾于四门，是说指引诸侯。纳于大麓，大概是说舜曾经有过在外巡行的时候，这里举出他当时所经历所遇见的一个事项来说明。在古代，深山老林荒远之地容易让人迷失方向，所以《周易》说“即鹿无虞，惟入于林中”，意思是前往山麓而没有虞人作导引，就将陷入林深草莽之中以至于迷路不知道方向。前面所述“慎徽五典，五典克从；纳于百揆，百揆时叙；宾于四门，四门穆穆”这三种事项分别显示出舜在道德、礼仪和政教等方面的成就。而“纳于大麓”尤其能够显示出其立德的根本，是圣人诚信、恭敬之所在。如果只是局限于一方面来寻求其成就，就不对了。

帝曰："格汝舜，询事考言，乃言厎可绩，三载。汝陟帝位。"舜让于德弗嗣。（弗嗣，当从古本作"不怡"。）

《尔雅》："格，是招来的意思"，"是'到'的意思"。"询，是谋划的意思。""厎，是达致的意思。""陟，是上升的意思。""怡，是快乐的意思。"

陆德明说："厎，王肃说：是达致的意思。马融说：是确定的意思。"

《史记》"舜让于德不怿"，《史记集解》说："郑玄说：'三年，是指迎接四方宾客之后的三年。'徐广说：'《今文尚书》"弗嗣"写作"不怡"。怡，是快乐的意思。'"

《史记索隐》说："今文《尚书》'弗嗣'写作'不怡'，怡就是快乐。'舜让于德不怿'的意思是，舜认为辞谢尧帝的禅让对于道德来说是不堪承受的，所以内心不怡悦。"（胡士行说："治理天地万物的责任，一旦将要承担起来，就惕然惶恐犹如不能胜任。这正是尧谨慎认真对待的原因，是舜惕然惶恐的原因，是文王德行纯美而不停止完善的原因。'不怡'并非徒有空文的谦逊之辞。"）

《孔传》说："乃，是'你'的意思。'乃言厎可绩三载'的意思是，三年来你按自己所说的去行事，已经达到可以立功的程度了。（董鼎说："陆农师的标点是以'乃言厎可绩三载'为句。"朱升说："尧询问几年来舜所作所为，来稽考与他所说的话是否一致。之后，告诉舜说：你当初说可以达到立功，这事到现在已经过去三年了。"）'舜让于德弗嗣'的意思是，舜认为自己在道德方面不能胜任帝位，因此不能接续尧而获得帝位。"

林之奇说："王氏说：让于德，是让给有德之人的意思。弗嗣，是不肯登上帝位而承嗣尧。"

许谦说："在'让德弗嗣'的下面，王鲁斋先生附文说尧考验舜如此详备，但在'让德弗嗣'的下面尧却没有再次命令的辞语，其逊让帝位之际也没有叮咛告诫的话语，这是为什么呢？按：应该是有脱文。

《论语·尧曰》一篇开首处的二十个字，就是此处脱失的文字。”

案：“舜让于德”的意思是，以自己在德行方面不堪胜任帝位为由而辞让，就如同四岳所说的“德行不好会玷辱帝位”。但是史臣的记载简略，只是说“让于德”罢了。有关尧、舜对帝位的禅让应该这样理解，他们本来是以天下为重任，但自身没有乐于占有天下的心愿。既然没有乐于占有天下的心愿，因此尧将重任授予舜，舜只是推辞而不接受怎么合适呢！如果“让于德”的意思是说将帝位让给有德的人，舜即应当就便举荐有德之人，如像四岳举荐舜一样。否则的话，所谓辞让就属于虚假的话语，圣人难道会做这样的事吗？然而舜又必定没有不辞让这回事的原因是，面临将要做的事情而恐惧，即使面临的只是小事，都必定会害怕自己不能胜任，何况是面临负责天下重器这样的事情而不发生心理变化、产生恐惧，是不可能的。因此达到完美道德境界的人，仍然惧怕自己道德方面薄弱而不能承担重任。史臣记载尧舜授受帝位的时候，就写出了舜不快乐的心情体现在了外貌表情上。“不怡”，是由于惕然恐惧而使内心发生变化，内心至为精诚因而在外表反映出来。古字“嗣”“怡”读音相同。《毛诗》中的“子宁不嗣音”，《韩诗》“不嗣音”写作“不诒音”，也是“怡”“嗣”两字可互相代替的证明。若是用“不承嗣帝位”作为对“不怡”的解释，那么圣人的仁德表现在以治理天下为己任，但圣人内心又不认为自己具有完美道德可以治理天下，这种矛盾着的两面在圣人身上达到融合为一的极致情况，以及圣人那种真诚辞让而非虚假表态的情形，就都不能看到了。而且这样一来，下文的“受终”承接“弗嗣”而来，从文意上看也扞格不通了。对这一个字的理解失误，对于理解至道来说其影响并不浅小。

正月上日，受终于文祖。

陆德明说：“王肃说：文祖，是祖庙的名称。马融说：文祖，指的是上天。上天是创造万物的祖先，所以叫作‘文祖’。”

《史记》:“文祖,即尧的太祖。”(《孔传》:“文祖,尧有文德的祖先之庙。”苏轼说:“上日,即上旬之日。舜接受尧命开始摄位,受命仪式必定是在尧的祖庙里进行。有事在祖庙进行,那么其余的庙不用说也可以知道了。”王炎说:“文祖,是将天下传授给尧的那位祖先。”(《集解》:“马融说‘上日,即是朔日。’郑玄说:‘文祖,是五府的大名,其地位犹如周朝的明堂’。”

《史记正义》说:“郑玄说:‘在易姓换代接受王位之后,新的帝王没有不对旧朝设置的正月时间进行更改的。尧在位时将正月设置在丑月,舜时正月设置在子月。但舜在此时还未改换唐尧时期的正月月份,所以仍然依据尧时历法说此时是正月上日。’”

孔颖达说:“郑玄认为:‘在易姓换代接受王位之后,新的帝王没有不对旧朝设置的正月时间进行更改的。尧在位时将正月设置在丑月,舜时正月设置在子月。但舜在此时还未改换唐尧时期的正月月份,所以仍然依据尧时历法说此时是“正月上日”。即位之后就将尧所设置的正月月份作了改动,所以所说的日期就成了“月正元日”。这样就形成了不同的表述。’先儒王肃等人认为只有殷周两朝在更换朝代的时候更改了正月月份,目的是改变民众的视听倾向。从夏朝往上,历朝都是将建寅之月作为正月。此篇这两处文字不同,是由于史官用了不同的辞语来表述。”

林之奇说:“上日,曾氏解释说:即是所谓‘上辛’‘上丁’‘上戊’之类。然而《月令》说:‘仲春之月,择元日,命民社。’因此‘元日’也就不必是朔日了。此处说到接受尧的帝位而不说接受人是舜,是因为承继上文而无须再说。薛氏说:‘从某人那里接受天下,就一定会祭告传位给某人的人。’这个论说是得当的。”

在璇玑玉衡,以齐七政。(璇玑,当从古本作“旋机”。)

《尔雅》:“在,是观察的意思。”

《史记集解》:“郑玄说:‘璇玑玉衡,指的是浑天仪。七政,指日月和金木水火土五星。'"(陈大猷说:"人才会有政事,天怎么会有政事呢? 答:这里的'政'只是譬喻用辞,日月和金木水火土五星主掌天上事务,也就犹如人有政务一般,所以用'政'来比况形容。")

《史记正义》:"蔡邕说:'玉衡长八尺,它的望管孔径为一寸。从管的下端往上望玉衡,借此观察星宿。大概制作璇机是为了模拟天象,并通过玉衡观望这一"天象"。转动璇机,再通过玉衡观察它,借此了解星宿情况。璇玑直径为八尺,它的圆周达到二丈五尺有余。'郑玄说:'运转的部件是机,保持端正不动的部件是衡。'"(《隋书天文志》:"马季长提出了机衡是浑天仪的创说。郑玄也说:'浑天仪中运转的部件是机,保持端正不动的部件是衡,这两部分都是用玉制作的。七政,指日月和金木水火土五星。用璇玑玉衡探视它们的运行度数,借此来观察天意。'"《孔传》说:"七政,日月和金木水火土五星各自主掌的政务不同,所以把它们叫作'七政'。舜观察天文现象,转动机衡使七政齐整完备,借此了解自己接受帝位是否符合上天的心意。"《朱子语录》说:"孔安国注文说:'舜观察天文现象,转动机衡使七政齐整完备,借此了解自己接受帝位是否符合上天的心意。'这种解释未必正确。只是舜代替尧重新整理政务,这些天象是最先应当注意的。"

孔颖达说:"马融说:浑天仪可以旋转,所以叫作'机'。至于衡,是设置在浑天仪上形状如横箫一般的窥管,设置成这样的形状是为了探视星宿。用璇这种美玉制作机,用玉制作成衡,是将天象看得珍贵的意思。对日月与五星都用璇玑玉衡来度测它们盈缩进退的运行变化,如果人主政失误也会借此知道在哪方面。"(《史记·天官书》:"北斗七星,所谓'璇玑玉衡,以齐七政'。"《史记索隐》解释说:"马融说:璇,是美玉。机,是浑天仪,因为可以旋转,所以叫作'机'。衡,是浑天仪中的横筒。用璇这种美玉制作机,用玉制作衡,是将天象看得珍贵的意思。七政,指的是北斗七星,因为各有其所主政的事务,所以叫作'七政':第一颗星因所主之政而称作'主日',是在效法天行事；第二颗星因所主之政而称作‘主月’，是在效法地行事；第三颗星因所主之政而称作‘命火’，即对应荧惑星事务；第四颗星因所主之政而称作‘杀土’，即对应填星事务；第五颗星因所主之政而称作‘伐水’，即对应辰星事务；第六颗星因所主之政而称作‘危木’，即对应岁星事务；第七颗星因所主之政而称作‘罚金’，即对应太白星事务。日月及五星各主不同政事，所以叫作七政。”）

《尚书大传》："璇玑是什么呢？《传》解释说：璇，是回还的意思；机，同‘几’，是微小的意思。璇机自身只需作细微的位置改变却可由此导致相应对象的极大变动，所以叫作璇玑。也因此，璇玑被看作北极星。"

案：有关璇玑、玉衡的问题，先儒只是依据汉朝以后制造的浑天仪来作解说，因此都失误了。扬雄《法言》："有人向扬雄问起有关浑天仪的情况，扬雄回答说：洛下闳制造出了它，鲜于妄人对它进行了测度，耿中丞用它模拟了天象，通过这个仪器看到的几乎就没有与自然天象违逆的地方。"模拟浑天的仪器，由这三人创造发明出来。之后，将其仪器中旋转的部件取名为"璇玑"，将仪器中的窥管命名为"玉衡"。虽然沿袭取用的是古代名称，但这种浑天仪并不同于唐虞时期所谓的"璇机玉衡"。查考《周髀算经》所载，书中将赤道极看作正北极，将黄道极看作北极璇机。正北极，是左旋之枢。北极璇玑，是右旋之枢。左旋之枢，即是《论语》《尔雅》中的"北辰"，《隋书·天文志》认为它是恒定地处于一个位置而不移动的星辰。右旋之枢环绕正北极运行，一昼夜绕行一周即经过一度。冬至夜半时分，北极璇玑位于正北极下方的子位；夏至夜半时分，位于正北极上方的午位；春分夜半时分，位于正北极左方的卯位；秋分夜半时分，位于正北极右方的酉位。这就是"璇玑四游"，也就是三国时期的吴国太常姚信《昕天论》所说的"冬至璇玑的位置极低，夏至璇玑的位置极高"。璇玑依循月建的不同而发生位置迁移，根据它在夜半所到的地方，可以了解日躔往返状况，而它或上或下的黄道轨迹也就昭然清晰了。衡，就是“横”。在横的界域上，冬至与夏至的度数之差在四十余度之间。古代有“分”“至”“启”“闭”等八个重要节气，叫作八节，八节可以用设置不同衡道的方式加以标识。标识八节适宜设置五衡，其中外衡设置为冬至的衡道，内衡设置为夏至的衡道，中衡设置为春分和秋分的衡道。横道是按照从内往外的序次安排的。五衡之间的距离不均等，但它们在黄道被均分为八个限度。从日躔角度看，如果表现为太阳回归到北方，那么太阳在四衡位次上回归对应的季节就是春季，在二衡位次上对应的就是夏季，在这两个季节太阳正分别处于两衡开始的地方。日躔上，如果太阳是在南方出发的地方，那么它在二衡位次上出发对应的季节就是秋季，在四衡位次上对应的就是冬季，在这两个季节太阳正分别处于两衡结束的地方。《周髀》提到七衡六间的情况是，太阳运行在衡的位置上对应的就是十二中气，运行在间的位置上对应的就是十二节气。可惜啊，自汉代就开始制造浑天仪，后人因为未能深入考查璇玑玉衡的本来样貌，致使古代的测天仪器没有流传下来。解释《尧典》“璇玑玉衡”的学者，因循汉代制造的浑天仪加以附会，所以其描述看似与《尧典》记载相同而实际上不同，解说看似正确而实际上不正确。郑康成把日月以及金木水火土五星当作“七政”，但他注释《尚书大传》的时候又说：“七政，指春、夏、秋、冬、天文、地理和人事，这些是人君为政的范围”。司马子长撰写《天官书》，马季长注释《尚书》，又都认为七政指的是北斗七星。三种说法不相一致，而都缺乏明确的证据。《尧典》中的“历象日月星辰”一语，“星”指的是出现在南方天际的中星，最初是与金木水火土五纬不相关的。《洪范》说：‘五纪所指对象，一是年岁，二是月亮，三是太阳，四是星辰，五是历数。’”这里的“星辰”与《尧典》中的“星辰”意思相同。孔颖达说：“金木水火土五星的运行，下民不认为是引起时节变化的原因”。这种说法是得当的。对于五星，到了后代就其运行变化的推算测定才逐渐完备起来。当年尧命令羲、和慎重向人民宣告的年历时令，并不是依据五星的运行变化制定而成。即使推算五星运行不失误，也不能让五星运行成为订正四季及年历的攸关因素，为什么五星会与日月并列起来被称为‘七政’呢？天道遥远，本来不必对有关情况全都知道，而且不全都知道对于才智的主要方面也没什么伤害。所以像日食月食以及五星对其他星宿的冲犯等情况，古人都不预先推算。只有在日月运行导致寒暑物候发生变化的时候，依据变化的实际情形采取相应施政措施，才是慎重对待天时、重视民事的表现。所以“政”字的含义，实际上指的是人有政事，不是天有政事，这一点是非常明确的。依据人有政事这一点论说，第一要注意的就是一岁中的政事，如在“分”“至”“启”“闭”这些节气来临之时，举行祭祀典礼活动、登上观台来记录所望见的云气物象之类，就是例子；第二是一月之中的政事，如在每月初一举行听朔之礼，同时还要祭奠宗庙之类就是例子。既然要谨慎根据某年或某月的具体情况而用相应政事来说明其时节的重大，于是就顺应时序而施行与木火土金水五星对应的政治措施，例如相关法制禁令是依据其能够协合天时而被设立制定。《皋陶谟》说：“百官顺应天时变化，各项事业因此都成功。”《尧典》说：“各项事业都兴旺”。事业的兴旺或是成功，都是由于政治举措适宜，而政治举措的适宜是由于顺应了天道。“在璇玑玉衡”的意思是，观察验证天体的运行。“以齐七政”的意思是，调和齐同人事以便合乎天体运行，这是各项事业兴旺和成功的根本所在。

肆类于上帝

陆德明说：“王肃说：上帝，就是天。马融说：上帝，指太一神，居住在紫微宫，是天神当中地位最尊显的。”

《孔传》说：“肆，是‘遂即’的意思。”（程子说：“肆，是‘遂即’的意思，犹如后世撰写文字的人所用的‘于是’二字。”）

《礼记疏》说：“《五经异义》：夏侯、欧阳说：‘类祭是祭天，是因为这种祭祀的事由类似于正常祭天的事由，故而也祭告上天。’《古文尚书》认为‘不是在规定时间举行的祭天活动叫作“类”’。许慎谨案：

《周礼》有关郊祀天帝的文字没有说到类这种祭祀，由此知道类祭指的是非常规的祭天活动，这是依从《古文尚书》的说法。”(《史记正义》说：‘《五经异义》所说的“不是在规定时间举行的祭天活动叫作“类”’，意思是因为告祭之事类似祭天之事所以叫作‘类’。当时是舜在祭天以便向天告知自己摄政之事，所以不是常规的祭天。”)郑氏没有批驳，表明其看法与许慎相同。郑氏又认为‘类’虽然不是常规的祭天，但也是类比正式祭礼而进行的，所以在对《小宗伯》的注释中说：‘类，是依照正式祭礼的形式而举行的祭祀。’这种说法是正确的。”(孔颖达说：“《诗经》说‘是类是祃’，《周礼·肆师》说‘类造上帝’，《王制》说‘天子将出，类乎上帝’，这些文字中说到的‘类’，都是有关祭天的事情，意思是因为告祭之事类似而祭天。《周礼·小宗伯》说：‘凡遭逢天地间的大灾难，就要类祭社稷，就要设置祭位。’说明‘类’作为一种祭祀，其所涉及的祭祀原因范围很广。”)

苏轼说：“凡是祭祀上帝必定会关联到祭祀地祇，如何知道是这样的呢？是依据郊祀当中包含有望祭仪式而知道的。《春秋》写道‘鲁公不进行郊祭，但仍然祭祀了三望’，《左传》解释说：‘望’是郊祀之中的一种具体祭事。《尚书》说：‘庚戌这一天举行柴祀和望祀，目的是隆重地宣告武功成就。’柴，是祭天；望，是祭祀山川，而两种祭礼是在同一天完成。祭祀山川而不祭祀地祇，从道理上说是必定不会出现的，因此可知祀天必定会连并祭祀地祇。《诗经》说‘昊天有成命’，虽然只提到‘天’，但却是同时在郊祀天与地。自汉代以来的学者，对此篇内容的考查不够周详。而汉世主刘邦或许是出自私心偏祖，借助于五畤祭坛用来祭祀天帝，另在汾阴祭祀后土，到了王莽执政才开始将天地合在一起祭祀。自汉世祖以来，对天地的祭祀有时是将其合祀有时不是，而到了唐明皇才正式下诏命令合祀。到了今天人们反生疑惑，认为王莽与唐明皇才开始改变礼制，却不知道祀天必定会连并祀地，这种情况自舜以来就记载在经典中了。”

林之奇说：“《周礼·肆师》‘类造上帝’郑玄《注》说：‘类祀的仪式

是因循郊祀之礼而进行。’大概郊祀是祭祀昊天的正常祭礼，如果不属于正常的祭祀而向天祭告，那么祭礼就依照郊祀而进行，所以叫作‘类’。”（黄镇成说：“按：天子祭祀天地采用郊祀的形式，是这种祭祀的正常状态。用郊祭礼仪迎接夏至的来临，在冬至举行这一祭礼，都是按时祭祀的表现。现在舜是因为摄政而祭告于天，所以他的祭告就不属于常规的祭天之礼；因为是正月里有需要而临时祭天，所以也不属于正常的祭天之时。尽管如此，祀天的礼仪却同样不可以不完备，由于是依照郊祀而举行的祭礼所以就把它叫作‘类’了。‘类’的词义此处犹如‘似’。”）

禋于六宗

许慎《五经异义》说：“《今文尚书》欧阳、大小夏侯说：‘六宗之神，从上面来讲不涉及天神，从下面来讲不涉及地祇，从旁边来讲不涉及东西南北四方神灵。它位居天地四方中间，又似乎不存在，但却神明般暗助阴阳变化而有益于人，所以郊祀天帝的时候被连并祭祀。’（朱升《书经旁注》说：“天、地、四方六合，是具有宗主地位的神。”）属于《古文尚书》说法的贾逵等人的解说是：六宗，是天地神灵中那些地位尊显的神。认为六宗包括三位天宗和三位地宗。天宗：指日、月和北极星。地宗：指岱山、黄河和东海。日、月为阴阳二气之宗，北极星为星宗，岱山为山宗，黄河为水宗，东海为水泽之宗。在祭天的时候天文类星辰等自然物就作为从祀对象，在祭地的时候地理类山川等自然物类就作为从祀对象。’谨案：夏侯、欧阳解说‘宗’实际上只指出一个，但名称上却是‘六宗’，因此是名实不相符。《春秋》记载鲁国郊祀之时祭三望，是说郊祀祭天又同时祭祀日、月、星、河、海、山六宗。鲁国君主的地位在天子之下，只需要祭祀鲁国区域分野对应的星辰，以及其邦国境内的山川，所以说是‘三望’。此处对‘六宗’的解释，与《古文尚书》的说法相同。”郑玄驳斥说：“我听说的情况是这样：《尚书》说‘肆类于上帝，禋于六宗，望于山川，遍于群神’，对四类神祇的祭祀分别运用了类祭、禋祭、望祭、遍祭等方式，是因为所祭祀的神各不相同。祭祀六宗用禋祭方式，祭祀山川用望祭方式，因此六宗不包括山川就是明确的了。《周礼·大宗伯》说：'用禋祀的方式来祭祀昊天上帝，用实柴的方式来祭祀日月星辰，以槱燎的方式来祭祀司中、司命、风师、雨师等天神。'凡是这类祭祀，所祭祀的对象都是天神。《礼记·郊特牲》说：'郊祀的目的，是为了迎接夏至的到来而对天神普遍予以回报，但主要是回报太阳神。祭祀时将祭坛设置在南郊，是在位于阳面的地方举行祭礼的意思。打扫场地就此祭祀，看重的是质朴。'《祭义》说：'郊祀的目的，是普遍地回报天神但主要是回报太阳神，在报祭太阳的时候将月亮作为配祀。'因此可知郊祭的时候是将日、月一并祭祀的。其余的神主星、辰、司中、司命、风师和雨师，这些叫作'六宗'也自然就是明确的了。"(《周礼·大宗伯》贾公彦《疏》说："《礼论》：在王莽时期，刘歆、孔昭认为《周易》中的《震》《巽》等六子之卦是六宗。到了魏明帝时期，皇帝下达诏书命令王肃说明六宗，王肃为此采用了《孔子家语》中宰我问'六宗'一节的说法。孔安国注释《尚书》，说法与此相同。张融的注解随从的是郑君的说法，从原文含义来看是允当的。"《续汉志》刘昭《注》："《月令》'孟冬祈于天宗'卢植《注》说：'天宗，指六宗之神。'有关'六宗'的论议，从伏生到后代，说法各有不同。伏生、马融的看法是：'对于世间万物来说，如果不是上天就不能被覆盖，不是大地就不能被承载，不是在春天就不能出生，不是在夏天就不能生长，不是在秋天就不能被收获，不是在冬天就不能被收藏。"禋于六宗"中的六宗，说的就是这天地春夏秋冬六种。'欧阳和伯、夏侯建的看法是：'六宗之神的范围，从上面来讲不涉及天神，从下面来讲不涉及地祇，从旁边来讲不涉及东西南北四方神灵，它是位居天地四方中间暗助阴阳变化的神灵。'刘歆说：'六宗，指的是水、火、雷、风、山、泽。'贾逵说：'六宗，指的是日宗、月宗、星宗、岱宗、河宗、海宗。'郑玄说：'六宗，指的是星、辰、司中、司命、风师、雨师。星，指的是金木水火土五星。辰，指的是太阳与月亮在一年运行中相会的十二位次。司中、司命，分别指的是文昌星宿中的第五和第四颗星。风师，指的是箕宿。雨师，指的是毕宿。’晋武帝执政初年，司马绍统上表驳斥郑玄说：‘臣以为天帝属于类祀的对象，那么禋祀的对象就不是天；山川属于望祀的对象，那么东海与岱山就不属于六宗的范围。六宗的范围犹且包括山，望祀的对象还有什么等级可言呢？因此伏生与刘歆、贾逵的解说不得当。天地四方这六合之间的情况，在古代制定的典章中没有论及；“六宗”的数量为“六”，意味着这不是一位对象的名称，所以有关它助益阴阳变化的说法也就更没有道理。将金木水火土五星当作一个天体来看待，却又将文昌星宿中的天体分为二种；箕星、毕星既已归属于辰，因此将风师、雨师解释为“箕”“毕”就是又特地将其看作日月交会的两个位次了，这是郑玄的失误之处。孔安国按照《祭法》的内容解释“宗”，但其解释对于地位在上的神灵而言除去了天与地，对于地位在下的神灵而言遗弃了东西南北四方，他只是将剩下的中间这部分神灵作为六宗。但是四季、寒与暑、太阳与月亮、众星连同水与旱，这些被他当作“宗”的数量有八种，而不只是六种。《左传》说：“有山川之神，因此人们在遭遇水旱瘟疫这些灾祸的时候，就用禜祀山川之神的方式驱祸禳灾。有日月星辰之神，因此当雪霜风雨不合时宜来临的时候，人们就用禜祀日月星辰之神的方式驱祸禳灾。”又说：“当苍龙星宿出现在东方，人们就举行雩祭以祈雨。”按照这种说法，禜，就是祭祀日月星辰山川的名称；雩，就是周人在四月祭天求雨的名称。雪霜这样的灾难，不是靠那种禜祭就可以祛禳去除的；雩祭这种祭礼，也不是在正月举行的祈神仪式。因为是后来的周人在解说有虞时代的典制，所以对学者而言是不能够通过这些解说全面晓喻那些古代情况的。而且类祭上帝，即是祭天。望祭山川，是因为禜祭的时候连带而及。案：据《周礼》所说，祭祀的对象包括昊天上帝，日月星辰，司中、司命，风师、雨师，社稷、五祀、五岳，山林川泽，以及四方百物。《周礼》又说：“祭祀五帝的场所界定在四郊，类祭日月星辰四神、望祭五岳之神的情况也是如此。”没有对祭祀六宗的场所作界域规定。《祭法》说：祭天、祭地、祭时、祭寒暑日月星、祭水旱、祭四方，以及山林川谷丘陵凡是能产生云彩变幻风雨或出现神怪异物的，把它们都看作神而加以祭祀。占有天下的帝王需要遍祭百神。但不属于这些类别的，就不在祭祀典制之中。也没有再论及祭祀六宗的文字。这说明对六宗的禋祀，即是《祭法》论述所涉及的范围；《周礼》所记载的，即是《虞书》所说的“禋于六宗”的六宗范围，不应该再特别设置六宗之祀。《春官》记载大宗伯这一职官执掌用玉制作六种玉器的事务，“用这些玉器作为礼神之物进献给天地四方神灵。用苍灰色玉璧进献给上天，用黄色玉琮进献给大地，用青色玉珪进献给东方，用赤色玉璋进献给南方，用白色玉琥进献给西方，用玄黑色玉璜进献给北方”。天宗，就是日月星辰寒暑之类天神；地宗，就是社稷、五祀之类地祇；四方之宗，就是四季、五帝之类神灵。这样一来，群神就都被安排了尊卑位序而不会遭遇废弃不祭的情况了，相关百礼就能普遍施行而不会有对神的轻慢现象了，故而这种说法从道理上来说是通达的。’幽州秀才张髦又上疏说：‘禋于六宗，六宗的意思是祭祀祖考时所尊重的六位先祖。根据什么得出这种说法的呢？《周礼》以及《礼记·王制》说：“天子在将出巡的时候，要用类祭的方式祭告天帝，用宜祭的方式祭告社神，用造祭的方式祭告宗庙。”“天子巡狩四方各地，觐见当地诸侯，归来后还要祭告祖庙和父庙，祭祀的时候分别用一头牛作为牺牲。”《尧典》也说：舜在摄政之后，“于是类祭上帝，禋祭六宗，望祭山川，最终遍祭群神。”在巡守天下时，“颁还玉质信物给各位诸侯。于是觐见东方诸侯。舜还协调校正四季月份以及正月，统一律法以及度量衡。”经过一年时间即巡狩各地一轮，然后“归来祭告艺祖，祭祀的时候用一头牛作为牺牲”。臣下我认为《尚书》与《礼记·王制》说的是同一事，表达的是同一义，两者犹如符契般相吻合。禋于六宗，正是指在宗庙祭祀祖考。至于文祖之庙的“六宗”，则是指在文祖之下的三昭三穆。’太学博士吴商认为：‘禋’字音义与‘烟’相同，禋祀、实柴、槱燎三种祭祀方式都是先堆积柴薪而后将实体牺牲放在上面，点燃柴薪使它冒烟借以报祭天神，所以'禋'不是祭祀宗庙的名称。郑玄不认同诸儒说法的原因，是想要依从《周礼》禋祀都是祭天神的说法。日、月、星、辰、司中、司命、风师、雨师共八种天神，而日、月都是属于郊祭的对象，所以其余剩下的天神就是六宗。他认为《尚书》里的'禋于六宗'，与《周礼》记载的祭祀天神之事相符合，所以就依据《周礼》来作解释了。但文昌星这一名称所指对象虽然具有大致形体，不过指称这一形体的星名却有不同，由此造成类目不同，所以可随着不同事情的需要而灵活对它祭祀。既然说是文昌七星，就不能够只是偏重祭祀其第四和第五颗星，这才符合《周礼》。另外郑玄还不知道文昌的星体构成，因而其所设构成妄自乱引成了司中、司命。箕、毕二个星宿既不系属于辰宿，且同属于随事需要而受祭祀的星星之例，对于其所归属的星宿而言也没有妨碍。范宁注释《虞书》说：'考查审视众多不同议论，可以看出它们的说法各有难通之处。因为其中郑氏的论证依据最为详备，所以我附和他的说法。案：有关六宗的说法很多，不知道哪家的主张正确。'虞喜另设了一种论说：'土地有五种颜色，太社中的神主造像就分别取象这些颜色。将五种颜色总起来看作一种，加上原有五种就成了六种，所以六是土地的数字。推究察勘经文字句，其中有关土地祭祀的内容是空缺的，所以此处就应该是祭祀土地的内容。'臣昭认为，虞喜解释为祭地的说法是接近真实情况的。但是将土地颜色分成五种再加上总和的一种而成为六种，这又与禋祀情形不相贯通，因此反而成了令人疑惑不清的看法。我探求到《虞书》所称说的'肆类于上帝'，是指祭天。对天不说是'天'而说是'上帝'，因为上帝是天神中地位最高的，举出'上帝'，天神也就全部包括，可知日月星辰等天神也随之被包括了。'禋于六宗'其实是指祭祀土地。对地不说是'地'而说是'六宗'，六是所祭地祇数量的中间之数，举出这一数字就包括了祭祀对象中的全数地祇，因此对社稷等地祇的祭祀也在范围之内就随之可以知道了。将天称之为'神'

‘上’,将地表述为‘数’‘中’,是因为一个需要仰观,一个需要俯察,这是两者不同的方面。宗,是表示崇尊的称呼,使用这一称呼也是竭尽表示尊敬的意思。禋,是表示蘊祭的言辞,实际是‘蘊瘗’的异称,不同于周朝的那种禋祀。凡是措辞用字方面,其字义涉及神的,就一定要用到今天写作‘示’的字符,今天的‘示’即是古代的‘神’字,所以‘社’‘稷’等字无不是用‘神’作为字形的一部分。《虞书》里的‘类’与‘禋’是不同的祭祀,祀名也因此间隔而不相通用。《周礼》将‘禋’字改成‘烟’字,但两字义符在音形方面都不相同。《虞书》将‘禋’字改成从‘土’的字,正符合原本的祭祀用义。这样解释又怎能不让人心存疑惑?若认为可以借此了然不惑,那么将‘六’置于‘宗’之上难道就能变成依傍于‘宗’的祭祀对象了吗?《风俗通》说:‘《周礼》认为槱燎形式是用来祭祀司中、司命即属于文昌星宿的两颗星。槱燎,就是堆积柴薪然后燔烧这些柴薪。今天民间仍然在祭祀司命,具体情形是:雕刻一座长一尺二寸长的木头人像,祭祀的人若是要出门上路就放置在行李箱中,若是安居就另行为它造一座小居处。齐地更是特别尊重这一神主,汝南下属诸郡也多有这种风俗,祭祀司命之时都是用猪作为祭品,时间都安排在春季或秋季的月份。’”)

陆德明说:“禋,王肃说是纯洁的祭祀;马融说是专精一意地享祭。六宗,王肃说是指四季、寒暑、日、月、星、水旱;马融说是指天、地和春夏秋冬四季。”

《史记集解》:“郑玄说:‘六宗,是指星、辰、司中、司命、风师、雨师。’骃案:对于‘六宗’的不同解说多了,我认为郑玄的解说更为优长。”

案:《觐礼》说:“诸侯觐见天子,天子所居城门之外会预先建造一处方圆三百步大小的宫墙,墙上开设四个门。再修筑一个十二寻见方、高四尺的祭坛。然后把方明放置在祭坛上。方明这种神明之像是木制的,四尺见方,表面设计成六种颜色:朝向东方的一面用青色,南方的一面用赤色,西方是一面用白色,北方的一面用黑色,上方的一面用玄色，下方的一面用黄色。又在方明上装饰六种玉器：在上方装饰的是圭，在下方装饰的是璧，在南方那面装饰的是璋，在西方那面装饰的是琥，在北方那面装饰的是璜，在东方那面装饰的是圭。"诸侯觐见时，天子出城门，"先在东门外朝拜太阳，再返回祭坛处祭祀方明。又在南门外礼拜太阳，在北门外礼拜月亮和长江、黄河、淮河、济水四水，再在西门外礼拜山川丘陵。祭祀天神，要堆积柴薪进行焚烧；祭祀高山丘陵，要登山升高；祭祀河流，要将祭品沉到水里；祭祀地祇，要将祭品瘗埋在地下"。郑玄《注》说："方明，是指象征上下四方神明的神像。有了神像，就像是宗庙里有了神主吧。用六种颜色，是用以分别象征上下四方六神；用六种玉饰品，是表示向他们致礼。"《司盟职》说："北面诏明神"。既然是"北面诏明神"，就代表明神有像。这个"像"，是指四方神明的像吧？经过燔烧积柴、登山升高、下沉祭物、瘗埋祭品这些程序后，祭礼活动就结束了，礼仪也就完备了。《郊特牲》说："在郊外举行的祭天仪式，是为了迎接夏至长日的到来，因此广泛祭祀天神而以太阳为报祭的主神。"《宗伯职》说"以实柴祀日月星辰"，这种燔烧柴薪祭天的形式就意味着是祭祀太阳。柴祭是祭祀太阳，那么祭地而用瘗埋的形式就是祭祀月亮了。依据《仪礼》所说的对于方明的祭祀，是在会合诸侯的时候举行。在春季朝拜太阳、夏季礼拜太阳、秋季礼拜月亮与长江、黄河、淮河、济水四水、冬季礼拜山川丘陵，即将这些祭祀分别安排在四季举行。天子出城后所作的事是在宫墙门外举行燔烧积柴、登山升高、下沉祭物、瘗埋祭品等祭祀礼仪，而举行这些仪式又都需要返回祭坛所在之处以便祭祀方明。大约周人对《尧典》中"类祭上帝，禋祭六宗，望祭山川，遍祭群神"等祭礼的改变，不过是在这些祭礼的基础上作一些减损或增益，从而继续沿用。方明，即是六宗。《汉书》引述《伊训》说："'伊尹祭奠先王，多方咨询了主要官员有关方明祭祀的情况。'"这是周朝沿用殷商祭礼的证明。殷商初期在祭礼方面，应该继承的是夏朝的做法，实际上就是沿用起自于唐虞的礼仪了。《周礼・大宗伯》记载，用玉制作六件器物,借此来礼祭天地和四方神明,具体是用苍璧之器礼祭天神,用黄琮之器礼祭地祇,用青圭之器礼祭东方神明,用赤璋之器礼祭南方神明,用白琥之器礼祭西方神明,用玄璜之器礼祭北方神明。这与《典瑞》“四圭有邸以祀天,两圭有邸以祀地”的记载不同。因此《大宗伯》记载说“用六器礼祭天地四方”的“六器”,就是祭祀方明所用的六种玉器。《五经异义》记载今文《尚书》欧阳与大小夏侯认为“六宗指上下四方之宗”,这种解说一定是从古代传下来的。周人既祭祀昊天上帝,又祭祀中央与四方五帝,而会同诸侯的时候又祭祀四方神明,这类似于唐虞时代的既“类祭上帝”又“禋祭六宗”,表明祭祀方面的这些做法确实是前后相接续的。

望于山川

《孔传》说:“对于九州的名山大川以及五岳四渎等各类神灵,都在一个季节里用望祭的形式来祭祀。”

遍于群神

《史记》“辩于群神”,《集解》:“徐广说:辩,读音为‘班’。骃案:郑玄说:‘群神,包括山川竹林高地平川之神。’”

辑五瑞,既月乃日,觐四岳群牧,班瑞于群后。

《尔雅》:“觐,是会见的意思。”“班,是赋予的意思。”“后,是君主。”

陆德明说:“辑,王肃解释为聚合;马融解释为敛集。”

《史记集解》:“马融说:‘辑,是敛集的意思。五瑞,是公侯伯子男五等爵位的诸侯所分别持有的玉器,它们是天子给予的信物。尧将要把帝位禅让给舜,就让诸侯之长先把这些瑞信敛聚到一起,经过验查后再由舜亲自前去把这些瑞信颁还给诸侯。’”

《孔传》说:“既,是尽数的意思。班,是还回的意思。舜负责聚集公侯伯子男五等诸侯的瑞信圭璧，在正月中就尽数聚集完毕，于是天天会见诸侯之长四岳以及九州牧监，将上述五瑞颁还给诸侯，就此以新君的身份正式开始建立与诸侯的关系。”（苏轼说：“瑞信是古代朝觐时所需要的玉质礼器，事情完毕之后就还给原持有者，所以开始是从诸侯手里收集过来，最后再予以颁还。”程子说：“辑，是敛聚的意思。五瑞，用于征召五等诸侯。到了尧禅位给舜的这一月月末，四方诸侯就来到了。由于诸侯封地距离王城远近不同，他们的到来就有先有后，所以舜需要天天会见诸侯，不像其他朝会那样将约见日期定在同一天。这样做的用意大概是想每次少量接见，借此尽力询察诸侯的想法。既已会见，就颁还瑞玉给诸侯。”）

刘敞《七经小传》说：“‘辑五瑞’的意思是，收回诸侯持有的圭瑞，将其归还到王府之中。‘既月乃日’的意思是，既经正月之后的第二天，也就是说二月朔日。对辑聚起来的五瑞，一定要等待正月结束的第二天再颁还给诸侯的原因，是要在这一天启用新的历法。”

案：日，是选择其日的意思。朝觐之礼重大，故而需要等待诸侯全部到来，然后再选择朝觐的日期，也就是《史记》所说的‘选择吉月吉日”的意思。说“辑五瑞”，就知道诸侯全部来临；说“班瑞于群后”，就知道对这些诸侯是同时觐见并颁还给他们瑞信。

岁二月，东巡守，至于岱宗。柴，望秩于山川。

《尔雅》：“黄河东面的名山是岱宗。”“泰山是东岳。”“祭天的仪式叫作燔柴。”《汉书·地理志》：“泰山郡的博岱山位于该郡的西北部。”

《史记集解》：“马融说：‘岁二月，指舜接受帝位之后第五年的二月份’。郑玄说：‘岁二月，意思是舜在位时所用夏历二月为建卯之月。用燔柴的形式祭祀东岳，是要考查东方诸侯的治国功绩。柴，是燔烧的意思。’”

《春秋公羊传·隐公八年》孔颖达《疏》：“郑玄《注》：‘岁二月，指夏历的建卯之月。巡守，指巡视诸侯所守区域。岱宗，是东岳的名字。柴，是借在东岳燎柴祭天的机会考查诸侯治国政绩的意思。望秩于山川，意思是按照尊卑地位的不同对山川普遍地进行不同的祭祀。祭祀五岳就比照三公祭礼，祭祀四渎就比照诸侯祭礼。对其余地位小的神祇，就或者比照大夫祭礼或者比照伯子男祭礼来祭祀了。秩，是等第次序的意思。'"

陆德明说："马融说：柴祭的具体做法是，祭祀时堆积好柴薪，将牺牲放置在上面，然后燔烧柴薪。"

《诗·周颂·般》孔颖达《疏》："《尧典》郑玄《注》说：'"望秩于山川"是指对山川按照其尊卑位序的不同都普遍予以祭祀'。"

《后汉志》刘昭《注》："范宁说：'巡守，是天子巡行检查诸侯所守卫的地方。二月份正值建卯之月，所以舜前往东方巡守。祭山的方式叫作'燔'。'柴'的做法是，堆积柴薪，将牺牲放置其上，然后燔烧柴薪。'"

《孔传》说："诸侯是在为天子守卫国土，所以称之为'守'。舜巡行诸侯国，是在颁还瑞信之后的第二个月，此时就顺着春天所对应的东方方位而前往开始巡守活动。岱宗，就是泰山，它是四岳之首。燔柴的目的，是为了行祭天告至之礼。"

林之奇说："岁二月，是指来年的第二月，所以在文辞中加上了'岁'这个字。大概因为前一年四方诸侯来朝觐，所以到了第二年舜才开始巡视诸侯领地，目的是在四岳考量制度法令，这与集中会见四岳及向诸侯颁发瑞信不是在同一年进行的。"(蔡沈说："岁二月，指巡守这一年的第二月。")

案：岱宗，应劭解释说："宗，意思是尊长，岱宗就是五岳之长"。解说是正确的。此山位于今天山东泰安府府治北面五里远的地方。

肆觐东后，协时月正日，同律度量衡，修五礼，五玉、三帛、二生、一死贽，如五器，卒乃复。

《尔雅》："卒，是停止的意思"，"最终的意思"。"复，是返回的意思。"

陆德明说："王肃说：同，是整齐一致的意思。律，指六律。马融说：律，是法典的意思。郑玄说：律，意思同于阴律。"

《史记集解》："马融说：'五礼，指吉礼、凶礼、军礼、宾礼、嘉礼这五种礼仪。三帛，指由少师、少傅、少保这三孤所呈上的纁帛、玄帛、黄帛三种礼品。贽：这种礼品，包括二只活的羔羊和大雁，由卿大夫呈上；一只死亡的雉鸟，由士呈上。五器，指前文所述五种信瑞，它们在礼仪结束后就返还给诸侯，三帛以下的礼品就不返还了。'"（《孔传》说："复，是返回的意思。器，指的是圭璧。"程子说："诸侯因为地位尊显，他们呈上的礼物也就贵重，所以天子在完成觐见仪式后就要返还他们的玉器，其余的礼物就不需要返还，这是回赠诸侯的礼仪。五器，即是五种瑞信，从其质地的角度而言是玉，从其宝贵的程度而言是瑞，从其为成形的制品而言是器物。"）

《春秋公羊传·隐公八年》孔颖达《疏》："郑玄《注》：'东后，指东方的诸侯。协时月正日，意思是校正一年四季的月份数目以及每日的名称，这是防止历法失误的举措。度，是丈量长短的器具。量，指测量容积的斗与斛一类器具。衡，是称量轻重的器具。五礼，就是公侯伯子男五等诸侯朝聘时所行之礼了。（程子说："每到一处，就校正四季与正月日期，统一度量标准。定正五等诸侯的尊卑秩序和相应制度的等级差别，这是'修五礼'的具体内容。分诸侯为五等的制度，自古就有了。为了防止制度出现混乱，所以天子巡守时所到之处就一定会予以阐明，使五等制度得到校正，连并使地方君臣祭祀时所持有的玉圭三帛都得以符合制度规定。"）五玉，指的是瑞节。当它在手上被秉持之时就叫作'瑞'，陈列起来就叫作'玉'。三帛，是用来包裹玉器以便于进献的物品。对接受瑞玉的人，要先用丝帛把瑞玉包裹好再进献给他。丝帛一定要有三种颜色的原因，是进献时，高阳帝的后代需要用赤缯，高辛氏的后代需要用黑缯，其余诸侯需要用白缯。在周朝的礼仪中将垫荐的织物改换成缫丝织品。二只活物、一只死物的贽品中，羔羊、大雁是活的，是卿大夫手执的；雉鸟是死的，是士手执的。如，是表示将物体授予对方的用辞。盛载授予贽品的器物有五种，分别为卿、大夫、上士、中士、下士五等身份的人所持。五种器物各有不同装饰，但未能知晓这些装饰的作用。周礼仪式中改变了这种情况，即用布帛装饰羔雁装饰雉鸟，然后就用手持之而已，盛放用的器皿则全部去掉。卒，是停止的意思。复，是归还的意思。舜在巡守礼仪举行完毕之后，就开始回归王畿了。每次回到天子居处，要用一头公牛作为牺牲来告祭文祖。'"

孔颖达说："王肃说：'三帛，指的是纁帛、玄帛和黄帛。那些附庸小国君主与诸侯的嫡子，以及有公爵身份的三孤持有的是皮帛，这种皮帛的颜色未能完全弄清楚。有人认为三孤持有的是玄帛，诸侯嫡子持有的是纁帛，附庸小国君主持有的是黄帛。'王肃注释《尚书》的时候，解说多与《孔传》相同。如，是'若像'的意思。《聘义》说：'用圭璋作为聘礼，显示的是贵重的礼物。在完成聘礼之后又归还圭璋，这种做法体现的是轻视财物而看重礼仪的含义。'《聘义》主要内容是在于说明聘礼，当时的朝觐之礼也如同聘礼一样。"

刘敞说："如，是齐同的意思。五器，指的是吉礼、凶礼、礼宾奏乐之礼以及军礼所用礼器，这些礼器都相同，体现出统一制度的用意。"（蔡沈说："'五玉三帛二生一死贽'这九个字，应当是在'肆觐东后'四字的下面、'协时月正日'五字的上面。"刘侍讲说：'五器，即是举行五礼之时的用器。'卒乃复'的意思是说，在数事都完毕之后，就不再继续往东行走而是随即转向西面，然后由西再转向南前行，所以说是"卒乃复"。）

案：将此处"五礼"解释为周朝的吉礼、凶礼、军礼、宾礼和嘉礼，是不正确的。这样说不只是因为唐虞时代未必会分别设置这些名目。这五礼，乃是属于人事之中的常礼，无论巨细都要审核，因此做起来周折繁重，哪里是觐见四方五岳诸侯这种顷刻短暂的时间内能够举行并修明完善的呢！后儒认为五器兼指举行五礼时的用器，那么这些器具又该如何准备而接受稽核呢！因此应当认同郑玄的说法，将“五礼”看作公侯伯子男五等诸侯朝聘时所行之礼。舜率领众诸侯施行这种礼仪，就是借此修明它的表现了。时月正日，是施政的重要方面。正日是指确定新年第一天。律度量衡，是法典制度的重要方面。公侯伯子男各自依循其爵位等级相应的礼仪，体现出不同爵禄等级相应具有的威仪的重要方面。舜巡守的时候调正正日、统一律度量衡、修明五礼，这些都是在一时就能普遍完成的重要事情，是不可以有所缺失而必须去做的事情。下文即说所持有的五等玉瑞，以及诸臣所持有的丝织物品作为礼物，这些礼物当中像五玉这类礼器，在朝觐之礼结束之后就归还给诸侯。因为与朝觐时的礼仪相关，所以接续在“修五礼”三字之下。《觐礼》说：“于是朝觐时用瑞玉进献。”《聘礼》说：“这四器，被独独视为国家的珍宝。”郑玄注释说：“四器，指的是圭、璋、璧、琮。”这是“器”“玉”“瑞”三者互相可以代称的明证。

五月，南巡守，至于南岳，如岱礼。

《尔雅》：“在江南的名山，是衡山。”“霍山是南岳。”《汉书·地理志》：“长沙国下辖湘南县。《禹贡》之中的衡山在其东南，是属于荆州的山。”《王制疏》说：“《尔雅·释山》‘霍山为南岳’郭璞《注》：‘霍山在衡阳郡湘南县的南面。’又说：‘今天属于卢江郡的潜县，位于县的西部。汉武帝考虑到衡山区域辽阔旷远，又因为谶纬之说都将霍山看作南岳，所以就将南岳之神迁移为霍山了。当地世俗土著都称霍山为“南岳”。因此，“南岳”原本就是由两座山所拥有的共同称呼，而不是随从近世人的叫法才改为这一名称的。’而学者多认为霍山不能够被看作南岳，又认为汉武帝才开始将霍山命名为‘南岳’。但事实若如同此说，就会表明汉武帝的做法发生在《尔雅》面世之前了吧？因此显然是不对的。如像郭璞所说，南岳衡山本来就有两个名称，一名为‘衡山’，一名为‘霍山’，只是从汉武帝以来才开始迁徙南岳之神到卢江的霍山而已。”《尔雅疏》说：“孙炎认为《尔雅》此处的‘霍山’两个字是错误的，应当写作‘衡山’。案：《书传·虞夏传》以及《白虎通》《风俗通》《广雅》都说霍山是南岳，难道这些文字都记载错了？明显是衡山一名为‘霍山’。郭璞《注》说：‘霍山即是天柱山，潜水从那里发源流出。’这是依据作《注》时期霍山的实际情况而作出的解释。这座山本来名叫‘天柱’，汉武帝把对江南霍山的祭祀移动到这里，所以又名为‘霍山’。《尔雅·释山》经文中的‘霍山’即是其前面的‘在江南的名山是衡山’的那座衡山。”

案：衡山在今湖广衡州府衡山县西北三十里处，其地与衡阳及长沙府界接壤。《水经注》说：“《山经》把它叫作‘岣嵝山’。它就是南岳。”

八月，西巡守，至于西岳，如初。

《尔雅》：“在黄河南面的名山，是华山。”“华山是西岳。”《汉书·地理志》：京兆尹下辖的华阴县，“是过去的阴晋县”。“太华山在华阴县的南面，是属于豫州地区的山。”

案：西岳华山，《禹贡》称之为“太华”，在今天的陕西同州府华阴县南十里之处；华山往西八十里处有少华山，两山山峰呈现出相连接的势头。《西京赋》中的“缀以二华”形容的就是两山山势趋向连接的状态。《九域志》：“华山，位置处于与四州交界的地方。它的东北是冀州，东南是豫州，西南是梁州，西北是雍州。”

十有一月朔巡守，至于北岳，如西礼。（当从马、郑本作“如初”。）

《尔雅》：“在黄河北面的名山，是恒山。”“恒山是北岳。”《汉书·地理志》：常山郡下辖上曲阳县，“恒山北岳在县的西北，是属于并州地区的山”。

陆德明说：“‘至于北岳如西礼’几个字，方兴本相同，马融本‘如西礼’写作‘如初’。”

《春秋公羊传·隐公八年》孔颖达《疏》：“郑玄《注》：‘此段文字在

“五月”句末不称说“初”的原因，是由于“五月南巡守至于南岳”之文与前面“岁二月东巡守至于岱宗，柴，望秩于山川”之文距离较近；在“八月”和“十一月”两句句末称说“初”的原因，是由于它们与“岁二月”那段文字距离较远的缘故。’”

案：今天直隶省定州曲阳县西面有上曲阳故城。韩琦《岳庙碑》说：“恒山，一名为‘大茂山’”。

归，格于艺祖，用特。

陆德明说：“艺，马融、王肃解释说：就是祢。”（程子说：“归格，是指回归后在祖庙举行告至礼。文辞上只是提到祖庙，这是举出地位尊贵的先祖，其实对其他先辈神位也都行过告至礼了。在四季的祭祀中都各有祭品牺牲。但如像举行告朔礼、告至礼之类，因为不是常规祭祀，只需共用同一牺牲而已，所以说是‘用特’”。薛季宣说：“艺祖，指王考。孔子说过巡守要礼告于祖庙和考庙。舜执政时期，他的父亲瞽瞍尚仍在世，所以只需礼告王考。”）

孔颖达说：“在前往四方巡守之后才说‘归格’，说明出去一次就将四岳都巡视了一遭。郑玄认为每巡守一岳，待礼毕就返归，到第二月才再次离开前往另一岳。”（林之奇说：“对于舜在一年里对四岳的巡视，胡舍人通过计量其所行地理空间，测算他每日的行程，尚且得出结论说舜在一年内不能够遍走一万五千里的路途。因此，若是巡守一岳就返归，等到第二月才再次前往下一岳，在一年之内须遍走数万里的路途，这更是绝对没有的事理。”）

《孔传》说：“舜巡守四岳之后，才回归王畿，在文祖之庙行告至之礼。艺，是‘文’的意思。（蔡沈说：“艺祖，怀疑即是文祖。有人说：文祖，是艺祖的儿子。这也是未曾经过考证的说法。”）说到‘祖’，考也就附着在其中了。特，是一头牛的意思。”

案：归来到祖庙行告至礼，这是侍奉祖祢的规矩。艺祖，应当是舜的祖父。认为是文祖的看法，是不正确的。前文“受终”仪式，从道理上看系属于尧之事，所以是在尧的祖庙进行。此处“告至”仪式，从道理上看系属于舜之事，因此在舜的祖庙进行是确定的。

五载一巡守，群后四朝。敷奏以言，明试以功，车服以庸。

《尔雅》：“庸，是劳苦的意思。”

陆德明说：“四朝，马融、王肃都解释为：各方诸侯分别在东西南北四方朝见舜帝于方岳之下。郑玄说：四朝，是诸侯在春夏秋冬四季会朝京师的意思。”

《史记集解》：“郑玄说：在舜巡守的年份里，诸侯是在方岳之下觐见天子；另有四年，是四方诸侯分别来京师一次以朝见天子。”（蔡沈说：“五年之内，天子巡守的次数是一次，诸侯来朝的次数总共是四次。大概在巡守的第二年，是东方诸侯来天子王畿朝见天子，第三年是南方诸侯来朝，第四年是西方诸侯来朝，下一年是北方诸侯来朝。再下一年就是天子再次巡守的年份。”）

《孔传》说：“敷，是陈述的意思。奏，是进奏的意思。在诸侯四朝之时，舜让他们各自进言陈述自己治理国家的情况，然后审核清楚这些陈述内容以探明他们的实际业绩。如果功业有成，就赐给相应的车马服饰，以此表彰其功绩，显明其可用。”

程子说：“从‘岁二月’以下，说的是舜巡守之事。但舜不是在登上帝位的当年第二月就前去巡守，也不是一年之中就将五岳全部走遍。而是每五年进行一次巡守，这样每到一方，一方诸侯就在方岳之下朝见天子。由于有东西南北四方，所以诸侯朝见叫作‘四朝’。巡守，并不是说能够走遍各诸侯国。到达某一方岳，就觐见某一方君主。觐见时，让诸侯各自进言陈述其治邦理国的情况。舜采信他们所说的成功之处，但是要审核明白其实际功绩，如果真有功绩就赐给相应的车马服饰，借以旌表他们的功劳。”

刘敞说：“五年进行一次巡守的原因是，唐虞氏将天下分为五服，在王畿之内的甸服区域的君主，因为都是执掌王事的人员，朝夕与天子相见，所以就不特别修明朝觐之礼。至于侯服区域的君主，应当一年朝见一次；绥服区域的君主，应当两年朝见一次；要服区域的君主，应当三年朝见一次；荒服区域的君主，应当四年朝见一次。绥服以外的君主，其中一次朝见全都安排在同一年，这一次的朝见时间是在天子巡守之年，因此天子需要五年进行一次巡守。”（林之奇说：“《周官》论述：‘六年当中五服诸侯共同有一次朝见，再一个六年来临，君王就按时巡守，期间要在四岳考察制度执行情况，这时诸侯在各自所属方岳朝见天子，他们的罢黜或者升迁就在此次活动中得到特别彰显。’所述仍然是唐虞时期的礼制，只是因为年代或久远或相近而有些不同罢了。胡氏既然怀疑舜执政时期不能在一年之内巡守四方，因此认为是一年往东巡守，一年往南巡守，一年往西巡守，一年往北巡守，这成为诸侯分别在四方朝见天子的原因；五年之中，舜会有一年停驾不出。事情若真像他说的这样，诸侯就只是在方岳之下朝见天子，而未尝能在京师朝见天子。五年一次的巡守，大概就是在方岳之下巡守；而诸侯来京师朝见，就只是有个人用言辞陈述自己的功绩、天子根据诸侯的实际功绩来审核清楚其陈述、根据验证过的实有功绩赏赐给诸侯相应的车马服饰这三件事。大概如果是用封建诸侯的方式让其治理邦国，那么在巡守及朝觐之时天子就不能不严格对诸侯政绩进行考核。周朝东迁之后，这种礼制就都废除了。于是诸侯国之间出现了以强凌弱、以众欺少、以大国吞并小国的情形，周朝的命运由此走向陵夷衰微，不能够重新振兴。论说封建的人不探究实行封建的根本原因，如像柳子厚就认为封建制度是不能实行的，这大概是由于未尝深入考查唐虞以封建制度达到国家大治的业绩。”陈大猷说：“叶氏认为侯服、绥服、要服、荒服各按一年一次的规定轮流朝觐，四年就能轮转一周。这是一年有一服区域的诸侯来朝觐的说法。但圣人的做法是对内部事务处理周详、对外围事务处理疏略。有关朝觐一事，对于要服、荒服君主尚且按照疏略的方式了解其政事，怎么会对侯服、绥服的诸侯要求其全都四年一次地来朝觐呢？《周官》只是说到六年当中五服共同有一次朝见，但对于要服、荒服、侯服、绥服这四服如何朝见并不曾谈及。《礼记》说‘处于边远区域为天子防塞四方的诸侯只是在新的君王宣告即位时前来朝觐一次’，正是因为这种情况。孙氏认为处于甸服区域的君主朝夕都与天子相见，所以对天子就没有朝觐之礼。但是唐虞时代甸服区域并不曾设为诸侯封邑，直到侯服才开始有采邑，因此说甸服有君主就已经不符合当时实际状况了。至于说侯服区域的诸侯一年有一次朝觐，那么这一服就是四年有四次朝觐。若认为绥服区域的诸侯两年有一次朝觐，那么就是四年有两次朝觐了。若认为要服区域的诸侯三年有一次朝觐，就是等不到四年就将再进行一次朝觐。这样，只剩下荒服区域的诸侯是四年一次朝觐了。概要而论，‘四朝’之数与各服在四年中的朝见次数都不相符合，因此总而言之，要服、荒服必定都没有四年一次朝觐的道理。”）

案：郑氏说一年之内巡守周遍四岳之下，这叫作“一巡守”；而让四方诸侯分年朝觐，四年就普遍完成一次朝觐，这叫作“四朝”，但这是不可能的。何况《禹贡》中的甸、侯、绥、要、荒五服的划分标准，必定是从唐虞时代传下来的制度，目的是以此来确定不同区域朝贡的规矩。在甸服的百里之外，才开始有卿大夫的采邑，而没有诸侯。由此再往外百里是男爵邦邑，又由此而往外三百里是诸侯邦国。诸侯邦国与京师的距离不超出千里，即使是每年一次的朝见，尚且不计入朝见的次数之内。绥服区域分为内三百里和外二百里两块区域，内三百里要揆度天子的文教思想以施行教化；外二百里要承担武力保卫天子区域的责任。绥服区域与京师的距离超过千里，至于又在其外的要服、荒服区域距离京师就愈加遥远了。《周官》“大行人职”：“天子邦畿有方圆千里的范围，在它外面的方圆五百里范围叫作“侯服”，侯服之君主每年安排一次朝见。又在侯服区域之外的方圆五百里范围叫作“甸服”，甸服之君主每两年一次朝见。又在甸服区域之外的方圆五百里范围叫作“男服”，男服之君主每三年一次朝见。又在男服区域之外的方圆五百里的范围叫作“采服”,采服之君主每四年一次朝见。又在采服区域之外的方圆五百里的范围叫作“卫服”,卫服之君主每五年一次朝见。又在卫服区域之外的方圆五百里的范围叫作“要服”,要服之君主每六年一次朝见。以上是九州范围。九州以外的地方叫作“藩国”,藩国每一代安排一次朝见。”蕃国指的是夷服、镇服、蕃服。《周官》经文称说每服区域范围用“方”表示,那么就与“面”不同。若用“面”表示,一个单面就是二百五十里。周朝的侯服、甸服相当于《禹贡》中的侯服,男服、采服相当于《禹贡》中的绥服,卫服、要服相当于《禹贡》中的要服,夷服、镇服相当于《禹贡》中的荒服。因此,《禹贡》中的侯服,在周朝就要分为一年一朝和两年一朝两种了,绥服在周朝就要分为三年一朝和四年一朝两种了,要服在周朝就要分为五年一朝和六年一朝两种了,而《禹贡》中的荒服是一代才有一次朝见的区域。难道唐虞时期采取的是不分远近都按等差来处理朝见之事吗?不会是这样的。我以为“群后四朝”是专门根据侯服的情况设言的,其他各服分别另有朝觐年限,只是文章对此省略而未曾论及。上文记述舜在代理帝位的初期巡守到达方岳之下,因而提及一年一次朝觐的诸侯在朝觐时会面临“敷奏以言,明试以功,车服以庸”这三种事项。文章宗旨本来就不是要在此处详谈相关制度,所以没有完备地论述五服朝觐情况。敷,犹如敷布寻求的“敷”,是普遍的意思。所以《史记》写成“遍告以言”。庸,犹如功庸的“庸”。《国语》说:“没有功庸的人,不敢身居高位。”

肇十有二州,封十有二山,濬川。

《尔雅》:“肇,是开始的意思。”“浚,是‘深’的意思。”

《史记集解》:“马融说:禹治理平整水土,将国土区划为九州。舜执政时因冀州的北面区域广阔,于是将其从冀州分离出来设置了并州;因燕、齐两州区域辽阔广远,于是从燕州分离出幽州,从齐州分离出营州。(阎若璩说:“从青州之中分离出营州,不单单是因为青州的区域广阔，实际上更因为官吏和民众渡海艰难，所以另外增设一州以避开渡海带来的危险。”）于是九州变成了十二州。（程子说：“上古就有九州，大禹在治水之后另行确定了九州的疆界，舜则开始将九州分为十二州，这也是在已经治理好洪水之后。”）郑玄说：“大禹另行为九州划定疆界，是出于防治水害的需要。”

《孔传》说：“封，是大的意思。对每州境内的名山，都特别加大它的声望借以让它成为该州的山镇。（程子说：“封十有二山，意思大概是突出这些山的声望以便让它们成为所在州域的山镇。”蔡沈说：“如同《职方氏》所说的‘扬州的山镇是会稽’之类。”）若境内有流水大川，就深挖水道让水流畅通无阻。”

孔颖达说：“《左传》说‘从前当夏朝正处于有德的时期，九州州牧都向天子贡献青铜。’说明禹治理完洪水回归后划定九州区域，州名大概就如同《禹贡》当中所称谓的那样，至于九州州境范围就不知道了。”（陈栎说：“《尚书》说舜在即位初期，‘向十二州的州牧咨询’，后来又说是‘每州划分为十二师’。因此舜执政时期将九州分为十二州就是确定无疑的了。《左传·宣公三年》：‘从前夏朝正处于有德的时期，九州州牧都向天子贡献青铜。’说明到了夏禹执政的时代又将十二州并为九州，也是确定无疑的了。”）

苏轼说：“封，是封土植树的意思。十二州当中的名山，都是禁止采伐树木的。”（林之奇说：“在洪水已经治理之后，舜就在附近山上施行封土植树的政策因而增加了林木栽植。对十二州的大山，都采取了封土植树的措施。至于《禹贡》“九山刊旅”，意思是说凡是九州境内的名山都得以砍斫树木以便开通道路而受到旅祭。”陈大猷说：“王氏说：文中说“封山”，因此山中材木使用不尽；“浚川”，因此谷米食用不尽。张氏推衍王氏的说法，认为这是王道的开始，王氏看法正与《孟子》的言论符合。他们的说法如何呢？答：所谓‘肇州’‘封山’和‘浚川’，都是依据地理形貌而进行的区划疆界和治理山川的活动，所以经文就放在一起连说了。但王氏所谈到的乃是虞衡类官职职内的事情，因此‘封山’和‘浚川’不应该在‘肇州’之后才谈及。若像张氏以为是王道的开始，那为什么经文不像《孟子》那样接着论及分田制产的事项呢？”）

案：《周礼》记载有并州、幽州。《尔雅》提到营州。孔颖达认为在《职方》《尔雅》中的这些州名一定是因袭古代的地名称谓，这个看法是正确的。“濬”“浚”古字相通。《说文》：“睿，是加深河道使水流通畅的意思。”将九州分为十二州、突出各州名山声望使之成为山镇、疏浚河道使流水通畅，大概是舜最初代理帝位时所做的事，这些与“巡守”内容属于比类叙事。“殛鲧”与“象以典刑”是按同类内容依次叙述。其实因为鲧在治理洪水方面没有成就功绩，所以舜才有了疏浚河道的政事。殛杀鲧与起用大禹一定不是在同一时间。鲧已经遭遇殛杀，大禹尚未起用，舜必定是谨慎寻求能治理洪水的人而后才得到了禹。算起来舜在即位之后任命官员，禹担任司空一职还没有几年，所以仍然勉励他治理水土。禹在之前是以司空的身份治水，后来是以百揆之长的身份治水。舜代理帝位二十八年，而大禹在治水时方才婚娶，因此鲧被遏止在羽山的时候，禹的年龄还很幼小这种情况本来就是显而易见的。当鲧被杀死的时候，舜担忧的是在洪水这一方面，所以就有疏浚河道的政事，这与他后来命令大禹治水，是两无混淆的事情。疏浚河道，是舜为救一时灾难的举措；荐举大禹，是舜施行安定万代的举措。大禹治水之时，舜已经将天下分为十二州了，所以说“每州有十二师”。而制定贡赋的规则又在大禹治水之后，这时又将天下又重新区划为九州。不同时期有各自所适宜的区域划分，不同的州际划分只不过是各时期依从于当时相宜的条件采取的措施而已。

象以典刑，流宥五刑，鞭作官刑，朴作教刑，金作赎刑。眚灾肆赦，怙终贼刑。钦哉，钦哉，惟刑之恤哉！（恤，当从古本作“谧”。）

《尔雅》：“典，是恒常的意思”，“是经典的意思”。“怙，是依恃的意思。”

《史记集解》："马融说：'咎繇制定了五种常刑，现实中没有违犯这些刑法的人，也就是说只有惩戒的法令形式，实际上没有被惩戒的人。流，是流放远方的意思。宥，是宽大对待的意思。宽大的对象，一是年龄幼小的人，二是年岁老耋的人，三是天生智障的人。五刑，指的是墨刑、劓刑、剕刑、宫刑、大辟之刑。（《朱子语录》："问：五刑，吴才老解说为五典之刑，即针对如所谓不孝、不悌之人设置的刑法。答：这是乱说。人有罪而适合对其施用五刑的，为什么不用？"《困学纪闻》说："范蜀公《正书》说：'舜执政时期施用的五刑，是指流刑、官刑、教刑、赎刑、贼刑五种刑罚。'设置'流宥五刑'的原因是舜宽待三苗族群，于是将其中本应处以劓、刖、剕、宫、大辟五种刑法的人改成以流放的形式来惩处。《皇王大纪》的说法来源于此，但它是以墨、劓、剕、宫、大辟这五种刑法为"贼刑"一类的科目。"）官刑，是专为区别惩治犯事的官吏而设置的刑罚。（苏轼说："官刑的设立，是用来惩治在官方事务中消极怠慢的庶人，但未曾入于刑法。"）金，就是黄金。动机好但做事的结果却不好，对于这类人的处理是让其拿出黄金来赎罪，这是因为他们做事不小心谨慎。'郑玄说：'朴，是刑具槚楚的意思。朴是为教官执法而制作的器具。（《孔传》说："对于自己的行道业务不勤勉努力的人，就用鞭挞的方式来惩罚他。"）眚灾，是指为他人做事但结果却造成灾害。这是一种过失，所以虽然造成灾害但仍要赦免他的罪过。依据犯人奸邪罪恶的程度，若终身都是凶残贼恶的，就用刑法来惩治他。'（孔氏说："《春秋》当中凡是说到'肆眚'，都指的是宽缓对待有过失的人。"苏氏说："《周易》说：'无妄，行有眚。'这里的'眚'，也是灾害的意思。眚灾，犹如说'不幸'，不是其人犯罪。终，此处是终身不改变的意思。贼，是祸害的意思。对依恃恶行不思改变而害人的，就对他用刑。"）徐广说：《今文尚书》说'惟刑之谧哉'，《尔雅》解释说：'谧，是安静的意思。'"

陆德明说："马融说：宥，指对罪人采取的三种宽宥刑法。"

《史记正义》："郑玄说：'三种宽宥刑法的对象是指这三种情况下

犯罪的人，一是不知情，二是过失，三是遗忘。'"

《周礼·司刑》孔颖达《疏》："郑玄注释《尧典》说：'正刑五种，加上流宥、鞭刑、朴刑、赎刑，这九种叫作九刑。'"

孔颖达说："郑玄说：'对于罪过较轻的人有时就采用流放的方式进行惩处，也就是对本当处以鞭刑、朴刑、赎刑以及眚灾这四罪的人因罪过较轻而改判流放。'王肃说：'这是说明君王不忍心用死刑，就用流放远方的方式宽宥罪人。文中说'宥五刑'，说明正五刑已经出现了。'"

《孔传》说："象，是效法的意思。依法用常刑，是用刑不超越法规的意思。（孔颖达说："施行五刑虽然有常法规定，但人所犯之罪未必正好适合用某条法规惩治，因此都必须还原其犯罪的实际情形，然后作出判断裁决，以便使惩处不超越法律规定。"）眚，是过失的意思。灾，是祸害的意思。肆，是宽缓的意思。贼，是杀死的意思。'眚灾肆赦，怙终贼刑'的意思是，对于因过失而造成灾害的人，应当对其宽缓相待，减免其惩处；对于怙恃自己邪恶的品性而终身作恶的人，就应当对其实施死刑。"（程子说："象以典刑，意思是按罪行轻重采用不同画像作为惩罚，并据此设立为法典。眚，指的是因过失而入罪的过错。灾，指的是非人力所致而产生的灾难。赦，是免除惩治而释放的意思。属于'眚'罪的，就宽大处理；属于'灾'罪的，就赦免其罪。'眚'这类罪过虽然不是出自本意的犯罪，但过失是由于人的缘故造成的，所以必然导致施用法律，只是因为对其矜悯而作宽大处理罢了。灾难不是由于人的原因导致的，适宜加以体恤谅解，所以直接赦免。怙恃自己邪恶的品性而终身作恶的，是凶恶的人，所以要用刑罚来诛杀他，使其不能够对其他人造成灾害，这就是采用贼刑的原因了。"）

苏轼说："典刑，就是常规之刑。杀人的处死，伤人的接受其他刑罚，这是依据其所犯罪的轻重情形而选用不同处罚措施（黄度说："象，音义同'像'。'像'是用图像来反映其事的意思。刑罚有轻重的不同，用不同图像来反映不同刑罚并借此代替肉身惩罚，这就是所谓的常刑。”）制作‘五流’法典，用来宽宥犯有五刑之罪但罪行较轻的人。墨，是轻刑。对本来只适于墨刑的人，经过宽宥处理怎么至于流放了呢？回答是：‘刑’，是表示终身不可能恢复未刑前体貌的惩罚；而说到‘流’，是表示有时间限定因此期满可以释放，这对犯人来说岂不是胜过施用不可恢复原貌的墨刑吗？由于过失而导致入刑与只是被怀疑犯罪的这两种人，都可以通过缴纳资财而赎罪。”（蔡沈说：“依据这篇经文，可知五刑就只有流放这种宽宥形式而没有以资财赎罪的形式。《周礼·秋官》也没有这样的记载，直到《吕刑》才有了五种等级的处罚。令人怀疑这些处罚是周穆王开始制定的，不属于正式的法典规定。大约应当给予刑罚却改为用资财赎罪，就会产生处理过轻这种失误；疑罪本当赦免的而改用为资财赎罪，就会产生处理过重这种失误。而且这种改变使富人幸免于刑罚，穷人遭受刑罚，因此又不是用来保证公平的措施。”）

林之奇说：“王氏说：象，是发布出来用以示人的意思，如同《周官》所述‘公布法律条文在象魏’一类。这种说法胜过先儒其他看法。大概君王制定的法典其威势有如江河，一定要让人容易规避而难以违犯，所以必定会发布出来告示天下，让人知道规避犯法。《周官·司寇》：‘在正月的第一天，开始在邦国都城及边邑公布刑法条律，于是在象魏悬垂绘图式刑罚法令，让万民观看有关刑罚的图像，张布十日才收回。’这就是唐虞时期‘象以典刑’的意思。而解说者多将‘象刑’解释为画像，这种说法来源于《大传》与汉武帝诏书。薛氏义论述世俗认为‘象刑’是在犯人所穿戴的衣冠上绘制图案、让犯人穿戴上不同的章服，这岂不是阅读《舜典》但却误解其意了吗？这种说法有道理。”

案：“象刑”的含义，林氏所阐述的说法是恰当的。苏氏认为，由于过失而导致入刑与只是被怀疑犯罪的这两种人，都可以通过缴纳赎金而获得免刑。但这两种罪过与需要宽大处理的“眚”罪一样也属于过失之误，为什么处理上一个是缴纳赎金，一个是宽大释放呢？马融以为“动机好但做事的结果却不好，是因为做事不小心谨慎’。这是按照实际情形来考量处罚方式，不能说是因为其人失误而采用这种处罚；而按其本意既然情有可原，因此适宜用“不小心谨慎”的罪名而让其缴纳罚金。犯下的罪过与他人相同，但动机与他人不同，就划归于这类可用赎金代替刑罚的罪过。眚，本是自己造成的罪过，可惜本是好意却因一时不慎迷惑失误，因此获得“罪过”的名称。灾，本是天灾，绝对没有因由而将它归入人为的罪恶，因此其名就叫作“灾”。所以若是“眚”一类过失，就只是宽大处理；若是“灾”之难就赦免当事之人。有依恃罪恶想法而犯罪的叫作“怙”；长久为恶而不思悔改的叫作“终”；《春秋左传》所记载叔向的话“杀人而没有顾忌叫作‘贼’”，这三种罪都必定会入刑。《诗经》中的“假以溢我”一句，《左传》引作“何以恤我”，《说文》引作“谻以谧我”。《毛诗》将“溢”解释为“慎”，这一释义出自《尔雅》。而“溢”“慎”“谧”三词，在《尔雅》中又都有“静”的释义，所以《史记》将“惟刑之恤哉”写成“惟刑之静哉”。将“谧”解释为“静”，虽然是《尔雅》作出的正训，但将“谧刑”解释为“慎刑”，释义尤为切当。

流共工于幽洲，放驩兜于崇山，窜三苗于三危，殛鲧于羽山，四罪而天下咸服。（洲，当从古本作“州”。）

陆德明说：“王肃说：三苗，是国名。”

孔颖达说：“郑玄说：‘舜不将共工、驩兜、三苗、鲧这四人入刑的原因，是认为他们是尧的大臣，因此不忍心对他们用刑。’”（林之奇说：“‘殛鲧于羽山’的意思，解说者多认为是杀死了鲧，于是举出《洪范》中的‘鲧则殛死’这句话为证。这是不对的。假使鲧的罪过果真达到了应当被杀的程度，那么就会直接杀死他了，何必要在羽山殛杀他呢？《洪范》所说的‘殛死’，其意正如同后世史书所说的‘贬死’。因此太祖皇帝读到《尚书》会发感叹说：‘尧舜当政之初，四凶那样的罪人还只是判处流放，为什么近代法网却这么密致呢！’”）

《史记集解》:“马融说‘三苗,是国名。幽州,是在北方的边境区域。崇山,是在南方的边境区域。三危,是在西方的边境区域。殛,是诛杀的意思。羽山,是在东方的边境区域。’”(程子说:“流,是让其离开而前往远方,犹如水流而远去一般,所以叫‘流’。放,是屏蔽而斥退他的意思。窜,是将其投放他处的意思。殛,就是杀死他的意思了。”)

《孔传》说:“幽洲,是北方的边远区域。水中可居住的陆地叫作“洲”。崇山,是南方的边远区域。三苗,是国名。缙云氏的后代是诸侯,其名号叫作‘饕餮’。三危,是西方边远区域。殛、窜、放、流,四词都是诛杀的意思。用不同文字表示同一意思,是此文撰述的体式。羽山,是在东方的边远区域,其地在大海之中。”(孔颖达说:“《左传》记载此事说‘将他们分别投放到四方边远之境’。《释地》:‘燕地叫作幽洲’。《禹贡》中的羽山是在徐州,三危是在雍州。驩兜、三苗、鲧这三者所居住的地方都用当地山名来表示。共工所居处的地方不靠近大山,所以就举其州名来表示。此处文字所说的流放四凶,是大禹治水之前的事情。当时天下还未曾从九州改划为十二州,所以没有‘幽州’这一名称。但是文章当中却指称‘幽州’,这是由于史官依据舜在后来划定十二州的情况来说的。《禹贡》当中没有崇山,因此不知道它位居何处,大概是在衡岭的南边。《左传·昭公元年》记载说古代不接受君王命令的诸侯,‘唐虞时期有三苗,夏朝时期有观国以及有扈氏之国’。杜预解释说:‘三苗的居住地阙失记载,不知其居处在什么地方。’郑玄详备引述了《左传》文字,然后说:‘让驩兜举荐共工,因此驩兜就是浑敦,共工就是穷奇,鲧就是梼杌,而三苗是饕餮也就可以知道了。’《汉书·地理志》:‘羽山在东海郡祝其县的西南方。’《洪范》说:‘鲧被殛杀而死,大禹于是作为他的传承人继之兴起。’《左传·僖公三十三年》说:‘舜认为鲧犯罪而殛杀鲧,因为举荐大禹而使禹兴起。’《左传·襄公二十一年》说:‘舜殛杀了鲧而大禹兴起’。都是说舜殛杀鲧而后任用大禹负责治水。而郑玄认为大禹治水之事完毕才流放四凶，所以王肃驳难郑玄说：‘若是待到大禹治水之事功成，之后认为鲧治水未获成功而殛杀他，这就成了舜因为人子之功绩而流放其父亲。这样的话，大禹的勤勉辛劳恰好成为导致父亲足以被殛杀的原因，这是让舜失去依从五典行事的道义，让大禹身陷适用五刑惩罚的三千种莫大罪行里，无论进退都没有可资宽赦的依据：郑玄的解说也太迂腐了吧！’”薛季宣说：“三苗，过去的说法是指岳州地区，大概是以吴起称说的洞庭、彭蠡地区与韩婴所说的衡山地区为范围。‘羽山’‘三危’之名都见于《禹贡》一文。幽州，即今天的燕云路，当年是舜划分的十二州之一。密，是古‘嵩’字。汉朝时嵩高仍然叫作‘密高’。今天交趾驩州以及澧州澧阳县、鄂州崇阳县境内都有‘崇山’，将崇山称为流放驩兜的地方，都只不过是附会之说罢了。”

案：幽州，《史记》写作“幽陵”，又称说“颛顼管控的四方区域，北边到达幽陵”。因此“幽州”这一名称，或许是来源于幽陵。今天顺天府密云县东北的塞外之地有古代的共城遗址，《括地志》将其写作“龚城”。龚城在秦汉时属于渔阳郡。崇山在今天湖广澧州永定县界内，西汉时属于武陵郡充县。三苗，即是吴起所说的“三苗之国，左洞庭，右彭蠡”中的“三苗之国”，在今天属于湖广武昌、岳州二府以及江西九江府管辖之地。三危，是黑水所经过的地方，后人将古瓜州之山当作它，称之为三危山，山在今天嘉峪关之外、汉代的敦煌地域。《左氏春秋》记载：“允姓戎族中的奸人，被迁居到瓜州。”没有提到三苗。而敦煌地方的河水是不可能流入南海的，今天所说的三危山，山下也没有相当于黑水的河流，因此《舜典》中的“三危”之地应该与怒江临近。今天的怒江实际上就是古代的黑水。羽山在今天登州蓬莱县东南三十里，是古代莱夷人居住之地。《寰宇记》：“蓬莱县南面有鲧城，鲧等四个罪人都流放在那里。”《说文》：“殛，殊也。”汉宣帝诏令说：“骨肉之亲，粲而不殊。”意思是说皇帝对于骨肉之亲应当明白显示仁恩关怀而不能断绝关系。因此“殛”即是断离分隔的意思。古人在重复叙述同一事项的时候，往往改变用语。后人依据“流”“放”“窜”“殛”等字字义而附会理解，用来探求四人罪行的轻重，这种做法是不正确的。

二十有八载，帝乃殂落。百姓如丧考妣。三载，四海遏密八音。

《尔雅》："殂落，是死亡的意思。"（林氏说："人在死亡之际，魂气返归上天，所以将死亡叫作'殂'；体魄则降到地下，所以叫作'落'。"）"去世的父亲叫作'考'，去世的母亲叫作'妣'。""遏，是制止的意思。""密，是宁静的意思。"

《史记》："尧即位七十年寻求到继任人舜，过了二年而老（今《史记》各本写作"二十年而老"，"十"字是衍文）。因此现在是舜代理天子主持政务，为此舜被举荐给上天知晓。尧在让位二十八年后去世。（《孔传》说："尧十六岁即位，即位七十年后谋求禅让，于是试用舜三年，从舜代行执政当年的正月初一到尧去世总共二十八年。尧寿命达一百一十七岁。"孔颖达说："尧从谋求禅让那年就得到舜而试用他，因此谋求禅让与试用舜是在同一年。又过两年，即是历经三年的试用期。所以王肃说是'征用三年，其中一年是在征用的第一年，其余两年与代行执政的二十八年合在一起总共为三十年'。按照这种说法来计算，尧的寿命只有一百一十六岁，不能够有一百一十七岁，《孔传》大概是算错了。"蔡沈说："尧十六岁即位，在位七十年，又试用舜三年，因为年老而不再听政二十八年才去世，在位时间总计为一百零一年。"王天与说："邵子《皇极经世》中记载尧于甲辰年即位，癸丑岁征用舜让他登上帝位，乙卯岁正式逊位，到舜执政二十八年才殂落去世，总共在位一百年。"）百姓悲哀，如同自己的父母丧亡，三年之内（黄度说："臣为君服丧三年的典制就来源于此。"），四方各地都没有演奏乐曲的，以此寄托对尧的思念。"《集解》："徐广说：'尧在位共九十八年。'骃案：《皇览》说：'尧的坟冢在济阴郡城阳县。'刘向说：'尧葬在济阴郡丘陇山。'《吕氏春秋》说：'尧葬在縠林。'皇甫谧说："縠林即是城阳。"（《史记正义》说："《括地志》记载：'尧陵在濮州雷泽县西边三里远的地方'。郭缘生《述征记》说："城阳县东边有尧冢，也叫作

"尧陵",还有碑。"这一记载是正确的。《括地志》说:'雷泽县本是汉代的城阳县。'")尧建都在平阳,平阳在《诗经》中属于唐国。"

案:古字"密""谧"相通,《诗经》中的"夙夜基命宥密",贾谊《新书》"宥密"两字引作"宥谧"。《说文》说:"谧,是寂静无声的意思。"

月正元日,舜格于文祖。

《尔雅》:"元,是开始的意思。"

孔颖达说:"王肃说:'月正元日'犹如说'正月上日',只是变换了文辞而已。《仪礼》说'令月吉日',又变换文辞而说成'吉月令辰',就是此类例子。"

询于四岳,辟四门,明四目,达四聪。

《尔雅》:"询,是谋议的意思。"

《诗经·缁衣》孔颖达《疏》:"《舜典》所说的'辟四门',郑玄《注》说:'这是卿士的职责,目的是让来者为自己献上政教方面的谋议。(金履祥说:"'辟四门'的意思是招来四方贤人,'明四目'的意思是明察四方之事,'达四聪'的意思是通晓四方语言。这些都是四岳的职责。"王充耘说:"'询于四岳'的意思不是向四岳之长谋求治理之策,大致"咨""询"一类用语都是命令官员的套话,撰写《尚书》的人变换文辞只是在错综用字罢了。下文'辟四门''明四目''达四聪',即是四岳应做的职事。倘若将此作为向四岳咨询的内容,而不是命令四岳去承担这些职事,那么后面的总任命二十二人就恐怕会欠缺一人了吧?")将天下表述为"四门",也是因为卿士的私朝设置在国门。鲁国有东门襄仲,宋国有桐门右师,就是后人效法前人这类设置的例子。'"

《孔传》说:"'辟四门''明四目''达四聪'三句是说,将四方之门还未敞开的都敞开,用意是广泛招致众贤进入国门;向四方广泛观察和听闻,用意是让天下没有与君王不通讯息的壅塞之地。"(陈大猷说:"所谓'明四目''达四聪',不过是说让来自四方民众的见闻都不壅塞而能传递到君王那里罢了。")

案:四岳,是总领四方的诸侯之长。郑玄《注》将"辟四门,明四目,达四聪"解释为四岳的职责,是得当的。

咨十有二牧,曰:"食哉惟时,柔远能迩。迩德允元,而难任人,蛮夷率服。"

《尔雅》:"咨,是谋划的意思。""柔,是安乐的意思。""迩,是'近'的意思。""惇,是'厚'的意思。""任,是谄佞的意思。""率,是遵循的意思。"

孔颖达说:"王肃说:'柔远能迩'的意思是,能使远方安乐的人,首先要能够使近处的人安乐。"

《孔传》说:"由于舜所重视的是民众食物方面,所以应当慎重地将时令历法宣告给人民。元,是善之初始的意思。舜所说的意思是,能够安定远方才能够安定近处,要加强道德行为、讲究诚信,使自己足以成为良善习俗的来源。还要斥退奸佞之人而让他们远离,这样即使在四夷边远之处忠信也能得到昭明,那些远方部落就会相率而前来臣服了。"

苏轼说:"能,音义读如'不相能'之'能'。'柔远能迩'的意思是,用以柔怀远的方式让远方与近处和睦亲善。"

林之奇说:"这些文字是叙述舜咨询在京师之外任职的十二州牧。李校书说:'能,就是'耐'。古时候'能'与'耐'是同一个字。能迩,是说位居在上者宽厚待人。'这种说法大概是将'能迩'解释为'耐迩',若就此理解为世俗所说的对事情忍耐得了,恐怕也不对;说'能迩'的意思是位居在上者宽厚待人,也仍然不对。我个人认为,'迩德允元,而难任人'这两句话是指能够让远方之人趋近前来依附的方法。德,指的是有德。元,是宽善待人的意思。说到'惇',又说到'允',意思是宽厚对待臣民,并相信他们。难,是阻遏隔绝奸佞之人让他们不得靠前的意思。自古以来,蛮夷之所以敢于恃强凌弱地欺负中央地区，都是由于守卫国土的大臣不能够运用宽厚长者的待人方式，行使优游宽大的治理政策，用忠信为人来镇服蛮夷，相反，那些为求取功绩而造出事端、致使边境区域与中央地区产生矛盾的人太多了。”

案：《诗经·大雅》中的“柔远能迩”，《郑笺》解释说：“能，犹如‘伽’。这句话的意思是让远方的邦国安乐，让近处的区域顺伽。”《释文》说：“能，徐邈解释说：《毛传》认为如同其本字读音，郑玄认为其读音是奴代反。”伽，查检字典辞书没有找到它的出处。《广雅》说：“如，是‘若’的意思，也是平均的意思。”“伽”“如”在音义方面都相似，但却是两个不同的字。伽，旧音为如庶反，其字义亡失难以寻获。孔颖达《疏》解释说：“‘柔远能迩’这句话是说依顺、适合远近不同区域的意愿。能迩，意思是给中央区域恩惠。柔远，意思就是绥靖安定四方。”今天从声义关系的角度来考察，“能”“而”“如”“若”四字是一声之转的关系。东汉时期的《督邮斑碑》中“柔远而迩”，《周易》中“利建侯而不宁”，《释文》说：“郑玄将其中的‘而’字读如‘能’”。能，其义犹如“安”。《礼运》“圣人耐以天下为一家”郑玄《注》：“耐，是古‘能’字。”孔颖达《疏》：“对于‘耐’字，也有人因失误而不加偏旁‘寸’就直接写成‘而’字的。刘向《说苑》中，‘能’字都写作‘而’字。”《尔雅》：“若，是‘善’的意思”，“是‘顺’的意思”。大概“柔”有使远方驯服的意思，“能”有与远方调和关系、相互友善的意思。下文“敦德”与“允元”是对文关系，因此“柔远”与“能迩”也是对文关系就是明确的了。

舜曰：“咨，四岳，有能奋庸熙帝之载，使宅百揆，亮采惠畴？”佥曰：“伯禹作司空。”帝曰：“俞，咨禹，汝平水土，惟时懋哉！”禹拜稽首，让于稷、契暨皋陶。帝曰：“俞，汝往哉！”

《尔雅》：“宅，是居处的意思。”“亮，是教导的意思”，“是佑助的意思”。“采，是事务的意思。”“惠，是顺应的意思。”“时，是‘此’的意思。”懋，是勉励的意思。”

《史记集解》：“马融说：‘奋，是清明的意思。庸，是功绩的意思。’

郑玄说：‘舜认可四岳对大禹的举荐，因而得到合适的人才。于是命令禹说：你前去就任这一职位。不接受他辞让的请求。’”

孔颖达说：“‘郑玄说：‘载，是行为的意思。’王肃说：‘载，是成功的意思。’郑玄说：‘当时天下依赖后稷的事功，所以用“稷”通称担任这一职务的官员。’”

《周礼》贾公彦《疏》：“《尧典》中的‘伯禹作司空’，郑玄解释说：‘最初，尧统治时期冬官的名称是“共工”。后来舜举荐大禹治水，尧知道禹具有圣德，必定会成功，所以将共工更名为“司空”。用官名来表示爱宠，以示非同一般看待他，所以此处“司空”不是寻常意义的官职。等到大禹高升就任百揆一职，遂废置司空之职，而将其事务分别付与共工及虞官担任。所以当时舜说：垂来担任共工，益来担任我的虞官。’”

陆德明说：“懋，王肃解释说是奋勉的意思，马融解释说是依从的意思。”

《孔传》说：“奋，是振作起来的意思。庸，是事功的意思。载，是事业的意思。‘咨四岳，有能奋庸熙帝之载’的意思是，舜向群臣咨询，有谁能够奋起有为扩展尧的事业。亮，是可靠的意思。‘使宅百揆，亮采惠畴’的意思是，这样的一个人：让他担任百揆一职，就确实能够建立功勋、顺应其事业，他是谁呢？（苏轼说：“奋，是建立的意思。”“使宅百揆，亮采惠畴”的意思是，有能够建立功勋来光耀尧的事业的人，就应当使他担任百揆，这样一个能够诚信做事而顺应事务特点的人是谁呢？”）大禹代替鲧成为崇伯，此时受提拔因此成为天子的司空，而居任稷官一职的是弃。‘契’‘皋陶’分别是两位大臣的名字。稽首，是头磕至地面的一种礼仪形式。”

林之奇说：“《尔雅》：‘左右，亮也。’据此，‘亮’有辅佐的意义。亮采，即是辅助尧做朝廷中的事项。畴，如同‘九畴’之‘畴’，是说对天下之事若能依循其各自类别特点来做就无不顺利。”（蔡沈说：“亮，是明晰的意思。还有一种说法，认为‘亮’是辅佐的意思。舜说，能够振奋起来作出事功，借此扩展帝尧事业的人，让他居任百揆职位，以便使各种职事都明晰清楚，进而顺从其特点而完成它们。以司空的身份来兼任百揆官职，如同周人用六卿来兼任三公。”）

时澜说：“惠畴，意思是说依顺天下各类人才的特点而予以任命。每个人都各有所长，君王要做的只是依顺其擅长来作相应的任命而已。”

案：百揆的职责，是对于百官职事无不统管。大禹以司空的身份来治理洪水。舜向大臣谋求能胜任百揆一职的人，众人都用大禹正在担任司空来回答，所以舜就举出禹治水未竟这一事项，命令他继续完成该项事业。考查《国语》等古籍记载，当时在王畿之内任职的百官，以及在王畿之外管理各州的州牧，都在辅佐大禹治水，据此可知大禹治水时具有总领百官的身份。“亮采”，《史记》写作“相事”，“相事”就是“亮采”的意思。古字“畴”与“俦”相通。

帝曰：“弃，黎民阻饥，汝后稷播时百谷。”

《尔雅》：“阻，是艰难的意思。”“后，是君王的意思。”（朱子说：“后，指有部氏君主，即是所谓三后之‘后’。历代‘后稷’都是对拥有相应官爵和封地者的称呼。”）“时，是‘此’的意思。”

陆德明说：“阻，王肃解释说：是艰难的意思。”

《诗经·周颂·思文》郑《笺》：“黎民因饥饿而艰难度日，后稷于是播种培植各种庄稼。”《释文》说：“马融注释的《尚书》‘阻’字写作‘祖’，解释为‘开始’。（《史记》：“舜曰：‘弃，黎民始饥。’”《集解》：“徐广说：‘《今文尚书》“始饥”写作“祖饥”。祖，是开始的意思。’”）孔颖达《疏》说：“《舜典》郑玄《注》：‘祖，读为“阻”字之音。阻，是困厄的意思。时，读为“莳”字之音。舜帝的意思是，最初洪水泛滥的时候，众多百姓因饥饿而遭受困厄，你担任后稷之职，种植五谷，用这种措施救活了他们。’”《周礼疏》：“‘汝后稷’郑玄《注》：‘稷，指的是弃。当初，尧的天官是后稷。’”

孔颖达说："王肃说：播，是铺展的意思。"

《史记正义》说："播时，意思是顺应四季变化而及时播种各种庄稼。"

《孔传》说："播，是铺展的意思。舜说，造成众民生存艰难的原因在于饥饿，是你后稷广泛播种各种庄稼救济了他们。这是赞美他已经取得的功绩，借以勉励他。"

案："阻"的词义是艰难、是困厄。时，应当解释为"此"。

帝曰："契，百姓不亲，五品不逊，汝作司徒，敬敷五教，在宽。"

《史记集解》说："郑玄说：五品，是指父、母、兄、弟、子。王肃说：五，即五常。马融说：是指五教，即有关五品的教育。"（孔颖达说："品，指的是品第秩序。就一个家庭之内来说即是长幼尊卑的等次，也就是按照父、母、兄、弟、子为先后的等次。用道义、慈爱、友善、恭敬、孝顺作为家庭教育的内容，这些内容的教育活动可以常常施行，于是'道义'等事项就成为五常了。《左传·文公十八年》说：'在四方各地颁布五教，让作父亲的讲究道义、作母亲的慈爱、作兄长的友善、作兄弟的恭敬、作儿子的孝顺。'这就是所颁布的五常教育内容了。"苏轼说："用这些内容来教育民众的时候，一定要宽缓慢慢地推进，然后才能够被民众认可。若是急迫地要求他们接受，就会出现因为施行美德而引发怨恨的情况，或者与此相反而出现民众相继变得虚伪的情况。"陈大猷说："敷，有宣、布两个意义，宣指的是阐明，布指的是颁行。同时兼有这两种意义，才能够开展教育事务。"）

《孔传》说："逊，是顺从的意思。"

林之奇说："五品的划分，反映的是五典教育，都是涉及人伦关系的问题。我个人认为，《左传》的解说不如《孟子》'父子有亲，君臣有义，夫妇有别，长幼有序，朋友有信'的解说那么完备。"

案：郑氏注解"辩章平姓"时，认为"百姓"是针对群臣之父子及兄弟而说的。《国语》所说的"百姓"，也指的是王公子弟，因此韦昭用

"官族"来解释它。大概百官即是从这些百姓之中提拔上来的,所以想要他们表现得明晰突出,想要他们具有亲善友爱恭逊顺从的品德。这是黎民看到他们的表现就随从感化而没有违戾的原因。父子之间、君臣之间、夫妇之间、昆弟之间、朋友之间都有尊卑长幼的等次差别,所以称作"五品"。至于《孟子》所说的亲爱、道义、差别、次序、诚信这五种情况,则是属于五教的范围了。

帝曰:"皋陶,蛮夷猾夏,寇贼奸宄,汝作士。五刑有服,五服三就;五流有宅,五宅三居:惟明克允。"

《史记集解》:"郑玄说:'猾夏,是武装侵犯中原的意思。'马融说:'士,是统领狱官的长官。五刑,指的是墨刑、劓刑、刵刑、宫刑和大辟五种刑罚。三就,分别指的是犯下大罪的人要在原野受刑,犯下次罪的人要在集市或朝廷受刑,与君王同族的死刑犯要在郊外甸师氏处隐蔽受刑。已经被判处五刑的服罪犯人,就应当按情况分别前往上述三处地方受刑。五流,指的是犯下五刑中的死罪但身份属于在"八议"范围而可减刑的人,君王不忍加刑,于是用流放远方的方式来加以宽宥。这些犯有五刑之罪而被流放的人也根据罪行轻重有三种不同的流放之地:犯下大罪的人流放到四方边远区域,犯下次等罪行的人流放到九州之外的区域,再次等罪行的人流放到华夏之外的区域。但是事先应当明辨犯人罪行,以便能够让其信服判决。'(孔颖达说:"《左传·定公十年》说:'四方边远地区不谋求侵犯华夏之地,夷人异族不谋求淆乱华夏文明。'这说明'中国'指的是华夏。《左传·成公十七年》说:'作乱发生在外部的叫作奸,发生在内部的叫作宄。'《周礼》之中属于司寇类的官职有士师、卿士,这些官职都是用'士'作为统称。郑玄解释说:'士,是检察的意思。主管检察诉讼司法事项。'《月令》说'命令大理'。'《左传·昭公十四年》说'叔鱼代理理官'。这是说,狱官就是理官。《鲁语》说:'刑罚有五种而已。大刑要动用全副武装的军事人员,次刑要动用斧钺,中刑要动用刀锯,中刑之下要使用钻挖肉体或雕刻皮肤的方式,最轻刑的要动用鞭子及木杖,以此来威慑民众。所以犯下大罪的要在原野惩处，罪行小的要在市朝惩处。五刑分为三个等次。'这里所说的'三个等次'，就是此文中的'三就'。只有死罪应当分别前往就刑的处所，其余墨刑、劓刑、剕刑、宫刑是没有固定之处可以前往的。马融、郑玄、王肃三家都认为'三就'分别指'原野''市朝'和'甸师氏'。案：就刑于甸师氏处的是君王的同族。在隐蔽之处就刑而不让国人参与，是考虑到兄弟关系。隐蔽之处不是就刑的正常处所，此文谈到的是正刑，所以不应当涉及甸师。此外，市、朝是不同的场所，不能够将它们合而为一。王肃说：'只有辨明其人罪行，才能使之信服。'"薛季宣说："按照周礼，大刑应当动用全副武装的军事人员，说明蛮夷侵犯、盗贼扰乱等事项也归士师处理。")

《周礼·司刑》孔颖达《疏》："《舜典》说'寇贼奸宄'，郑玄《注》说：'强大的对手聚集起来侵犯叫作寇，杀人叫作贼，产生于内部的作乱叫作姦、产生于外部的作乱叫作宄。抵御内部作乱要用道德感化的方式，抵御外部作乱要用刑罚惩处的方式。'"

《礼记·王制》孔颖达《疏》："《虞书》说：'五流有宅，五宅三居。'郑玄《注》说：'宅，读作"咤"音，是用作惩治的器具。''五流有宅'的意思是说，犯下五刑之罪而被流放的人，都有相应刑具对他们进行惩治。五咤，是五种器具，包括一副桎、两副梏、两副拲。'三处'的意思，是指从九州之外开始到四夷边远地区为止，将这些地方按照远近划分为三处，有如周朝的夷服、镇服和蕃服三处。"

《孔传》说："猾，是武装侵犯的意思。士，即执掌司法的理官。服，是顺从的意思。舜帝这番话是说，公正地解决了按照罪行轻重惩处的问题。既从五刑，意思是对五刑判决表示服罪。行刑应当前往三处地方：大罪在原野，犯大罪的大夫在朝廷，士则在市集。犯五刑之罪而被流放的人各自有居处的地方，这五种流放住地分为三个等次：犯下大罪的人流放到四方边远区域，犯下次等罪行的人流放到九州之外的区域，再次等罪行的人流放到千里之外的区域。"

林之奇说："这里的'蛮夷'不是指华夏境外的蛮夷。舜当政的时期，九州之内大概有着蛮夷与我们华夏民族错杂居住的情况，例如居住在冀州和扬州的岛夷、青州的莱夷、徐州的淮夷、梁州的和夷就都是例子。王氏说：'受刑的人或者就重罪被处罚，或者就轻罪被处罚，或者就处于轻罪重罪之间的罪行被处罚，这叫作"三就"。流放的人，有的居处边远，有的居处靠近中央，有的居处在介于远近之间的中间区域，这叫作"三居"。'相比之下，这种解说为好。舜的意思大概是教皋陶要依据犯人犯罪的情形而定其罪。这番话的珍贵之处就在于表达了'惟有明辨罪情的判处才能让犯人信服'的主张。"

黄度说："服，是说不同的罪行具有各不相同的犯罪表现，因此就让犯人按罪行轻重服刑。《吕刑》中的'上服下服'指的就是这种情况。五刑按罪行轻重分为三等，叫作'三就'。就，犹如说'成'，此处是依据罪状判成其罪的意思。大辟这种刑罚对应的罪行重，宫刑、剕刑对应的罪行相较而轻，墨刑、劓刑所对应的又更轻一些。用于惩治的刑罚有五种，对本应作受刑处置却宽大处理改为流放的类别也有五种，犹如今天所谓增加犯人服苦役或者发落牢城的年数而不再对其刺面等宽待措施。当时这些做法应该有特定的名称，但也是按照流放居住地的远近分为三个等次，所以叫作'三居'。"

朱子说："'三就'是指这三种情况：如果犯人刑当大辟那么就解往市集受刑；如果判处的是宫刑那么就像汉代那样解往蚕室受刑；如果判处的是其他非死刑的惩罚如墨刑、劓刑、剕刑等，那么就解往偏僻之处受刑。因为受了宫刑等残害身体的惩罚若受风必定招致死亡，圣人既然已经保全受刑人性命，就不忍心其人再有如此结果。'三居'则如同流放到四海之外，或者九州之内，或者靠近郊外居处，远近不同的差异都是因为罪行轻重的不同所导致。"

孙觉说："惟明，就会对有关罪状的真伪完全掌握。克允，就是能使定罪轻重适当。（陈大猷说：夏氏认为，"惟明克允"的意思是惟有明察才能还原犯罪情形而据此定罪，因此能够判处允当。"）

应镛说："刑罚的轻重与所犯罪行的大小相称叫作'服'。就，是表示断案公文完成。断案公文若是一次不能通过就会撰写第二稿，第二稿不能通过就会有第三稿，这叫作'三就'。《周易》说"革言三就"，岂不是参相交错审订、省察其已完成之文的说法吗？《周礼》记载有'三刺''三赦''三宥'等司法程序；《王制》：'三公把完成的案件诉讼情况上报君王，王考虑了'三宥'，然后才断制刑罚。'即使是后世的断罪判刑，尚且存在有'三覆奏'、'五覆奏'的程序，何况是正值高峰状态的古代兴盛时期呢！"

案：服，指的是服罪的实际状况。宅，《史记》写作"度"，认为流放之地有等次不同的差异，所以审度流放之地要考虑与罪行的轻重相适应。"就""居"两字，解释为处所的说法接近它们在经文中的意思。

帝曰："畴若予工？"佥曰："垂哉！"帝曰："俞，咨，垂，汝共工。"垂拜稽首，让于殳、斨暨伯与。帝曰："俞，往哉！汝谐。"

《尔雅》："谐，是相和的意思。"

《史记集解》："马融说：'工，指掌管百工的官员。共工担任司空，共同主掌百工方面的职事。'"

《孔传》说："垂，是舜一位大臣的名字。共，指的是供职于其所负责的事务。殳斨、伯与，是舜两位大臣的名字。"

苏轼说："谐，是适宜的意思。"（王充耘说："禹谦让职务给稷、契、皋陶，舜就任用了稷、契、皋陶；伯夷谦让职务给夔、龙，舜就任用了夔、龙，所以都不说是'汝谐'，这是任由他让职。益谦让职务给朱虎、熊罴，而舜却未尝任用朱虎、熊罴；垂谦让职务给殳、斨、伯与，而舜却未尝任用殳、斨、伯与，所以分别对益、垂两人说了'汝谐'，意思是只有你可以适宜担任这一职务。"）

林之奇说："记载禹让职给稷、契、皋陶三人一事，就说是'让于稷、契暨皋陶'；记载伯夷让职给于夔、龙二人一事，就说是'让于夔、龙'，借以表明伯夷的让职正好与大禹的让职类同。然而记载伯夷让职时在中间加了'暨'字，因此让职的对象为三个人就是确定无疑的了。殳，一人，加上斨是两人，再加上伯与就是三个人。”（朱子说：“殳，是用‘积竹’的方式制造的兵器，这种兵器是设置在兵车上的。斨，是纳柄之孔为方形的斧子。古代多是依据其人所擅长而为之取名，如此说来此处‘殳’‘斨’怎能是指两种器具呢？”）

案：对“殳斨暨伯与”的理解应当依从林氏的说法，指的是三个人。这三人应该是百工之长的辅佐人员，因此可以知道他们仍然各自居任原有官职。“汝谐”的意思是，垂任百工之长，殳、斨、伯与作为辅佐人员，让他们在一起协同做事。

帝曰：“畴若予上下草木鸟兽？”佥曰：“益哉！”帝曰：“俞，咨，益，汝作朕虞。”益拜稽首，让于朱、虎、熊、罴。帝曰：“俞，往哉！汝谐。”（佥曰，当从古本作“禹曰”。）

《史记集解》：“马融说：上，指的是高处原野；下，指的是低湿之地。虞，是掌管山泽的官名。’”

孔颖达说：“马融、郑玄、王肃依据的本子‘佥曰益哉’四字都写作‘禹曰益哉’。郑玄解释说：‘舜说“朕虞”，是表明其重视对鸟兽草木的管理。’”

《孔传》说：“上，指的是山林；下，指的是水泽。朱虎、熊罴，是两位大臣的名字。”（《史记索隐》说：“就是高辛氏的儿子伯虎和仲熊。”）

林之奇说：“朱、虎、熊、罴，据《左传》记载：‘高辛氏之子，有伯虎、仲熊。’‘虎’与‘熊’既然是两个人，那么‘朱’与‘罴’也应当是两人了。（蔡沈说：“我猜想用兽名作为名字的，也是因为其人能降伏这种兽因而获取它名字的吧？”）朱博士说‘殳、斨、伯与是三个人，所以中间用“暨”字来区别他们。朱、虎、熊、罴是四个人，所以不称说“暨”。’相较而言，这种说法为好。”

案：朱、虎、熊、罴，应当依从林氏的说法指的是四个人。《史记》说：“舜曰：‘往矣，汝谐。’遂以朱、虎、熊、罴为佐。”也是用“汝谐”这句话来包括伯益及其所推荐的四个人。

帝曰："咨，四岳，有能典朕三礼？"佥曰："伯夷。"帝曰："俞，咨，伯，汝作秩宗，夙夜惟寅，直哉惟清。"伯拜稽首，让于夔、龙。帝曰："俞，往，钦哉！"

《尔雅》："夙，是早晨的意思。""寅，是恭敬的意思。"

《史记集解》："马融说：'三礼，指的是拜祭天神、地祇和人鬼这三种礼制。'郑玄说：'指的是有关天事、地事、人事这三方面的礼制。秩宗主掌的是秩序、尊卑等礼制。'"

《孔传》说："伯夷，是舜一位大臣的名字，其人为姜姓。（孔颖达说："《郑语》说：'姜姓，说明是伯夷的后人。伯夷是能够祭祀天神而辅佐尧的人。'因此伯夷是姜姓。"林之奇说："《国语》认为姜姓为四岳的后人，又认为是伯夷的后人。韦昭随即说就是四岳。此处经文说：'哎，四岳，有谁能够为我主掌三礼之事？大家都说：伯夷可以。'难道四岳说这番话是用来自荐的吗？用人情世故来揆测，他们是决不会这样做的。因此伯夷是姜姓这种说法，虽然先儒是有所依据而记载，但也是不可信的。"）宗，是表示位尊的意思，秩宗是主持郊庙祭祀的职官。（孔颖达说："这一时期的秩宗一职，就相当于《周礼》中的大宗伯。"蔡沈说："典，是主管的意思。宗，指的是祖庙。秩宗，是掌管排序众神位次的职官。而专门用'秩宗'来命名的原因，大概其职责是以负责宗庙祭祀为主。《周礼》也将这种官职称作'宗伯'；而都、家都设有'宗人'这种职位来掌管祭祀之事，也是体现同样的意思。"王天与说："夏氏说：宗，如同'宗主'中的'宗'，所以长子因为掌管宗庙祭器就被称为'宗子'。以'秩宗'作为此官职名称，岂不是由于上天安排了爵次之礼，而这种礼法实际是由秩宗主掌的吗？所以成周时期掌管邦国礼法的叫作宗伯，掌管都、家礼法的叫作都宗人、家宗人。"）夔、龙，分别是舜两位大臣的名字。"

案：周代才开始将礼仪分为吉礼、凶礼、军礼、宾礼、嘉礼等五礼。唐虞时期只是统一命名为天地人之礼罢了。虽然只是三礼，但五礼已全部蕴含在其中。郑康成《礼论》所说的"唐虞有三礼，到周朝分为五礼”,这番话是正确的。此外,伯夷、四岳,为什么不能都是姜姓之人呢?林氏的怀疑是不妥当的。

帝曰:“夔,命汝典乐,教胄子,直而温,宽而栗,刚而无虐,简而无傲。诗言志,歌永言,声依永,律和声,八音克谐,无相夺伦,神人以和。”

《尔雅》:“永,是长久的意思。”

陆德明说:“王肃说:胄子,就是国子。马融说:胄,是成长的意思。教胄子,即是教育天下子弟使之成长的意思。”

《史记集解》:“郑玄说:‘胄子,即是国子。“声依永,律和声”的意思是,乐音的曲折高低又是随着诗歌语言的加长而变化的,乐音的长短高低需要与律律相适应才算和谐。《尚书》所说的“神明与人和谐”,“受祭的祖先来临”,“众诸侯因为美德而互相谦让”,只是和谐音乐所取得众多成就中的极少例子。’马融说:‘直而温、宽而栗,这两句的意思是为人正直但面色却要温和,为人宽宏大量但做事却要恭敬甚至战栗小心。歌唱的目的是通过加强声音而突出诗歌含义。’”

《孔传》说:“子,指的是从天子的长子以下直到卿大夫的子弟。声,指的是五声,即宫、商、角、徵、羽五音。律,指的是六律六吕,它们分别应和一年十二个月的节气。伦,是条理的意思。”(陈大猷说:“谐,是指众多不同的乐音表现出的和谐状态。伦,是指各种乐音的安排都有条理。”)

苏轼说:“教育的特点是,一定要保留受教育者的长处而辅导完善其不足之处。正直的人其缺陷在于为人不温和,宽宏的人其缺陷在于为人不恭谨,刚强的人其缺陷在于为人苛刻虐待,简易的人其缺陷在于为人傲慢。声,指的是乐声。永,是就人声的长短而言。乐声或高或低的调节范围,是视人声所能达到的音域而要求的,能达到的就符合乐声要求,这就是所谓‘声依永’的意思。”

案:声、律,都是用来均衡调节乐音高低的度数。歌唱是为了加长诗歌语音,而五声是与唱声的高低相随适中,所以称为‘歌永言,声依永”。乐律则是以五声高低为标准而调和它们,使之形成节奏,所以称为“律和声”。凡是创作音乐都是以人的声音为根本，而金、石、丝、竹、匏、土、革、木这些不同材质的乐器所奏响的八音都是为了应和人声。

夔曰：“于，予击石拊石，百兽率舞。”

苏轼说：“这是指在舜任命九官的时候，没有来由地，夔在此时独独宣扬起自己的功绩。所以，“于，予击石拊石，百兽率舞”这一句原来只是《益稷》中的文字，因为简编脱误的缘故而重复出现在这里。”（刘敞说：“《益稷》一文的末尾又记载了夔在《舜典》中说过的话：‘于，予击石拊石，百兽率舞。’这说明《舜典》一文的末尾有一处衍文。根据什么知道是这样的呢？当舜任命二十二人的时候，这些人没有不谦让的，只有夔、龙是相反的表现。这也就罢了，还赞扬自己的才能，夔一定不会做出这样的事。”时澜说：“有人认为说不定这种不合常理的内容是因简编脱误造成，但如果不是这样的话，夔若是自己称说其功绩也可以这样解释，大概听闻舜说的话之后他心领神会，于是说‘在我奏响磬石乐器之际，百兽尚且会相率起舞，那么神明与人也因此而和谐就是可想而知的了。”）

案：苏氏、刘氏认为此条文字属于简编衍误的看法，是正确的。然而《史记》在记载舜此段任命官员的文字中也引述了夔这番话，说明在汉初这篇文字已经讹舛有误了。

帝曰：“龙，朕堲谗说殄行，震惊朕师，命汝作纳言，夙夜出纳朕命，惟允。”

《尔雅》：“殄，是断绝的意思。”“震，是震动的意思。”“震、惊，是惧怕的意思。”

《史记集解》：“郑玄说：‘“谗说殄行，震惊朕师”两句的意思即所谓表面上选择仁而在行为上却违背它，因此惊动我众多臣僚，让他们感觉疑惑不解。’”

《孔传》说：“堲，是痛恨的意思。舜的意思是说，我痛恨谗言，因为它灭绝君子的处世行事,并惊动了我的众多臣僚,因此我想遏止住谗言。纳言,是属于君王喉舌的官职。其职责是,听取下面的言论将它往上反映给君王,接受君王的命令将其传达给下面,并在这两方面都一定要做到诚实。”

苏轼说:“绝行,是指独断专行地做事因而是不可传续给他人的行为。”

陈栎说:“愚见认为,舜这番话的意思是让龙核查君王命令适当与否,若适当就传达给天下,若不当就向君王进言,其职责只在于使王命允当,就像后世的批敕之官。这样理解的话,‘朕命’二字的意思就差不多明晰顺畅了。”

案:《周礼·稻人》“夏以水殄草而芟夷之”郑玄《注》说:“殄,是病重的意思,是断绝的意思。”“谗说殄行”的意思是,谗言足以让他人在德行方面受损伤痛。这是举出谗言造成的实际灾害。“出纳朕命”之意,不能够只是理解为专门把听闻到的下面的言论反映给君王。《诗经·大雅·烝民篇》说:“出纳王命,王之喉舌。”《郑笺》说:“出王命,是指将君王口中说出的话接受下来传达出去以便下面执行。纳王命,是指将当时下面适当的言论传递给君王。”然而其官职名为“纳言”,而且舜告诉纳言说“朕谗说殄行,震惊朕师”,说明谗言的可畏,是想要纳言审察下面的言论而不被谗言所迷惑,然后再“出纳”君王的命令。出,是将君王的命令传出宣示给公众的意思。纳,是向君王进言陈述的意思。大概君王的命令本已允当,纳言就直接传出宣示;君王的命令不够允当,纳言就必定要进言陈述其适当与否,直到认为归属于允当的范畴才传示出来。所以说是“早晚‘出纳’我的命令,唯一的原则是保证命令允当”。陈氏所谓“就像后世的批敕之官”的说法,是得当的。

帝曰:“咨,汝二十有二人,钦哉,惟时亮天功。”

《史记集解》:“马融说:‘稷、契、皋陶全都任职时间长久,都成就了功绩，舜这里只是述及其成功表示赞美，而没有再对他们加以敕命。禹以及垂以下几位都是初次任命的，共六人，他们与上述十二牧、四岳加在一起，共二十二人。'郑玄说：'这些人都是舜来到文祖之庙祭拜时所敕命的。'"

孔颖达说："郑玄说从'咨十有二牧'开始到'帝曰龙'为止所涉及的人，都是舜在代行执政的第二年正月初一日来到文祖之庙所任命的。郑玄认为二十二人的数字中，计入了殳、斨、伯与、朱、虎、熊、罴等人，而没有计入四岳。"

苏轼说："尧想要人帮助自己逊让帝位，那么帮助的人就很明确不止是四个了。二十二人，大概包括十二牧、四岳和九官。而过去的说法认为四岳是四人。大概每次向四岳咨询时，他们一定是用"佥曰"的方式来一起对答。咨询的人只是一个，而作答的是群体，因此不妨将四岳作为一个人看待。亮，是辅佐的意思。"

林之奇说："此处四岳、九官、十二牧，应当共有二十五人。只说二十二人的原因，大概是可能有人兼任岳、牧两职，或者是有人担任州牧长官的同时而又位居九官之列，具体是哪种还无法知道。"

案：二十二人这个数字，都是就地位显赫的官员而说的，所以不计入殳、斨、伯与以及朱、虎、熊、罴等人。苏氏将四岳看作一人，加上十二牧、九官正好二十二人，这种说法是正确的。四岳、百揆，都是官职名称，必定不会发生只任命百揆而不任命四岳的情况。所谓"询于四岳""咨十有二牧"，是依据其旧有职务来向他们询问、向他们咨询。《国语》说"咨亲为询"。"咨"和"询"只是变换文字以使语言形成区别和不同，并非不是任命他们担任新的职务。

三载考绩，三考，黜陟幽明，庶绩咸熙。分北三苗。

《尔雅》："绩，是成事的意思"，"是功业的意思"，"是功绩的意思"。

《史记集解》："郑玄说：'分北三苗，其意是说被迁移的三苗当中那些身为西部边远地区的诸侯仍然在作恶，于是再次将其分开流放到不同地方。'"

孔颖达说:"郑玄认为'流四凶'的意思是,将四凶中本是公卿地位的改为伯爵、子爵,本是大夫地位的改为男爵,即只是降低其爵位罢了,他们的身份仍然是国君。所以认为流放的三苗当中那些身为西部边远地区的诸侯仍然在作恶,于是再次将其分开流放到不同地方。王肃说:'三苗当中已经得到赦宥宽大处理的乱民,有的又重新不愿归顺,就不再让他们相互随从,而是将其分开流放到不同地方。'"

《孔传》说:"经过九年的任职考核就可以知道被考核者能够胜任其职务与否,其人德行的幽暗或光明也有了辨别,进而罢黜德行幽暗的,提拔具有光明之德的人。"

苏轼说:"苗人邦国,在洞庭湖右边的彭蠡,是属于南方的邦国。而被流放到西部边远地区,一定只是流放其君主而已,三苗民众并未流放。到了这一步,治理天下已经是大功告成,但是苗民仍然不顺服,所以就将他们分开流放了。"

惠栋说:"'分北三苗'中的'北'读为'别'音。'北'与'仌'字形相似。《说文》在《八部》中说'仌,是分别的意思',又在《丫部》中说:'兆,是古文"别"字。'许君问学于贾逵,贾逵传下的是《古文尚书》,因此许君一定从他那里获得了可靠的信息。虞翻说:'郑玄注释《尚书》"分北三苗"中的"北"字,说是"别"字的古体。又解释"北"说:"北"犹如"别"。'如此之类解说,的确让人奇怪。我认为'北'字字形像'别',但不是'别'字的古体。又'北'字与'仌'字不同,不能够将'北'当作'别'来理解。虞、郑两人的解释都失误了。苗人本是一族,被分别流放,所以就有了三苗之别。犹如三危本是一族,三苗占据了三危的一部分土地,所以'三危'也是因其族人分别到了不同地方而另起的称谓。大概依照'三居'的法则,是要借不同的居处来间隔三苗让其不能互相联系。"

案:经文前面说的"窜三苗于三危",此处说的"分北三苗",《皋陶谟》中说的“苗顽弗即功”，都是兼指三苗的君与民而言。三苗族人应该是同在一地居住，但将其划分成为三部分，就相应分三处地方流放他们。危，大概是地名，将危地一分为三，所以叫作“三危”。后人用卑羽山三峰来附会“三危”之名，但这地方距离黑水太远。“分北”的对象，是未被流放但因顽固不化而不能担任官职的苗民，将他们分别开来以便让其各随自己的君主流放。大概这些苗民的顽固不化也让人矜怜，所以对他们采取的惩戒措施就只是迁徙、不让其居住在原先的土地上罢了。

舜生三十，征庸三十，在位五十载，陟方乃死。

《尔雅》：“征，是征召的意思。”“陟，是升高的意思。”

《史记》：“舜在二十岁时因为孝顺而闻名天下，到三十岁的时候尧举荐他继位，五十岁的时候开始代行天子职事，五十八岁的时候尧去世，六十一岁的时候接替尧正式登上帝位。居帝位第三十九年，前往南方巡守，结果逝世于苍梧之野。其后被葬在江南九疑山，具体地点是零陵。”《史记集解》：“皇甫谧说：‘舜建都的地方，有的说是蒲阪，有的说是平阳，有的说是潘地。潘，就是今天的上谷地方。’《皇览》说：‘舜的坟冢在零陵营浦县。所在之山九条溪谷都相似，令人疑惑，所以叫作九疑。’《书传》说：‘舜葬在苍梧山，大象为他耕地。’《礼记》说：舜葬在苍梧山，两个妃子没有跟随他到那里。《山海经》说：‘苍梧山，帝舜就葬在它的南面，帝丹朱葬在它的北面。’皇甫谧说：‘有人认为两个妃子葬在衡山。’”（《史记正义》说：“《括地志》记载：‘平阳，就是今天的晋州城。潘，就是今天的妫州城。浦阪，就是今天距蒲州城南面二里的河东县界内的蒲阪故城。’”黄度说：“案《孟子》认为‘舜卒于鸣条’。鸣条在安邑，就是舜的故都。舜在禅让方面与尧有不同的地方。舜在世的时候，禹虽然代行执政，但是命令仍然从舜那里发布出来。所以舜才会亲自巡守，陟登四方高山祭天，召见各地诸侯，把这叫作‘陟方’。《周颂》说‘陟其高山’，后世因此把帝王登山祭天叫作‘登封’，叫作‘升中’。”薛季宣说：“典籍大多称说舜往南方巡守而在苍梧九疑山去世，只有《孟子》以为舜迁徙到负夏，是在鸣条去世的。《吕氏春秋》记载说舜葬在纪。韩子以为当舜年老的时候，禹就开始摄政了，舜还怎么前往南方巡守？况且南方地势低下，因此不能够把前往南方称作‘陟方’。稽考吕、孟所撰之书，这种说法是得当的。苍梧山在海州界内，靠近莒地的纪城。舜之后出现的虞国在应天的虞城。鸣条亭在陈留的平邱。负夏，即今天兖州的瑕丘。这表明苍梧不在南方。《礼记》说：舜是葬在苍梧之野的，二妃当时没有跟随他去那里。今天二妃墓在蒲阪。”）

孔颖达说：“郑玄解读这一经文说：‘舜生三十，指的是出生三十年。登庸二十，指的是历经试用二十年。在位五十载，陟方乃死，指的是从摄位到去世这期间为五十年。舜享年一百岁。’”

《孔传》说：“方，是道路的意思。舜即位第五十年，开始登上通往南方的道路去巡守，后来死在苍梧之野，就埋葬在那里了。舜三十岁开始受到征用，在位三十年后，为舜帝服丧三年，服丧中的第一年实际上计入到了在位的前三十年里，后正式作天子五十年，享寿共一百一十二岁”。（苏轼说：“舜作为百姓有三十年；经历了试用的三年时间，摄位有二十八年，从试用开始，前后通共三十年；尧去世后，舜为他服丧三年然后才即位，这时年龄大致是六十二岁了；又在位五十年而去世，享寿就为一百一十二岁了。认为舜巡守南方，死在苍梧之野的这种说法，韩愈认为不当。他的解说是：‘陟方，犹如说“升遐”，意思就是《尚书》所说的“新去世升天的君王”。解释《尚书》的学者用“乃死”作为“陟方”的解释，大概“乃死”本身是章句疏解而后来的学者误以为是经文。’这种说法是得当的。”林之奇说：“陟方，犹如说‘升遐’。乃死，意思是升遐而死，犹如说‘帝乃殂落’之‘殂落’。杨子所说的‘黄帝、尧、舜殂落而死’，与‘陟方乃死’在文态体势上正相同。”蔡沈说：“韩子说：帝王的亡没都叫作‘陟’。陟，是上升的意思，指的就是升天。《尚书》说‘殷礼陟配天’，是说一生讲究道德直至去世，其作为君王的德行合乎上天意旨。所以《尚书》记载舜亡没的时候是用‘陟’来表达。其下文说‘方乃死’，是用来解释‘陟’就是死的意思。案：这种说法是对的，只是不应当将‘陟’字视作句尾而在此处断句。方，犹如‘云徂乎方’中的‘方’。”

案：陟方，朱升《尚书旁注》说：“指舜在巡守的时候攀升各方山岳。”这个说法对文义来说更为切近。《史记》说：“舜在南方巡守的时候，死在苍梧之野，葬在江南的九疑山。”与《礼记》的记载相符合。《孟子》所记载的多是战国时期的不同说法，不必作为普遍适用的证据。

《毛郑诗考正》译注

《毛郑诗考正》译注说明

戴震对《诗经》做了很多研究工作，撰写出了几部训诂专著：《毛诗补传》《毛郑诗考正》和《杲溪诗经补注》。其中，《毛诗补传》是戴震三十岁时完成的，作者认为不够成熟，所以在世时没有刊行。《毛郑诗考正》是作者别录《毛诗补传》辩证而所成卷帙，既"挑选了《诗补传》部分要点，又进一步考订加工而成"（孙以昭《毛郑诗考正》点校说明）。《杲溪诗经补注》则是在《毛诗补传》的基础上"识见稍定"之撰。所以探讨戴震的《诗经》研究，应主要依据《毛郑诗考正》和《杲溪诗经补注》。但《杲溪诗经补注》是未完稿，只有两卷，解释的是《周南》和《召南》两部分。因此相较而言，作为戴震本人认可且是完帙的《毛郑诗考正》一书对于了解戴震《诗经》研究就更显得重要。而这部撰著的成就，也早已为学界公认。清人凌廷堪《戴东原先生事略状》指出此撰为戴震"考证之精者"，钱大昕、余廷灿、钱林、李元度等人也予以了积极评价。

这也是我们选择《毛郑诗考正》作为对象进行译注的重要原因。

《毛郑诗考正》由"卷首"与正文四卷构成。

卷首即郑玄《诗谱》。戴震对《诗谱》有一些加工整理文字，但处理谨慎，只是在其"讹阙"之处"聊加订正"，目的是"存梗概"。因此，卷首不在本译注收录之列。

正文四卷内容为考释《诗经》。主体是字词名物训诂，兼有对句义、章义和诗义的说明，同时涉及文字校勘以及语法、修辞等研究。其解释对象，包括《诗经》原文、《毛传》和《郑笺》，也偶有对孔《疏》的解说。周中孚《郑堂读书记》“毛郑诗考正四卷”一条：“是书于《毛传》《郑笺》无所专主，多自以己意考证，或兼摘《传》《笺》考正之，或专摘一家考正之，或止摘经文考正之。大都俱本古训古义，推求其是，而仍以辅翼《传》《笺》为主，非若宋人说《诗》诸书专以驳斥毛、郑而别名一家也。”这是基于戴震的学术立场所作的评论。

而从训诂角度，我们认为戴震《毛郑诗考正》有如下成就或特色：

一是解决了不少疑难问题。《毛郑诗考正》与戴震其他两部解《诗》专著相比，采取有问题方设标目的形式，内容上更突出了解决疑难问题的特征。如《关雎》之“雎鸠”，《毛传》以为此鸟“挚而有别”。“挚”为“鸷”之借字。但鸷鸟为猛禽，所以后人“多有疑猛鸷之物不可以兴淑女”的疑惑。戴震经过对《诗经》比兴体例的考察，指出：“考《诗》中比兴，如螽斯但取于众多，雎鸠取于和鸣及有别，皆不必泥其物类也。”不仅解决了“雎鸠”一词的疑难问题，也连带解释了同类型的其他诗辞问题。

与解疑释难相关，戴震《毛郑诗考正》不乏创见。事实上戴震虽然重视古说，但绝不惟古是从，所以书中对《诗序》《毛传》《郑笺》都有直接批评，并提出自己的看法。

二是将《诗经》视作礼乐文化的一部分，对《诗经》的解释多结合礼乐文化而富于特色、显出“深度”。《毛郑诗考正》卷首之所以全录郑《谱》，也与《谱》中多结合礼乐谈《诗》有关。《诗经》有不少诗歌反映出民间生活内容及情趣，但经朝廷乐官统一加工，整部《诗经》成为礼乐文化的组成部分，因此戴震的处理有其依据。其解释之所以多有创见，与他对《诗经》的这种看法密不可分。如卷一对于《关雎》“芼”的解释提出了与以往经师“拔取”之说不同的意见，即因为结合周礼中的“芼”是“叶之亨于肉湆者”，“菹与醢相从实诸豆，芼与羹相从实诸锄”。这类解说起到了挖掘诗歌特殊意蕴的作用。

戴震自认为其著述大旨为“就全诗考其名物字义于各章之下，不以作诗之意衍其说”（《毛诗补传序》），但其所撰并非为解字而解字，所考名物亦多与礼乐内容相关，最终多少会提示出他所理解的诗旨。《毛郑诗考正》往往特意指出解词即为说经。卷二解释《蓼莪》“匪莪伊蒿”之“莪”：“莪，俗呼抱娘蒿，可以知诗之取义矣。”显然是让读者注意该词在经文中的特殊作用。又发挥说：“《四牡》篇以‘翩翩者骓’，兴将父将母，骓即祝鸠。《春秋传》：‘祝鸠氏，司徒也。’说曰：‘骓性孝，故为司徒，主教民。’此学诗者所以勿忽于草木鸟兽之微也。”这番话最能体现戴震解释名物的根本目的，也明显具有指导读者正确读经的用意。所以他对“莪”之为物没有描述，而把解说重点放在了伦理道德方面。卷一解释《静女》“俟我于城隅”之“城隅”，指出天子、公、侯、伯城制之不同，已经说明了相关礼制，不仅如此，戴震还认为“城隅”一词与媵俟迎之礼相关，而“《传》《笺》皆就城隅取义，非诗意也”。《毛传》：“城隅，以言高而不可逾。”《郑笺》：“自防如城隅。”已经赋予诗文以道德伦理的意义。戴震认为这样的解释仍然肤浅，只是停留在了文本的表层意义上。因为当时“诸侯娶一国，二国往媵之，以侄娣从。冕而亲迎，惟嫡夫人耳。媵则至乎城下以俟迎者，然后入”。所以，后文“爱而不见”的意思是“迎之未至”。卷二《采菽》“邪幅在下”，戴震从邪幅——行縢之为物说起，进而挖掘其象征尊卑的意义，又进而介绍它们与贵族宴饮之礼的关系，最后揭示出该诗具有的特殊诗旨。

三是有方法论上的特点。

戴震解释经典“字学、故训、音声未始相离”（戴震《与是仲民论学书》），所以其解说方法和解说角度往往不是单一化的，这种做法对其释义的合理性提供了有力保障。此外，就《毛郑诗考正》而言，另有几点也比较突出。

重视考证。考证是《毛郑诗考正》使用的重要方法，同时也构成了它的重要内容。如上举"城隅"一词,戴震把解释重点放在考证天子、公、侯、伯城制的不同,又认为诗中"城隅"一词与媵俟迎之礼相关而就后者作出详细说明。考证就是其内容。

考据难以避免的是引述文献,淹博遂成为不少学者的治学风格。而戴震推崇的是精审,其《毛郑诗考正》引述上往往避开前人已经用过的材料。如卷一解释《王风·大车》首章之"菼",戴震引述的是《夏小正》与《说文解字》,这两种俱不见于孔颖达《正义》。孔《疏》释"菼"本已广引文献,《传》《笺》之外,还有如《周礼》《尔雅》《尚书》《左传》《郑志》等。戴震引《夏小正》"七月秀雚苇"之传解说雚苇开花前后的差异,又考述"菼"与"芦"分别是雚、苇二物初生时期的名称,批评《孔疏》混"芦""菼"为一。引《说文解字》"菼,雚之初生"再证"菼""芦"之不同。并指出凡是《诗经》中称蒹葭,称葭菼,称雚苇,以及今人称芦荻,都是两种植物并称,其中蒹、葭、雚、荻,是一种植物;葭、芦、苇,是另一种植物。引述不多却内容新颖,说解周详,体现出治学精审的风格。

注意归纳《诗经》体例,借此解决训诂问题,也是戴震常常使用的方法。这种方法避免了以往经师缘辞生训的弊病。与此相关,戴震还将群经视作一特殊材料整体,采用融汇群经以明诗的方法,即所谓"一字之义,当贯全经,本六书,然后为定"(戴震《与是仲民论学书》)。于是从一个词的解说,最终见出诗文特殊意蕴。这种方法对训诂学家影响至深。

译注在孙以昭先生《毛郑诗考正》整理本(收入黄山书社 2010 年《戴震全书》修订本)基础上进行,校以微波榭刻戴氏遗书本。译注保留了孙先生标点及校勘成果。凡采纳孙先生校勘成果处,皆在注文中予以了说明。

《毛郑诗考正》卷一(原文及注释)

周南

关雎首章

《传》:"雎鸠,王雎也。鸟挚而有别。"《笺》云:"挚之言至也,谓王雎之鸟,雌雄情意至,然而有别[①]。"震按:古字"鸷"通用"挚"。《夏小正》"鹰始挚"[②],《曲礼》"前有挚兽"[③],是其证。《春秋传》[④]:郯子言"少皞以鸟名官,雎鸠氏,司马也"。说曰[⑤]:"鸷而有别,故为司马,主法制。"义本《毛诗》,不得如《笺》所云明矣。后儒亦多有疑猛鸷之物不可以兴淑女者,考《诗》中比兴,如螽斯但取于众多[⑥],雎鸠取于和鸣及有别,皆不必泥其物类也。

《传》:"窈窕,幽闲也。"震按:窈窕,谓容也,其容幽闲窈窕然[⑦]。《礼》四教:妇德、妇言、妇容、妇功[⑧]。容者,德之表。

---

① 有别:谓雌雄有别,不双居。

② 鹰始挚:"挚"通"鸷",凶猛之义。《夏小正》谓六月之时,鹰变得凶猛,开始练习搏击。

③ 挚兽:谓性情威猛之兽。

④ 春秋传:指《春秋左传》。下同。下引为《左传·昭公十七年》文。

⑤ 说曰:指杜预《春秋左传集解》之解说。下同。

⑥ 螽斯但取于众多:先儒认为《诗经》之《螽斯》用螽斯(蚱蜢类)起兴,是借其子孙众多而引发下文祝人多子多孙之内容。

⑦ 幽闲窈窕:戴意以"幽闲"与"窈窕"一义,指女德修养的外在表现,即贞顺之状。参下注。

⑧ "礼四"句:《礼记·昏义》:"古之妇人先嫁三月……教以妇德、妇言、妇容、妇功。"郑玄《注》谓女子出嫁之前要先接受女师"四德"之教:"妇德,贞顺也。妇言,辞令也。妇容,婉娩也。妇功,丝麻也。"妇功,即女功、女红。

二章

《传》:“流,求也。”震按:义本《尔雅》[①]。考诗意,谓荇菜生流水之次,有洁濯之美,可以当求取耳。

《笺》云:“左右,助也。”震按:左右,谓身所瞻顾之左右也。

五章

《传》:“芼,择也。”震按:《尔雅》:“芼,搴也。”郭《注》云:“谓拔取菜。”吕伯恭《读诗记》引董氏云[②]:“芼,熟荐之也[③]。”说各不同,皆缘辞生训耳。“芼”从草,毛声,菜之亨于肉湆者也[④]。考之礼,羹、芼、菹、醢,凡四物。肉谓之羹,菜谓之芼,肉谓之醢,菜谓之菹。菹、醢生为之,是为豆实,芼则湆烹之(《礼注》[⑤]:“湆,肉汁也。”),芼之,言用为铏芼。孔冲远《义疏》以《周官·醢人》陈四豆之实无荇菜,而谓诗咏时事用殷礼。由“芼”字失其义,故不知诗中已明言为“芼”,非为菹也。菹与醢相从实诸豆,《周礼》七菹:韭菹、菁菹、茅菹、葵菹、芹菹、箈菹、笋菹[⑥],是也。芼与羹相从实诸铏,《仪礼》[⑦]:“铏芼:牛藿、羊苦、豕薇。”《昏义》:“牲用鱼,芼之以苹藻。”[⑧]《内则》:“雉、兔皆有芼。”[⑨]是也。

---

① 义本《尔雅》:《尔雅·释言》:“流,求也。”

② 吕伯恭《读诗记》:即吕祖谦《吕氏家塾读诗记》。“伯恭”是吕祖谦字。

③ 熟荐之:吕引董氏原文为“芼,则以熟而荐也”。故知此处“芼”为用以荐献祭品的熟菜。

④ 亨:同“烹”。

⑤ 礼注:指郑玄《仪礼注》。

⑥ 周礼七菹:指《周礼·天官·醢人》所载“七菹”。按郑玄《注》,七菹即韭菹、菁菹、茅菹、葵菹、芹菹、箈菹和笋菹。菹,腌制品。菁,即萝卜。茅,凫葵。箈,箭竹之笋。笋,即竹笋。(据郑玄《注》)芹,《说文》云为蒿类。

⑦ 仪礼:下引文为《仪礼·公食大夫礼》语。

⑧ “昏义”句:《礼记·昏义》:“教成祭之,牲用鱼,芼之以苹藻。”谓待嫁女子接受“四德”之教后所行祭礼。

⑨ “内则”句:“内则”系《礼记》中的一篇。雉、兔,此处为牺牲。

葛覃三章

《传》:"言,我也[①]。"震按:义本《尔雅》[②]。《诗》中"言"与"云"互用,皆辞助。

卷耳二章

《传》:"崔嵬,土山之戴石者[③]。"震按:此及下《传》疑转写互讹[④]。崔嵬,高貌也。凡高山其下多石为之基,故《尔雅》:"石戴土谓之崔嵬[⑤]。"

四章

《传》:"石山戴土曰砠。"震按:"砠"字从石,以石上见也,故《尔雅》:"土戴石为砠。"

汉广首章

"南有乔木,不可休思。"《传》:"思,辞也。"震按:经文"思"或作"息"者,转写之讹。《尔雅》:"休,荫也[⑥]。"(郭本作"庥,荫也"。字通用。)"休""求""泳""方"各为韵,"思"皆句末辞助。《韩诗外传》引此作"不可休思"。凡《诗》中用韵之句,下有一字或二字为辞助者,必连用之,数句并同,不得有异。惟"不可休思""思"讹作"息",及"歌以谇止"[⑦]"止"讹作"之",遂乱其例。

---

① 我:系《毛传》解释诗文"言告师氏,言告言归"中的"言"字之义。

② 义本《尔雅》:《尔雅・释诂》:"言,我也。"

③ 土山之戴石者:系《毛传》解释诗文"陟彼崔嵬"中的"崔嵬"之义。

④ 下《传》:指《传》文"石山戴土曰砠",《毛传》用以解释诗文"陟彼砠矣"中的"砠"。

⑤ 石戴土谓之崔嵬:此与下"土戴石为砠"语均见于《尔雅・释山》,故"石"指石山,"土"指土山。

⑥ 荫:即荫蔽之义。

⑦ 歌以谇止:系《陈风・墓门》诗句。戴意"歌以讯之"中"讯"为韵字,其后"之"为语助词,应与同章韵句"有鸮萃止"一致而作"止"。

召南

鹊巢二章

"维鸠方之"《传》:"方,有也。"震按:《诗》中"方""房"通用。《小雅》"既方既皂"①,《大雅》"实方实苞"②,《笺》云:"方,房也。谓孚甲始生而未合时也。"③是"方"有"房"义。《汉书·地理志》山阳郡"方与",晋灼云④:"音房豫。"是"方"有"房"音,"方之"犹"居之"也。

羔羊首章

《传》:"大夫羔裘以居。"震按:羔裘,诸侯视朝之服。《传》因"退食自公"为退朝而燕居,故云"羔裘以居"⑤。考之诗辞,盖在朝方退,自公门出,见者赋以美之也。

驺虞首章

《传》:"驺虞,义兽也,白虎黑文。"震按:驺虞之为兽名,既不见于《尔雅》,说者或以为囿名,或以为马名,皆不足据证。汉许叔重《五经异义》载《韩》《鲁》说云:"驺虞,天子掌鸟兽官,于《射义》所谓'乐官备'也⑥。"义似明切。盖驺,趣马也;虞,虞人也。《月令》:"天子乃教

---

① 既方既皂:《小雅·大田》文。皂,《毛传》:"实未坚者曰皂。"

② 实方实苞:《大雅·生民》文。方,同"放",谓种子萌芽。苞:苗丛生。

③ "笺云"两句:此《笺》文系解释《小雅·大田》"既方既皂"。孚甲,谷物类种子的外壳。未合,谓未饱满,刚抽穗。

④ 晋灼:西晋学者,撰有《汉书集注》。

⑤ "传因"句:诗文首章:"羔羊之皮,素丝五纥。退食自公,委蛇委蛇。"《毛传》因"退食自公"的大夫身穿羔裘,故有"大夫羔裘以居"之释。退食自公,谓从公朝退下而入自家私门就餐。(据《毛传》)

⑥ "于射"句:《礼记·射义》有"《驺虞》者,乐官备"语,郑玄《注》:乐官备,谓《驺虞》曰"壹发五豝",后儒以为喻得贤者多也。

于田猎，以习五戎，班马政[1]，命仆及七驺咸驾。”皇甫侃云[2]：“天子马六种，种别有驺。又有总主之人，故为七驺。”《春秋传》[3]：“程郑为乘马御[4]，六驺属焉，使训驺知礼。”杜注云：”六驺，六闲之驺[5]。”又丰点为孟氏之御驺[6]，孔冲远云：“掌马之官，兼掌御事。”《周官》：山虞、泽虞，“大田猎，则莱山田、泽野[7]”。据是言之，驺与虞田猎必共有事，诗因而兼言两官耳。举驺虞，则驺之知礼、虞之供职可知，而驺虞已上之官大远乎驺虞之微者，尤可知。叹美驺虞，意不在驺虞也，所以美君也。壹发者[8]，君也。

邶

绿衣三章

“女所治兮”震按：陆德明《释文》：“女，崔云[9]：毛如字，郑音汝。”今考如字是也。上以绿喻妾，以绿之为衣，喻妾上僭。此更言丝者[10]，方其为丝，未为衣也，由女工治之，以为衣则衣矣，其故在所治也。喻妾上僭，君子嬖之则然耳，于妾何责。观异日州吁之事[11]，则前两章忧

---

① 班：同“颁”。

② 皇甫侃：南朝经学家，著有《礼记义疏》。

③ 春秋传：指《春秋左传》。下引文见于《左传・成公十八年》。

④ “程郑”句：程郑，晋国大夫。乘马御，官名。

⑤ 六闲之驺：杨伯峻《春秋左传注》解释为“六厩之驺”，以“闲”为马厩。

⑥ 丰点为孟氏之御驺：事见《左传・襄公二十三年》。

⑦ “山虞”句：山虞、泽虞：均为官职名称。大田猎，谓国君参与的田猎活动。莱，此处谓芟除山田草木。

⑧ 壹发：此诗有“壹发五豝”“壹发五豵”等句，系夸赞猎手射艺高超之辞。壹发：谓发射一箭。

⑨ 崔：指东汉经学家崔骃。

⑩ 此更言丝：按《绿衣》前两章首句“绿兮衣兮”，此第三章首句为“绿兮丝兮”，故戴氏有此言。

⑪ 州吁之事：即《左传・隐公三年》所载：卫庄公娶妻于齐，名庄姜，后嬖妾生州吁；州吁“有宠而好兵”，时人谓之骄横。

不徒在己之失位[①],此又能不责众妾而思古人善处之道,反己使无过焉[②],所以为贤。

日月首章

"逝不古处"震按:古处,谓凡相处之以礼,稽于古而不可易者是也。《笺》云:"宁,犹曾也[③]。"震按:宁,犹岂也。篇内四言"胡能有定",皆反覆期望之辞。苟能有定,则宁终不我念,不我答乎[④]?"俾也可忘",言已往之德音无良者,使可忘也。"报我不述",言以恩意酬答,不复循其已往之行也。前二章以日月之照临覆冒,喻君子之当我顾、我报[⑤],后二章以日月之出有常所,喻君子之当有常礼待己[⑥]。旧说辞意过于怨[⑦],与《绿衣》之言异矣[⑧]。

雄雉四章

"百尔君子,不知德行。"震按:上言"展矣君子",既妇人谓夫之称,此"君子"不当如《笺》说为"众君子"。盖"百尔君子",谓凡所为之在君子者也。道远不来,今既不知君子之德行矣,然念其平日之"不忮不求",有素履可信者如是,则亦焉往不善乎[⑨]?又美之而以自慰也。

---

① "则前两章"句:系解释诗文一、二章之"心之忧矣,曷维其已","心之忧矣,曷维其亡"。已,止。其,戴意指卫庄姜之地位。亡,无。

② "此又"两句:系解释诗文第三章之"我思古人,俾无訧兮"。俾,使。訧,过错。

③ 宁犹曾也:系《郑笺》解释诗文"宁不我顾"之"宁"。

④ "苟能"至"答乎":系解释诗文"胡能有定""宁不我顾""宁不我报"三句。

⑤ "前二"两句:系据诗文第一、二章中之"日居月诸,照临下土""日居月诸,下土是冒""宁不我顾""宁不我报"而言。

⑥ "后二"两句:系据诗文第三、四章中之"日居月诸,出自东方""日居月诸,东方自出"而言。

⑦ 旧说辞意过于怨:《诗序》:"《日月》,卫庄姜伤己也。遭州吁之难,伤己不见答于先君以至困穷之诗也。"旧说,即指《诗序》。

⑧ 绿衣:见前条。

⑨ "道远"至"善乎":系解释诗文后两章"道之云远,曷云能来","百尔君子,不知德行,不忮不求,何用不臧"。不忮不求,即不害人不贪求。忮,《毛传》谓"害";求,《郑笺》谓"求备于一人",即贪求完备的意思,戴震对此均无异议。

匏有苦叶首章

《传》:“以衣涉水为厉,谓由带已上也[①]。”震按:义本《尔雅》[②]。然以是说诗,既以衣涉水矣,则何不可涉乎?似与诗人言不度浅深,将至于溺不可救之意未协。许叔重《说文解字》:“砅,履石渡水也。”引《诗》“深则砅”,字又作“濿”,省用“厉”。郦道元《水经注·河水篇》云:“《段国沙州记》:吐谷浑于河上作桥谓之河厉。”此可证桥有“厉”之名。诗之意以浅水可褰衣而过,若水深则必依桥梁乃可过,喻礼义之大防不可犯[③]。《卫诗》“淇梁”“淇厉”并称[④],“厉”固“梁”之属也。足以证《说文》之有师承。

二章

《传》:“由辀已上为轨[⑤]。”震按:诗以“轨”与“牡”韵[⑥],当为车辙之轨,古音读如“九”。毛诗盖讹作“轨”,遂以车轼前之轨解之。“轨”读如“范”,不与“牡”协。《释文》又有“车辖头”之说[⑦]。毂末名“軹”,轴末名辖,《周礼·大驭》“祭两軹”,《礼记·少仪篇》作“祭左右轨”。“轨”乃“軹”之讹。杜子春改《大驭》之“軹”为“轵”[⑧],盖毂末名軹者,汉人通讹作“轵”,遂改“軹”以从之,于是经书、字书不复有“軹”字,而毂末

---

① “以义”两句:系《毛传》解释诗文“深则厉”语。

② 义本《尔雅》:《尔雅·释水》:“揭者,揭衣也。以衣涉水为厉。由膝以下为揭,由膝以上为涉,繇带以上为厉。”

③ “诗之”至“可犯”:系解释诗文“深则厉,浅则揭”两句。

④ “卫诗”句:指《卫风·有狐》一诗中的“在彼其梁”“在彼其厉”两句。梁,桥梁。

⑤ 由辀已上为轨:辀:车辕。轨,是辕的前端。

⑥ 诗以“轨”与“牡”韵:戴意《毛诗》“济盈不濡轨”之“轨”应作“轨”字,“轨”与下句“雉鸣求其牡”之“牡”押韵。

⑦ 辖:指车轴末段现于车毂外面的部分。(从段玉裁《说文解字》说)

⑧ “杜子”句:杜子春,汉代学者,文献学家刘歆之弟子,曾整理《周礼》。《大驭》为《周礼》中的一篇文字。今《大驭》“祭两轵”郑玄《注》:“故书‘轵’作‘軹’。杜子春云:文当如此。”

与犄之植者、衡者并名“轵”矣[①]。一车之中，二名混淆，毂末、轴末又混而同名，“轵”“轨”“几”三字更转写互讹，此《释文》“车辖头”之说所由起。“𫐐”从车，幵声，读如“笄”，毂末也。“轵”从车，只声，犄内之軨也。“轨”从车，九声，车辙也。“几”从车，凡声，车轼前也。经传中讹文相承，当各详审正之。

谷风五章

《传》：“慉，养也[②]。”《笺》云：“慉，骄也。”震按：《说文》“慉，起也”引此诗[③]。《小雅·蓼莪篇》“拊我畜我”，《笺》亦训为“起”。“起”如《晋语》“世相起也”之“起”[④]，韦注云：“起，扶持也”。”“不我能慉”盖承上章“何有何亡，黾勉求之，凡民有丧，匍匐救之”，自言尽心力如此，而其夫乃不以为能相扶持起家，反仇视之[⑤]。《蓼莪》篇上言“鞠我”，既为哺养，下言“育我”，又为覆育，而“畜我”承“拊我”下[⑥]。拊，抚摩也；畜，扶持也。“畜”亦当作“慉”，省文假借耳。

《传》：“阻，难也[⑦]。”震按：阻，绝隔也，不复念及之谓。“既阻我德，贾用不售”，言既不复念我之善，如贾之不见售。

静女首章

“俟我于城隅”《传》：“城隅，以言高而不可逾。”《笺》云：“自防如

---

① 犄之植者、衡者：谓构成车厢直的、横的木栏。犄是车厢两旁可以倚靠的木板。植，通“直”，衡，通“横”。

② 养也：系《毛传》解释诗文“不我能慉”之“慉”语。

③ “说文”句：指《说文解字》“慉”字之下所引“非我能慉”诗句。

④ 世相起也：语出《国语·晋语四》，系郑国叔詹劝谏郑文公礼遇晋公子重耳之语。

⑤ 反仇视之：系据诗文“反以我为仇”而言。

⑥ “蓼莪”至“我下”：系据《小雅·蓼莪》第四章而言。

⑦ 难：系《毛传》解释诗文“既阻我德”之“德”语。

城隅。”震按：《传》《笺》皆就城隅取义，非诗意也。城隅之制，见《考工记》[①]。许叔重《五经异义》：古《周礼》说云：“天子城高七雉，隅高九雉[②]。公之城高五雉，隅高七雉。侯、伯之城高三雉，隅高五雉。”据《记》考之，公、侯、伯之城，皆当高五雉，城隅与天子宫隅等，门台谓之宫隅，城台谓之城隅，天子、诸侯台门，以其四方而高，故有“隅”之称。言“城隅”以表至城下将入门之所也。“静女其姝，俟我于城隅”，此媵俟迎之礼。“诸侯娶一国，二国往媵之，以侄(姊)〔娣〕从”[③]。冕而亲迎，惟嫡夫人耳。媵则至乎城下以俟迎者，然后入。爱而不见，迎之未至也。“爱而”犹“隐然”[④]。《说文》引此作“僾”。郭注《方言》引此作“薆”。彤管之法，女史书宫中之法度[⑤]，故《春秋传》曰：“静女之三章，取彤管焉[⑥]。”自牧归荑，言乎说舍近郊也。《尔雅》：“郊外谓之牧。”“荑”亦以为洁白之喻[⑦]。美其管，美其荑，设言以欣慕其人耳。始思见其人，继思得见其物；始言至城下，终乃言至于郊，非有是事可知。《静女》之刺，思贤媵，怀女史之法者也。盖卫人拟其君之宫中无是女以备嫔媵及女史之法废也。学者罕闻城隅，而诗遂失其传矣。

二章

“说怿女美”震按：“女”当音“汝”，指彤管言，与下章“匪女之为

---

① 城隅之制见《考工记》：《周礼·考工记·匠人》谓“城隅之制九雉”。郑玄注：“雉长三丈，高一丈。”贾公彦《疏》：“云‘城隅之制九雉’者，九雉，亦谓高九丈。不言城身，城身亦七丈。”

② 隅：角楼。

③ “诸侯”至“(姊)〔娣〕从”：系《公羊传·庄公十九年》文。(姊)〔娣〕，“娣”原作“姊”，据《公羊传》正之。侄娣，即嫡夫人的侄女和妹妹。《公羊传》：“侄者何？兄之子也。娣者何？弟也。”

④ 隐然：戴震意谓隐蔽不现的样子。

⑤ “彤管”两句：彤管谓红色之笔；女史，《周礼》“女史”郑玄注为“女奴晓书者”，为当时地位低微的女官，负责书写后宫内令等。

⑥ “故春”至“管焉”：引文见《左传·定公九年》，系“君子”评“郑驷歂杀邓析而用其《竹刑》”之语。

⑦ “荑”亦以为洁白之喻：谓荑是初生的茅草，白色，故喻洁白。

美"指荑而言同。"彤管有炜",美矣,实因静女所贻而说怿之。以彤管寄意规过,故当悦怿者也。

新台首章

《传》:"籧篨,不能俯者①。"《笺》云:"籧篨口柔②,常观人颜色而为之辞,故不能俯者也。"震按:《方言》:"簟或谓之籧苗,其(丽)〔粗〕者谓之籧篨③。"盖粗竹席之用以为囷者④。《晋语》曰:"籧篨不可使俯⑤"。以其疾似之,故名。《尔雅》:"籧篨,口柔也。"柔者,媚也,以言媚人者,常仰观颜色,病若籧篨之不能俯,故又为口柔之名。"籧篨不鲜",言宣公媚于齐女,徒有籧篨之状,见之不新⑥。"鲜"读如《史记》"数见不鲜"之"鲜"⑦。下章"不殄"当从《笺》读为"腆"⑧。腆,善也。《仪礼》"腆"字,古文皆作"殄"。

三章

《传》:"戚施,不能仰者⑨。"《笺》云:"戚施面柔,下人以色⑩,故不

---

① 不能俯者:系《毛传》解释诗文"籧篨不鲜"中的"籧篨"之语。

② 口柔:犹今语"巧言",此处谓巧言之人。郭璞注《尔雅·释训》"籧篨,口柔也":"籧篨之疾不能俯,口柔之人视人颜色,常亦不伏,因以名云。"

③ (丽)〔粗〕:"粗"原作"丽",孙以昭据戴震《方言疏证》勘正。按《方言》原文亦作"粗",故从之。

④ 囷:圆形粮仓。

⑤ 籧篨:谓患有身体后仰不能前俯之病的人。韦昭注《晋语四》"籧篨不可使俯":"籧篨,偃人。"偃,后仰。

⑥ "籧篨不鲜"至"不新":系据此诗首章诗意而言。《诗序》:"《新台》,刺卫宣公也。纳伋之妻,作新台于河上而要之。"《郑笺》:"伋,宣公之世子。"又云:"伋之妻,齐女,来嫁于卫。……反得籧篨不善,谓宣公也。"

⑦ "数见不鲜"之"鲜":谓鲜美之鲜。《史记·郦生陆贾列传》"数见不鲜"司马贞《索隐》:"不鲜,言必令鲜美作食,莫令见不鲜之物也。"

⑧ 下章"不殄":谓下章"籧篨不殄"句中的"不殄"。

⑨ 不能仰者:系《毛传》解释诗文"得此戚施"中的"戚施"之语。

⑩ 下人以色:孔颖达《正义》:"低首下人。"下人,谓作出在人之下的卑顺样子。

能仰也。”震按：《传》本《国语》[1]，《笺》本《尔雅》[2]，然未详“戚施”所由名。《说文》引《诗》作“得此䶑鼀”。䶑，七宿切；鼀，式支切。又名鼀䶑。鼀，力竹切，《说文》误并“鼀”与“䶑“为一字，并读“七宿切”，于“鼀”字下云：“圥（当作鼀）鼀（当作“䶑”），詹诸也（詹诸，即蟾蠩）。其鸣詹诸，其皮鼀鼀（当作“䶑䶑”），其行圥圥（当作“鼀鼀”）[3]。于“鼀”字下云：“䶑鼀，詹诸也。言其行䶑鼀。”“鼀䶑”之“鼀”，《说文》但用“圥”，今《尔雅》转写讹作“鼀”。《释鱼篇》云[4]：“鼀䶑，詹诸。”陆氏《释文》：“鼀，起据反。䶑，音秋。”并非也。“䶑鼀”古字通用“戚施”，“戚”当读“七宿切”，以其皮戚戚，其行施施，故名。詹诸为物，状卑俯，故不可使仰之。疾似之。籧篨、戚施本物名，因以为疾名，又因疾名而为口柔、面柔之名。宣公非兼有二疾，状其媚于齐女之可丑而已，言非燕婉之求，徒强为此态也[5]。

鄘

君子偕老首章

《传》：“笄，衡笄也[6]”。震按：衡与笄二物。郑康成注《周礼·追师》云：“王后之衡、笄，皆以玉为之。惟祭服有衡（《正义》引此《注》“衡”下加“笄”字，非是），垂于副之两旁当耳[7]，其下以紞县瑱[8]。”“笄，

---

① 《传》本《国语》：《国语·晋语四》：“戚施不可使仰。”

② 《笺》本《尔雅》：《尔雅·释训》：“戚施，面柔也。”

③ 段玉裁《说文解字注》：“蟾蜍不能作声，‘詹诸’象其謇吃之音。此言所以名‘詹诸’也。”“鼀鼀，犹蹙蹙也。其身大，背黑，多痱磊。”“圥圥，举足不能前之皃。蟾蜍不能跳。”

④ 释鱼篇：《尔雅》中的篇目。

⑤ “宣公”至“态也”：系据诗文“燕婉之求，蘧篨不鲜”，“燕婉之求，得此戚施”等句而言。

⑥ 衡笄：系《毛传》解释诗文“副笄六珈”之“笄”语。笄，簪子。

⑦ 副：王后穿祭服时佩戴的一种首饰。郑玄注《周礼·追师》“王后之首服为副”：“副之言覆盖，所以覆首为之饰。其遗像若今之步摇矣。”

⑧ 以紞县瑱：用紞系挂瑱。紞，用作系瑱的带子。县，同“悬”。瑱，玉制的耳饰品。

卷发者。”(《正义》去此四字，非是。)后儒考之未审，遂以郑《注》“衡”之制移之于“笄”矣。

三章

“瑳兮瑳兮，其之展也。”《传》：“《礼》有展衣者，以丹縠为衣。”①《笺》云：“后妃六服之次②，展衣宜白。”震按：郑说详《周礼·内司服》注，辞证明审。《说文》“瑳”字注云：“玉色鲜白”，亦与展衣白义合。

定之方中三章

“匪直也人，秉心塞渊，騋牝三千。”震按：旧说失诗之辞意③。上言戴星早驾④，乃其急农事以蕃育人民，出于秉心之塞渊者也⑤。此章本指美文公尽心于人民，美之不已，而末及马之众多。言非特于人其秉心如是也，即所以致国之富者，騋牝已三千矣⑥。

卫

淇奥首章

《传》：“绿，王刍也。竹，扁竹也⑦。”震按：义本《尔雅》⑧。绿，即所

---

① “礼有”两句：据《周礼》，展衣是王后礼服中的一种。丹縠，谓红色的葛类纺织物。縠，一说为丝织品，即绉纱。

② 后妃六服：即后妃的六种礼服。《周礼·内司服》：“掌王后之六服，袆衣、揄狄、阙狄、鞠衣、展衣、褖衣、素纱。”次，谓推次六服的颜色，如鞠衣为黄色，按次下文的展衣就应该为白色。

③ 旧说：据戴氏下文所述，当是指《郑笺》。《郑笺》以天子拥马三千，诸侯拥马一千二百九十六匹，故认为卫文公“騋牝三千”非礼制。

④ 上言戴星早驾：指《定之方中》诗“星言夙驾”句。

⑤ 秉心塞渊：秉心：操持其心。塞：充实。渊：深远。(据《郑笺》)

⑥ 騋牝：《毛传》：“马七尺以上曰騋。(騋牝，指)騋马与牝马也。”

⑦ “绿王”至“竹也”：系《毛传》解释诗文“绿竹猗猗”语。扁竹，《毛传》又作“萹竹”，一种形似竹的草本植物。

⑧ 义本《尔雅》：《尔雅·释草》：“绿，王刍。”“竹，萹蓄。”萹蓄即萹竹。

谓“终朝采绿”[①]。《礼记·大学篇》引此作“绿”。后言“绿竹如箦”，则二草之借于地，如蓐箦也[②]。

三章

《传》：“重较，卿士之车[③]。”震按：较在輢上，车之两旁可凭者[④]。以其间宽广，言君子之宽仁自得。左右两较望之而重，故曰“重较”。承上“宽兮绰兮”，“重”据左右言，明矣。此不独卿士之车为然。《传》因诗傅合，非礼制也。

氓

五章

“靡室劳矣”震按：言无可举一事以为劳，则室家之务，事事勤劳也。

木瓜首章

《传》：”琼，玉之美者[⑤]。”震按：“琼”非玉之名，凡言玉色美曰琼，言他物之美洁如玉，亦琼加之。

二章

《传》：“琼瑶，美玉[⑥]。”震按：瑶，盖玉之次，故礼：玉爵献卿，瑶爵

---

① 终朝采绿：语出《小雅·采绿》。戴震释“绿”同《毛传》，以为它是一种名为“绿”的草本植物。

② 蓐箦：两字都为丰厚、累积的意思。《毛传》“箦，积也”孔颖达《正义》：“言茂盛似如积聚。”

③ 卿士之车：系《毛传》解释诗文“猗重较兮”中之“重较”语。

④ “较在輢上”两句：较，设置在车厢上以供凭靠的横木。輢，车厢两旁的木板；较即是设置在其上的横木。

⑤ 玉之美者：系《毛传》解释诗文“报之以琼琚”之“琼”语。

⑥ 美玉：系《毛传》解释诗文“报之以琼瑶”之“瑶”语。

献大夫[1]。

王

大车首章

《传》:"菼,骓也,芦之初生者也[2]。"震按:"芦"字讹,当作"藋"。孔冲远不能考正,而混"芦""菼"为一[3],非也。《夏小正》"七月秀藋苇"《传》曰:"未秀则不为藋苇,秀然后为藋苇,故先言秀。"又曰:"藋未秀为菼[4],苇未秀为芦。"是"菼"与"芦"乃藋、苇二物初生之名。凡诗中曰"蒹葭",曰"葭菼",曰"藋苇",及今人曰"芦荻",皆并举二物,蒹、(葭)〔菼〕[5]、藋、荻,一也;葭、芦、苇,一也。许叔重《说文解字》多本《毛诗》,于"菼"字云:"藋之初生。"然则《毛诗》转写讹失显然矣。

郑

羔裘首章

"舍命不渝"《笺》云:"舍,犹处也[6]。"震按:古字"舍""释"通。《礼记》"舍菜"即"释菜"是也[7]。又"泽""释"亦通。《考工记》:"水有时以凝,有时以泽。"谓凝冰复释,故李轨音"释"[8],是也。《管子》引此诗作

---

① "玉爵"两句:语出《礼记·祭统》:"尸饮五,君洗玉爵献卿;尸饮七,以瑶爵献大夫;尸饮九,以散爵献士及群有司,皆以齿。明尊卑之等也。"爵,饮酒器。

② "骓也"两句:系《毛传》解释诗文"毳衣如菼"中之"菼"语。

③ "孔冲"两句:指孔颖达《正义》解释《传》文,谓其"以芦、菼为一"。

④ 未秀为菼:孙以昭校注(以下凡为引述孙以昭《校注》内容,"《校注》"等字校均省略。)谓原作"未为秀菼",据清经解本改。今从之。

⑤ (葭)〔菼〕:"菼"原作"葭",据戴震上文正之。戴氏"菼"为"藋"之初生,故两物实为一类,"葭"则下文云与芦苇一类。

⑥ 处:谓安处,安于。《郑笺》:"其自处性命,躬行善道,至死不变。"

⑦ 舍菜:也作"释菜",古人的一种敬师之礼,即向先师敬献菜蔬。

⑧ 李轨:东晋经学家。

"泽命不渝"。"泽"与"舍"义并为"释",言自受命于君,以至复命而后释[①],终始如一也。

遵大路二章

《传》:"魏,弃也[②]。"震按:《说文》引此诗作"敹",义与《传》同[③],当读市由切。

女曰鸡鸣三章

"杂佩以赠之"震按:以韵读之,"赠"当作"贻"[④],盖字形转写之讹。

出其东门首章

"聊乐我员"震按:员,旋也。言聊乐于与我周旋。下章又言聊可与之欢娱[⑤],"娱"对"员"为义,古字"云""员"通。《小雅·正月篇》"昏姻孔云",《释文》谓本又作"员"。《春秋传》曰:"其谁云之。"[⑥]"云"与"员"皆周旋相亲之意。

二章

《笺》云:"匪我思且,犹'非我思存'也[⑦]。"震按:《释文》"且,音徂",引《尔雅》云:"存也"。今考《尔雅》"徂"有两义:一云"往也",一云"存也"。古字省,"徂"通用"且"。"思且"对"思存"为义,"匪我思且",言非我思之所往也。

---

① 释:谓结束使命。

② 弃也:系《毛传》解释诗文"无我魏兮"之"魏"语。

③ "说文"两句:见《说文》"敹"字下解说。

④ "以韵"两句:戴震之意,此诗"赠"当作"贻",与"来"为韵。诗文:"知子之来之,杂佩以赠之。"

⑤ "下章"句:指此诗第二章的"聊可与娱"句。

⑥ 其谁云之:见《左传·襄公二十九年》。杜预注:"云,犹旋。旋归之。"旋,回旋。

⑦ 非我思存:系同诗中的一句。《郑笺》意谓不是我心之所系的人,以"存"为"在"义。

齐

载驱首章

《传》:"发夕,自夕发至旦[1]。"震按:"发",又有发卸之义。《方言》云:"发,舍车也。东齐海、岱之间,谓之发,宋、赵、陈、魏之间谓之税。"然则"发夕"谓夕而卸车舆,正合齐人语。又郭璞云[2]:"今通言发写。""写"即"卸"字。古音夕,似略切。"发夕"与"发卸"语之转耳[3],不必作"朝夕"之"夕"解。"发夕"谓解息车徒,与"岂弟""翱翔""游敖"尤语意相迩[4]。一章言车徒休解,二章言安行乐易,三章言翱翔以往,四章游敖自纵,皆在道路指目之[5]。

魏

陟岵首章

《传》:"山无草木曰岵[6]。"震按:此与下《传》疑转写互讹[7]。《尔雅·释山》曰:"多草木,岵。"刘熙《释名》云:"岵,怙也[8],人所怙取以为事用也。"

---

① 自夕发至旦:系《毛传》解释诗文"齐子发夕"中之"发夕"语。

② 郭璞云:指郭璞《方言注》云。

③ 语之转:音韵学术语,戴震用以表示声母相同或相近、意义亦因而相关的字词。

④ 游敖:即遨游。敖:同"遨"。

⑤ "一章"至"目之":系分别据诗文"齐人发夕""齐子岂弟""齐子翱翔""齐子游遨"及"行人彭彭""行人儦儦"等句而言。彭彭、儦儦,形容行人众多。

⑥ 山无草木曰岵:系《毛传》解释诗文"陟彼岵兮"之"陟"语。

⑦ 下《传》:指《毛传》下文"山有草木曰屺"。

⑧ 怙:依靠。

二章

《传》:“山有草木曰屺[①]。”震按:“屺”亦作“峐”。《尔雅·释山》曰:“无草木,峐[②]。”刘熙《释名》云:“屺,圮也[③],无所出生也。”

伐檀首章

“坎坎伐檀兮,置之河之干兮。”震按:檀者,坚韧之木,其材中车辐。辐,轮辏也[④],故下云“伐辐”“伐轮”,变文以就韵耳。伐檀乃置之河干,盖诗人因所闻所见而言之,以喻急待其用者置之不用也[⑤]。因叹河水之清,而讥在位者无功幸禄,居于污浊,盈廪充庖,非由己稼穑田猎而得者也[⑥]。食民之食,而无功德及于民,是谓“素餐”也[⑦]。首二言,叹君子之不用;中五言,讥小人之幸禄;末二言,以为苟用君子,必不如斯,互文以见意。

硕鼠二章

《传》:“直,得其直道[⑧]。”《笺》云:“直,犹正也。”震按:《笺》与《传》相足,其说是也。《论语》曰:“人之生也直。”[⑨]“得我直”,谓得遂其性,不违生人之正道。

---

① 山有草木曰屺:系《毛传》解释诗文“陟彼屺兮”之“屺”语。

② 峐:依侍。

③ 圮:毁坏。

④ 轮辏,即车辐。

⑤ “伐檀”至“用也”:系就诗文首章一二句“坎坎伐檀兮,置之河之干兮”而言。坎坎,砍伐檀木发出的声音。寘之河干:将它放置在黄河岸边。干,河畔。

⑥ “因叹”至“者也”:系就诗文首章第三至第七句“河水清且涟漪,不稼不穑,胡取禾三百廛兮,不狩不猎,胡瞻尔庭有县貆兮”而言。又,“非由”句,孙以昭云“非”字下原衍“非”,据清经解本改。今从之。

⑦ “食民”至“餐也”:系就诗文第八、九句“彼君子兮,不素餐兮”而言。素餐:犹今语白吃饭。

⑧ 得其直道:系《毛传》解释诗文“爰得我直”之“直”语。

⑨ “论语”句:引文系《论语·雍也》中孔子之语。孔子之意谓人赖以生存的是正直。

唐

蟋蟀首章

《传》:“聿,遂[1]。”震按:《文选注》引《韩诗薛君章句》云[2]:“聿,辞也。”《春秋传》引《诗》“聿怀多福”[3],杜注云:“聿,惟也。”皆以为辞助[4]。诗中“聿”“曰”“遹”三字互用。《尔雅》:“遹,自也[5]。”“述也[6]。”《礼记》引《诗》“聿追来孝”[7],今诗作“遹”。《七月篇》“曰为改岁”,《释文》云:“《汉书》作‘聿’”。《角弓篇》“见晛曰消”,《释文》云:“韩诗作‘聿’,刘向同。”《传》于“岁聿其莫”释之为“遂”[8],于“聿修厥德”释之为“述”[9];《笺》于“聿来胥宇”释之为“自”[10],于“我征聿至”“聿怀多福”“遹骏有声”“遹求厥宁”“遹观厥成”“遹追来孝”[11],并释之为“述”。今考之,皆承明上文之辞耳,非空为辞助,亦非发语辞,而为“遂”、为“述”、为“自”,缘辞生训,皆非也。《说文》有“欥”字,注云:“诠词也[12]。从欠,从曰;曰亦声。”引《诗》“欥求厥宁”,然则“欥”盖本文,省作“曰”,同声假借用“聿”与“遹”。诠词者,承上文所发端,诠而绎之也。

---

① 遂:系《毛传》解释诗文“岁聿其莫”中的“聿”语。遂,遂即。

② 文选注:指《文选》李善注。下同。

③ “春秋”句:指《左传·昭公二十六年》引《诗经》。“聿怀多福”系《大雅·大明》中诗句。

④ 辞助:相当于今所谓助词,《诗经》用于句首或句中。

⑤ 遹,自也:《尔雅·释诂》文。自,从、由,都是介词。

⑥ 述也:指《尔雅·释言》“遹,述也”之文。述,叙述。(据邢昺《正义》)

⑦ 聿追来孝:系《大雅·文王有声》中诗句。

⑧ 岁聿其莫:系《唐风·蟋蟀》中诗句。

⑨ 聿修厥德:系《大雅·文王》中诗句。

⑩ 聿来胥宇:系《大雅·緜》中诗句。

⑪ “于我”句:“我征聿至”系《小雅·东山》中诗句,“遹骏有声”“遹求厥宁”“遹观厥成”“遹追来孝”系《大雅·文王有声》中诗句。

⑫ 诠词:犹助词。(从章太炎说,见其《再与刘光汉书》)

鸨羽首章

《传》:“盬,不攻缴也[①]。”震按:《四牡传》又云:“盬,不坚固也[②]。”《周礼·典妇功》“辨其苦良”《注》云:“郑司农‘苦’读为‘盬’,谓分别其缣帛与布纻之粗细。”《典丝注》云[③]:“受其粗盬之功,以给有司之功用。其良功者,典妇功受之[④],以共王及后之用。”此可与《毛诗》相发明。“盬”即“良盬”之“盬”[⑤]。“王事靡盬”,言以王事之故,必当无盬,尽力为之也。

葛生首章

“予美亡此,谁与独处。”震按:《汉书》云:“不以在亡为辞。”[⑥]“亡此”者,今不在此也。既言其夫今不在此,而又曰“谁与”,非义也。“谁与独处”亦不辞,“与”当音“余”[⑦]。“谁与”,自问也。“谁与独处”,与《檀弓》“谁与哭者”语同[⑧]。其夫从征役不归,生死未可知,妇嗟无所依托,故以葛、蔹之必得所依为兴[⑨],而言予所美之人不在此,留谁独处哉?反顾叹伤之辞,明其为一妇人只身无托也。

---

① 不攻缴也:系《毛传》解释诗文“王事靡盬”之“盬”语。攻缴,牢固密致。(从孔颖达说。)

② 不坚固也:系《毛传》解释《四牡》诗句“王事靡盬”之“盬”语。

③ 《典丝注》,谓《典丝》郑玄《注》。《典丝》亦《周礼》中的一篇。

④ 典妇功:周官职名。

⑤ “盬”即“良盬”之“盬”:戴震认为,“盬”与“良”相对,是粗的意思,良,指精良细致。

⑥ 不以在亡为辞:语出《汉书·袁盎晁错传》,系袁盎称赞据孟的话。原意是说据孟为人仗义,人有所难来访求,据孟不会假称自己不在而拒绝接济。

⑦ 余:谓余留。

⑧ 檀弓:《礼记》中的篇目。

⑨ 以葛、蔹之必得所依为兴:《葛生》首章:“葛生蒙楚,蔹蔓于野。予美亡此,谁与独处。”孔颖达《正义》以为一、二句是互文,即葛、蔹均生蒙楚,均蔓于野。戴意这两句正表明葛、蔹相互依托,因而用以比况夫妻。

秦

驷驖三章

《笺》云："置鸾于镳，异于乘车也[①]。"震按：田车亦无鸾在镳之制[②]。盖"辅车鸾镳"本非对文，辅车也，鸾也，镳也，三者皆因所见言之耳。

小戎首章

《传》："游环，靷环也[③]。"震按：《释文》作"靳环"，引沈重云[④]："旧本皆作靳。"今考下言"阴靷鋈续"，《传》曰："续，续靷也。"《笺》曰："鋈续，白金饰续靷之环。"然则"靳环"与"靷环"乃二物，诗并言之[⑤]，转写讹混，后人遂莫之辨。《春秋传》言"如骖之靳"[⑥]。《说文》："靳，当膺也。"盖《诗》谓之"游环"，《春秋传》谓之"靳"，汉时谓之"当膺"。骖从靳而后于两服[⑦]，其首正当两服之胸，于此有环以贯其外辔[⑧]。《笺》曰："游环在背上无常处，贯骖之外辔，以禁其出。"《释名》曰："游环在服马背上，骖马之外辔贯之。"可与《笺》相足。下"阴靷"，《传》《笺》不

---

① 置鸾于镳异于乘车也：系《郑笺》解释诗句"辅车鸾镳"之语。郑玄认为辅车是轻车，用以田猎之前趋逆；其车之马嚼有鸾铃，这种车制与乘车车制不同。乘车，即安车，有座位的车。

② 田车：帝王田猎时所乘之车。孔颖达《正义》："(田猎时)若君所乘者，则谓之田车。"

③ 靷环也：系《毛传》解释诗文"游环胁驱"中之"游环"语。

④ 沈重：南朝梁、陈时期经学家。

⑤ 诗并言之：谓诗文"游环胁驱，阴靷鋈续"中的"游环"(靳环)与"鋈续"(靷环)并列，为二物。

⑥ "春秋"句：引文见《左传・定公九年》。杜预注："靳，车中马也。"靳，本是套在辕马胸间的皮条，又叫"当膺"，后也指辕马。骖，车前两旁的马，从靳马而行。

⑦ 两服：指四驾马车车前中间的两匹马，即靳。

⑧ 辔：缰绳。

详其所在。孔冲远云:“以皮为之,于阴板之上[1],骖马颈不当衡[2],别为二靷以引车。”今考车前揜版[3],其上不堪任,今时车騑马之靷于轴[4],古亦宜然。以其自下而出于掩几之前,故称“阴靷”耳。

蒹葭三章

《传》:“采采,犹萋萋也。”[5]震按:此与《曹诗》“采采衣服”[6],皆言其色之光泽。

无衣二章

《传》:“泽,润泽也[7]。”《笺》云:“泽,亵衣[8],近污垢。”震按:《释名》云:“汗衣,《诗》谓之‘泽’,受汗泽也。或曰‘鄙袒’,或曰‘羞袒’,作之用六尺,裁足覆胸背,言羞鄙于袒而衣此耳。”

权舆首章

《传》:“夏,大也[9]。”《笺》云:“屋,具也。”震按:《传》《笺》皆本《尔雅》[10]。(郭本《尔雅》“屋”作“握”,李巡本作“幄”。)然经传中言“夏屋”多矣,皆为覆笮屋之名[11]。此诗二章,据燕食之际礼意浸薄而言[12],或

---

① 阴靷:据孔颖达所述即靷,拉车的皮条。因其一端固定在车辆的阴板(阴板即车轼前面的横板)上,所以叫“阴靷”。

② 衡:向熹《诗经词典》:“车辕头上驾牲口的横木。”

③ 揜版:即阴板。

④ 騑马:即骖马。

⑤ 采采犹萋萋:系《毛传》解释诗文“蒹葭采采”之“采采”语。诗“蒹葭采采”前有“蒹葭萋萋”语,《毛传》以“萋萋”为茂盛之意。

⑥ 采采衣服:语出《曹风·蜉蝣》。

⑦ 润泽也:系《毛传》解释诗文“与子同泽”之“泽”语。

⑧ 亵衣:即今所谓汗衫。(从向熹《诗经译注》)

⑨ 大也:系《毛传》解释诗文“夏屋渠渠”之“夏”语。

⑩ 《传》《笺》皆本《尔雅》:《尔雅·释诂》:“夏,大也。”《释言》:“握,具也。”郭璞注为“备具”。

⑪ 覆笮屋:指顶上铺盖竹或苇编物的房屋。

⑫ 燕食:先秦时期指日常午餐或晚餐。礼意浸薄,此处谓日常饮食不必讲究丰盛。

俎实之盛[①]，称之为“夏屋渠渠”[②]，犹《鲁颂》言“笾豆大房”[③]，《国语》言“王公立饫则有房烝[④]”，《礼记》言“周以房俎[⑤]”，义盖近之。

陈

墓门二章

《传》：“鸮，恶声之鸟也[⑥]。”震按：此及《鲁颂》“翩彼飞鸮”皆读雩乔切[⑦]，司马彪以为小鸠[⑧]，是也。似山鹊而小，短尾，多声。《春秋传》谓之“鹘鸠”[⑨]。“鸱鸮”之“鸮”读吁骄切[⑩]，即“鸱鸺”语之转耳。“鸱鸮”合二字为名，不可单言“鸮”，亦不可单言“鸱”。鸱者，今之鹞也。说者往往混“鸮”与“鸱鸮”为一物。此诗以多声兴下歌以告谏[⑪]，义无取于恶声，说者则以为歌彼之恶，《鲁颂》称“怀我好音”，非恶声之鸟所能，又以为食桑葚而改其鸣[⑫]，恐皆未合诗之意。

“歌以讯之，讯予不顾。”《传》：“讯，告也。”震按：“讯”乃“谇”字转写之讹。《毛诗》云“告也”，《韩诗》云“谏也”，皆当为“谇”。“谇”音“碎”，故与“萃”韵[⑬]。“讯”音“信”，问也。于诗义及音韵咸扞格矣。屈原赋《离骚》篇“謇朝谇而夕替”，王逸注引《诗》“谇予不顾”。又《尔

---

① 俎实：俎是盛祭祀牺牲的一种礼器，俎实即盛在俎中的祭品。

② 渠渠：《郑笺》以为“勤勤”，即款待厚意的样子。戴意同《笺》。

③ 笾、豆、大房：皆为盛食物之礼器。

④ 立饫：饫是家庭私宴，立饫即对私宴的有关规定。

⑤ 房俎：俎器的一种，底部有足，足下有跗。

⑥ 恶声之鸟也：系《毛传》解释诗文“有鸮萃止”之“鸮”语。

⑦ 翩彼飞鸮：语出《鲁颂・泮水》。

⑧ 司马彪：西晋史学家，撰有《续汉书》。

⑨ “春秋”句：即指《左传・昭公十七年》“鹘鸠氏，司事也”语。鹘鸠，布谷鸟。

⑩ 鸱鸮：猫头鹰。

⑪ “此诗”句：系就《墓门》第二章“墓门有梅，有鸮萃止，夫也不良，歌以讯之”而言。讯，告。

⑫ “鲁颂”至“其鸣”：戴氏据《鲁颂・泮水》“翩彼飞鸮，集于泮林，食我桑葚，怀我好音”数句而言。食桑葚而改其鸣，系《郑笺》之说法。

⑬ “谇”与“萃”韵：指诗中“歌以讯之”之“讯”当作“谇”，而与“有鸮萃止”之“萃”押韵。

雅》:"谇,告也。"《释文》云:"沈音粹,郭音碎。"则郭本"谇"不作"讯"明矣,今转写亦讹。《张衡传·思玄赋》注引《尔雅》仍作"谇"①。《释文》于此诗云:"本又作'谇',音信。徐息悴反。"盖于"谇""讯"二字未能决定也。

月出三章

"劳心惨兮"震按:惨,七感切。《方言》云"杀也",《说文》云"毒也",音义皆于诗不协,盖"懆"字转写讹为"惨"耳。"懆",千到切,故与"照""燎""绍"韵。《说文》"懆,愁不安也",引《诗》"念子懆懆"。今《诗》中《正月篇》"忧心惨惨",《北山》篇"或惨惨劬劳",《抑》篇"我心惨惨",皆"懆懆"之讹。《释文》于《北山》篇云"字亦作懆",于《白华》篇"念子懆懆"云"亦作惨惨",盖未能决定二字音义,亦犹"谇"与"讯"之混淆矣。

桧

匪风首章

"匪车偈兮"震按:《汉书·王吉传》引此作"揭兮"。揭者,疾驱揭起也②

曹

蜉蝣首章

"于我归处"震按:诗言蜉蝣之有羽,是亦衣裳楚楚也,然其为时

---

① "张衡"句:"张衡传"指《后汉书》中的《张衡传》,"注"指李贤等人的注释。下同。

② 疾驱揭起:《毛传》释"匪车偈兮"为"偈偈疾驱,非有道之车"。谓车行疾速不合节度。戴意同《传》。偈偈,疾驱的样子。

暂矣。过此且于我乎归处，心忧之而不能已[①]，其辞若有难显言者。盖蜉蝣之羽，无异人之衣裳楚楚，可言也。人之衣裳楚楚，无异蜉蝣之羽，不可言也。忧蜉蝣之“于我归处”，以言我之将与蜉蝣同归也。人皆为蜉蝣，我岂能独久乎！共处此国，固共受其败。子产谓子皮曰：“栋折榱崩，侨将厌焉，敢不尽言。”[②]作是诗者，意若此矣。

三章

《传》：“掘阅，容阅也[③]。”《笺》云：“掘阅，掘地解阅[④]，谓其始生时也。以解阅喻君臣朝夕变易衣服也。”震按：“掘”，《说文》引此作“堀”[⑤]，云“突也”。突者，堀起之意，即《笺》所谓“掘地”也。《荀子》言：“良贾不为折阅不市[⑥]。”折，损也；阅，卖也。盖“阅”与“脱”通。《笺》所谓“解阅”，正此义。然则“蜉蝣掘阅”，宜从《笺》说为始生时堀起解脱。“堀”“掘”通用，“阅”读为“脱”。

候人四章

《传》：“荟蔚，云兴貌。跻，升云也。”[⑦]震按：前三章言小人之不克称其宠遇[⑧]，此章则言君子虽遭退废，处困穷不失常度。故曰荟蔚然

---

① “诗言”至“能已”：系解释《蜉蝣》首章“蜉蝣之羽，衣裳楚楚，心之忧矣，于我归处”。蜉蝣，一种小虫，古人认为它生命短暂，朝生暮死。是亦衣裳楚楚，谓蜉蝣不自知生命短暂，仍拥有羽翼修饰自己。

② “子产谓子皮”数句：事见《左传·襄公三十一年》。子皮时在郑国当政。栋折榱崩，比喻当政者因执政不力而死去。侨，子产名。厌，通“压”。

③ 容阅也：系《毛传》解释诗文“蜉蝣掘阅”中之“掘阅”语。孔颖达《正义》：“阅者，悦怿之意。”容阅即容貌令人怡悦。

④ 解阅：戴震谓《郑笺》是解脱之意。

⑤ 《说文》引此作堀：《说文》“堀”字下引此诗文。

⑥ “荀子”句：下引为《荀子·修身》语。折阅：指买卖亏本。市，卖，此处谓买卖。

⑦ 荟蔚，云兴貌；跻，升云也：系《毛传》解释诗文“荟兮蔚兮”中之“荟蔚”语。

⑧ “前三”句：系据诗文前三章言在朝小人“三百赤芾”“不称其服”“不遂其媾”而言。赤芾，大夫以上之祭服。媾，指关系深厚。

者，南山之朝朝升云也，婉娈然者，季女之于斯守饥也[1]，盖美其守而悲之。

豳

七月首章

"七月流火"震按：《月令》："季夏之月，日在柳，昏火中[2]。"故孟秋之月火西流[3]，此惟周时则然。《虞夏书·尧典》"日永星火，以正仲夏"，与《夏小正》所云"五月初昏大火中"者合[4]，盖六月流火矣。今时实八月流火，正授衣之时。凡以星纪候，二千一百余年差一次[5]，于时差一月，所以然者，恒星右旋[6]，二万五千余年而一周，其东移甚微。以是为星直黄道之差数[7]，谓之岁差。日发敛一终而成岁，差数生于恒星，不生于黄道。是故岁功终古不忒[8]，而《夏小正》《月令》之中星，随时为书以示民。定十二次之名属恒星，中气、节气属黄道[9]。恒星

---

① "故曰"四句：系解释《候人》第四章"荟兮蔚兮，南山朝跻，婉兮娈兮，季女斯饥"。朝跻，谓早晨云雾升起。跻，升。婉娈，年少而美。(据《毛传》)

② 火：火星，指心宿。

③ 火西流：指火星(心宿)七月往西运行这种天象，古人谓之"流火"。西流，往西运行。

④ 大火：也即心宿。

⑤ 次：天文术语，即星次。古人将太阳运行周天的轨迹划分为十二次，每次对应一个星宿，故谓之星次。太阳运行一周天，时间为一年，一月即为一次。

⑥ "恒星"两句：古人将"恒星"自西向东的视运动即以逆时针方向的视运动称为右旋。以日月及金木水火土五星及恒星右旋为正，是明清时期接受了西方天体运行说之后的新认识，之前以为左旋。恒星，指与日、月等星体并列的但更远离地球的一种星体。星体各自运行一周的时间差别很大，如明人黄百家《天旋篇》云："月最迩，故一月一周天；辰星、太白、日，一年一周天；荧惑二年；填星三十年；恒星二万五千余年。"

⑦ 黄道：指从地球上观察到的太阳绕地球运行(实际上是地球绕太阳运行)一年的轨迹。

⑧ 岁功：指一年的时序。

⑨ 中气节气属黄道：古人将二十四节气分为中气和节气两类。中气为每月后半月月中的节气，即雨水、春分、谷雨、小满、夏至、大暑、处暑、秋分、霜降、小雪、冬至、大寒；其余为节气，节气为每月月初的节气。戴震时期，已经采用太阳在黄道上的不同位置来确定中气与节气的方法。

岁岁渐移，而日躔黄道无过不及[①]。斯可于古今星象之不同无惑也。

《传》："一之日，十之余也[②]。一之日，周正月也。二之日，殷正月也。三之日，夏正月也。四之日，周四月也。"震按：后儒以是诗为周正所自起，又或于言"日"、言"月"穿凿为之说，皆非也。自大挠作甲子[③]，以十二子正四方[④]，卯为正东，午为正南，酉为正西，子为正北。丑、寅为东北之维[⑤]，辰、巳为东南之维，未、申为西南之维，戌、亥为西北之维。《尧典》又以四方配四时[⑥]，春东作，夏南讹，秋西成，冬朔易[⑦]。则十二子之为十二月建[⑧]，由来久矣。十二子始正北，子为一，丑为二，寅为三，卯为四[⑨]。以之系日，子月可云"一之日"，丑月可云"二之日"，寅月可云"三之日"，以次而终于十二。若言"十有一月觱发"，"十有二月栗烈"，则失诗辞之体，故变文称"一之日""二之日"。下"三之日""四之日"，不复称"正月""二月"，连文也。九月、十月，若言"十有一之日""十有二之日"，亦失诗辞之体，故卒章因"二之日"连至"四之日"[⑩]，下变文称"九月""十月"。诗中又曰"春日"，曰"蚕月"[⑪]，纪时之法不泥一定，各随乎文之自然。而要之，止用夏正，非杂

---

① "日躔"句：躔，运行，特指太阳的运行。无过不及，谓无偏差。

② 一之日，十之余：周朝以夏历十一月为正月，谓之"一之日"。十之余，即夏历十一月。

③ 大挠：传说中的人物，为黄帝史官。

④ 十二子：即十二地支。

⑤ 维：角落。

⑥ "尧典"句：所引内容今本《尚书》（《伪古文尚书》）属于《舜典》。按《舜典》原系《尧典》后部分文字，《伪古文尚书》单列为一篇，戴氏此处予以还原。

⑦ "春东"至"朔易"：谓随着季节的变化，农事活动也各有重心。东作，谓开始春耕；南讹，谓夏季的耕作。讹，化育。朔，指北方。（据《史记·五帝本纪》司马贞《索隐》）

⑧ 月建：此处谓月份主宰者，即所谓月将、月令。

⑨ "十二子始正"五句：谓十二地支的顺序从属于正北方的子开始，依次为属于东北方的丑、寅及属于正东方的卯，等等。

⑩ "故卒"句：谓卒章"二之日凿冰冲冲，三之日纳于凌阴，四之日其蚤"，日期上是从"二之日"经"三之日"到"四之日"。

⑪ 蚕月：夏历三月。（从高亨说。）此月蚕事正忙，故名。

举周正，是以“二之日”而言“卒岁”①。凡所以表民事，莫善于夏正也。

二章

“殆及公子同归”震按：经传中男女皆曰“子”。后“为公子裘”，自豳民之男子言之，谓豳公之子也。此及“为公子裳”，自豳之女子言之，则谓公之女公子也。（《春秋传》有“女公子”之称。）言者其所指因之而异自见。公之女公子及民之女子有及时将嫁者，诗托此为之辞曰“殆及公子同归”，言将与公之子同时而嫁也。妇人谓嫁曰归。于言外见上下相知如一家矣。

三章

《笺》云：“条桑，枝落之②，采其叶也。”震按：“条”如“厥木惟条”之“条”③。《尔雅·释木》云：“桑、柳丑，条④。”（丑，类也。）郭《注》云“阿那垂条”是也。

“猗彼女桑”《传》：“角而束之曰猗⑤。”震按：“猗”如“有寔其猗”之“猗”⑥，猗然长茂也。

四章

“四月秀葽”《笺》云：“《夏小正》：‘四月王萯秀⑦’。葽其是乎？”震

---

① 二之日而言卒岁：系据诗文首章“二之日栗烈，无衣无褐，何以卒岁”而言。

② 枝落之：系《郑笺》解释诗文“蚕月条桑”中之“条桑”语。枝落，将树枝斩落在地。（据孔颖达《疏》）

③ 厥木惟条：语出《尚书·禹贡》，原意谓兖州境内的树木其形态都是枝条呈细长状的。条，枝条细长之状。

④ 桑、柳丑，条：意思是桑树、柳树一类树的形态是枝条细长。丑，类。

⑤ 角：意即弯曲。

⑥ 有寔其猗：语出《小雅·节南山》。寔，字又作“实”。《传》：“实，满。猗，长、”《笺》谓“实”是“草木平满”的意思。

⑦ 秀：《毛传》注“四月秀葽”：“不荣而实曰秀。”“王萯秀”谓王萯结果。

按：葽者，幽莠也。《战国策》云："幽莠之幼也似禾[①]。"《夏小正》"四月秀幽"，"幽""葽"语之转耳。

"十月陨萚"《传》："萚，落也。"震按：草木之将落者曰"萚"。《郑诗·萚兮篇传》："萚，槁也。"《笺》云："槁，谓木叶也。"

五章

"曰为改岁"震按："聿为改岁"犹言岁之将改也[②]。既"卒岁"始"改岁"，言"改岁"者，以见三时勤劳，至此冬寒无事，待春乃农事又起，今且入处于室以避寒耳[③]，非谓改岁然后入室也。

东山首章

"烝在桑野"震按：《尔雅》："烝，众也。"[④]

破斧首章

"四国是皇"震按：诗之辞意，"皇"当为"皇遽"之"皇"[⑤]，言以四国之故[⑥]，皇遽不宁，故下云"哀我人斯"。

二章

"又缺我锜"《传》："凿属曰锜[⑦]。"震按：下章《传》："木属曰銶。"而《韩诗》："锜，木属；銶，凿属。"《说文》无"銶"字，木部"梂"字解云："一曰凿首[⑧]。"陆德明《释文》："銶……一解云：今之独头斧。"《管子书》论

① 幽莠之幼也似禾：见《战国策·魏策一》。幽莠，草名。

② 聿：同"曰"，句首助词。

③ "今且"句：系据诗文"曰为改岁，入此室处"而言。

④ 烝，众也：《尔雅·释诂》文。众，指众多。诗文"烝在桑野"，"烝"指桑虫众多。

⑤ 皇遽：惶恐。皇，同"惶"

⑥ 四国：谓管、蔡、商、奄四国。周公摄政之时，四国叛乱。

⑦ 锜：孔颖达《正义》："此与下《传》云'木属曰銶'，皆未见其文，亦不审其状也。"戴震之意，锜是辇车的一种构件。

⑧ 凿首：段玉裁《说文解字注》以为是凿柄。

山铁[①],称一农之事必有一耜[②]、一铫[③]、一镰、一耨[④]、一椎[⑤]、一铚[⑥],然后成为农。一车必有一斤[⑦]、一锯、一钉[⑧]、一钻、一凿、一銶、一轲[⑨],然后成为车。一女必有一刀[⑩]、一锥、一箴[⑪]、一銶,然后成为女。锜与銶,今古器物异制殊名,盖莫可考。《司马法》曰[⑫]:"辇:一斧、一斤、一凿、一梩[⑬]、一锄,周辇加二板、二筑[⑭]。"诗之所举,辎辇任器与[⑮]?

"四国是吪"震按:程子云[⑯]:"吪,动也。为是四国之乱振动[⑰]。"

三章

"四国是遒"震按:《说文》:"遒,迫也。"程子云:"加切于吪。"

---

① 管子书:下引文见于《管子·轻重乙篇》。

② 耜:锹、犁一类翻土的农具。

③ 铫:翻土的农具,即锄头。

④ 耨:除草的农具。

⑤ 椎:同"锤",用以敲打的工具。

⑥ 铚:一种小型的镰刀。

⑦ 斤:斧头一类器具。

⑧ 钉:钉子。

⑨ 轲:指车轴。

⑩ 刀:指剪刀。

⑪ 箴:即针。

⑫ 司马法:一部成于春秋时期的古代军事撰著。

⑬ 梩:同"耜",锹、犁一类农具。

⑭ "周辇"句:周辇谓周时之辇。辇即靠人力挽行的车。筑,用以夯土的工具。贾公彦疏解《周礼·地官·乡师》"大军旅会同治其辇"郑注"周辇加二板二筑":"筑,筑杵也,谓须筑军垒壁。"

⑮ 辎辇任器:辎辇,即周辇。任器:贾公彦解释为任使之器,即用器。

⑯ 程子:下文引自《程氏经说·诗解》。《四库总目》谓此书为明人收辑程颐解经言论。编者不详。下同。

⑰ "为是"句:程氏下文接有"恐其益乱天下",因此程氏之意指人心因四国叛乱而振动不安。

《毛郑诗考正》卷一（译文）

周南

关雎首章

《毛传》："雎鸠，就是王雎。这种鸟具有'挚'而雌雄有别的特点。"《郑笺》解释说："挚，犹如说'至'。《毛传》的意思是说，王雎这种鸟雌雄情意至深，但知道雌雄有别而不常在一起。"震按：古字"鸷"的意义通用"挚"来表示。《夏小正》中的"鹰始挚"，《曲礼》中的"前有挚兽"，就是这种用法的证据。《春秋左传》记载：郯国国君说少暤氏用鸟名来命名官职，雎鸠氏指的是司马一职。后人解释说："这种鸟性情猛鸷而又知雌雄有别，所以用来指称司马。司马主管法制。"释义源自《毛诗》，因此"鸷"不能像《郑笺》那样解释就很清楚了。后世儒者也有很多人怀疑雎鸠是性情猛鸷的生物，因此不可以借其名称作为引发下文"淑女"的起兴之词。但是查考《诗经》中运用比兴的情况，例如用螽斯起兴只是取其子孙众多这一点，用雎鸠起兴取其雌雄和谐又知道有别，都是不必拘泥于起兴的事物与所兴物类其性质须一致的例子。

《毛传》："窈窕，是悠闲的意思。"震按：窈窕，指的是妇容，谓淑女表现出的谨慎贞顺的状态。周礼之中有用来教育待嫁之女的"四德"，即妇德、妇言、妇容、妇功。容，是妇德的外在表现。

二章

《毛传》："流，是求取的意思。"震按：《毛传》的释义依据的是《尔雅》。查考本章诗意，是说荇菜生长在水流次所，有着洁净清濯的美质，可以并且应当求取。

《郑笺》说："左右，是助佑的意思。"震按：左右，指的是自身视力能够顾及的左右范围。

五章

《毛传》："芼，是择取的意思。"震按：《尔雅》："芼，搴也。"郭璞《注》解释说："搴，意思是拔取菜。"吕伯恭《吕氏家塾读诗记》引董氏的话说："芼，是将菜烹熟后用于荐献祭品。"说法各不相同，但都是缘辞生训罢了。"芼"字从草，毛声，原意是用肉汁烹煮过的菜。我就此查考《周礼》记载，从而获知羹、芼、菹、醢是用不同食材及方法制作的四种食品。用肉制作的成品叫作羹，用菜制作的成品叫作芼，用肉制作的酱叫作醢，用菜制作的腌菜叫作菹。菹、醢都是用生食制作，它们是放在豆器中的物品；芼则是用湇烹煮过的菜。（《仪礼》郑玄《注》："湇，是肉汁。"）芼之，是说用来放在铏器里作为芼菜。孔冲远《毛诗正义》根据《周官·醢人》陈述四种豆器里的物品没有荇菜这一情况，而认为这首诗吟咏时事体现出的礼仪属于殷商之礼。《毛诗正义》由于对"芼"字的意义有失于正确理解，所以不知道诗中既已明确说是"芼"，就不是指菹。菹是与醢相配放在豆器之中的，如《周礼》有"七菹"即韭菹、菁菹、茅菹、葵菹、芹菹、笋菹，就是依据。芼是与羹相配放在铏器之中的，《仪礼》："放在铏器里的芼菜是这些种类：与牛肉同放的是豆叶、与羊肉同放的是苦荼、与猪肉同放的是薇菜。"《昏义》："若用鱼作牺牲，就用苹、藻作为芼菜覆盖鱼身。"《内则》："雉、兔等牺牲都有芼菜覆盖。"就是依据。

葛覃三章

《毛传》："言，是'我'的意思。"震按：《毛传》释义依据的是《尔雅》。《诗经》中的"言"字与"云"字互相通用之时，都是语助词。

卷耳二章

《毛传》："崔嵬，是顶部覆盖着石头的土山。"震按：此处《毛传》与下文《毛传》，其文字在辗转抄写过程中怀疑发生了互乙现象。崔嵬，是高高的样子。凡是高山，其下方多由石头构成其基础，所以《尔雅》说："石山顶上覆盖着土的叫作崔嵬。"

四章

《毛传》："顶部覆盖着土的石山叫作砠。"震按："砠"字从石，是因为石在土山上部出现，所以《尔雅》说："土山顶上上覆盖着石的叫作砠。"

汉广首章

"南有乔木，不可休思。"《毛传》："思，是虚辞。"震按：经文"思"字，有的本子写作"息"，原因是辗转抄写过程中发生了讹误。《尔雅》："休，荫也。"（郭璞《注》本引作"庥，廕也"。"休"与"庥"，"荫"与"廕"，两组字分别通用。）此诗"休""求""泳""方"四字都作为句中韵字，它们后面的"思"字都是句末语助词。《韩诗外传》引此诗句作"不可休思"。凡是《诗经》当中用韵的句子，韵字后面有一字或二字为语助词的，同一语助词必定接连使用，而且数个韵句情况相同，不会出现差异。只有此诗"不可休思"中的语助词"思"讹写成了"息"而与其他韵句不同，以及《墓门》诗"歌以谇止"中的"止"讹写成了"之"而与韵句"有鸮萃止"语助用字不同，于是淆乱了《诗经》体例。

召南

鹊巢二章

"维鸠方之"《毛传》："方，是占有的意思。"震按：《诗经》当中，"方"字与"房"字通用。例如，《小雅》："既方既皂"；《大雅》："实方实苞"。《郑笺》解释"既方既皂"说："方，是房的意思。句意是说谷粒的外皮刚刚形成，果实还不饱满之时。"说明"方"具有"房"义。《汉书·

地理志》山阳郡“方与”，晋灼解释说：“‘方与’读音为‘房豫’。”说明“方”有“房”字的读音。“方之”，其义犹如“居之”。

羔羊首章

《毛传》：“大夫穿着羔裘而闲居。”震按：羔裘，是诸侯在朝听政时所穿服装。《毛传》因为诗文“退食自公”一句是退朝而闲居的意思，所以将其解释成“穿着羔裘而闲居”。就诗中辞意作考察，“退食自公”大概是描述大夫刚刚从朝中退下而从公门出来，看见的人于是赋诗赞美他。

驺虞首章

《毛传》：“驺虞，是义兽，是一种毛色带有黑纹的白虎。”震按：将驺虞作为兽名这种解释，因为不见于《尔雅》，所以解说者有的认为是某座园林的名称，有的认为是某种马的名称，这些说法都不足为据。汉代许叔重《五经异义》记载《韩诗》和《鲁诗》的说法是：“驺虞是天子手下管理鸟兽的职官，《射义》里说演奏《驺虞》的用意是称赞乐官齐备。”释义似乎清楚贴切。大概驺是趣马一职，虞是虞人一职。《月令》：“天子于是在田猎活动中教民习武，借此让他们演练使用五种兵器，同时颁布有关乘马的政令，命令仆从以及七驺同时驾车。”皇甫侃解释“七驺”说：“天子的马有六种，六种都各有驺官负责管理，又另有总的负责官员，所以有‘七驺’之称。”《春秋左传》：“程郑担任乘马御，六驺都归属他管辖，担任这一职务是要培训驺官让他们知道相关礼仪。”杜预注释说：“六驺，是六厩之驺的意思。”《左传》还记载：丰点担任孟氏的御驺。孔冲远解释说：“御驺是掌管马匹的官员，兼掌驾御的事务。”《周官》：山虞、泽虞这些官员，“每当举行有国君参加的田猎活动时，会提前芟除山田、泽野中的杂草”。据此而言，驺与虞在田猎之时一定会共同负责一些事务，诗歌因此借“驺虞”来兼指两官。举出“驺虞”，那么驺的知礼、虞的敬职就都可以知晓，而在驺虞职位以上的远远高出他们这类低微身份的官员其行事如何就更可以知晓了。叹美驺虞，用意不在驺虞本身，而是借以赞美君王。诗歌所述“壹发”射箭的人，其实是君王。

邶

绿衣三章

“女所治兮”震按：陆德明《释文》：“女，崔骃解释说：《毛传》读该字的本音，郑玄读作‘汝’字之音。”现经查考，知此处“女”字读其本音是正确的。诗歌上文“绿兮衣兮”用“绿”来比喻妾，用绿色的材料制作上衣比喻小妾僭越上位。此章诗句“绿兮丝兮”，将“衣”字更换成“丝”字的原因是，当材料还是丝的时候，未能成为上衣，后来由女工裁制，将它做成上衣就成为上衣了，变化的缘故在于裁制。比喻小妾僭位，是由于君子嬖爱才有如此结果，就小妾本身而言有什么责任呢！看看后来州吁骄横之事，说明夫人在前两章所表达的忧愁并不仅仅在于自己丧失上位。这又表现出夫人能够不怪罪众妾而想着古人妻妾和睦相处的道理，这是反思自身而使小妾不担罪责，所以是贤妻。

日月首章

“逝不古处”震按：古处，就是指凡是相处都按照礼的要求，因而即使用古礼来稽查也无可更替的情形。《郑笺》说：“宁，意思犹如‘竟然’。”震按：宁，犹如“岂”。此诗之中四次言说“胡能有定”，都是反复表达期望的用语。“胡能有定，宁不我顾”，“胡能有定，宁不我报”这些诗句的意思是，假如能够安定，又怎么会最终都不思念我，或不报答我呢？后文“胡能有定，俾也可忘”，是说以往不良的德行让人可以忘掉。末尾“胡能有定，报我不述”，是说要用恩来酬答，不要再沿袭以往的不良行为了。前二章用日月照临、覆盖下土来比喻君子应当顾念我、酬报我，后两章用日月运行有固定轨道比喻君子应当有常礼来对待自己。前人解说这首诗的辞意，具有怨气过重的情况，与对《绿衣》的解说是不同的。

雄雉四章

“百尔君子，不知德行。”震按：上文说“展矣君子”，既然其中的“君子”已经是妇人对丈夫的称谓，此处的“君子”就不应当像《郑笺》所说指“众君子”。大概“百尔君子”是说凡是君子所做的都在于他自己的选择。君子因为路途遥远不能回来，现在自然不知道他在外面表现出什么样的道德品行，然而想着他平日不害人也不贪求，素常行为既然具有如此可靠的状态，那到哪里会不好呢？这是又用称美他的方式来自我慰藉。

匏有苦叶首章

《毛传》：“‘厉’是穿着衣服渡水，（“深则厉”的）意思是水深超过衣带就穿着衣服渡过去。”震按：《毛传》释义依据的是《尔雅》。然而以此来解说诗文，诗意就成为：既然已经是穿着衣服渡水了，还有什么样的水不能渡过去呢？似乎与诗人譬况的不探查水的深浅就涉水将会导致溺水不可救的意思不相协调。许叔重《说文解字》：“砅，履石渡水也。”下引《诗经》“深则砅”，指出“砅”又写作“濿”字。将“濿”简省笔画就成了“厉”字。郦道元《水经注·河水篇》说：“《段国沙州记》：吐谷浑在黄河上建造桥梁，把这座桥命名为‘河厉’。”此记载可以证明桥有“厉”这一异名。诗文的意思是逢浅水可以撩起衣服渡过，若是水深那就一定要通过桥梁才可渡过，比喻礼义的原则性规章不可违背。《卫诗》中“淇梁”与“淇厉”并称，因而“厉”固然与“梁”属于同一类了。这足以证明《说文》的解释是有师承来源的。

二章

《毛传》：“车辕前端的部位叫作轨”。震按：此诗用“轨”字与“牡”

字押韵，说明应当是表示车辙意义的“轨”古音读如“九”。《毛诗》大概因讹误写成了“軓”字，于是就用车厢栏杆前面的“軓”来解释它。“軓”字读音如“范”，不能与“牡”协韵。《释文》对此又另有“车辖头”的解说。车毂的末端叫作軒，车轴的末端叫作辖。《周礼·大驭》“祭两軒”，《礼记·少仪篇》就写作“祭左右轨”。“轨”是“軒”的讹文。杜子春将《大驭》中的“軒”字改为“轵”字，大概车毂末端部分本来叫作“軒”，汉朝人都讹写成了“轵”字来表示，因此就改动了典籍中的“軒”字而随从它了。于是经书及字典辞书中不再有“軒”字，而车毂末端与车厢两旁无论竖立还是横置的木栏都叫作“轵”了。一辆车上，就有两处名称混淆不清，毂末、轴末的称谓也因相混而变成同名，“轵”“轨”“軓”三字更是转写互讹，这就是《释文》“车辖头”这一说法产生的由来。“軒”字从车，开声，读音如“笄”，指的是毂末。“轵”字从车，只声，其义是车厢的围栏。“轨”字从车，九声，是车辙。“軓”字从车，凡声，指的是车前横木下的木板。对于经传中讹文沿袭的情况，应当分别予以严格核查并加以纠正。

谷风五章

《毛传》：“慉，是抚养的意思。”《郑笺》解释说：“慉，是骄宠的意思。”震按：《说文》：“慉，起也。”引用此诗“不我能慉”为证。《小雅·蓼莪篇》“拊我畜我”中的“畜”，《郑笺》也解释为“起”。“起”犹如《晋语》“世相起也”中的“起”，韦昭注释《晋语》说：“起，就是扶持。”此诗“不我能慉”一句应该是承接上章“何有何亡，黾勉求之，凡民有丧，匍匐救之”而言，意思是女子诉说自己在家中倾尽心力到这般地步，而丈夫却仍然不认为她能扶持振兴家业，反而仇视她。《蓼莪》篇上文说“鞠我”，“鞠”已经是哺养的意思了，下文说“育我”，“育”又是哺育的意思，而且“畜我”也是紧承“拊我”之下。拊，是抚摩；畜，是扶持。“畜”也应当写作“慉”字，《蓼莪》写作“畜”只是用了省文假借的手法而已。

《毛传》:“阻,是阻难的意思。”震按:阻,是绝然隔断、不再顾念相及的意思。“既阻我德,贾用不售”,是说既已不再顾念我的好处,待我就如同对待卖不出去的商品一般。

静女首章

“俟我于城隅”《毛传》:“城隅,此处是借以表示高而不可逾越的意思。”《郑笺》解释说:“女子自我防备有如城隅一般。”震按:《毛传》《郑笺》都是根据“城隅”一词取义,但其解释不符合诗意。城隅的规制,见于《考工记》。许叔重《五经异义》记载,古《周礼》说:“天子都城的城墙高度是七雉,隅的高度是九雉。王公的城墙高度是五雉,隅的高度是七雉。侯、伯的城墙高度都是三雉,隅的高度是五雉。”根据《考工记》的记载来考查,公、侯、伯的城墙,其高度都应当是五雉,城隅的高度与天子宫隅的高度相同。门台叫作宫隅,城台叫作城隅。天子、诸侯的台门,因为是四方体而又较高,所以有“隅”这种称谓。此诗用“城隅”一词表示到达城墙之下即将要进入城门的处所。“静女其姝,俟我于城隅”,写出了媵女俟迎的礼仪。“诸侯娶某一个国家的女子为嫡夫人,会另有两个同姓国派遣女子作陪嫁,陪嫁者以嫡夫人的侄女或妹妹的身份相随从。”诸侯戴上冠冕亲自迎接的,只是嫡夫人而已。媵则是到城下等待其他来迎接的人,待其到达后再进入城门。“爱而不见”,是说迎亲的人还未来临。“爱而”的意思,犹如“隐然”。《说文》引此诗“爱”字作“僾”,郭璞注解《方言》引此诗“爱”字作“薆”。《毛传》所谓“彤管之法”,指的是女史书写的宫中法规制度,所以《春秋左传》说:“《静女》诗有三章,应该取用的是其中‘彤管’的意义啊。”“自牧归荑”,等于是说留驻在近郊。《尔雅》:“郊外的区域叫作牧。”“荑”也是用作洁白的比喻。赞美其赠送的“管”,赞美其赠送的“荑”,是借这些措辞来表达欣慕其人罢了。诗文描述开始的想法是见到其人,接下来的想法是能够见到来自其人的物品;开始说是到达城下,最终却说到达郊外,因此可以知道这些内容都并非实有其事。《静女》讽谏的用意，是期望得娶贤惠的媵妾，以及怀想女史笔下的法规制度。大概卫人是借此诗来拟况其君主宫中没有这样的贤惠女子可用来充当嫔媵，女史笔下的法规制度也被废弃。学者罕有听闻到城隅的特殊作用，因而对这首诗也就失去了正确的解释。

二章

“说怿女美”震按：“女”字应当读“汝”音，指彤管而言，与下章“匪女之为美”指荑而言相同。“彤管有炜”，是说彤管的确美，但实际上这种美的感觉是由于静女所赠送因而对它产生的怡悦之感。由于彤管寄托着用规矩制约犯错的含意，所以就应当是令人愉悦的物品了。

新台首章

《毛传》：“籧篨，是不能俯下身体的病症。”《郑笺》解释说：“籧篨这种病症犹如口柔而善于巧言之人，口柔巧言之人常常仰面观察别人的脸色而说话，所以不能俯下身体。”震按：《方言》：“簟，有的地方把它叫作籧苗”，“其中粗的叫作籧篨”。大约籧篨是用来制作粮仓的粗竹席。《晋语》说“不能够让患有籧篨病的人俯下身来”。因为患这种病的人状态像籧篨，所以就用“籧篨”作其称谓了。《尔雅》：“籧篨，口柔也。”柔，是柔媚的意思，借此辞语表现献媚的人常常仰首观察别人的脸色，病状如同籧篨一样无法俯下身来，所以籧篨又成为表示口柔的称谓。“籧篨不鲜”的意思是说，宣公面对齐女表现出媚态，但徒有籧篨形状，看不出什么新鲜。“鲜”字的音义犹如《史记》“数见不鲜”中的“鲜”。下章“籧篨不殄”中的“殄”应当随从《郑笺》读为“腆”。腆，是善的意思。《仪礼》中的“腆”字，古字都写作“殄”。

三章

《毛传》：“戚施，不能仰头的病症。”《郑笺》解释说：“戚施这种病症犹如人脸色柔媚，逢人作出低顺的样子，所以不能仰头。”震按：《毛传》释义依据的是《国语》,《郑笺》释义依据的是《尔雅》,然而它们都未能弄清楚“戚施”得名的由来。《说文解字》引《诗》“得此戚施”为“得此䵷鼁”。䵷,读音是七宿切;鼁,读音是式支切。戚施又名“鼀䵷”。鼀,读音是力竹切,《说文》误将“鼀”与“䵷“当作一字,读音都为“七宿切”,还在“鼀”字下解释说:“先(当作“鼀”)鼀(当作“䵷”),就是詹诸(詹诸,就是蟾蠩)。它的鸣叫声像“詹诸”,它的表皮是鼀鼀(当作“䵷䵷”)多瘤的样子,它的行走状态是先先(当作“”鼀鼀)缓慢不能跳跃的样子。”又在“鼁”字下解释说:“鼁,即䵷鼁,也就是詹诸。用这个名称是因为此物行走的状态是鼁鼁即缓慢难进的样子。”“鼀䵷”的“鼀”,《说文》只是写作“先”,今本《尔雅》因转误写成了“鼀”。《释鱼》篇说:“鼀䵷,是詹诸。”陆氏《释文》说:“鼀,读音是起据反。䵷,读音是‘秋’。”这些说法都是不对的。“䵷鼁”,古字通用“戚施”表示,“戚”应当读“七宿切”音,因为此物其表皮多瘤,其行走迟缓,所以用了“戚施”这个名称。詹诸这种生物,神情状貌卑弱低俯,所以无法让它抬起头来。得了戚施这种病的人,状态与此类似。“籧篨”“戚施”本来是动物名称,由于相似的原因而成为疾病的名称,又由疾病名称而成为口舌柔巧、脸色柔媚的名称。宣公不是身兼这二种疾病,诗人只是借此形容他在齐女面前的那种媚态可丑而已,意思是说齐女面临的不是她寻求的燕婉和美的婚姻,只是宣公在强行作态罢了。

鄘

君子偕老首章

《毛传》:“笄,指的是衡笄。”震按:衡与笄是两种物品。郑康成注《周礼·追师》说:“王后佩戴的衡、笄,都是用玉制成的。只有祭服才配有衡饰(《正义》引此《注》“衡”下加上了“笄”字,是不对的)。衡佩戴时是垂挂在副的两旁直达耳际,衡的下面用紞带悬系着玉瑱。”“笄,是用来翻卷头发的饰品。”(《正义》引文去掉了这几个字,是不对的。)后儒查考不够审慎，于是把郑《注》对佩戴“衡”的相关规定迁移到了“笄”的身上。

三章

“瑳兮瑳兮，其之展也。”《毛传》:“《周礼》当中有种叫‘展衣’的服装，是用红色葛布制作成的。”《郑笺》说:“后妃的六类礼服若用颜色作区别的话，展衣应该是白色的。”震按:郑玄的解说详见其《周礼·内司服》注文，他的表述明白清楚，论证周密。《说文》在“瑳”字下解释说:“玉色鲜亮白皙。”也与展衣为白色的说法吻合。

定之方中三章

“匪直也人，秉心塞渊，騋牝三千。”震按:旧说失于对诗辞含意的正确理解。此诗上文讲卫文公披星戴月早早驾车出门，因为他迫切想做好农事借以蕃育人民，这种行为源自其内心实诚又虑事深远。此章本是专门称美文公对人民尽心，称美他为此不停歇，而章末却言及马匹众多，用意是借此说明他不仅对于国人秉持着这样的内心，就是从使国家走向富强的实际成果来看，卫国也已经有了三千匹高大的骏马了。

卫

淇奥首章

《毛传》:“绿，是王刍。竹，是扁竹。”震按:《毛传》释义依据的是《尔雅》。绿，就是所谓“终朝采绿”之“绿”。《礼记·大学篇》引此诗句，“绿”字写作“菉”。诗歌后文言“绿竹如箦”，说明绿、竹这两种草在地面借垫之多，状如厚聚累积一般。

三章

《毛传》:“重较，卿士所乘车上的设置。”震按:较设置在车厢锜板的上方，是车身两旁可以倚凭的部位。诗歌是借助两较之间宽广，比况君子宽厚仁爱而自得的样子。车上左右两边的较望上去有两重，所以说是“重较”。这句“倚重较兮”承接上文“宽兮绰兮”而言，因此“重”字是从左右的角度设言就是明确的了。重较不独独是卿士的车辆才具有的设置。《毛传》的解说是根据诗文而作的附和之辞，其说法是不符合礼制的。

氓

五章

“靡室劳矣”震按：诗句的意思是说，无法指实家务中的哪一件事让人劳累，说明就家务而言，事事都须勤劳而为。

木瓜首章

《毛传》：“琼，是一种美玉。”震按：“琼”不是玉名，凡是称玉的色泽美都可以说是“琼”，称呼其他美洁如玉的事物也可加上“琼”来形容。

二章

《毛传》：“琼瑶，是美玉。”震按：瑶，大概是次于玉的美石，故而周礼规定：用玉爵献酒给卿，用瑶爵献酒给大夫。

王

大车首章

《毛传》：“菼，就是骓，即初生的芦苇。”震按：“芦”字讹误，应当写作“雚”字。孔冲远不能就此查证，而将“芦”“菼”混同为一，这是不对的。《夏小正》“七月秀雚苇”，其《传》解释说：“未开花的就不是雚苇，开花之后才成为萑苇，所以先说‘秀’。”又说：“萑未开花之前是菼，苇未开花之前是芦。”表明“菼”与“芦”分别是萑、苇二物初生时的名称。《诗经》中凡是称作“蒹葭”、称作“葭菼”、称作“萑苇”的，以及今人称作“芦荻”的，都是两种植物并称，其中蒹、葭、萑、荻，是一种植物；葭、芦、苇，是一种植物。许叔重《说文解字》的释义多依据《毛诗》，他在“菼”字下解释说：“初生的萑。”这样看来，《毛诗》“芦”字是因转写而讹误就是显而易见的了。

郑

羔裘首章

“舍命不渝”《郑笺》解释说：“舍，犹如说安处。”震按：古字“舍”“释”相通。如《礼记》中的“舍菜”就是“释菜”，即是例证。又，“泽”“释”两字也相通。《考工记》：“水有时以凝，有时以泽。”此处“泽”是说凝结的冰重新融化，所以李轨将“泽”字读为“释”音是正确的。《管子》引此诗句作“泽命不渝”。“泽”与“舍”的意思都是“释”，“舍命不渝”是说从君主那里接受命令开始，直到完成任务而“释命”汇报为止，这段时间都无变化而自始至终表现如一。

遵大路二章

《毛传》：“魗，是放弃的意思。”震按：《说文》引此诗“魗”字作“㩅”，释义与《毛传》相同，读音应当是市由切。

女曰鸡鸣三章

“杂佩以赠之”震按：从押韵的角度看这首诗，“赠”字应当作“贻”字。写成“赠”字，大概是因字形相近而导致转写讹误。

出其东门首章

“聊乐我员”震按：员，是周旋的意思。诗句是说姑且乐于与我周旋。下章“聊可与娱”又说姑且可与之一起欢娱。“娱”字对应于“员”字取义，古字“云”与“员”相通。《小雅·正月篇》“昏姻孔云”，《释文》说一本“云”又写作“员”。《春秋左传》说“其谁云之”。“云”与“员”都是周旋相亲的意思。

二章

《郑笺》说：“匪我思且，犹如说‘非我思存’。”震按：《释文》“且，读音为徂”，引《尔雅》说“是存在的意思”。现在查考到《尔雅》中的“徂”有两个义项：一说“前往”，一说“存在。”古字写法减省，“徂”义通用“且”字表示。这首诗“思且”与“思存”对应取义，“匪我思且”是说不是我想前往与之会合的那个人。

齐

载驱首章

《毛传》：“发夕，是指从傍晚出发，行为一直持续到第二日清晨。”震按：发，又有发付卸下的意思。《方言》说：“发，是放弃乘车的意思。东齐海、岱之间把放弃乘车叫作‘发’，宋、赵、陈、魏之间叫作‘税’。”因此“发夕”的意思是傍晚卸下车马，这正符合齐人方言词“发”的意思。另外，郭璞说：“发夕，现在通行说‘发写’。”“写”就是“卸”字，古代读音为“夕”，似略切。“发夕”的“夕”与“发卸”的“卸”是语转关系，不必当作“朝夕”之“夕”来解释。“发夕”的意思是让人马休息，这样解释就使之与下文“岂弟”“翱翔”“游敖”几个词语在意义关联上显得更加紧密。诗歌第一章“齐子发夕”说人马休息，第二章“齐子岂弟”说安稳喜乐地行进，第三章“齐子翱翔”说飞也似地行进，四章“齐子游遨”更是表示自由自在地遨游，引得行人在路途上纷纷指点观看。

魏

陟岵首章

《毛传》:“没有草木的山叫作‘岵’。”震按:《毛传》此句与其下文“有草木的山叫作‘屺’”,令人怀疑是因转写而发生了互乙讹误。《尔雅·释山》说:“多草木的山叫作‘岵’。”刘熙《释名》说:“岵,就是怙,人们怙恃所获取到的以便使用。”

二章

《毛传》:“有草木的山叫作‘屺’。”震按:“屺”字也写作“峐”字。《尔雅·释山》说:“没有草木的山叫作‘峐’。”刘熙《释名》说:“屺,就是圮,指没有什么草木长出的地方。”

伐檀首章

“坎坎伐檀兮,置之河之干兮。”震按:檀这种植物,是品质坚韧的树木,它的材质正适宜作车辐。辐,是轮辏,所以下文说到“伐辐”和“伐轮”。改变用字只是为了方便押韵罢了。砍伐檀木之后就将其放置在黄河岸边,这大概是诗人根据所闻所见而作出的描述,借以比喻本来急待要使用的东西反而被放置起来不用。接下来慨叹河水那么清澈,借以讥讽在位者没有功劳却侥幸享受福禄,因此是身陷污浊之境而家中仓廪充盈、厨房里肉食满满,这些财富都不是靠自己亲力稼穑和田猎而获得的。吃人民的粮食,却没有什么功德惠及人民,这叫作“素餐”。诗歌开首二句,叹息君子不能被用;中间五句,讥讽小人侥幸享受福禄;末尾两句,是认为如果任用君子,必然不会出现这种情况。采用了互文见意的手法。

硕鼠二章

《毛传》:“直,是得到直道的意思。”《郑笺》解释说:“直,犹如正。”震按:《郑笺》与《毛传》在释义上相互补足,其解说是正确的。《论语》

说："人是凭借正直而生存在世的。"诗文"得我直"，意思是得以随顺其本性，不违逆生而为人的正道。

唐

蟋蟀首章

《毛传》："聿，相当于'遂'。"震按：《文选注》引《韩诗薛君章句》说："聿，是辞助。"《春秋左传》引《诗》"聿怀多福"，杜预注释说："聿，相当于'惟'。"都认为是辞助。《诗经》中的"聿""曰""遹"三字互相通用。《尔雅》："遹，自也。"又解释为"述"。《礼记》引《诗经》"聿追来孝"，今《诗经》"聿"字作"遹"。《七月》篇"曰为改岁"，《释文》说"《汉书》'曰'字作'聿'"。《角弓》篇"见晛曰消"，《释文》说："《韩诗》'曰'字作'聿'，刘向引《诗》相同。"《毛传》将"岁聿其莫"中的"聿"解释为"遂"，将"聿修厥德"中的"聿"解释为"述"；《郑笺》将"聿来胥宇"中的"聿"解释为"自"，将"我征聿至""聿怀多福""遹骏有声""遹求厥宁""遹观厥成""遹追来孝"中的"聿"和"遹"，都解释为"述"。现在已稽考出，它们都是用来承接上文以使其意义更加明确的词，并不只是空作辞助，也不是发语辞。把它们解释成"遂"、解释成"述"、解释成"自"，是缘辞生训，都不正确。《说文》有"欥"字，解释说："诠词也。从欠，从曰；曰，亦声。"引《诗经》"欥求厥宁"。这样看来，"欥"大概是本字，减省写作"曰"，同声假借则用"聿"字或"遹"字。诠词，其作用是承接上文而发端，提示将对上文加以诠释使之含意清晰。

鸨羽首章

《毛传》："盬，是不牢固、不密致的意思。"震按：《四牡》诗《传》又说："盬，是不坚固的意思。"《周礼·典妇功》"辨其苦良"郑玄《注》说："郑司农将'苦'读为'盬'，认为'辨其苦良'是从织工粗细角度将缣帛与布纻所作的区分。"《典丝》郑玄《注》说："接受工序粗糙的纺织物，借以供给有关人员穿戴。工序精良的纺织物，由典妇功接受它，借以供给君王以及王后穿戴。”这种解释可以与《毛诗》的说法相互阐发证明。“盬”就是“良盬”之“盬”。此诗“王事靡盬”的意思是说，因为是王事的缘故，所以必定会不粗糙对待，而要尽力做好。

葛生首章

“予美亡此，谁与独处。”震按：《汉书》说：“不以人‘在亡’为借口。”亡此，意思是现在不在此地。既然说其丈夫现在不在此地，却又说“谁与”，从字面上看是不成其义的。“谁与独处”也不成辞。“与”应当读作“余”。“谁与”，是自己设问。“谁与独处”与《檀弓》“谁与哭者”句法类同。诗歌意思是说，其丈夫从征服役后没有回归，生死不可知悉，女子叹嗟依托无人，所以用葛与蔹一定有依托才能生长起兴，表明我所喜爱的人不在此，他这是留下谁独处呢？这是反顾自身的慨叹伤心之辞，说明这是一个只身无依托的妇人。

秦

驷驖三章

《郑笺》说：“把鸾铃系在马嚼上，这样的车制与安车的规制不同。”震按：君王狩猎用的田车也没有将鸾铃系在马嚼上的规制。大概诗句“輶车鸾镳”里的“輶车”与“鸾镳”本来就不是对文的关系，輶车、鸾铃、马嚼，这三者都是诗作者根据所见到事物而将其描述出来罢了。

小戎首章

《毛传》：“游环，就是靷环。”震按：《释文》“靷环”写作“靳环”，并引沈重的话说：“旧本都写作‘靳’。”现在考查诗文后面说“阴靷鋈续”，《毛传》解释为：“续，是续靷。”《郑笺》解释说：“鋈续，是用白金装饰的续靷的环。”因此，“靳环”与“靷环”是两种物件，在诗中它们是并列的关系，《传》文由于辗转抄写而误将“靳”字与“靷”混淆，后人于是不能进行分辨。《春秋左传》：“如骖之靳”。《说文》：“靳，当膺也。”大概这种物件，《诗经》叫作“游环”，《春秋左传》叫作“靳”，汉代叫作“当膺”。骖马用靳约束，它们的位置要比两边的服马靠后，骖马的头部正好位于两边服马胸部的位置，在这里用环来贯通连接它外面的缰绳。《郑笺》说：“游环在马背上没有固定的地方，用它贯通骖马外面的缰绳，是借此禁防马匹往外移动。”《释名》说：“游环在服马的背上，骖马外部的缰绳与它贯通。”可以与《郑笺》的说法相互补足。下文的“阴靷”，《传》《笺》没有说明其放置的地方。孔冲远说：“阴靷是用皮革制成的，放置在阴板上面。骖马脖颈不在车衡位置，因此另外使用两条靷带用以牵引车辆前行。”考查现在的车前掩版，它的上部是不堪承载阴靷的。今天的车制，骓马的靷带在车轴，古代也应该是这样。因为靷带是从下方伸出到揜几之前，所以叫作“阴靷”。

蒹葭三章

《毛传》：“采采，犹如萋萋。”震按：此“蒹葭采采”句中的“采采”与《曹诗》“采采衣服”中的“采采”都是形容事物颜色具有的光泽。

无衣二章

《毛传》：“泽，是润泽的意思。”《郑笺》说：“泽，即是亵衣，此衣因贴身而近污垢所以叫‘亵衣’。”震按：《释名》说：“汗衣，《诗经》叫作‘泽’，因为要承受汗泽。也有叫‘鄙袒’或‘羞袒’的。制作这种衣服需要用六尺布料，裁制上需足够覆盖住前胸与后背。‘鄙袒’或‘羞袒’的意思是说，由于羞耻、鄙视于袒裸而身着此衣。”

权舆首章

《毛传》：“夏，是‘大’的意思。”《郑笺》说：“屋，是齐备的意思。”震按:《传》《笺》释义都是依据《尔雅》(郭璞本《尔雅》"屋"字写作"握",李巡本写作"幄"。)。然而经传当中说到"夏屋"的多了,都是指上端覆盖有竹席之类房屋的名字。此诗两章,是根据日常用餐本来礼意就浸薄不浓而说,或逢饮食隆盛,因此把这个例外称作"夏屋渠渠"。犹如《鲁颂》说饮食装满"笾豆与大房";《国语》说"王公举行家宴,就有房烝";《礼记》说盛放祭品的礼器,"周代用房俎",其中"大房""房烝""房俎"的意义大致与"夏屋"接近。

陈

墓门二章

《毛传》:"鸮,是鸣叫之声凶恶不吉利的鸟。"震按:此诗中的"鸮"与《鲁颂》"翩彼飞鸮"的"鸮"读音都是雩乔切,司马彪认为是小鸠,他的看法是恰当的。鸮的形状似山鹊而体型较小,短尾,秉性喜欢鸣叫,《春秋传》把它叫作"鹘鸠"。"鸱鸮"之"鸮"读音为吁骄切,"鸱鸮"与"鸱鸺"即是一语之转的关系。这种鸟是用"鸱鸮"二字合起来命名的,不能单称"鸮",也不可单称"鸱"。鸱,就是今天叫作"鹞"的那种鸟。解说者往往将"鸮"与"鸱鸮"混同为一物。此诗以鸮多鸣叫起兴,用来引发下文作歌讽谏的内容,而不是从其发声凶恶不祥这一点取义,解说者却以为是作歌来揭示其人恶行;《鲁颂》称飞鸮"怀我好音","好音"不是发凶声的鸟所能具有的,又有人以为是鸟吃了桑葚而改变了原有的凶鸣之声,恐怕都不符合诗意。

"歌以讯之,讯予不顾。"《毛传》:"讯,是告诉的意思。"震按:"讯"是"谇"字因转写造成的错误。《毛诗》解释为"告诉",《韩诗》解释为"讽谏",解释的都应当是"谇"字。"谇"字的读音是"碎",所以在诗中与"萃"字押韵。"讯"字如果读音为"信",就是问讯的意思,这对于诗义以及诗歌押韵来讲都扞格不合。屈原作品《离骚》篇中"謇朝谇而夕替",王逸注"谇"引述了《诗》文"谇予不顾"为例证。又《尔雅》:

"谇，告也。"《释文》说："沈重读'谇'为'粹'音，郭璞读音为'碎'。"因此郭本《尔雅》"谇"字不作"讯"就是明确的了，今天的本子因辗转抄写也失误了。《张衡传》中《思玄赋》李善《注》引《尔雅》字仍旧写作"谇"。《释文》对这首诗的"讯"字音义解说道："一本又写作'谇'，读音为'信'。徐邈读为息悴反。"这种说明大概是因为对"谇""讯"二字不能做出抉择的结果。

月出三章

"劳心惨兮"震按：惨，读音为七感切。《方言》解释为"肃杀"，《说文》解释为"狠毒"，两种解释在音义方面都与诗句不相协调。大概原本是"懆"字，因为转写讹误成了"惨"字。"懆"字读音为千到切，所以能够与"照""燎""绍"三字押韵。《说文》在"懆，愁不安也"文字之后引《诗》"念子懆懆"为证。今本《诗经》里的《正月》篇"忧心惨惨"，《北山》篇"或惨惨劬劳"，《抑》篇"我心惨惨"，其中的"惨惨"都是"懆懆"两字之讹误。《释文》在对《北山》篇的音义说明里指出，"'惨'字，有的本子也写作'懆'"；在对《白华》篇"念子懆懆"的说明里指出，"'懆懆'两字，有的本子也写作'惨惨'"。大概是不能确定两字音义，也就犹如对"谇"与"讯"二字一样混淆不清了。

桧

匪风首章

"匪车偈兮"震按：《汉书·王吉传》引此诗，"偈兮"两字写作"揭兮"。揭，是迅疾飞驰的样子。

曹

蜉蝣首章

"于我归处"震按：这首诗说，蜉蝣身有羽翼，看起来也是衣冠楚楚了，然而它的生命周期短暂；过了生命周期，又将以哪里为归处呢？我内心无休止地为此担忧。言辞之间似乎有难以明说的意味。大概蜉蝣拥有羽翼，与人衣冠楚楚没有差异，这是可以明说的；人衣冠楚楚，与蜉蝣有羽翼没什么差异，都只是短暂拥有，这是不可明说的。忧心蜉蝣“于我归处”，是借以表达我将与蜉蝣归于同样结局的意思。在人人都是蜉蝣一般的情况下，我又怎么能够独自长久生存呢！共同生活在这个邦国，本来就会共同承受它的衰败。子产曾对子皮说：“栋梁折断，屋椽崩毁，我将被压覆，怎敢不先把话说尽。”作这首诗的人，用意是如同子产这般了。

三章

《毛传》：“掘阅，是容貌怡悦人的意思。”《郑笺》解释说：“掘阅，即掘地解阅，说的是蜉蝣初生时的状况。诗歌是以解阅比喻君臣朝夕频繁更换衣服。”震按：“掘”字，《说文》引此诗文作“堀”，解释为“突也”。突，是堀起的意思，即是《笺》所说的“掘地”。《荀子》说：“好的商人不因为折阅就不作买卖。”折，是折损；阅，是卖的意思。大概“阅”与“脱”两字相通。《郑笺》所说的“解阅”正是此义。这样的话，诗文“蜉蝣掘阅”应当依从《郑笺》的说法来理解，即蜉蝣初生时掘地而出获得解脱。“堀”与“掘”两字通用，“阅”字音义同“脱”。

候人四章

《毛传》：“荟蔚，是云彩升起的样子。隮，是云彩升起的意思。”震按：诗文前三章说小人与其受到的宠遇不相称，此章于是说君子虽然遭遇退职废官，但身处困窘之境却未失去惯常风度。所以说“荟蔚”的状态，是形容南山朝朝云彩升起的样子；“婉娈”状态，是形容季女在这种境况下能坚守饥困之境，诗意大概是以季女坚守为美而悲悯她的遭遇。

豳

七月首章

“七月流火”震按:《月令》:“季夏六月,太阳处在柳宿的位置;黄昏时,心宿处在南方中天的位置。”所以孟秋七月心宿往西移动这种情形只是在周代如此。《虞夏书·尧典》:“夏至白昼长,心宿位于南方,就靠这种天象来确定仲夏到临的时间。”与《夏小正》所说的“五月黄昏时分心宿处于中天”的意思吻合,大概夏朝在六月份心宿就往西移动了。当今之时,实际上到八月心宿才往西移动,这时也正是发放冬衣的时期。凡是用星宿来指示节候的,每隔二千一百多年产生的误差为一个星次,从时间上说就是一个月。之所以这样,是因为恒星作右旋运动,每二万五千多年完成一个运行周期,这期间它出现往东偏移的情况极其细微。因此以恒星不同时间出现在黄道上所形成的差数,叫作岁差。太阳的运行从出发至回归,一个周期而成为一岁,差数的产生是由恒星的运行决定的,不是产生于黄道。因此自古以来,岁功都没有变化,而《夏小正》《月令》记载处于中天的星宿,是随时序变化而用历书形式来告知人民节候的变化。确定十二次的名称是视恒星而定,确定中气、节气的名称就要看太阳在黄道上的位置了。恒星的运动轨道每年都发生着逐渐迁移的情况,而日躔黄道则没有这种轨迹偏差。了解这些,就可对古今星象的不同不再产生困惑了。

《毛传》:“一之日,是从十月之后的余月之数算起。一之日,指的是周朝历法的正月。二之日,指的是殷朝历法的正月。三之日,指的是夏朝历法的正月。四之日,指的是周朝历法的四月。”震按:后儒以为此诗纪事是从周历的正月开始的,又有人对诗文里的纪时或称说“日”或称说“月”作穿凿附会式解释,这些都是不对的。自从大挠创制甲子纪年法,开始用十二地支确定四方名称,如卯为正东,午为正南，酉为正西，子为正北，丑、寅为东北角，辰、巳为东南角，未、申为西南角，戌、亥为西北角。《尧典》又用四方来配四时，春天对应的方位是东方，此时进入春耕时期；夏天对应的方位是南方，此时农事活动也随应变化；秋天对应的方位是西方，此时农功告成；冬天对应的方位是北方，此时岁月更易，农事活动也即将开始新的一轮。说明将十二支作为十二月建的做法，是由来久远的事了。十二支的顺序是从正北方位开始，因此代表正北方的子为一，东北方的丑为二，东北方的寅为三，正东方的卯为四，依次而下。用它们来系联日期的话，子月可叫作“一之日”，丑月可叫作“二之日”，寅月可叫作“三之日”，依次下去最后结束于亥月即十二之日。如果说成“十有一月觱发”“十有二月栗烈”，就违逆了此诗的用辞体例，所以变文改称为“一之日”“二之日”。下文的“三之日”“四之日”，不再称为正月、二月，这是由于接联上文而形成的用语。对于九月、十月，若是称为“十有一之日”“十有二之日”，也是有失诗文体例，所以末章因“二之日”而逐月连接直到“四之日”，下面就又改变文辞称为“九月”“十月”。诗中又称说“春日”，称说“蚕月”，这是因为当时纪时方法不拘泥于一种，于是不同的纪时方法各自随着诗文内容的展开而自然出现。概要说之，诗文只用夏历正月，没有杂用周历正月，所以在“二之日”就谈到了“卒岁”。凡是用来表达民事内容的，没有比夏历更好的历法了。

二章

“殆及公子同归”震按：在《诗经》经传之中，男女都可以称为“子”。后文“为公子裘”，“公子”是从男性豳民的立场而言，指的是豳公的儿子。此处“殆及公子同归”以及其后出现的“为公子裳”诗句，“公子”是从女性豳民的立场而言，因此指的就是豳公的女公子了。（《春秋左传》当中有“女公子”的称谓。）称说的人其所指是女还是男就因具体诗文而自然体现出不同。豳公的女公子以及民间女子此时有正值要出嫁的，诗歌就依托这种情况而表达说“殆及公子同归”，表示这位民间女子即将与豳公的女儿同时出嫁。妇人把出嫁叫作“归”。于此诗文可领悟到上下相知如一家的言外之意了。

三章

《郑笺》说:“条桑,意思是斩落桑树枝条以便采摘桑叶。”震按:“条”如同“厥木惟条”中的“条”。《尔雅·释木》说:“桑、柳丑,细条。”(丑,是类别的意思。)正如郭璞《注》说“垂下的枝条姿态阿那”。

“猗彼女桑”《毛传》:“将枝条弯曲,再用绳子把它束缚住叫作‘猗’。”震按:“猗”犹如“有实其猗”中的“猗”,是形容草木猗然高长而茂盛的样子。

四章

“四月秀葽”《郑笺》说:“《夏小正》:‘四月王萯秀’。所以,葽大概就是王萯吧?”震按:葽,是幽莠。《战国策》说:“幽莠的幼苗,形状像禾苗。”《夏小正》:“四月秀幽”。“幽”与“葽”两字是一语之转的关系。

“十月陨萚”《毛传》:“萚,是坠落的意思。”震按:草木叶枯而正将落下叫“萚”。《郑诗·萚兮》篇《毛传》:“萚,是枯槁的意思。”《郑笺》解释说:“槁,是针对树叶的情形而言。”

五章

“曰为改岁”震按:“聿为改岁”犹如说时间上即将改变为新的一年。岁末已经到来然后才能“改岁”。此处诗文称说“改岁”的意思,是表示春夏秋三季勤劳,到此冬寒之时才无事,但等到春天农事又该起来了,如今姑且进入室内居处以躲避冬寒,不是说改岁之后才入室居处。

东山首章

“烝在桑野”震按:《尔雅》:“烝,是众多的意思。”

破斧首章

“四国是皇”震按:按照诗歌辞意来看,“皇”应当是“皇遽”之“皇”的意思,诗句是说人们因为四国的缘故而惶恐不得安宁,所以下文说“哀伤我们这些人民”。

二章

“又缺我锜”《毛传》:“锜是凿子一类的工具。”震按:《毛传》在此诗下章解释说:“木质的工具叫作銶。”但《韩诗》却说:“锜,属于木质工具;銶,属于凿子一类工具。”《说文》没有“銶”字,《木部》“梂”字下解释说:“一种看法认为是凿子的柄”。陆德明《释文》说“銶”:“一种解释说:即今天的独头斧”。《管子书》论说山铁内容时,指出农夫要从事生产,一定要拥有一耜、一铫、一镰、一耨、一椎、一铚,然后才能进行有关活动。对于修造车辆的人来说,一定要拥有一斤、一锯、一釭、一钻、一凿、一銶、一轲,然后才能修造成车。一个女子要做女工,一定要拥有一刀、一锥、一箴、一銶,这样才能成就其女工。就锜与銶两种工具来说,由于古今同一类器物形制不同,名称也不同,所以具体情形已无法考究。《司马法》说:“修造辇车的人要有一斧、一斤、一凿、一梩、一锄。若是修造周朝之辇车,须再加上二板、二筑。”诗中所举器物,大概是建造辎辇这类重型车辆而使用的器具吧?

“四国是吪”震按:程子说:“吪,是振动的意思。诗句之意是,因为这四国的叛乱而人心振动。”

三章

“四国是遒”震按:《说文》:“遒,是迫切的意思。”程子解说此诗句之意:“在人心振动的基础上又加上急切不安的情绪。”

《毛郑诗考正》卷二(原文及注释)

小雅

常棣首章

“鄂不韡韡”《笺》云:“承华者曰鄂。‘不’当作‘柎’;柎,鄂足也。古声‘不’‘柎’同。”震按:鄂不,今字为“萼跗”。《国语》“华不注之山”韦昭云:“华,齐地。不注,山名。”又“韎韦之跗注”①,《杂问志》作“不注”②。杜预云③:“戎服,若袴而属于跗④,与袴连。”盖“不注”今字为“跗属”也。此“跗”通用“不”之明证。学者不究六书之义,习于所知,骇所不知,于是经益不可治矣。程子云:“常棣华萼相承甚力,故以兴兄弟。”

三章

“况也永叹”《传》:“况,兹。”震按:兹,今通用“滋”。《说文》“兹”字注云:“草木多益。”“滋”字注云:“益也。”韦昭注《国语》云:“况,益也。”诗之辞意,言不能如兄弟相救,空滋之长叹而已⑤。

四章

“每有良朋,烝也无戎。”《传》:“烝,填。”《笺》云:“古声‘填’‘寘’

---

① 韎韦之跗注:语出《左传·成公十六年》。韎韦,谓制作军服的红色皮革。韎,红色。跗注,军服的一种,其衣制可从腰部覆盖到脚部。

② 杂问志:郑玄弟子郑小同编《郑志》中的一篇文字。《郑志》主要记载郑玄的看法。

③ 杜预云:下引为杜预解释《左传》“韎韦之跗注”语。

④ 跗:即跗注。

⑤ “诗之”至“而已”:系据诗文第三章“鹡鸰在原,兄弟急难,每有良朋,况也永叹”而言。

‘尘’同。”震按：烝，众也，语之转耳。朋友虽众犹无助，以甚言兄弟之共御侮也[①]。

伐木二章[②]

“宁适不来，微我弗顾。”震按：此言宁适有不来者乎？喜其毕来之辞也。微，犹非也。（如“微我无酒”之“微”[③]。）以其毕来，明庶几非我不顾，非有过愆，惓惓致其亲好如是[④]。《笺》云：“宁召之适自不来，无使言我不顾念。”意转疏矣。

三章

“兄弟无远”《笺》云：“兄弟，父之党，母之党。”震按：《郑笺》据上章言“诸父”“诸舅”，故以为父之党、母之党。考之经传，天子谓同姓诸侯曰“伯父”“叔父”，异姓曰“伯舅”“叔舅”，诸侯谓大夫亦然。称之父、舅，尊之也，盖同姓异姓毕举矣。举凡异姓，不专为母之党。此章言“兄弟”，即上所称“诸父”“诸舅”，亦同姓异姓毕举之辞。称之兄弟，亲之也。兄弟与昆弟，在《仪礼·丧服》《尔雅·释亲》截然有辨。《丧服记》曰[⑤]：兄弟皆在他邦，加一等，不及知父母与兄弟居，加一等。《传》曰[⑥]：何如则可谓之兄弟？《传》曰小功已下为兄弟[⑦]。”此《传》中引《传》相证明也。盖惟小功已下渐即于疏，故加等。若大功已上[⑧]，则昆弟也，世父母、叔父母也，从父、昆弟也，岂可以皆在他邦及少孤

---

① “朋友”两句：系据诗文第四章“兄弟阋于墙，外御其务，每有良朋，烝也无戎”而言。务，同“侮”。无戎，即无助。《毛传》：“戎，相也。”《笺》谓“无相助已”。

② 二章：戴震将《伐木》分为三章，《十三经注疏》本分为六章。此处二章，于《十三经注疏》本为第四章。

③ 微我无酒：语出《邶风·柏舟》。微：不是。

④ “以其”至“如是”：系据诗文“宁适不来，微我弗顾”“宁适不来，微我有咎”而言。

⑤ 丧服记：指《仪礼·丧服记》。

⑥ 传：指《仪礼·丧服记》中的《传》。

⑦ 小功：丧服名称。较大功次一等，但又重于缌麻之丧。

⑧ 大功：《丧服记》中最高等级的丧服名称。

相依而加等哉？期与大功之亲，分当相恤，其不相恤，是贼其性者也。小功已下而相恤，斯进之也。《记》又曰[①]："夫之所为兄弟服，妻降一等。"篇内明言"夫之昆弟无服"，此兄弟服，即所谓小功者兄弟之服是也。谓夫为之小功者，妻降一等，则缌[②]。如从祖祖父母、从祖父母及外祖父母、从母在"小功"章，夫之诸祖父母在"缌麻"章，此降一等之谓。《礼记·服问篇》："公子之妻为公子之外兄弟[③]"，"谓为夫之外祖父母、从母缌也"。外亲之服，惟外祖父母以尊加，从母以名加，此二者小功，其余皆缌。夫为之缌者，妻降一等则无服。礼之称兄弟通乎尊卑如是。《尔雅·释亲》曰："父之党为宗族，母与妻之党为兄弟。"又曰："妇之党为婚兄弟，婿之党为姻兄弟。"通其义，凡同姓、异姓既渐即于疏者，而与之相亲好，皆得称兄弟。在丧服，则小功已下为兄弟，散文则昆弟亦曰兄弟[④]。以是求之诸经及传记，其义例异同可无扞格矣。

"无酒酤我"《传》："酤，一宿酒也[⑤]。"震按：此设言若无酒则我犹卒为一宿之酒，而不以无为辞。

天保五章

"群黎百姓"《传》："百姓，百官族姓也[⑥]。"震按：韦昭注《国语》云："百姓，百官有世功者[⑦]。"又云："百姓，百官也。官有世功，受氏姓也。"凡经传言百姓，皆此义；惟东晋(枚)〔梅〕赜奏上之《古文尚书》谓

---

① 记：即《仪礼·丧服记》。

② 缌：即缌麻，《丧服记》中最低等级的丧服。

③ 公子：谓诸侯庶子。外兄弟：谓公子外祖父母一系的"外族"兄弟。(从孔颖达《疏》)

④ 散文：训诂术语，与"对文"即析言相对，指概略而言。

⑤ 一宿酒：指经一宿酿成的酒。与诗上文"有酒湑我"相对，"湑"指澄滤过的清酒，此处一宿酒应为未经澄滤的浊酒。

⑥ 百官族姓：指有姓氏的官宦，是贵族。

⑦ 世功：谓累代功绩。

庶民为百姓[①],与伏生所传二十八篇中异指[②]。

"遍为尔德"震按:百姓之为德,皆法上之德[③],言其德足法也。

出车三章

"王命南仲"《传》:"王,殷王也。南仲,文王之属。"震按:《毛诗》篇义以《采薇》《出车》《杕杜》三诗系之文王[④]。时文王犹服事殷,故于诗中曰"天子"、曰"(天)〔王〕命[⑤]",以为殷王,徒泥正雅作于周初耳。苟其诗得乎义之正,而为治世之正事,何必非正雅乎?成、康已后,昭、穆、共、懿、孝、夷、厉、宣八王,而宣王命吉甫北征,曰"猃狁孔炽"[⑥],则前此二百余年间,固亦有猃狁崛(疆)〔强〕之事矣[⑦]。宣王之臣皇父谓南仲为太祖[⑧],岂必远求南仲于文王时乎?汉世有谓《采薇》为懿王时诗者[⑨],虽未为通证,其非文王时,则决然可知,文王之臣亦不闻有南仲也。

---

① (枚)〔梅〕:"梅"原作"枚",从孙以昭勘正。

② 二十八篇:指《今文尚书》。

③ "百姓"两句:戴震认为"遍为尔德"的意思是百姓普遍效法国君之德行,故有此解释。遍,普遍。"尔"指国君。

④ 毛诗篇义:孙以昭认为指《毛诗序》。孙说是。下同。《毛诗序》:"《采薇》,遣戍役也。文王之时,西有昆夷之患,北有猃狁之难。以天子之命,命将率遣戍役,以守卫中国。故歌《采薇》以遣之,《出车》以劳还,《杕杜》以勤归也。"

⑤ (天)〔王〕:"王"原作"天",从孙以昭勘正。

⑥ "而宣"两句,系据《小雅·六月》"猃狁孔炽""文武吉甫""薄伐猃狁"等内容而言。孔炽:形容猃狁势头强盛。孔,很。炽,强盛。吉甫,即尹吉甫,宣王重臣。

⑦ (疆)〔强〕:"强"原作"疆",从孙以昭勘正。

⑧ 皇父谓南仲为太祖:系据《大雅·常武》"南仲太祖,大师皇父"而言。《郑笺》:"以南仲为大祖者,今大师皇父是也。"大祖,即太祖。

⑨ 汉世有谓《采薇》为懿王时诗者:指三家诗说。王先谦《诗三家义集疏》:"鲁说曰:懿王之时,王室遂衰,诗人作刺。""齐说曰:周懿王时,王室遂衰,戎狄交侵,暴虐中国,中国被其苦,诗人始作疾而歌之曰'猃狁孔棘'。"

鱼丽三章

《传》:“鰋,鲇也①。”震按:《尔雅·释鱼》首列“鲤”“鳣”“鰋”“鲇”“鳢”“鲩”六名,当从郭注为六物②。

“旨且有”震按:有,犹备也。义进于多③。后三章曰“嘉”曰“旨”,皆美也;曰“偕”曰“有”,皆备也。多贵其美,美贵其备,备贵其时④。酒之备,谓诸酒;物之备,谓水陆之羞。

南有嘉鱼首章

“烝然罩罩”震按:烝然,众也。罩罩,叠字形容之辞,不当为捕鱼器⑤。《说文》引诗“烝然鯙鯙”⑥,盖与“掉”通。鱼摇掉也⑦,故以兴燕乐⑧。

二章

“烝然汕汕”震按:《说文》云“鱼游水貌”⑨,引此诗。

蓼萧首章

“燕笑语兮,是以有誉处兮。”震按:燕,安也。后“孔燕岂弟”同。诸侯来朝无愆,则天子嘉之,而与之燕见笑语。由天子嘉之,则诸侯

---

① 鲇也:系《毛传》解释诗文“鰋鲤”句中的“鰋”之语。

② 郭注为六物:戴震认为《毛传》以鰋、鲇为一种鱼的看法是不对的,因为据郭璞《注》,《尔雅·释鱼》里的“鰋”“鲇”与“鲤”“鳣”“鳢”“鲩”是并列的六种鱼。

③ 义进于多:指此诗“旨且有”中“有”在意思上比上文“旨且多”“多且旨”之“多”要进一步。

④ “多贵”至“其时”:系据诗文第三章“物其多矣,维其嘉矣,物其旨矣,维其偕矣,物其有矣,维其时矣”而言。时,及时。

⑤ “罩罩”数句:系针对《毛传》以“罩罩”为捕鱼器具“籗”而言。

⑥ 《说文》引诗“烝然鯙鯙”:谓《说文》“罩”下所引《诗》文。

⑦ 摇掉:身体摆动的样子。

⑧ 兴燕乐:意思是“烝然罩罩”为起兴的句子,引发出后文“君子有酒,嘉宾式燕以乐”。

⑨ 鱼游水貌:系《说文》对“汕”字的解释语。

幸于无过，而处其国得长保康乐也[①]，寓劝戒者深矣。

四章

《传》："在轼曰和，在镳曰鸾[②]。"震按：《韩诗》云："鸾在衡[③]，和在轼。"《大戴礼》云："在衡为鸾，在轼为和。马动而鸾鸣，鸾鸣而和应。"在镳之说误。

六月首章

"我是用急"震按：《盐铁论》引此作"我是用戒"。戒，犹备也。治军事为备御曰戒。讹作急，义似劣矣。"急"字于韵亦不合。《采薇》篇"翼""服""戒""棘"为韵，《常武》篇"戒""国"为韵。

四章

"整居焦获"《传》："焦，周地接于猃狁者。"震按：孔冲远以郭璞《尔雅注》"池阳之瓠中"当此诗焦获[④]。池阳，今之西安府三原县，汉属左冯翊，是直逼周京矣。非也。既整其众，处于焦获，乃"侵镐及方，至于泾阳"，则焦在外，镐、方、泾阳在内。下章言"薄伐猃狁，至于大原"，卒章言"来归自镐"，则焦获、镐、方在大原、泾阳之间。王师逐之至大原，后仍军于镐，平定然后归也。泾阳，汉安定郡朝那泾阳之地，今平凉府平凉县。大原，即安定郡高平，今平凉府固原州。后儒不审地形，以晋阳之太原，池阳之瓠中牵合误证。顾炎武云[⑤]："《国

---

① 处其国得长保康乐：系解释诗文"有誉处兮"。

② "在轼"两句：系《毛传》解释诗文"和鸾雍雍"中之"和鸾"语。轼：指车厢前面的横木，作扶手用。和，安置在轼上的车铃。镳：勒马用的马嚼子。鸾：车铃。

③ 衡：车辕前端的横木，驾牲口用。

④ "孔冲"两句：郭璞注《尔雅·释地》"周有焦护"："今扶风池阳县瓠中"。邢昺《疏》以为郭《注》所言焦护即此诗之"焦获"；孔颖达《毛诗正义》引《尔雅》作"周有焦冲"。

⑤ 顾炎武云：指顾炎武《日知录》所说。

语》'宣王料民于大原'，必不料之于晋国[①]。"以《国语》宣王事证此诗，非无关究者矣。

采芑二章

"约軝错衡"《传》："軝，长毂之軝也，朱而约之。"震按：軝，《说文》亦作"𩊚"，从革。孔冲远以"軝"为长毂名，非也。軝，即《考工记》之帱革[②]。"朱而约之"者，朱其革以帱于毂也。惟长毂尽饰，大车短毂则无饰，故曰"长毂之軝"。

车攻二章

"东有甫草"《传》："甫，大也。"《笺》云："甫草者，甫田之草也。郑有圃田。"震按：古字甫、圃通，义皆为大。《国语》曰："薮有圃草，囿有林池。"韦注云："圃，大也。必有茂大之草以财用之也[③]。"诗之甫草，即《国语》"圃草"耳，不必如《笺》说。又李善注《文选》引《韩诗》"东有圃草"《薛君章句》云："圃，博也。有博大茂草也。"

吉日二章

"漆沮之从"震按：此即《禹贡》之"漆沮"，合二字为水名者，分言之则非也。在泾东渭北。郦道元《水经注》以为云阳县东大黑泉，东南流谓之漆沮水，迳万年县故城北为栎阳渠，又南屈更名石川水，南入于渭。云阳，今淳化县；万年故城在今临潼县东北七十里，并属西安府。程泰之《雍录》云[④]：《禹贡》漆沮，惟石川河正当其地。

---

① "国语"两句：顾炎武原文："《国语》'宣王料民于大原'，亦以其地近边而为御戎之备，必不料之于晋国。"认为《诗经》"至于大原"中的"大原"与《国语》此句"大原"靠近边境，非是当时晋国之太原。宣王料民于大原，语见《国语·周语上》。料民：登记人口。

② 帱革：用于缠绕车毂的皮革。

③ 必有茂大之草以财用之也：上海古籍出版社标点本《国语》韦昭此注句为"必有茂大之草以备财用也"（见《国语·周语中》韦昭注）。意同。

④ 程泰之：即南宋学者程大昌。泰之，其字。

无羊首章

“九十其犉”《传》:“黄牛黑唇曰犉。”震按:《尔雅》通谓黑唇者为犉[①]。又云:“牛七尺为犉。”诗之义,犉言肥大者之多。

四章

“众维鱼矣,旐维旟矣”震按:二句虽皆以“维”字为辞助,不拘于对文,诗中如此类甚多,盖言梦而见鱼之众有,又见旐与旟耳[②]。

节〔南山〕三章[③]

“秉国之均”《传》:“均,平。”震按:《汉书》引此作“秉国之钧”。钧,谓钧石权衡[④]。

六章

“谁秉国成”《传》:“成,平也。”震按:古义“成”与“平”互训,平断之曰平,定其议曰成。在春秋两国相和讲,则平解曰平,其结好之议曰成。在狱讼,则平治之曰平,所劾罪关曰成,往蓓之以验其状亦曰成。又百官之计要通曰成[⑤]。《周礼》大宰之职所谓“以官成待万民之治[⑥]”,有听政役[⑦]、听师田、听闾里、听称责[⑧]、听禄位等。此诗所以致

---

① “尔雅”句:《尔雅释畜》“牛属”中有“黑唇,犉”。故“犉”指黑唇之牛。

② “盖言”两句:系据诗文“牧人乃梦,众维鱼矣,旐维旟矣”而言。有,戴意以为齐备。见前《鱼丽》“旨且有”之释。旐,绘有龟蛇的旗帜。旟,绘有鸟隼的旗帜。

③ 〔南山〕:原文无,从孙以昭校勘补。按戴氏体例宜有。

④ 钧石权衡:戴震当是以钧石权衡比喻显赫的权势,与《毛传》及孔颖达《正义》不同。孔颖达解释“秉国之均”:“秉持国之正平,居权衡之位。”三十斤为钧,四钧为石。

⑤ 百官之计要:《周礼·大宰》“以八法治官府……八曰官计,以弊邦治”一条,郑玄注与贾公彦疏均以“官计”为考计官吏之治。弊,判断。但据戴震后文引《大宰》“以官成待万民之治”,戴意似以“百官之计要”为百官掌管的主要政务。计,合计。

⑥ 官成:郑玄以为“官府之成事品式”。指为官遵循的文典法规。

⑦ 听:解决。

⑧ 称责:指借债。郑玄注《周礼·小宰》“听称责”:“称责,谓贷予。”

刺于秉国成者，不自听治，而百官族姓终受乱政劳敝也。

正月四章

“民今方殆，视天梦梦。既克有定，靡人不胜。有皇上帝，伊谁云憎。”震按：以正阳之月而繁霜[①]，似天之降灾。然治乱在人而已，故言自民今方殆之时，视天意似梦梦然不可知，使人既能有定，则亦无人不胜天者矣。非天实有憎于人，特人之取憎于天故也。期望以人定胜天之理，不至终危殆不救。有定，谓改其暴虐不常，循于治道。

十三章

“蔌蔌方谷”震按：《释文》云：“本或作‘方有谷’，非也。”考今本，并误增“有”字，当从《释文》为正。

十月之交首章

《传》：“之交，日月之交会。”《笺》云：“周之十月，夏之八月也。八月朔日，日月交会而日食。”震按：刘原甫始疑为夏正十月[②]，非也。梁虞门、唐傅仁均及一行[③]，并推周幽王六年（乙丑岁）建酉之月辛卯辰时日食[④]。近阎百诗《尚书古文疏证》初亦用刘原甫说，谓虞门、诸人傅会，既通推步，上推之正合，复著论自驳旧时之失。然其言曰：“康成考之方作《笺》”。又曰：“经解不可尽拘以理者，此类是也。”则又不然。《毛诗》篇义云刺幽王，《笺》乃谓当为刺厉王，岂与所推合乎？康成盖决以理而已。赵子常云[⑤]：“诗本歌谣，又多民事，故或用夏正，以便文通俗。”子常此论，明诗中用夏正者，原无所拘滞。然则《十月之

---

① 正阳之月而繁霜：系据诗歌首句“正月繁霜”而言。正月，指夏历四月（据《毛传》），故戴震释以“正阳之月”。

② 刘原甫：北宋学者。

③ 一行：唐代著名天文学家、佛学家，本名张遂，一行是其法号。

④ 建酉之月辛卯辰时：建酉之月指八月，辛卯谓第二十八日。

⑤ 赵子常：明代学者。

交》篇举斯时日食以陈谏，泥何例必取夏正而废周一代正朔之大为不可用乎？病在析理未精，猥以为经解不可尽拘以理，是开解经者之弊也。《国语》："幽王二年，西州三川皆震[①]……三川竭，岐山崩。"此诗所谓"百川沸腾，山冢崒崩[②]。高岸为谷，深谷为陵"，正指其事。诗系之幽王，《国语》亦其一证。古无推日食法，魏黄初已后，始课日食疏密，及张子信而益详[③]。然唐宋推步家犹未能立法无舛，有当食不食、不当食而食之谬说，载在史志。大致日月交食一事，可以验推步得失，其有不应，失在立法，不失在天行也。使有变动失行，则必不可以得其准，无从立推之之常法矣。或曰：日食既预推而得，圣人畏天变之意何如？曰：此变其悬象著明之常[④]，不必为变其行度之常也。岂有天变见于上，而圣人不恐惧修省者乎[⑤]？人君日食修德，月食修刑，依乎阴阳立义，无非敬天畏天之诚耳。或曰：诗言"亦孔之丑"[⑥]，又言"彼月而食，则维其常。此日而食，于何不臧"[⑦]，何也？曰：此以王不知事天，而但陈天变以谏戒也。"悬象著明莫大乎日月"，犹有时蔽亏，人君而可自谓无蔽无足亏君德乎？日，君象；月，臣象。日失其明，俾昼作夜，君德如斯，岂不甚丑？冀王反己自责，知其蔽而丑之，则修德而复乎常明之体矣。凡日月之行，日躔一度[⑧]，则月逡十三度有奇。三百六十五日不及四分日之一，日躔黄道一周。月道交于黄道，半在其南，半在其北，最远相距不满六度。二十七日过四分日之

---

① 西州三川：谓泾水、渭水和汭水。三水皆出于岐山。（据韦昭《国语·周语》注）

② 山冢崒崩：山冢，山顶。崒：崔嵬，山石嵯峨的样子。（据《郑笺》）

③ 张子信：北魏、北齐时期天文学家。

④ 变其悬象著明之常：指太阳与月亮因发生食蚀而改变了正常形态。悬象著明，此处指日月。因《周易·系辞上》有"县象著明莫大乎日月"句。县，同"悬"。

⑤ "岂有"两句：《周易·震卦·象辞》："洊雷，震。君子以恐惧修省。"戴震当本此为说。修省，《疏》："修身省察己过。"

⑥ 亦孔之丑：指日食是君王丑恶之巨的征象。"亦孔之丑"前有"日有食之"句。}。

⑦ "彼月"至"不臧"：谓月食虽然也是人间丑恶之征象，但丑恶的程度还不至于达到君王违背为君之道；日食出现，体现的君王情况却是多么的不好啊。于何，孔颖达解释为"一何"。臧，好。

⑧ 躔：古代天文术语，太阳运行叫躔，月亮运行叫逡。

一而月逡一周，二十九日过半日而月与日会。整用之为大月三十日，小月二十九日。朔策岁气相校①，于是为小岁十二朔，大岁十三朔，以正四时。大岁者，有闰月之年也。日月虽会，非当其道之交，不食；近交乃有食。朔，齐行也；望，遥对也。日蔽于月体，故日食恒在朔；月蔽于地影，故月食恒在望。日高而月卑，其间相去甚远，又以实体蔽者，易地则殊观，故日食各地不同。月之食乃适为虚影所蔽，故其食分之浅深，天下皆同。张衡《灵宪》云："当日之冲②，光常不合者，蔽于地也。是谓暗虚，月过则食。"暗虚云者，而异于实体，即地影之名。

八章

"悠悠我里，亦孔之痗。"《传》："悠悠，忧也。里，居也。痗，病也。"震按：悠悠，长也。里，如《云汉》篇"云如何里"之"里"。古字"里""悝"通，忧也。言忧之长至于甚病。

雨无正首章

"昊天疾威"震按：孔冲远云："上有'昊天'，明此亦'昊天'。定本皆作'昊天'，俗本作'旻天'，误也。"陆德明云："本有作'昊天'者，非也。"今考《巧言》首章三言"昊天"，不变文相避，孔说为得。

四章

"莫肯用讯"震按："讯"乃"谇"字转写之讹。谇，告。讯，问。声义不相通借。

小旻二章

"訿訿"震按：訿訿，刘向以为背君子，是也。岂有小人而谋臧者

---

① 朔策：古代天文术语，指朔望月。

② 日冲：古代天文术语，指太阳、月亮和地球位于同一直线上而导致月食产生的现象。

哉！诗中言"谋臧"，谓君子之谋也；"不臧"，谓小人之谋也①。君子之谋出，则众小在位讹讹然诋毁而共违之。小人之邪议，则潝潝然一倡众和而共依从之。其党同伐异如是，何以供君之职，故《尔雅》云："潝潝讹讹，莫供职也②。"

五章

"民虽靡膴"震按：《韩诗》作"靡腜"。以韵读之，当从《韩诗》为正。腜，莫杯切，美也。（左思《魏都赋》："腜腜坰野。"）"民虽靡腜"，言虽无毕具美德者，固"或哲或谋，或肃或艾"矣③。

巷伯五章

"骄人好好"震按：《尔雅》："旭旭，憍也（注：憍：同"骄"）。"郭《注》云："小人得志憍蹇之貌。"读"旭"为"好"音。今考"好"与"旭"，古音并许九切。

蓼莪首章

"匪莪伊蒿"震按：莪，俗呼"抱娘蒿"，可以知诗之取义矣。《四牡》篇以"翩翩者雏"兴"将父""将母"④，雏即祝鸠。《春秋传》："祝鸠氏，司徒也。"说曰："雏性孝，故为司徒，主教民。"此学《诗》者所以勿忽于草木鸟兽之微也。

三章

"鲜民之生"《传》："鲜，寡也。"震按：《春秋传》"葬鲜者"，谓"不得

---

① "诗中"至"谋也"：系据诗文"谋臧不从，不臧覆用"而言。谋臧不从，谓不顺从好的谋策。覆，反倒。

② 莫供职：即废弃职责。《尔雅·释训》"潝潝讹讹莫供职也"郭璞《注》："贤者陵替奸党炽，背公恤私旷职事。"

③ 或哲或谋，或肃或艾：系《小旻》诗中"民虽靡膴"后面的两句。艾，治理。

④ "四牡"句：《诗经·四牡》原文："翩翩者雏，载飞载下，集于苞栩。王事靡盬，不遑将父。翩翩者雏，载飞载止，集于苞杞。王事靡盬，不遑将母。"将，奉养。

以寿终为鲜”[①]。“鲜”似有少福之意，名无怙恃曰鲜民[②]。

大东首章

“有捄棘匕”震按：匕之用三[③]：以别出牲体，以挹湆，以取黍稷。捄，匕端勺貌[④]。

二章

“杼柚其空”《笺》云：“谭无他货，维丝麻耳，今尽杼柚不作也。”[⑤]震按：《方言》云：“土作谓之杼，木作谓之柚[⑥]。”言役作于周而至穷空也。

五章

震按：此已下皆刺虚名无其实[⑦]：以酒而曾非浆；佩璲在官而曾非才之长；天汉，视之有光如河、汉，非实汉也；织女日更七次，非实织也[⑧]。

---

① “春秋”两句：“葬鲜者”谓埋葬未尽天年而死的人。“不得以寿终为鲜”为《左传·昭公五年》“葬鲜者”杜预的注文。

② 名无怙恃曰鲜民：系据诗文“鲜民之生，不如死之久矣，无父何怙，无母何恃”而言。怙、恃都是依靠的意思。

③ 匕：古代用作盛取食物的勺形器皿。

④ 捄匕端勺貌：谓“捄”是匕的形状。戴震此处用“匕端勺貌”表明不认同《毛传》以捄为“长貌”的说法，而认同朱熹以捄为“曲貌”的说法。

⑤ “谭无”至“作也”：《笺》意以为谭国的丝麻都已输送到了周地，所以本国的纺织机器都停了下来。谭，《郑笺》据《诗序》以此诗为谭国大夫所作，故以“杼柚其空”为谭国之事。杼、柚，都是织布机的构件，杼为梭，柚为筘。

⑥ “土作”两句：《方言》：“杼、柚，作也。”作，谓制作。

⑦ “此以”句：谓自第五章首句开始。

⑧ “以酒”至“织也”：系解释第五章诗文“或以其酒，不以其浆；鞙鞙佩璲，不以其长；维天有汉，监亦有光；跂彼织女，终日七襄”。

六章

“不成报章”《传》：“不能反报成章也。”《笺》云：“织女有织名耳，驾则有西无东[①]，不如人织相反报成文章。”震按：织者之行纬，一往必有一复，如是而成布帛。经纬有章，故曰报章。织女虽日更七次[②]，有往无复，非实能成此丝缕往复之章。报者，复也，往来之谓也。

七章

“维北有斗，(四)〔西〕柄之揭[③]。”震按：揭然[④]，斗柄貌。斗柄当心、尾之间，箕见于南方，则斗柄固迤西矣，不必如孔冲远说以所谓南斗者当之也。上三章内[⑤]，以天象比王官，言其居尊显之位，无利泽及民，末更终之以且欲贪取于民，令人见之而畏[⑥]。

四月首章

“胡宁忍予”《笺》云：“宁，犹‘曾’也[⑦]。”震按：宁，犹‘乃’也，语之转也。下“宁莫我有”同。

三章

“爰其适归”《笺》云：“爰，曰也。”震按：《春秋宣十二年传》引此诗，杜注云：“爰，于也。言祸乱忧病，于何所归乎[⑧]？”此犹未得语意。

---

① 驾：《郑笺》谓为“更其肆”，即迁移居处。

② 织女日更七次：系据诗文“跂彼织女，终日七襄”而言。七襄，织女星一日七次变更位置。“襄”即“驾”，也即“更其肆”。（据《郑笺》）

③ (四)〔西〕：“西”原作“四”，从孙以昭勘正。

④ 揭然：高举的样子。揭，高举。

⑤ 上三章：指诗文第五、六、七章。

⑥ “末更”两句：指诗文最后两句“维北有斗，西柄之揭”。戴意谓诗描述北斗七星把柄西扬是比喻王官将欲借权势榨取于民。

⑦ 曾：竟然。

⑧ “言祸”两句：系据诗文“乱离瘼矣，爰其适归”而言。离，忧。瘼，病。（据《毛传》）

王介甫云[①]:“乱出乎上,而受患常在下,及其极也,乃适归乎其所出矣。”

北山二章

“大夫不均,我从事独贤。”《传》:“贤,劳也。”震按:“贤”之本义,多也,从贝,臤声。此与《礼·投壶》“射……某贤于某若干纯”之“贤”皆用本义[②]。《孟子》说此诗曰:“此莫非王事,我独贤劳也。”谓从事独多,人逸己劳,如诗之后三章所云是也[③]。增成“劳”字,明作诗之志,以劳不得养父母而为此言,非以“劳”释“贤”。《笺》就“贤才”说,尤失之。凡字有本义,属乎偏旁,其因而推广之义,皆六书之假借。贤,本物数相校而多之名,因谓多才为贤,又专谓多善行为贤,由是习而忘乎作字之初矣。

四章

“或惨惨劬劳”震按:《释文》云:“字亦作‘懆’。”今考此及下章“或惨惨畏咎”,并“懆”字转写讹耳。惨,毒也[④],不可用为叠字形容之辞。懆懆,愁不安也。

无将大车首章

“祇自疷兮”震按:《白华》篇与“卑”为韵者,“疷”之本字也[⑤]。此与“尘”为韵者[⑥],乃“痻”字,省作“痕”;又转写讹耳。《释文》“都礼

---

① 王介甫:即王安石。介甫,其字。撰有《诗经新义》。

② 射某贤于某若干纯:意即(投壶)射礼结束,某方比赛分数多于另外一方若干纯。贤于:胜于,超过。纯,筹码的计数单位。

③ “如诗”句:指此诗后三章一连用六个对比描述人逸我劳的情形。

④ 惨毒也:戴震之意当是以“惨”为“毒害”的意思,故下文说其不能重叠成为形容之辞。《说文》:“惨,毒也。”段玉裁以为是毒害之意。

⑤ 白华”两句:《小雅·白华》末章第四句“俾我疷兮”之“疷”与同章第二句“履之卑兮”之“卑”押韵。

⑥ 此与“尘”为韵者:指与“祇自尘兮”句中“尘”押韵的字。

反”，误，当音“珉”。

小明二章

“昔我往矣，日月方除。”《笺》云：“四月为除。”震按：《尔雅》“四月为余”，孙叔然本作“舒”[①]。李巡云[②]：“万物生枝叶，故曰舒也[③]。”郑盖读“余”为“除”，孙、李之说，似优于郑。《尔雅》“十二月为涂”，《广韵》“涂，直鱼切”，“除”“涂”正同音，古字通用。方以智云：“谓岁将除也[④]。”其说得之。夏正十二月，周之二月，故首章曰：“二月初吉，载离寒暑。”此时正寒，历暑至秋末尚未归，故云尔。下章曰：“昔我往矣，日月方奥[⑤]。”张以宁谓与“厥民隩”之义同[⑥]，民方聚居于隩时。今考“方除”“方奥”辞意，亦似迫于“觱发”“栗烈”之际而往[⑦]，非春和气温也。又萧与菽皆收之于秋者[⑧]，而曰“岁聿云莫[⑨]，采萧获菽”，以夏正季秋，周之仲冬也。若夏正之岁莫，非采萧获菽时矣。倘自夏正二月春温时往，至于其秋，又不得言“载离寒暑”。诗用周正非夏正甚明。前《六月》篇“六月栖栖”，张以宁谓盛暑非猃狁入寇时[⑩]。合以《十月之交》为幽王六年建酉之月[⑪]，诗中用周正不一而足。何说《诗》说《春秋》者尽欲归之“行夏之时”一语[⑫]，而谓古人皆不奉时王正朔，可乎？

---

① 孙叔然：即三国经学家孙炎。“叔然”为其字。

② 李巡：东汉人，曾倡议石刻五经。

③ 舒：舒展。

④ 除：此处谓结束。

⑤ 奥：通燠，温暖。

⑥ “张以”句：张以宁，元末明初学者，撰有《春王正月考》。厥民隩，语出《尚书·尧典》，意思是其民进入屋室以避风寒。隩，室，此处用作动词。

⑦ “觱发”“栗烈”：两词均出于《豳风·七月》。觱发：象声词，状风声。栗烈：犹“凛冽”，谓寒气之盛。

⑧ 萧、菽：萧即艾蒿，菽为豆类。

⑨ 莫：同“暮”。下“岁莫”之“莫”同。

⑩ “前六”两句：《毛传》以为“栖栖”为在猃狁迫近的情况下周王戎车简练的样子，又该诗下文有“猃狁孔炽”句，故张以宁有此说。

⑪ 建酉之月：指夏历八月。

⑫ 行夏之时：孔子语，见《论语·泰伯》。时，指历法。

甫田二章

“以社以方”《笺》云：“秋祭社与四方，为五谷成熟，报其功也。”震按：水土之神曰社。四方之气[①]，利我嘉谷，故又祀方。社非祭地，方非方望[②]。《周礼》后土与社为二，而《春秋传》曰后土则社者，谓后土之官以配社者耳。人官名“后土”，非谓社后土。《中庸》：“郊、社之礼，禘、尝之义[③]。”郊礼大，社礼小，举二者以该事神之礼，故言事上帝，不言后土，非省文也。上帝至尊，既曰上帝，则百神可知。禘礼大，尝礼小，亦举二者以该宗庙之祭。

三章

“攘其左右”震按：攘，援袂出臂也。左右者，谓手耳，出臂而取以尝之[④]。

四章

“报以介福，万寿无疆。”震按：孔冲远云：“报，自神之辞，明求神而得报。”其说近是。报犹答耳，凡祭社乐章，末皆缀以颂祷之辞，不与上文为义。

大田四章

“来方禋祀”震按：方，且也。《周礼》“以禋祀祀昊天上帝[⑤]”。此

---

① 四方之气：当指来自四方的阴阳湿热等变化。四方，谓山林、川谷、丘陵之神(用郑玄之说。郑注《礼记·祭法》“四坎坛，祭四方也”：“四方，即谓山林、川谷、丘陵之神也。”

② 方望：郊祭时祭祀四方群神之礼。

③ “郊社”两句：《中庸》原文：“明乎郊社之礼、禘尝之义，治国其如诸掌乎！”意思是明白了郊祭、社祭等不同的礼仪与禘祭、尝祭等不同祭祀的含义，治理国家就犹如掌握在手中般容易了。禘礼、尝礼，分别属于春季与秋季举行的盛大祭礼。

④ 取以尝之：诗文“攘其左右”下有“尝其旨否”，故戴震有此释义。

⑤ 禋祀祀昊天上帝：禋祀是祭天的一种形式，在柴上放祭祀物品，燔柴燎烟，烟气上升达天。昊天上帝：即上帝。

言曾孙之来[①]，且于秋成而禋祀获福，举大以该细，不止一祀也。

瞻彼洛矣二章

“鞞琫有珌”《传》：“鞞，容刀鞞也[②]。琫，上饰[③]。珌，下饰。珌下饰者，天子玉琫而珧珌[④]，诸侯荡琫而璆珌[⑤]，大夫镣琫而镠珌[⑥]，士珕琫而珕珌[⑦]。”震按：《传》内“珌”字凡六见，皆当作“鞞”。“鞞琫有珌”亦犹上章云“韎韐有奭”耳[⑧]。奭，赤貌。珌，文饰貌。许氏《说文》云：“珌，佩刀下饰。”盖其所见《毛诗》与今本同，遂取之以解字。“有奭”“有珌”犹曰奭然、珌然。刀下饰，乃鞞也，字又作“琕”，《说文》以鞞为刀室[⑨]，殆误会《毛诗》“鞞，容刀鞞也”之语。刘熙《释名》云：“刀室曰削（俗作“鞘”），室口之饰曰琫，下末之饰曰琕。”可据以正《说文》。又《笃公刘》篇“鞞琫容刀”《传》云：“下曰鞞，上曰琫。”以《毛诗》证《毛诗》，此《传》“珌”字乃转写致讹无疑。

桑扈三章

“不戢不难，受福不那。”《传》：“不戢，戢也。不难，难也。那，多也。不多，多也。”震按：古字“丕”通作“不”，大也。那，如“有那其居”之“那”[⑩]，安也。言大自敛而不敢肆，大知难而不敢慢，则宜受福大安

---

① 曾孙：指成王。此章诗文有“曾孙来止”句。

② 容刀鞞：戴震认为是指刀鞘下端的装饰。容刀，指刀鞘；鞞指刀鞘下端的装饰。

③ 琫上饰：《毛传》意谓琫是刀鞘上端的装饰。

④ 天子玉琫而珧珌：谓天子的刀鞘用玉作鞘口装饰，用贝壳作鞘尾装饰。珧珌，用贝类的甲壳做成的装饰。陆德明《经典释文》：“以蜃者谓之珧。”蜃即蛤蜊类。珌，同“鞞”，刀鞘下端的装饰。

⑤ 荡琫璆珌：荡琫，用黄金做的琫。《尔雅》：“黄金谓之璗。”戴意“荡”即“璗”。璆珌，璆玉做的珌。璆，一种玉。

⑥ 镣琫镠珌：镣琫，用白银做的装饰。镣，白银之美者。镠，黄金之美者。

⑦ 珕：蛤蜊之类。

⑧ 韎韐有奭：蔽膝红红。韎韐，红色的革制蔽膝。有奭，戴震意为奭然，即红色的状态。

⑨ 刀室：即刀鞘。

⑩ 有那其居：系《小雅·鱼藻》中诗句。

也。凡《诗》中"不显""不承""不时""不宁""不康",皆当读为"丕"。《诗》之"不显不承",即《书》之"丕显""丕承"也。《书·立政》篇"丕丕基",《汉石经》作"不不其"。

车舝首章

"间关车之舝兮"《传》:"间关,设舝也。"震按:轴端键谓之舝,所以制毂使不脱也。车行,则毂端铁与舝相切有声间关然[①]。

二章

"依彼平林,有集维鷮。"震按:依然安适貌。与"依其在京"之"依"同[②]。

四章

"鲜我觏尔"震按:言鲜矣,我之得见尔。美其贤之辞,言世所罕见也。

宾之初筵首章

"以祈尔爵"《笺》云:"发矢之时,各心竞云:我以此求爵女[③]。"震按:求爵女,则是相竞云求罚女矣,非也。"尔爵"与上"献尔发功"之"尔"亦不得有异[④],言各自求中以辞爵耳[⑤]。《射义》曰[⑥]:"《诗》云:'发彼有的,以祈尔爵。'祈,求也。求中以辞爵也。酒者,所以养老也,所以养病也。求中以辞爵者,辞养也。"

---

① 间关:象声词。

② 依其在京:系《大雅·皇矣》语。戴震《毛诗补传》引朱熹《诗集传》云:"依,安貌。"

③ 爵:酒杯名,此处指使对方饮酒。

④ 献尔发功之尔:《郑笺》以此处"尔"为"众射夫"。

⑤ 辞爵:辞酒,特指因辞让养护而不饮酒。详见下引《礼记·射义》文。又,孔颖达《射义疏》:"酒既养老,又以养病,今射者非病非老,故求射中以辞让此爵者,辞让见养老也,不敢当其养礼也。"

⑥ 射义:《礼记》中的篇目。

二章

“有壬有林”《传》:“壬,大。林,君也。”震按:《传》本《尔雅》[①]。然《诗》中如“有蕡”“有莺”之类,并形容之辞,此以形容“百礼既至”[②],礼无不备,而行之既尽其善,壬壬然盛大,林林然多而不乱。《白虎通德论》释“林钟”之义云[③]:“林者,众也,万物成熟,种类众多。”

“各奏尔能”《笺》云:“子孙‘各奏尔能’者,谓既湛之后[④],各酌献尸[⑤],尸酢而卒爵也。士之祭礼,上嗣举奠[⑥],因而酌尸。天子则有子孙献尸之礼。”震按:康成此笺可以补《礼经》之阙,逸亡于《礼》而见于《诗》也。

“宾(则)〔载〕手仇[⑦],室人入又。”《传》:“手,取也。室人,主人也。主人请射于宾,宾许诺,自取其匹而射,主人亦入于次[⑧],又射以耦宾也。”《笺》云:“仇读曰𣂪。室人,有室中之事者,谓佐食也[⑨]。又,复也。宾手挹酒,室人复酌为加爵[⑩]。”震按:此诗首章言射礼之饮酒,次章言祭礼之饮酒,两不相蒙,《传》说非也。“仇”之义为匹,《传》故傅合于射之耦[⑪]。《笺》读为“𣂪”,音“俱”。以韵考之,不协,仍当如字。

---

① 传本《尔雅》:《尔雅·释诂》:“壬,大也。”“林,君也。”

② 百礼既至:为此诗“有壬有林”的上句,意思是全部礼仪都施行得很完善。

③ “白虎”句:《白虎通德论》,班固撰,已亡佚。林钟,十二乐律之一。

④ 湛:喜乐。《郑笺》:“湛,乐也。王受神之福于尸,则王之子孙皆喜乐也。”

⑤ 尸:指代替神明或逝者接受祭礼的人。此处因受“子孙”祭献,即为代替已逝祖先的人。

⑥ 上嗣举奠:谓嗣子为尸举杯献酒。上嗣,本义为君主的嫡长子,这里是泛指嗣子。举,此处是举杯饮酒的意思(据孔《疏》)。奠,谓献祭。

⑦ (则)〔载〕:“载”原作“则”,从孙以昭勘正。

⑧ 次:孔颖达《疏》认为即“更衣帐”。

⑨ 佐食:临时辅佐主人为尸准备饮食的宾客。孔颖达《疏》:“谓于宾客之中取人,令佐主人为尸设馔食之人,其名之曰佐食。”

⑩ 加爵:加献酒、食之礼。

⑪ 射之耦:即射击比赛时的双方。

凡物相耦对曰仇。《特牲》“馈食之礼”，实二爵二觚四觯于篚[①]。两两相耦对，故因呼之曰“仇”，犹称射者曰“耦”，称宾曰“三献”，称嗣子曰“举奠[②]”。礼中因事与数以命其人及物者甚多，便文呼之，非其定名，往往失传。“手”如“手剑”“手弓”之“手”[③]。“手仇”谓执爵，宾三献，是其事。“室人入又”，则佐食为加爵，士礼止有宾长为加爵[④]，不及佐食。天子之礼大，佐食亦为加爵，入又言佐食，而宾长不言可知。

“酌彼康爵，以奏尔时。”《笺》云：“康，虚也。时，谓心所尊者也。”震按：《笺》据礼之次以诗指无算爵[⑤]。言无算者，无次第之数，惟此时心所欲进，不必以序也。“康”“空”语之转。（《穀梁春秋》“四谷不升谓之康”《注》云[⑥]：“康，虚。”）字又作“漮”。（《方言》云：“漮，空也。”）既旅而二觯皆虚[⑦]，宾弟子[⑧]、兄弟弟子乃各举觯，于其长行无算爵。此爵谓觯也，爵者，通名。诗中曰“能”，曰“仇”，曰“又”，曰“时”，并以指礼仪。四字甚虚，而所指四者乃礼之大节目，非详考于礼，深知其意，不能明也。

五章

“式勿从谓，无俾大怠。”震按：“勿”有“没”音，“没”“勉”语之转。“式勿从谓”，言用劝勉之意从而谓之，以无使至甚怠也。《曲礼》“国中以策彗恤勿[⑨]”（恤，苏没切。勿，音没。）《注》云：“恤勿，搔摩也。”刘

---

① “特牲”句：“特牲”为《仪礼》中的一篇。实，充实，此处为放置之意。爵、觚、觯，俱为盛酒的器皿，有大小形制等方面的不同。

② 举奠：举酒杯而饮。奠，谓酒爵。

③ 手：此处为动词，谓手持。

④ 宾长：指地位逊于主宾的客人，作用是辅佐主宾。

⑤ 无算爵：指没有次第序数限定的饮酒之礼。算，数。

⑥ “谷梁”句：“四谷不升谓之康”语见《春秋穀梁传·襄公二十四年》。不升，即不登之意。注，指范宁的注文。

⑦ 旅：即旅酬，谓按照一定顺序敬酒。

⑧ 弟子：谓后生。

⑨ 策彗：一种马鞭，以带叶的竹帚制成。

向引《诗》“密勿从事”，今《诗》作“黾勉从事”[①]。密勿，《尔雅》作“蠠没”。又郑注《礼记》云：“勿勿，犹勉勉也。”卢辩注《曾子立事》篇“终身守此勿勿”亦云“勿勿犹勉勉”[②]。此皆语之转，当读“勿”如“没”，而经师旧失其音，未通于古。

采薇三章

“邪幅在下”《传》：“邪幅，幅，偪也，所以自偪束也。”《笺》云：“邪幅，如今行縢也[③]。偪束其胫，自足至膝，故曰在下。”震按：《春秋传》云：“衮冕黻珽，带裳幅舄，衡紞纮綖[④]，昭其度也。”“幅”即诗之“邪幅”，盖与“衮冕”之属尊卑各有等差。《内则》“偪屦著綦”，《释文》云：“偪，本又作‘幅’”。盖“幅”古音与“偪”同（皆彼力切），二字通用。郑注《内则》云：“偪，行縢。”是“偪”与“行縢”一物。而笺《诗》乃云：“邪幅，如今行縢也。”不以为一物者，行縢无尊卑之异，止可以当《内则》庶人所服之偪。诗以“邪幅”配“赤芾[⑤]”，诸侯之盛服，其仪制汉时已亡，姑就行縢言之耳。古者，登坐燕饮，于是跣以为欢，失之亦为不敬。故《春秋传》：卫侯与诸大夫饮酒，“褚师声子袜而登席，公怒”[⑥]。罪其不跣袜也，解袜就席，必露见此邪幅，不可使无文饰，礼因之而为仪制。此诗殆亦与诸侯燕饮所歌，以跣袜登坐，美其慎于威仪不怠也。

(莞)〔菀〕柳首章[⑦]

“上帝甚蹈”《传》：“蹈，动。”《笺》云：“蹈，读曰‘悼’。”震按：“蹈”

---

① 黾勉从事：系《小雅·十月之交》语。

② “卢辩”句：卢辩，北魏名臣，经学家，善治《礼》。《曾子立事》为《大戴礼记》中篇目。

③ 邪幅、行縢：即今所谓裹腿一类制品。

④ “春秋”至“纮綖”：“春秋传”指《左传·桓公二年》。衮冕黻珽带裳幅舄衡紞纮綖，这十二种为礼服冠帽、衣带鞋履及装饰品等物类。

⑤ 赤芾：红色的护膝。

⑥ “故春”至“公怒”：所载事见《左传·哀公二十五年》。

⑦ (莞)〔菀〕：“菀”原作“莞”，从孙以昭勘正。

谓动变不常。（古音“蹈”徒侯切，与“柳”上去为韵[①]。）

都人士二章

“绸直如发”震按：以发之绸致且直，故曰绸直有如此发[②]，古语类倒如此[③]。

《毛郑诗考正》卷二（译文）

小雅

常棣首章

“鄂不韡韡”《郑笺》说：“植物承接花蕊的部位叫鄂。‘不’字应当写作‘柎’；柎，是鄂的足部。古音‘不’与‘柎’相同。”震按：“鄂不”，今天两字写作“萼跗”。《国语》“华不注之山”韦昭解释说：“华，是齐国的一处地方。‘不注’是山名。”又“韎韦之跗注”中的“跗注”两字，《杂问志》引作“不注”。杜预解释说：“跗注是军服，形状似裤但属于脚跗一类，与裤相连。”大体上，“不注”两字今天写成“跗属”。这是“跗”在古代通用“不”字表示的明证。学者不研究六书的含义，只是习惯于自己知道的看法，对不知道的看法就感到惊骇，于是对这部经典越加不能研治了。程子说：“常棣的花萼对花蕊的承接是非常强劲有力的，所以诗人用来起兴以引发下文咏叹兄弟间关系的内容。”

---

① 蹈与柳上去为韵：“蹈”去声，“柳”上声，戴震以两字上古音同韵。按，两字同属幽部。（据向熹《诗经词典》）

② 绸直有如此发：此诗“绸直如发”上文为“彼君子女”，因而“绸直有如此发”指该女子的性情和操守。（据《郑笺》）

③ 古语类倒如此：谓诗句“绸直如发”按后代语法，语序应为“如发绸直”。

三章

“况也永叹”《毛传》:“况,兹。”震按:兹,今通用“滋”字。《说文》对“兹”字解释说:“草木增多。”对“滋”字解释说:“增益。”韦昭注《国语》说:“况,是增益的意思。”诗文是说良朋好友也不能像兄弟一般相救,只是无益地增加几声长叹罢了。

四章

“每有良朋,烝也无戎。”《毛传》:“烝,填。”《郑笺》解释说:“‘填’‘寘’‘尘’三字古音相同。”震按:烝,是众多的意思,“烝”“众”两字是一语之转的关系。诗文是说朋友虽然众多却仍然无人相助,借以强调兄弟应该共同抵御欺侮。

伐木二章

“宁适不来,微我弗顾。”震按:这是说难道请他们而他们会不来吗?是高兴人们全部都来的辞语。微,犹如“非“(如同“微我无酒”中的“微”一样)。正因为他们全部都来,所以几乎可以说明不是我不顾念他们,也不是我有过错,由此恳切表达出我对他们如此这般的亲密友好。《郑笺》解释说:“宁可请他们而他们偶然不来,不能让人说我不顾念他。”意思反而与诗意疏远了。

三章

“兄弟无远”《郑笺》说:“兄弟,包括父系宗亲和母系姻亲。”震按:《郑笺》根据诗文上章称说“诸父”“诸舅”,所以认为“兄弟”是父系宗亲和母系姻亲。从经传查考到的情况来看,天子把同姓诸侯称为“伯父”“叔父”,异姓诸侯称为“伯舅”“叔舅”,诸侯对大夫的称谓也是如此。将其称作“父”“舅”,是表示对他们的尊敬,同时大致上同姓宗亲、异姓姻亲也借此都涵盖到了。凡是说到异姓,不是专门指称母系姻亲。这一章说的“兄弟”,即是上文所称说的“诸父”“诸舅”,也是同姓和异姓都包括在内的称谓。称他们为兄弟,是亲好他们的意思。兄弟与昆弟的差异,在《仪礼·丧服》和《尔雅·释亲》中有截然不同的分别。《丧服记》说:“兄弟都在异乡他邦的,为之服丧丧服要加一个等级;很小就失去双亲,无法知道父母而与兄弟居住在一起的,当兄弟去世时丧服要加一等。《传》:‘什么样的情况可以叫作兄弟?《传》:小功以下的是兄弟。’”这是以《传》中引《传》的方式来作证明。大概是考虑小功以下的族亲关系即逐渐疏远,所以丧事加一等级。若是大功以上的关系,就是亲兄弟的关系,还有伯父伯母、叔父婶母,以及堂叔伯、族亲兄弟这些关系,怎么能够因为都在异乡他邦以及从小作为孤儿相依就加一等呢?服丧期限同于大功族亲,就其本分来说应当是相互体恤,如果不相体恤,就是戕害天性的表现了。属于小功以下的亲属关系而相体恤,这就是加等了。《记》中又说:“丈夫在为他的兄弟服丧时,妻子丧服降一等。”《丧服》篇内明确说到“对丈夫的兄弟没有丧服要求”,这里的“兄弟服丧”指的就应是小功内的兄弟丧服了。认为丈夫为小功之内的亲属服丧,妻子降一等服丧,就成了缌麻之丧。如像为叔伯祖父、堂叔伯以及外祖父母、姨母服丧都记在“小功”一章,丈夫其他亲属关系较远的祖父母辈在“缌麻”一章,这表示丧服降一等。《礼记·服问篇》说:“诸侯庶子之妻要为诸侯外祖父母那边的“外族”兄弟服丧”,“就是说为丈夫的外祖父母和叔伯母等‘外族’服缌麻之丧”。对“外族”亲属所服之丧,只有外祖父母才能因辈分尊显加等,叔伯母只是在名义上加等,这二者都是小功,其余均是缌麻。丈夫服缌麻丧的,妻子再降一等就无丧可服了。礼仪上称作“兄弟”的也就是如此来体现尊卑亲疏等级。《尔雅·释亲》说:“父系亲属是宗族,母系亲属与妻子一系亲属则是兄弟。”又说:“妻子的娘家亲属是婚兄弟,女婿的父系亲属是姻兄弟。”将其贯通起来理解,凡是同姓、异姓亲属关系已经渐趋疏远但平素与之相亲好,都可以称为兄弟。在丧服方面,则是小功以下的为兄弟,若是泛称,那么父系昆弟也叫作兄弟。依据这种认识来看经文及传记相关内容，其义例无论异同，在理解上都可以没有什么扞格了。

“无酒酤我”《毛传》：“酤，指用一宿时间酿成的酒。”震按：此处是假设如果没有清酒，我最终仍然会用一宿酿成的酤酒来待客，而不会以“无酒”作推辞。

天保五章

“群黎百姓”《毛传》：“百姓，就是百官族姓。”震按：韦昭注释《国语》说：“百姓，指的是百官之中有世功的人。”又说：“百姓，就是百官。百官有世功，因此能够被赐予姓氏。”凡是经传之中所说的“百姓”，都是这种含义；只有东晋梅赜向皇帝上奏的《古文尚书》，认为庶民是百姓，这与伏生所传《尚书》二十八篇中的“百姓”所指对象是不同的。

“遍为尔德”震按：百姓在道德修养方面，都是效法在上者的道德行为，诗意是说在上者的德行完美值得效法。

出车三章

“王命南仲”《毛传》：“王，指的是殷王。南仲，是文王的属下。”震按：《毛诗序》将《采薇》《出车》《杕杜》三首诗的创作系于文王时期。当时文王犹在臣事殷商，所以在诗中称说的“天子”、称说的“王命”之“王”，都被《毛传》看作殷王。这是拘泥于正雅只作于周初的看法。如果说一首诗表现出正面的意义，而内容又属于治世社会的正事，即使不作于周初又何必一定认为不是正雅呢？周朝在成王、康王以后，有昭、穆、共、懿、孝、夷、厉、宣八位君王，而宣王命令吉甫北征，说是因为“猃狁孔炽”，那就说明在此二百余年之前，本来也有猃狁崛起强盛的事情了。宣王的大臣皇父称南仲为太祖，就难道一定要在遥远的文王时期寻求南仲吗？汉代有人认为《采薇》是懿王时期诗歌，虽然未能提供为大家公认的依据，但该诗不作于文王之时是绝对可以确定的；再说文王的大臣当中也不曾听说有南仲这个人。

鱼丽三章

“鰋鲤”《毛传》:“鰋,就是鲇鱼。”震按:《尔雅·释鱼》一篇首先列出的是“鲤”“鳣”“鰋”“鲇”“鳢”“鲩”六种物名,应当依从郭璞《注》将它们看作指六种不同的鱼类。

“旨且有”震按:“有”的意思犹如齐备。它的含义要比“多”进一步。后面第三章称说“嘉”称说“旨”,都是称美的意思;称说“偕”称说“有”,都是表示齐备的意思。多了就进一步珍视它们的完美,美了再进一步珍视它们的齐备,齐备了又珍视它们来得正当其时。酒之备,是指各种酒类齐备;物之备,是指水陆珍馐都齐备。

南有嘉鱼首章

“烝然罩罩”震按:烝然,是众多的意思。罩罩,是叠字类的形容之辞,不应当看作捕鱼器具。《说文》引《诗》文作“烝然䲪䲪”,大概“䲪”与“掉”字相通。“䲪䲪”是鱼摆动身体的样子,所以用来引发下文宴饮欢乐的内容。

二章

“烝然汕汕”震按:《说文》解释“汕”字字义为“鱼游水貌”,并引此诗句为据。

蓼萧首章

“燕笑语兮,是以有誉处兮。”震按:燕,是安详的意思。后文“孔燕岂弟”中“燕”的意思相同。前来朝觐的诸侯如果治国期间没有出现差错,天子就会嘉美他,而同他安然相见、欢笑着谈话。由天子来嘉美他,说明诸侯的幸运来自于无过错,无过错就能治理自己的邦国而使之长久保持安乐。诗文寓含的劝诫意味很深厚。

四章

“和鸾雍雍”《毛传》:“车铃安置在车轼上的叫作‘和’,安置在马嚼铁上的叫作’鸾’。”震按:《韩诗》说:“鸾的位置在车衡,和的位置在车轼。”《大戴礼》说:“在车衡的铃是鸾,在车轼的铃是和。马动起来,鸾铃就鸣响起来,鸾铃鸣响,和铃就跟着呼应。”《毛传》“安置在马嚼铁上的铃叫作‘鸾’”这种说法是错误的。

六月首章

“我是用急”震按:《盐铁论》引此诗句写作“我是用戒”。戒,意思犹如防备。为防御而进行的军事活动叫作“戒”。诗文因讹误而将“戒”字写成了“急”,意思上似乎就差了。用“急”字,对于这首诗的押韵来说也不协调。《采薇》诗篇里是“翼”“服”“戒”“棘”等字押韵,《常武》诗篇里是“戒”与“国”两字押韵。

四章

“整居焦获”《传》:“焦,是与猃狁接壤的周地。”震按:孔冲远将郭璞《尔雅注》所说的池阳县瓠中之地当作是这首诗的“焦获”。池阳在今天西安府的三原县,汉代属于左冯翊,这样该地位置就在直逼周京的地方了,因此孔冲远的说法是不对的。诗文说猃狁既已集结部众居处在焦获,然后又“侵镐及方,至于泾阳”,说明焦地位于外围,镐、方、泾阳三地均在内里。下章说“薄伐猃狁,至于大原”,末章说“来归自镐”,说明焦获、镐、方三地位置是在大原、泾阳之间。这几句诗是说王师追逐猃狁直至大原,其后仍然驻军在镐京,平定猃狁之后才回归。泾阳,即汉朝安定郡朝那县的泾阳一带地方,也就是今天平凉府的平凉县。大原,即汉朝安定郡的高平县,也就是今天平凉府的固原州。后儒没有弄清楚地理形态,用属于晋阳的太原、池阳的瓠中与诗中的“焦获”强行牵和起来而作出误证。顾炎武说:“《国语》‘宣王料民于大原’，必定不是指在晋国料理民众。”用《国语》记载的宣王之事证说此诗，并非与探究此诗无关。

采芑二章

“约軧错衡”《毛传》：“軧，长毂之軧也，朱而约之。”震按：軧，《说文》也写作“𩊚”，字从革。孔冲远将“軧”看作长毂的名称，是不对的。軧，就是《考工记》中的“帱革”。“朱而约之”的意思，就是将皮革漆红之后用来缠绕轮毂。只有长毂的装饰才完备，大车上的短毂就没有装饰，所以说是“长毂之軧”。

车攻二章

“东有甫草”《毛传》：“甫，是大的意思。”《郑笺》说：“甫草，就是甫田之草。郑国有叫‘圃田’的园林。”震按：古字“甫”“圃”相通，都是大的意思。《国语》说：“薮有圃草，囿有林池。”韦昭注释说：“圃，是大的意思。国家一定要有长势茂盛、生长区域广阔的草类以资财用。”这句诗中的“甫草”就是《国语》中的“圃草”而已，不必像《郑笺》那样解释。又，李善注《文选》，引《韩诗》“东有圃草”《薛君章句》说：“圃，音义同‘博’。有圃草，即是有生长区域广阔且长势茂盛的草类。”

吉日二章

“漆沮之从”震按：这里的“漆沮”就是《禹贡》里的“漆沮”，是将二字合在一起作为一条河水的名称，两字分开言说就不再是原义了。这条河水在泾水的东面、渭水的北面。郦道元《水经注》认为云阳县东面的大黑泉往东南流去的那段就叫作“漆沮水”，然后经过万年县故城北时叫作“栎阳渠”，又转弯往南流去就更名为石川水，最终往南流入渭水。云阳，是今天的淳化县；万年县故城在今天临潼县东北七十里，它们都属于西安府。程泰之《雍录》说：《禹贡》里的漆沮之水，今天只有石川河正好相当其流域。

无羊首章

“九十其犉”《毛传》:“黑唇的黄牛叫作‘犉’”。”震按:《尔雅》将黑唇的牛统名为“犉”,但又说:“高七尺的牛叫犉。”按诗句含义,“犉”是说肥大的牛很多。

四章

“众维鱼矣,旐维旟矣。”震按:这二句原本就都是以“维”字为语助词,并不拘泥于用对文的形式来表示,《诗经》之中诸如此类的例子有很多。两句诗的大概意思是,牧人做梦梦见到鱼儿众多且种类齐备,又梦见了旐旗与旟旗。

节南山三章

“秉国之均”《毛传》:“均,是均平的意思。”震按:《汉书》引此诗句作“秉国之钧”。钧,意思是重如钧石般的权力。

六章

“谁秉国成”《毛传》:“成,平也。”震按:“成”与“平”两词古义互为训释,公平裁断叫作“平”,确定议案叫作“成”。就春秋时期两国谋求相和而言,最终平等解决问题就叫作“平”,两国因此结下同盟之好的议案就叫作“成”。就诉讼断案而言,平允治理案件就叫作“平”,所弹劾到罪责实情叫作“成”,前往莅临而验核其实际罪状也叫作“成”。又,百官主掌的主要政务可通称为“成”。《周礼·大宰之职》所说的“用官成来对待治理万民的事务”,其具体事项包括有解决征召兵役、解决征战田猎、解决闾里乡民事务、解决借贷、解决俸禄爵位等事务的法规。这首诗之所以讽刺秉持国政的人,是因为其不亲自掌管治理天下之事,因而百官贵族最终承受到乱政恶治的后果。

正月四章

“民今方殆，视天梦梦。既克有定，靡人不胜。有皇上帝，伊谁云憎。”震按：诗歌前文说到在阳气正盛的四月里却有浓重的白霜，好似上天降下了灾难。然而时局是安定还是混乱都在于人自身而已，所以此处说自从人民处于今日这样的危殆时期，看天意就好似做梦般昏昧而不明就里；假使让人能够“有定”，那也就无人不能胜过上天那种昏昧不清的状态了。造成天下混乱的情况不是上天对人实有憎恨之举，只是人选择了被上天憎恨的缘故。只期望能遵循这种因为人“有定”而胜于天意的道理，不至于最终陷于危殆无法挽救的境地。有定，是说改变其暴虐而变化不定的状态，遵循安定天下的治国之道。

十三章

“蔌蔌方谷”震按：《释文》说：“方谷，有的本子写作‘方有谷’，是不对的”。考查今天各本一并误增了“有”字，应当依从《释文》的判断，以其说法为允当。

十月之交首章

《毛传》：“之交，是指日月之间的交会。”《郑笺》说：“周历的十月，是夏历的八月。八月初一这天，因为日月交会而发生日食。”震按：从刘原甫开始，怀疑“十月之交”的“十月”是夏历十月，这个怀疑是不应该的。梁代虞门、唐代傅仁均以及僧一行等人，都推算出周幽王六年（乙丑岁）建酉之月辛卯日的辰时发生了日食。近人阎百诗《尚书古文疏证》最初也是采用刘原甫的说法，认为虞门、诸人的说法是傅会之论，后来通晓了推步之法，再往上推算，发现他们的说法与推算结果正相符合，于是又写文章自我驳正之前的失误。然而他的话是这样说的：“康成考查了天文现象之后才作出这样的笺说。”又说：“注解经典不能完全拘泥于事理，此类就是例子。”就又不对了。《毛诗序》说此篇主旨是讽刺幽王，《郑笺》却说“应当是讽刺厉王”，难道《笺》说与用推步法所推算的结果相吻合吗？康成大概就是用事理来决断而已。赵子常说：《诗经》本来就是歌谣，又多反映民间之事，所以有时用夏历，借以方便行文并使得内容通俗。子常这种说法，明确了《诗经》当中运用夏历原本就没有什么拘泥限制。然而，《十月之交》篇举出当时日食现象用来陈述谏议，又是拘泥哪种例法一定要选择夏历却废弃有周一代的正大历法而认为其不可用呢？毛病正出在对于事理的剖析还不够精确，鄙陋地以为解经不可以完全拘泥于事理，因此开启了解经者的相关弊病。《国语》记载：“幽王即位第二年，西州泾、渭、汭三水流域都发生了地震……导致三水枯竭，岐山崩塌。”这首诗所叙说的“百川沸腾，山冢崒崩，高岸为谷，深谷为陵”内容，描述的正是这次地震事件。诗篇描述的情景发生在幽王时期，《国语》也为此提供了一个证明。古代没有推算日食出现时间的方法，曹魏黄初纪年以后才开始查验日食发生的疏密现象，到了张子信那里推算方法就更加完备了。但是唐宋时期的推步家制定的方法仍然未能使推算结果与实际日食发生时间没有乖舛不合，于是他们就有了日月当食不食、不当食却食的荒谬说法。这些情况都记载在史志里。大致日食月食这类事情发生与否可以验证推步结果的得失，两者若有不相吻合的地方，原因在于所制定的方法不够完善，而不在于天体的运行不合规律。假使天体的运行有变动而失去常态的情况，就必定不可能知道它运行的准确状况，也就无从制定出推算它运行规律的常规方法了。有人说：日食出现的时间既然可以靠预先推算而获得，那么圣人畏惧天变的意思又如何理解呢？回答是：此“变”指的是日月因发生日月食而改变了平常形态，不必是指改变了其运行度数的规律。怎么会有天象变化已经出现在上空，但圣人却不因此恐惧而修身反省呢？人君因为日食出现而修缮德行，因为月食出现而完善刑法，依据阴阳变化来确定道义，无非是敬重上天畏惧上天的诚意体现罢了。

有人问：此诗前面说出现了日食，反映的是人间“亦孔之丑”的现象，后文又说“彼月而食，则维其常，此日而食，于何不臧”，为什么呢？回答是：这是因为君王不知道依循上天行事，所以诗人只是陈述天体变化借以谏议告诫。在空中特别明亮的天体没有比日月更大的了，但它们仍然有时会被遮蔽而显出形象亏损的状态，作为人君反而可以自认为没有遮蔽蒙昧、足以亏损君德的情况吗？太阳，体现的是君象；月亮，体现的是臣象。太阳失去它的光明，会使白昼变成黑夜，君王德行也如此的话，难道不是很丑恶吗？这是希冀君王反省自身能够自责，知道被蒙蔽所在而以之为丑，就可以修缮德行而像日食之后的太阳复归为正常明亮的形态那样了。大凡日月运行的情况是，每当日躔经过一度，月亮就逡行十三度有余。在三百六十五日零四分之一日不到的时间里，日躔就绕黄道一周。月亮运行的轨道与黄道相交，一半在黄道的南面，一半在黄道的北面，两者相距最远不到六度。每二十七日零四分之一日稍多一点时间，月亮逡行一周；经过二十九日零半日稍多一点时间，月亮与太阳就交会一次。取整数运算，大月为三十日，小月为二十九日。人们用朔望月与年岁及节气相互校正，确定小岁为十二个月，大岁为十三个月，以此来准确划分每年的四季。大岁，就是有闰月的年份。日月虽然交会，但如果不是在正当它们的轨道交会点相交，就不会有日食的发生；日月抵近相交才会有日食现象发生。朔，反映的是太阳和月亮齐同并行之时；望，反映的是两者遥相对望之时。由于朔时太阳被月亮遮蔽，所以日食总是发生在朔时；望时月亮被地球的身影遮蔽，所以月食总是发生在望时。太阳位置处于高上而月亮位置处于卑下，两者之间相去甚远，又因为日食是实体被遮蔽的现象，换一个地方就会出现不同景观，所以日食在各地是不同的。月食因为恰好是被虚影所遮蔽，所以月食有深浅不同的区分，这一点天下都相同。张衡《灵宪》说：“当日冲现象发生之时，月亮常有日光照临不到的地方，是由于阳光被地球遮蔽了，这种现象叫作‘暗虚’。月亮经过暗虚就发生月食。”暗虚，是相对于实体而言，实际上就是地球身影的名称。

八章

“悠悠我里，亦孔之痗。”《毛传》：“悠悠，是忧愁的样子。里，是居处的意思。痗，是病的意思。”震按：悠悠，是长长的样子。里，犹如《云汉》篇“云如何里”中的“里”。古字“里”“悝”相通，是忧伤的意思。这两句是说忧伤之深长以至于病得很重。

雨无正首章

“昊天疾威”震按：孔冲远说：“此句之前有‘昊天’两字，说明此处相关两字也是‘昊天’。定本都写作‘昊天’，俗本写作‘旻天’是错误的。”陆德明说：“旻天”，“有的本子写作‘昊天’是不对的。”现在考察《巧言》首章三次说到“昊天”，都没有为避免重复而改变用辞，因此孔说是得当的。

四章

“莫肯用讯”震按：“讯”乃是由“谇”字转写形成的讹字。谇，是告诉的意思。讯，是询问的意思。两字声义不相通借。

小旻二章

“潝潝訿訿”震按：訿訿，刘向认为是背离君子的状态，这是正确的看法。难道会有身为小人而谋求臧善的吗？诗中言“谋臧”，说的是君子的谋图。不臧，说的是小人的谋图。君子的谋图一出现，在位的群小就訿訿然进行诋毁而共同违背它。小人的邪恶议论，却会在群小中出现潝潝然一唱众和而共同依从它的现象。小人如此党同伐异，怎么能在君主手下供职呢！所以《尔雅》说：“潝潝訿訿，是没人供职的意思。”

五章

“民虽靡朊”震按:《韩诗》“靡朊”写作“靡腜”。从押韵的角度读来,应该以《韩诗》用字为得当。腜,读音莫杯切,是美的意思。(左思《魏都赋》:“腜腜坰野”。)“民虽靡腜”的意思是说原本就没有具备全部美德的人,所以固然是“有的人明哲有的人善谋,有的人严肃待事有的人善长治理”了。

巷伯五章

“骄人好好”震按:《尔雅》:“旭旭,是骄傲的意思。”郭璞《注》说:“是小人得志骄横不驯的样子。”他读“旭”为“好”。现在考查到“好”与“旭”字的古音都是许九切。

蓼莪首章

“匪莪伊蒿”震按:莪,俗名叫作“抱娘蒿”,由此可以知道这首诗想表达的旨意了。《四牡》篇以“翩翩者鵻”起兴引发下文“将父”“将母”的内容,鵻就是祝鸠。《春秋左传》:“祝鸠氏,执掌司徒之职。”杜预注释说:“鵻鸟天性孝,所以用它的名字来指代司徒一职,司徒主管教化人民。”这就是学习《诗经》的人不能忽视文中草木鸟兽等细微物类的原因。

三章

“鲜民之生”《毛传》:“鲜,是寡少的意思。”震按:《春秋左传》“葬鲜者”之“鲜”被解释为“不得把寿终正寝的现象称作‘鲜’”。“鲜”似乎有福分少的意思,所以把没有父母可依靠的人叫作“鲜民”。

大东首章

“有捄棘匕”震按:匕的用途有三种:用来盛出部分牺牲肉体,用来斟酌酒浆，用来盛取黍稷。捄，形容匕的首端是勺形的样子。

二章

“杼柚其空”《郑笺》解释说：“谭国没有其他货物，唯有丝麻罢了，但今天所有的织布机都不能运作了。”震按：《方言》说：织布机部件，“用土制作的叫作‘杼’，用木制作的叫作‘柚’”。诗意是说工役制作在周人控制下已经到了困窘空无的地步了。

五章

震按：诗文从此章开始，往下都是讽刺徒有虚名而无其实的现象：作为酒却竟然不是浆水形态；佩戴着玉璲、身在官位的人却竟然不是才气突出的；而天汉，看它有光芒，形状如同黄河汉水，却不是真实的河水；织女星每日变更位置七次，但不是真的在纺织。

六章

“不成报章”《毛传》：“不能来回往返而形成纺织纹理。”《郑笺》解释说：“织女只是有‘织’名罢了，出门则是有西去无东回，不像人织布那样用梭往返形成纹理。”震按：纺织的人穿梭行纬之时，一往去必定有一返回，如此操作才能织成布帛。经纬线因为交错而有纹理，所以叫作“报章”。织女星虽然每日变更位置七次，却是有往去无回返，不是真的能织成这种用丝缕往复而形成的布纹帛理。报，就是回复，是往来的意思。

七章

“维北有斗，西柄之揭。”震按：揭然，是北斗星柄高扬的状态。当北斗星之柄指向心宿与尾宿之间的时候，箕宿出现在南方，此时斗柄是自然迤逦往西的，不必像孔冲远所说用所谓南斗星来解释“西柄”。诗歌在上述三章内容中，用天象比喻王官，意思是说其占据尊显的地位却没有将利泽惠及人民身上，诗文最后更是以王官将要贪婪榨取人民而结束全文，令人看见就畏惧。

四月首章

“胡宁忍予”《郑笺》说：“宁，犹如‘曾’。”震按：宁，犹如“乃”，两字是一语之转的关系。下文“宁莫我有”中的“宁”与此相同。

三章

“爰其适归”《郑笺》说：“爰，就是‘曰’的意思。”震按：《春秋左传·宣公十二年》引这句诗，杜预注释说：“爰，是‘于’的意思。诗意是说因遭受祸乱而忧伤病重，归宿在哪里呢？”这种解释仍然是没有弄清原文语意。王介甫解说为：“祸乱产生在上层，而遭受祸患的常常居于下层，等到祸乱发展到极点，其危害就会回归到它所产生的上层地方了。”

北山二章

“大夫不均，我从事独贤。”《毛传》：“贤，劳也。”震按：“贤”字的本义是“多”，字从贝，臤是声符。诗歌此句与《礼记·投壶》“射……某贤于某若干纯”中的“贤”都用的是其本义。《孟子》解释此诗为：“此莫非王事，我独贤劳也。”是说独有自己做事多，其他人轻松安逸只有自己辛劳，就犹如这首诗的后三章所描述的那样。《毛传》增加义项而解说成“劳”，是为了说明作诗的用意，即因为辛劳于王事而不能奉养父母才说“我从事独贤”，不是用“劳”来解释“贤”。《郑笺》用“贤才”这一义项来解说“贤”，尤其违失诗意。凡是文字具有的本义，都属于偏旁义符所给予的范围，由本义而推广引申出的义项都属于“六书”中的假借。“贤”本是表示事物数量相较而言为多这一含义，因之把多才称为“贤”，又专门把多善行称为“贤”，由此习以为常，反而忘记了其造字之初具有的意义了。

四章

“或惨惨劬劳”震按:《释文》说:“‘惨’字也有本子写作‘懆’。”现在考查诗歌此句以及下章的“或惨惨畏咎”,其中的‘惨’字都是“懆”字因转写产生的讹误而已。惨,是毒害的意思,不能用它的叠字形式来作为形容性的辞语。懆懆,是忧愁不安的意思。

无将大车首章

“祇自疷兮”震按:《白华》篇中与“卑”相押韵的,是“疷”的本字。此处与“尘”押韵的乃是“痻”字,省作“痕”,作“疷”是又因转写导致的错讹字。《释文》读音“都礼反”是错误的,“疷”此处读音应当是“珉”。

小明二章

“昔我往矣,日月方除。”《郑笺》解释说:“四月为除。”震按:《尔雅》“四月为余”,孙叔然所据的本子“余”写作“舒”。李巡说:“四月里万物枝叶滋生,所以叫作‘舒’。”郑玄大概是将“余”读为“除”,孙、李的说法似乎胜于郑玄的说法。《尔雅》“十二月为涂”,《广韵》“涂”字读音“直鱼切”。“除”与“涂”读音正相同,古字可以通用。方以智说:“‘日月方除’的意思是这一年已到年末即将去除。”他的解说符合诗意。夏正十二月是周历二月,所以诗文首章说:“二月初吉,载离寒暑。”此时正是寒冷季节,诗人经历夏暑到了秋末尚未回归家园,所以这样说。下章说:“昔我往矣,日月方奥。”张以宁认为“奥”与《尚书》“厥民隩”之“隩”的词义相同,“厥民隩”是说人民正聚居在过冬的房屋之时。现在考查“方除”“方奥”辞意,诗意也像是说人民被迫在“觱发”“栗烈”的寒冷时节前往,不是在春天气候温和的时候。此外,萧与菽的收获都在秋季,诗文却说“岁聿云莫,采萧获菽”,是因为夏历的秋季是周历的仲冬。如若是夏历的岁暮,就不是采萧获菽的季节了。倘若从夏历二月春季温暖之时就前往,直至秋季为止,又不能够说“载离寒暑”了。说明诗中用的是周历而非夏历，这一点是很明确的。前面《六月》篇中有“六月栖栖”一句，张以宁认为盛暑季节不是猃狁入疆侵犯的时间；再结合《十月之交》中周历“十月”为幽王六年建酉之月来看，诗中用周历的例子不一而足。为什么解说《诗经》、解说《春秋》的人想将这些纪时全部归属到“当时实行夏历”一语而认为古人都不遵奉当时周王颁布的历法呢？这样的解释可以吗？

甫田二章

“以社以方”《笺》云：“秋季祭祀社神与四方之神，因为五谷成熟，要报答其功绩。”震按：水土之神叫作社。来自四方的阴阳变化有利于我嘉谷的生长，所以又要祭祀四方之神。这里的“社”不是指祭地，“方”也不是方望的意思。《周礼》里的后土与社是分为二种的，而《春秋左传》所说的“后土则社”，意思是担任后土一职的官员来配合祭祀社神而已。人的官职名为后土，不是说社就是后土。《中庸》：“郊、社之礼，禘、尝之义”。郊祀之礼是大礼，社祀之礼是小礼，列举这二者是用来包括所有事神的祭礼。所以说事奉上帝而不说侍奉后土，并不是为了省略文字。上帝地位是至尊的，所以既已说到上帝，那么百神也就可以借此知道了。禘礼是大礼，尝礼是小礼，此处也是列举二者用来包括所有的宗庙祭祀。

三章

“攘其左右”震按：攘，是拉开衣袖露出手臂的动作。左右，指的不过是左右手而已。露出手臂是为了拿取饭菜来品尝它。

四章

“报以介福，万寿无疆。”震按：孔冲远说：“报，是来自神灵的辞语，表明求助神灵而得到了回报。”这种说法接近正确。报，犹如答，凡是用于祭社的乐章，章末都缀续有颂祷之辞，这些辞语在意义上不与前文关联。

大田四章

“来方禋祀”震按：方，是且、将的意思。《周礼》：“以禋祀祀昊天上帝。”此诗说曾孙到来，将在秋季收获的时节举行禋祀来求取福报。这是列举大的借以涵盖小的，表示不止一种祭祀。

瞻彼洛矣二章

“鞞琫有珌”《毛传》：“鞞，容刀鞞也。琫，上饰。珌，下饰。珌下饰者，天子玉琫而珧珌，诸侯荡琫而璆珌，大夫镣琫而镠珌，士珕琫而珕珌。”震按：《毛传》此文中的“珌”字共出现六次，它们都应当写作“鞞”字。“鞞琫有珌”一句的意思也犹如上章所说的“韎韐有奭”而已。奭，是红色的状态。珌，是花纹装饰的样子。许氏《说文》说：“珌，是佩刀下端的装饰。”大概他所见到的《毛诗》与今本文字相同，于是取过来用以解说文字。“有奭”“有珌”犹如说奭然、珌然。佩刀下端的装饰，乃是鞞。“鞞”字又写作“琕”。《说文》以“鞞”为“刀室”，恐怕是误会了《毛诗》“鞞，容刀鞞也”的语义。刘熙《释名》说：“刀室叫作‘削’（俗字写作‘鞘’），室口的装饰叫琫，刀室下端末尾的装饰叫琕。”可以据此来纠正《说文》。另外，《笃公刘》篇中的“鞞琫容刀”一句，《毛传》解释说：“刀室下端的部位叫鞞，上端的部位叫琫。”用《毛诗》来为《毛诗》作证，此处《毛传》“珌”字乃转写导致的错误是可以确定无疑的。

桑扈三章

“不戢不难，受福不那。”《毛传》：“不戢，就是戢。不难，就是难。那，是多的意思。不多，就是多。”震按：古字“丕”通常写作“不”，字义是“大”。“那”字，犹如“有那其居”中的“那”，是安定的意思。这两句诗是说自己大加收敛而不敢放肆，大为重视困难而不敢怠慢，因此就适宜接受福报获得大安。凡是《诗经》中的“不显”“不承”“不时”“不宁”“不康”等词语中的“不”，都应当读作“丕”。《诗经》中的“不显不承”，就是《尚书》中的“丕显”“丕承”。《尚书·立政》篇中的“丕丕基”，《汉石经》写作“不不其”。

车舝首章

“间关车之舝兮”《毛传》：“间关，是车子所设置的部件，即舝。”震按：车轴末端的键叫作‘舝’，功能是用来辖制车毂使之不脱离出去。车子行进的时候，车毂末端之铁就会与车舝相切而发出“间关”这种声音。

二章

“依彼平林，有集维鷮。”震按：“依”是平稳安适的样子，与“依其在京”中的“依”相同。

四章

“鲜我觏尔”震按：诗句是说：太少了，我能够看到你的次数。这是称美其人贤德的辞语，说这样的人是世所罕见的。

宾之初筵首章

“以祈尔爵”《郑笺》解释说：“射箭的时候，各个射手都竞相在心里说：我要借此祈求让你喝酒。”震按：如果是“祈求让你喝酒”的话，那么就是竞相在说祈求罚你喝酒了，这种解释是不对的。再说“尔爵”中的“尔”与上文“献尔发功”中的“尔”，词义也不能有差异。所以此句是说各自祈求射箭中靶借以辞酒罢了。《射义》说：“《诗》云：‘发彼有的，以祈尔爵。’祈，是求的意思。祈求射中以辞酒。酒这种东西，是用来养老的，用来养病的。祈求射中以辞酒，就是辞让被养护的礼仪。”

二章

“有壬有林”《毛传》:“壬,是大的意思。林,是君王的意思。”震按:《毛传》的解说依据的是《尔雅》。然而《诗经》之中类似词语如“有蕡”“有莺”之类,都是形容性词语。此处“有壬有林”是形容“百礼既至”。两句意思是,各种祭礼无不完备,而礼仪的施行既已极尽完善,显示出壬壬然规模盛大、林林总总类别众多而不乱的状态。《白虎通德论》解释乐律“林钟”的含义说:“林是众多的意思,指万物成熟,种类众多。”

“各奏尔能”《郑笺》解释说:“子孙‘各奏尔能’的意思,是说因君王接受祥福故而子孙喜乐,其后子孙就分别酌酒献之于尸,尸回敬后即到了子孙献最后一杯酒的时候。列士祭礼仪式,嗣子要举杯饮酒,然后献酒给尸。天子祭礼,则会有子孙向尸献酒的礼仪。”震按:康成此段笺说可以弥补《礼经》内容的阙漏,这是在《礼经》中亡逸而在《诗经》中还能见到的内容。

“宾载手仇,室人入又。”《毛传》:“手,是拿取的意思。室人,就是主人。主人请宾客参加射礼,宾客应许之后就自己选取技艺相当的人而与之配对比赛。主人也进入比赛的准备场所,之后又与宾客成为一组对手而进行射击。”《郑笺》解释说:“仇,读为‘㪺’。室人,意为有室中之事的人,即是担任佐食之责的宾客。又,是重复的意思。宾客动手将酒舀起来,室人再斟酒为的是行加杯劝酒之礼。”震按:这首诗首章说的是射礼中的饮酒礼仪,次章说的是祭礼中的饮酒礼仪,两者之间互不混淆,《毛传》的说法是不对的。“仇”的意思是匹偶,《毛传》故而用射礼中的耦对相傅会。《郑笺》读为“㪺”,音“俱”,从押韵的角度考查,在诗文中是不协和的。“仇”字仍然应当读其本音。事物凡是相互配对就叫作“仇”。《特牲》“馈食之礼”记载,将二爵、二觚与四觯等酒器放置在篚器里。这些酒器都是两两相互配对,所以称呼它们为“仇”。就犹如射礼上两人为一组比赛,所以称呼射箭比赛的双方为“耦”；因宾客有三次献酒之礼，所以称呼宾客为“三献”；因嗣子要举杯饮酒，所以称呼嗣子为“举奠”。《仪礼》之中依据事宜与数量的情况来命名其人以及物类的例子有很多，这是文中为了方便临时给予的称呼，不是它们的定名，因此往往不会有传注解释。此处“手”犹如“手剑”“手弓”之“手”。“手仇”的意思是室人手执酒杯，帮助宾客三献其酒，这是指明其事。“室人入又”，表明陪同进餐的佐食是为了加献酒、食。按照士人饮酒之礼，只有宾长为之加献劝酒，不会有佐食行此之礼。天子之礼重大，因此佐食也参与加献劝酒的仪式。“入又”说的是佐食，而宾长所行加献劝酒之事不说也可以知道了。

“酌彼康爵，以奏尔时。”《笺》云：“康，是虚空的意思。时，指内心尊重的对象。”震按：《郑笺》根据礼仪次序认为诗文中的“康爵”指的是无算爵。他说“无算”的意思是，没有次第序数的限定，只需按照此时内心所想的敬酒序次去进酒，而不必遵循礼仪要求的序次。“康”与“空”是一语之转的关系（《谷梁春秋》“四谷不升谓之康”，范宁《注》解释说：“康，是虚空的意思。”），“康”字又写作“漮”（《方言》说：“漮，是空的意思。”）既已按顺序饮酒而两觯也都已经空了，这时宾客子弟、兄弟的子弟就各自举起酒觯，跟他们的长辈开始饮无算爵之酒。此处的“爵”指的是觯这种酒器。“爵”本来是酒器的通名。诗中说“能”、说“仇”、说“又”、说“时”，都是借以指礼仪。这四个字的字义很虚，而所指的四者却是礼中的大事项，如果没有对礼完备考查进而深刻了解其意蕴，是不能明白的。

五章

“式勿从谓，无俾大怠。”震按：“勿”字有“没”的读音，“没”与“勉”是一语之转的关系。“式勿从谓”的意思是说，带着劝勉的意图顺从其意地对他进行劝说，以便让其不至于太怠慢无礼。《曲礼》“国中以策彗恤勿”（恤，读音苏没切。勿，音“没”。）郑玄《注》解释说：“恤勿，是搔挠抚摩的意思。”刘向引《诗经》“密勿从事”，今本《诗经》写作“黾勉从事”。密勿，《尔雅》写作“蠠没”。又，郑玄注释《礼记》说：“勿勿，意思犹如勉勉。”卢辩注解《曾子立事》篇“终身守此勿勿”时也说：“勿勿，犹如勉勉”。这些词语都是一语之转的关系。应当将“勿”读如“没”音，而经师旧注都在读音上失误了，所以未能弄通古说。

采菽三章

“邪幅在下”《毛传》：“邪幅，幅取义为‘偪’，即用以自我偪束的东西。”《郑笺》解释说：“邪幅，如同今天的行縢，用来束紧小腿。因为是从足到膝紧束，所以说‘在下’。”震按：《春秋左传》说：“衮冕黻珽，带裳幅舄，衡紞纮綖，这些衣冠及装饰等，都是昭示衣饰制度的。”幅，就是诗文中的“邪幅”，大概与衮冕一类在尊卑等级上各有差异。《内则》“偪屦著綦”，《释文》说：“偪，有的本子又写作‘幅’”。大概“幅”字古音与“偪”相同(都是彼力切)，二字通用。郑玄注释《内则》说：“偪，是行縢。”这是将“偪”与“行縢”看作同一种物件。但他笺注《诗》文的时候却说：“邪幅，如同今天的行縢。”此处不看作同一种物件的原因，是行縢在规制上没有尊卑方面的差异，只能是相当于《内则》里庶人所穿戴的“偪”。诗中以“邪幅”配“赤芾”，显示的是诸侯盛装，它的仪制在汉代已经消亡，所以郑玄就聊且借用行縢来作说明了。在古代，登席入座参加燕饮之时，是以赤足为欢乐，不赤足也是不敬的表现。所以《春秋左传》记载：在卫侯与诸位大夫饮酒的时候，“褚师声子穿着袜子登上席位，卫侯因此愤怒”。这是怪罪他不是赤足登席而是穿着袜子入座。脱掉袜子就席，必定露出邪幅，因此不能让它没有修饰，周礼也就因此而特地设定相关仪制。这首诗恐怕也是与诸侯在一起燕饮时所唱的歌，因其赤足脱袜而登席入座，所以称美其慎重对待威仪而不懈怠。

菀柳首章

“上帝甚蹈”《毛传》：“蹈，是动的意思。”《郑笺》说：“蹈，读作‘悼’

音。”震按：“蹈”的意思是动变没有规律性（“蹈”字古音是徒候切，与诗中“柳”字是同音节的上声字和去声字相押韵的关系）。

都人士二章

“绸直如发”震按：因为头发稠厚密致并且又垂直，所以诗文说其为人周密而正直就如同此头发。“绸直如发”，古语倒桩类语序即如此。

《毛郑诗考正》卷三(原文及注释)

大雅

文王首章

“有周不显,帝命不时。”《传》:“不显,显也。显,光也。不时,时也。时,是也。”《笺》云:“周之德不光明乎?光明矣。天命之不是乎?又是矣。”震按:诗之意,以周德昭于天,故曰“丕显”①;以天命适应乎民心,故曰“丕时”②。《笺》于《桑扈》篇之“不戢”“不难”“不那”,《生民》篇之“不宁”“不康”,直顺其文说之③,于此诗“不显”“不时”,《清庙》篇之“不显不承”及《诗》中凡言“不显”者,增“乎”字或“与”字于下以为反言④。读《传》者亦谓如《笺》之反言而已。合考前后,则《传》意实不然。《传》盖以“不”字为发声。《尔雅》“不漘”⑤,即《诗》所言“河之漘”⑥,郭注云:“不,发声。”又龟有“不类”“不若”⑦,即《周礼》之“靁属”“若属”⑧,“不”皆发声,可据证也。然经传中言“丕显”多矣,古人金石铭刻,“丕显”多作“不显”,二字通用甚明。《传》《笺》各缘辞生训,失其本始。

---

① 丕显:大显。戴震之意以诗中“不”通“丕”,以“丕”为“大”义。

② 丕时:大适。戴震之意以“丕”为“大”,以“时”为适应之意。

③ “笺于”至“说之”:按《郑笺》于《桑扈》篇之“不戢”“不难”“不那”,以及《生民》篇之“不宁”“不康”中的各“不”字均理解为否定副词。

④ 与:同“欤”。

⑤ 《尔雅》“不漘”:《尔雅·释丘》有“夷上洒下不漘”之文。

⑥ 《诗》所言“河之漘”:《诗经·伐檀》有“置之河之漘兮”之文。

⑦ 龟有“不类”“不若”:《尔雅·释鱼》有“龟……左倪不类,右倪不若”之文。左倪,指行走时将头部往左低下的龟,这种龟叫“不类”;右倪即行走时将头部往右低下的龟,这种龟叫“不若”。

⑧ “即周”句:《周礼·龟人》有“西龟曰雷属”“北龟曰若属”之文,郑玄注:“龟……左倪类,右倪若。”属,类别。

二章

“陈锡哉周”《传》:“哉,载。”《笺》云:“哉,始。”震按:《春秋传》及《国语》引此诗皆作“陈锡载周”,而以“能施”及“布利”释其指①。盖陈,布也;古字“载”与“栽”通,“栽”犹殖也,言文王能布大利于天下,以丰殖周②。《国语》说之曰:“故能载周,以至于今。”③是也。韦昭注《国语》,于前“夫利,百物之所生也,天地之所载也”及后《晋语》“公子絷曰‘君若求置晋君而载之’”并注云④:“载,成也。”“载”之为“成”,缘辞生训耳,义皆当为蕃殖。《中庸》“栽者,培之”,郑康成《注》云:“栽,读如‘文王初载’之‘载’。”“栽”或为“兹”,盖“栽”“载”古并音“兹”,“哉”亦同音,遂转写交通耳。下言“本支百世”,譬木得丰殖,而本及条枝盛长也。

四章

“于缉熙敬止”震按:缉熙者,言续其光明不已也。敬止者,言敬慎其止居不慢也。故《礼记·大学》篇引之以明“止于至善”,《缁衣》篇引之以明“慎言行”。说《诗》者以“止”字为辞助而已,于引诗扞格则归之断章取义。考古人赋诗,断章必依于义可交通,未有尽失其义误读其字者。使断取一句而并其字不顾,是乱经也。

六章

“永言配命”震按:篇内“命”字凡八见,皆谓受天命为天下君,惟修德能常合于天心。天命在是,即天心在是。“配命”“配上帝”,皆德

---

① “而以”句:“能施”系《左传·宣公十五年》语,杜预解释为“布陈大利以赐天下”;“布利”系《国语·周语上》语,韦昭解释为“布赐施利”。

② 丰殖:据戴震后文,丰殖犹如“蕃殖”,谓大加培植。

③ “故能”两句:语见《国语·周语上》。

④ “于前”句:“夫利“三句见《国语·周语上》,“公子曰”句见《国语·晋语二》。

合天心之谓。“骏命不易”[①]，言合天心之难也；不德[②]，则躬自绝于天矣。诗反覆陈戒如此。

大明首章

“明明在下，赫赫在上。”震按：在下者，人事；在上者，天命。此言天人之际明察显赫。本章陈纣之所以亡，后七章陈周之所以兴，皆人事之至明，而见天之至赫濯也。

二章

“乃及王季”《笺》云：“及，与也。”震按：“及”如“周王于迈，六师及之”之“及”[③]，随也。

四章

“文王初载”《传》：“载，识。”震按：以“初载”为始有识，缘辞生训耳。郑康成注《中庸》“栽者培之”云：“今时人名草木之植曰栽，筑墙立版亦曰栽。”而读“栽”如“文王初载”之“载”，盖古字“栽”“载”通，为丰殖、为树立之义。“初载”谓初免于怀抱能自立之时。大姒以是时生，故曰“文王初载，天作之合”。言天若早为之生配，是故适及文王嘉事至止之年[④]，而“大邦有子[⑤]”，亦在许字之年也[⑥]。

---

① 骏命：长久符合天命。骏，大，这里是长久的意思。

② 不德：系针对诗文“聿修厥德”而言。

③ “周王”两句：系《大雅·棫朴》中的文字。于迈，前往征行。六师，谓周天子的军队。《毛传》：“天子六军。”

④ 嘉事：指举行婚礼之事。戴震《毛诗补传》卷二十一解释此诗“文王嘉止”：“婚礼，于五礼属嘉礼。”

⑤ 大邦有子：谓殷商有未嫁之女。子指大姒。

⑥ 字：女子嫁人。

八章

“肆伐大商”《传》:“肆,疾也。”《笺》云:“肆,故今也。”[①]震按:《皇矣》篇云:“是伐是肆。”肆,犯突也[②]。

绵首章

“绵绵瓜瓞”《传》:“瓜,绍也。瓞,瓟也。”《笺》云:“瓜之本实,继先岁之瓜必小,状似瓟,故谓之瓞。”震按:《尔雅》云:“瓞,瓟。其绍瓞[③]。”盖瓟者,小瓜之种。瓞者,继本之瓜,其小如瓟,故以瓟释瓞。而绍者为瓞,非绍者为瓟,故又言“其绍瓞”以别之。绍为继本也。陆农师云[④]:“今验近本之瓜常小[⑤],末则复大。”于诗意物理,皆得之矣。

“民之初生”震按:生,犹造也,追言周之初造。《公羊春秋》:“遂者何?生事也[⑥]。”何休注云:“生,犹造也。”

“自土沮漆”《传》:“自,用[⑦]。土,居也。沮,水。漆,水也。”震按:此漆水在泾西,与《禹贡》《小雅》《周颂》之漆沮水在泾东渭北者,中隔泾水。如旧说,沮、漆为二水名,以泾东渭北漆、沮当之,则与豳地不相涉。漆沮亦一水之名,故《诗》《书》中必连二字称举。若《说文》“出杜阳岐山”之“漆水”,阚骃、郦道元皆云谓之“漆渠”,合杜水、岐水至

---

① 肆,故今也:按,《笺》语出《尔雅·释诂》。郭璞《注》谓“肆既为故,又为今”。邢昺则认为《毛诗》“以肆之一字为故今,因上起下之语”。今采用邢说。

② 肆犯突也:原为《郑笺》解释《皇矣》“是伐是肆”之“肆”语,戴震用之以明与“肆伐大商”之“肆”同义。犯突,孔颖达《疏》:“言犯师而冲突之。”

③ 其绍瓞:郭璞《尔雅注》:“绍者,瓜蔓绪,亦著子,但小如瓟。”

④ 陆农师:北宋人。

⑤ 今验近本之瓜常小:孔颖达《疏》解释《郑笺》“瓜之本实继先岁之瓜必小”说:“瓜之本实,谓瓜蔓近本之实,继先岁之瓜必小。”“今验信然。近本小,虽继先岁之瓜,不能大如先岁之瓜。”

⑥ “遂者”两句:这是《公羊传》针对《春秋·庄公十九年》经文“公子结媵陈人之妇于鄄,遂及齐侯宋公盟”所作的解释。生事,即僭行生事,谓臣属没有君命就自行专断。

⑦ 用:从,自。《笺》释《传》说:“故本周之兴,自于沮、漆。”谓周王业之兴,从居于沮漆开始。孔颖达《疏》:“《释诂》云:‘由、从,自。’此‘由’训为‘用’,故‘自’得为‘用’也。”

美阳，注于雍水以入渭。杜阳，今凤翔府麟游县。美阳，今为岐山、扶风二县。雍入渭，在武功县界，是乃岐周水耳。豳地在泾之西南，《诗谱》云“岐山之北，原隰之野”是也，汉右扶风之漆与栒邑是其域。“漆”下云[①]：“水在县西。”盖《汉志》漆水正与《绵》诗所言始居于豳合，其水北流，注于泾，又名“白土川”。漆与栒邑二县，皆今之邠州。县以水取名，则豳地之漆水在古必甚表著。泾西漆水，泾东漆沮水，二水相去百余里。“沮漆”之“沮”，非水名。《魏诗》“汾沮洳”《传》云：“沮洳，其渐洳者[②]。”盖水旁地之称。诗推本迁岐所自，以太王未迁之前，居地迫小，近此沮洳漆水岸侧，故曰“自土沮漆”。土其地之谓土，《传》以“居”释“土”字，得之。

“陶复陶穴，未有家室。”《传》：“陶其土而复之，陶其壤而穴之[③]。”《笺》云：“复者，复于土上；凿地曰穴，皆如陶然。本其在豳时也。”震按：《笺》直以“陶”为“窯”，（俗作“窑”。）非也。墼谓之陶[④]，烧成谓之甓。今呼甓为“砖”，呼陶为“土墼”。复穴而居，仅赖此为之。《说文》：“寝，地室也。”（谓在地上[⑤]。）“穴，土室也。”（谓在土中。）引《诗》“陶復陶穴”。以居之陋，不可谓有室家，故曰“未有家室”。

二章

“率西水浒，至于岐下。”《笺》云：“循西水，沮漆水侧也。”震按：豳值岐北而少东。《孟子》言：“去邠，逾梁山，邑于岐山之下居焉。”[⑥]梁山在今乾州西北五里。此泾西岐东渭北之梁山，正当邠之南，逾梁山则不浮泾水入渭也。“率西水浒”者，既逾梁山，自东向西，循水厓而

① “漆下云”：此三字前当有“汉志”等字，下引文系《汉书·地理志》中语。

② 渐洳：浸水湿润。（据孔《疏》）

③ “陶其”两句：陶，通“掏”，即掏挖；复，戴震之意以为通“寝”，即土屋；土、壤都是指土。

④ 墼：未烧过的土坯，此处指用土坯造屋。

⑤ 在地上：谓在地面上用土建造住居，与掏挖成窑洞不同。

⑥ “孟子”句：孟子语见《孟子·梁惠王下》。去邠：指古公亶父太王率领周人离开豳地迁徙。邠，同“豳”。

上，皆马行，不舟楫。水浒，渭水北厓也。《笺》未审于地势而云，失之。郃之漆水，北流注泾，既非适岐所取道；漆沮水远在泾东，南流入渭，又所不由。程泰之《雍录》云[1]："渭水即在梁山下之南，循渭而上，可以达岐。"阎百诗云："自郃抵岐二百五十余里，山适界乎一百三十里之间。后秦始皇幸梁山宫，从山上见丞相车骑众，弗善，亦此梁山也。"二说可据以证《笺》之误。

三章

"堇荼如饴"《传》："堇，菜也。荼，苦菜也。"震按：堇有"堇葵""苦堇"之名，乾堇谓之荁堇，与荼皆味近苦。《夏小正》二月"荣堇采蘩"[2]，《传》曰[3]："皆豆实也[4]。"《尔雅》又有"堇草"，郭注云："即乌头也。"孔冲远以《诗》之"堇"为"乌头"，非是。乌头，一名"乌喙"，一名"奚毒"。《晋语》"置堇于肉"[5]，贾逵云："堇，乌头也。"[6]苏秦曰："人之饥，所以不食乌喙者，以其虽偷充腹，而与死同患也。"[7]《淮南鸿烈》曰："天下之物莫凶于奚毒[8]"。《后魏书》曰："匈奴秋收乌头为毒药，以射禽兽。"不得为《诗》所称，明矣。

四章

"乃慰乃止，乃左乃右。乃疆乃理，乃宣乃亩。自西徂东，周爰执事。"震按："左右"继"慰止"而言[9]，皆奠居事也[10]。"宣亩"继"疆理"而

① 程泰之：即宋人程大昌。泰之，其字。

② 荣堇：谓堇开花。荣，花。

③ 传：指宋人傅嵩卿所作《传》，系对《夏小正》的解释。

④ 豆实，谓盛放在木豆中的祭品。

⑤ 置堇于肉：见《国语·晋语二》。

⑥ "贾逵"句：贾逵语见其《春秋左氏传解诂》。

⑦ "苏秦"句：苏秦之语见《战国策·燕策一》。偷，苟且。

⑧ 奚毒：即中药附子。

⑨ "左右"句：谓在此地处处安居。慰止：谓安居。慰，安定。止，止息。

⑩ 奠居：安居。

言，皆授田事也。“宣”，如《春秋传》“宣汾洮”之“宣”[①]，谓通洫浍[②]。“亩”，谓因水地之宜而亩之，或南其亩，或东其亩也。“自西徂东，周爰执事[③]”，又继“宣亩”而言，则巡行国中，视其所当为者，无不使民为之以兴利。《桑柔》篇：“自西徂东，靡所定处。”言无可安居之所，亦以“自西徂东”为该举域中之辞。

七章

“乃立皋门，皋门有伉。乃立应门，应门将将。”《传》：“王之郭门曰皋门。王之正门曰应门。美太王作郭门以致皋门[④]，作正门以致应门焉。”《笺》云：“诸侯之宫，外门曰皋门，朝门曰应门，内有路门[⑤]。天子之宫，加以库、雉。”震按：门之数，因乎朝者也[⑥]。凡朝，君臣咸立于庭，朝有门而不屋，故雨衣失容则辍朝。天子、诸侯皆三朝[⑦]，则天子、诸侯皆三门。其数同者，以君国之事侔而体合，朝与门无虚设也。天子谓之皋门，诸侯谓之库门。天子谓之应门，诸侯谓之雉门。准《考工记》宫隅门阿之制言之[⑧]，皋门崇七丈，天子之应门、路门，诸侯之库门、雉门、路门，皆崇五丈。异其名，殊其制，所以辨等威也。考之经传，不闻天子库门、雉门，诸侯皋门、应门。而礼说曰[⑨]：天子五门：皋、库、雉、应、路；诸侯三门：皋、应、路。与此诗《笺》说合，失其《传》耳。《礼记·明堂位》篇云：“太庙，天子明堂。库门，天子皋门。雉门，天

① 宣汾洮：语见《左传·昭公元年》。宣，疏通。汾洮，即汾水与洮水。

② 洫浍：犹言沟渠。洫、浍，皆河沟。

③ 周爰执事：戴氏认为诗意谓周游邦国，遇事就做事。执事，做事。

④ 作郭门以致皋门：皋门是后世君王才有的建筑名称，太王之时只是郭门。《毛传》意思是从郭门发展到后世的皋门。后文“作正门以致应门”意思相类。

⑤ 路门：即寝门，在王宫之内。

⑥ 朝：指朝会之处，即庭院。

⑦ 三朝：即外朝一种、内朝两种。按周礼，天子、诸侯都有三朝。

⑧ 宫隅门阿：此处泛指王宫之门。宫隅，宫墙四角处的围屏。门阿，指带有房屋形制的门，即门屋。

⑨ 礼说：指《礼记》郑玄《注》。下文“天子五门”至“诸侯三门为郑玄注《礼记·明堂位》“天子应门”之文。

子应门。”太庙、库、雉据鲁，而张大其拟于天子之明堂、皋、应，此正足为天子三门无库、雉，诸侯三门无皋、应之证。《郊特牲》云“献命库门之内[①]”，亦记者以鲁用天子礼乐，故推鲁事合于天子。《诗》追美太王，不曰“库”“雉”而曰“皋”“应”，盖以后日天子之制称其前所立者，犹诗中于王季、文王之时而称“周京”也。

九章

“虞芮质厥成，文王蹶厥生。”《传》：“质，成也。成，平也。蹶，动也[②]。”《笺》云：“虞芮之质平，而文王动其绵绵民初生之道，谓广其德而王业大。”震按：成者，狱讼之情实，所谓狱成是也。质者，所以平断此狱成而论定者也。通之，则凡簿书议奏待上论定皆谓之成。凡平报皆谓之质。《王制》：“百官各以其成质于三官[③]，大司徒、大司马、大司空以百官之成质于天子。百官斋戒受质。”郑注云：“受平报也。”平断毕报于下，是为平报。盖“质”“成”二字对文，成属下，质属上，其自下质于上，犹言待平断于上耳。“虞芮质厥成”是二国以其所由久争之成，质于文王。及至境，礼让之心油然而生，遂相让不争。是文王未尝平断之使受质以退，而实有以蹶然动其礼让之心自生而退，故曰“文王蹶厥生”。下更归于得人之盛[④]，是以教化行而感人心如此。

棫朴四章

“倬彼云汉”《传》：“倬，大也。”震按：倬，明貌。

---

① 献命：发布命令。

② “质成”两句：《毛传》以“质”为诉讼之意，“平”为和平解决之意。故其下云：“虞、芮之君，相与争田，久而不平。”

③ “百官”句：百官把各自的工作政绩以‘成’的形式报请三官审核裁断。成，此处指汇报工作成绩的书面材料。三官，即下大司徒、大司马、大司空。质，即审核裁断之意。

④ “下更”句：系据诗文之末“予曰有疏附，予曰有先后，予曰有奔奏，予曰有御侮”而言。予，诗人自称。疏附，本来疏远的现在前来依附。先后，谓先后都来依附。奔奏，谓奔走前来。御侮，指能抗御敌人的臣民。

《皇矣》首章

“维此二国，其政不获。维彼四国，爰究爰度。”《传》：“二国，殷、夏也。四国，四方也。”震按：泛言四方之国，故曰“彼四国”。《传》说是也。《诗》中言“四国”者多矣，皆概举之常辞，故可知。若“二国”，则无由知为殷、夏，夏已远，必不连及之。诗言周之兴，周所代者，殷也，故称之曰“此二国”。此者，举近而切指之辞。“其政不获”，言一治一乱，政相反，不相得。然则周能定斯民，上帝之意，当在周矣。又“究度”四方之国者[①]，明天非私于有周，苟足以膺天意所属，则莫不增广其疆限。“究度”之后，而惟眷顾西土，遂以此岐山之地与太王。乃宅是而为，有天下之基矣[②]。

二章

“天立厥配，受命既固。”《传》：“配，媲也[③]。”震按：上言岐地辟治，乃上帝迁明德之君于此。民归往之者习行平易，四达于道路[④]，犹《天作》篇云“彼徂者岐，有夷之行”也[⑤]。申之曰：“天立厥配，受命既固。”“配”当如“配命”“配上帝”之“配”，合于天心之谓。言天立其合天心者，方此之时，受命则既固，而宜后之日盛大也。立妃之说，辞不伦。

三章

“帝作邦作对，自太伯、王季。”《传》：“对，配也。”《笺》云：“作，为也。天为邦，谓兴周国也。作配，谓为生明君也。”震按：太伯之让，实因文王，则“作对”宜为生文王。能对答天心之君，莫文王若。后叠言“帝谓文王”，犹曰天心如是，而文王所为与之合耳。上帝视此岐山之

---

① 究度：谋求安国之道。《毛传》：“究，谋。度，居也。”

② “而惟”至“基矣”：系依据此诗后文“乃眷西顾，此维与宅”而言。

③ 配，媲也：《毛传》以为“配”指配偶，诗句“天立厥配”即上天为文王立其配偶。

④ “上言”至“道路”：系解释此诗第二章“天立厥配，受命既固”之前的语句。

⑤ “彼徂者岐”两句：意思是人们前往的岐山，有平坦的道路通行。

地，立之为大邦，又生能对答之者。盖自太伯、王季相友爱之时，而文王已生，天意已定也。然王季之友其兄，根于其心，惟知友爱而已①。以见太伯之让，王季虽受之而非其心。圣人重亲亲而轻有天下国家，大致如此。

五章

“帝谓文王，无然畔援。无然歆羡，诞先登于岸。”震按：诸侯相攻伐，多出于畔援②、歆羡之私③，利其土地。此言文王伐密乃为天吏以答天下，无是畔援、歆羡。而其内修德政，早自为大德大贤，乃可以治夫不受教令者，如先登高岸之上以临下。是以密人侵阮，而遂赫怒用师，上则善承天意以厚周家之福，下则民迫望周以答天下之心④。“敢距大邦”云者⑤，大邦宜治小侯，犹江、汉之纪理众川，非以力言，实天定之。又与“诞先登于岸”相足互明⑥。天之所定，未有不由己自至者。诗言圣人举动无非天道，义盖如此。

六章

“侵自阮疆”震按：密须之国在汉安定(邵)〔郡〕阴密⑦，今平凉府泾州也。共与阮宜皆为周地，而阮则周之疆域接于密者。密人“侵阮徂共”，犹猃狁“侵镐及方，至于泾阳”⑧。镐、方、共、阮，书传阙逸，莫

---

① “然王”至“而已”：系依据诗歌后文“维此王季，因心则友；则友其兄，则笃其庆”而言。笃其庆，谓王季能显明太伯之美德。笃，厚。庆，善。(据《郑笺》)

② 畔援：谓为夺利而叛离正道。畔，通“叛”。援，援取。(据《毛传》)

③ 歆羡：贪羡。(据《郑笺》)

④ “是以”至“之心”：系依据诗文“密人不恭，敢距大邦，侵阮徂共，王赫斯怒，爰整其旅，以按徂旅，以笃于周祜，以对于天下”而言。

⑤ 距：通“拒”，谓抗拒。

⑥ 诞先登于岸：意思是先登上高位。诞，发语词。岸，比喻高位。(从孔颖达说)

⑦ “密须”句：(邵)〔郡〕，“郡”原作“邵”，从孙以昭勘正。密须之国：即密国，因其国多密须氏人(据《毛传》)，所以戴震称之密须之国。

⑧ “侵镐及方”两句：语出《小雅·六月》，意即(猃狁)侵犯镐地以及方地，一直抵达泾阳。

详其地。《郑笺》用《鲁诗》说，以“阮”“徂”“共”为三国，《毛诗》则“阮”“共”为地名，“徂旅”之“旅”亦为地名[①]。详绎辞称“侵阮徂共”，承“敢距大邦”下，为密人抗周来侵无疑；“以按徂旅”，蒙上“徂共”之“徂”，以密人既侵阮，遂往共，周出师自先遏抑其往共之众，此显然可知者。惟“侵自阮疆”之文不可通。毛为密人侵周阮地而升高岗，郑为周侵阮国下高岗、陵阿、泉池[②]。言“我”者[③]，据后得而有之为言。后儒严坦叔以为周师自阮疆而侵密[④]，欧阳永叔以为周师先据胜地而后侵之，密人不敢有其岗陵水泉[⑤]。然则下即云“度其鲜原[⑥]”，不几令人疑周徙都于密乎？合之辞意，皆未安。疑“侵”当作“寝兵”之“寝”，息兵也，字形相似，又因上文“侵阮”而遂致讹。盖上章言伐密之事，此章则言息兵后迁邑之事。文王安然在周之京，而密人既服，遂兵自阮疆归[⑦]。阮邑疆接于密之地，军之所驻也。服密而归，犹之“来归自镐”云耳。于是升高以审地势而迁邑，相其陵阿泉池，可卜兵息境安，无或敢陈师饮马于我地者[⑧]，承寝兵而云然。以前此犹有密人来侵，服密后，德威更远也。乃规度岐阳渭侧鲜原，徙居焉[⑨]。《逸周书》称“王季宅程”，则文王自程(徒)〔徙〕此[⑩]，皆不出岐阳百里之间。后伐崇而有其国，自此徙丰，在岐山东南三百余里。

---

① 徂旅：语出本诗“以按徂旅”。按，遏止。

② “毛为”两句：系分别据《传》《笺》解释“陟我高冈，无矢我陵，我陵我阿，无饮我泉，我泉我池”而言。矢，陈，谓陈兵侵犯。阿，高大的山陵。(据《郑笺》)

③ 我：指诗文中“我陵我阿”等语句中的“我”。

④ 严坦叔：即宋代经学家严粲，“坦叔”为其字。严粲著有解《诗》之撰《诗缉》。

⑤ “欧阳永叔”两句：欧阳修著有解《诗》之撰《诗本义》，此处所述欧阳修两句即见于该撰。

⑥ 度其鲜原：度，谋求。鲜原，谓土地肥美的平原(从向熹《诗经译注》)。《郑笺》：“鲜：善也。”

⑦ “文王”至“疆归”：系据诗文“依其在京，侵自阮疆”而言。

⑧ “于是”至“地者”：系据诗文“陟我高岗，无矢我陵，我陵我阿，无饮我泉，我泉我池”而言。

⑨ “乃归”两句：系据诗文“度其鲜原，居岐之阳，在渭之将”而言。将，旁侧。

⑩ (徒)〔徙〕：“徙”原作“徒”，从孙以昭勘正。

七章

“不大声以色，不长夏以革。不识不知，顺帝之则。”震按：“声”与“色”谓言貌，“夏”与“革”当谓威力。不大，不暴著之也。不长，不尊尚之也。《中庸》曰：“声色之于以化民，末也。”此主国中化其明德，而不事于以言谕、以貌示。《尔雅》：“夏，大也。”《方言》：“自关而西，秦晋之间，凡物之壮大者而爱伟之曰夏。”“革”如《尔雅》“错革鸟曰旟”之“革”[①]，“革”有猛、急之义。《郑志·答张逸》云“画急疾之鸟隼”，是也。盖“夏”谓威播远大，“革”谓兵力强勇。此主诸侯服其明德，而不事于以威制、以力胜。然但曰“不大”，曰“不长”，则皆有之，而人之化服，在德之明，不在此耳。“不识不知”，又谓无私智计度，惟顺乎天道之宜[②]。然诗于文王伐密伐崇，必推本于应天而无私，以见圣人用兵皆道德也。

“询尔仇方，同尔兄弟。”《传》：“仇，匹也。”《笺》云：“怨耦曰仇。”震按：文王伐罪之师，岂可以谋伐仇怨言乎？“仇”如“公侯好仇”之“仇”[③]，《传》据《尔雅》释之为“匹”，是也。仇方，大国也。兄弟，众与国也。以崇强暴不易伐，故询之大国与己匹者，而连合众与国，然后兴师。当时大国小国，虽皆其服于文王者，文王未尝称王，则交邻匹敌之义耳。殊其辞以别大小，故曰“询”、曰“同”、曰“仇方”、曰“兄弟”，又大国或大夫至，小国君自至，如春秋时事也。《国语》曰：“咨亲为询。”韦《注》云：“询亲戚之谋。”

灵台四章

“于论鼓钟，于乐辟廱。”《传》：“水旋丘如璧曰辟廱，以节观者。”

---

① 错革鸟曰旟：见《尔雅·释天》。意思是旗帜上绘有迅疾飞翔之鸟的叫作‘旟’。错：安置。

② “又谓”两句：系解释诗文“不识不知，顺帝之则”。

③ 公侯好仇：系《周南兔罝》中诗句。

《笺》云:“论之言伦也。”震按:“论”“伦”同音,故“伦”通用“论”。古字“经纶”亦通作“经论”。“辟廱”于经无明文,汉初说《礼》者规放故事[①],始援《大雅》《鲁颂》立说,谓天子曰辟廱,诸侯曰頖宫。(卢植云[②]:“汉文帝令博士诸生作《王制》篇。”)如诚学校重典,不应《周礼》不一及之,而但言“成均”“瞽宗”[③]。《孟子》陈三代之学[④],亦不涉乎此。他国且不闻有所谓泮宫者。周鼎铭曰[⑤]:“王在辟宫,献工锡章[⑥]。”《左氏春秋》曰:“郑伯享王于阙西辟[⑦]。”《史记》曰:“丰镐有天子辟池。”[⑧]谯周曰[⑨]:“成王作辟上宫。”此单言“辟”者也。《周颂》曰:“于彼西雍[⑩]。”(《传》云:“雍,泽也。”)古铭识有曰:“王在雍上宫”。此单言“雍”者也。其曰“辟上”“雍上”,则以名池名泽,而作宫其上,宫因水为名也。赵岐注《孟子》“雪宫”云:“离宫之名也。宫有苑囿台池之饰,禽兽之饶。”此诗“灵台”“灵沼”“灵囿”,与“辟雍”连称,抑亦文王之离宫乎?闲燕则游止肆乐于此,不必以为太学,于诗辞前后尤协矣。

下武首章

《笺》云:“下,犹后也。”震按:自上世数而下,故“下”有“后”义,

---

① 汉初说《礼》者:据下文,是指汉初撰写《王制》用来解释《周礼》的博士。

② 卢植:东汉经学家。

③ 成均瞽宗:传说尧舜时期的太学叫“成均”,殷商时期的太学叫“瞽宗”。

④ 《孟子》陈三代之学:三代,指夏、商、周三代。学,指中央学校。《孟子·滕文公上》:“设为庠、序、学、校以教之。……夏曰‘校’,殷曰‘序’,周曰‘庠’,‘学’则三代共之,皆所以明人伦也。”

⑤ 周鼎铭:下引铭文见于杨慎《丹铅余录》所载。

⑥ 锡章:指赐乐。

⑦ “郑伯”句:见《左传·庄公二十一年》。阙西辟:宫阙西面的城楼。

⑧ “丰镐“句:见《史记·封禅书》。丰,周文王时都城,镐,武王时都城。辟池,即辟雍。(据司马贞《史记索隐》)

⑨ 谯周:三国时期经学家。

⑩ 于彼西雍:语出《周颂·振鹭》。

“下武”，谓继承步武[①]，故曰“世有哲王[②]”。《国语》：“在下守祀不替其典[③]。”《注》亦云：“下，后也。”屈原《离骚》之赋曰“及前王之踵武[④]”。

三章

“永言孝思，孝思维则。”《传》：“则其先人也。”震按：孝思，所思皆本于孝也。长此孝思，遂能所思无非至则。则者，准则之谓，不越畔，斯适当乎则矣。吕伯恭《读诗记》说《烝民》之二章曰：“‘柔嘉维则[⑤]’，不过其则也；过其则斯为弱，不得谓之柔嘉矣。”以例此诗所言“孝思”，何者是其则？凡人以心应万事，心之官则思，未有不思而昏昧以行者。是终身之行，思统乎其全。惟仁人孝子，能尽人道，修己安百姓，举动无不合于天则，斯以成其仁孝，否则仁孝有亏。由是言之，终身之行统于思，终身之思统于孝，行之则，思之则，孝之则，一也。诗美武王继世德，定天下，所思不越乎则，皆本其作求之孝，故曰“孝思维则”。下章又申之曰，昭哉嗣先世之事[⑥]！此诗大指，合尽君道、尽子道为一，以美前王，励后王：重有望于为孝子，即为仁君也。通其义，虽舜禹所思异其先人，而所思之本在不忘孝，实无二致。

《生民》首章

“厥初生民，时维姜嫄。”震按：此诗异说纷然，秦汉间儒已莫能征考，治经所当阙疑者也。然其事关礼典之大，又不可徒守阙疑之义。合《诗》《礼》综核之：《周礼》“享先妣”在“享先祖”之前[⑦]，郑《注》云：

---

① 步武：脚步，此处谓前人事业。武，脚。

② 世有哲王：谓世代都有明哲的君王。

③ “在下”两句：语出《国语·周语下》“有胤在下，守祀不替其典”。在下，指继承者在其后。不替其典，谓不更换前人制定的规章制度。

④ 踵武：脚迹。

⑤ 柔嘉维则：谓以柔和善良为原则。

⑥ “昭哉”句：系解释诗文“昭哉嗣服”。

⑦ 享先妣在享先祖之前：见《周礼·大司乐》所述。

“周立庙自后稷为始祖，姜无所妃[1]，是以特立庙而祭之。”然则周人特立姜庙之意，非后稷更无所祖，而不得不妣姜一人乎？至于鲁，盖亦立姜庙，谓之閟宫。鲁何以作閟宫？周立太庙事后稷，别为姜立庙，鲁侯承祀，见于《诗》曰：“皇皇后帝，皇祖后稷。”[2]见于《礼》曰：“鲁人将有事于上帝，必先有事于閟宫。”[3]郑《注》云：“告后稷也。告之者，将以配天。”然则以周享先妣，推事后稷之义事之，鲁亦推事后稷之义而事之乎？《帝系》曰帝喾上妃姜嫄[4]，本失实之辞，徒以傅会周人禘喾为其祖之所自出。《国语》禘、郊、宗、祖、报五者，禘、郊与宗、祖之名异。有虞氏郊尧，商人禘舜[5]。《礼记·祭法》易之以有虞氏郊喾、宗尧，殷人禘喾。喾在郊、禘，未可知也。虞舍其先世而宗尧，是乱宗属矣，非也。使喾为周家祖之所自出，何《雅》《颂》中言姜言后稷，竟无一语上溯及喾？且姜有庙，而喾无庙。若曰履感生，不得属之喾，则喾明明非其祖之所自出。曾谓王者事祖祢之大义[6]，而可蒙昧其间乎？由是以言，周祖后稷于上更无可推。后稷非无母之子，故姜不可无庙。始祖庙之外，别立姜庙，不在庙制之数。《周礼》：享先妣与天神、地祇、四望、山川，皆分用前代之乐，享先祖用周《大武》[7]。此礼意之至微也，无于礼者之礼也。明乎礼，可以通诗。诗美姜嫄曰“克禋克祀，以弗无子”，何也？禋、祀并事天之名，德可以当神明，然后能事

---

① 妃：通“配”。

② “皇皇”两句：见《鲁颂·閟宫》。皇皇后帝，谓天帝。皇皇，大大的样子。后，君主。(据《郑笺》)

③ “鲁人”两句：见《礼记·礼器》。

④ “帝系”句：帝系，《大戴礼记》篇名。上妃，排名第一的王妃。

⑤ “有虞氏”两句：语出《国语》但有异。《国语·鲁语上》：“有虞氏禘黄帝而祖颛顼，郊尧而宗舜；夏后氏禘黄帝而祖颛顼，郊鲧而宗禹；商人禘喾而祖契，郊冥而宗汤；周人禘喾而郊稷，祖文王而宗武王。”

⑥ 祖祢：即祖先。

⑦ “享先”至“大武”：《周礼·大司乐》原文：“乃分乐而序之，以祭、以享、以祀。乃奏黄钟，歌大吕，舞云门，以祀天神；乃奏大簇，歌应钟，舞咸池，以祭地示；乃奏姑洗，歌南吕，舞大韶，以祀四望；乃奏蕤宾，歌函钟，舞大夏，以祭山川；乃奏夷则，歌小吕，舞大濩，以享先妣；乃奏无射，歌夹钟，舞大武，以享先祖。”大武：舞蹈名。

天。姜嫄无夫而生子，故推明其德之能禋祀上帝，即《鲁颂·閟宫》所称“赫赫姜嫄，其德不回[①]，上帝是依”是也。凡言德行至于能事天，皆纯粹无疵之极辞。“克”也者，不有是事也。“以弗无子”者，许益之云：“弗无之为言有也，如‘莫匪尔极’者[②]，皆是尔极也；‘求福不回’者[③]，求福之正也；‘方社不莫’者[④]，祭之早也；‘其则不远’者[⑤]，则之近也。”如许氏说，无庸破“弗”为“祓”。然不直曰“是以有子”，而曰“以弗无子”，反言以见其非理之常。次章曰“上帝不宁，不康禋祀，居然生子”，何也？古字“丕”皆作“不”，前曰“以弗无子”，后曰“居然生子”，莫知其由也。气化生人已后，既人类相生久矣，忽有界乎气化之际者，而所生又非常之哲人，岂可谓之偶然乎？莫明于言祀获福之常理以见哲人降生与降福无二理也，圣人之所难言也。三章言生而弃之，感其异，然后收养之。后稷之名‘弃’以此，此必非设言也，使未尝而言之，是诬也。旧说：“祠高禖[⑥]，祓除无子求有子，及生子月辰，又居侧室，肃戒不御。”（《笺》云：“夙之言肃也。”）若是，则姜嫄有夫而求子，反以生子归之履，决为非父之子，至于弃之，是惑也。非父之子矣，又安得以喾为父乎？商人祖契，于上亦更无可推。故《商颂》言有娀，与周之但言姜嫄同。不然，何异知母而不知父？舍德行人事，而辞涉祙祥怪迂，商周之礼与诗咸悖矣。稷、契之生，既皆非常[⑦]，或弃或否，何也？上古人心醇质，以为不祥则弃，不以为不祥则不弃，无他故也。

“载震载夙，载生载育。”《传》：“夙，早。育，长也。”《笺》云：“夙之言肃也”，“有身而肃戒不复御，后则生子而养长”。震按：《说文》：

① 不回：指不邪僻。（据朱熹《诗集传》）

② 莫匪尔极：语出《周颂·思文》，意思是无不是你的大德行。（据朱熹《诗集传》）

③ 求福不回：语出《大雅·旱麓》，意思是用正道寻求福运。（据朱熹《诗集传》）

④ 方社不莫：语出《大雅·云汉》，意思是祭祀方社不晚。莫，同“暮”。

⑤ 其则不远：语出《豳风·伐柯》，意思是斧柄样板就在跟前。

⑥ 高禖：即媒人。因敬重而将其地位抬高，故称之“高禖”。

⑦ 契生非常：典出《商颂·玄鸟》：“天命玄鸟，降而生商。”

"夙，早敬也。"此诗下句言生而养长，上句盖言既娠至于生，早敬不怠耳。

三章

"牛羊腓字之"《传》："腓，辟[①]。字，爱也。"震按：《史记》言"马牛过者皆辟不践"[②]，用《毛诗》说耳。腨谓之腓，胫后也[③]。"字"如《春秋传》"使字敬叔"之"字"[④]，养也。牛羊以乳就养之，则婴儿在其胫间，故曰"腓字"，殆犹子文虎乳之之事[⑤]。

"会伐平林"《传》："又为人所收取之。"震按：既人所收取，当不复夺于人而弃矣。盖生子以为不祥，虽始弃，见牛羊腓字，犹但怪异之。徙而欲远置平林，适会伐平林多人，又避去，遂弃寒冰无人之所耳。至见鸟覆翼后，乃知天实生之，不敢终弃之也。

"厥声载路"《传》："路，大也。"震按：凡物载之而远，故"载"有载达、载行之义。《逸诗》"淑慎尔止，无载尔伪"，是行诈伪传达于人。《国语》"登年以载其毒[⑥]"，是行毒害达及于众。《皇矣》篇"串夷载路"，言归往者习行平易，四达于道路，即所谓"彼徂者岐，有夷之行[⑦]"。此诗言声音之大，达闻于道路。两"载路"可互证。

五章

"茀厥丰草，种之黄茂。实方实苞，实种实褎。实发实秀，实坚实好，实颖实栗。"《传》："方，极亩也[⑧]。苞，本也。种，杂种也。褎，长也。发，尽发也。不荣而实曰秀。颖，垂颖也。栗，其实栗栗然。"

---

① 腓，辟：《毛传》意谓"腓"是"辟"的假借字。辟，同"避"。

② "史记"句：引文见《史记·周本纪》。

③ 胫后：谓小腿肚。胫，小腿。

④ 使字敬叔：事见《左传·昭公十一年》。敬叔，即南宫敬叔，孔子弟子，鲁国大夫。

⑤ 子文虎乳之：事见《左传·宣公四年》。子文，楚国令尹。

⑥ 登年以载其毒：见《国语·周语中》。登年：谓累年。（据韦昭《国语》注）

⑦ 彼徂者岐，有夷之行：或作"彼徂矣，岐有夷之行"，《周颂·天作》文。夷，平。行，}。

⑧ 方极亩也：方，正方，谓庄稼种无不生，极尽方正之田亩。（据孔颖达《疏》）

《笺》云："方，齐等也。苞，亦茂也。种，生不杂也。褎，枝叶长也。发，发管时也。栗，成就也。"震按："实方"当与《大田》篇"既方"互考。"方"皆读为"房"，实外稃甲谓之"房"。"既房"，言既生稃甲时。"实房"，言生意欲萌未解稃甲时，即所谓"实函斯活"也[①]。"实苞"，当与《诗》中凡言"苞"者互考，皆丛生丰根相连错之谓。今方言犹呼丛为本，与《传》合。《尔雅》云："苞，丰也。""苞，稹也。""如竹箭曰苞[②]。"义互相足。鸨羽篇《笺》云："稹者，根相迫迮梱致也。"孙炎云："物丛生曰苞，齐人名曰稹。""实苞"，即所谓"绎绎其达"时也[③]。"种"当如《笺》说。孔冲远引"不稂不莠"申之，是丛生之后，乃能辨其苗尽得种之善，不杂稂莠其间也。"褎则褎然其苗盛长，"发"则叶满密后抽发其穗。秀者，如所谓"黍稷方华"也。"坚"则粒成而坚矣。"好"则粒齐而充，无耗减者矣。穗垂曰"颖"。《良耜》篇云："积之栗栗。"《尔雅》："栗栗，众也。"郭璞云："积，聚。"此言于坚好垂颖后，盖在穗繁多密栗栗然，是为丰熟。诗辞相比次，上下可推至其字义，推之经中有通证，庶少差失。说者往往缘辞生训，偏举一隅，惑滋多于是矣。

行苇首章[④]

"莫远具尔"《笺》云："尔，谓进之也。"震按：尔，犹如"此"，如《春秋传》："公与为尔也"，"公与议尔也"[⑤]。"尔""是""此"三字义通。言无有在远者，皆具集于此相亲接，为之设筵授几[⑥]。

---

① 实函斯活：语出《周颂·载芟》，意即谷粒蕴含生机都发了芽。（据向熹《诗经译注》）

② 竹箭：细竹。

③ 绎绎其达：语出《周颂·载芟》（此系《鲁诗》，《毛诗》作"驿驿其达"），谓苗初生冒出地面。绎绎，苗初生的样子。达，出土的样子。（据《毛传》与《郑笺》）

④ 首章：《十三经注疏》本为第二章。

⑤ "如春"至"议尔也"：此"春秋传"当作"公羊传"。按戴氏此著体例，凡"春秋传"皆指《春秋左传》，唯此处例外，当为笔误。下两句引自《公羊传·僖公二十一年》。公与为尔，谓僖公参与做此事。议尔，议论此事。

⑥ 为之设筵授几：系解释"莫远具尔"后面的诗文"或肆之筵，或授之几"。具，同"俱"。

既醉六章

“室家之壸”《传》：“壸，广也。”震按：《尔雅》：“宫中巷谓之壸。”“壸”字无他义，盖言所锡之善，在屋室之内耳，下文始举以实之。《国语》引此诗，说之曰：“壸也者，广裕民人之谓也。”借居室所容，衍之为广裕民人，犹借“周行”二字衍之为王及公、侯、伯、子、男、甸、采、卫、大夫[①]，《毛诗》皆本其意。

《公刘》篇义

《郑笺》说：“公刘者，后稷之曾孙也。”震按：周自公刘始居豳，书传阙逸，莫能详其时世。考《国语》《史记》所录祭公谋父谏穆王曰[②]：“昔我先(生)〔王〕[③](俗本《国语》脱去“王”字，宋本及《史记》并有)，世后稷以服事虞、夏[④]。及夏之衰也，弃稷弗务[⑤]，我先王不窋用失其官，而自窜于戎狄之间[⑥]。”盖不窋已上，世为后稷之官，不知凡几传至不窋，然后失其官也。夏之衰，疑值孔甲时。《史记》称孔甲淫乱[⑦]，“夏后氏德衰，诸侯畔之”。殆后稷之官及有邰之封，此时乃相因而失。诸侯侵夺，天子不正之，是以远窜。禹至孔甲三百余年，据《史记》十一世十四君，则有邰始封至不窋，亦且十余世。《周本纪》曰：“封弃于邰，号曰后稷，别姓姬氏。后稷之兴，在陶唐、虞、夏之际，皆有令德。后稷卒，子不窋立。不窋末年，夏后氏政衰，去稷不务，不窋以失其官而奔戎狄之间。不窋卒，子鞠立。鞠卒，子公刘立。”《史记》不曰“弃

---

① “犹借”句：句末当补“各居其列”字样。戴震此处用孔颖达《毛诗正义》之说。孔氏解释《周南·卷耳》“周行”：“‘周行’是周之列位。……《襄十五年传》引《诗》曰‘嗟我怀人，置彼周行’，能官人也。王及公、侯、伯、子、男、甸、采、卫、大夫各居其列，所谓周行也。”

② “考国”句：下引文见于《国语·周语上》及《史记·周本纪》。

③ (生)〔王〕：“王”原作“生”，从孙以昭勘正。

④ 世后稷：意谓世代担任后稷。后稷，官名，主管农事。

⑤ 弃稷弗务：意谓废弃后稷官职不再致力农事。

⑥ 窜：隐匿，逃亡。

⑦ “史记”句：下引《史记》见于《夏本纪》。

卒”，而曰“后稷卒”，且上承“后稷之兴在陶唐、虞、夏之际，皆有令德”，此书法也。世次中阙，莫知其名，继弃而为后稷，谨修其官守，以至不窋，是不一人，故曰“皆有令德”。及最后为后稷者卒，其子不窋立，末年而失其世世守官，微窜之际，殆不绝如缕，典文谍记，一切荡然。虽公刘复立国于豳后，已无旧人能追先世之代系，故《国语》称十五王，不数其皆有令德而世后稷者。汉刘敬对高帝曰：“周之先自后稷，尧封之邰，积德累善，十有余世。公刘避桀居豳。”[①]所谓“积德累善十有余世”与《本纪》“皆有令德”之文，是汉初相传，咸知不窋已上代系中隔矣。其曰“避桀”者，传闻异辞。（《毛诗》云：“遭夏人乱，迫逐公刘。”[②]而系之桀，时则近之。汤代桀，至纣十七世；据《国语》《史记》，公刘至文王十二世。（《世本》十六世。）孔甲之后，帝皋、帝发、帝桀；不窋之后，鞠、公刘，此代系不相远者。昔人致疑于自契至汤十四世，自后稷至文王十五世，汤、文相去，隔商之六百祀[③]。使知周之先自不窋，上阙代系，不得而数，斯可无惑也。《国语》曰：“孔甲乱夏，四世而殒。”则周人言夏之衰，指孔甲不指太康甚明。以地考之，豳在邰北百余里。邰，今西安府武功县；豳，今邠州。不窋所窜，又在豳北二百余里，今庆阳府安化县有不窋城。不窋遭迫逐，自邰而远窜，公刘力能自兴，于是思旧土，聚粮治兵而来，用复后稷之封。故诗曰：“思辑用光[④]”，又曰“涉渭为乱[⑤]”，是有邰故封，至公刘而复。邰在渭北，非得邰无由绝渭而南也。岐山亦在其邦域之中，不处于邰者，地邑民居，以人与时之宜而已。

---

① “周之”至“居豳”：系引《史记·刘敬叔孙通传》中语。

② “遭夏”两句：系《毛传》解释《公刘》第一章语。意谓公刘本来居于邰，因遭夏人之乱而被驱逐。

③ 祀：即年、岁。《尔雅·释天》：“载，岁也。夏曰岁，商曰祀，周曰年，唐虞曰载。”

④ 思辑用光：意谓公刘思虑聚集人心借以彰显邦国。辑，聚集。（据《毛传》与朱熹《诗集传》）

⑤ 涉渭为乱：意谓公刘率领船队横渡渭水。为乱，以横渡的方式。乱，横渡。（据朱熹《诗集传》）

《卷阿》五章

“有冯有翼”《传》:“道可冯依[1],以为辅翼。”《笺》云:“冯,冯几也。翼,助也。”震按:冯,满也,谓忠诚满于内。翼之言盛也,谓威仪盛于外。“冯”“翼”二字,古人多连举。屈原赋之“冯翼惟象[2]”,《淮南鸿烈》之“冯冯翼翼”,皆指气化充满盛作,然后有形与物。

《民劳》首章

“无纵诡随,以谨无良。式遏寇虐,憯不畏明。”震按:“无纵诡随”“式遏寇虐”,五章并言之,以对文见义。此盖言无纵诡曲阿从之人,以慎防其无良。又止绝寇害暴虐者,为其曾不畏明命而毒民。“诡随”“寇虐”,恶之见于事也;“无良”“不畏明”,恶之根于其心也。“无良”则必“诡随”矣,“不畏明”则满其“寇虐”不顾矣。小人之害国家,大都不出此二者。又诡随乎上,寇虐于下,二者亦恒相因,岂有无良而畏明也者?是章推论其心,后四章直举其害。

《板》五章

“丧乱蔑资”《传》:“资,财也。”震按:予人以物曰资。上言民之呻吟无以为生[3],此则言暴虐丧乱之政,无复有资救埤益国者,故继之曰“曾莫惠我师[4]”。

---

① 道:此处指为人有善德善行。(据孔颖达《毛诗正义》)

② 冯翼惟象:语出《天问》,戴震意谓只有阴阳之气充满盛多的景象。冯,满。翼,盛多。

③ 上文:指“民之方殿屎,则莫我敢葵”两句。殿屎,呻吟。据《毛传》。葵,揆度。据《郑笺》。两句意谓人民正因愁苦而呻吟,没有人敢对我们的真实生活进行揆度了解。(据孔颖达《毛诗正义》)

④ 曾莫惠我师:意即竟然不愿施惠救助我大众。

《桑柔》首章

“仓兄填兮”《传》:“填,久也。”震按:“填”,如《小宛》篇“哀我填寡”之“填”(徒典切)。字亦作“瘨”,《韩诗》云:“瘨,苦也。”

三章

“国步蔑资”震按:言无或资救以埤益此国步者①,承“国步斯频”而云然②。

六章

“荓云不逮”震按:诗中“云”字、“言”字皆为辞助者多矣。有进心而使之不敢前③,所谓如溯风而行,不能喘息也④。

十一章

“弗求弗迪”《传》:“迪,进也⑤。”震按:迪之言启也,达也⑥。见于《尚书》二十八篇者⑦,所施不同⑧,义归于一。说者缘辞生训,一篇之中,遂多差违。

十三章

“听言则对,诵言如醉。”《笺》云:“对,答也。见道听之言,则应答

---

① 步:谓命运。

② 国步斯频:意谓国家命运到了紧急的程度。频:急。(据《毛传》)

③ “有进”句:系解释“荓云不逮”。荓,使。

④ “所谓”两句:系解释诗句“如彼溯风,亦孔之僾”。溯,面向。孔,很。僾,气喘吁吁的样子。(据《毛传》)

⑤ 进:《毛传》意谓进用其人。(据《郑笺》)

⑥ “迪之”两句:戴震意谓“迪”为启用其人、达及其人之意,与《毛传》实同。

⑦ 《尚书》二十八篇:指《今文尚书》。

⑧ 所施不同:根据戴氏前文,应该是指“迪”在《尚书》中的运用。

之。见诵《诗》《书》之言，则冥卧如醉。”震按：《国语》云[①]：“闻一二之言[②]，必诵志而纳之，以训道我。”又云：“倚几有诵训之谏[③]。”又云：“使工谏诵于朝[④]。”凡诵者，皆为诵成言以纳箴谏。诗盖谓听人言则与之应答，非耳无闻知者也。及为之诵言箴谏，乃如醉而漫不省者矣。

十五章

“职凉善背”《传》：“凉，薄也。”《笺》云：“职，主。凉，信也。”震按：上多凉德而善欺背以害民，则民亦相欺而罔极矣[⑤]；上行暴虐而竞逐用力，则民亦巧避而回遹矣[⑥]；上肆其贪而盗夺为寇，是民愁苦而动摇不定矣[⑦]。故诗连举“民之罔极”“民之回遹[⑧]”“民之未戾”，皆职由“贪人败类”者在位所致[⑨]，以见乱不起于民，当循其本也。苟乱成而民，亦大惑矣。

《云汉》首章

“宁莫我听”震按：宁，是乃的意思，两字一语之转。诗篇之内“宁丁我躬[⑩]”“胡宁忍予[⑪]”“宁俾我遁[⑫]”“胡宁瘨我以旱[⑬]”，并同。“俾我遁”，言使我不能安于上位也。

---

① 《国语》云：下引为《国语·楚语上》，系卫武公交待群臣之语。

② 言：谓批评或赞誉之言。（据韦昭《国语注》）

③ 诵训：指乐师瞽蒙所进献的谏言。

④ 工：指瞽蒙。（据韦昭《国语注》）

⑤ “上多”两句：系解释诗中“民之罔极”“职凉善背”两句。

⑥ “上行”两句：系解释诗中“民之回遹”“职竞用力”两句。

⑦ “上肆”两句：系解释诗中“民之未戾，职盗为寇”两句。

⑧ 回遹：戴意两字同义，都是回避的意思。

⑨ 贪人败类：即贪婪为恶之人。（据《郑笺》）

⑩ 宁丁我躬：戴意此句意思是，乃正当我在世上。丁，正当。

⑪ 胡宁忍予：戴意此句意思是，为什么要让我忍受。

⑫ 宁俾我遁：戴意此句意思是，乃使我心生畏惧（不安于王位）的意思。

⑬ 胡宁瘨我以旱：戴意此句意思是，为什么要让我遭受到大旱带来的痛苦。瘨，病。

《韩奕》首章

“奕奕梁山”震按：《笺》云：“梁山，今左冯翊夏阳西北。”其说非也。夏阳之梁山在西周畿内。《水经注》：“高梁水首受(湿)〔㶟〕水于戾陵堰[①]，水北有梁山，山有燕剌王旦之陵[②]，故以“戾陵”名堰。水自堰枝分，东迳梁山南。”顾炎武云：“㶟水径良乡县之北界，历梁山南，高梁水出焉。”是所谓“奕奕梁山”者矣。

二章

“鞗革金厄”《传》：“厄，乌蠋也。”《笺》云：“以金为小环，往往缠搤之[③]。”震按：《士丧礼》“苴绖大鬲[④]”，《丧服》作“搹”，说曰：“盈手曰搹，中人之手搤围九寸。”盖两指搤合如环，谓之“搹”，因以为环名。《说文》“搹”“挖”本一字，省作“鬲”“戹”，俗书相仍，写“戹”作“厄”。

三章

“出宿于屠”震按：“屠”即“鄜”。《说文》云“左冯翊鄜阳亭”。今西安府同州有鄜谷。

“溥彼韩城，燕师所完。”《笺》云：“燕，安也。”震按：《笺》于篇义下云[⑤]：“韩后为晋所灭，故大夫韩氏以为邑名焉。”《笺》盖误证耳。汉王符《潜夫论》曰：“昔周宣王时有韩侯，其国近燕，故《诗》云：‘普彼韩城，燕师所完。’其后韩西亦姓韩，为卫满所伐[⑥]，迁居海中。”郦道元《水经注》曰：“圣水迳方城县故城，李牧伐燕取方城是也[⑦]。又东南迳

① (湿)〔㶟〕：“㶟”原作“湿”，从孙以昭勘正。

② 燕剌王：汉武帝之子，名旦，谥号剌。其陵名“戾陵”。

③ 往往：谓多处。孔颖达《疏》：“往往者，言其非一二处也。”

④ 苴绖大鬲：谓丧服中的麻带要大于鬲。苴绖，丧服中系在腰部或头部的麻质带子。

⑤ 篇义：指此诗《小序》之说。

⑥ 卫满：春秋时燕人。

⑦ 李牧：战国时赵人。

韩城东。《诗·韩奕》章曰:'溥彼韩城,燕师所完。王锡韩侯,其追其貊,奄受北国。'[①]"王肃曰:'今涿郡方城县有韩侯城,世谓"寒号",非也。'"(《释文》曰:"燕师,王肃、孙毓并云北燕国。")顾炎武曰:"蹶父之'靡国不到'[②],亦似谓韩土在北陲之远也。"

《毛郑诗考正》卷三(译文)

《大雅》

《文王》首章

"有周不显,帝命不时。"《毛传》:"不显,就是显。显,是光明的意思。不时,就是时。时,是'是'的意思。"《郑笺》解释诗文这两句说:"周人的德行不是光明显著的吗?是光明显著的。不是上天命周人拥有天下的吗?也是上天命周人拥有的。"震按:诗文的意思是,因为周人德行对上天来说是昭明显著的,所以叫作"丕显";因为天命对民心来说是正好适应的,所以叫作"丕时"。《郑笺》对于《桑扈》篇中的"不戢""不难""不那",以及《生民》篇中的"不宁""不康"等,是直接按照诗文的文字意义作正面解说,对于此诗的"不显""不时",《清庙》篇中的"不显不承"以及《诗经》当中凡是说"不显"的,又都增加"乎"字或"与"字在末尾而认为诗中说的是反话。读《毛传》的也认为《传》意如同《郑笺》,把诗中说的看作反话而已。但综合考查诗歌前后文意,就可知道《毛传》的意思其实并非如此。《毛传》大概是把"不"字看作发声词。《尔雅》"不漘"即《诗经》所说的"河之漘"的"漘",郭璞《注》

---

① "溥彼"至"北国":意谓巨大的韩城,是古代安定时期民众所筑成;周王赏赐韩侯,将追、貊两国交由他统治,韩侯还接受了北方其他国家。溥,大。师,众。完,完备。奄,安抚。(据《郑笺》)

② 蹶父之靡国不到:指《韩奕》第五章开首"蹶父孔武,靡国不到"。蹶父,人名,系周厉王卿士。蹶,其氏。父,其字。靡,无。

说："不，是发声词。"另外，《尔雅》中，龟有"不类""不若"等不同种类，即《周礼》当中的"靁属""若属"等类别，这些"不"都是发声词，可以据此为证。然而经传之中称说"丕显"的多了，古人的金石铭刻文字里，"丕显"多写作"不显"，所以"丕""不"二字通用是十分明了的。《毛传》与《郑笺》各自缘辞生训，丢失了文字的本初意义。

二章

"陈锡哉周"《毛传》："哉，是'载'的意思。"《郑笺》解释说："哉，是开始的意思。"震按：《春秋左传》以及《国语》引此诗句都写作"陈锡载周"字样，而以"能够施恩"以及"敷布利泽"解释其旨意。大概是因为"陈"就是敷布的意思；古字"载"与"栽"相通，"栽"犹如"殖"，所以此句旨意是说文王能在天下广布利泽，以此让周人繁衍丰殖起来。《国语》评论文王说："所以能够蕃殖周人，使周族延续至今。"就是其例。韦昭注《国语》，对这一句之前的"夫利，百物之所生也，天地之所载也"以及之后《晋语》中的"公子絷曰'君若求置晋君而载之'"，都同样解释说："载，成也。"将"载"解释为"成"，只是缘辞生训罢了。这两处的"载"，意思都应当是蕃殖。《中庸》"栽者，培之"，郑康成《注》说："栽，读如'文王初载'的'载'"。此处"栽"字，有的本子写作"兹"，大概"栽""载"古代读音都是"兹"，"哉"也同音，遂即因转写导致它们交相通用了。下文说"本支百世"，是将"陈锡哉周"作譬况说，树木若能繁育，其主干以及枝条就都得以茂盛长大。

四章

"于缉熙敬止"震按："缉熙"的意思，是说接续其光明的德行而不止息。"敬止"的意思，是说居处的时候要恭敬谨慎而不怠慢。所以《礼记·大学》篇引述它用来说明"止于至善"的含义，《缁衣》篇引述它用来说明"慎言行"的含义。解说此诗文的人只是把"止"字看作辞助而已，这对于引述的诗文来说就显得扞格难通，于是就把这种情况归属于断章取义。考查古人赋诗，必定得让断章所取之义依从于对话双方可以交流通晓的文义，因而没有完全违背诗义、误读字义的情况。假使断章取义地选取某一诗句，但在运用时却连并原诗字词意义都不顾及，就是在淆乱经文。

六章

“永言配命”震按：这篇诗文之中“命”字共出现八次，含义都是接受天命而成为统领天下的君主，君主只有修行德性才能常使自己符合上天的心意。天命在此，也即是天之心意在此。诗中“配命”“配上帝”这些话语，都是表示接受天命的人德性符合上天心意的说法。“骏命不易”的意思，是说符合上天心意的难度很大；如果不修行其德，就是自己断绝与上天的联系了。诗文就是如此反复陈述警诫的。

《大明》首章

“明明在下，赫赫在上。”震按：在下，指人事；在上，指天命。这两句诗是说天与人之间的关系是，上天对人事明察清楚并会就此作出显著反应。本章是陈述纣王灭亡的原因，后七章是陈述周人兴起的原因，都是在人事方面极其明了的情况，以此见出上天的反应极其显著清楚。

二章

“乃及王季”《郑笺》说：“及，是与的意思。”震按：“及”如同“周王于迈，六师及之”中的“及”，是跟随的意思。

四章

“文王初载”《毛传》：“载，是意识的意思。”震按：《毛传》认为“初载”是刚开始有意识的意思，这是缘辞生训。郑康成注《中庸》“栽者培之”时解释说：“今天人们将培植草木叫作‘栽’，筑墙时先行竖立夹版也叫作‘栽’。”而读“栽”字如同“文王初载”中的“载”字。大概古字“栽”“载”相通，是繁殖的意义，也是树立的意义。“初载”的意思是说刚刚脱离怀抱而能够自立的时候。大姒因为在这时出生，所以说是“文王初载，天作之合”。意思是上天似乎早就为文王安排好其配偶出生，所以正好在文王适于结婚的嘉龄将要过去之时，而“大邦有子”——大姒也到了许配婚嫁的年纪。

八章

“肆伐大商”《毛传》：“肆，是迅疾的意思。”《郑笺》解释说：“肆，是‘故而今天’的意思。”震按：《皇矣》篇说：“是伐是肆。”肆，是进攻突击的意思。

《绵》首章

“绵绵瓜瓞”《毛传》：“瓜，绍也。瓞，瓝也。”《郑笺》解释说：“就瓜类果实来说，由头年瓜果繁殖结出的开头一批瓜必定会小一些，其状态类似于瓝，所以把它叫作‘瓞’。”震按：《尔雅》说：“瓞，瓝。其绍瓞。”大概瓝这一类的瓜，属于小瓜品种。瓞，是接续根瓜长出的第一批瓜，它的体型较小有如瓝一般，所以《尔雅》用“瓝”来解释“瓞”。而因为接续根瓜所结的头批瓜是瓞，不是接续根瓜所结的瓜是瓝，所以又说“其绍瓞”用来区别两者。绍，是接续本原的意思。陆农师说：“如今验察利用头年瓜种结出的头批瓜常常较小，之后结出的瓜就又大了起来。”这个解释对于诗意和相关植物生长习性来说，就都是得当的了。

“民之初生”震按：生，犹如‘造’。这句诗是追述周人最初的来源。《公羊春秋》说：“‘遂’怎么理解？它是生事的意思。”何休《注》解释说：“生，犹如‘造’。”

“自土沮漆”《毛传》：“自，是‘从’的意思。土，是居处的意思。沮，是水名。漆，也是水名。”震按：此处所说的漆水在泾水的西边，它与《禹贡》《小雅》《周颂》中所说的在泾水之东、渭水之北的漆沮水，中间隔着泾水。如果像旧说那样把“沮”“漆”看作两条水的名字，而将泾东渭北的漆沮水当成它们，就会与豳地不相关涉。“漆沮”也是一条河水的名称，所以《诗》《书》之中提到这条河水时必定是“漆沮”二字连称并举的。至于《说文》记载的出自杜阳岐山的漆水，阚骃、郦道元在记述时都把它称作“漆渠”。漆水与杜水、岐水合流后到达美阳，在此地注入雍水之后流入渭水。杜阳，是现今凤翔府的麟游县。美阳，今天划分为岐山、扶风二县。雍水注入渭水后，流入武功县境内就称为岐周水了。豳地在泾水的西南，就是郑玄《诗谱》所说的“岐山之北，原隰之野”的地方，汉代右扶风的漆县与栒邑县是它的区域。《汉志》“漆”字下说：“水在县西。”大概《汉志》记载的漆水流域正好与《绵》诗所说的周人起初定居的豳地区域一致。这条水往北流去，注入泾水，又叫作“白土川”。漆与栒邑这两县，都是在今天的邠州地区。两县县名是根据水名所取，因此豳地的漆水在古代就必定十分著名。泾水西面的漆水，泾水东面的漆沮水，这两条河水之间相距百余里。“沮漆”中的“沮”不是河水的名称。《魏诗》“汾沮洳”《传》：“沮洳，其渐洳者。”大概“沮”是对水旁湿润之地的称呼。诗文推源周人迁徙岐地的来处，因为太王未带领族人迁徙之前，周人居住地迫隘狭小，靠近这水浸湿润的漆水岸边，所以说是“自土沮漆”。居住其地叫作“土”，《毛传》用“居”来解释“土”字，是得当的。

“陶复陶穴，未有家室。”《毛传》：“陶复是掏挖出土再用这些土在地上筑土成屋，陶穴是掏出壤土而挖成窑洞。”《郑笺》说：“复，是在土地之上再用土修筑成屋；在地上挖掘出来的居处叫穴，它们都如同窑洞。这是还原周人在豳地时的居住情形。”震按：《郑笺》直接将“陶”看作“窯”（俗字作“窑”）字是不对的。未经烧制的叫作“陶”，烧成之后叫作“甓”。今天将甓称呼为“砖”，将陶称呼为“土墼”。制作成“复”“穴”而居住，即仅仅依赖“复”“穴”方式来建成住房。《说文》：“寝，地室也。”（这是说在地上筑土为屋。）“穴，土室也。”（这是说在土中挖窑成屋。)引《诗》“陶復陶穴”。因为居处简陋,不可以认为有家室,所以诗歌说“未有家室”。

二章

“率西水浒,至于岐下。”《郑笺》说:“‘率西水浒’即依循西水岸边而行,西水岸边即沮漆水的旁侧。”震按:豳地位于岐山之北而稍微偏东的地方。《孟子》说:“古公亶父离开邠地,翻越了梁山,在岐山之下建造成都邑从而居住在其中。”梁山在今天乾州西北五里远的地方。这是地处泾水西、岐山东、渭水北的那座梁山,它正好坐落于邠地的南面,越过梁山就不需要泅渡泾水而进入渭水界域了。“率西水浒”的意思,是在已经越过梁山,再从东向西,依循水边往上游行走,此时都是骑马走陆路,用不着舟楫。水浒,指的是渭水北岸。《郑笺》未能审核地理形势而作解释,是失误了。邠地的漆水,往北注入泾水,它的两岸已经不是周人前往岐山所应选择的道路;漆沮水远在泾水东面,往南流入渭水,它的流向也不是周人所应走的路线。程泰之《雍录》说:“渭水就在梁山脚下的南部。循着渭水往上游走,可以到达岐山。”阎百诗说:“从邠地抵达岐山有二百五十余里的路途,梁山恰好介于其间一百三十里的地方。后来秦始皇幸居梁山宫室,从山上看见丞相车马及随从众多,故而不高兴。此处之山也是这座梁山。”这两种说法可用作依据来证明《郑笺》的失误。

三章

“堇荼如饴”《毛传》:“堇,是一种菜。荼,是一种苦菜。”震按:堇有“堇葵”“苦堇”等名称,乾堇就是荁堇,与荼一样味道都接近苦味。《夏小正》二月“荣堇采蘩”,傅嵩卿《传》解释说:“都是盛于豆器中的物品。”《尔雅》又记载有一种“堇草”,郭璞《注》说:“就是乌头。”孔冲远认为《诗经》中的“堇”是“乌头”,这是不对的。乌头,一名“乌喙”,一名“奚毒”。《晋语》“置堇于肉”,贾逵解释说:“堇,是乌头。”苏秦说："人在饥饿的时候也不吃乌喙的原因，是因为吃乌喙虽然能苟且填充肚腹，但结果却是与死亡相同的灾难。"《淮南鸿烈》说："天下没有比奚毒更凶险的植物了。"《后魏书》说："匈奴在秋天收获乌头制作毒药，用来射猎禽兽。"因此这种堇不得理解为诗文当中所称说的堇，就是明确的了。

四章

"乃慰乃止，乃左乃右。乃疆乃理，乃宣乃亩。自西徂东，周爰执事。"震按："左""右"两字是承继"慰""止"两字而说的，它们的含义都是指安定居处的事。"宣""亩"两字是承继"疆""理"两字而说的，它们的含义都是布置农业生产之事。"宣"，如同《春秋左传》中的"宣汾洮"之"宣"，意思是疏通沟渠。"亩"，是说根据水势地理情况而规划出适宜的田亩，有的田亩是在南部地区规划出来的，有的田亩是在东部地区规制出来的。"自西徂东，周爰执事"，这两句又是承继"宣""亩"两字而说的，意思是于是就巡行邦国之内，发现有应该做的事就无不使人民去做，以此让国家获利。《桑柔》篇："自西徂东，靡所定处。"这两句是说没有可以安居的处所，也是用"自西徂东"作为容该全区域的辞语。

七章

"乃立皋门，皋门有伉。乃立应门，应门将将。"《毛传》："君王的城郭之门叫作"皋门"。君王的王宫正门叫作"应门"。这儿句是称美最初由太王建造的郭门而后发展成为天子的皋门，由太王建造的正门而后发展成为天子的应门。"《郑笺》解释说："诸侯的王宫，外门叫作'皋门'，朝门叫作'应门'，王宫之内还有路门。天子的宫殿，另外要加上库门和雉门。"震按：君王宫门的数量，是根据朝会场所的不同来制定的。凡是朝会活动，君臣都站立在庭院，朝会之处有门但不建房屋，所以每逢下雨若沾湿衣服致使君臣失去仪容就会辍朝。天子、诸侯都有三种朝会的场所，因此天子、诸侯的王宫也相应都设有三门。数目之所以相同，是因为天子与诸侯统治国家的事宜是相侔等同的，因而有关体制也相应是吻合的。朝会场所与相应门数是没有虚设的。称之为皋门的天子之门，在诸侯那里称之为库门。称之为应门的天子之门，在诸侯那里称之为雉门。借用《考工记》记载的宫隅门阿的规制来说，皋门高七丈，天子的应门、路门，诸侯的库门、雉门、路门，都是高五丈。命名相异，规制不同，是因为要分别出等级威仪。考查经传记载，不曾发现天子有库门、雉门而诸侯有皋门、应门的。但《礼记》郑玄《注》说："天子五门分别是皋、库、雉、应、路；诸侯三门分别是皋、应、路。"与此诗《郑笺》之说相符合，说明只是原先的《传》文失传了。《礼记·明堂位》篇说："鲁国的太庙，相当于天子的明堂。其库门，相当于天子的皋门。其雉门，相当于天子的应门。"太庙、库门、雉门依据的是鲁国规制要求，在此基础上若是加以扩张，其形制就可分别与天子之明堂、皋门、应门相比拟了，这正足以作为天子三门之中没有库、雉两门，诸侯三门之中没有皋、应两门的证明。《郊特牲》说"君主在库门之内颁布命令"，也是记录者因为鲁国用的是天子礼乐，所以推测鲁国此类规制与天子规制相符合。诗文追美太王，就其宫门不说"库""雉"而说"皋""应"，大概是用后来天子的建筑设置来称呼前人所建立的相关设置，犹如《诗经》反映王季、文王时期的事情却称呼出后世才有的"周京"之名一样。

九章

"虞芮质厥成，文王蹶厥生。"《毛传》："质，就是成。成，是平的意思。蹶，是动的意思。"《郑笺》解释说："虞、芮两国的诉讼争执得到和平解决，而文王变动了太王那种使周族绵绵不息的初创方式，意思是说文王增广太王的功德而使王业大为发展。"震按：成，指的是诉讼案件的真实记载，就是所谓诉讼公文。质，是研究裁断这些公文内容而最终论定案件。通常说来，凡是写成簿书议奏等待上面论定的一类公文都叫作“成”,凡是裁断这些簿书议奏都叫作“质”。《王制》说:“百官各以其成质于三官,大司徒、大司马、大司空以百官之成质于天子。百官斋戒受质。”郑玄《注》解释“百官受质”说:“百官在接受上级的平报。”上级公平裁断公文后把结论回馈给下面,这就是“平报”。大概“质”“成”二字在作为对文关系时具有各自不同的意义,“成”属于下级做的事,“质”属于上级做的事。从下面提供材料以便上级去“质”,犹如说等待被上级考核裁断。“虞、芮质厥成”,其意是虞、芮两国将其由来已久的争执情况形成文书,报请文王裁断。但等两国君主到达边境之时,礼让之心油然而生,于是相互礼让不再争执。这说明文王虽然还未形成让他们接受裁断而撤退的评判结果,但因实际上有蹶然触动他们的内在力量而使之礼让之心自然产生进而主动撤退,所以说“文王蹶厥生”。下文更是归结到文王得到的人臣盛多,所以教化的施行能感动人心到如此地步。

《棫朴》四章

“倬彼云汉”《毛传》:“倬,是‘大’的意思。”震按:倬,是明亮的样子。

《皇矣》首章

“维此二国,其政不获。维彼四国,爰究爰度。”《毛传》:“二国,指的是殷、夏两国。四国,指的是四方之国。”震按:诗文因为是泛言四方之国,所以说“彼四国”,《毛传》的说法是对的。《诗经》之中说“四国”的地方多了,都是作概要列举时所使用的常用语,所以可借此知道此处“四国”的含义。至于“二国”这样的用语,就无从知道是指殷、夏了。因为夏朝在时间上相距周朝已经久远,所以此处“二国”必定不会连并包含到它。诗文说周人兴起,周朝所代替的是殷商,所以应是称殷、周为“此二国”。“此”是表示近处并且有确切所指对象的词语。“其政不获”的意思是,一个安定一个动乱,两国治理的效果相反而不相融洽。因此周国既然能够让它的人民安定,所以上帝辅佐的对象就应当是周了。上帝又考虑安定四方之国,意思是说明上天并不是在偏私佑佐周国。假如一个国家足以能够承受得起天意归属,上天就没有不去增广它疆域区限的道理。在考虑安定四方众国之后,上帝就只是眷顾西土周国,于是将此岐山地方给予太王。太王由此才能安居在岐山而有所作为,从而具备了拥有天下的基业。

二章

"天立厥配,受命既固。"《传》:"配,是匹配的意思。"震按:此章前面说岐地得到开辟治理,乃是由于上帝迁移明德的君主到这个地方的缘故,前去归往的人民习惯走平易之路,因此从四面八方到达通往岐地的道路。诗意犹如《天作》篇所说的"彼徂者岐,有夷之行"。接下来,又申明这种情况说:"天立厥配,受命既固。""配"应当如同"配命""配上帝"之"配",是符合上天心愿的意思。"天立厥配,受命既固"这两句是说,上天所立的人是符合天之心意的,当时,周王接受天命其地位就已巩固,而后来其基业日益盛大也就是顺理成章的了。《毛传》有关上天为文王配立后妃的说法,言辞与诗意不合。

三章

"帝作邦作对,自太伯、王季。"《毛传》:"对,是匹配的意思。"《郑笺》解释说:"作,是'为'的意思。天为邦,是说上天使周国兴起。作配,是说为周国而使明君诞生。"震按:太伯的让位,实质是因为文王的缘故,所以"作对"适宜解释成使文王诞生。能够对应上天心意的君主,没有谁比得上文王。后文重复说"帝谓文王",犹如说天意如此,而文王所作所为是与天意相合的。上帝视察这岐山地方,帮助它成为大邦,又让能对应上天心愿的人诞生。大概从太伯、王季相友爱的时候开始,文王就已经诞生,天意就已经确定了。这样王季对其兄长的友爱,是植根于自己的内心,只知道友爱而已。以此体现太伯让出的王位，王季虽然接受了但却不是他的本心。圣人重视亲亲之道而看轻拥有天下国家，大致如同这种情况。

五章

“帝谓文王，无然畔援。无然歆羡，诞先登于岸。”震按：诸侯相互攻伐征战的原因，大多是出于“畔援”“歆羡”的私心，这样作有利于增加他们的国土。这几句诗是说文王攻打密人乃是作为上天遣派的官员来对应处理天下的事情，没有这种“畔援”“歆羡”的想法。而他在境内修缮德政，早就自成为大德大贤之人了，这才可以治理那些不接受教令的人，就犹如先攀登到高岸之上再观临下方一样。因此密人侵略阮国，而文王遂即赫然盛怒动用军队前去解决。这样做，对上而言是善于承应天意借此多增周家福运，对下而言是满足人民迫切盼望由周人来处理天下事的心愿。诗文说密人“敢距大邦”的意思，是借以表示大邦应该治理小的侯国，犹如长江、汉水统理众川，这不是凭借力量发号施令，实际是上天决定的。这又与“诞先登于岸”句意相互补足而互相阐明。虽然是上天确定的辅佐对象，但被佐者无不是由自己努力而具备了被辅佐的条件。诗文说圣人举动无不符合天道，此篇诗义大概就是如此了。

六章

“侵自阮疆”震按：密须人的邦国在汉代属于安定郡的阴密县，即今天平凉府的泾州。共地与阮地应该都是周人的区域，而阮地就是周人疆域中与密国接壤的地方。此诗叙述密人“侵阮徂共”，就犹如《六月》一诗叙述猃狁“侵镐及方，至于泾阳”一样。镐、方、共、阮等地，经传等文献阙失记载，所以不清楚这些地方的具体情况。《郑笺》采用《鲁诗》的说法，将“阮”“徂”“共”看作三个邦国，《毛诗》则是将“阮”“共”看作地名，“徂旅”之“旅”也看作地名。细致分析起来，诗文所称“侵阮徂共”承接在“敢距大邦”句下，所以意思是密人为抗击周人而前来侵犯，这是确定无疑的；“以按徂旅”一句承接上文“徂共”之“徂”而来，因此诗文表达的意思是，密人既已侵犯阮地，又遂即前往进攻共地，周人派遣军队自然是先遏止前往共地的密人，这是显然可知的。只有“侵自阮疆”这句诗不能通晓其意。毛氏认为是密人侵入周人阮地而让部队攀登到高岗；郑玄认为是周人侵入阮国而攻下高岗、山岭和泉池。诗文说高岗、山岭、泉池为“我的”，是根据日后得到而拥有这些来称说的。后儒严坦叔认为是周人军队从阮地疆域而侵入密国；欧阳永叔认为是周军先占据险要之地然后进攻密国，因此密人不敢再拥有自己的岗陵和泉池。但这样解释的话，诗歌下文即说“度其鲜原”，岂不是几乎要令人怀疑周人迁徙都邑到密地了吗？结合诗文辞意来看，以上解释都不妥当。怀疑“侵”应当写作“寝兵”之“寝”字，是息兵休战的意思。因为两字字形相似，又加上上文“侵阮”两字，于是导致字形错误。大概上章说攻打密国之事，此章于是说息兵休战之后迁徙都邑之事。此前文王安然居住在周地京都，而这时密人也已顺服，于是周王就休兵而从阮地疆域返归京都。阮地疆域与密国土地接壤，是周军所驻扎的地方。周王顺服密人之后回归，就犹如诗文所说的“来归自镐”而已。于是周王攀升到高处以便审查地势而迁徙都邑，观察到自己的山陵和泉池，进而可以卜测到征战停息、境内安定，没有人敢于在我国土上陈师饮马。这是承接寝兵内容而说的话，因为在此之前还有密人来侵犯。在使密人顺服后，周王的道德威望就传播得更远了。于是规划度量岐山之南、渭水岸边那肥美的平原，之后即迁徙到那里居住。《逸周书》称说王季在程地建屋居住，说明文王是从程地迁徙到此，这些地方都没有超出岐山南面百里的范围。后来周王攻打崇人而据有其国，又从此地迁徙到丰，丰地在岐山东南三百余里的地方。

七章

“不大声以色，不长夏以革。不识不知，顺帝之则。”震按：“声”与

“色”分别指的是言语和脸色，“夏”与“革”应当分别指的是威势和力量。不大，是不特别显露的意思。不长，是不尊显崇尚的意思。《中庸》说：“用言语和脸色来教化人民，是最差的治理手段。”这是主张国内应是被君主光明的德行所感化，而不是靠用话语来晓谕、用脸色来示意。《尔雅》说：“夏，是‘大’的意思。”《方言》说：“从函谷关往西一带，秦、晋之间，凡是事物壮大而受到的重视尊大叫作‘夏’。”“革”犹如《尔雅》所说“错革鸟曰旟”中的“革”，“革”有迅猛、急速的意思，也就是《郑志·答张逸》所说的“画有急疾飞翔的鸟隼”中“急疾”的意思。大概“夏”是说威势传播深远广大，“革”是说兵力强大勇猛。“不长夏以革”的意思，是主张诸侯顺服的是周王光明的德行，而不是顺服以威势制伏、以力量取胜的君王。然而诗文只是说“不大”，说“不长”，说明以威势制伏、以力量取胜的手段都有，但人民被感化顺服的原因是在于德行的光明，而不在威势、力量这些方面。“不识不知”两句，是又说没有个人智谋与计度，只是顺应天道原则。然而诗歌在述说文王征伐密国和征伐崇国之时，一定要推溯本源到其所作所为是应上天安排而没有私念，其原因是借此表示圣人用兵都是符合道德的。

“询尔仇方，同尔兄弟。”《毛传》：“仇，是匹配的意思。”《郑笺》解释说：“有怨仇的双方叫作‘仇’。”震按：对于文王这支征伐有罪者的军队，难道可以用谋划讨伐仇怨这种言辞来称说吗？这里的“仇”如同“公侯好仇”中的“仇”，《毛传》依据《尔雅》解释为“匹配”是对的。仇方，指的是大国。兄弟，指的是参与征伐的众邦国。因为崇人强势凶暴不容易征伐，所以文王就此向与自己国家相匹配的大国咨询，进而联合起众多愿意参与的国家，然后才派出部队作战。当时无论大国还是小国，虽然都是顺服于文王的邦国，但文王并没有称王，所以这两句诗文只是反映文王交接邻国以抗衡敌国的意思而已。用不同的辞语以便区别大小，所以诗文有时说“询”，有时说“同”；有时说“仇方”，有时说“兄弟”。此外，大国有时是派大夫前来，小国则是君主自已前来，就如春秋时期的事况。《国语》说："咨亲为询。"韦昭《注》解释说："询"是"向亲戚寻求计谋"。

《灵台》四章

"于论鼓钟，于乐辟廱。"《毛传》："流水环绕着高台，其形状似璧一般圆的这种设施叫作'辟廱'。采用这种形制是为了减少观看的外人。"《郑笺》说："论，犹如说'伦'。"震按："论""伦"两字同音，所以"伦"通用"论"表示。古字"经纶"也通常写作"经论"。"辟廱"形制在经典中没有说明文字，汉代初期解说《周礼》的学者为了规置以往的事典，开始援引《大雅》和《鲁颂》对古代有关事项作出说明，认为属于天子管辖的学校叫作"辟廱"，属于诸侯管辖的学校叫作"頖宫"。（卢植说："汉文帝命令博士儒生等人撰写《王制》篇。"）但如果辟廱真是学校这样的重要设施，《周礼》不应该一次都没有提到它而只提到了"成均"和"瞽宗"。《孟子》在陈述夏商周三代中央学校的时候，也不曾谈及到它。其他国家甚至不曾听闻过有所谓泮宫的。周鼎铭文记载说："王在辟宫，献工锡章。"《左氏春秋》说："郑伯享王于阙西辟。"《史记》说："丰镐有天子辟池。"谯周说："成王作辟上宫。"这些是典籍中单称"辟"的例子。《周颂》说："于彼西雍。"（《毛传》说："雍，是水泽。"）古代铭文有这样的词句："王在雍上宫。"这些是典籍中单称"雍"的例子。它们说的"辟上""雍上"，原是用来称呼水池或者称呼水泽的，既然在其上面建筑宫室，宫室也就因为这些水池或水泽而得名了。赵岐注释《孟子》"雪宫"说："雪宫是离宫的名字。这座离宫拥有苑囿及高台水池作为内部装饰设施，还有种类丰富的禽兽。"这首诗中的"灵台""灵沼"和"灵囿"都是与"辟廱"连称的，或许"辟廱"也是文王的离宫吧？文王空闲宴饮之时就在这里游憩、奏乐，不必认为是太学，这样理解对于诗歌前文后语来说就尤其和谐了。

《下武》首章

《郑笺》说："下，犹如'后'。"震按：诗文是从上代开始往下代进行计数，所以此处的“下”有“后”的意义，“下武”的意思是后人沿着前人的脚印，所以诗文说“世有哲王”。《国语》：“在下守祀不替其典。”韦昭《注》也说：“下，是‘后’的意思。”屈原《离骚》之赋说：“及前王之踵武。”

三章

“永言孝思，孝思维则。”《毛传》：“则，指效法其先人。”震按：孝思，是说所思所想都来源于头脑中孝的观念。长久具有这种孝思，就能使所思所想无不符合孝的完美标准。则，是标准的意思，做事如果不超越有关规定，就正好符合标准了。吕伯恭《读诗记》解说《烝民》第二章说：“‘柔嘉维则’的意思是，不越过柔嘉的标准，越过其标准就显得弱了，就不能称为‘柔嘉’了。”以此为例来类比此诗所说的“孝思”，究竟什么是它的标准呢？凡人都是用心来应付世间万事的，心的功能就是思考，没有不经思考就昏昧糊涂地去做事的人。因此人的终身行为，都是由思维来全面统率指挥的。但只有仁人孝子，做事能够完美符合人道。修养自身而安定百姓，一举一动没有不符合天然标准的，这样才能成就其仁孝，否则就会对仁孝造成亏损。由此说来，如果终身行为由思维统领，终身思维由孝道来统领，那么行为标准、思想标准和孝的标准就同一了。诗文赞美武王继承传世美德而安定天下，他所思考的都不超越标准原则，全都根源于他追求的孝念，所以说是“孝思维则”。下章又重申这些内容说，昭明啊武王继承了先世的事业！这首诗歌的主旨，是将完善为君之道与完善为人子之道融合为一，以此赞美前代君王，勉励后来君王：重视自身做一个孝子的愿望，就能成为仁君。将其含义贯通扩展，即使像舜禹两人，他们的想法虽然不同于其先辈，但其思考的根本在于不忘孝，所以武王和他们之间其实是毫无二致的。

《生民》首章

“厥初生民，时维姜嫄。”震按：对这首诗的不同解说纷然众多，秦汉时期的儒者对此诗已经不能够稽考清楚，所以相关内容是研究经典的人应当阙疑不注的。然而诗文所说内容关系到礼制典章这样重大的事项，因此又不能够只是循守阙疑的惯例。现结合《诗》《礼》就有关问题综合核查：《周礼》之中，祭祀先妣姜嫄的仪式在祭祀先祖后稷之前举行，郑玄《注》解释说："周人设立宗庙是从祭祀后稷开始，将其立为始祖，姜嫄没有配祀的对象，所以特别另行设立祀庙来祭祀她。"如此可以看出周人特别设立姜庙的用意，就是除了后稷就没有可作为周人始祖的人了，因而不得不将姜嫄一人看作先妣吧？至于鲁国，大概也设立姜庙，只是将其叫作"閟宫"。鲁国为什么要建造閟宫？周人设立太庙祭祀后稷，再另行为姜嫄设立祭庙，鲁侯承继了这种祭祀模式。鲁侯这一情况在《诗经》中的反映是："皇皇后帝，皇祖后稷。"在《礼记》中的反映是："鲁人有事将要祭告上帝，必定要先行就此事在頖宫进行祭告。"郑玄《注》解释说："在頖宫要祭告后稷。祭告的原因是需要让他作为配祀祭天。"这样周人祭祀先妣，是因为推及祭祀后稷的意义而祭祀她，所以鲁国也是由于推及祭祀后稷的原因而祭祀她吧？《帝系》说帝喾的上妃是姜嫄，本来就是失实之辞，它只是在附会周人禘祭帝喾是将其当作自己始祖后稷父亲的看法。《国语》记载的禘、郊、宗、祖、报五种祭典中，禘、郊与宗、祖的名称不同；有虞氏是郊祀尧，商人是禘祀舜。《礼记·祭法》将《国语》记载作了更易，成为有虞氏郊祀喾而宗祀尧，殷人是禘祀喾。喾是被列于郊祀对象还是禘祀对象，仍然不能知道。有虞氏舍弃自己的先世而宗祀尧，已经是淆乱祖宗谱系的做法了，因此《祭法》的更易是不对的。假使喾是周家始祖，那为什么《雅》《颂》之中说到姜嫄也说到后稷，却竟然没有一词上溯周人祖先而推及到喾的身上？而且姜嫄有祀庙，喾却没有祀庙。至于诗文说姜嫄履践上帝脚迹而有了感应故此生下孩子，因此让姜嫄受孕的人就不会是喾，就是说喾明明不是周人始祖的父亲。难道竟然可以认为，在君王祭祀祖祢这样具有重大意义的事件里，都能够允许在其中有蒙昧不清的地方吗？由此说来，周人先祖从后稷往上再没有可以推及的人了。但后稷不是没有母亲的孩子，所以姜嫄不可以没有祀庙。始祖宗庙之外，另行设立的姜嫄祀庙并不在庙制计数之内。《周礼》记载，祭祀先妣与天神、地示、四望、山川等神灵时所奏音乐都分别用的是前代乐曲，祭祀先祖用的则是周乐《大武》。这种不同只含有微不足道的礼仪差异，是不算作礼数的礼仪。明了礼制，就可以弄通《诗经》文意。此诗赞美姜嫄说她"克禋克祀，以弗无子"，为什么呢？因为"禋""祀"都是祭天的名称，只有在德行方面可以与神明相称，然后才能够祭天。姜嫄没有丈夫却生了儿子，所以推测并明确她在德行上达到了能禋祀上帝的条件，也就是《鲁颂·閟宫》所称颂的"赫赫姜嫄，其德不回，上帝是依"了。凡是称说德行达到能祭天的地步，都是表示纯粹无瑕疵而达到极致的词语。"克"这个词的意思是，不是真有这个事情。"以弗无子"一句，许益之解释说："弗无，意思是'有'，犹如'莫匪尔极'的意思即皆是尔极，'求福不回'的意思是求福的正道。'方社不莫'的意思是方社之祭要趁早，'其则不远的意思'是效法的样板距离很近。"如像许氏这样解说，就不必把"弗"作为"祓"的假借字了。然而诗文不直接说"是以有子"，却说"以弗无子"，这是用反话来显示其事不符合寻常事理。第二章说"上帝不宁，不康禋祀，居然生子"，是什么意思呢？古字"丕"都写作"不"。前文说"以弗无子"，后文说"居然生子"，是说没有人知道生子的原因。在自然气化衍生出人类以后，人类自我衍生的情况已经持续很长时间了，忽然又有介于人类衍生与气化衍生人类之间的事情，而所生下的又是非同寻常的明哲之人，怎么可以看作是偶然现象呢？没有人明了诗文说用禋祀获求福运的寻常事理是借此体现哲人降生与福运降临没有不同，但是圣人对此是难以明说的。第三章说生下孩子而又抛弃他，感受到他的奇异，然后才又收养他。后稷名字叫作"弃"就是因为这个缘故。这样的经历必定不是假设之辞，假使没有这种经历而加以陈述，就是欺骗。有种旧说是："祭祀高禖，是为了祓除无子的状况而祈求有子，等到了生产的月份又居住在侧室，这是严肃戒防而不御于人的表现。”(《郑笺》解释说：“夙，犹如说‘肃’。”)如果是这样的话，姜嫄就是有夫而求子，诗文却反倒把生子的原因归结到履践上帝脚迹上来，而决断后稷是无父的孩子以至于被抛弃，这是让人困惑的地方。既然是无父的孩子了，又怎么能将帝喾看作他的父亲呢？商人以契为始祖，往上也没有再能推及的先人。所以《商颂》称说契母有娀，与周人只称说后稷之母姜嫄，是相同的道理。不然的话，又与知母而不知父这种情况有什么差异呢？如果抛舍德行与人事，而言辞关涉吉凶怪异，商周之祭礼与诗文内容就都悖逆混乱了。后稷与契的出生情况，既然都是非同寻常，但一个被抛弃一个却不被抛弃，又是什么原因呢？上古时期人心醇厚质朴，认为不吉祥就抛弃，不认为不吉祥就不抛弃，没有其他缘故。

“载震载夙，载生载育。”《毛传》：“夙，是早晨的意思。育，是养育使其生长。”《郑笺》说：“夙犹如说是‘肃’”，“姜嫄有了身孕，于是肃敬自戒不再御于人。其后就生下孩子而养育他成长。”震按：《说文》：“夙，是早晨诚敬地做事。”“载震载夙”这句诗的下文说生下孩子而养育他成长，所以上句意思大概就是，姜嫄从妊娠到生产都是一早就诚敬行事而不懈怠。

三章

“牛羊腓字之”《毛传》：“腓，是避开的意思。字，是爱的意思。”震按：《史记》说这一诗句的意思是“过往的马牛都避开而践踏他”，这是采用了《毛诗》的说法。腨叫作腓，指小腿后面的部位。“字”如同《春秋左传》“使字敬叔”中的“字”，是抚养的意思。牛羊靠近他用乳汁哺育他，婴儿就在牛羊的小腿间，所以说是“腓字”。这种情况恐怕就像子文曾由老虎哺乳一样。

“会伐平林”《毛传》：“意思是后稷又被人收养而获救了。”震按：既然是被人收养而获救了，姜嫄就应当不会从别人那里把孩子夺过来再抛弃了。大概姜嫄生下孩子以为他不吉祥，初次抛弃孩子的时候，见到牛羊庇护哺育他，仍然只是觉得怪异。于是将其转移想把他远远地抛弃到树林里，但正好遇见许多砍伐树林的人，就又避开这些人，把他抛弃到了寒冰这种无人的场所。直至看见鸟用羽翼为他遮覆保暖之后，才知道实际是上天让他活着，因此最终不敢抛弃他了。

"厥声载路"《毛传》："路，是'大'的意思。"震按：大凡物件被装载就可以迁移远方，所以"载"有装载送达、装载而行的意义。《逸诗》："淑慎尔止，无载尔伪。""载伪"的意思是做欺诈伪装之事并把这种品行传递给其他人。《国语》："登年以载其毒。""载毒"是做毒害之事而毒害到众人。《皇矣》篇"串夷载路"一句，是说归往的人习惯行走平易之路，由四面八方到达正路，也就是所谓"彼徂者岐，有夷之行"的意思。"厥声载路"其意是说，其哭声音量之大，以至于传遍整条道路。《诗经》这两处"载路"的意思可以互相证明。

五章

"茀厥丰草，种之黄茂。实方实苞，实种实褎。实发实秀，实坚实好，实颖实栗。"《毛传》："方，是庄稼的种植极尽田亩空间的意思。苞，是植物根部。种，是汇集良种的意思。褎，是生长的意思。发，是谷粒都生发出来的意思。不开花就结果叫作'秀'。颖，是禾穗下垂的样子。栗，是谷粒饱满的样子。"《郑笺》说："方，是齐等的意思。苞，也是茂盛的意思。种，是新生的禾苗没有混种的意思。褎，是枝叶生长的样子。发，是指谷粒自穗管冒出之时。栗，是果实成熟的样子。"震按："实方"语义，应当与《大田》篇的"既方"一语结合起来进行考查。两处的"方"都读作"房"。谷粒外面的稃甲叫作"房"。"既房"，意思是说既已形成稃甲的时候。"实房"，是说种子初有萌芽的意味还未突破稃甲包裹的时候，即所谓"实函斯活"的意思。"实苞"语义，应当与《诗经》中所有谈到"苞"的语辞都结合起来进行综合考查，这些"苞"都是庄稼丛生时根系丰茂而相连错杂的意思。今天的方言里仍然把丛生聚集叫作"本"，与《毛传》的说法吻合。《尔雅》说：

"苞，是丰茂的意思。"又说："苞，是缜密的意思。""树木如竹箭般丛生叫作苞。"这几处的"苞"，词义互相补足。《鸨羽》篇《郑笺》说："稹，是形容树根相互紧依缠绕的样子。"孙炎说："植物丛生聚集叫作'苞'，齐人称作'稹'。""实苞"之意，就是《载芟》所说的"绎绎其达"之时。"种"的意思应当如同《郑笺》的说法。孔冲远引用《大田》"不稂不莠"的语句来申明《郑笺》，说明苗在聚集丛生之后，才能分辨出这些苗全都获得了良种的优势，没有稂莠参杂在当中。说"褎"，就是形容其苗褎然壮盛生长。说"发"，就是在叶子长满长密之后，禾穗抽发生出。"秀"的意思，如同《出车》所说的"黍稷方华"之"方华"。说"坚"，就是谷粒成熟而且坚实的意思了。说"好"，就是谷粒结得齐整而饱满，没有损耗亏减的了。谷穗下垂叫作"颖"。《良耜》篇说："积之栗栗。"《尔雅》解释说："栗栗，是众多的样子。"郭璞解释说："积，是聚集的意思。"诗文的意思是说在谷粒坚实饱满、谷穗下垂后，即大概就谷穗来说显示出繁盛密集栗栗然众多的状态，就意味着丰产成熟了。诗中这些不同的语辞是按照谷物生长变化的顺序出现的，因此根据上下文可推测其词义。再结合全经来考察这些词义，若在各例证中都能解说得通，就可望能少些差失。但解释的人往往缘辞生训，仅仅依据一处例子就作解说。这种解释让人滋生困惑的原因大多在此。

《行苇》首章

"莫远具尔"《郑笺》说："尔，意思是让其前来靠近。"震按：尔，犹如"此"，如同《春秋公羊传》"公与为尔也""公与议尔也"中的"尔"。"尔""是""此"三字字义相通。此处诗句是说没有关系疏远的人，而是不分远近全都集聚在此相互亲近，周王为他们的到来铺设筵席摆放案几。

《既醉》六章

"室家之壶"《毛传》："壶，是宽广的意思。"震按：《尔雅》："房屋之间的巷道叫作壸。""壸"字在这里没有其他意义,大概只是说所赏赐的好东西就在屋室之内而已,下文才开始举出具体所赏来予以充实。《国语》引了这句诗,并解释说:"'壸'的意思是,让人民广泛富裕。"借居室容纳宽广的意义衍生扩展为让人民广泛富裕的意思,犹如借"周行"二字衍生扩展为君王以及公、侯、伯、子、男、甸、采、卫、大夫各自列居其职的意思。《毛诗》在这些地方都是依据《尔雅》《国语》来进行解释的。

《公刘》篇义

《郑笺》说:"公刘这个人,是后稷的曾孙。"震按:周人从公刘统领之时开始居住在豳地,由于文献记载缺失亡佚,无从知道其居住的具体时期。查考《国语》《史记》所记录的祭公谋父劝谏穆王的话语:"从前我们的先王(俗本《国语》脱去"王"字,宋本及《史记》都有。)世代担任后稷,以此服事虞、夏两朝。及至夏末衰微,废弃了后稷之职不再关心相关事务,我们的先王不窋因此失去了他的职位,继而只身逃亡到戎狄之间。"大概周人从不窋以上就世代担任后稷一职,不知经历几代传到不窋这里,然后就失去了这一职位。夏朝的衰微,怀疑正值孔甲时期。《史记》称说孔甲淫乱,"夏后氏道德衰败,诸侯因此背叛了他"。恐怕周人拥有的后稷这一职务以及有邰封地,就在此时相继失去。诸侯对周地侵犯抢夺,天子不予纠正,所以不窋只好远远逃走。从大禹到孔甲距离三百余年,依据《史记》的记载,这期间共经历了十一代十四位君主,因此周人从分封到有邰开始到不窋就任截止,其间也经历十余代了。《周本纪》说:"舜将弃分封到邰地,给他一个名号叫后稷,另外又赐予他姬姓。后稷的兴起,是在陶唐、虞、夏之际,担任后稷的都有美德。后稷去世后,儿子不窋即位。不窋晚年,夏后氏政治衰败,废弃后稷一职不再注意农事,不窋因此失去职务而逃亡到了戎狄之间。不窋去世后,其子鞠即位。鞠去世后,其子公刘即位。)"《史记》不说是"弃去世",而说是"后稷去世",并且这几个字接在“后稷的兴起，是在陶唐、虞、夏之际，担任后稷的都有美德”的下面，这是它行文的方式。因为周人世系之中有阙失，所以不知道这些后稷的名字。历代继承弃的职业而成为后稷的人，都小心地忠实于他们的职守，这种情况持续到不窋。就是说后稷不只是一个人，所以说“都有美德”。及至最后一个后稷去世，其子不窋接替他。不窋晚年失去他们家族世代承袭的官职，但在隐身流亡之际，其承担后稷事务恐怕也是不绝如缕，但相关典文牒记所记载的一切都已荡然无存。即使公刘在豳地重新立国之后，也已经没有故人能够追溯清楚周族先代世系，所以《国语》称说的十五个君主，是没有将那些有美德而在不同时代担任后稷的人计算在内的。汉代刘敬对高帝说：“周人先祖始自后稷。尧将他分封到邰，之后周人积德累善十有余世。到公刘之时，为了躲避夏桀，迁居到豳地。”所谓“积德累善十有余世”与《周本纪》“皆有令德”这些文辞是汉初相传的材料，当时就都知道不窋以上世系有隔断不清楚的地方了。刘敬之所以说“躲避夏桀”，是由于传闻而产生的不同说法。（《毛诗》的说法是：“遭夏人乱，迫逐公刘。”）刘敬将公刘迁居系连在夏桀之时，说明公刘的生活时代与夏桀是接近的。从商汤代替夏桀开始到纣王执政，共有十七代商王；依据《国语》和《史记》，周人从公刘到文王共有十二代。（依据《世本》是十六代。）孔甲之后，夏朝君主的先后顺序是从帝皋到帝发再到帝桀；周人在不窋之后，君主先后顺序是从鞠到公刘，商周这两段家族世系在时间上相互间隔不远。前人对此感到疑惑：从契到汤有十四代，从后稷到文王有十五代，怎么会在商汤和文王之间隔着属于商代六百年之久的时间段。假如知道周人先祖从不窋开始，代系就阙失记载，不能准确统计其代数，就可以对此没有疑惑了。《国语》说：“孔甲败坏夏朝政治，导致夏朝只经历四代就灭亡了。”因此周人说夏朝走向衰亡，指的是孔甲而不是指太康，这一点是很清楚的。从地域的角度来考查，豳在邰北百余里的地方。邰，是今天的西安府武功县；豳，是今天的邠州。不窋所流亡的地方，又在豳地北部二百余里远的地方，今天的庆阳府安化县有不窋城。不窋遭遇驱逐,从邰地逃向远方。后来公刘的力量达到让周族兴起的地步,于是思念故土,就聚集了粮食、整治好军队前来邰地,借此恢复了后稷的封地。所以诗文说“思辑用光”,又说“涉渭为乱”。说明有邰这处从前的封地,到公刘手里得到了恢复。邰在渭水之北,如果不是得到它的话就无法越过渭水而往南发展。后来岐山也纳入到公刘的邦域之中。不再居住邰地的原因是,地邑民居的选择只需考虑人以及时世适宜就可以。

《卷阿》五章

“有冯有翼”《毛传》:“道是可以依凭而作为辅翼力量的。”《郑笺》说:“冯,是凭靠几案的意思。翼,是辅助的意思。”震按:冯,是满的意思,“有冯”是说忠诚满满占据了内心。翼,犹如说“盛”,“有翼”是说威仪在外表隆盛地呈现出来。“冯”“翼”二字,古人往往连用。屈原赋中的“冯翼惟象”,《淮南鸿烈》中的“冯冯翼翼”,其中“冯翼”都是指阴阳之气变化充满天地而兴盛,然后才有形体与万物的形成。

《民劳》首章

“无纵诡随,以谨无良。式遏寇虐,憯不畏明。”震按:“无纵诡随”“式遏寇虐”,诗中五章都有这两句,它们是用对文的方式来体现意义。两句大概意思是说不要放纵诡诈、阿谀的人,借以谨防他们作出不良行为;还要遏止住喜欢侵害、暴虐待人的人,为的是他们竟然不畏惧明确的法令而祸害人民。“诡随”“寇虐”是指罪恶已经在行事中表现出来;“无良”“不畏明”是表示罪恶在恶人内心植根。“无良”的话就必定会“诡随”了,“不畏明”的话就会充分实施其“寇虐”手段而不管不顾了。小人祸害国家的表现,大都不超出这二种。此外,对上“诡随”,对下“寇虐”,二者也是恒定地相依相随,哪里会有既已“无良”却又“畏明”的人呢?这一章是推论这些人的内心,后四章是直接列举他们的种种祸害。

《板》五章

“丧乱蔑资”《毛传》:“资,是资财。”震按:把物资给予人叫作“资”。上文说人民因为没有资产维持生活而呻吟着,这里是说暴虐动乱的政治下不再有资财解救帮助国家,所以下文承继说“曾莫惠我师”。

《桑柔》首章

“仓兄填兮”《毛传》:“填,是久的意思。”震按:“填”,如同《小宛》篇“哀我填寡”中的“填”(读音是徒典切)。“填”字也有写作“疹”的。《韩诗》解释说:“疹,是苦的意思。”

三章

“国步蔑资”震按:这句诗是说没有资财救助来使国家命运变好,它是承接“国步斯频”而如此说的。

六章

“荓云不逮”震按:诗文之中“云”字、“言”字都作为语助词的例子多了。这句诗是说,本来有进取心但形势所迫而使人不敢向前,正所谓如同临风前行,不能够喘息。

十一章

“弗求弗迪”《毛传》:“迪,是进用的意思。”震按:迪,犹如说“启”、说“达”。出现在《尚书》二十八篇中的“迪”字,所运用的地方不同,但词义是相同的。《尚书》解说者缘辞生训,所以一篇之中的“迪”字解释遂即出现差异违离的现象。

十三章

“听言则对,诵言如醉。”《郑笺》说:“对,是回答的意思。一出现道听途说的话语，就给予应答。一出现诵读《诗》《书》里的言语，就昏沉睡卧如同醉酒。”震按：《国语》说：“听闻到一、二句批评或赞誉的话语，一定要记诵下来接受它，用这些话语来劝谏导引我。”又说：“我只是倚靠着案几，就会得到诵训式的谏言。”又说：“让瞽蒙在朝时进献谏诵之言。”凡是说到“诵”的，都是指背诵现成的话语作为箴谏进言。这两句诗的意思是听到有人说话就随之应答，说明并不是耳朵没有听闻到什么，但等到为其背诵箴谏之言的时候，他就如酒醉而散漫不省人事了。

十五章

“职凉善背”《毛传》：“凉，是刻薄的意思。”《郑笺》说：“职，是主要原因的意思。凉，是诚信的意思。”震按：在上者若是多有凉薄的德行而喜欢欺骗背理地祸害人民，人民也就竞相欺骗而没有原则了；在上者若是实行暴虐统治而竞相用武力逼迫，人民也就会巧妙躲让而回避了；在上者若是因为放纵其贪婪之心而抢夺作强盗之事，人民就会因为愁苦而内心动摇不定了。所以诗歌接连举出“民之罔极”“民之回遹”“民之未戾”等现象，这些都是由于“贪人败类”在位所导致的结果，由此体现动乱不是产自于民间，在上者应当依循的是治理的根本原则。如果看到动乱形成就怨恨人民，也是太糊涂了。

《云汉》首章

“宁莫我听”震按：宁，是“乃”的意思，两字是一语之转的关系。这首诗篇之内的“宁丁我躬”“胡宁忍予”“宁俾我遁”“胡宁瘨我以旱”等句，其中“宁”的词义都相同。“俾我遁”的意思是说使我不能安居在上位。

《韩奕》首章

“奕奕梁山”震按：《郑笺》说：“梁山，在今天左冯翊的夏阳县西北。”这种说法是不对的。夏阳的梁山在西周京畿区域之内。《水经注》:“高梁水在戾陵堰首次被灅水注入,水的北岸有梁山,山上有燕剌王刘旦的坟陵,所以用‘戾陵’给堰命名。水从戾陵堰开始分枝,往东流经梁山之南。”顾炎武说:“灅水流经良乡县的北界,从梁山的南面经过,高梁水就从这里流出。”这里的梁山就是诗中所说的“奕奕梁山”了。

二章

“鞗革金厄”《毛传》:“厄,是乌蠋。”《郑笺》说:“金厄是用黄金制成小环,用它在辔首的多处地方紧紧缠绕。”震按:《士丧礼》“苴绖大鬲”,“鬲”在《丧服》里写作“搹”,郑玄解释说:“用手满握成环叫作‘搹’。常人用手扼握而成的环围有九寸。”大概是用两根手指扼合而成的形状如同环,就叫作“搹”,因之把它作为环的名称。《说文》中的“搹”“掜”本是一字,它们省去笔画后分别写作“鬲”“戹”;俗本写法相传,将“戹”写成了“厄”。

三章

“出宿于屠”震按:“屠”字即是“屠阝”字。《说文》解说“屠阝”:“左冯翊屠阝阳亭”。今天西安府同州有屠阝谷。

六章

“溥彼韩城,燕师所完。”《郑笺》说:“燕,是平安的意思。”震按:《郑笺》在《诗序》之下说:“韩国后来被晋国灭亡,原来的大夫韩氏就把‘韩’作为城邑的名称了。”《郑笺》为《诗序》所作的证说大概是失误了。汉代王符《潜夫论》说:“从前周宣王执政时期,有韩侯,他的国土靠近燕国,所以《诗经》说:‘普彼韩城,燕师所完。’后来韩西国也姓韩,被卫满所进攻,于是迁居到海上。”郦道元《水经注》说:“圣水流经方城县故城,就是李牧攻打燕国占领的那个方城。(圣水)又往东南流经韩城的东面。《诗经·韩奕》篇说:'溥彼韩城,燕师所完。王锡韩侯,其追其貊,奄受北国。'王肃说:'今天涿郡方城县有韩侯城,世人把韩侯城叫作"寒号"是不对的。'"(《释文》说:"燕师,王肃、孙毓都解说为北燕国。")顾炎武说:"诗文说蹶父之'靡国不到',也似乎是认为韩国国土远在北方边陲。"

《毛郑诗考正》卷四(原文及注释)

周颂

清庙

“秉文之德”《传》:“执文德之人也。”《笺》云:“皆执行文王之德。”震按:《诗》中言文王不单举“文”字,倘祀武王、成王必不可云“秉武之德”“秉成之德”也。凡经传以“文”赞美其人者不一,皆经纬明备、威仪敬慎之称。能执是德,夫然后可以对于在天之灵,而骏奔走以执庙中之事矣[①]。骏,犹敏也。

“不显不承,无射于人斯。”震按:古字“丕”通作“不”。据《洛诰》,是为成王七年(壬辰岁)周正之十二月戊辰在新邑烝祭文武之诗[②]。周公相成王朝诸侯后,故咸至庙助祭。诗中“丕显”颂文王、“丕承”颂武王甚明[③]。盖同一“丕显”耳,以后承前则谓之“丕承”。此诗先言助祭者之致敬,而推本先王之丕显于前,丕承于后,是以人心自无或厌倦[④]。《书》曰:“丕显哉,文王谟!丕承哉,武王烈!”[⑤]与《诗》通。

---

① “能执”至“事矣”:系解释《清庙》诗中“秉文之德,对越在天,骏奔走在庙”语。

② “据洛”至“之诗”:戴震据《诗序》言此诗是“周公既成洛邑,朝诸侯,率以祀文王”之作,及《洛诰》记载“戊辰,王在新邑烝,祭岁”,“惟十有二月,惟周公诞保文武受命,惟七年”,故此判定此诗创作时期及创作目的。新邑,指洛邑。烝祭,天子诸侯在冬天举行的宗庙之祭。《礼记·王制》:“天子诸侯宗庙之祭,春曰礿,夏曰禘,秋曰尝,冬曰烝。”

③ “诗中”两句:戴震以“丕显”之意为先王德业大为显赫,“丕承”之意为后来君王能光大继承祖业,故云“‘丕显’颂文王、‘丕承’颂武王甚明”。

④ “此诗”至“厌倦”:为解释“不显不承,无射于人斯”两句。“厌倦”以释“射”。

⑤ “丕显”至“王烈”:系《孟子》引《尚书》之文。见《孟子·滕文公下》。谟,谋略。烈,业绩。

维天之命

“假以溢我”《传》：“假，嘉。溢，慎。”《笺》云：“溢，盈溢之言。以嘉美之道饶衍与我。”震按：《说文》“諴”字下云：“嘉善也。《诗》曰：‘諴以谧我’。”《毛诗》以“嘉”释“假”，正合“諴”字之义。《春秋传》引《诗》作“何以恤我”[①]，转写讹失耳。《尔雅·释诂》云：“毖、神、溢，慎也。”又云：“忥、谥、溢、蛰、慎、貉、谧、顗、頠、密、宁，静也。”《毛诗》以“慎”释“溢”，义本《尔雅》。而“溢”“慎”“谧”，《尔雅》又皆为“静”。盖“静”“慎”意得交通，未有心气不静而可谓之慎者，未有能慎而浮妄之动不除、不貊然宁静者[②]。《说文》：“谧，无声也。”《史记》“惟刑之静哉[③]”，徐广曰：“今文云‘惟刑之谧哉’[④]。”《索隐》曰：“恤、谧声近。”又《庄子书》“以言其老洫也”[⑤]，陆德明云：“本亦作‘溢’，同音‘逸’”。然则“谧”之为“溢”为“恤”，亦声音字形转写讹失。古经难治，类若是矣。《书》之“谧刑”谓慎刑，伏生今文《尚书》足据。此《诗》承上“文王之德之纯”而言。嘉以慎我，我其取之[⑥]，思取法文王嘉美之纯德，以敬慎也。

《维清》

“肇禋，迄用有成。”震按：蔡邕书《石经》用《鲁诗》，而其作《独断》云：“《维清》一章五句，奏象舞之所歌也。”盖《鲁诗》与《毛诗》皆以为歌《维清》舞《象箾》矣。周人制礼作乐，推本功德所起。象文王时武功而作者，谓之象。《维清》专为象舞之乐章，故归功文王，而言此天下澄清光昭于无穷者，文王之法典；实开始禋祀皇天盛礼，以迄于今

---

① “春秋”句：引文见《左传·襄公二十七年》。

② 貊然，同寞然，寂静的样子。

③ 惟刑之静哉：系《史记·五帝本纪》引《尚书》语。

④ 今文：指当时所见《尚书》。

⑤ “又庄”句：庄子书，下引文见《庄子·齐物论》。老洫：衰老封闭。

⑥ “嘉以”两句：系解释诗文“假以溢我，我其受之”。

而有成，是周有天下之祥如此也①。辞弥少②，而意指极深远。

烈文

“维王其崇之”震按：此诗成王之辞。首言“烈文辟公③”，美其有功烈有文德，则是先王之所大封，故继曰：“锡兹祉福，惠我无疆。”锡者，本于上之辞。《诗》中言“我”者，多为己与人共举，亲之之辞。先王既锡祉福，又且惠爱无有疆限，则子孙世世天子，世世诸侯，皆长保之；所以长保之道，勿封殖专利，勿侈靡伤货，是乃先王之所崇尚④。承上“锡”与“惠”指先王，则“王”为自成王称述先王也。

“念兹戎功”《传》：“戎，大。”震按：“戎功”，翼戴文武佐定天下之大功也⑤。成王即政之初，其助祭诸侯，往往佐文武王立功者，故篇首曰“烈文辟公”，美其功也；中曰“念兹戎功”，使勿替厥功也；终曰“于乎⑥，前王不忘”，相与怀文武之德也。

天作

“彼徂者岐，有夷之行。”《传》：“夷，易也。”《笺》云：“徂，往。行，道也。后之往者，又以岐邦之君有佼易之道故也⑦。”震按：诗言岐山之道，民所归往，视之坦然平易，盖心悦而愿归之，故无艰阻也。《后汉书·西南夷传》朱辅上疏曰：“臣闻《诗》云：‘彼徂者岐，有夷之行。’《传》曰：‘岐道虽僻，而人不远⑧。’”章怀太子《注》云：“《韩诗薛君传》

---

① “而言”至“此也”：系解释《维清》一诗内容。

② 辞弥少：《维清》一诗仅五句共十八个字，故戴氏有此言。

③ 辟公：诸侯。

④ “则子”至“崇尚”：系解释诗文“子孙保之，无封靡于尔邦，维王其崇之”诸句。封，大，此处谓封殖，即增益财产。专利，为自己谋利。靡，奢侈。

⑤ 翼戴：辅佐拥戴。

⑥ 于乎：同呜呼。

⑦ 佼易：佼，美好。易，容易。一说“佼易”是美好和悦的意思。

⑧ “传曰”至“不远”：“传”下引文不见于今《毛传》。

曰[①]:'徂,往也。夷,易也。行,道也。彼百姓归文王者,皆曰岐有易道,可往归矣。'易道'谓仁义之道而易行,故岐道阻险而人不难。'"据此与《笺》说以订经之文:薛君治《韩诗》,郑君治《毛诗》,"徂"字、"者"字,所授经无异,不知何时转写讹"者"作"矣"。而沈存中云[②]:"'彼徂矣,岐有夷之行。'《后汉书·朱浮传》作'彼徂者岐,有夷之行。'"王伯厚《诗考序》云[③]:"朱文公《集传》'彼徂者岐',从《韩诗》。"今订以《韩诗薛君章句》释"徂"为"往",伯厚盖未深核而为是言耳。沈所引《后汉书》乃朱辅疏,讹作"朱浮传",又讹"徂"作"岨",或皆转写致误。又验其书所辨别,惟"矣"字"者"字殊,二字上皆作"岨",不殊,殆欲证古经作"者"不作"矣",而书经转写于"徂"字偏旁涉笔偶舛。《集传》意在以险对夷,实缘沈存中《笔谈》讹文,于《中庸》"蒲卢也"亦取《笔谈》之臆说改旧注[④]。朱辅所引《传》称"岐道虽僻",及薛君称"岐道阻险",但为"有夷之行"发义,不涉"徂"字诂训。后人因王伯厚之言,遂为《韩诗》生一误证。幸有《韩诗》"徂,往也"之解尚存,因沈存中之言检《朱浮传》无此语,且于《后汉书》留一疑。虽朱子博择众言以订古,犹凭讹文改经,是以详摭论之。

昊天有成命

《传》[⑤]:"基,始。命,信。宥,宽。密,宁也。缉,明。熙,广。单,厚。肆,固。靖,和也。"《笺》云:"'广'当为'光','固'当为'故',字之误也。"震按:古字"单""亶"通。虞翻注《国语》,亦破"广"为"光"。《荀子·礼论》"积厚者流泽广",《大戴礼记》载其文作"流泽光",二字

---

① 韩诗薛君传:即《韩诗薛君章句》。

② 沈存中:即宋人沈括。下引为其《梦溪笔谈》中语。

③ 王伯厚:即宋人王应麟,"伯厚"是其字。

④ "于中"句:《中庸》"蒲卢也"旧注,指郑玄《注》。郑玄谓蒲卢为蜾蠃即土蜂,沈括与朱熹则以为蒲苇。

⑤ 传:下引《传》文内容系对《昊天有成命》一诗词语的诂训。原诗仅一章,七句:"昊天有成命,二后受之。成王不敢康,夙夜基命宥密。于缉熙,单厥心,肆其靖之。"

盖互相涉。《毛诗》此篇《传》义悉本《国语》，叔向说是诗曰[①]："颂之盛德也[②]。""道其成王之德。成王，能明文昭[③]、能定武烈者也。夫道成命者，而称昊天，翼其上也[④]。二后受之，让于德也。成王不敢康，敬百姓也。夙夜，恭也。基，始也。命，信也。宥，宽也。密，宁也。缉，明也[⑤]。熙，广也[⑥]。亶，厚也。肆，固也。靖，和也。其始也，翼上德让，而敬百姓。其中也，恭俭信宽，帅归于宁。其终也，广厚其心，以固之。始于德让，中于信宽，终于固，故曰成。"以叔向晋之博闻者，又去作诗之时世未远，《诗》教群习，未失诂训，语言未移，其说如此[⑦]，后儒不能用其解者。今之去叔向，数倍于其去《诗》之作，并举叔向所解说不能通之矣。古人谓全而无亏曰成，谓昭示明信曰命。天之昭示明信者，百物生生，同然无妄[⑧]，是也。故曰："维天之命，于穆不已[⑨]。"又曰[⑩]："民受天地之中以生[⑪]，所谓命也。是以有动作、礼义、威仪之则，以定命也。"不弃其命之谓定命，早夜敬恭其命、有始未竟之谓基命。凡德盛礼恭，皆终身如始，以为未竟者也。"基"如太子晋称"基德十五而始平"之"基"[⑫]。（前言自后稷之始基靖民[⑬]，十五王而文始平之。）以物皆得之无妄言谓之命，天道也。以物共睹之不渝言谓之信，人道也。故叔向于"夙夜基命"说之曰："命，信也。"究其实，人道

---

① 叔向说是诗：下引文字见于《国语·周语下》。

② 之：谓文王和武王。（据韦昭《国语注》）

③ 明：按戴震后文解释，应是继承之意。

④ 翼：恭敬。

⑤ 明：按戴震后文解释，此处"明"也应是继承之意。

⑥ 广：按戴震上文解释，字应通"光"。

⑦ 其说如此：谓其如此之说是合理的。

⑧ 无妄：谓必然。

⑨ "维天"两句：系《周颂·维天之命》中文字，意思是想来天道是这样的：在庄重严肃方面不会放弃。

⑩ 又曰：以下引文为刘康公批评成肃公祭祀不敬之语，见《左传·成公十三年》。

⑪ 民受天地之中以生：谓人接受到天地中和之气而降生。

⑫ 基德十五而始平：此处引文系《国语·周语下》太子晋谏灵王堵塞谷水之语。意谓周人保持最初的美德，经过十五代君王的努力才使天下平定。基德，初始德行。

⑬ 始基靖民：开始安定人民。靖，安。

即天道。王者求尽天道，故《诗》不更其辞，知其源而本之曰“昊天有成命”，于是乎有畏天命之义。故叔向以为翼上二后之能受。岂天谆谆然告之而听受之乎？举凡尚贤好德，使命之精微随动随应，而皆有以不谬，斯之谓受。言乎受，则有虚衷纳善之义。故叔向以为“德让”，而贾景伯[①]、唐子正释之曰[②]“谓询于八虞[③]，访于辛、尹之类”是也[④]。古人谓不自用为让，谓百官族姓为百姓。《诗》中凡曰“成王”者，《毛诗》云：“成是王事也。”“不敢康”者，不泰然而居臣民之上，则有资于臣邻之义。故叔向以为敬百姓。宽仁曰宥，静专宁一曰密[⑤]。恭俭信宽，帅归于宁者，宁一又其要道也。续代不绝曰缉，如“授几有缉御”之“缉”[⑥]。古人谓前后翌代曰明[⑦]，故以“明”释“缉”，犹《尔雅》以“明”释“翌”也。后不复举“明”为说，则“明”非取光明义可知。以缉熙者，但言熙继不绝而已。起而有光曰“熙”，敦笃曰“亶”，重慎曰“厚”，极之曰“肆”，致极坚持、无所中变曰“固”，谋虑息安曰“靖”，调适平、不纷扰曰“和”。故以“厚”释“亶”，以“固”释“肆”，以“和”释“靖”，盖不已其光，敦重其心，以致极治道，于是乎平定息安天下合。是诗所道庶几谓之“成王”，成其王事而无关失之称。故叔向统绎全义，而以“故曰成”终其说，谓是乃为成王之德也。是乃为“能明文德而昭之谓成”，“能定武功而烈之谓成”也，是乃为颂之极甚盛德也。颂之体，语少而意深远。此诗蔡邕《独断》亦以为郊祀天地之所歌，则《鲁诗》与《毛诗》同。诗陈二后奉若天道成王事[⑧]，求靖民之盛德，周

---

① 贾景伯：即东汉经学家贾逵。

② 唐子正：即三国时期的学者唐固。

③ 八虞：指周代八位著名的虞官。虞，即虞官，掌管山泽树木鸟兽等。（据韦昭《国语注》）

④ 辛、尹：指周代两位太史辛甲、尹佚。（据韦昭《国语注》）

⑤ 静专宁一曰密：此处是以“密”为“谧”，故有“静”“宁”之义。宁一，有安定统一的含义。

⑥ 授几有缉御：系《大雅・行苇》中的诗句，意思是设置好案几，另外还有接续不断的侍者。缉，接续。御，侍者。（据《郑笺》）

⑦ 羿代：谓新的一代，下一代。

⑧ 奉若：即奉顺。

之能事天地在是。毛、郑说《诗》，贾、唐注《国语》皆以“成王”非谓周成王身，据叔向之全文可推也。

我将

“维天其右之”震按：“冬至祀天于圜丘[①]”，报始也，故以后稷配；季秋享五帝于明堂，报成也，故以文王配。《周礼》有祀天“旅上帝”之文[②]。《司服》：“王之吉服：祀昊天上帝则服大裘而冕[③]，祀五帝亦如之。”五帝即天也，而分言之者，统宰乎上，则曰昊天上帝；五方皆天，而祈报风雨寒暑则于五方之天[④]，故曰五帝，亦曰上帝。此诗曰“维天其右之”，五方之天也。《周礼》“旅上帝”，《月令》“季秋之月大飨帝”，《孝经》“宗祀文王于明堂[⑤]，以配上帝”，皆五帝也。祀天又旅上帝，犹祀地又旅四望[⑥]，既统事，又分事，其义始尽焉耳。

执竞

“不显成康”《传》：“不显乎其成大功而安之也[⑦]。”震按：“成”即成王事之谓，“康”如《易》称康侯治安之谓也[⑧]。言丕显乎成王事、安国家，为上帝之所皇大[⑨]。自彼既成既安，以覆有四方，功烈斤斤然且明

---

① 圜丘：用于冬至祭天的祭台。

② 旅上帝：语见《周礼·春官·大宗伯》，向上帝祈祷的意思。旅，祈祷之名。

③ 大裘：黑羔裘皮大衣。（据郑玄《注》）

④ 祈、报：均为祭祀之名。

⑤ 宗祀：祭名，指祭祀祖宗。

⑥ 四望：分别向四方遥祭山川。（据贾公彦《正义》）

⑦ “不显”句：不，孔颖达《正义》解释为“岂不”；戴震以为字同“丕”，“大”的意思。安之，《郑笺》及孔《疏》以为安祖考，戴震以为安国家。

⑧ 《易》称康侯治安：《周易·晋》中有“康侯用锡马蕃庶”句，“康侯”系对晋升大臣的美称（据孔颖达《正义》）。程颐说：“康侯者，治安之侯也。”当为戴震所本。

⑨ 为上帝之所皇大：系解释“不显成康”下句之“上帝是皇”。皇，谓以大福嘉美之（据孔《疏》），故戴震以“皇大”释之。

著无已[①]。彼指其时。若以“成”“康”字为成王、康王，则颂武王止云“执竞”，云“无竞维烈”，而颂成、康之“丕显”“上帝”“皇大”之辞过于武，又直似武王尚未克定四方，自彼成、康而于是乎奄有，亦难通晓。以祭礼考之，时祭各于其庙[②]，祫祭皆在太庙[③]。周家既定礼典，后必无合祭武王、成、康而上不及文王者矣。

臣工

“嗟嗟保介，维莫之春。”《笺》云：“保介，车右也[④]。《月令》：‘孟春，天子亲载耒耜，措之于参保介之御间。’莫，晚也[⑤]。周之季春，于夏为孟春，诸侯朝周之春。故晚春遣之，其车右以时事。介，甲也。车右，勇力之士，被甲执兵也。”震按：保介者，天子、诸侯耕籍劝农[⑥]，保介乃同车之人，田器置于其间，故见诸诗辞，以命诸侯急农事。下云抑又何求乎？惟民之如何用力于新田、畬田者是急耳。麦则将受上帝明赐矣，尽力于耕，又将畀以丰年也[⑦]。命农具田器钱镈之属，以《豳诗》合之，“三之日于耜，四之日举趾”[⑧]，是其事。《夏小正》“农纬厥耒[⑨]”，“农率均田[⑩]”，“初服于公田”，皆纪在正月，则莫春为周之三月，夏之正月无疑。后人不解三代时月相变，在汉儒盖明知之，无待

---

① “自彼”至“无已”，系解说诗歌“自彼成康，奄有四方，斤斤其明”。斤斤然：《毛传》谓明察的样子。

② 时祭：祭名，指在春夏秋冬四时举行的祭祀。

③ 祫祭：祭名，系聚合历代祖宗神主而祭之，故名。

④ 车右：即君王车上的卫士。

⑤ 莫：此段“莫”字皆同“暮”。

⑥ 耕籍：一种春耕仪式。春耕来临之时，天子、诸侯亲自下田耕作，种植祭祀所用谷物，并以劝农。

⑦ “下云”五句：系解释此诗后部分文字：“亦又何求？如何新畬？于皇来牟，将受厥明。明昭上帝，迄用康年。命我众人：庤乃钱镈，奄观铚艾”。新田、畬田：新田指生地，谓耕种时间在两年以内的田地；畬田指熟地，谓耕种三年及以上的田地。

⑧ “三之”两句：语出《豳风·七月》。意谓正月里修理犁具，二月里抬脚下田。“三之日”“四之日”分别指周历三月、四月，相当于夏历正月和二月。趾，脚。

⑨ 农纬厥耒：纬，谓整修。耒，犁一类农具。

⑩ 农率均田：率，急迫的样子。均田，分配给农夫种植的官田。

辨论。故《孟子》“秋阳以暴之[①]”，赵岐《注》：“周之秋，夏之五六月，盛阳也。”《礼记·明堂位》篇：“孟春祀帝于郊，配以后稷。”“季夏六月，以禘礼祀周〔公〕于太庙[②]。”“孟春”谓夏之仲冬，“季夏六月”谓孟夏四月，正与《诗》所言“莫春”合。《后汉书·陈宠传》云：“冬至之节，阳气始萌，故十一月有兰、射干、芸、荔之应。”“天以为正，周以为春。十二月阳气上通，雉雊鸡乳[③]，地以为正，殷以为春。十三月阳气已至，天地已交，万物皆出，蛰虫始振[④]，人以为正，夏以为春。”何休注《公羊春秋》谓：“夏以建寅之月为正[⑤]，平旦为朔[⑥]，法物见，色尚黑。殷以建丑之月为正[⑦]，鸡鸣为朔，法物芽，色尚白。周以建子之月为正[⑧]，夜半为朔，法物萌，色尚赤。”此三代时月正朔相变之义[⑨]，陈宠、何休犹能言之[⑩]。使四时不随月而改，是周之时夏之时一也，孔子又何必言“行夏之时”乎[⑪]？

噫嘻

《传》：“噫，叹也。嘻，和也。成王，成是王事也[⑫]。”《笺》云：“噫嘻，有所多大之声也。假，至也[⑬]。”震按：《诗》凡言“昭假”者，义为昭其诚敬以假于神，昭其明德以假天。精诚表见曰昭，贯通所至曰格[⑭]。

---

① 秋阳以暴之：语见《孟子·滕文公上》。秋阳，谓烈日。暴，晒。

② 以禘礼祀周〔公〕：“公”字原文无，《礼记·明堂位》原文、皇清经解本《毛郑诗考正》引文均有“公”字，因据补。禘礼，祭祀先祖之礼。禘，“禘”的异体字

③ 雉雊鸡乳：雄雉鸣叫、母鸡孵卵。雊，野鸡鸣叫。

④ 蛰虫：谓潜藏泥土中过冬的虫子。

⑤ 建寅之月：即正月。

⑥ 平旦为朔：意即月初第一天开始于平旦。朔，每月初一。

⑦ 建丑之月，即十二月。

⑧ 建子之月：即十一月。

⑨ 正朔：谓一年之始和每月之始。

⑩ 陈宠：东汉人，律令学家。上引《后汉书·陈宠传》文即陈宠之语。

⑪ 行夏之时：语出《论语·卫灵公》。孔子认为采用夏历对于农事更为方便。

⑫ 成是王事：系《毛传》解释《噫嘻》首句“噫嘻成王”中的“成王”之语。

⑬ 至也：系《郑笺》解释《噫嘻》次句“既昭假尔”中的“假”之语。

⑭ 格：到达。戴震此处以“假”为“格”。

"尔"之言"此"也，如"莫远具尔""耆定尔功"之"尔"[①]。诗首以"噫嘻"发辞，"噫嘻"犹"噫歆"，祝神之声。《仪礼·既夕》篇曰"声三"，《注》云："三有声，存神也。旧说以为声，噫兴也。"("噫兴"即"噫歆"。)《士虞》篇《注》云："声者，噫歆也。"《礼记·曾子问》篇《注》云："声，噫歆，警神也。"此诗春夏祈谷于上帝之所歌，故噫嘻于神，而言成是王事，昭假在此，以为民祈祷。既祈之后，率农播种，而遍使之尽力焉[②]。盖民事即王事，重农乃所以成之也。《周礼》圜丘、四郊之祀[③]，圜丘祀昊天上帝，四郊祀五帝[④]，而统事天、分事天之义，于是乎备。圜丘惟冬至一举，四郊则立春、立夏、立秋、立冬四举。祀五帝无非重农为民，以成王事而已。圜丘，郊之大者也，王者之专事天也。四郊，郊之细者也，王者之为民事事天也。大主统，细主分，而礼之隆杀如之。专事天，不敢以渎也，故岁一举。为民事事天，不敢不详也，故四时迭举。圣人制礼之精意也。

雍

"绥予孝子"震按：诗中曰"天子穆穆[⑤]"，明明为美主祭者之辞，非主祭者自为辞也。《诗》凡言"绥"者，如"绥以多福""绥我眉寿""以绥后禄"[⑥]，辞义并归主祭者受神降之福。此则下所云：使之世世有通哲者为之臣，备文武之德者以为君，而事天昌后永久不替，以及"眉寿""繁祉"是也[⑦]。又庙号自考已上通称"考"，如五庙：曰祖考庙，曰显考庙，曰皇考庙，曰王考庙，曰考庙。《尔雅·释亲》自父母已上不离

---

① "如莫"句："莫远具尔"见《大雅·行苇》，"耆定尔功"见《周颂·武》。

② "此诗"至"力焉"：系解释诗文"噫嘻成王，既昭假尔。率时农夫，播厥百谷"。

③ 四郊之祀：指在立春、立夏、立秋、立冬分别举行的祭天之礼。

④ 祀五帝：也是祭祀天帝。五帝，指东西南北四天帝及中央天帝。

⑤ 天子穆穆：戴震意谓天子肃穆庄重。

⑥ "如绥"句："绥以多福"见《周颂·载见》，"绥我眉寿"见《周颂·雍》，"以绥后禄"见《小雅·楚茨》。

⑦ "使之"至"是也"：系解释《雍》诗第二章："宣则维人，文武维后。燕及皇天，克昌厥后。绥我眉寿，介以繁祉。"眉寿，长寿。繁祉：多福。

"父""母"之称，而主祭者入庙门则全乎子，"子"亦在庙通称。《笺》以"烈考""文母"为"光明之考""文德之母"，是"皇考""烈考""文母"祫祭统称祖与妣之在庙中者，固无所隔也。蔡邕说此诗禘太祖之所歌[①]，与《毛诗》同。篇名又谓之"彻"。《周礼·乐师》"及彻[②]，帅学士而歌《彻》"，郑注云"彻者歌《雍》"，是也。周禘歌《雍》于彻。鲁僭用禘，则亦歌《雍》于彻。至后，三家亦以《雍》彻[③]，天子之乐章下用于大夫，而不自知其无取于义，相袭然也。尸出而彻[④]，故言荐牲陈俎以受厘[⑤]，而归福于主祭者。系《雍》于彻，于禘祭之末，诗中辞义明显可推。

武

"耆定尔功"震按：尔，犹此也[⑥]。

闵予小子

"陟降庭止"震按：此言武王常念文王之道，一陟一降于庭，皆效法文王而行之，即《访落》所谓"绍庭上下，陟降厥家[⑦]"也。盖其"克孝[⑧]"，可以永世为子孙常者在此，而文武之绪在此矣[⑨]。

---

① "蔡邕"句：蔡邕语见其《独断》。禘，祭祀的一种，小于祫祭，大于四时之祭。（据《郑笺》）一般是天子祭祀始祖和天神之礼仪。

② 彻：祭祀的一种环节，即祭祀进入尾声时撤走祭器。彻，即撤。

③ 三家亦以《雍》彻：《论语·八佾》："三家者以《雍》彻。"戴震语盖出于此。三家，指仲孙、叔孙、季孙，系鲁国卿大夫。（据马融《论语注》）

④ 尸：活人装扮的祭祀对象。

⑤ 受厘：谓祭祀后将剩余肉食等祭品归还给祭祀之人。这是象征接收到了福佑。

⑥ 尔犹此也：此解不同于《传》《笺》以"尔"为武王之说。

⑦ "绍庭"两句：谓继承文王在朝廷的一举一动，在家中也是上下如之。戴震之意谓武王无论在哪里的举动都是在效法文王。陟降，即上下。

⑧ 克孝：系此诗中词语，意思是能行孝道。

⑨ "可以"两句：系据诗文"永世克孝""继序思不忘"为说。继序，谓继承武王之业绪。序，绪。（据《传》《笺》）

《访落》

“于乎悠哉，朕未有艾。”《笺》云：“艾，数。”震按：“艾”读为“芟刈”之“刈”。“艾”之言“止”也，有续未竟曰“未艾”。《小雅·庭燎》之二章曰：“夜未艾”，后于“未央”（央，中也），先于“乡晨①”。《春秋传》曰“国未艾也”②，又曰“大劳未艾”③，并未有“竟”“止”之谓。此言“朕未有艾”者，循行昭考之道未有可止④，以见悠远难终，故下云“继犹判涣⑤”。判涣，即伴奂，展舒而常不尽之意⑥。

“休矣皇考，以保明其身。”《笺》云：“美矣！我君考武王，能以此道尊安其身⑦。谓定天下，居天子之位。”震按：上言“绍庭上下，陟降厥家”，即所谓“念兹皇祖，陟降庭止”也⑧。美武王绍述文王之道，家庭上下陟降，无不由之以安固尊显。此成王之知难，而又致其慕如是。

小毖

“莫予荓蜂，自求辛螫。”《传》：“荓蜂，摩曳也。”震按：《尔雅》：“甹夆，掣曳也。”《注》云：“谓牵挽⑨。”今考诗辞，言我无牵挽，使失行而致辛毒⑩，徒自求得之耳。此言惩于前，下则言慎于后⑪。

---

① “后于”两句：“未央”“乡晨”两语俱来自《小雅·庭燎》。乡晨，即天将晓之时。（据朱熹《诗集传》）乡，通“向”，趋向的意思。

② 国未艾也：语见《左传·昭公元年》，谓国家未能灭亡。艾，止。

③ 大劳未艾：谓太辛劳而未能休息。艾，息。（据杜预《春秋经传集解》）

④ 昭考：谓武王。

⑤ 继犹判涣：戴震意谓正接续着前人事业而仍然不见终竟。

⑥ 展舒而常不尽：比喻方兴未艾。

⑦ 此道：谓文王之道。（据孔颖达《正义》）

⑧ “念兹”两句：语出《周颂·闵予小子》。

⑨ 牵挽：牵拉。

⑩ 辛毒：此处用“辛毒”解释“辛螫”，是据《郑笺》为说。《郑笺》解“辛螫”为“辛苦毒螫”，比喻灾难。

⑪ “此言”两句：系据“予其惩，而毖后患”而言。

丝衣

“不吴不敖”《传》:“吴,哗也。”震按:吴,《方言》云“大也”。《说文》云“大言也”。徐锴以为,大言故矢口以出声。

酌

“是用大介,我龙受之,蹻蹻王之造。”《笺》云:“介,助也。”震按:诗言武王时晦则晦,故有灼铄之师但遵时而安养,及时显则显,故天乃大助,而克宠受于天,成蹻蹻王者之为[①]。下言则有嗣之用众者,实维此事[②]。允师[③],明众不可轻用也。

桓

“皇以间之”《传》:“间,代也。”震按:诗中未尝一语及商,独“间之”为代商之字[④],于文无所承指,似难强通。盖上言“保有厥士,于以四方,克定厥家”,则是保有其士众[⑤],而往用之四方,遂克定周家王业。此所以“绥万邦”者[⑥],岂复诸侯之事乎? 实天子之事。而武王之德上昭乎天,天以武王代之。“皇”如“惟皇上帝”之“皇”,谓天也。“绥万邦”,是代天子事。“克定厥家[⑦]”,是代天子位。

---

① “诗言”数句:系解释《酌》诗前六句即“于铄王师,遵养时晦,时纯熙矣,是用大介,我龙受之,蹻蹻王之造”。龙,同“宠”。(据《郑笺》)

② “下言”两句:系解释《酌》诗末两句“载用有嗣,实维尔公允师”。

③ 允师:《郑笺》:“允,信也。王之事所以举兵克胜者,实维女之事信,得用师之道。”戴意同之。

④ “独间”句:系针对《郑笺》“纣为天下之君,但由为恶,天以武王代之”而言。

⑤ 保:安然。(据《郑笺》)

⑥ 绥万邦:安定万邦,即安定天下。

⑦ 克定厥家:戴震意即能够安定周家天下。

赉

“敷时绎思”震按：思，辞助也。言布是文王之事而寻绎之①。故章末云“于绎思②”，叹美武王继承寻绎之善也。

“我徂维求定”震按：谓往克商，求安天下。盖圣人无取天下之意，有安天下之仁。

“时周之命”《笺》云：“是周之所以受天命而王之所由也③。”震按：蔡邕亦以此诗为大封于庙，赐有德之所歌，义与《毛诗》同④。《春秋传》引《桓》《赉》，并系之《武》⑤，则奏《大武》之所歌。大封正武王时功成之一事，舞《大武》，歌此诸篇，为六成之节⑥。《颂》作于成王时，所以推明武功而美之。则《诗》颂美武王，非为诸侯言，明矣。《乐记》曰：“武，始而北出，再成而灭商，三成而南。”郑《注》云：“每奏《武》曲一终为一成。再奏象克殷时也，三奏象克殷有余力而反也⑦。”今考诗中“我徂维求定”之云，适合大封于旋反后。故《春秋传》以《赉》为其三，《桓》为其六。诗章与舞之取义协，殆篇第未乱时旧次。有天命然后可以大封，而绎继文王，求安天下，实受命所自⑧。篇首述武王之意，末二句则致赞美之辞。著之乐章，使天下咸知周受命之正也。

“隋山乔岳，允犹翕河。”震按：《尔雅》：“峦，山隋。”“隋”与“椭”声

---

① “言布”句：布，广布遍及。是，此，戴震以此解释诗文“时”字。绎，接续。

② 于：叹词。

③ 是：此，系解释诗文之“时”，代指“劳心”，按《郑笺》前文解释，指劳心于政事。

④ “蔡邕”至“诗同”：传统认为蔡邕习《三家诗》，说法往往异于《毛诗》，故戴震此处专为说明。

⑤ “春秋”两句：《左传·宣公十二年》：“武王克商。作《颂》，又作《武》。其三曰：‘铺时绎思，我徂求定。’其六曰：‘绥万邦，屡丰年。’”“其三”为《武》之《赉》诗，“其六”为《武》之《桓》诗。

⑥ 六成之节：“成”是象其成功而为乐的意思，可看作《大武》的章节段落。完整的《大武》有六成。

⑦ 反：同“返”。下“反”同。

⑧ “有天”至“所自”：系据全诗内容而述其旨意。诗文：“文王既勤止，我应受之，敷时绎思，我徂维求定。时周之命，于绎思。”

义通。圜长曰椭。凡山之形不正圜，故有“隓”之名，谓山之圜而长者。“乔”与“峤”同。《尔雅》：“锐而高[①]，峤。”是也。河会众流，不翕则泛溢；水性不常，不允则不久翕[②]。山主乎静，故以形言，曰“隓”曰“乔”。水主乎动，故以德言，曰“允”曰“翕”。“于皇是周[③]”，言周既代殷也。“陟其高山[④]”，谓方岳也。山岳之隓者、乔者[⑤]，河之翕而允矣，由地中行也，以及普天之下莫不聚于是而对之，是周之受命而于此秩祭也。古书“犹”“由”交通，盖同声转写之讹，遂相沿为古字通用，以免改字。诗篇取于义名“般”；般，旋也，旋遍天下也。《时迈》燔柴祀天，告以方望之事。《般》则望而秩祭山川，非受命不得巡狩，犹之非受命不得大封，故《时迈》曰“昊天其子之[⑥]”，而《赉》与《般》曰“时周之命”云尔[⑦]。

鲁颂

泮水首章

“思乐泮水”震按：泮水出曲阜县治，西流至兖州府城东入泗。《通典》云“兖州泗水县有泮水”，是也。泗水县即鲁卞邑。

二章

“匪怒伊教”震按：凡使民畏威而远罪之事，无非教。此则言非由怒而足以教化人，所以申明其德音之昭昭也[⑧]。或以此一语证“泮宫”

---

① 锐而高：系《尔雅·释山》语，故指山形。

② 允：指顺服。（从马瑞辰《毛诗传笺通释》说）

③ 于皇是周：是本诗首句，意思是这个周朝多么辉煌。于，叹词。皇，赞美之辞。（据《毛传》）

④ 陟其高山：是本诗第二句。诗歌借此表示周王巡狩天下，祭祀山川。

⑤ 山岳之隓者、乔者：隓指小山，乔指高大的山岳。

⑥ 昊天其子之：意思是昊天以他为子，即为天子之意。

⑦ 时周之命：意思是这是周家的天命。时，通“是”，此。

⑧ “所以”句：系针对诗文“其音昭昭”而言。

为诸侯之学，于诗意亦谬矣。

五章

“既作泮宫，淮夷攸服。”震按：《穀梁春秋》：“作，为也，有加其度也。”[①]此“作泮宫”，盖亦增益更治耳。鲁有泮水，作宫其上。故他国绝不闻有泮宫，独鲁有之。泮宫也者，其鲁人于此祀后稷乎？鲁有文王庙称周庙，而郊祀后稷，因作宫于都南泮水上，尤非诸侯庙制所得及。宫即水为名，称泮宫。《采蘩》篇《传》：“宫，庙也。”是宫与庙异名同实。《礼器》曰：“鲁人将有事于上帝，必先有事于頖宫。”（“泮”与“頖”同声假借。）郑《注》：“告后稷也。告之者，将以配天。”然则诗曰“从公于迈[②]”，曰“昭假烈祖，靡有不孝[③]”，明在国都之外祀后稷之地。曰“献馘”“献囚”“献功”[④]，盖鲁于祀后稷之地时，亦就之赏有功也。《王制》篇之言作于汉文帝时，多涉傅会，未足据证[⑤]。《春秋・僖十三年》“夏，会于咸”。（鲁、齐、宋、陈、卫、郑、许、曹凡八国。）《左传》曰：“淮夷病杞故”，“十六年冬，会于淮”。（同前加邢，凡九国。）《左传》曰：“谋鄫（杜注：“为淮夷所病故。”）且东略也。”齐桓公会诸侯而城缘陵，迁杞又城鄫，不果城而还[⑥]。其不以师加淮夷，必有淮夷求成献赂之事。不足书，故不见于经传。此诗至五章已后，乃及淮夷，非全无是事而徒侈言之矣。淮夷近鲁，鲁所当使之服，则诗又以勉鲁侯矣。

---

① “穀梁”句：《春秋・僖公二十年》：“春，新作南门。”《穀梁传》：“作，为也，有加其度也。更加使大。”有加其度：谓为扩大南门规模而新建之。

② 从公于迈：意即跟随鲁公前行。于，往。

③ “昭假”两句：意即诚心祭告烈祖，没有不孝的子孙。昭假，诚心祭告。（据向熹《诗经译注》）

④ “曰献”句：献馘，献上所杀敌人之左耳，意在说明其功绩。囚：俘虏。功，指战功。（据孔颖达释《传》）

⑤ “王制”句：按《王制》：“天子命之教然后为学。小学在公宫南之左，大学在郊。天子曰辟雝，诸侯曰頖宫。”以泮宫为学校。戴意不同。

⑥ “齐桓”至“而还”：系据《左传・僖公十四年》“诸侯城缘陵而迁杞焉”，及《僖公十四年》“城鄫，役人病，不果城而还”而言。果城，谓完成筑城。

闷宫二章

"敦商之旅"震按："敦"于文从攴（隶省作"攵"），本督责之义。"敦""笃""督"语之转。《说文》"敦"字下："一曰谁何也[①]。"《史记》："信臣精卒陈利兵而谁何。"[②]崔浩云："何，或为呵。"《汉旧仪》："宿卫郎官分五夜谁呵[③]，呵夜行者谁也。""谁呵"亦即"呵止"。盖"敦商之旅"，犹云"遏商之旅"耳。

三章

"周公皇祖"震按：皇祖周公[④]，倒句以就韵。

四章

"三寿作朋"震按："三寿"，谓上寿、中寿、下寿之人。"作朋"，言皆得与为比寿[⑤]。由是引而极之，故又曰"如冈如陵"。王伯厚云："《晋姜鼎铭》曰[⑥]：'保其子孙，三寿是利。'《鲁颂》'三寿作朋'，盖古语也。"

五章[⑦]

"公车千乘"《传》："大国之赋千乘。"震按：郑康成注《周礼·小司徒职》引《司马法》曰："六尺为步，步百为亩，亩百为夫，夫三为屋，屋

---

① 谁何：汉代固定用语，谓盘问。

② "史记"句："信臣精卒陈利兵而谁何"原为贾谊《过秦论》中语，《史记·秦始皇本纪》篇末附有贾谊此文。句意谓可靠的官员和精锐的士兵手持锋利武器盘问过往行人。

③ 宿卫郎官分五夜：谓夜晚值守的郎官分五更盘问过往行人。分五夜，即将一夜分成五个时间段以便分别值守。

④ 皇祖周公：戴意此句"皇祖"即周公，与旧说不同。《郑笺》谓"周公皇祖"意为周公及其长子鲁公伯禽。

⑤ "言皆"句：指周公分封到鲁国的后代子孙都能与"三寿"比肩寿命。（据《郑笺》）

⑥ 晋姜鼎：春秋时期晋文侯夫人所铸鼎。

⑦ 五章：《十三经注疏》本属于第四章。按《闷宫》诗，《十三经注疏》本分为八章，戴震分章略多。下"九章"，《十三经注疏》本属于第八章。

三为井，井十为通。通为匹马。三十家，士一人，徒二人。通十为成。成百井，三百家，革车一乘[①]，士十人，徒二十人。十成为终，终千井，三千家[②]，革车十乘，士百人，徒二百人。十终为同。同方百里，万井，三万家，革车百乘，士千人，徒二千人。”以成三百家，家可任者一人计之，可任者三百人，而革车一乘，士徒三十人，是十而取一。《周礼·小司徒职》曰“凡起徒役，无过家一人”者，宜谓此。《司马法》一云：“九夫为井，四井为邑，四邑为丘。丘十六井，有戎马一匹，牛三头，是曰‘匹马丘牛’。四丘为甸。甸六十四井，出长毂一乘[③]，马四匹，牛十二头，甲士三人，步卒七十二人，戈盾具，谓之‘乘马’。”考之《小司徒职》：“上地，家七人，可任也者家三人。中地，家六人，可任也者二家五人。下地，家五人，可任也者家二人。”通上中下地率之，凡二家五人。一成三百家，可任者计七百五十人，而长毂一乘，甲士、步卒合七十五人，亦十而取一。前法：家可任者一人，正卒也[④]；此法：二家五人，通正、羡之卒也。除正卒二人，其余二家三人为羡卒。所谓“以其余为羡，惟田与追胥竭作[⑤]”。起之作之，并十取一。然则百井九百夫之中，起正卒三十，羡卒四十五。六十夫而取二正卒、三羡卒，共五人。唐李靖称曹公《新书》云[⑥]：“攻车七十五人，前拒一队，左、右角二队。守车一队，炊子十人，守装五人，厩养五人，樵汲五人，共二十五人。攻守二乘，凡百人。”此即孙子所谓“凡用兵之法，驰车千驷，革车

---

① 革车：兵车。也指兵车的一种，即与轻车相对而言的重车（重车一辆配置甲士步卒七十五人）。

② 三千家：原作“井三千家”，从孙以昭校文删一“井”字。

③ 长毂：兵车。兵车之毂较长，故曰长毂。据后文配置士卒数量来看，当是重车。

④ 正卒：据《周礼·小司徒》，当时兵役之制：每户人家出一员入编为正式军人，即正卒；其余兄弟皆为羡卒。羡卒没有定数，当国家遭逢大灾寇难，则可发动羡卒。

⑤ “以其”两句：语出《周礼·小司徒》。田，谓田猎。追胥，指追捕寇盗。贾公彦《小司徒疏》：“追，逐寇也。胥，伺捕盗贼也。”

⑥ “唐李靖”句：李靖，唐代著名军事家。曹公《新书》，指曹操撰写的一部兵书，又叫“孟德新书”，已亡佚。

千乘，带甲十万"[①]。实战国时敝民穷师之为，而包咸之徒信用《王制》傅会之说，以大必不逾百里，然不得言封建诸侯无千乘之国，遂谓十井为乘，百里之国适千乘。俗儒治经，不能稽远，语之以大国方数百里，则以为失制。独不疑十井共一乘，亡国之政，民不堪命，不至是。是诗"公车千乘"，"公徒三万"，与一乘士徒凡三十人者适合。鲁，千乘之国，故曰"公车千乘"。康成笺诗据"大国三军，合三万七千五百人"[②]，举成数称三万，实减退七千五百人。其答林硕又云"二军之大数"[③]，则实加五千人。孔冲远谓"颂美僖公，宜多大其事"。似二军可称三万，三军当称四万也。《国语》：管仲制万人为一军，而曰"三万人以方行于天下"[④]。数虽与是诗相当，鲁未必用齐法，宜据《周礼》"凡起徒役，无过家一人"之法释诗，而二军、三军，勿泥其数可也。

"寿胥与试"，震按：胥，皆也。试，用也。言〔黄〕发台背[⑤]，诸寿之征，皆与之历用备有也[⑥]。

九章

"新庙奕奕"《笺》云："修旧曰新。新者，姜嫄庙也。姜嫄之庙，庙之先也。"震按：首曰"閟宫有侐，实实枚枚[⑦]"，即继曰"赫赫姜嫄，其德不回[⑧]"。若閟宫非姜嫄庙，无此立言之体矣。其曰"是生后稷[⑨]"，曰

---

① "此即"数句：孙子语见《孙子兵法·作战》。驰车千驷：即轻车千辆。

② "大国"两句：语出《国语·晋语》。

③ 答林硕：见郑玄弟子所编《郑志》。

④ "三万"句：语出《国语·齐语》。方行，犹言横行。方，韦昭《注》："当作'横'。"

⑤ 〔黄〕发台背："黄"字原无，从孙以昭校补。诗句"黄发台背"在"寿胥与试"前。黄发、台背俱为年老长寿的征象。台背：即鲐背，指背部长出鲐鱼式的斑纹。（据《郑笺》解释《行苇》之"台背"）

⑥ 历用：选择使用。历，选择。

⑦ "閟宫"两句：意即姜嫄神庙清净，高大宏伟，无人打扰。閟宫，姜嫄神庙的名字。閟，关闭。有侐，是清净无人的意思。实实，宏大。枚枚，寂静。（据《毛传》）

⑧ "赫赫"两句：意即光明显赫的姜嫄，她德行端庄不邪僻。（据《郑笺》及向熹《诗经译注》）

⑨ "是生"句：意即姜嫄因此生下后稷。

"皇皇后帝，皇祖后稷，享以骍牺[1]"，明郊祀后稷，因推后稷所生，此鲁有姜嫄庙之所以然也。太王、文、武之兴周，其祥固开于姜嫄者也。鲁侯承祀，谨修庙寝，而有此"新庙奕奕"。言一姜嫄庙，而余庙可见，以姜嫄为庙之先且远故也。鲁有文王庙，不在庙制之内，故异其称曰周庙。上溯至后稷，且至姜嫄，尤当异称，故曰"泮宫"，曰"閟宫"。閟之言扃闭静慎也[2]。以周之厥初生民，鲁人又谓为"禖宫"，神之也。《毛诗》引孟仲子曰："是禖宫也。"康成《诗谱》云："孟仲子者，子思弟子。"(陆德明《序录》云鲁人。)

商颂

那

"亦不夷怿"震按："亦不"，犹云"不亦"，古语然耳。

长发首章

"有娀方将，帝立子生商。"《传》："有娀，契母也。"震按：此有娀但指契母[3]。"方将"者，言其后欲大耳。《史记》云："契长而佐禹，治水有功"，"封于商，赐姓子氏"[4]。此诗言"洪水芒芒[5]，禹敷下土方[6]"，著契佐禹之功也。言"帝立子生商"，著受姓所起，由是世世相继，商日以盛也。

---

① "皇皇"至"骍牺"：意即光明伟大的上帝，还有先祖后稷，请享用献给你们的牺牲纯红色的牛。骍，红色的牛。(据《毛传》)

② 扃：即门闩。

③ 此有娀但指契母：有娀本是古国名，此处指的是有娀氏的一个女儿，故戴震有这种说法。

④ "契长"至"子氏"：语见《史记·殷本纪》。

⑤ 芒芒：同"茫茫"。

⑥ "禹敷"句：意即大禹治理四方大地。敷，同"铺"。下土，大地。方，四方。

三章

“帝命不违，至于汤齐。”震按：此言自商之先祖至汤，世有明德，天命不去，齐同以集有天下之大命。

四章

“为下国缀旒”震按：《孔子三朝记》云[①]：“所以为仪缀于国[②]。”《曾子制言》云[③]：“行为表缀于天下[④]”缀者，悬缀于高，民所瞻望之谓；旒，亦垂饰章美以示仪者也。言为下国仰而取法。

“不竞不絿”《传》：“絿，急也。”《笺》云：“竞，逐也。”震按：絿本引丝之意。《广韵》云：“急引也。”凡竞逐躁急刚猛柔弱[⑤]，皆害于施政教。

五章

“为下国骏厖”《传》：“骏，大。厖，厚也。”震按：缀旒，言望之以为法也；骏厖，言恃之以为安也[⑥]。上章言政，此章言勇。上章但言球玉[⑦]，此章则言供贡[⑧]，义各相配。

---

① 孔子三朝记：原为独立书目，后被戴德收入其《大戴礼记》。

② “所以”句：意即用来在国内作出榜样。仪缀，仪范，榜样。

③ 曾子制言：系《大戴礼记》中的篇目。

④ “行为”句：意即在行为举止上为天下作出表率。表缀，表率。

⑤ “凡竞”句：针对诗文“不竞不絿，不刚不柔”而言。

⑥ “缀旒”至“安也”：“缀旒”“骏厖”均喻商王。

⑦ 球玉：指诗中“受小球大球”句。《毛传》：“球，玉也。”《郑笺》：“成汤既受天命，则受小玉……受大玉。”接受球玉是表明接受天子之位。

⑧ 供贡：指诗中“受小共大共”句。戴震以“共”为供奉贡献之意。

《毛郑诗考正》卷四(译文)

周颂

清庙

“秉文之德”《毛传》:“‘秉文之德’指秉持文德的人。”《郑笺》说:“‘秉文之德’是说朝廷众臣都践行文王的德行。”震按:《诗经》中说到文王的时候并不单提“文”字,倘若是祭祀武王或成王,必定不能说成“秉武之德”或“秉成之德”。经传当中用“文”来赞美人的地方不一而足,但“文”都是称美其人政治上确实具备经天纬地的才干、又有威严的仪表和敬慎的德行。这首诗的意思是,能够秉持这种“文”德,然后才可以对应于先王在天之灵,而有资格敏捷地奔波在主持宗庙祭祀的事务里。骏,犹如敏捷。

“不显不承,无射于人斯。”震按:古字“丕”通用“不”字来表示。根据《洛诰》一文记载,这首诗是成王七年(壬辰岁)于周历十二月戊辰在新的都邑烝祭文王和武王时所用的乐歌。这次宗庙活动的举行是在周公辅佐成王接受诸侯朝拜之后,所以诸侯都来到庙中助益祭祀。诗中“丕显”歌颂文王,“丕承”歌颂武王,含义甚为明确。大概这前后两位君王都是同样“丕显”,但对承继前王事业的后一位君王就改用“丕承”一语来歌颂。此诗先是述说助祭的人对先王致敬,以此追溯先王一个在前面“丕显”,一个在其后“丕承”,这样一来,人心自然不会有丝毫厌倦。《尚书》中说:“丕显哉,文王谟!丕承哉,武王烈!”这些话是与诗意相通的。

维天之命

“假以溢我”《毛传》:“假,是嘉美的意思。溢,是谨慎的意思。”

《郑笺》说："溢，是表示满盈溢出之意的词语。诗句的意思是，把嘉美的德行多多传递给我。"震按：《说文》在"諴"字下解释说："嘉善也。《诗》曰：'諴以谧我'。"《毛诗》用"嘉美"来解释"假"字，释义正符合"諴"字字义。《春秋左传》引《诗》文写作"何以恤我"，这只是因为辗转抄写而导致的错误罢了。《尔雅·释诂》说："毖、神、溢，都是谨慎的意思。"又说："忥、謚、溢、蛰、慎、貉、谧、顗、頠、密、宁，都是安静的意思。"《毛诗》用"谨慎"来解释"溢"，依据的是《尔雅》。而"溢""慎""谧"这几个词，《尔雅》又都解释为"安静"。大概"静"与"慎"词义能够相通，不会有心气不宁静而可以称之为谨慎的人，也不会一方面能够谨慎而另一方面又除不掉轻浮狂妄的举动、不能安于寂然宁静的人。《说文》："谧，无声也。"《史记》引《尚书》"惟刑之静哉"，徐广解释说："此句，今文《尚书》的文字是'惟刑之谧哉'。"《索隐》说："恤、谧，两字读音相近。"此外，《庄子》书中"以言其老洫也"一句，陆德明解释说：洫，"有的本子也写作'溢'，两字同音'逸'"。这样的话，"谧"字写成"溢"或写成"恤"，也是因为在读音和字形方面相似的缘故而转写错误。研究古代经书困难的原因，诸如此类。《尚书》中"谧刑"的意思是谨慎施刑，伏生传下的今文《尚书》足能为此提供依据。此处诗句是承接上文"文王之德之纯"而说的。诗文说文王嘉美的德行能让我谨慎，所以我是会吸取的，意思是想要效法文王嘉美的纯粹之德，以便敬畏谨慎地行事。

《维清》

"肇禋，迄用有成。"震按：蔡邕所书写的《石经》采用的是《鲁诗》，但他撰作的《独断》说："《维清》一章五句，是表演《象舞》时所唱的歌。"大概《鲁诗》与《毛诗》都认为唱《维清》时伴随的舞蹈是《象箾》了。周人制礼作乐，是要推源周家功业产生的缘由。《象舞》是象文王时期创作的舞蹈，所以把它叫作"象"。《维清》是专门为《象舞》制作的乐章，诗歌将功德都归属给了文王，因而歌颂说：这天下澄清、光明而昭示于无穷的宇宙，是源于文王制定的法典；从文王实际举行禋祀皇天的盛礼开始，直到今天的武王功业有成，都是周人据有天下这一祥瑞的表现。诗歌用辞极少，但是内蕴意旨极其深远。

烈文

“维王其崇之”震按：这首诗呈现的是成王的言辞。开首所说“烈文辟公”，是赞美诸侯有功业又有文德。这是被先王大加赏赐封为诸侯的原因，所以接下来说：“锡兹祉福，惠我无疆。”锡，是源于上文而出现的词。《诗经》当中称说的“我”，多是将自己与他人一同并提的称谓，是表示亲善他人的词汇。先王既已赐给福祉，又要使其惠爱无边无垠，这样其子孙世世代代做天子的，世世代代作诸侯的，都能长久得到保佑。所用来长久保佑的法则，是不要聚敛财产用以自利，不要奢侈糜烂败坏货物，这才是先王所崇尚的。由于“维王其崇之”中的“王”是承接上文“锡”与“惠”而出现，指的是先王，所以此“王”是从成王口中发出的称述先王的词。

“念兹戎功”《毛传》：“戎，是‘大’的意思。”震按：“戎功”，指诸侯拥戴文王和武王而辅佐他们平定天下所立下的大功。成王执政初始，前来助祭先王的诸侯往往是辅佐文王和武王而有功绩的人，所以篇首说“烈文辟公”，这是赞美他们的功绩；篇中说“念兹戎功”，这是表示不要废弃他们的功绩；篇终说“于乎，前王不忘”，这是成王与他们一起在缅怀文王和武王的功德。

天作

“彼徂者岐，有夷之行。”《毛传》：“夷，是容易的意思。”《郑笺》解释说：“徂，是前往。行，是道路。诗意是说，后来前往依附的人，又是因为岐邦君主拥有美好易行的道路。”震按：诗意是说，通往岐山的道路，是人民前往归附之路，这条路看起来平坦易行。大约是喜欢岐君而愿意归附，所以觉得这条路没有艰难险阻。《后汉书·西南夷传》

记载朱辅上疏说："臣听闻《诗经》里说：'彼徂者岐，有夷之行。'《传》文解释说：'通往岐邦的道路虽然偏僻，但是人们不以为偏远。'"章怀太子《注》说："《韩诗薛君传》解释说：'徂，是前往。夷，是容易的意思。行，是道路。那些归附文王的百姓，都说岐邦有容易行走之道，可以前往归附了。容易行走之道，意思是因为仁义之道而容易行走，故此岐邦道路虽然有险阻但人们也不以为难行。'"依据这一《注》文与《郑笺》文字来校订经文可知，薛君研习《韩诗》，郑君研习《毛诗》，他们引述的"徂"字和"者"字表明其所传授的经文本来没有差异，不知什么时候"者"字因转写而错成"矣"字了。而沈存中说："'彼徂矣，岐有夷之行'两句，《后汉书·朱浮传》引作'彼徂者岐，有夷之行'。"王伯厚《诗考序》说："朱文公《诗集传》写作'彼徂者岐'，是依从了《韩诗》的文字。"现在用《韩诗薛君章句》以"徂"为"往"的释义来加以校订，可知《韩诗》与《毛诗》此处并无不同，伯厚大概是未能深入核查才发表了这种言论。沈氏所引述的《后汉书》文字乃是朱辅上疏之文，却错写成了"朱浮传"，又将"徂"字错写成了"岨"字，或许这些都是因转写而导致的失误。查验沈书所辨别的内容，其实只有"矣"字和"者"字不同；二字之前的文字都写作"岨"，并无不同。出现文字错误，恐怕是他本想证明古经文是作"者"字而不作"矣"字，但其著作经过转写而在"徂"字偏旁上发生了用笔偶然舛误的情况。朱熹《诗集传》解说旨在于用"险"来与"夷"相对，这样做实际上是缘于采用了沈存中《笔谈》的讹文。朱熹对《中庸》"蒲卢也"三字的解说也因为采取《笔谈》的臆说而改变了旧注的说法。朱辅所引述的《传》文称说"岐道虽僻"，以及薛君称说的"岐道阻险"，只是基于"有夷之行"这一句来阐发诗义，并不关涉"徂"字诂训。后人因为王伯厚的说法，于是就为《韩诗》制造出一个谬误的证明。幸亏还有《韩诗》"徂，往也"的解释存在。现在根据沈存中的论说而核查《朱浮传》，但此传并没有这些话语，姑且对《后汉书》留下一个疑问。由于即使是朱子这样广泛择取众说的方式来订正古说，但结果仍然依凭错误文字而改动经文，所以我就有关情况作出详细论述。

昊天有成命

《毛传》:“基,始。命,信。宥,宽。密,宁也。缉,明。熙,广。单,厚。肆,固。靖,和也。”《郑笺》解释说:“《传》文‘广’字应当是‘光’字,‘固’字应当是‘故’字,因读音相近写错了字。”震按:古字“单”与“亶”相通。虞翻注释《国语》,也破读“广”字而为“光”。《荀子·礼论》中“积厚者流泽广”,《大戴礼记》载录其文,“流泽广”三字写作“流泽光”。“广”“光”二字大概相互通用。《毛诗》此篇《传》文释义完全依据《国语》。《国语》记载叔向解释此诗说:“诗歌歌颂文王、武王隆盛的功德”,“诗文称道能成为君王的功德。即成为君王的人,是能够接续前人文德并使之显明、又能够奠定武功的人。诗歌本是述说成就王命的事情,却在开端称道‘昊天’,这是敬重上天的缘故。文王、武王二位君主接受天命,是能够谦逊对待有德之人的缘故。成为君王却不敢安宁坐享,是敬重下属百官的缘故。夙夜,表明做事恭谨。基,是开始的意思。命,是诚信的意思。宥,是宽仁的意思。密,是安宁的意思。缉,是接续的意思。熙,是光明的意思。亶,是厚重的意思。肆,是牢固的意思。靖,是谐和的意思。能成为君王的人,在其王业开端敬重上天并具有谦逊待人的品德,而又能敬重百官下属;发展时期能恭谨勤俭、诚信宽厚,循守这些美德因而统领人民走向安宁;最终取得王位,又内心光明仁厚,因而能巩固天下安宁的状态。君王从具有谦逊品德开始,中间经过诚信宽厚的德政,最终达到拥有巩固安定的天下,所以叫作‘成’。”凭着叔向是晋国博学多闻的人,生活年代又距这首诗创作时期不远,加上当时《诗》教内容为众人所研习,正确的词义诂训还未失传,语言也尚未发生迁移变化,他的解说就是如此这般。但后来的儒者却不能采用叔向的解说。今天距离叔向的时代之遥远,已经数倍于叔向距离诗文创作的时代了,因此连并叔向的解说都不能通晓理解。古人把完整而没有亏损叫作

"成"，把上天昭示出的诚信叫作"命"。上天昭示诚信的表现，就是世间万物的衍生不息都是同样真实地存在而没有虚妄。所以经文说："维天之命，于穆不已。"又说："民受天地之中以生，所谓命也。是以有动作、礼义、威仪之则，以定命也。"不抛弃天然禀受到的命叫作"定命"。早晚对天命敬慎恭顺、已经开始还未达终点叫作"基命"。凡是德行美盛、恭顺礼仪的人，都是终身有如最初那样，认为自己在德、礼方面还未到达完善的境地。"基"犹如太子晋所说"基德十五而始平"中的"基"。（在此之前，太子晋说从后稷之时就开始安定人民，周人经过十五位君主到文王那里才得以使人民安平。）万物发展都得之于上天非虚妄的允诺叫作"命"，这是天道。世上共同目睹其人不曾违背说过的话叫作"信"，这是人道。所以叔向在对"夙夜基命"解释时说："命，就是信。"追究其实质，可知人道就是天道。做君王的谋求完美地顺应天道，所以诗文不更换语辞，知道拥有王位的根本原因故而推源说"昊天有成命"，于是乎诗句有了畏天命的含义。所以叔向认为诗意是敬重上面的二位君王能够接受天命。难道上天还会谆谆告诉受命者其天命而听凭其接受吗？举凡崇尚贤才喜好美德的人，让天命的精微随其变动都相应显现出来，而且其间都有避免产生不相应的谬误的措施，这样就可以看作接受天命。说到"受"，就有虚怀纳善的含义，所以叔向以为是谦逊待人的品德，而贾景伯、唐子正认为是"向八虞咨询，向辛、尹咨询之类"，都是正确的解释。古人把不荐用自身叫作"让"，把百官族姓叫作"百姓"。《诗经》当中凡是说到"成王"的地方，《毛诗》都解释为"成就此君王之事"。"不敢康"是不安然位居于臣民之上的意思，因此"成王不敢康"这句诗就有了向臣僚邻居请求帮助的含义，所以叔向认为是敬重百姓。宽仁叫作"宥"，专一于安宁叫作"密"。恭敬俭朴诚信宽仁这些品行，都归结到了安宁这一目标，专一于安宁又是实现这一目标的关键路径。世代持续不断叫作"缉"，如同"授几有缉御"中的"缉"。古人把前后世代相承续叫作"明"，所以用"明"解释"缉"，就犹如《尔雅》用"明"解释"翌"一样。

后文不再称举“明”来作解说，可知“明”不是取“光明”这一义项。诗文中“缉熙”的意思，只是说光明的德行持续不断而已。一兴起就有光芒叫作“熙”，敦重笃实叫作“亶”，做事慎重叫作“厚”，极端纵放叫作“肆”，到达极限仍然坚守、中途没有变化叫作“固”，为平定安宁而谋虑叫作“靖”，调和适中平衡而没有纷扰骚乱叫作“和”。所以叔向用“厚”解释“亶”，用“固”解释“肆”，用“和”解释“靖”，大概意思是君王不让自己光明的美德缺损，敦厚强化自己的初心，用极限要求来作为治理的法则，于是乎就有了局面平定安宁而天下协和的局面。这首诗所述内容几乎就可以看作“成王”的具体含义，“成王”是成就其王事而没有重大缺失的称谓。所以叔向对诗歌全文都作出解释，最后用“故曰成”作为释义结束语，说这才是成就王事的功德。这就是为什么能接续文德而使之昭明就是“成”，能奠定武功而使之有业绩就是“成”，这是歌颂文王与武王两位君王有极其隆盛的美德。颂这种诗体，具有用语少但含义深远的特点。这首诗，蔡邕《独断》也以为是在郊祀天地时所演唱的，说明《鲁诗》与《毛诗》的看法相同。诗文陈述二位君王敬奉上天顺应天道而成就王事，及其谋求安宁人民的隆盛功德，周人能够事奉天地的原因就在这里了。毛、郑解说《诗经》，贾、唐注释《国语》，都认为“成王”不是指周成王其人，这一结论根据叔向论说的全文内容是可以推求到的。

我将

“维天其右之”震按：冬至日在圜丘的祭台上祭天，是为阳气开始升发而举行的报答之礼，所以将后稷作为配祀；季秋时节在明堂向五帝献祭，是为一年的收成而举行的报答之礼，所以将文王作为配祀。《周礼》有祀天“旅上帝”的文字。《司服》说：“君王的吉服穿戴之礼是这样：祭祀昊天上帝的时候身穿大裘并佩戴礼冕，祭祀五帝的时候也如此。”“五帝”就是上天，将其分别称为“上天”和“五帝”是在这样的情况之下：就一切都由上天主宰的角度而言，将上天称为“昊天上帝”；五方都是天，但因风雨寒暑等变化而祭祀的是五方之天，这时五方之天就称为“五帝”，也称为“上帝”。这首诗所说的“维天其右之”一句里，“天”指的是五方之天。《周礼》中的“旅上帝”，《月令》中的“季秋之月大飨帝”，《孝经》中的“宗祀文王于明堂，以配上帝”，其中的“上帝”或“帝”都是指五帝。既祭祀上天还要祭祀上帝，犹如既要祭地还要祭祀四望一样，既要总起来祭祀，又要分别祭祀，祭祀礼仪才算完备。

执竞

“不显成康”《毛传》：“难道没有彰显出来吗，武王成就大功业而安定国家的情况？”震按：“成”就是说成就王业，“康”如同《周易》称美康侯之“康”，即为治安的意思。诗歌是说武王大大彰显出其成就王业和安定国家的功业，因而上帝予以大福表示嘉美；武王自从那时成就了王业、安定了国家，威力覆盖天下而拥有了四方，功业十分清晰并且无比鲜明昭著。诗中“彼”指当时。如若认为“成康”两字分别指成王和康王，那么诗中歌颂武王的辞语就只剩下“执竞”和“无竞维烈”了，而歌颂成王和康王所用的“丕显”“上帝”“皇大”这些辞语在程度上就都超过了对武王的赞美。这就又直接像似武王还没有能够安定四方，而是从成王、康王那时才“奄有四方”。这样的话，诗意也就难以贯通理解了。用祭礼对此进行考查，当时时祭是分别在各神主的祭庙里举行，袷祭都是在太庙里举行。周王朝既然制定好了礼制法典，后来就必定不会出现在合祭武王、成王和康王的时候却不再往上祭祀文王的情况。

臣工

“嗟嗟保介，维莫之春。”《郑笺》说：“保介，指车右这种卫士。《月令》说：‘在孟春之月，天子亲自装载耒耜等农具，把它们放置在同车的多名卫士之间。’莫，是晚的意思。周历的季春，在夏历中相当于孟春，是诸侯朝拜周王的春月。所以在晚春遣发他们，就表现为因为春耕时事而敕令他们的卫士。介，是盔甲。车右，是勇力之士，都披戴着盔甲手中持有兵器。”震按：“保介”的问题是这样，天子、诸侯在田间举行耕藉之礼借以劝农的时候，保介是与天子或诸侯同车的人，农具放置在他们之间，所以这些人出现在了劝农的诗文中。诗文是表现周王借此活动命令诸侯以农事为急务。下文意思是说，另外还要寻求什么呢？只有设法如何让人民在新田、畲田上尽力耕作才是急迫的事情。种植麦子就将受到上帝明显的赐予，如果在耕作上尽力，又将被上帝给予丰年的保障。诗中周王命令置备农具如耕作用器铲、锄之类，再结合《豳诗》相关内容来看，“三之日于耜，四之日举趾”就是这时要进行的农事活动。《夏小正》中所说的“农夫整修耒耜”，“农夫急着领取均田”，“年初在公田耕作”，纪时都是在正月，因此暮春是周历三月、夏历正月就是确定无疑的了。后人不了解夏商周三代不同历法的时节月份的出入，但在汉儒那里大概是明确了解的，无需辨别论说的。所以《孟子》“秋阳以暴之”，赵岐《注》解释说：“周历的秋季，相当于夏历的五、六月，所以‘秋阳’就是盛夏的烈日。”《礼记·明堂位》篇说：“鲁国孟春时节在郊外祭祀天帝，以后稷作为配祀。”“季夏六月，鲁国在太庙用禘礼祭祀周公。”此处“孟春”指的是夏历的仲冬；“季夏六月”指的是夏历的孟夏四月，恰好与诗文所说的暮春时节吻合。《后汉书·陈宠传》说：“冬至时节，阳气才开始萌发，所以十一月有兰草、射干、芸草、马兰等植物应时萌芽。”“把天象变化作为岁始依据，所以周人以十一月为开春之月。十二月阳气往上升行，雉鸟母鸡开始孵育。把大地上的变化作为岁始依据，所以殷人历法以十二月为开春之月。十三月阳气已经来到，天地已经相交结合，万物都已经萌出，冬天蛰伏的虫类也开始活动。把人的变化作为岁始依据，所以夏历以十三月为开春之月。”何休注释《公羊春秋》说：“夏朝把建寅之月作为正月，把平旦时分作为朔日开端，这是师法自然界物类出现的状况，服色方面则崇尚黑色。殷商把建丑之月作为正月，把鸡鸣时分作为朔日开端，这是师法植物生芽，服色方面则崇尚白色。周朝把建子之月作为正月，把夜半时分作为朔日开端，师法自然界物类的萌动，服色方面则崇尚赤色。”这三代的季节月份以及正月朔日出入变化的情况，陈宠、何休还能论述。如果四季的时间范围不随着月份的变化而改变，就会出现周历和夏历一致的情况，孔子又何必要说“从事农业活动应采用夏朝历法”呢？

噫嘻

《毛传》：“噫，是叹息的声音。嘻，是表示谐和的声音。成王，是成就此王业的意思。”《郑笺》说：“噫嘻，是指有所增多加大的赞扬之声。假，是到达的意思。”震按：《诗经》中凡是说到“昭假”之处，语义都是昭明自己的真诚敬畏并传示给神灵，昭显自己光明的德行并传示给上天。内心的精纯真诚表现出来叫作“昭”，贯通所到达的地方叫作“格”。此诗“尔”的意思是“此”，如同“莫远具尔”“耆定尔功”中的“尔”。这首诗开篇用“噫嘻”作为发语辞，“噫嘻”犹如“噫歆”，是祝告神灵的声音。《仪礼·既夕》篇说“声三”，郑玄《注》解释说：“三次发出声音，为的是提请神注意。旧说认为此处之‘声’，即是发出的‘噫兴’之声。”（“噫兴”就是“噫歆”。）《士虞》篇郑玄《注》说：“声，指发出的‘噫歆’之声。”《礼记·曾子问》篇郑玄《注》说：“声，指发出的‘噫歆’之声，目的是警醒神留意。”这首诗是在春夏向上帝祈求谷物丰收时所唱的歌，所以先是发出“噫嘻”声让神留意，进而对神述说已经成就君王之业，在此昭明心意传递上去，借以为民祈祷。在完成祈祷之后，就率领农夫播种，并让他们全都在农事上尽力。因为民事就是王事，重视农事就是成就王业的路径。《周礼》中的圜丘祭祀与四郊祭祀不同，在圜丘祭祀昊天上帝，在四郊祭祀五方之帝，而总祭上天和分别祭祀五方天帝的礼仪于是就齐备了。圜丘祭祀只是在冬至举行一次，四郊祭祀则是在立春、立夏、立秋、和立冬共有四次举行。祭祀五方之帝的目的无非是重视农事、为民谋求福利，借此成就王业而已。圜丘祭祀,在郊祀礼仪中属于盛大的,是君王专门祭祀上天的活动。四郊祭祀,在郊祀礼仪中属于琐细的,是君王为了民事而祭祀上天的活动。盛大的意味着总祭祀,琐细的意味着分别祭祀,而周礼仪式的隆重与简略也就随之区别开来。专门祭祀上天,因而不敢轻慢,所以一年才举行一次。为民事祭祀上天,因而不敢不齐备,所以在立春、立夏、立秋、立冬四时累次举行。这些礼法蕴含着圣人制礼的精微用意。

雍

“绥予孝子”震按:诗中所说“天子穆穆”,明明是赞美主祭人的言辞,而不是主祭人自己说的话。《诗经》中凡是说到“绥”的地方,比如“绥以多福”“绥我眉寿”“以绥后禄”,辞义都归结到主祭人接受神灵的降福。这类福佑就是此诗下文内容反映的:使国家世世代代都拥有通达而智慧的人作为大臣,兼有文武德行的人作为君王,而君王能侍奉上天使后代昌盛永久不被更替,以及让他获得“眉寿”“繁祉”等,这些都是所受之福。此外,在庙号方面,从父考开始往上通通称作“考”,比如五庙分别是祖考庙、显考庙、皇考庙、王考庙和考庙。《尔雅·释亲》中,从父母一代开始往上就不曾离开包含有“父”“母”这样的称谓了。而主祭人进入宗庙之门就全都成为儿子的身份,所以“子”也是主祭人在宗庙里的通称。《郑笺》将诗中“烈考”“文母”解释为“光明之考”“文德之母”,因此在宗庙中的“皇考”“烈考”“文母”一起被祫祭的时候就统称为“祖”与“妣”,本就没有什么隔碍区分。蔡邕说这首诗是禘祭太祖时所演奏的乐歌,他的解释与《毛诗》相同。诗歌篇名又叫作“彻”。《周礼·乐师》“等到祭祀末尾将要行‘彻’之时,主祭人就率领学子唱起《彻》曲”,以及郑玄《注》文所说的“将彻的时候歌唱《雍》”,就是证据。周王室举行禘祭之礼,在将彻时唱《雍》,鲁国僭用禘祭,所以也应在将彻时唱《雍》。到了后来,鲁国三大家族也把唱《雍》安排在将彻之时,于是天子的乐章被降低地位用在了大夫一层，而大夫不知道自己在进行这些程序时并未顾及其含义，只是沿袭着前人的做法。尸出去后就开始彻，所以说在荐献牺牲摆列好肉食品之后会有受厘仪式，从而将福佑归属于主祭人。把《雍》的歌唱时间安排在彻时即是在禘祭末尾，这种情况从诗中的用辞明显可以推求到。

武

“耆定尔功”震按：尔，犹如“此”。

闵予小子

“陟降庭止”震按：这句是说武王常常惦念着文王之道，在朝廷的一举一动都效法文王而进行，也就是《访落》里所说的“绍庭上下，陟降厥家”。这种“克孝”行为非常重要，可以永世让子孙恒定固守于此，而文王和武王传承下来的绪业也在于此了。

访落

“于乎悠哉，朕未有艾。”《郑笺》解释说：“艾，是心中有数的意思。”震按：“艾”读作“芟刈”的“刈”。“艾”犹如说“止”。有接续而未有终竟叫作“未艾”。《小雅·庭燎》第二章说：“夜未艾”。“夜未艾”在时间上比“未央”靠后（央是中间的意思），但是比“乡晨”靠前。《春秋左传》说：“国未艾也。”又说：“大劳未艾。”两例中的“未艾”都是没有终竟、休止的意思。此处诗句说“朕未有艾”，意思是遵循武王指引的道路，没有什么可以让自己休止，借此见出统绪悠远、王业难以终结。所以下文说“继犹判涣”。判涣，就是“伴奂”，是舒展散开而持久不到尽头的意思。

“休矣皇考，以保明其身。”《郑笺》解释说：“美矣！我的君考武王，能用文王之道使自身尊显而且安稳。意思是说武王安定天下，身居天子之位。”震按：上文说“绍庭上下，陟降厥家”，就是所谓“念兹皇祖，陟降庭止”的意思。是在赞美武王继承文王之道，使家庭上下升降都无不由此而安稳牢固、尊贵显赫。这是成王知道接续前王基业的难度，也是在向武王表达自己对他的敬慕在这些方面。

小毖

“莫予荓蜂，自求辛螫。”《毛传》：“荓蜂，是摩曳的意思。”震按：《尔雅》：“甹夆，是掣曳的意思。”郭璞《注》解释说：“意思是牵挽。”现在考察诗文辞意，是说我没有人牵引导路，使得行为失当从而导致灾难缠身，因此只是自找而已。此处说要警示戒备在前，接下来就说应小心谨慎在后。

丝衣

“不吴不敖”《毛传》：“吴，是喧哗的意思。”震按：吴，《方言》解释为“大”。《说文》解释为“大声说话”。徐锴认为，既然是大声说话，所以就是不假思索矢口而发声的意思。

酌

“是用大介，我龙受之，蹻蹻王之造。”《郑笺》说：“介，是帮助的意思。”震按：诗文说武王在时世晦昧的情况下就跟着晦隐，所以虽然拥有光彩夺目的部众，但也只是遵循时世的特点而安养他们；等到时世变得光明彰显，武王就跟着彰显出自身的光彩，上天于是给予他很大帮助。而武王也能很好地接受来自上天的恩宠，因此成就了赫赫威武的王者基业。下文说后续还有众多人马可用，确实在于具有善于使用部众之道。允师，是说明部众不能轻易地使用。

桓

“皇以间之”《毛传》：“间，是代替的意思。”震按：诗中没有一个词谈及殷商，因此独独将“间之”理解为代替殷商的辞语，对于诗文来说就缺乏可供照应承接的对象，因此似乎难以强行借此疏通。大概上文所说的“保有厥士，于以四方，克定厥家”，意思就是安然拥有众多贤士，把他们派往四方任用，就能够奠定周家王业。因此诗文所说的“绥万邦”，又怎么会是指诸侯治国的事情呢？实际上指的是天子安定万邦之事。而武王的美德昭明显著地上传于昊天，昊天于是用武王作了殷王的替代。“皇”如同“惟皇上帝”中的“皇”，指的是昊天。“绥万邦”，是指代替天子做事。“克定厥家”，是指代替了天子的位置。

赉

“敷时绎思”震按：思，是辞助。诗句是说，广泛展示文王创业的事迹而寻求如何予以继承。所以诗末说“于绎思”，这是慨叹赞美武王很好地继承了文王的事业而使之得到延续。

“我徂维求定”震按：诗句的意思是，前往制胜殷商，借此谋求安定天下。因为圣人本没有夺取天下的意图，只是有安定天下的仁心。

“时周之命”《郑笺》说：“劳心政事，这是周家能够接受天命而王天下所经由的道路。”震按：蔡邕也认为这首诗是在宗庙大封天下、赏赐有功德的大臣时所演奏的乐歌，说法与《毛诗》相同。《春秋左传》引述《桓》《赉》，把它们都系属于《武》乐的名下，因此《赉》这首诗是表演《大武》时所唱的乐歌。大封天下正是武王执政时期完成的一项功业大事，表演《大武》舞蹈时，歌唱这些乐诗，整个表演分成六成章节。《周颂》是在成王时期创作，创作原因是要借此追溯和显明武王的功绩并赞美他。所以诗歌是称颂赞美武王，不是为了称美诸侯而抒写，就是明确的了。《乐记》说：“《武》的内容顺序是，开始第一成表演的是周人往北方进发，第二成表演的是灭亡殷商，第三成表演的是返回南方。”郑玄《注》解释说：“每奏毕《武》曲的一个乐章是一成。再次演奏的就是第二成，这一成是表演灭亡殷商时的事情。演奏的第三成，是表演灭亡殷商之后还有余力返回故土。”现在考察诗中所说的“我徂维求定”一句，其内容正好与武王返回之后大封天下的情况吻合。

所以《春秋左传》认为《赉》是《武》的第三成,《桓》是它的第六成。作这样的顺序安排,诗章与舞蹈在内容宗旨上就是协和的,所以这一顺序大概是《诗经》篇章次第还未淆乱时的旧有状态。武王有了天命然后就可以大封天下,而他继承文王事业,谋求安定天下这些作为,确实来自接受的天命。诗篇开始述说武王的意愿,篇末二句则是向他献上赞美的言辞。把这些内容用乐章的形式表现出来,目的是使天下都知道周家接受天命的正当性。

般

“墮山乔岳,允犹翕河。”震按:《尔雅》说:“峦,是山形为墮的意思。”“墮”与“椭”两字声义相通。长圆形叫作“椭”。凡是山,其形状都不是正圆形的,所以就出现了“墮”的名称,意思是圆而狭长的山。“乔”与“峤”两字意义相同。《尔雅》说:“形状尖锐而高大的山,叫作峤。”这就是证明。黄河会合起众多水流,如果不是黄河的翕集,这些水流就会泛滥溢出堤岸;水的本性就是不能恒常不变,如果翕集起来的水流不相允顺就不能维持长久聚集的状态。山的状态是静止不动,所以就用形状来表示,把它形容为“墮”,形容为“乔”。水的状态在于动荡不息,所以就用品德来表示,把它形容为“允”,形容为“翕”。“于皇是周”的意思是周朝已经代替了殷商。“陟其高山”中的“高山”是指四方山岳。或椭圆或尖耸等各种山岳的神灵,翕集众多水流而能允顺合流的黄河之神,经由地中行走到此,以及普天之下的其他神灵都无不聚集到此地来报命周王,这是在说明周家接受天命而在此地按照尊卑次序祭祀山川。古书之中“犹”“由”两字相互通用,大概本来是因为音同而导致转写错误,随后沿袭下来就成为相互通用的古字,借以避免了改字问题。此诗依据内容意义而命名为“般”;般,是盘旋回环的意思,篇题就是盘旋巡行普天之下的意思。《时迈》内容是讲举行燔柴祀天仪式,告祭四方山川神灵。《般》诗陈述的是按照顺序望祭四方山川神灵。没有接受天命就不能够巡狩天下,犹如没有接受天命就不能够大封天下一样，所以《时迈》说“昊天其子之”，而《赉》与《般》都同样说“时周之命”了。

鲁颂

泮水首章

“思乐泮水”震按：泮水出自曲阜县县城，往西流至兖州府城东汇入泗水。《通典》所载“兖州泗水县有泮水”，说的就是这一情况。今天的泗水县就是当年鲁国的卞邑地区。

二章

“匪怒伊教”震按：凡是能够使人民敬畏威势从而远离犯罪的事情，无非是教化罢了。此处诗句是说不是靠发怒就足以能够教化人，借此申明鲁侯的嘉善声音清亮。有人用这一诗句证明“泮宫”是诸侯的学校，这种解释对于诗意来说也是谬误的。

五章

“既作泮宫，淮夷攸服。”震按：《谷梁春秋》：“作，是修建的意思，修建是为了扩大其规模。”这里的“作泮宫”，大概也是为增大规模而再加修建。鲁国有泮水，“作泮宫”是在泮水上建造宫宇。所以在其他诸侯国绝对不会听说有泮宫，独独鲁国才有。泮宫这种建筑，是供鲁人在其中祭祀后稷吧？鲁国有祭祀文王的宗庙叫作“周庙”，而因为要郊祀后稷，就在国都南边的泮水之上建造宫宇，其建制规模尤其不是一般诸侯庙制所能达到的。这座建筑是依据泮水来取名，所以称为“泮宫”。《采蘩》篇《毛传》：“宫，就是庙。”说明宫与庙是名称相异但实质相同的建筑。《礼器》说：“鲁国人若有事需要祭祀上帝，必定会先在頖宫祭祀祖宗。”（“泮”与“頖”两字是同声假借的关系。）郑玄《注》解释说：“在頖宫是为了告祭后稷。告祭他的原因，是将要以他配祀上天。”这样，诗中所说的“从公于迈”，以及“昭假烈祖，靡有不孝”，这些活动就都明显是在国都之外祭祀后稷的地方进行。诗中说“献馘”“献囚”“献功”，大概鲁国在祭祀后稷的地方举行祭祀活动之时，也就地赏赐有战功的武臣。《王制》这一篇的文字是在汉文帝时期撰写的，内容多有附会之处，不足以作为依据来证说泮宫的功能。《春秋·僖公十三年》记载：“夏，会于咸。”（指鲁、齐、宋、陈、卫、郑、许、曹共八个诸侯国会合。）《左传》说因为“淮夷攻打杞国的缘故”，所以“僖公十六年冬，诸侯会合在淮”。（此次会合的诸侯国同前所述，另外又加上了邢国，共九国。）《左传》说：“大家商量救助鄫国（杜预注：“因为鄫国遭受淮夷侵犯的缘故需要救助。”）和往东进展的问题。”齐桓公会盟诸侯，商议为杞国建造新都缘陵，迁移杞人到新都之后又为鄫国建造都城，但城没建好，诸侯就各自回国了。这些国家不派军队攻打淮夷，必定是因为淮夷有贿赂求和的事情。这一情况不值得记载，所以不见于经传。这首诗在第五章以后才说到淮夷，应该不是完全没有事实依据而只是虚饰的言辞。淮夷地方靠近鲁国，鲁人应当做了使它顺服的事情，因此诗文又借此勉励鲁侯了。

闷宫二章

“敦商之旅”震按：“敦”字就字形来说从攴（“敦”字隶省作“攵”），本义是督促责令。“敦”“笃”“督”三字是一语之转的关系。《说文》“敦”字下说：“一曰谁何也。”《史记》：“信臣精卒，陈利兵而谁何。”崔浩解释说：“何，有的本子写作‘呵’。”《汉旧仪》：“宿卫郎官将夜晚分为五段而谁呵，谁呵就是呵问夜行的人是谁。”“谁呵”也就是“呵止”的意思。大概“敦商之旅”一句，犹如说“遏止殷商的国途”而已。

三章

“周公皇祖”震按：“周公皇祖”即皇祖周公，用倒桩形式是为了迁就押韵。

四章

“三寿作朋”震按：“三寿”分别是指活到上寿、中寿和下寿这三种寿命的人。“作朋”是说在寿命方面都能够与“三寿”比肩。诗文由此引申到极致，所以又夸大其词说长寿“如冈如陵”。王伯厚说：“《晋姜鼎铭》中说道：‘保其子孙，三寿是利。’所以《鲁颂》中的‘三寿作朋’大概是古语。”

五章

“公车千乘”《毛传》：“大国用于军事的税收赋敛以相当于千辆兵车的价值为限度。”震按：郑康成注释《周礼·小司徒职》时引《司马法》说：“方圆六尺为一步，百步为一亩，百亩为一夫，三夫为一屋，三屋为一井，十井为一通。一通要出一马。一通三十家，要出甲士一人，步兵二人。十通为一成。每一成拥有百井之田，共有三百户人家，要出兵车一辆，甲士十人，步兵二十人。十成为一终，每一终拥有千井之田，共有三千户人家，要出兵车十辆，甲士百人，步兵二百人。十终为一同。每一同拥有方百里地，共万井，共有三万户人家，要出兵车百辆，甲士千人，步兵二千人。”按照一成三百户人家，一家可资差用的人员为一人来计算，一成可资差用的就有三百人，但实际只出兵车一辆、甲士步兵共三十人，就是按照十分之一的比率来征收赋敛了。《周礼·小司徒职》所说的“凡是起征民众服徭役，不会超过每户人家出一人的限度”，应该指的就是这种情况。《司马法》还记载了另一种说法：“九夫为一井，四井为一邑，四邑为一丘。一丘拥有十六井，要出戎马一匹、牛三头，这叫作‘匹马丘牛’。四丘为一甸。一甸拥有六十四井，要出长毂兵车一辆、马四匹、牛十二头，还有甲士三人、步兵七十二人，还要出齐相应的戈、盾兵器，这叫作‘乘马’。”核查到《小司徒职》原文的说法是：“上等田地授予七口人之家，这样的一户人家可资差用的人员是三人。中等田地授予六口人之家，这样的人家可资差用的人员是每二家五人。下等田地授予五口人之家，这样的一户人家可资差用的人员是二人。”总括上中下三等田地来平均计算可资差用的人员，大致是二家出五人。一成有三百家，可资差用的人员共计有七百五十人，但实际只提供长毂兵车一辆，甲士、步兵合起来总共七十五人，所以也是按照十分之一的比率来取用了。前面《司马法》记载的赋法是一家可资差用的人员仅一人，这只是计算了正卒；此处《小司徒职》记载的赋法是二家出五人，这是包括了正卒和羡卒的数字。五人中除去正卒二人，二家提供的其余三人是羡卒。所谓“以其余丁壮人员为羡卒，只是在田猎与追杀强盗敌寇的时候才将正卒和羡卒全部起用”。起用他们让其服役，都是按照十分之一的比率。这样百井共九百夫之中，起用的正卒为三十人，羡卒四十五人。六十夫只取用两位正卒、三位羡卒，总共五人。唐代李靖称说曹公《新书》记载：“用于进攻的车，一辆配置七十五人，就中分出一队在前正面抗击敌军，剩下的人另外分成两队分别安排在左、右两端。用于防守的车共一队，队里包括炊事人员十人，守护装备的五人，厩养马匹的五人，砍柴和汲水的五人，共二十五人。这样攻车、守车有两辆，总共配置一百人。”这就是孙子所说的“凡是用兵的法则，需要轻型战车千驷，重型战车千乘，全副武装的军人十万”。其实这是战国时期穷尽人民所有，才凑成的包括全部军队的编制。但是包咸之类的人却一味坚信并采用《王制》牵强附会的说法，认为大国也必定不超过方圆百里的地盘，然而又不能说封建诸侯没有拥有千乘之车的大国，于是就说十井出车一乘，百里方圆的国家正好拥有千乘之车。那些平庸的儒者研治经典，不能稽考古代记载，告诉他古代大国的区域是方圆数百里，他就以为你说的与古代建制不符，却独独不去怀疑十井共出一乘的赋法是亡国的政策，是人民不能忍受的命令，实际政策不至于如此。这首诗中的“公车千乘”“公徒三万”，与一辆兵车有甲士、步兵共三十人的说法正相吻合。鲁国是千乘之国，所以说是“公车千乘”。康成笺注诗歌根据古人“大国三军合计有三万七千五百人”的记载，认为此诗举三军人马成数故称为“三万”。这样，实际上删减了七千五百人。他在答林硕时又说：“三万是两军的概略人数。”这样，实际上又增加了五千人。”孔冲远认为诗歌“颂美鲁僖公，应该增益夸大其实有事迹”。因而似乎两军可以称为三万，三军应当称为四万了。《国语》记载：管仲制定了万人为一军的编制，但“宣称三万人，以此驰骋天下”。数量虽然与这首诗所说的相当，但鲁国未必采用齐国兵制，还是应该根据《周礼》“凡是起征徒众服徭役，不会超过每家出一人”的说法来解释这首诗的相关内容。而“二军”也好，“三军”也罢，不要拘泥那些人数就好。

“寿胥与试”震按：胥，是“皆”的意思。试，是“用”的意思。诗句是说黄头发和鲐纹之背是长寿的不同征象，已经有了这些长寿征象的老者全都作为后备力量被给予选用的机会。

九章

“新庙奕奕”《郑笺》说：“翻修旧的建筑叫作‘新’。这里的‘新’，指的是翻新姜嫄寝庙。姜嫄的寝庙，在其他寝庙修建之前就修建了。”震按：诗歌首章说“閟宫有侐，实实枚枚”，随即接续说“赫赫姜嫄，其德不回”。如若閟宫不是姜嫄的寝庙，就不会有这种内容的表述体式了。诗中说“是生后稷”，说“皇皇后帝，皇祖后稷，享以骍牺”，清楚展示出郊祀后稷的内容。因祭祀后稷而上推到后稷的诞生，这是鲁国拥有姜嫄庙的原因。太王、文王和武王使周邦兴盛，这种祥福本来就是从姜嫄那里开始的。鲁侯继承周王这种祭祀，慎重整修姜嫄庙寝，因而有了“新庙奕奕”的结果。这里说的是一座姜嫄庙，而其余庙寝的情形由此可以想见，这是因为姜嫄是寝庙祭祀最早的对象而且是最遥远的先人的缘故。鲁国有文王庙，但不计算在宗庙庙制之内，所以不按宗庙称谓而把它叫作“周庙”。由文王上溯推及后稷，再进一步推及到姜嫄，他们的寝庙尤其应当不按宗庙称谓，所以分别叫作“泮宫”，叫作“閟宫”。閟，犹如说门前娴静肃慎。因为是最初生下周人的先祖，所以鲁人又把祭祀她的寝庙叫作“禖宫”，这是尊她为神的意思。《毛诗》引述孟仲子的话说：“姜嫄庙是禖宫。”康成《诗谱》说：“孟仲子，是子思的弟子。”（陆德明《序录》说他是鲁人。）

商颂

那

“亦不夷怿”震按：“亦不”犹如说“不亦”，古语习惯于如此顺序。

长发首章

“有娀方将，帝立子生商。”《毛传》：“有娀，是契的母亲。”震按：此处的“有娀”只是指契的母亲。“方将”两字，是说她的后代将要壮大。《史记》记载说：“契长大后辅佐大禹，因治理洪水有功，被分封在商地，大禹赐予他‘子’姓。这首诗说“洪水芒芒，禹敷下土方”，意在表述契辅佐大禹治水的功绩。说“帝立子生商”，意在表述契被赐予子姓的缘起，其后人由此开始世代相承，殷商也因而日益强盛起来。

三章

“帝命不违，至于汤齐。”震按：这两句诗是说从商人先祖直到成汤，世代君主都有明德，不曾违离天命，最终与天心齐意同而成就了汤王拥有天下的大命。

四章

“为下国缀旒”震按：《孔子三朝记》说：“所以为仪缀于国。”《曾子制言》说：“表缀于天下。”缀，是悬缀在高处让人民瞻望的意思；旒，也是悬垂彰显美好以此展示仪范。诗句的意思是说商汤王作为榜样而为诸侯各国仰视效法。

“不竞不絿”《毛传》：“絿，是急躁的意思。”《郑笺》说：“竞，是追逐的意思。”震按：绒，本来是牵引丝线的意思，《广韵》解释为“急速牵引”。凡是君王具有竞相争逐，或性格急躁，或者刚猛，或者柔弱等情况，都有害于施行政教。

五章

“为下国骏厖”《毛传》：“骏，是大的意思。厖，是丰厚的意思。”震按：上章所谓“缀旒”，是说仰望“缀旒”以之为效法的榜样。此处“骏厖”，是说依靠“骏厖”以之为安定的保障。上章说的是商王的政治成就，此章说的是商王的勇敢精神。上章只是说商王接受球玉成为天子，此章则说到商王接受各邦国供奉的贡品。两章意义各不相同但又相互配合。

《声韵考》《声类表卷首》(《答段若膺论韵》)译注

《声韵考》《声类表卷首》(《答段若膺论韵》)译注说明

戴震音韵学“上承顾、江,下起段、孔,兼考古审音之长”(严式诲《刻声韵考跋》)。《声韵考》《声类表》是戴震两部音韵学撰著,反映出其音韵学的重要成就。

一、《声韵考》

《声韵考》四卷,成书于乾隆三十四年(1769),主要论述音韵学,同时也兼有训诂学、文字学内容。

卷一分别考述“反切之始”“韵书之始”“四声之始”,以及《切韵》成书始末、《广韵》撰述缘由及其与《切韵》的关系以及两者之间的差异。

卷二内容大致分两类。

一是将《广韵》分散的同用、独用之韵以列表形式予以归类,并作相关说明。戴震考察中古音非常细致,深入韵的开合口及等列,揭示了《广韵》分部的深层次原因。例如,戴震指出,“平声二冬、十一模、十五灰、二十三魂、二十六桓,全韵皆内声一等;十六、二十四痕、二十五寒、六豪、七歌、二十二覃、二十三谈,全韵皆外声一等;十九臻、五肴、二十六咸、二十七衔,全韵皆外声二等……”内声,即合口呼,外声即开口呼。由于考察仔细,所以,他得出的“《广韵》上声二肿‘湩’字下云：'此是冬字上声。'盖昔人论韵，审其洪细，为一二三四等列"，这一类结论就显得很有说服力。这样无疑揭示出《切韵》及《广韵》的又一价值，以及等韵之学的起始时间。戴震自己也指出："（等韵）其说虽后人新立，而二百六韵之谱实以此审定部分。然则'呼''等'亦隋、唐旧法，后人窃其意以名专学耳。"此外，四呼之间以及呼等之间的关系问题，戴震也有发现，例如他说："开口呼至三等，则为齐齿；合口呼至四等，则为撮口。"戴震还揭示了《切韵》系统韵书选用反切用字的依据，以及韵部排序的依据："《切韵》之大要有三：双声一也，区别其洪细二也，声类异同三也。""声类异同"还涉及中古音与古音的一些关系问题。例如戴震指出，《广韵》排序上，江韵与东冬位置靠近，是因为江韵本身就是从东冬中独立而出的一个韵部。在古音系统里，这三个韵属于同一类。更重要的是，揭示了切韵系统韵部区分的细致与严格："就一类分之为平、上、去、入，又分之为内声、外声，又分之为一、二、三、四等列。虽同声同等，而轻重舒促必严辨，此隋、唐撰韵之法也。"

二是考校唐代韵书与宋代韵书异同，并着重论述了宋代三种重要韵书本身存在的内容差异，目的是展示不同时期用韵异同，说明韵部沿革："盖唐时诸家韵书，大致多本法言韵，亦各有微异。今所传《广韵》《集韵》，就二书考景祐所通窄韵十三，则唐、宋用韵沿革之大节目具在。"

卷三论述古音问题。卷中介绍了古音的"发现"史及研究史，说明了语音变化的原因及条件。卷中还详细考述了先秦韵部分类与《切韵》系统韵部分类的差异，体现出戴震对古音研究的细致与深入。

卷四着重论述音韵学问题，同时也论及训诂与文字学问题。卷中考述了三十六字母的来源及历史上字母与韵部分类问题等，考述了顾炎武《音论》的得失，及《广韵》不同版本中所涉及的韵部分合差异。此卷内容还涉及训诂及六书等问题。"字书主于训诂，韵书主于音声，然二者恒相因。"（卷四《论韵书中字义答秦尚书》）有关训诂内容，戴震主要论述了《尔雅》《毛诗》释义的具体问题。六书方面，则着重论述了"转注"与"假借"及两者差异。"谓指事、象形、谐声、会意四者为书之体，假借、转注二者为书之用。一字具数用者为假借，依于义为引申，依于声而旁寄，假此以施于彼也，数字共一用者为转注。"（凌廷堪《戴东原先生事略状》）戴震批驳了历史上存在的有关"转注"的种种谬解，提出"转注"是古语，其意即后人所谓"互训"。他的解释明快而富于说服力，解决了长期以来悬而未决的难题，为学界广泛认同。

要之，《声韵考》一方面在音韵学上，"述历代韵书源流得失，明反切之法非始于梵语"（严式诲《刻声韵考跋》）。对古代韵书源流、古音等问题作了论述；对宋元以来有关反切之始、三十六字母来源的种种谬说，不惮其烦地进行了考正纠谬；另一方面，在文字学上对于六书问题颇有建树。段玉裁曾概括戴震《声韵考》成就，说："先生之学精于六书，论'转注同意相受'，得自汉后不传之恉，既一洗诸说之踳驳矣，而'反语'本原汉魏经师，匪始于释氏字母，其言尤为雅驯。又今韵二百六部，宋景祐中许附近通用之十三处，补昆山顾氏所未详，而唐宋用韵功令沿革具见。"认为自己的《六书音均表》是对戴震之说的"引而伸之，补所未备"。（段玉裁《刻声韵考序》）

二、《声类表卷首》(《答段若膺论韵》)

《声类表》成于乾隆四十二年（1777），作者在完成此撰二十天后即因病辞世。

《声类表》以列表形式对古韵进行了分类。戴震将古韵分为九类二十五部，在江永分古韵十三部的基础上有了极大进展。而且，"每类中各详其开口、合口、内转、外转、重声、轻声。呼等之繁琐，今音古音之转移，纲领既张，纤悉毕举"（段玉裁《声类表序》）。不仅如此，《声类表》还"于今音古音无不兼综，彼此相配四声一贯，而反切之学大明"（刘师培《戴震传》）。但因表类形式不适宜翻译，故本译只将

《声类表》卷首译出。

《声类表》卷首收文一篇，即《答段若膺论韵》。刘师培《戴震传》谓《声类表》"撰述大义，具见于《与段玉裁书》（郭按：即《答段若膺论韵》），小学家咸奉为圭臬"。译注此文可略补《声类表》失译之憾。

该文字数九千余，可视作古韵分部问题的专论。文章详细说明了戴震自己在古韵分部上的具体做法及过程，从分古韵为七类二十部到分九类二十五部，其依据、方法都一一展示。戴震被公认为审音派，但实际上他的古音分部不仅得自于审音，也得自于考古，因而成就巨大。"盖江氏之论顾氏也，曰'考古之功多，审音之功少'，吾师之论余，亦云尔。江氏与师皆考古审音均诣其极，而师集诸家大成。"（段玉裁《声类表序》）《答段若膺论韵》即体现出作者既利用审音也利用考古进行分部的特点。戴震还主张入声独立，即将《广韵》当中的"有入之韵"与"无入之韵"代之以"有入""无入"两两相配，而以入声为其枢纽，即所谓阴阳相配而以入声为枢纽。这些做法是戴震古韵分部较细、类别较多的原因，并对后世产生深远影响。文中还评述了段玉裁《六书音韵表》有关古韵分部的得失并提供了修改意见。

此次《声韵考》及《声类表卷首》（《答段若膺论韵》）译注在王健庵整理本（收于黄山书社 2010 年《戴震全书》修订本）基础上进行，校以微波榭刻戴氏遗书本。译注保留了王先生标点，吸收了王先生校勘成果，并在注文中对其校勘成果予以了说明。

《声韵考》卷一(原文及注释)

反切之始

颜之推《家训・音辞》篇曰:“郑玄注六经,高诱解《吕览》、《淮南》,许慎造《说文》,刘熙制《释名》,始有譬况假借以证音字①。而古语与今殊别,其间轻重、清浊,犹未可晓;加以‘内言外言’‘急言徐言’‘读若’之类②,益使人疑。孙叔然创《尔雅音义》③,是汉末人独知反语。至于魏世,此事大行。高贵乡公不解反语④,以为怪异。自兹厥后,音韵锋出⑤,各有土风,递相非笑。……共以帝王都邑,参校方俗,考核古今,为之折衷。”陆德明《经典释文・叙录》曰:“古人音书,止为譬况之说,孙炎始为反语,魏朝以降渐繁。”

张守节《史记正义・论例》曰:“先儒音字,比方为音,至魏秘书孙炎始作反音。”(《魏志・王肃传》⑥:“时乐安孙叔然(授)〔受〕学郑玄之门⑦,人称‘东州大儒’,征为秘书监,不就。”裴松之《注》云:“叔然与晋武帝同名,故称其字。”)

---

① “始有”句:譬况假借,两者都是古代的注音方法。假借即是利用音同或音近的字注音,即所谓直音法。譬况,大致是在直音的基础上再加以对发音方式进行描摹,如古人所谓“急气”“缓气”、“长言”“短言”、“闭口”“横口”等等(参见罗常培《汉语音韵学导论》)。音字,为字注音。

② “加以”句:内言外言,古代注音术语。周祖谟认为“所谓内外者,盖指韵之洪细而言。言内者洪音,言外者细音”。急言徐言,古代注音术语,即上述“譬况”法。周祖谟认为急徐分别指细音字和洪音字。洪细以韵母有无 i 介音划分,有者为细,无者为洪。读若,古代注音术语,用同音字注音的直音法,即上述“假借”法。

③ 孙叔然:即三国时期的学者孙炎,“叔然”为其字。

④ 高贵乡公不解反语:高贵乡公即曹丕孙子曹髦,在位七年。曹髦喜欢为典籍中的文字注音。

⑤ 锋出:谓如锋刃般不受阻挡地出现。锋:即“锋”的异体字。

⑥ 魏志:即《三国志・魏书》。

⑦ (授)〔受〕:王健庵指“授”当作“受”。按《魏志・王肃传》原文“授”作“受”,因正之。

王应麟《玉海》曰:“《崇文目叙》曰[①]:孙炎始作字音,于是有音韵之学。”

又曰:“世谓仓颉制字,孙炎作音,沈约撰韵,为椎轮之始[②]。”

按:经传字音,汉儒笺、注,但曰“读如某”。魏孙炎始作反语。厥后考经论韵,踵相师法。虽孙氏以前未尝有,然言辞缓急,矢口得声,如“蒺藜”为“茨”,“奈何”为“那”,“之焉”为“旃”,“者与”为“诸”,“之于”亦为“诸”之类。反语之法,适与此合。唐之季,避言“反”,而改曰“切”,其实一也。(陆德明《经典释文》、张参《五经文字》皆不避”反”字[③],开成中《九经字样叙》始云[④]:“避以反言,但纽四声[⑤],定其音指。”)宋、元以来,竞谓反切之学起于释神珙,传西域三十六字母于中土[⑥]。珙之《反纽图》今具存,其人在唐宪宗元和以后[⑦],其图祖述沈约,远距反语之兴已六七百载,而字母三十六定于释守温,又在珙后,考论反切者所宜知也。

又按:未有韵书,先有反切。反切散见于经传古籍,论韵者博考以成其书。反切在前,韵谱在后也。就韵谱部分辨其唇、齿、喉、舌、牙,任举一字以为标目,名以字母。韵谱在前,字母在后也。

又按:《广韵》卷首:“论曰:切韵者,纽以双声叠韵。”此盖创立反语之本,如:“东,得红反”,“东得”为双声,“东红”为叠韵;“支,章移反”,“支章”为双声,“支移”为叠韵。其于言辞所涉,矢口而得,如《诗·关雎》一篇,“参差”双声也,“窈窕”叠韵也。

---

① 崇文目叙:即《崇文总目》叙释。下引文字见《崇文总目》之“小学类”叙释。

② 椎轮:谓开端、草创。

③ 张参:唐人。其《五经文字》旨在辨证经传文字,按部首将经传中文字进行了编排。

④ “开成”句:开成,唐文宗年号(836—840)。《九经字样》,由唐开成二年玄度在《五经文字》基础上增补其未备而成。

⑤ 纽四声:汉字注音法的一种,其法是在直音的基础上标注声调。《九经字样》多采用此法注音。

⑥ 字母:指声母的代表字。

⑦ 元和:唐宪宗年号(806—820)。

附考

《广韵》卷末《辨字五音法》:"一、唇声,并、饼;二、舌声,灵、历;三、齿声,陟、珍;四、牙声,迦、佉;五、喉声,纲、各。"

按:此不知何时所传,略举十(四)字为例[①]。于守温之三十六字母,"并""饼",邦母字,"灵""历",来母字;"陟""珍",知母字;"迦",见母字;""佉",溪母字;"纲""各",亦见母字。

《玉篇》卷末《五音声论》:"东方喉声[②],'何''我''刚''鄂''诃''可''康''各'[③];西方舌声,'丁''的''定''泥''宁''亭''听''历';南方齿声,'诗''失''之''食''止''示''胜''识';北方唇声,'邦''厐''剥''雹''北''墨''朋''邈';中央牙声,'更''硬''牙''格''行''幸''亨''客'。"

王应麟《玉海》曰:"《玉篇》卷末附以沙门神珙《五音声论》《四声五音九弄反纽图》。"

按:此亦不知何时所传,王伯厚归之神珙。考珙《自叙》,不一语涉及《五音声论》。殆唐末宋初,或杂取以附《玉篇》后,非珙之为。所列四十字,于守温之三十六字母同者,"定""泥""邦"三字耳。其余"何",匣母字;"我""鄂",疑母字;"刚""诃""各",见母字,"可""康",溪母字;"丁""的",端母字;"宁",泥母字;"亭",定母字;"听",透母字;"历",来母字;"诗""失""胜""识",审母字;"之""止",照母字;"食""示",牀母字;"尨""墨""邈",明母字;"剥""北",邦母字;"雹""朋",并母字;""更""格",亦见母字;"硬""牙",亦疑母字;"行""幸",亦匣母字;"亨",晓母字;"客",亦溪母字。

又按:今人言切韵,但知推本神珙,以为来自西域。盖释氏之专

---

① 十(四)字:王健庵谓"四"为衍文。从戴震上引《辨字五音法》,及《广韵》卷末《辨字五音法》原文来看,王说是。《广韵》"辨字五音法"条下为"辩十四例法",戴文盖涉此而误。

② 东方喉声:将方位与声音相配合,是受到五行观念的影响。

③ 诃:"诃"当作"歌",《五音声论》原文为"歌","歌"为见母字,"诃"为晓母字。(据王健庵校注)

习字母等韵者，推本所起，咸出于珙耳。因夸诞其学，造为传自西域之说，而指珙为北魏时人。俗学肤浅，不知魏李登《声类》、晋吕静《韵集》，韵学实始萌芽，又不知魏有孙叔然，始作反音，故猥称前乎休文，即可为中土有切韵之先倡。珙《反纽图自叙》云：昔梁沈约创立纽字之图，唐又有阳甯公、南阳释处忠又撰《元和韵谱》。然则珙虽未详何时人，固在唐宪宗元和以后矣。

沈括《笔谈》曰[①]："今反切之法，先类其字，各归其母[②]。唇音、舌音各八，牙音、喉音各四，齿音十，半齿半舌音二，凡三十六，分为五音[③]。""如'帮'字横调之为五音，'帮''当''刚''臧''央'是也。'帮'，宫之清[④]；'当'，商之清；'刚'，角之清；'臧'，徵之清；'央'，羽之清。纵调之为四等[⑤]，'帮''滂''傍''茫'是也。'帮'，宫之清；'滂'，宫之次清；'傍'，宫之浊；'茫'，宫之不清不浊。就本音本等调之为四声[⑥]，'帮''榜''傍''博'是也。'帮'，宫清之平；'榜'，宫清之上；'傍'，宫清之去；'博'，宫清之入。"

又曰："乐家所用，随律命之，本无定音。常以浊者为宫，稍清为商，最清为角，清浊不常为徵、羽[⑦]。切韵家则定唇、齿、牙、舌、喉为宫、商、角、徵、羽。其间又有半徵、半商者，如'来''日'二字是也[⑧]，皆不论清浊。五行家则以韵类清浊参配，今五姓是也[⑨]。"

郑樵《七音略・内外转图》：帮、滂、并、明、非、敷、奉、微，羽；端、

---

① 笔谈：下引两段均为《梦溪笔谈・艺文》中文字。

② 母：字母，即今所称声母。

③ 五音：即上述唇音、舌音等五种发音部位，此处谓从发音部位的角度将三十六字母划分为五类。

④ 宫之清："宫"为五音中的唇音。下文"商""角""徵""羽"分别指舌、齿、牙、喉音。这是以音乐术语表示五音。"清"，与"浊"相对，指送气这种发音方法。浊则不送气。

⑤ 四等：此处指的是全清、次清、全浊和不清不浊等四种发音方法。

⑥ 四声：即平上去入四个声调。

⑦ 轻浊：指声音缓急或轻重等不同。

⑧ 半徵半商如来日：沈括意即"来"字为半徵音，"日"字为半商音。

⑨ 五姓：即五类姓氏之意。唐代传有按阴阳五行学说将姓氏分成宫商角徵羽五类的做法。见《旧唐书・吕才传》载。

透、定、泥、知、彻、澄、娘，徵；见、溪、群、疑，角；精、清、从、心、邪、照、穿、牀、审、禅，商；影、晓、匣、喻，宫；来，半徵；日，半商。

晁公武《读书志》曰[①]："切韵者，上字为切，下字为韵。今其法类本韵字，各归于母。帮、滂、并、明、非、敷、奉、微，唇音也；端、透、定、泥、知、彻、澄、娘，齿音也；见、溪、群、疑，喉音也；照、穿、牀"、审、禅、精、清、从、心、邪，舌音也；晓、匣、影、喻，牙音也；来、日，半齿半舌也。"

韩道昭《五音集韵》篇题[②]：牙音，"见""溪""群""疑"；舌头音，"端""透""定""泥"；舌上音，"知""彻""澄""娘"；重唇音，"帮""滂""并""明"；轻唇音，"非""敷""奉""微"；齿头音，"精""清""从""心""邪"；正齿音，"照""穿""牀""审""禅"；浅喉音，"晓""匣""影"；深喉音，"喻"；半徵半商音，"来""日"。

方中履《切字释疑》曰[③]："等韵之学，元魏时释神珙始显[④]，而三十六字母，《崇文总目》曰唐守温所撰。吕介孺曰大唐舍利创字母三十，后温首座益以'娘''牀''帮''傍''微''奉'六母[⑤]，则是此法可增可减矣。若曰温之法为定法，则舍利不当用三十字矣。"

又曰："自温公《指掌图》分递用为'音和'[⑥]，傍求为'类隔'[⑦]；同归

---

① 读书志：即《郡斋读书志》。下引为该书卷四"小学类"之"切韵指玄论三卷"晁氏说明。

② 韩道昭《五音集韵》篇题：韩道昭，金代音韵学家。其《五音集韵》系在《广韵》及《集韵》基础上编撰的一部韵书。篇题，王健庵注："指各大韵中每一小韵前所标之字母及等。"

③ 方中履：清人。其《切字释疑》为一卷篇幅。

④ 元魏：即北魏。

⑤ 温首座：即守温。

⑥ 温公《指掌图》递用为音和：温公《指掌图》，即司马光《切韵指掌图》。司马光去世后被追赠为温国公，故有"温公"之称。递用、音和均是古代音韵学术语，司马光以"递用"与"音和"同义。《切韵指掌图·检例》："同音、同母、同韵、同等四者皆同，谓之音和。"《四库总目》因之谓"音和统三十六母"。

⑦ 傍求为类隔：傍求、类隔均是古代音韵学术语，司马光以"傍求"与"类隔"同义。《切韵指掌图·检例》谓"取唇重唇轻、舌头舌上、齿头正齿三音中清浊同者，谓之类隔"。《四库总目》因之谓"类隔统唇、舌、齿等二十六母也"。

一母名'双声'，同出一韵名'叠韵'；同韵而分两切谓之'凭切'，同音而分两韵谓之'凭韵'；无字则点窠以足之，谓之'寄声'；韵阙则引邻以寓之，谓之'寄韵'。至清泉真空《玉钥匙》遂立二十门法[①]，详其所以。立门法者，乃见孙愐等取切不合而不敢议之，故强为此迁就之说耳。"

毛先舒《声韵丛说》曰[②]："反切之法，上声下韵，事甚简捷，理亦显明。或以字母之学参之，反滋烦纡。"

按：字母三十六，起于唐末。自释守温撰《三十六字母图》一卷，独释氏奉为专习反切之一法，故唐人书绝不闻语涉字母。宋中叶始盛传，其次弟先后各殊，且所分唇、齿、喉、舌、牙及附会宫、商、角、徵、羽，牾违。反切之兴，本于"徐言""疾言"双声""韵"，学者但讲求双声，不言字母可也。

韵书之始

《魏书·江式传》曰[③]："晋世义阳王典祠令任城吕忱表上《字林》六卷，忱弟静别仿故左校令李登《声类》之法作《韵集》五卷，宫、商、龣、徵、羽，各为一篇。"(《隋书经籍志》：《声类》十卷[④]，魏左校令李登撰；《韵集》十卷，《韵集》六卷，晋安复令吕静撰。)

《隋书·潘徽传》："秦孝王俊，遣撰集字书，名为'韵纂'。徽为《叙》曰：'《三仓》《急就》之流，微存章句；《说文》《字林》之属，惟别体形。至于寻声推韵，良为疑混。末有李登《声类》、吕静《韵集》，始判清浊，才分宫羽。'"

---

① 清泉真空：明朝僧人。其《玉钥匙门法》论述音韵问题。

② 毛先舒《声韵丛说》：毛先舒，明末清初人。其《声韵丛说》一卷，内容为杂谈《诗经》等古代韵文。

③ 《魏书·江式传》曰：下引文字为江式所呈表中的语句。

④ 《声类》：李登撰，成于三国时期，系已知最早的韵书，已亡佚。晋人吕静《韵集》为仿《声类》之撰，亦亡。两书皆按五音将韵字分类。参见下"五声命字"注。

封演《闻见记》曰[①]:"魏时有李登者,撰《声类》十卷,凡一万一千五百二十字,以五声命字[②]。"

阎若璩《尚书古文疏证》曰:"《文心雕龙》:'昔魏武论赋,嫌于积韵,而善于资代。'《晋〔书〕·律历志》[③]:'魏武时河南杜夔,精识音韵,为雅乐郎中令。'二书虽一撰于梁,一撰于唐,要及魏武、杜夔之事,俱有'韵'字,知此学之兴,盖于汉建安中。"

按:古人用韵,未有平、上、去、入之限,四声通为一音,故《帝舜歌》以"熙"韵"喜""起"[④],而《三百篇》通用平、上、去及通用去、入者甚多。各如其本音读之,自成歌乐。韵书起于李登、吕静诸人,虽其所为书不传,无从知部分若何,然是时犹未闻有四声之说。

四声之始

《南齐书·陆厥传》曰:"永明末[⑤],盛为文章。吴兴沈约、陈郡谢朓、琅邪王融以气类相推毂。汝南周颙善识声韵。约等文皆用宫商,以平、上、去、入为四声,以此制韵,不可增减,世呼为'永明体'。"

《梁书·沈约传》曰:"撰《四声谱》[⑥]。以为在昔词人,累千载而不寤,而独得胸衿,穷其妙旨,自谓入神之作。高祖雅不好焉,尝问周舍曰[⑦]:'何谓四声?'舍曰:"天""子""圣""哲"是也。'然帝竟不遵用。"

封演《闻见记》曰:"周颙好为体语[⑧]。因此切字皆有纽,纽有平、

---

① 《闻见记》:即《封氏闻见记》。

② 五声命字:五声即宫、商、角、徵、羽,此处是指借此音乐术语将不同音声的文字进行分类。《魏书·江式传》:"(吕)忱弟静别放故左校令李登《声类》之法,作《韵集》五卷,宫、商、角、徵、羽各为一篇。"《隋书·潘徽传》:"末有李登《声类》、吕静《韵集》,始判清浊,才分宫羽。"

③ 晋〔书〕:"书"字原文无,据阎若璩《尚书古文疏证》补。

④ 帝舜歌:《尚书·益稷》记载为舜所作歌。

⑤ 永明:南朝齐武帝年号(483—493)。

⑥ 撰《四声谱》:谓沈约撰写了《四声谱》。

⑦ "高祖"两句:高祖,即梁武帝。周舍,梁武帝臣,官至太子詹事侍中。

⑧ 体语:指双声语。"体"古亦称"纽",即声母。

上、去、入之异。永明中，沈约文辞精拔，盛解音律，遂撰《四声谱》。……时王融、刘绘、范云之徒，慕而扇之，由是远近文学，转相祖述，而声韵之道大行。”

顾炎武《音论》曰：“今考江左之文[1]，自梁天监以前[2]，多以去、入二声同用，以后则若有界限，绝不相通。是知四声之论，起于永明，而定于梁、陈之间也。”

阎若璩《尚书古文疏证》曰：“韵兴于汉建安及齐、梁间[3]。韵之变凡有二，前此只论五音，后方有四声。”“不然，有韵而即有四声，自梁天监上溯建安且三百有余载矣，何武帝尚问周舍以‘何谓四声’哉？”

按：周颙始作四声，见于《南史》，而《南齐书》本传不载。《隋书·经籍志》有“《四声》一卷，梁太子少傅沈约撰”。颙无书。梁武帝不解四声，以问周舍，舍即颙之子。盖周、沈诸人同时治声韵，各有创识，议论互出，而约为尤盛。以四声之说初起，故武帝不解，犹之反语初起，高贵乡公不解也。

隋陆法言《切韵》

陆法言《自叙》曰：“昔开皇初[4]，有仪同刘臻等八人（仪同三司刘臻、外史颜之推、著作郎魏渊[5]、武阳太守卢思道、散骑常侍李若、国子博士萧该、蜀王谘议参军辛德源、吏部侍郎薛道衡。），同诣法言门宿，论及音韵。以今声调，既自有别，诸家取舍，亦复不同。吴楚则时伤轻浅，燕赵则多伤重浊，秦陇则去声为入，梁益则平声似去。又支、脂、鱼、虞共为一韵，先、仙、尤、侯俱论是切。欲广文路，自可清浊皆通；若赏知音，即须轻重有异。吕静《韵集》、夏侯该《韵略》、阳休之

---

① 江左：即江东（今芜湖至南京长江之东），东晋及南朝称自己管辖之地为江左。从后文看，顾炎武此处“江左”指南朝。

② 天监：梁武帝年号（502—519）。

③ 建安：汉献帝年号（196—220）。

④ 开皇：隋文帝年号（581—600）。

⑤ 魏渊：两字之间当脱“彦”字。魏彦渊，隋朝音韵学家。

《韵略》、周思言《音韵》、李季节《音谱》、杜台卿《韵略》等，各有乖互。江东取韵与河北复殊。因论南北是非，古今通塞。欲更捃选精切，除削疏缓。萧、颜多所决定。魏著作谓法言曰："向来论难，疑处尽悉[①]，何不随口记之。我辈数人，定则定矣。"法言即烛下握笔，略记纲纪。博问英辩，殆得精华。于是更涉余学，兼从薄宦，十数年间，不遑修集。今返初服，私训诸弟子，凡有文藻，即须明声韵。屏居山野，交游阻绝，疑惑之所，质问无从。亡者则生死路殊，空怀可作之叹；存者则贵贱礼隔，已报绝交之旨。遂取诸家音韵，古今字书，以前所记者，定之为《切韵》五卷。"

封演《闻见记》曰："隋陆法言与颜、魏诸公，定南北音，撰为《切韵》，凡一万二千一百五十八字，以为文楷式，而先仙、删山之类，分为别韵，属文之士共苦其苛细。国初许敬宗等详议，以其韵窄，奏合而用之，法言所谓'欲广文路，自可清浊皆通'者也。尔后有孙愐之徒，更以字书中闲字酿于《切韵》[②]，殊不知为文之匪要，是陆之略也。"

按：法言书今不传[③]，宋《广韵》卷首犹题云"陆法言撰本、长孙讷言笺注"，而《集韵·韵例》曰"先帝时，令陈彭年、丘雍因法言韵就为刊益"，然则《广韵》之二百六韵，殆法言旧目与？《广韵》三钟"恭"字下注云："陆以'恭''蜙''纵'等入冬韵，非也。"此录唐人旧注，驳正法言韵处。隋、唐韵书严于辨声，不徒为属文取韵。不然冬、钟固同用，又何烦剖析及是与？

---

① 尽悉：戴震原文引作"悉尽"，从王健庵校改。

② 闲字：疑指《切韵》中韵部分类琐细的内容。孙愐《唐韵序》谓"《切韵》本乎四声，岂以双声叠韵欲使文章丽则、韵调精明于古人耳"；"若细分条目，则令韵部繁碎，徒拘桎于文辞耳"。

③ 法言书今不传：《切韵》长期失传，但到二十世纪其残卷又陆续面世，四十年代故宫发现的唐代王仁昫的《刊谬补缺切韵》全本与陆法言书尤为接近。

宋祥符《广韵》[①]

《广韵》卷首："陆法言撰本，长孙讷言笺注"，"郭知玄拾遗绪正，更以朱笺三百字"，关亮、薛峋、王仁煦、祝尚丘、孙愐、严宝文、裴务齐、陈道固增加字，"更有诸家增字及义理释训，悉纂略备，载卷中，勒成一部"，"凡二万六千一百九十四言，注十九万一千六百九十二字"[②]。

王应麟《玉海》曰："以举人用韵多异，诏殿中丞丘雍重定切韵。""景德四年十一月戊寅崇文院上校定切韵五卷[③]，依《九经》〔例〕颁行[④]。祥符元年六月五日改为大宋重修《广韵》，三年五月庚子赐辅臣人一部。"

王应麟《困学纪闻》曰："隋陆法言为《切韵》五卷，唐孙愐有《唐韵》，今之《广韵》则本朝景德、祥符中重修。今人以三书为一，或谓《广韵》为《唐韵》，非也。"

李焘《说文解字五音谱叙》曰："隋仁寿初陆法言等所共纂次[⑤]，而唐仪凤后郭知玄等又附益之[⑥]，时号'切韵'。天宝末陈州司法孙愐者[⑦]，以《切韵》为谬略，复加刊正，别为'唐韵'之名。在本朝太平兴国及雍熙、景德[⑧]，皆尝命官讨论，大中祥符元年改赐新名曰'广韵'。"

按：《广韵》字数比法言《切韵》增多万四千三十六字，其二百六韵

---

① 宋祥符《广韵》：谓宋真宗大中祥符元年（1008 年）修订刊行的《广韵》，即《大宋重修广韵》。祥符，即大宗祥符（1008—1016）。

② "陆法言"至"二字"：此段内容都是《广韵》卷首中的文字，但顺序与原文不同。原文"凡二"两句在前。又"关亮"句较原文有删减。

③ 景德四年：即公元 1007 年。景德为宋真宗年号（1004—1007）。

④ 〔例〕颁："例"字原无，依《玉海》原文补。王健庵云戴氏手稿及各刻本均脱"例"字。

⑤ 仁寿：隋文帝年号（601—604）。

⑥ 仪凤：唐高宗年号（676—679）。

⑦ 天宝：唐玄宗年号（742—756）。

⑧ "在本"句：本朝，指宋朝。太平兴国（976—984）、雍熙（984—987），均为宋太宗赵匡义年号。

盖法言之旧[1]，故仍题"法言撰本"。而"独用""同用"之注，则是唐初许敬宗所详议，以其韵窄，奏合而用之者也。宋景德中就法言韵刊益，自隋仁寿元年辛酉距宋景德四年丁未，四百七年。明年，大中祥符元年戊申六月五日敕改为"大宋重修广韵"。

《声韵考》卷一(译文)

反切之始

颜之推《颜氏家训·音辞》篇中说："到了郑玄注释《六经》、高诱解释《吕览》和《淮南子》、许慎撰著《说文》、刘熙编制《释名》的时候，才开始出现用譬况、借助他字字音的方式来证说字音。而古代语言与今天的语言显著不同，古今语音的轻重、清浊等差异，尚且未能知晓，再加上学者使用'内言''外言'、'急言''徐言'、'读若'之类注音术语，就越发使人疑惑了。孙叔然创作《尔雅音义》，说明他是汉末唯一知道反语注音方法的人。到了曹魏时期，这种注音方式就大行于世了。当时高贵乡公不了解反语法，还被看作怪异的事情。从此之后，论述音韵的成果不可阻挡地纷纷出现。但研究者言谈中各自具有地方土音，于是互相非难和嘲笑。……解决的办法只能是彼此都把帝王都邑地区的语音作为标准，再参考比较各地方俗土音，考查古今语音异同，以便斟酌折中。"陆德明《经典释文·叙录》也说："古人音学著述，只是论述譬况注音的内容，到了孙炎那里才创造出反语注音法，曹魏以来这种注音法的运用就渐渐多了起来。"

张守节《史记正义·论例》说："以前的儒者为文字注音的时候，用的是比况注音的方式，到曹魏秘书孙炎那里才创制了反切注音法。"(《魏志·王肃传》记载："当时乐安郡孙叔然在郑玄门下受学，时

① 二百六韵盖法言之旧：按，《切韵》分韵为193部。

人称他为东州大儒。朝廷征召他担任秘书监一职，但他不去就任。”裴松之注释说：“叔然与晋武帝同名，所以此处为避讳而称呼其字。”）

王应麟《玉海》记载：“《崇文总目叙释》说：‘到了孙炎那里开始研究文字注音，于是有了音韵学。’”

又说：“人们认为仓颉创造了文字，孙炎创建了文字注音方法，沈约撰制了韵谱，他们都是新领域的开创者。”

按：对于经传中的文字读音，汉儒笺注时只是说“读如某”。到了曹魏时期的孙炎才创制了反语注音法。其后人们在研究经典说明声韵的时候，就接踵效法起来。这种注音方法虽然在孙氏以前还未曾有过，但是语词在口语发声中有缓急不定的表现，往往是急速说话的情况下脱口而出就有了两字合音的现象。例如“蒺藜”说成“茨”，“奈何”说成“那”，“之焉”说成“旃”，“者与”说成“诸”，“之于”也说成“诸”之类。反语注音方法，恰恰与这种情况吻合。到了唐代，因为避讳说“反”字而改说成“切”，其实意思一样。（陆德明《经典释文》、张参《五经文字》都不避讳“反”字，开成时期的《九经字样叙》才记载说：“因为避讳说‘反’字，就只是在直音的基础上利用特别标注四声的方法来确定字音。”）宋、元以来，大家竞相宣称反切之学是从释神珙开始的，说是他将西域的三十六字母介绍到了中土。释神珙的《反纽图》今天还完整存留，其人生活在唐宪宗元和以后。他的《反纽图》根据的是沈约的研究成果，距离反语法兴起的年代已经有六七百年之遥了；而三十六字母是释守温创定的，这又是在释神珙之后发生的事情。这些情况，是研究与论述反切的人应当知道的。

又按：韵书未出现之前，就先有了反切这种注音方式。用反切的形式注音本来只是零星出现在经传古籍之中，研究声韵的人广泛考究这些注音材料，利用它们完成了韵书的编撰。因此是反切注音在前，韵谱的编撰在后。根据韵谱部分辨析出声纽的类别唇音、齿音、喉音、舌音和牙音，再分别就这些声纽任意举出一字作为其标目，而后用“字母”一词来统一命名这些标目。因此是韵谱出现在前，字母出现在后。

又按:《广韵》卷首说:“需要说明的是:所谓‘切韵’的本质,是利用双声叠韵字来标注字音。”这大概就是反语注音法创立的基础了。例如:“东,得红反”这一注音形式中,“东”“得”两字为双声关系,“东”“红”两字为叠韵关系;“支,章移反”之中,“支”“章”两字为双声关系,“支”“移”两字为叠韵关系。这种关系在言语当中涉及的例子,往往脱口就能得到,如《诗经·关雎》一篇,“参差”是双声字,“窈窕”是叠韵字。

附考

《广韵》卷末《辨字五音法》:“一、唇声字,例如‘并’‘饼’二字;二、舌声字,例如‘灵’‘历’二字;三、齿声字,例如‘陟’‘珍’二字;四、牙声字,例如‘迦’‘佉’二字;五、喉声字,例如‘纲’‘各’二字。”

按:辨字五音法不知道是从什么时候传下来的,《广韵》所载只是简略地举出十个字为例子。在守温的三十六字母中,“并”“饼”是邦母字,“灵”“历”是来母字,“陟”“珍”是知母字,“迦”是见母字,”“佉”是溪母字,“纲”“各”也是见母字。

《玉篇》卷末《五音声论》说:“东方的声音是喉声,属于喉声的有‘何’‘我’‘刚’‘鄂’‘诃’‘可’‘康’‘各’这些声母;西方的声音是舌声,属于舌声的有‘丁’‘的’‘定’‘泥’‘宁’‘亭’‘听’‘历’这些声母;南方的声音是齿声,属于齿声的有‘诗’‘失’‘之’‘食’‘止’‘示’‘胜’‘识’这些声母;北方的声音是唇声,属于唇声的有‘邦’‘庞’‘剥’‘雹’‘北’‘墨’‘朋’‘邈’这些声母;中央的声音是牙声,属于牙声的有‘更’‘硬’‘牙’‘格’‘行’‘幸’‘亨’‘客’这些声母。”

王应麟《玉海》说:“《玉篇》卷末有沙门神珙的《五音声论》和《四声五音九弄反纽图》作为附录。”

按:这些文字也不知道是从什么时候传下来的,王伯厚把它们归属到神珙的名下。但是查考神珙的《自叙》,内中没有一句涉及《五音声论》。大概情况可能是，唐末宋初有人从其他文献中杂采出这些文献并将其附录在《玉篇》正文之后，它们不是神珙撰写的。《五音声论》所列出的四十个字中，与守温三十六字母相同的，只有"定""泥""邦"三字而已。其余的字，如"何"是匣母字，"我""鄂"是疑母字，"刚""诃""各"是见母字，"可""康"是溪母字，"丁""的"是端母字，"宁"是泥母字，"亭"是定母字，"听"是透母字，"历"是来母字，"诗""失""胜""识"是审母字，"之""止"是照母字，"食""示"是牀母字，"龙""墨""邈"是明母字，"剥""北"是邦母字，"雹""朋"是并母字，"更""格"也是见母字；"硬""牙"也是疑母字，"行""幸"也是匣母字，"亨"是晓母字，"客"也是溪母字。

又按：今天的人说起切韵的来历，只知道推及神珙身上，以为这种注音方法来自西域。大概情况是，释家之中那些专门研习字母等韵问题的，追溯这种学问的源起，都推及其出自神珙。于是他们就夸大自己的学问，编造出字母等韵之学是从西域传过来的说法，并且指认神珙为北魏时期的人。俗人学识肤浅，不知道曹魏时期李登的《声类》、晋朝吕静的《韵集》，韵学实际从那时就开始萌芽，此外还不知道曹魏时期有叫孙叔然的已经开始创制反切注音，所以见识鄙陋地称说前面的沈休文就可以看作让中土有切韵的先行倡导人。神珙《反纽图自叙》说：从前梁代沈约创立纽字之图；唐代又有阳甯公和南阳的释处忠另外撰写出《元和韵谱》。这样看来，虽然不知道神珙具体是哪一时期的人，但其生活年代必定是在唐宪宗元和以后了。

沈括《笔谈》说："今天使用的反切注音法，是先将文字进行分类，让它们分别归属于不同字母之下。这些字母之中，属于唇音、舌音的各有八个，牙音、喉音各有四个，齿音有十个，半齿半舌音有二个，总共三十六个字母就这样被区分为唇、舌、牙、喉、齿五音。""例如'帮'字，从横向上安排其五音，代表字分别是'帮''当''刚''臧''央'。五音中，'帮'属于宫音中的清音，'当'属于商音中的清音，'刚'属于角音中的清音，'臧'属于徵音中的清音，'央'属于羽音中的清音。从纵向上安排其四个等列的发音方法,代表字分别是'帮''滂''傍''茫'。'帮'属于宫音中的清音,'滂'属于宫音中的次清音,'傍'属于宫音中的浊音,'茫'属于宫音中的不清不浊之音。就同音、同等发音方法的字来说又有四声的区别,代表字分别是'帮''榜''傍''博'。'帮'属于宫音中的清音平声,'榜'属于宫音中的清音上声,'傍'属于宫音中的清音去声,'博'属于宫音中的清音入声。”

又说:“音乐家使用术语的情况是随从乐律来命名,所指乐音本来就不固定。但常常将浊声看作宫音,稍清的是商音,最清的是角音,清浊不定的是徵音或羽音。切韵学家则将唇、齿、牙、舌、喉五种发音部位分别用宫、商、角、徵、羽五音来定名。其中又有半徵音和半商音,例如'来''日'二字就是,它们都不分清浊。阴阳五行学家则以韵类中的清浊参相配置,例如今天的'五姓'就是例子。”

郑樵《七音略・内外转图》将“帮”“滂”“并”“明”“非”“敷”“奉”“微”几个字母划归为羽音,“端”“透”“定”“泥”“知”“彻”“澄”“娘”划归为徵音,“见”“溪”“群”“疑”划归为角音,“精”“清”“从”“心”“邪”“照”“穿”“牀”“审”“禅”划归为商音,“影”“晓”“匣”“喻”划归为宫音,“来”母划归为半徵音,“日”母划归为半商音。

晁公武《读书志》说:“'切韵'两字的意思是,反切上字是'切',下字是'韵'。今天其方法是将同一韵字分类,使它们各按类划归于不同声母。声母中,帮、滂、并、明、非、敷、奉、微,属于唇音;端、透、定、泥、知、彻、澄、娘,属于齿音;见、溪、羣、疑,属于喉音;照、穿、牀、审、禅、精、清、从、心、邪,属于舌音;晓、匣、影、喻,属于牙音;来、日,属于半齿半舌。”

韩道昭《五音集韵》篇题标目是这样的:牙音类,下辖字母“见”“溪”“群”“疑”;舌头音类,下辖字母“端”“透”“定”“泥”;舌上音类,下辖字母“知”“彻”“澄”“娘”;重唇音类,下辖字母“帮”“滂”“并”“明”;轻唇音类,下辖字母“非”“敷”“奉”“微”;齿头音类,下辖字母“精”“清”“从”“心”“邪”;正齿音类,下辖字母“照”“穿”“牀”“审”“禅”;浅喉音类，下辖字母“晓”“匣”“影”；深喉音类，下辖字母“喻”；半徵半商音类，下辖字母“来”“日”。

方中履《切字释疑》说：“等韵这门学问，在北魏时期释神珙那里才开始显露；而三十六字母，《崇文总目》认为是唐代守温提出的。吕介孺说大唐时期舍利创作字母三十个，后来温首座增加了‘娘’‘牀’‘帮’‘傍’‘微’‘奉’六个字母，表明字母之学涉及的是一种可以增加也可以减少字母的做法。如果说守温的做法属于已经固定的法规，那么舍利用来标明字母的代表字也就不应当只是三十个了。”

又说：“从温公《指掌图》开始就音韵问题作了如下分类：将递用命名为‘音和’，傍求命名为‘类隔’；将同属一个声母的字命名为‘双声’，同为一个韵部的字命名为‘叠韵’；将同一韵部的字但反切上字分为两种不同声母的叫作‘凭切’，字同音但反切下字分属于两个不同韵部的叫作‘凭韵’；如果是本无其字的，就在窠框中作一点标识来补足，这叫作‘寄声’，缺韵的就援引相邻的韵来充填寄寓，这叫作‘寄韵’。后来到清泉真空编撰《玉钥匙》，就专门立下了二十类法则，对上述问题进行详细阐明。专门立下这些法则的原因，是看见孙愐等人取反切用字不当但又不敢议论，所以只好勉强作出迁就的解说了。”

毛先舒《声韵丛说》说：“反切的方法，是上字取声母，下字取韵母，操作起来很简捷，道理也很显明。有人用字母之学参与进去解说，反而滋生了麻烦和纡曲。”

按：三十六字母的提出，起自于唐代末期。自从释守温撰作《三十六字母图》一卷以来，只有释氏把它奉为专门研习反切注音的一种方法，所以绝对没有听闻唐人书籍中有涉及字母的言语。直到宋代中叶这种学问才开始盛传开来，但字母先后顺序各家说法不同，而且所分成的唇、齿、喉、舌、牙等发音部位与相附会的宫、商、角、徵、羽五声，又互为牾违而不协调。反切注音的兴起，来源于“徐言”“疾言“双声”“叠韵”等语言现象，所以学者在有关声母问题上只需讲求双声，不必论及字母就可以。

韵书之始

《魏书·江式传》说:“晋朝义阳王典祠令任城人吕忱上表呈奉《字林》六卷;吕忱的弟弟吕静还另外仿照原先的左校令李登的《声类》撰写方式撰作了《韵集》五卷,其中宫、商、𧖑、徵、羽各自为一篇。”(《隋书经籍志》:《声类》十卷,魏左校令李登撰;《韵集》十卷,《韵集》六卷,晋安复令吕静撰。)

《隋书·潘徽传》:“秦孝王杨俊,委派潘徽编撰字典,这部字典完成之后取名为‘韵纂’。潘徽撰写《叙》文说:‘《三仓》《急就篇》一类字典,只是略微具备章句文词;《说文》《字林》一类字典,只是区别文字形体。至于辨析四声、推求韵部方面,这些辞书的确做得让人疑惑,混乱不清。末后有了李登的《声类》、吕静的《韵集》,语音的清浊差异才开始判别,五音如宫羽之间的不同也才得到区分。’”

封演《闻见记》说:“曹魏时期有位叫李登的人,撰写出《声类》十卷,共一万一千五百二十字,用五声将这些文字分类并加以命名。”

阎若璩《尚书古文疏证》说:“《文心雕龙》:‘从前魏武帝论说辞赋这种文体,不满意一韵重复的做法,而赞成文中换韵。’《晋书·律历志》:‘魏武帝时期河南人杜夔,擅长识别音韵,是负责朝廷雅乐的郎中令。’这两部书虽然一部撰写于南朝梁代,一部撰写于唐代,但关键是记载魏武帝和杜夔他们事迹的内容都有‘韵’字,由此可以知道音韵学的兴起大约是在汉代建安时期。”

按:古人用韵,没有平、上、去、入四声不同就不能押韵的限制。四声不同但韵母相同都通作同韵字看待,所以《帝舜歌》用“熙”字与“喜”“起”押韵,而《三百篇》也是通用平、上、去三声不同的字押韵以及通用去声、入声不同的字押韵这两种情况居多。按照这些字各自的本音来阅读,自然就成为乐歌。韵书的编撰是从李登、吕静诸人开始的,虽然他们所撰写的书没有流传下来,无从知道章节内容是什么情况，然而当时还未曾听闻有四声的说法。

四声之始

《南齐书·陆厥传》说："永明末期，诗文创作盛行。当时吴兴人沈约、陈郡人谢朓、琅邪人王融在创作方面因为气质风格类似而相互推进称举。汝南人周颙善于识别声调韵母。沈约等人的诗文都用声律来约束，即采用平、上、去、入四声来制约诗歌声韵，不能增减删改，当世将这种诗文称作'永明体'。"

《梁书·沈约传》说："沈约撰作了《四声谱》。他以为从前的诗文作家，累积千载都不曾认识到汉字的四声问题，而他独自用心揣摩得到四声奥秘，穷尽了其中的精妙要旨，自认为《四声谱》是进入神境的撰著。当时高祖对此不喜好，曾经询问周舍说：什么是四声？周舍回答：'天''子''圣''哲'几个字就各代表了四声中的一个声调。然而皇帝终究没有倡导在诗文创作上遵行采纳。"

封演《闻见记》说："周颙说话喜好运用双声词，因此在为文字注音时都区别出声纽，声纽有平、上、去、入四调的差异。永明年间，沈约诗文精妙出众，又十分了解声律，于是撰写了《四声谱》。……当时王融、刘绘、范云之类人物，因为钦慕沈约的成就而宣扬他的见解。自此开始，无论是远方还是近处的文学人士都转相效法，因而在诗文创作中运用声韵的做法大行其道。"

顾炎武《音论》说："今天考查南朝诗文可以发现，在梁代天监之前，诗文押韵时去声、入声两种声调的字往往同用，但自此以后去声与入声之间似乎就有了界限，这两种声调的字绝对不相通押。由此可知四声的论辨分析，是开始于永明年间，而确定于梁、陈两朝之间。"

阎若璩《尚书古文疏证》说："韵学兴起于汉代建安以及齐、梁之间。韵学的发展变化有两点，在此之前的韵学只顾及五音，其后方才有涉及四声的情况。""如果不是这样，就成为有韵学就有探究四声的情况，那么从梁代天监年间上溯到建安时期已经是三百年有余了，为什么梁武帝还要问周舍‘什么是四声’呢?”

按:有关从周颙那里才开始研究四声的情况，见于《南史》的记载，而《南齐书》本传没有记载。《隋书·经籍志》有“《四声》一卷，梁太子少傅沈约撰”的记载。周颙没有著作。有关《梁书·沈约传》中梁武帝不了解四声因而询问周舍的记载，这位周舍即是周颙的儿子。大概周、沈等人同时在研究声韵，他们都有自己的创见和认识，于是议论互见叠出，当中沈约的论析尤其盛多。因为四声的论析才刚刚兴起，所以武帝不了解，就犹如反切注音最初兴起的时候高贵乡公不了解一样。

隋陆法言《切韵》

陆法言《切韵自叙》说:“从前，在隋文帝开皇初年，有开府仪同三司刘臻等八人(即仪同三司刘臻、外史颜之推、著作郎魏彦渊、武阳太守卢思道、散骑常侍李若、国子博士萧该、蜀王谘议参军辛德源、吏部侍郎薛道衡)，同到我家做客，大家谈论到音韵问题。因为当今语音，各地既然有不同，研究音韵的各家在取舍上也就有不同。吴楚地区的语音过于轻浅，燕赵地区又过多有重音浊音，秦陇地区将去声读如入声，梁益地区则是平声读似去声。此外，还有将支、脂、鱼、虞等不同韵类当作同一个韵部使用的，也有在注音上将同一个字分别当作先、仙、尤、侯等韵字的反切上字的。如果想要广开行文之路，自然可以清浊不分，相互通用;但如果是想深入了解语音问题，就必须对平仄轻重有所区别了。吕静的《韵集》，夏侯该的《韵略》，阳休之的《韵略》，周思言的《音韵》，李季节的《音谱》，杜台卿的《韵略》等韵书，内容上互有乖忤悖逆之处。南方地区其韵书取韵与北方地区的很不一样。因此讨论南北语音异同，和古今语音的承传变迁，希望选择出精当切中的音读标准，去除“疏缓”等粗疏不清的注音用语。在遴选过程中，多是萧该与颜之推两人决定取舍。著作郎魏彦渊对我说:‘这一阵讨论疑难语音，而疑惑之处全部得到了解决，你为什么不将众人口说商定的内容随时记录下来呢？我们这几个人商定好的也就算是确定了。’我当即在烛光之下拿起笔来，大致记下谈论纲要。其后经过广泛请教善于辨析音韵的英才，得到音韵学精华。但当时因为我又研及其他学问，加上出任了一个小官职，所以在十多年间都顾不上修缮成集。现在从仕途退下回归到最初身份，私下里告诫名下弟子，凡是想要诗文有文采，就必须明白声韵。不过由于我屏除繁华居住山野，阻断了与外界朋友的交游来往，因此有疑惑的地方也无人可以询问。认识的人中逝世的已经同我生死异路，我只能空自心怀可以对朋友有所作为的慨叹；活着的因为贵贱礼数的不同而远隔相离，已经被告知断绝交往的意思。我于是只好自己取用各家的音韵研究和古今字书，斟酌前面所记下的内容，编撰成《切韵》五卷。”

封演《闻见记》说：“隋朝陆法言与颜之推、魏彦渊等人，斟酌南北语音而确定下字音，撰写成《切韵》一书，共一万二千一百五十八字，把它作为诗文创作取韵的标准。而将像先与仙、删与山之类难以区分的韵类分为不同韵部，创作诗文的人士都苦于这种分类的严苛琐细。国朝建立之初，许敬宗等人为此充分论议，以这些韵类为窄韵的理由，上奏请示将它们合起来同用，也就是陆法言所说的‘如果想要广开行文之路，自然可以清浊不分相互通用’的意思了。后来还有孙愐等人，更是认为字典辞书收录闲字是《切韵》首先酝酿的，竟然不知道分韵严苛并非行文创作的重要因素，因此成为陆法言所忽略的对象。”

按：陆法言的《切韵》一书今天未能流传下来，宋本《广韵》卷首仍然题有“陆法言撰本、长孙讷言笺注”的字样，而《集韵·韵例》说“先帝时期，下令让陈彭年、丘雍依据陆法言所分韵目而就其书中内容作刊正增补”，因此《广韵》的二百零六韵应该就是陆法言书中旧有的韵目吧？《广韵》在第三韵钟“恭”字下注释说：“陆法言将‘恭’‘蜙’‘纵’等字归入冬韵，是不对的。”这是著录唐人旧注中驳正法言韵部分类的地方。隋、唐韵书在辨别语音方面严格，目的不只是为了撰写诗文取用韵字的方便。不然的话，冬、钟两韵本来就同用，又何必不嫌麻烦细分到这种程度呢？

宋祥符《广韵》

《广韵》卷首记载《广韵》一书系“陆法言撰本；长孙讷言笺注”；“郭知玄拾遗完善条理纠正谬误，其修改文字用朱笺标识，共三百字”；关亮、薛峋、王仁煦、祝尚丘、孙愐、严宝文、裴务齐、陈道固等人也为此书做了增加收字的工作，“另外还有诸家的增字及说明释训，大略内容都予以纂集，这些都详尽载录卷中，于是统成一部”，最终所成《广韵》具有“凡二万六千一百九十四言，注十九万一千六百九十二字”的规模。

王应麟《玉海》说：“因为参加科考的举子在用韵方面显示出很多差异，于是朝廷下诏让殿中丞丘雍重新修订《切韵》。”“到了景德四年十一月戊寅这天，崇文院呈上校定完善的《切韵》五卷，于是依照《九经》成例颁行天下。祥符元年六月五日将此书改名为‘大宋重修广韵’。祥符三年五月庚子这天赐书给辅弼之臣每人一部。”

王应麟《困学纪闻》说：“隋朝陆法言撰写《切韵》五卷，唐朝孙愐撰有《唐韵》，今天的《广韵》是本朝景德、祥符期间重新修订的。今人认为这三种韵书是同一部书，或者认为《广韵》就是《唐韵》，这些看法都是不对的。”

李焘《说文解字五音谱叙》说：“《广韵》这部书本是隋朝仁寿初年陆法言等人所共同纂作编次的，而在唐朝仪凤之后郭知玄等人又附益增加了文字，当时书名称为‘切韵’。天宝末载，陈州司法孙愐认为《切韵》有谬误和简略之处，于是重新加以刊正，刊正之后为它另取了‘唐韵’这个名称。在本朝太平兴国以及雍熙、景德年间，都曾下令让有关官员讨论此书内容，到大中祥符元年将这部书被皇帝改赐了一个新的名称叫作‘广韵’。”

按:《广韵》比陆法言的《切韵》增加了 14036 字,它的二百零六韵大概是沿袭了陆法言《切韵》旧有韵目,所以仍旧题作“法言撰本”。而有关“独用”“同用”的注文内容,针对的就是唐朝初期许敬宗所充分论议的、因为一些韵部韵窄而“上奏请示将它们合起来当作同韵使用”的那些韵目。宋朝景德中期就陆法言所分韵目进行刊正和增补文字,陆法言之书从隋朝仁寿元年辛酉问世到宋朝景德四年丁未共经历了 407 年。第二年,也就是大中祥符元年戊申六月五日,皇帝命令将刊正增补后的书改名为“大宋重修广韵”。

《声韵考》卷二(原文及注释)

考定《广韵》独用同用四声表

上平声	上声	去声	入声
东一独用	董一独用	送一独用	屋一独用
冬二钟同用	"湩""湰"字附见肿韵	宋二用同用	沃二烛同用
钟三	肿二独用	用三	烛三
江四独用	讲三独用	绛四独用	觉四独用
支五脂之同用	纸四旨、止同用	置五至、志同用	
脂六	旨五	至六	
之七	止六	志七	
微八独用	尾七独用	未八独用	
鱼九独用	语八独用	御九独用	
虞十模同用	九姥同用	遇十暮同用	
模十一	姥十	暮十一	
齐十二独用	荠十一独用	霁十二祭同用	
		祭十三	
		泰十四独用	
佳十三皆同用	蟹十二骇同用	卦十五怪、同用	
皆十四	骇十三	怪十六	
		夬十七	
灰十五同用	贿十四海同用	队十八代同用	
咍十六	海十五	代十九	
		废二十独用	
真十七谆臻同用	轸十六准同用	震二十一同用	质五术、栉同用
谆十八	准十七	稕二十二	术六
臻十九	"齔""龀"字附见隐韵	"龀"字附见焮韵	栉七
文二十独用	吻十八独用	问二十三独用	物八独用
欣二十一独用	隐十九独用	焮二十四独用	迄九独用
元二十二魂痕同用	阮二十混很同用	愿二十五慁恨同用	月十没同用
魂二十三	混二十一	慁二十六	没十一
痕二十四	很二十二	恨二十七	
寒二十五桓同用	旱二十三缓同用	翰二十八换同用	曷十二末同用
桓二十六	缓二十四	换二十九	末十三
删二十七山同用	潸二十五产同用	谏三十裥同用	黠十四辖同用
山二十八	产二十六	裥三十一	辖十五

续表

下平声	上声	去声	入声
先一仙同用	铣二十七同用	霰三十二同用	屑十六薛同用
仙二	狝二十八	线三十三	薛十七
萧三宵同用	篠二十九小同用	啸三十四笑同用	
宵四	小三十	笑三十五	
肴五独用	巧三十一独用	效三十六独用	
豪六独用	晧三十二独用	号三十七独用	
歌七戈同用	哿三十三果同用	个三十八过同用	
戈八	果三十四	过三十九	
麻九独用	马三十五独用	祃四十独用	
阳十唐同用	养三十六荡同用	漾四十一宕同用	药十八铎同用
唐十一	荡三十七	宕四十二	铎十九
庚十二耕清同用	梗三十八耿静同用	映四十三诤劲同用	陌二十麦昔同用
耕十三	耿三十九	诤四十四	麦二十一
清十四	静四十	劲四十五	昔二十二
青十五独用	迥四十一独用	径四十六独用	锡二十三独用
蒸十六登同用	拯四十二等同用	证四十七嶝同用	职二十四德同用
登十七	等四十三	嶝四十八	德二十五
尤十八侯幽同用	有四十四厚黝同用	宥四十九候幼同用	
侯十九	厚四十五	候五十	
幽二十	黝四十六	幼五十一	
侵二十一独用	寝四十七独用	沁五十二独用	缉二十六独用
覃二十二谈同用	感四十八敢同用	勘五十三阚同用	合二十七盍同用
谈二十三	敢四十九	阚五十四	盍二十八
盐二十四添同用	琰五十忝同用	艳五十五同用	叶二十九同用
添二十五	忝五十一	㮇五十六	怗三十
咸二十六衔同用	豏五十二槛同用	陷五十七鉴同用	洽三十一狎同用
衔二十七	槛五十三	鉴五十八	狎三十二
严二十八凡同用	俨五十四范同用	酽五十九梵同用	业三十三乏同用
凡二十九	范五十五	梵六十	乏三十四

《广韵》上声二肿“湩”字下云：“此是‘冬’字上声[①]。”盖昔人论韵，审其洪细，为一二三四等列。如平声二冬、十一模、十五灰、二十三魂、二十六桓，全韵皆内声一等；十六、二十四痕、二十五寒、六豪、七歌、二十二覃、二十三谈，全韵皆外声一等；十九臻、五肴、二十六咸、二十七衔，全韵皆外声二等；二十文，全韵皆内声三等；二十八严、二十九凡，全韵皆外声三等；三萧、二十幽、二十五添，全韵皆外声四等。上、去、入大致准此。余韵或主辨“等”兼“内声”“外声”为一韵[②]。如十一唐、十七登及十四泰，一等；三江、十三佳、十四皆、二十七删、二十八山、十三耕及十七夬，二等；八微、十二齐、二十二元，三等；一先、十五青，四等；兼内声、外声。上、去、入准此。或因字少，不烦别出，则兼数等为一韵。钟韵兼三等四等，肿韵之三等四等字为钟之上声，惟“湩”“鳩”二字属一等，为冬之上声，以字少不别立部目。又臻、栉二韵无上、去声字者，其上、去声字在隐、焮二韵内。臻韵、栉韵二等，欣韵、迄韵三等，惟上声隐韵、去声焮韵兼二等三等。其二等“龀”“齓”等字，即臻、栉二韵之上、去也，亦以字少不别立部目。然则欣、隐、焮、迄宜改文、吻、问、物之前，而真与谆、臻、欣通，轸与准、隐通，震与稕、焮通，质与术、栉、迄通，斯于四声无所觝戾，不当如宋人之改文与欣通、吻与隐通、物与迄通，使隐、焮、臻、栉相隔绝。此唐、宋韵所可详议者。

郑樵本《七音韵鉴》为《内外转图》及元刘鉴《切韵指南》，皆以音声洪细别之为一、二、三、四等列，故称“等韵”。各等又分开口呼、合口呼，即“外声”“内声”。开口呼至三等，则为齐齿；合口呼至四等，则为撮口。其说虽后人新立，而二百六韵之谱实以此审定部分。然则“呼”“等”亦隋、唐旧法，后人窃其意以名专学耳。

---

① 此是冬字上声：意谓“湩”字的韵母与肿部字有差异，属于冬部的上声，本应另列为一个韵目。详见戴氏下文分析。

② 内声外声：王健庵说：“指‘合口呼’‘开口呼’。手稿本原作‘合口呼’‘开口呼’，后删去，改为‘内声’‘外声’”。又，戴震在下段也说：“各等又分开口呼、合口呼，即‘外声’‘内声’。”

《切韵》之大要有三：双声一也，区别其洪细二也，声类异同三也。所谓“声类异同”者①，就二百六韵之次第考之，亦不甚远②。东、冬、钟一类也。江则古音同东、冬一类，今音同阳、唐一类。支、佳一类也。脂、微及祭、泰、夬、废一类也。之、咍一类也。齐韵半属脂、微，半属支、佳；而皆、灰二韵则半属脂、微，半属之、咍。鱼、虞、模一类也。真、谆、臻、文、殷、元、魂、痕、寒、桓、删、山、先、仙一类也。萧、宵、肴、豪一类也。歌、戈一类也。麻一类也，古音半同歌、戈一类，半同鱼、虞一类；元已来麻韵又歧而二。阳、唐一类也。庚、耕、清、青一类也。蒸、登一类也。尤、侯、幽一类也。侵、覃、谈、盐、添、咸、衔、严、凡一类也。古音盖十有三类，今音十五类。上、去、入统乎此。支、佳韵内有从歌、戈流变而入者，之韵流变为尤，而侯韵则流变入虞，阳、唐流变为庚，尤、幽流变为萧。音之流变有古今，而声类大限无古今。就一类分之为平、上、去、入，又分之为内声、外声，又分之为一、二、三、四等列。虽同声同等③，而轻重舒促必严辨④，此隋、唐撰韵之法也。

顾炎武《音论》曰：“唐时二十一殷（宋时避宣祖庙讳改”“殷”为“欣”。）虽云独用，而字少韵窄，无独用成篇者，往往于真韵中，间一用之。如杜甫《崔氏东山草堂》诗用‘芹’字，独孤及《送韦明府》《答李滁州》二诗用‘勤’字是也，然绝无通文者。而二十文独用，则又绝无通殷者。合为一韵，始自景祐。去声问、焮亦然。惟上声今本目录十八吻下，注云‘隐同用’。其卷中十八吻、十九隐，又各自为部，不相连属，而其下各注云‘独用’。友人富平李子德因笃以为目录误。又考唐人如李白《寄韦六》、孙逖《登会稽山》、杜甫《赠郑十八贲》诗，皆以隐韵字同轸、準用，其不与吻同用，明矣”。

---

① 声类：据后文，此段“声类”的意思类同于“摄”。

② 二百六韵之次第考之亦不甚远：下所举即是为了说明二百零六韵划归十五大声类的依据是各声类在韵目顺序上有相邻相近的关系。

③ 同声同等：谓开合口及等都相同，也即韵母相同。

④ 轻重舒促：指不同的声调。

按：殷、隐二韵，顾氏辨之甚详。后有吴下张刻宋本《广韵》[①]，“文”注：“欣同用”；“吻”注：“隐同用”。曹刻宋本《广韵》同[②]。皆景祐《礼部韵略》颁行后改之本[③]，非《广韵》旧注也。张刻、曹刻注文完善，别有注文删整者，余曾见大小二本及顾氏刻[④]。惟顾刻去声队，注“代、废同用”，余皆队下注“代同用”，废注“独用”。即顾氏《音论》中列《广韵》韵目，亦与各本注同，而所刻独违。此正宋人改并之一。顾氏考唐、宋韵谱异同，遗而未举，盖其疏忽处也。曹刻入声目录，物注“与迄通”，而卷内各注“独用”与各本注同。上、去声末六韵，各本改从《礼〔部〕韵略》《集韵》，而于注仍改之未尽。小本注文删整者，上声琰，注“与忝同用”，无“俨”字，目录下注“忝、俨同用”。曹刻去声酽虽移陷、鉴之前，而艳注“桥同用”，酽注“梵同用”，陷注“鉴同用”，犹属旧注未改。目录“艳第五十五”，注“桥、酽同用”；“酽第五十七”注“鉴同用”；“鉴第五十九”，注“梵同用”。盖旧次，“陷第五十七”，是以有“鉴同用”之注；“酽第五十九”，是以有“梵同用”之注。景祐后，涂改“陷”“鉴”“酽”三字，而注未改也。吴才老《韵补》“上声五十二豏[⑤]、五十三槛、五十四俨”，可证《广韵》旧次，去声亦同《礼部韵略》《集韵》矣[⑥]。宋初徐楚金《说文解字韵谱（今人以李焘《说文解字五音谱》为徐氏书[⑦]，非也。）叙》称：“取叔重所记，以《切韵》次之。”《后叙》称：“又得李舟所著《切韵》[⑧]，殊有补益。其间有《说文》不载而见于叙例注义者，必知脱漏，从编录。疑者则以李氏《切韵》为正，殆无遗矣。”是书在《广韵》前，上声“豏”作“湛”，而“湛第五十二”“槛第五十三”“俨第五十四”；去声“酽”作“酫”，注云：“俗作酽，非。”而“陷第五十七”“鉴

---

① 张刻宋本：王健庵注：“张刻为张士俊泽存堂刻本。”

② 曹刻宋本：王健庵注：“曹刻为曹楝亭扬州书局刻本。”

③ 景祐：宋仁宗年号（1034—1038）。

④ 顾氏刻：王健庵注：“顾刻为顾炎武刻本。”

⑤ 吴才老：即北宋学者吴棫，“才老”为其字。

⑥ 礼〔部〕韵略：原文无“部”字，从王健庵校注补。

⑦ “宋初”句：徐楚金，即南唐文字学家徐锴，楚金为其字。李焘，南宋学者。

⑧ 李舟：唐代学者。

第五十八”“豏第五十九”，尤足证唐人旧次如是。纪学士晓岚曰：“惟徐氏此书及明嘉靖间朱氏《金石韵府》，皆于下平声二仙内分出三宣，岂明时人亦本李舟韵乎？”余曰：“朱氏书本之夏竦《四声集古韵》[①]。”今考其编次，上声槛、俨、范三韵及去声酽韵，适无字，不列；而平声严在咸、衔之前，入声业在洽、狎之前。宋景祐以后乃有此易置，视徐氏书足证唐人之旧者迥殊矣。

宋景德《韵略》

王应麟《玉海》曰：“《书目》[②]：《韵略》五卷。景德四年龙图待制戚纶等承诏详定考试声韵，纶等以殿中丞丘雍所定《切韵》“同用”“独用”例及新定条例参定。按：《崇文目》雍撰《韵略》五卷，略取《切韵》要字，备礼部科试。”

又曰：“景德四年十一月戊寅，诏颁行新定《韵略》送胄监镂版[③]。”

按：是时无“礼部韵略”之称，其书名“韵略”，与所校定《切韵》同日颁行。“独用”“同用”例不殊。明年，《切韵》改赐新名“广韵”。而《广韵》《韵略》为景德、祥符间详略二书。粤三十一年为景祐四年，更刊修《韵略》，改称《礼部韵略》；刊修《广韵》，改称《集韵》。《集韵》成于《礼部韵略》颁行后二年，是为景祐、宝元间详略二书。“独用”“同用”例非复《切韵》之旧，次第亦稍有改移矣。

宋景祐《礼部韵略》

许观《东斋记事》曰：“景祐四年诏国子监以翰林学士丁度所修《礼部韵略》颁行。其韵窄者凡十三处，许令附近通用。”

王应麟《玉海》曰：“景祐元年四月丁巳，诏直史馆宋祁、郑戬、国子直讲王洙刊修《广韵》《韵略》，命知制诰丁度、李淑详定。祁等言多

---

① 夏竦：北宋政治家、音韵学家。

② 书目：即《崇文书目》。

③ 胄监：即国子监。

疑混字，举人误用故也[1]。”

又曰：“景祐四年六月丙申以丁度所修《韵略》五卷颁行。初，说书贾昌朝言：‘《韵略》多无训释，疑混声、重叠字，举人误用。’诏度等刊定。窄韵十三，许附近通用；混声、重字，具为解注。元祐五年太学博士孙谔等言：韵有一字一义而两音者，有合用而私相传为当避者，有合押而礼部韵或不收者。七月九日附入《韵略》，绍兴十四年十二月己丑知荣州杨朴上《礼部韵括遗》[2]。”

又曰：“元祐五年博士孙谔陈请添收[3]。绍兴十一年进士黄启宗随韵补辑，尚多阙遗。三十二年毛晃上《增修互注韵略》。”（黄公绍云[4]：“《礼部韵略》元收九千五百九十字，有因‘申明续降’及诸家补遗续添之字[5]。”）

又曰：“淳熙《礼部韵略》五卷[6]，元年国子监言，前后有增改删削及多差舛。诏校正刊行。”

顾炎武《音论》曰：“此书始自宋景祐四年[7]，而今所传者则衢州免解进士毛晃增注[8]，于绍兴三十二年十二月表进，与《广韵》颇有不同。《广韵》上平声二十一殷，改为二十一欣。‘殷’字避宣祖讳。”“《广韵》二十文独用，二十一殷独用，今二十文与欣通。”“《广韵》二十四盐、二十五添，同用；二十六咸、二十七衔，同用；二十八严、二十九凡，同用。今升严为二十六，与盐、添同用；降咸为二十七，衔为二十八，与凡同

---

① “祁等”两句：是解释“详定”的缘故。宋人李焘《续资治通鉴长编》卷第一一四载此事云：“景祐元年四月丁巳，诏直史馆宋祁、郑戬、国子直讲王洙刊修《广韵》《韵略》，命知制诰丁度、李淑详定。时祁等言：‘《广韵略》多疑混字，举人程试，间或误用，有司论难，各执异同，乃致上烦亲决，故请别加撰定。’”

② 绍兴：宋高宗年号（1131—1162）。

③ 元祐：宋哲宗年号（1086—1094）。

④ 黄公绍：元人，撰有《古今韵会》。

⑤ 申明续降：为古人文书中习语，即说明节次升降。

⑥ 淳熙：宋孝宗年号（1174—1189）。

⑦ 此书：指《礼部韵略》。

⑧ 毛晃：南宋音韵学家。

用。《广韵》以六韵通为三韵，今通为两韵。《广韵》上声十八吻独用，十九隐独用，今十八吻与隐通。”“《广韵》去声二十三问独用，二十四焮独用，今二十三问与焮通。”“《广韵》入声八物改为八勿。《广韵》八物独用，九迄独用，今八勿与迄通。”“《广韵》三十怗改为三十帖。《广韵》二十九叶，三十怗，同用；三十一洽、三十二狎，同用；三十三业、三十四乏，同用。今升业为三十一，与叶、帖同用；降洽为三十二，狎为三十三，与乏同用。《广韵》以六韵通为三韵，今通为两韵。”

按：景祐中以贾昌朝请韵窄者凡十三处，许令附近通用，于是合欣于文，合隐于吻，合焮于问，合迄于物，合废于队、代，合严于盐、添，合俨于琰、忝，合酽于艳、㮇，合业于叶、帖，合凡于咸、衔，合范于豏、槛，合梵于陷、鉴，合乏于洽、狎。顾氏考唐、宋韵谱异同，举其八而遗其五，当为之补。曰：《广韵》五十琰、五十一忝，同用；五十二豏、五十三槛，同用；五十四俨、五十五范，同用。今升广为五十二，《音论》云：“《广韵》五十二俨改为五十二广。”今按，当云“五十四俨改为五十二广”。与琰、忝通；降豏为五十三，槛为五十四，与范通。《广韵》以六韵通为三韵，今通为两韵。《广韵》十八队、十九代，同用；二十废独用。今十八队与代、废通。《广韵》五十五艳、五十六㮇，同用；五十七陷、五十八鉴，同用；五十九酽、六十梵，同用。今升酽为五十七，与艳、㮇通；降陷为〔五〕十八[①]，鉴为五十九，与梵通。《广韵》以六韵通为三韵，今通为两韵。

黄公绍《古今韵会》曰：“江南监本免解进士毛氏晃增修《礼部韵略》，江北平水刘氏渊壬子新刊《礼部韵略》（淳祐十二年壬子[②]），互有增字。”（“续降一百六十三字，补遗六十一字，毛氏增一千七百一十字，平水韵增四百三十六字。”[③]）

---

① 〔五〕十八：“五”字原无，从王健庵校注补。

② 淳祐：宋理宗年号（1241—1252）。

③ “黄公绍”段：王健庵校注：“《韵会》正文引自《古今韵会举要》凡例，夹注引自韵目案语。‘续降一百六十三字’原文无‘一百’两字；‘一千七百一十字’原文‘一十’作‘二十’。”

又曰："旧韵，上平声二十八韵，下平声二十九韵，上声五十五韵，去声六十韵，入声三十四韵。""近平水刘渊始并通用之类[①]，以省重复。上平声十五韵，下平声十五韵，上声三十韵，去声三十韵，入声一十七韵。"

顾炎武《音论》曰："按：《唐韵》分部虽二百有六，然多注'同用'。宋景祐又稍广之，未敢擅改。昔人相传之谱，至平水刘氏，师心变古，一切改并。其以证、嶝并入径韵，则又景祐之所未许，毛居正之所不议[②]（毛居正议东、冬等韵）。而考之于古，无一合焉者也。"

阎若璩《潜邱札记》曰[③]："上声脱去二十五拯，止二十九部。此近代俗书也。"

按：法言韵，唐人既苦其苛细，奏合而用之。宋又议窄韵十三处，许附近通用。刘渊不过并其通用之目，未为大失。惟去声证、嶝入径，与《礼部韵略》乖违。元阴时夫复并拯、等入迥[④]，不惟蒸、拯、证、职四声阙其上、去，且声类隔绝[⑤]。等韵之学于此分梗、曾二摄，而上自《三百篇》，下迄宋淳祐前，无有混而同之者。

宋宝元《集韵》

李焘《说文解字五音谱叙》曰[⑥]："景祐初，宋祁、郑戬建言：现行《广韵》乃陈彭年、丘雍等景德末重修，繁省失当，有误科试，乞别刊定。即诏祁、戬与贾昌朝同修，而丁度、李淑典领之。宝元二年书成，赐名'集韵'。度等复奏：《集韵》添字极多（比《广韵》增二万七千三百三十一字），与彭年、雍等前所修《玉篇》不相协，乞别为《类篇》。自《集韵》《类篇》列于学官，而《广韵》《玉篇》微矣。"

---

① 刘渊：南宋音韵学家，平水人。其所编《壬子新刊礼部韵略》将韵划分107部，其后金人王文郁《平水新刊韵略》分为106部，即是后世所广泛运用的平水韵。

② 毛居正：毛晃之子，南宋音韵学家。

③ 《潜邱札记》曰：下引文字见于该书卷六"与戴唐器书"。

④ 阴时夫：宋末元初人，撰有《韵府群玉》。

⑤ 声类：此处指韵摄。

⑥ 李焘：南宋历史学家。

周必大《跋萧御史殿试卷》曰[①]："《广韵》入声三十一洽、三十二狎通用，三十三业、三十四乏通用。自唐迄本朝天禧中皆然[②]，此旧韵也。仁庙初[③]，诏丁度等撰定《集韵》，于是移业为第三十一，洽为第三十二，而以狎、乏附之[④]，此今韵也。"

王应麟《玉海》曰："《集韵》十卷，景祐四年翰林学士丁度等承诏撰。宝元二年九月书成，上之，十一日进呈颁行(庆历三年八月十七日雕印成)。《韵例》曰：'景祐四年(一云"元年三月")太常博士直史馆宋祁、郑戬建言：彭年、雍所定，多用旧文，繁略失当。因诏祁、戬与直讲贾昌朝、王洙同修定，知制诰丁度、李淑典领。''昌朝又请修《礼部韵略》，其窄韵凡十有三，听学者通用之'。"

按：自法言《切韵》，下至《礼部韵略》《集韵》，部分相承未改。然徐楚金《说文解字韵谱》，下平声二仙内分出三宣，而终于二十九严，不分出凡韵。《困学纪闻》引鹤山魏氏曰："《唐韵》于二十八删、二十九山之后，继以三十先、三十一仙。"又未知删、山前，何处多一韵。盖唐时诸家韵书，大致多本法言韵，亦各有微异。今所传《广韵》《集韵》，就二书考景祐所通窄韵十三，则唐、宋用韵沿革之大节目具在。

《声韵考》卷二(译文)

考定《广韵》独用同用四声表

上平声	上声	去声	入声
东一独用	董一独用	送一独用	屋一独用
冬二钟同用	"湩""鸏"字附见肿韵	宋二用同用	沃二烛同用
钟三	肿二独用	用三	烛三

---

① 周必大：南宋文学家。

② 天禧：宋真宗年号(1017—1021)。

③ 仁庙：指宋仁宗。

④ 以狎乏附之：《集韵》在"洽"韵下注："与狎乏通"，将狎乏二韵列于其后。

续表

上平声	上声	去声	入声
江四独用	讲三独用	绛四独用	觉四独用
支五脂之同用	纸四旨、止同用	置五至、志同用	
脂六	旨五	至六	
之七	止六	志七	
微八独用	尾七独用	未八独用	
鱼九独用	语八独用	御九独用	
虞十模同用	九姥同用	遇十暮同用	
模十一	姥十	暮十一	
齐十二独用	荠十一独用	霁十二祭同用	
		祭十三	
		泰十四独用	
佳十三皆同用	蟹十二骇同用	卦十五怪、同用	
皆十四	骇十三	怪十六	
		夬十七	
灰十五同用	贿十四海同用	队十八代同用	
咍十六	海十五	代十九	
废二十独用			
真十七谆臻同用	轸十六准同用	震二十一同用	质五术、栉同用
谆十八	准十七	稕二十二	术六
臻十九	“櫀”“龀”字附见隐韵	“龀”字附见焮韵	栉七
文二十独用	吻十八独用	问二十三独用	物八独用
欣二十一独用	隐十九独用	焮二十四独用	迄九独用
元二十二魂痕同用	阮二十混很同用	愿二十五慁恨同用	月十没同用
魂二十三	混二十一	慁二十六	没十一
痕二十四	很二十二	恨二十七	
寒二十五桓同用	旱二十三缓同用	翰二十八换同用	曷十二末同用
桓二十六	缓二十四	换二十九	末十三
删二十七山同用	潸二十五产同用	谏三十裥同用	黠十四辖同用
山二十八	产二十六	裥三十一	辖十五

续表

下平声	上声	去声	入声
先一仙同用	铣二十七同用	霰三十二同用	屑十六薛同用
仙二	狝二十八	线三十三	薛十七
萧三宵同用	筱二十九小同用	啸三十四笑同用	
宵四	小三十	笑三十五	
肴五独用	巧三十一独用	效三十六独用	
豪六独用	晧三十二独用	号三十七独用	
歌七戈同用	哿三十三果同用	个三十八过同用	
戈八	果三十四	过三十九	
麻九独用	马三十五独用	祃四十独用	
阳十唐同用	养三十六荡同用	漾四十一宕同用	药十八铎同用
唐十一	荡三十七	宕四十二	铎十九
庚十二耕清同用	梗三十八耿静同用	映四十三诤劲同用	陌二十麦昔同用
耕十三	耿三十九	诤四十四	麦二十一
清十四	静四十	劲四十五	昔二十二
青十五独用	迥四十一独用	径四十六独用	锡二十三独用
蒸十六登同用	拯四十二等同用	证四十七嶝同用	职二十四德同用
登十七	等四十三	嶝四十八	德二十五
尤十八侯幽同用	有四十四厚黝同用	宥四十九候幼同用	
侯十九	厚四十五	候五十	
幽二十	黝四十六	幼五十一	
侵二十一独用	寝四十七独用	沁五十二独用	缉二十六独用
覃二十二谈同用	感四十八敢同用	勘五十三阚同用	合二十七盍同用
谈二十三	敢四十九	阚五十四	盍二十八
盐二十四添同用	琰五十忝同用	艳五十五同用	叶二十九同用
添二十五	忝五十一	㮇五十六	怗三十
咸二十六衔同用	豏五十二槛同用	陷五十七鉴同用	洽三十一狎同用
衔二十七	槛五十三	鉴五十八	狎三十二
严二十八凡同用	俨五十四范同用	酽五十九梵同用	业三十三乏同用
凡二十九	范五十五	梵六十	乏三十四

《广韵》在上声第二部肿韵“湩”字下注释说:“这个字是‘冬’字的上声韵。”大概以前的人研究韵字,要审察它的洪细,据此将字分为一、二、三、四等列。例如平声第二部冬韵、十一部模韵、十五部灰韵、二十三部魂韵、二十六部桓韵,这些韵部包含的所有字都是内声一等字;第十六部咍韵、二十四部痕韵、二十五部寒韵、六部豪韵、七部歌韵、二十二部覃韵、二十三部谈韵,这些韵部包含的所有字都是外声一等字;第十九部臻韵、五部肴韵、二十六部咸韵、二十七部衔韵,这些韵部包含的所有字都是外声二等字;第二十部文韵,全韵都是内声三等字;第二十八部严韵、二十九部凡韵,这些韵部包含的所有字都是外声三等字;第三部萧韵、二十部幽韵、二十五部添韵,这些韵部包含的所有字都是外声四等字。上声、去声、入声韵的情况也与此大致类同。余下一些韵目,有的主要靠辨别“等”的差异而不论“内声”还是“外声”都划归为同一个韵部。例如第十一部唐韵、十七部登韵及十四部泰韵,都是一等字;第三部江韵、十三部佳韵、十四部皆韵、二十七部删韵、二十八部山韵、十三部耕韵及十七夬韵,都是二等字;第八部微韵、十二部齐韵、二十二部元韵,都是三等字;第一部先韵、十五部青韵,都是四等字;各部的字都不分内声和外声。上声、去声、入声韵的情况也与此相同。有的韵因为字少,就不再烦琐地单列一部,而是将数种不同“等”的字划归为一个韵部。例如锺韵兼有三等字和四等字,肿韵的三等字和四等字本应都归属为“锺”的上声韵,只有“湩”“䳊”这二个字属一等字因而应归入到“冬”部的上声韵,这些不同等的字在处理上都划归为肿部,是因为它们字少而不再另立韵目。此外,臻、栉两韵不设置上声和去声的原因是,它们的上声字和去声字已经分别放置在隐、焮两个韵部之中。臻韵、栉韵中的都是二等字,欣韵、迄韵中的都是三等字,只是上声隐韵、去声焮韵两部兼有二等字和三等字。当中二等字“𧤛”“龀”等,即分别应是臻、栉两韵的上声字和去声字,也是因为字少不再将它们另外单立韵目。因此,欣、隐、焮、迄数韵的位置应该改置于文、吻、问、物数韵之前,而真部字应与谆部、臻部、欣部字通用，轸部字应与準部、隐部字通用，震部字应与稕部、焮部字通用，质部字应与术部、栉部、迄部字通用，这样处理对于以四声区划韵类来说就没有觤戾不顺的状况出现了。不应当如同宋人那样将文部改与欣部通用、吻部改与隐部通用、物部改与迄部通用，使得隐、焮、臻、栉数韵之间隔绝不能通用。这是唐韵、宋韵在分类上还可以多加斟酌的地方。

郑樵依据《七音韵鉴》中所作的《内外转图》，以及元代刘鉴的《切韵指南》，都根据声音的洪细将字区分为一、二、三、四等列，所以这种学问称为“等韵”。各等又分为开口呼和合口呼，即“外声”和“内声”。开口呼到三等，就是齐齿呼；合口呼到四等，就是撮口呼。这种学问虽然是后人新创立的，但唐韵的二百零六个韵类实际上就是以此来审定并划分部类的。因此“呼”“等”这种分类也是隋、唐旧有的方法，只是后人窃取了前代的意思而用“等韵”来称名专门学问罢了。

《切韵》的要旨有三点：注意双声是第一点，区别韵母的洪细是第二点，注意声类异同是第三点。所谓“声类异同”，仅就《切韵》二百零六韵的韵目顺序作考查，也说明同一声类中的各韵相距不会太远。东、冬、钟三韵排列在一起，它们是一类。排在其后的江韵就古音来说与东、冬两韵同属一类，今音则与阳、唐两韵同属一类。排在江韵之后的支韵与佳韵是一类。支韵之后的脂韵与微韵以及去声祭、泰、夬、废四韵是一类。之韵与咍韵是一类。齐韵字里的半数属于脂、微一类，半数属于支、佳一类；而皆、灰二韵里的字则半数属于脂、微一类，半数属于之、咍一类。排列在一起的鱼、虞、模三韵是一类。排列在一起的真、谆、臻、文、殷、元、魂、痕、寒、桓、删、山、先、仙这些韵是一类。其后面的萧、宵、肴、豪四韵排列在一起，是一类。歌、戈两韵是一类。其后面的麻韵是一类，麻韵字在古音里半数与歌、戈两韵一类，半数与鱼、虞两韵一类；元代以来，麻韵字又因为有歧音而分成二类。麻韵后面的阳、唐两韵是一类。再往后庚、耕、清、青四韵排列在一起，是一类。后面蒸、登两韵是一类。它们后面的尤、侯、幽三韵排列在一起，是一类。再往后排列在一起的侵、覃、谈、盐、添、咸、衔、严、凡这些韵是一类。古音大概有十三类韵，今音有十五类韵。上声、去声、入声都被这些韵类统摄。支、佳两韵里有一些字是因语音变化而从歌、戈两韵转入的，之韵字的语音变化情况更为突出，侯韵字则因为语音变化而归入虞部，阳韵字和唐韵字因为语音变化为归入庚部，尤韵字和幽韵字因为语音变化为归入萧部。语音的变化造成了古今字音的不同，但声类在大致划分上是没有古今变化的。就一种声类的各韵韵字来说，先从声调上分为平、上、去、入四种，在此基础上再各分为内声、外声两种，又进一步分为一、二、三、四等几列。即使是韵母方面开合口及等列都相同的字，但声调上，音的轻重以及舒缓急促也必定要严格分辨，这是隋、唐时期撰写韵书的法则。

顾炎武《音论》说："唐朝时期第二十一部殷韵（宋朝时为了避宣祖庙讳将"殷"字改为"欣"字。）虽然说是独用，但因为字少韵窄的缘故而没有成篇独用的例子，往往是在用真韵的诗文里间或插用一次。如像杜甫《崔氏东山草堂》诗用'芹'字入韵，独孤及《送韦明府》《答李滁州》二诗用'勤'字入韵，都是例子，但是殷韵绝对没有与文韵通用的情况。而第二十部文韵独用，也绝对没有与殷部字通用的情况。殷、文两韵合为一韵使用，是在宋仁宗景祐年间才开始的情况。去声问、焮两韵的情况也是这样。只有上声的情况特殊。今本《广韵》目录第十八部吻韵之下注明'隐韵同用'。但在其正文卷中第十八部吻韵、十九部隐韵，又是各自独立为一个韵部，不是相连同属的情况，并且在它们下面各自注明'独用'。我的朋友富平人李子德因此笃定认为目录有误。又考查唐人作品如像李白《寄韦六》、孙逖《登会稽山》、杜甫《赠郑十八贲》，这些诗都是将隐韵字与轸、准两韵字同用，因此隐韵不与吻韵同用就是明了的了。"

按：对于殷、隐二韵的使用情况，顾氏对它们的辨析很完备。后来有吴下人张氏所刻的宋本《广韵》目录里，文韵下注明"欣韵同用"，吻韵下注明"隐韵同用"。曹氏所刻宋本《广韵》与此相同。这两种刻本都是在景祐年间《礼部韵略》颁行之后的修改本，因此上述注文不是《广韵》旧注。张刻本和曹刻本的注文是完善的。另外还有注文被删减整修的刻本，我曾见过大小两个版本以及顾氏所刻的版本就都是如此。只是顾刻本去声队韵下注明“代韵、废韵同用”，其余本子都是在“队”韵下注明“代韵同用”，废去了旧注“独用”字样。即使是顾氏《音论》中列举的《广韵》韵目下注文，也与各本注文相同，而他所翻刻的本子却独独相违不同。这正是宋人修改合并注文的本子之一。顾氏考查过唐宋两朝韵谱的异同，但是却遗漏了这种改动而未曾列举，这应该是他的疏忽之处。曹刻本在入声目录的物韵下注明“与迄韵通用”，而正文卷内各处注明“独用”的地方与其他各本注文相同。上声和去声末尾的六个韵目，各本改为随从《礼部韵略》和《集韵》，但注文仍然未能全部修改。小本注文删减修整的地方是，正文卷内上声琰韵下注明“与忝韵同用”，没有“俨”字，目录下却注明“与忝韵、俨韵同用”。曹刻本正文卷内去声酽韵虽然移到了陷韵、鉴韵之前，但目录艳韵下注明“与桥同用”，酽韵下注明“与梵同用”，陷韵下注明“鉴同用”，仍然是属于未经改动的旧注。《广韵》目录“艳韵第五十五”注明“桥韵、酽韵同用”，“酽韵第五十七”注明“鉴韵同用”，“鉴韵第五十九”注明“梵韵同用”。大概旧有韵目顺序，陷韵排第五十七，因此才有“鉴韵同用”的注文；酽韵排第五十九，因此才有“梵韵同用”的注文。景祐之后的本子，涂改了“陷”“鉴”“酽”三字，但是注文未能作相应改动。吴才老《韵补》中的“上声第五十二部赚韵、五十三部槛韵、五十四部俨韵”，可以证明《广韵》韵目的旧有顺序，说明去声的韵目序次也与《礼部韵略》《集韵》相同了。宋朝初期徐楚金《说文解字韵谱（今人将李焘《说文解字五音谱》看成徐氏的书，是错误的）叙》宣称：“采取叔重所记录的文字，利用《切韵》列字的方式来为它们重新编次。”《后叙》称说：“又得到李舟所著述的《切韵》，特别有补益。其间有《说文》正文没有载录的文字但却载录于李舟《切韵》的叙例和注文，就必然会知道《说文》有脱漏，于是随从李舟《切韵》而将它们编录进去。有疑惑难分的地方就以李氏《切韵》为标准，这样就大概没有遗漏了。”这部书在《广韵》之前问世，上声“豏”字写作“湛”，而排序上是“湛韵第五十二”，“槛韵第五十三”，“俨韵第五十四”；去声“酽”字写作“睑”，注文说：“俗字写作‘酽’是不对的。”而排序上是“陷韵第五十七”“鉴韵第五十八”“睑韵第五十九”。这些情况特别能够证明唐人旧有韵目次序是如此。纪晓岚学士问道：“只有徐氏这部书以及明朝嘉靖年间朱氏的《金石韵府》，都在下平声第二部仙韵之中分出第三部宣韵，难道明朝时期的人也是依据李舟的韵目吗？”我回答说：“朱氏的书，韵目依据的是夏竦《四声集古韵》。”今天考查徐氏书编次，上声中的槛、俨、范三韵以及去声中的酽韵，正好因为没有辖字，所以不单列韵目；而平声中的严韵是在咸、衔两韵之前，入声中的业韵是在洽、狎两韵之前。宋朝景祐以后才有这种改易安排，看徐氏的书就足以能够证明宋人韵目与唐人旧有韵目是迥然不同的了。

宋景德《韵略》

王应麟《玉海》说：“《崇文书目》记载：《韵略》五卷。景德四年龙图待制戚纶等人承受皇帝诏令，细致考定用于科举考试的声韵内容，于是用殿中丞丘雍所考定的《切韵》‘同用’‘独用’韵例以及新修订的条例参酌修订而成。按：《崇文书目》记载丘雍编撰《韵略》五卷，这部韵书大略择取了《切韵》中的重要韵字，以此来为礼部提供科考用书。”

又说：“景德四年十一月戊寅日，皇帝下诏颁行新修订的《韵略》，将其送往胄监进行雕版印制。”

按：当时没有“礼部韵略”的称呼，这部书的名字是“韵略”，它与所校定的《切韵》是同日颁行的。《韵略》与《切韵》在“独用”“同用”方面的韵例上没有差异。第二年，《切韵》被改赐新的名称“广韵”。而《广韵》《韵略》是景德、祥符年间在文字上有详略不同的两部韵书。过了三十一年即景祐四年，朝廷又刊正修订《韵略》，并将修订后的书改称为“礼部韵略”；刊正修订《广韵》，并将修订后的书改称为“集韵”。《集韵》完成于《礼部韵略》颁行两年之后，两书是景祐、宝元年间出现的详略不同的两部韵书。但在“独用”“同用”方面，它们不再使用《切韵》的旧有韵例，韵目顺序也稍微作了修改移动。

宋景祐《礼部韵略》

许观《东斋记事》说：“景祐四年皇帝诏令国子监颁行翰林学士丁度所修订的《礼部韵略》。这部韵书著录韵窄的韵部共有十三个，这些韵部被允许与邻近的韵部通用。”

王应麟《玉海》说：“景祐元年四月丁巳日，皇帝诏令直史馆宋祁、郑戬和国子监直讲王洙等人刊正修订《广韵》和《韵略》，命令知制诰丁度、李淑两人考核审定。这次审核，是由于宋祁等人言说两书多有令人疑惑的混音错字而造成举子考试时误用。”

又说：“景祐四年六月丙申日将丁度所修订的《韵略》五卷颁行天下。当初，任职说书的贾昌朝上书说：‘《韵略》有很多地方缺乏训释，令人疑虑混声字和重叠字会被举子误用。’于是皇帝诏令丁度等人刊正修定。《韵略》中的十三处窄韵，允许与附近韵部通用；对混声字和重叠字，一一作出解释注明。元祐五年太学博士孙谔等人上书说：用韵中会遇到本身是一字一义但却有两种读音的字，有本来可以合用但在私下里相传应当避免合用的韵字，有本来已经合用但礼部韵书有时却未能著录的韵字。这些遗漏与不足在七月九日作为附录补入《韵略》。绍兴十四年十二月己丑日，知荣州杨朴呈上《礼部韵括遗》。”

又说：“元祐五年，博士孙谔上书陈请在韵书中添收韵字。绍兴十一年，进士黄启宗按照韵目对韵字进行了补充收辑，但仍然多有缺漏。绍兴三十二年毛晃呈上《增修互注韵略》。”（黄公绍说：“《礼部韵略》原本收录九千五百九十个字，另有根据‘申明续降’所收字以及各家‘补遗’而续添的文字。”）

又说："淳熙年间《礼部韵略》有五卷，淳熙元年国子监称说此书曾先后有过多次增改删削，并且有很多差错舛误。皇帝于是诏令校正之后刊行。"

顾炎武《音论》说："此书从宋景祐四年开始面世，而现今留存下来的则是衢州免解进士毛晃的增注本。增注本《礼部韵略》于绍兴三十二年十二月上表进献，它与《广韵》颇有不同。《广韵》上平声第二十一部殷韵，此书改为第二十一部欣韵。（改动"殷"字是为避宋宣祖名讳。）""《广韵》第二十部文韵独用，第二十一部殷韵独用，今增注本《礼部韵略》第二十部文韵与欣韵通用。""《广韵》第二十四部盐韵与第二十五部添韵同用，第二十六部咸韵与第二十七部衔韵同用，第二十八部严韵与第二十九部凡韵同用。今增注本《礼部韵略》将严韵升到第二十六部的位置，与盐韵和添韵同用；将咸韵降为第二十七部，衔韵降为第二十八部，与凡韵同用。《广韵》里因为将上述六韵通用而实际成为三韵，今增注本《礼部韵略》因通用而成为两韵。《广韵》上声第十八部吻韵独用，第十九部隐韵独用，今增注本《礼部韵略》第十八部吻韵与隐韵通用。""《广韵》去声第二十三部问韵独用，第二十四部焮韵独用，今增注本《礼部韵略》第二十三部问韵与焮韵通用。""《广韵》入声第八部物韵，在增注本《礼部韵略》里改成第八部勿韵。《广韵》第八部物韵独用，第九部迄韵独用，今增注本《礼部韵略》第八部勿韵与迄韵通用。""《广韵》第三十部怗韵，在增注本《礼部韵略》里改成第三十部帖韵。《广韵》第二十九部叶韵与第三十部怗韵同用；第三十一部洽韵与第三十二部狎韵同用；第三十三部业韵与第三十四部乏韵同用。今增注本《礼部韵略》将业韵升为第三十一部，与叶韵和帖韵同用；将洽韵降为第三十二部，狎韵降为第三十三部，与乏韵同用。《广韵》因为将上述六韵通用而实际成为三韵，今增注本《礼部韵略》因通用而成为两韵。"

按：景祐年间因为贾昌朝请求许可将《韵略》中十三处韵窄的韵部与其邻近的韵通用，于是朝廷新颁刊正《韵略》将欣韵与文韵合用，将隐韵与吻韵合用，将焮韵与问韵合用，将迄韵与物韵合用，将废韵与队韵和代韵合用，将严韵与盐韵和添韵合用，将俨韵与琰韵和忝韵合用，将酽韵与艳韵和㮇韵合用，将业韵与叶韵和帖韵合用，将凡韵与咸韵和衔韵合用，将范韵与豏韵和槛韵合用，将梵韵与陷韵和鉴韵合用，将乏韵与洽韵和狎韵合用。顾氏考查了唐、宋韵部分类的异同，举出了八种情况但遗漏了五种，应当为他补足。具体情况是:《广韵》第五十部琰韵与第五十一部忝韵同用;第五十二部豏韵与第五十三部槛韵同用;第五十四部俨韵与五十五部范韵同用。今天将广韵升为第五十二部(《音论》说:"《广韵》第五十二部俨韵改为第五十二部广韵。"今按:应当说是"第五十四部俨韵改为第五十二部广韵"),与琰、忝两韵通用;将豏韵降为第五十三部，槛韵降为第五十四部，与范韵通用。《广韵》因为将上述六韵通用而实际成为三韵，今天同样因为通用却成为两韵。《广韵》第十八部队韵与第十九部代韵同用;第二十部废韵独用。今天第十八部队韵与代、废两韵通用。《广韵》第五十五部艳韵与第五十六部㮇韵同用，第五十七部陷韵与第五十八部鉴韵同用，第五十九部酽韵与第六十部梵韵同用。今天将酽韵升为第五十七部，与艳、㮇两韵通用;将陷韵降为第五十八部，鉴韵降为第五十九部，与梵韵通用。《广韵》因为将上述六韵通用而实际成为三韵，今天同样因为通用却成为两韵。

黄公绍《古今韵会》说:"江南监本免解进士毛氏晃增补修订的《礼部韵略》，江北平水人刘氏渊壬子新刊正的《礼部韵略》("壬子"指淳祐十二年壬子)，相互之间都各有增补的字。"("其中续降增加一百六十三个字，补遗增加六十一个字，毛氏增加一千七百一十个字，平水韵增加四百三十六个字。")

又说:"旧有韵部的情况是，上平声二十八个韵部，下平声二十九个韵部，上声五十五个韵部，去声六十个韵部，入声三十四个韵部。""最近平水人刘渊开始将能通用的韵予以合并，以此省去重复。成为上平声十五个韵部，下平声十五个韵部，上声三十个韵部，去声三十个韵部，入声一十七个韵部。”

顾炎武《音论》说：“按：《唐韵》分部虽然有二百零六个，但是很多韵目下注明‘同用’两字。宋景祐年间在收录韵字上又稍有增广，但在韵部数量上未敢擅自改动。前人相传下来的韵谱，到平水刘氏那里，由于师从内心想法而改变了前人分类，把所有韵部都进行了更改合并。他将证、嶝两韵合并到径韵，这种情况是景祐时期不允许出现的，毛居正对此也未曾建议（毛居正建议合并东、冬等韵）。而用前人分类来考察刘渊的分类，没有一处是吻合的。”

阎若璩《潜邱札记》说：“将刘渊《壬子新刊礼部韵略》上声第二十五部拯韵脱失，只剩下二十九部。这是近代世俗流传的相关韵书的情况。”

按：陆法言所划分的韵部，唐人既然苦于其分类严苛细致，于是奏请以合用的方式用韵。宋人又议论十三处窄韵，最后允许它们与邻近韵部通用。刘渊不过是合并了通用的韵部，对韵部分类来说不算是大的缺失。只是，他将去声的证、嶝两韵合并到径韵，这是与《礼部韵略》相乖违的。元人阴时夫又将拯、等两韵合并到迥韵，这样做不只是蒸、拯、证、职四声当中缺失了上、去两声，迥韵与蒸韵所属韵摄本来就是隔断不通的。等韵学将此两韵分别划分到梗、曾二摄，上自《三百篇》，下到宋淳祐之前的韵文，都没有将这两类韵混同运用的情况。

宋宝元《集韵》

李焘《说文解字五音谱叙》说：“景祐初年，宋祁、郑戬建议：现在通行的《广韵》乃是陈彭年、丘雍等人在景德末年重新修订的，繁简并不妥当，有误于科举考试，乞请另行刊正审定。皇帝当即诏令宋祁、郑戬与贾昌朝共同修订，由丁度、李淑两人主持工作。宝元二年，韵书修订完成，皇帝赐名为‘集韵’。丁度等人又上奏说：《集韵》增添的字数极多（比《广韵》增加了二万七千三百三十一个字），与陈彭年、丘雍等人之前所修订的《玉篇》不协和，乞请另外撰作《类篇》。自从《集韵》与《类篇》列入学官，《广韵》和《玉篇》在使用上就衰微了。”

周必大《跋萧御史殿试卷》说：“《广韵》入声第三十一部洽韵与第三十二部狎韵通用，第三十三部业韵与第三十四部乏韵通用。自唐代迄至本朝天禧年间都是如此，这是旧有的用韵规定。仁庙初年，皇帝诏令丁度等人编撰成《集韵》，于是将业韵迁移为第三十一部，洽韵迁移为第三十二部，而将狎韵和乏韵附在洽韵之后与之通用，这是今天的用韵规定。”

王应麟《玉海》说：“《集韵》十卷，由景祐四年翰林学士丁度等人奉皇帝诏令编撰。到宝元二年九月，编撰完成，进呈皇上，又于十一日上书呈请颁行天下（这部书在庆历三年八月十七日雕印完成）。《集韵韵例》记载说：‘景祐四年（一说是“元年三月”）太常博士、直史馆宋祁、郑戬建议：陈彭年、邱雍所修定的《广韵》，多沿用旧文，文字繁略上不妥当。皇帝因而诏令宋祁、郑戬与直讲贾昌朝、王洙共同修定，由知制诰丁度、李淑担纲主持。’‘贾昌朝后来又请求朝廷修订《礼部韵略》，至于其中的十三处窄韵，则听任学者自行采取邻韵通用的方式’。”

按：从陆法言《切韵》开始，直到《礼部韵略》《集韵》问世，这些韵书的部分内容是前后承袭未作改动的。然而在徐楚金的《说文解字韵谱》中，从下平声第二部仙韵分出了第三部宣韵；而下平声结束于第二十九部严韵，此韵却没有分出凡韵。《困学纪闻》引述鹤山人魏氏的话说：“《唐韵》在第二十八部删韵、第二十九部山韵之后，接续的是第三十部先韵、第三十一部仙韵。”又不知道在删、山两韵之前，什么地方多了一韵。大概唐朝时期的各家韵书，虽然大多是依据陆法言的韵部分类，但也各有微小差异。用传下来的《广韵》和《集韵》考校景祐时期所通用的十三处窄韵，就会发现唐、宋用韵沿革的重要内容都能清楚地呈现出来。

《声韵考》卷三(原文及注释)

古音[①]

徐蒧为吴棫作《毛诗协韵补音叙》曰[②]:"音韵之正,本诸字之谐声,有不可易者,如'霾'为'亡皆切',而当为'陵之切'者,由其从'狸'得声;'浼'为'每罪切',而当为'美辨切'者,由其从'免'得声;'有'为'云九切',而'贿''痏''洧''鲔'皆从'有'得声,则当为'羽轨切'矣。'皮'为'蒲麋切',而'波''坡''颇''跛'皆从'皮'得声,则当为'蒲禾切'矣。又如'服'之为'房六切',其见于《诗》者凡十有六[③],皆当为'蒲北切',而无与'房六'协者;'友'之为'云九切',其见于《诗》者凡十〔一〕[④],皆当为'羽轨切',而无与'云九'协者。以是类推之,虽毋以它书为证,可也。"

戴侗《六书故》曰[⑤]:"经传'行'皆'户郎切',未尝有协'生'韵者;'庆'"皆'去羊切',未尝有协'敬'韵者。如'野'之'上与切'、'下'之'后五切',皆古正音,非协韵也。"

陈第《毛诗古音考叙》曰[⑥]:"时有古今,地有南北,字有更革,音有转移,亦势所必至。故以今之音读古之作,不免乖剌而不入,于是悉委之'协'[⑦]。夫其果出于'协'也,作之非一人,采之非一国,何'母'必韵'杞'、韵'止'、韵'祉'、韵'喜','马'必韵'组'、韵'黼'、韵'旅'、韵

---

① 音:王健庵校注:"音"或作"韵"。

② 徐蒧:南宋学者。

③ 十有六:徐蒧之意,十六为"服"作为韵字在《诗经》中出现的数目。据向熹《诗经词典》统计,"服"字在《诗经》中总共出现30次。下"凡十"与此类似(据向熹《诗经词典》统计,"友"字在《诗经》中总共出现17次)。

④ 凡十:王健庵校注云:徐氏原序"十"下有"有一"两字。此处当系戴氏引文失误。

⑤ 戴侗:南宋学者。

⑥ 陈第:明代学者。

⑦ 协:即协音,指用临时改变字音的方式以求不同韵的字声韵和协。

‘土’,‘京’必韵‘堂’、韵‘将’、韵‘常’、韵‘王’,‘福’必韵‘食’、韵‘翼’、韵‘德’、韵‘亿’[①]? 厥类实繁,难以殚举。其矩律之严,即《唐韵》不啻。此其故何邪? 又《左传》《国语》《易象》《离骚》、秦碑、汉赋,以至上古歌谣,箴、铭、颂、赞,往往韵与《诗》合,实古音之证也。”

陈第《读诗拙言》曰:“一郡之内,声有不同,系乎地者也;百年之中,语有递转,系乎时者也。《三百篇》,诗之祖,亦韵之祖也。作韵书者,宜权舆于此。”

陈第《屈宋古音义叙》曰:“今考之屈、宋,其音往往与《诗》《易》合,其《诗》《易》所无者,又往往与周、秦、汉、魏之歌谣诗赋合。其为上世之音,何疑? 自唐颜师古、太子贤注两汉书,于长卿、子云、孟坚、平子诸赋,音有与时乖者,直以‘合韵’‘协音’当之。后儒相缘,不复致思。故自《毛诗》、《易象》、《楚辞》、汉赋与凡古昔有韵之篇,悉委于‘协’之一字矣。”

顾炎武《音论》曰:“古诗中,间有一二与正音不合者。如‘兴’,‘蒸’之属也,而《小戎》末章与‘音’为韵[②];《大明》七章与‘林’‘心’为韵[③]。”“又如孔子系《易》,于《屯》、于《比》、于《恒》,则以‘禽’与‘穷’‘中’‘终’‘容’‘凶’‘功’为韵[④]。”“此或出于方音之不同,今之读者不得不改其本音而合之。虽谓之‘协’亦可,然特百中之一二耳。”

阎若璩《尚书古文疏证》曰:“字有古音,以今音绳之,衹觉其扞格不合。犹语有北音,以南音绳之,扞格犹故也。人知南北之音乎地,不知古今之音乎时。地隔数十百里,音即变易,而谓时历数千百载,音犹一律,尚得谓之通人乎?”

按:古音之说,近日始明。然考之于汉郑康成笺《毛诗》云:“古声‘填’‘置’‘尘’同。”及注它经,言“古者声某某同”,“古读某为某”之

---

① “何母”至“韵亿”:这几句所举为《诗经》中押韵的例子。

② 音:此字古音属侵部。

③ 林心:两字古音俱属侵部。

④ “则以”句:“禽”字古音属侵部。“穷”“中”“终”三字古音俱属冬部。“容”“凶”“功”三字古音俱属东部。

类，不一而足。是古音之说，汉儒明知之，非后人创议也。唐陆德明《毛诗音义》虽引徐邈、沈重诸人谓“合韵”“取韵”“协句”[①]，大致就诗求音，与后人漫从改读，名之为“协”者迥殊。而于《召南》“华”字云[②]：“古读‘华’为‘敷’。”于《邶风》“南”字云：“古人韵缓，不烦改字[③]。”是陆氏固显言古人音读及古韵今韵之不同矣。宋吴棫作《韵补》，乃就二百六韵注“古通某”（冬、钟，注“古通东”；脂、之、微、齐、灰，注“古通支”；虞、模，注“古通鱼”，谆、臻、殷、痕、青、蒸、登、侵，注“古通真”；仙、盐、沾、严、凡，注“古通先”；覃、谈、咸、衔，注“古通删”；宵、肴、豪，注“古通萧”；戈，注“古通歌”；唐，注“古通阳”；侯、幽，注“古通尤”）。“古转声通某”（佳、皆、咍，注“古转声通支”；文、元、魂，注“古转声通真”；寒、桓、删、山，注“古转声通先”；麻，注“古转声通歌”）。“古通某，或转入某”（江，注“古通阳，或转入东”；庚、耕、清，注“古通真，或转入阳”）。其分合最为疏舛。郑庠作《古音辨》，分阳、支、先、虞、尤、覃六部（东、冬、钟、江、唐、庚、耕、清、青、蒸、登，从阳韵；脂、之、微、齐、佳、皆、灰、咍，从支韵；真、谆、臻、文、殷、元、魂、痕、寒、桓、删、山、仙，从先韵；鱼、模、歌、戈、麻，从虞韵；萧、宵、肴、豪、侯、幽，从尤韵；侵、谈、盐、添、咸、衔、严、凡，从覃韵）。近昆山顾炎武作《音学五书》，更析东、阳、耕、蒸而四，析鱼、歌而二，故列十部（《古音表》[④]：东、冬、钟、江，第一；支、脂、之、微、齐、佳、皆、灰、咍，第二；鱼、虞、模、侯，第三；真、谆、臻、文、殷、元、魂、痕、寒、桓、删、山、先、仙，第四；萧、宵、肴、豪、幽，第五；歌、戈、麻，第六；阳、唐，第七；耕、清、青，第八；蒸、登，第九；侵、覃、谈、盐、添、咸、衔、严、凡，第十。而支韵，半属第二，半属第六；尤韵，半属第二，半属第五；麻韵，半属第六，半属第三；庚

---

① “合韵”“取韵”“协句”：此处都是叶韵（“协韵”）的意思。

② 《召南》“华”字：指《召南·何彼襛矣》之“唐棣之华”句中的“华”字。

③ “于邶”两句：《邶风·燕燕》第三章：“燕燕于飞，下上其音。之子于归，远送于南。瞻望弗及，实劳我心。”北周时期沈重认为“南”与“音”“心”不韵，而主张“协句”即改变“南”字的读音以协韵。陆德明则提出“古人韵缓，不烦改字”的看法，认为“南”字应“如字”读。

④ 古音表：为顾炎武《音学五书》中一种。

韵，半属第七，半属第八；入声质、术、栉、物、迄、月、没、曷、末、黠、辖、屑、薛、麦、锡、职、德，属第二，兼屋、昔二韵字；屋、烛、铎、陌、昔，属第三，兼沃、觉、药、麦四韵字；沃、觉、药，属第五，兼屋、铎、锡三韵字）。吾郡老儒江慎修永据《三百篇》为本，为《古韵标准》，于真已下十四韵，侵已下九韵，各析而二，萧、宵、肴、豪及尤、侯、幽亦为二，故列十有三部（第一部，东、冬、钟、江；第二部，支、脂、之、微、齐、佳、皆、灰、咍，分尤韵字属焉；第三部，鱼、虞、模，分麻韵字属焉；第四部，真、谆、臻、文、殷、魂、痕，分先韵字属焉；第五部，元、寒、桓、删、山、先、仙；第六部，萧、宵、肴、豪；第七部，歌、戈、麻，分支韵字属焉；第八部，阳、唐，分庚韵字属焉；第九部，庚、耕、清、青；第十部，蒸、登；第十一部，尤、侯、幽，分虞、萧、宵、肴、豪五韵字属焉；第十二部，侵，分覃、谈、盐三韵字属焉；第十三部，覃、谈、盐、添、严、咸、衔、凡）。而入声分八部（第一部，屋、沃、烛、觉；第二部，质、术、栉、物、迄、没，分屑、薛二韵字属焉；第三部，月、曷、末、黠、辖、屑、薛；第四部，药、铎，分沃、觉、陌、麦、昔、锡六韵字属焉；第五部，麦、昔、锡；第六部，职、德，分麦韵字属焉；第七部，缉，分合、叶、洽三韵字属焉；第八部，合、盍、叶、帖、业、洽、狎、乏）。顾君转侯韵入虞，江君转虞韵字入侯，江君得之。余友金坛段若膺玉裁与余言："支、佳，一部；脂、微、齐、皆、灰，一部；之、咍，一部。汉人犹未尝假借通用，晋、宋已下乃少有出入，迄乎唐之功令[①]，支、脂、之同用，佳、皆同用，灰、咍同用，于是古之截然为三者，罕有知之。"段君又欲析真、臻、先与谆、文、殷、魂、痕为二，尤、幽与侯为二[②]。余谓：音之敛侈[③]，有无庸苛求者，惟大限则宜区别宵、肴、豪之异于侯、幽，犹阳、唐之异于东、冬、锺也。真已下十四韵，侵已下九韵，虽古音多敛，属真、侵，今音多侈，属先、覃，犹古音多敛，属支、脂，

① 唐之功令：指唐代用于科举考试的用韵标准。当时以诗赋写作为科考内容，《切韵》为科考用书。

② "段君"两句：在江永《古韵标准》里，真、臻、先、谆、文、殷、魂、痕为一部，尤、幽、侯为一部，戴意谓段氏将两部各分为二。

③ 敛侈：即洪细。这是戴氏承江永所用术语。敛为细，侈为洪。

今音多侈，为佳、皆耳。顾氏用陆德明所谓“古人韵缓，不烦改字”，未为不可行。《小戎》之“群”“錞”“苑”，屈原赋《抽思》之“闻”“患”，《悲回风》之“还”“闻”及”“雰”“媛”，《远游》之“传”“垠”“然”“存”“先”“门”，皆真已下不分。其入声《旄丘》之“葛”“节”“日”，《正月》之“结”“厉”“灭”“威”，亦不分也。《泽陂》之“萠”“俨”“枕”，《烝民》之“业”“捷”“及”，皆侵已下入声不分。顾氏药与铎有别，而江氏不分。虽顾氏于此尚有出入，宜详其声类[①]，证诸《三百篇》分之。至若五支于六脂，犹清于真也；七之又于支、脂，犹蒸又于清、真也，此皆不可不辨者。

又按：音有流变，一系乎地，一系乎时。系乎地者，在古人即非一读。如“隅”“愚”“萠”并从“禺”得声，《广韵》入十虞，古与侯、幽通为一韵。“颙”亦从“禺”得声，《广韵》入三钟，古与东、冬通为一韵。“裘”“求”据《说文》本一字，而“俅”及“逑”“觩”并从“求”得声，今音入十八尤，古音“裘”“俅”与之、咍通为一韵，“求”“逑”“觩”与侯、幽通为一韵。《诗》中“好逑”“好仇”语同[②]，而一取韵侯、幽，一取韵之、咍。“仇”字在《三百篇》即两取韵。“轨”亦从“九”得声，《匏有苦叶》二章与”牡”为韵，当属四十五厚，而班孟坚《幽通赋》与“趾”为韵，则入六止。如今音“母”字古多与之、止、志、咍、海、代通为一韵，《广韵》入四十五厚，《蝃蝀》二章与“雨”为韵[③]，则入十姥。今吴音言“雨”又入六止。“土”字属十姥，而“牡”从“土”得声，乃与侯、厚、候、幽、黝、幼通为一韵。《洪范》“曰蒙”，徐仙民音“亡钩反”，郑本、王本并作“雺”[④]。

---

① 声类：此处意思略同于“韵摄”。

② 《诗》中“好逑”“好仇”语同：“好逑”见于《周南·关雎》，“好仇”见于《周南·兔罝》；“逑”为“仇”的假借字，故戴氏以为“语同”。

③ 《蝃蝀》二章与“雨”为韵：指诗中“母”字与“雨”押韵。《蝃蝀》二章：“朝隮于西，崇朝其雨。女子有行，远兄弟父母。”

④ “洪范”至“逢蒙”：蒙，东部字。钩，侯部字。雺，幽部字。门，文部字（戴震以为魂部字）。徐仙民，东晋学者，撰有《春秋左氏传音》《礼记音》等。郑本王本，郑，谓郑玄；王，谓王肃。

《汉书·艺文志》"《逢门射法》二篇"，师古云："即逢蒙[①]"。而《文王》七章"躬"与"天"为韵[②]，《召旻》六章"中""躬"与"频"为韵，"频"在十七真，"门"在二十三魂，"天"在一先，乃合东、冬、钟及尤、侯、幽，声气交通[③]。《小戎》之"中""骖"，《七月》之"冲""阴"，《荡》之"谌""终"，《云汉》之"虫""宫""宗""临""躬"，则旁涉侵、覃矣[④]。《韩诗》"便便左右[⑤]"，《史记》引《书》"便章""便秩"及"王道便便"，今《诗》《书》"便"皆作"平"。"便"在二仙，《洪范》与"偏"为韵，"平"在十二庚。而"零""苓""领"从"令"得声，《卢令》之"令""仁"，《车邻》之"邻""颠""令"，《十月之交》之"电""令"，《定之方中》之"零""人""田""渊""千"，《简兮》之"榛""苓""人"，《采苓》之"苓""颠""信"，皆不出真、先韵。《说文》引《诗》作"卢獜獜"，则"令"字本音可定。然《小宛》"令"与"鸣""征""生"为韵，《节南山》"领"与"骋"为韵，《左氏春秋》引《逸诗》"令"与"挺""扃""定"为韵，屈原赋《远游》"零"与"征"为韵[⑥]，实如《广韵》"令""零"入十五青，"领"入四十静矣。"挥""辉""晖""翚"从"军"得声，"祈""颀""旗""圻""沂"从"斤"得声，而入八微。"敦"从"享"得声，而入十五灰。《庭燎》之"晨""辉""旗"[⑦]，《采菽》《泮水》之"芹""旗"[⑧]，《左氏春秋》童谣之"晨""辰""旗""贲""焞""军""奔"[⑨]，固不出真、文韵。《北门》"敦"与"遗""摧"为韵，《硕人》"颀"与"衣""妻""姨""私"为韵，《礼》"翚衣"多作"袆衣"，"圻""畿"古多相代，实如《广韵》

---

① 即逢蒙：谓逢门即逢蒙。相传逢蒙为后羿徒弟，善射。

② 躬与天为韵：躬，冬部字。天，先部字。

③ 声气：谓语音。

④ "小戎"至"覃矣"："中""冲""终""虫""宫""宗""躬"是冬部字，"骖""阴""谌""临"是侵部字。

⑤ 便便左右：韩诗《小雅·采菽》句。毛诗作"平平左右"。

⑥ "然小"至"为韵"："令""领"是真部字，"鸣""征""生""骋""挺""扃""定"是耕部字。

⑦ "庭燎"句：《庭燎》"晨""辉""旗"三字相押，它们均属文部。

⑧ "采菽"句：《采菽》《泮水》中，"芹""旗"两字相押，它们均属文部。

⑨ "左氏"句：《左氏春秋》童谣，指《左传·僖公五年》所载童谣："丙子之晨，龙尾伏辰，袀服振振。取虢之旗，鹑之贲贲，天策焞焞。火中成军，虢公其奔。"其中"晨""辰""旗""贲""焞""军""奔"七字相押，它们均属文部。

之音①。《中庸》"壹戎衣"，郑康成云："衣读如殷，齐人言。""殷"声如"衣"，此可证真、文、魂、先之字与脂、微、灰、齐，声气交通。"宛"与"怨"从"夗"得声，"菀"从"宛"得声，"褑"从"怨"得声，《内则》"宛脾"，郑康成云"怨"或作"郁"，《考工记》"欲其褑也"，郑司农云"褑"读为"菀彼北林"之"菀"，今《诗》作"郁彼北林"。"郁""菀""苑""蔚"，古多相代。《小戎》"苑"与"群""錞"为韵②，《易·象传》"蔚"与"君"为韵③，《卫风·氓》"怨"与"岸""泮""宴""旦""反"为韵④，《小雅·谷风》"怨"与"嵬""萎"为韵⑤。它如《中谷有蓷》"难"与"乾""叹"为韵，《常棣》"难"与"原""叹"为韵，《桑扈》"翰""宪""难"与"那"为韵，《隰桑》"难"与"阿""何"为韵⑥。"傩"从"难"得声，亦通用"难"为"傩"。而《东门之枌》则"原"与"差""麻""娑"为韵⑦。五方殊语，随声气转变，见于六经者，遽数之不能终其物。六书之谐声假借，《诗》之取韵，各因其声类中一二字由它类流变而入者用之，非举此两韵字尽通也。其流变所入，各如其方之音。在古人不訾为非正音，不疑其误。盖列国之音，即各为正音，不可强而齐之也。顾氏《音学五书》辄云："后人误入某韵，当改入某韵"，"当削去并入某韵"。其《诗本音》《易音》有非韵而注为韵者，有更韵而谓为一韵者，有实韵而不注韵者。未明于音有定限，又有流变，是以滞于一偏。隋、唐二百六韵，据当时之音，撰为定本。虽未考古音，不无合于今，大戾于古，然别立四江，以次东、冬、钟后，殆有见于古用韵之文，江归东、冬、钟，不入阳、唐，故特表一目。不附东、冬、钟韵内者，今音显然不同，不可没今音，且不可使今音古音相杂成一韵也。不次阳、唐后者，撰韵时以可通用字附近，不可以

---

① "礼翚"至"之音"：谓"翚""祎"两字古同音，在《广韵》中俱音"许归切"；"圻""畿"两字古同音，在《广韵》中俱音"渠希切"。

② "小戎"句："苑"属寒部，"群""錞"属文部。

③ "易象"句："蔚"属物部，"君"属文部。

④ "卫风"句："怨""岸""泮""宴""旦""反"均属寒部。戴震看法似不同。

⑤ "小雅"句："怨"属寒部，"嵬""萎"属微部。

⑥ "它如"至"为韵"："难""乾""叹""原""翰""宪""均属寒部，"那""阿""何"属歌部。

⑦ "而东"句："原"属寒部，"差""麻""娑"属歌部。

今音之近似而淆紊古音也。惜不能尽从斯例。如五支有从歌、戈流变者，当别出立韵目表之，次歌、戈后（别立仪韵。上、去声四纸别立“杝”韵，五置别立“陂”韵）。十虞别出从侯、幽流变者，次侯、幽后（别立“禺”韵。上、去声九麌别立“俯”韵，十遇仍旧目。别出本类字，改立“芋”韵）。十二齐别出古通支、佳者，次支、佳后（别立“圭”韵。上、去声十一荠别立“徯”韵，十二（荠）〔霁〕别立“系”韵[1]。十三佳如五支（别立“娲”韵。上、去声十二蟹别立“洒”韵，十五卦别立“瘥”韵）。十四皆、十五灰别出古通之、咍者，次之、咍后（别立“荄”韵及“杯”韵。上、去声“十三骇”“十四贿”仍旧目。其皆之上声，别立“锴”韵。灰之上声，别立“汇”韵。十六怪别立“戒”韵，十八队别立“诲”韵）。十六咍别出古通脂、微者，次脂、微后（别立“开”韵。上、去声十五海别立“恺”韵，十九代别立“溉”韵）；三萧、四宵、五肴、六豪别出从侯、幽流变者，归于萧，次侯、幽后（萧之本类字，并于宵。上、去之别出者，归二十九篠、三十四啸，而二韵本类字并于三十小、三十五笑）。九麻别出从鱼、模流变者，次鱼、模后（别立“家”韵。上、去声三十五马、四十祃仍旧目。其从歌、戈流变者，别立“瓦”韵及“驾”韵）。十二庚十三耕别出从阳、唐流变者，归于庚（“庚”之本类字并于“耕”。上、去之别出者归三十八梗、四十三映，而二韵本类字并于三十九耿、四十四诤）。十八尤别出从之、咍流变者，归于尤，次之、咍后（尤之本类字并于二十幽。上、去之别出者归四十四有、四十九宥。其本类字并于四十六黝、五十一幼）。入声一屋别出从职、德流变者，次职、德后（别立“服”韵）。一屋、二沃、四觉别出从药流变者，次药后（屋别立“瀑”韵。沃、觉仍旧目，其本类字别立“笃”韵及“角”韵）。十八药别出古与铎通者，次铎后（别立“若”韵）。十九铎、二十陌、二十一麦、二十三锡别出古与药通者，次药后（铎别立“襮”韵，陌、麦、锡别立“翟”韵）。别麦、昔、锡之从铎流变者，归于陌（陌之本类字并于麦。“麦”字归二十

[1] 十二（荠）〔霁〕：“霁”原作“荠”，与上“十一霁”重字，按《广韵》及微波榭本《声韵考》正作“霁”，因据改。

四职，改为"檗"韵。"昔"字归二十陌，改本类字为"脊"韵）；别锡之从屋、烛流变者，次屋、烛后（别立"戚"韵）。大致音之定限，其类七，故入声止于七部。真、臻、谆、殷、文、痕、魂、先、仙、元、删、山、寒、桓与脂、微、灰、齐、祭、废、皆、夬、泰（"开"分十六咍来属[①]），其入声质、栉、术、迄、物、没、屑、薛、月、黠、辖、曷、末，是也。蒸、登与之、咍、尤（"荄"分十四皆，"杯"分十五灰来属），其入声职、德（"服"分一屋来属），是也。东、冬、钟、江与幽、侯、萧（"禺"分十虞来属），其入声屋、烛（"笃"分二沃，"角"分四觉，"戚"分二十三锡来属），是也。阳、唐、庚与宵、肴、豪，其入声药、觉、沃（"襮"分十九铎，"翟"分二十陌、二十一麦、二十三锡来属），是也。清、青、庚与支、佳（"圭"分十二齐来属），其入声昔（改"脊"）锡、麦（改"檗"）是也。歌、戈、麻（"仪"分五支，"骉"分十三佳来属）与鱼、虞、模（"家"分九麻来属），其入声铎、陌（"若"分十八药来属），是也。侵、覃、谈、盐、添、咸、衔、严、凡，其入声缉、合、盍、叶、怗、洽、狎、业、乏，是也。以七类为二十部，有微转而不出其类者，如真、谆于先、仙，脂于皆，蒸于登，之于咍，幽于侯，支于佳，鱼、虞于模，侵于覃。有转而轶出其类递相条贯者，如蒸、登于东，之、咍于尤，职、德于屋，东、冬于江，幽、侯于萧，屋、烛于觉，阳于庚，药、觉于陌、麦、锡，歌于麻，鱼、虞、模于麻，铎于陌。及旁推交通，如真于蒸及青，寒、桓于歌、戈，之于真及支，幽、侯于虞，屋、烛于锡，宵于魂及之，支、佳于麻，歌于支、佳，模于支、侵、凡于东。其共入声互转者，如真、文、魂、先于脂、微、灰、齐，换于泰，咍于登，侯于东，厚、侯于讲、绛，支于清，模于歌、戈。此声气移，出入之自然。知此则无疑于古今异言、五方殊语矣。昔人论古韵、今韵，悉以是断其疏密，可也。

① "开"分十六咍来属："开"在《广韵》里属咍部，戴意谓当从此类分离出来。下"荄"分十四皆"等类此。

《声韵考》卷三(译文)

古音

徐蒇在为吴棫所作的《毛诗协韵补音叙》中说:“音韵学中获得字音的正确方法,是依据字的谐声偏旁,这种做法有不可更易的地方。例如‘霾’字读音为‘亡皆切’,而实际应当为‘陵之切’,其原因是这个字从‘狸’得声;‘浼’字读音为‘每罪切’,而实际应当为‘美辨切’,其原因是这个字从‘免’得声;‘有’读音为‘云九切’,而‘贿’‘痏’‘洧’‘鲔’这些字都是从‘有’得声,因此‘有’字读音应当是‘羽轨切’了;‘皮’读音为‘蒲縻切’,而‘波’‘坡’‘颇’‘跛’这些字都是从‘皮’得声,因此‘皮’字读音应当是‘蒲禾切’了。又如‘服’字读音为‘房六切’,此字作为韵字在《诗经》中共出现十六次,它们都应当读为‘蒲北切’,而没有与‘房六’读音相协音的‘服’字;‘友’字读音为‘云九切’,此字作为韵字在《诗经》中共出现十一次,它们都应当读为‘羽轨切’,而没有与‘云九’读音相协音的‘友’字。由此推测《诗经》其他类似情况,即使不采用其他文献作证据,只是利用谐声偏旁作为字音依据的结论也是可以成立的。”

戴侗《六书故》说:“经传书籍中的‘行’字读音都是‘户郎切’,没有与‘生’韵相协的;‘庆’字读音都是‘去羊切’,没有与‘敬’韵相协的。如像‘野’字的‘上与切’读音,‘下’字的‘后五切’读音,都是它们在古代的正音,不是为了协韵而改变的临时读音。”

陈第《毛诗古音考叙》说:“时间有古今变化,地域有南北不同,文字有更改变易,语音有转移变化,也都是必定出现的趋势。所以用今天的语音阅读古代韵文,难免乖逆而不谐和,于是后人不明究里把原因都归结于是古人用协音的方式押韵。倘若果真是出于协音的缘故,那么撰作《诗经》诗篇的并不是一个人,诗篇的来源也不是一个邦国，为什么‘母’字一定要与‘杞’字协韵、与‘止’字协韵、与‘祉’字协韵、与‘喜’字协韵，‘马’字一定要与‘组’字协韵、与‘黼’字协韵、与‘旅’字协韵、与‘土’字协韵，‘京’字一定要与‘堂’字协韵、与‘将’字协韵、与‘常’字协韵、与‘王’字协韵，‘福’字一定要与‘食’字协韵、与‘翼’字协韵、与‘德’字协韵、与‘亿’字协韵？此类例子实在繁多，难以悉数遍举。由此显示出《诗经》韵律规矩严格的程度，即使是与唐人韵律相比也没有差异。其中的缘故是什么呢？另外，《左传》《国语》《易象》《离骚》、秦碑、汉赋，以至于上古歌谣，及箴、铭、颂、赞等韵文，在用韵方面往往与《诗经》相合，这些确实都是古音不同于今音的证据。”

陈第《读诗拙言》说：“在一个郡邑之内，语音有不同，这是源于不同地域而产生的差异；在百年时段里，语音有承传转变，这是源于时间迁移而产生的变化。《三百篇》，是诗歌的开端，也是用韵的开端。编撰韵书的人，应该从研究《诗经》用韵开始。”

陈第《屈宋古音义叙》说：“今天考查屈原、宋玉的作品，发现其用字在读音方面往往与《诗经》《周易》相合；若是在《诗经》《周易》中所没有的用字，在读音方面又往往与周、秦、汉、魏时期的歌谣诗赋相合。因此屈原、宋玉作品反映的是上古时期的语音，还有什么疑问呢？自从唐代颜师古、太子李贤注解两汉著述，对于司马长卿、扬子云、班孟坚、张平子等人的辞赋，若遇见其韵字读音有与唐时韵律乖违不同的，就径直用‘合韵’‘协音’的说法来解释。后儒相继沿用这种解释，不再对这一现象另作思考。所以对于从《毛诗》《易象》《楚辞》和汉赋以来的韵文以及凡是古代有韵的篇章，若是从中遇到同样现象，就把原因完全归结到‘协’这一个字身上了。”

顾炎武《音论》说：“在一首古诗里，间或有一两个字在读音上与其正音不相符合。例如‘兴’，属于蒸部字，而在《小戎》末章与‘音’字押韵，在《大明》第七章与‘林’字和‘心’字押韵。”“又如孔子为《周易》作《系辞》，在对《屯》卦、《比》卦、《恒》卦的解释中，将‘禽’与‘穷’‘中’

‘终’‘容’‘凶’‘功’看作相押韵的字。”“这也许是由于方音不同造成的合韵现象，今天的读者不得不改变字的本音而使它们读起来音韵相合。这种情况虽然看作协音也可以，但类似例子出现的概率只是百分之一、二罢了。”

阎若璩《尚书古文疏证》说：“文字有古代读音，用今天的读音衡量它，只会觉得扞格不合。犹如语言有北方语音，用南方语音衡量它，会一样地扞格不合。人们知道南北语音的差异是由地域决定的，但不知道古今语音是由时间决定的，因此也会有不同。知道地理位置相隔数十百里，语音就有变易，却认为时间经历了数千百载，语音仍然能够保持一律，这样的人还能够称作学识渊博的通人吗？”

按：有关古音的学说，我近日才弄明白。然而考查汉代郑康成笺注《毛诗》时说“‘填’‘置’‘尘’三字古音相同”，以及他在注释其他经籍时所说的“古代读音某某相同”“古代某字读为某音”之类，不一而足。因此有关“古音”的说法，汉儒就明显知道，不是来自后人的创意。唐人陆德明《毛诗音义》虽然引述徐邈、沈重等人的说法而有“合韵”“取韵”“协句”这类用语，但这大致是根据《诗经》用韵来寻求字的临时读音，与后人漫无依据地随意改变字音而称之为“协音”的情况迥然不同。而对于《召南》中的“华”字，陆德明说：“古代‘华’字读音为‘敷’。”对于《邶风》中的“南”字，他说：“古人用韵宽缓，因此此处不必改变‘南’字读音。”可见陆氏本就明显在说古人音读不同以及古韵与今韵的不同了。宋人吴棫编撰《韵补》，书中是在二百零六韵韵目下随时注明“古代通某韵”（在冬、钟两韵下，注明“古代通东韵”；在脂、之、微、齐、灰五韵下，注明“古代通支韵”；在虞、模两韵下，注明“古代通鱼韵”，在谆、臻、殷、痕、青、蒸、登、侵八韵下，注明“古代通真韵”；在仙、盐、沾、严、凡五韵下，注明“古代通先韵”；在覃、谈、咸、衔四韵下，注明“古代通删韵”；在宵、肴、豪三韵下，注明“古代通萧韵”；在戈韵下，注明“古代通歌韵”；在唐韵下，注明“古代通阳韵”；在侯、幽两韵下，注明“古代通尤韵”）；或“古代转声通某韵”（在佳、皆、咍三韵下，注明“古代转声通支”；在文、元、魂三韵下，注明“古代转声通真韵”；在寒、桓、删、山四韵下，注明“古代转声通先韵”；在麻韵下，注明“古代转声通歌韵”）；或“古代通某韵，或转入某韵”（在江韵下，注明“古代通阳韵，或转入东韵”；在庚、耕、清三韵下，注明“古代通真韵，或转入阳韵”）。《韵补》这部书的分属与合并最为粗疏舛误。郑庠撰作的《古音辨》，将古韵分为阳、支、先、虞、尤、覃六部（将东、冬、钟、江、唐、庚、耕、清、青、蒸、登数韵全部划入阳韵，脂、之、微、齐、佳、皆、灰、哈数韵全部划入支韵，真、谆、臻、文、殷、元、魂、痕、寒、桓、删、山、仙数韵全部划入先韵，鱼、模、歌、戈、麻数韵全部划入虞韵，萧、宵、肴、豪、侯、幽数韵全部划入尤韵，侵、谈、盐、添、咸、衔、严、凡数韵全部划入覃韵）。近年昆山人顾炎武撰作《音学五书》，书中又在《古音辨》分部的基础上，将阳部离析为东、阳、耕、蒸而成为四部，又将虞部离析为鱼、歌而成为二部，所以共列出古韵十部（顾炎武《古音表》：“东部包括东、冬、钟、江四韵，为第一部”；“支部包括支、脂、之、微、齐、佳、皆、灰、哈九韵，为第二部”；“鱼部包括鱼、虞、模、侯四韵，为第三部”；“真部包括真、谆、臻、文、殷、元、魂、痕、寒、桓、删、山、先、仙十四韵，为第四部”；“萧部包括萧、宵、肴、豪、幽五韵，为第五部”；“歌部包括歌、戈、麻三韵，为第六部”；“阳部包括阳、唐二韵，为第七部”；“耕部包括耕、清、青三韵，为第八部”；“蒸部包括蒸、登二韵，为第九部”；“侵部包括侵、覃、谈、盐、添、咸、衔、严、凡九韵，为第十部”。而支韵字，半数属于第二部，半数属于第六部；尤韵字，半数属于第二部，半数属于第五部；麻韵字，半数属于第六部，半数属于第三部；庚韵字，半数属于第七部，半数属于第八部；入声质、术、栉、物、迄、月、没、曷、末、黠、辖、屑、薛、麦、锡、职、德十七韵，属于第二部，第二部同时又兼有一部分屋、昔两韵中的字；屋、烛、铎、陌、昔五韵，属于第三部，第三部同时又兼有一部分沃、觉、药、麦四韵中的字；沃、觉、药三韵，属于第五部，第五部同时又兼有一部分屋、铎、锡三韵中的字。我的同郡人老儒江慎修（名永）以《三百篇》为依据，撰写了《古韵标准》。

这部书将真部以下十四韵，以及侵部以下九韵，各自离析，使真部、侵部各分成二部，萧、宵、肴、豪以及尤、侯、幽等韵也分别离析成二部，所以共列出了十三部（第一部，包括东、冬、钟、江四韵；第二部，包括支、脂、之、微、齐、佳、皆、灰、咍九韵，将从尤韵离析出的部分字也划入这一部中；第三部，包括鱼、虞、模三韵，将从麻韵离析出的部分字也划入这一部中；第四部，包括真、谆、臻、文、殷、魂、痕七韵，将从先韵离析出的部分字也划入这一部中；第五部，包括元、寒、桓、删、山、先、仙七韵；第六部，包括萧、宵、肴、豪四韵；第七部，包括歌、戈、麻三韵，将从支韵离析出的部分字也划入这一部中；第八部，包括阳、唐二韵，将从庚韵离析出的部分字也划入这一部中；第九部，包括庚、耕、清、青四韵；第十部，包括蒸、登二韵；第十一部，包括尤、侯、幽三韵，将从虞、萧、宵、肴、豪五韵离析出的部分字也划入这一部中；第十二部，包括侵韵，将从覃、谈、盐三韵离析出的部分字也划入这一部中；第十三部，包括覃、谈、盐、添、严、咸、衔、凡八韵）。而入声韵分为八部（第一部，包括屋、沃、烛、觉四韵；第二部，包括质、术、栉、物、迄、没六韵，将从屑、薛二韵离析出的部分字也划入这一部中；第三部，包括月、曷、末、黠、辖、屑、薛七韵；第四部，包括药、铎二韵，将从沃、觉、陌、麦、昔、锡六韵离析出的部分字也划入这一部中；第五部，包括麦、昔、锡三韵；第六部，包括职、德二韵，将从麦韵离析出的部分字也划入这一部中；第七部，包括缉韵，将从合、叶、洽三韵离析出的部分字也划入这一部中；第八部，包括合、盍、叶、帖、业、洽、狎、乏八韵）。顾君将侯韵字转入虞韵，江君则是将虞韵字转入侯韵，江君的做法是合理的。我的朋友金坛人段若膺（名玉裁）对我说："古韵里，支、佳两韵是一部，脂、微、齐、皆、灰五韵是一部，之、咍两韵是一部。汉代还没有人将这三部相互假借通用，从晋、宋两代才开始有少量的三部互相出入通用的情况。但到了唐代的有关用韵规定里，支、脂、之三韵同用，佳、皆二韵同用，灰、咍二韵同用，于是这些韵在古代截然不同的分属为三部的情况就罕有人知道了。"段君还想将真、臻、先与谆、文、殷、魂、痕分开，设为两部；将尤、幽与侯韵分开，设为两部。我认为字音中的洪细有毋庸苛求的地方，只是在最低限度上也应该区别出宵、肴、豪不同于侯、幽，犹如区别出阳、唐不同于东、冬、钟一样。真部以下十四韵，侵部以下九韵，纵然它们的古音多是细音，分别属于真、侵两部，但今音多是洪音，分别属于先、覃两韵，也犹如古音多是细音而分别属于支、脂两部的韵，今音多是洪音故而分别属于佳、皆两部一样。顾氏采用了陆德明所谓"古人用韵宽缓，所以不必因为音韵不协和而临时改变字音"的说法，并非不可行的做法。《小戎》诗中的韵字"群""錞""苑"，屈原赋《抽思》中的韵字"闻""患"，《悲回风》中的韵字"还""闻"以及"氛""媛"，《远游》中的韵字"传""垠""然""存""先""门"，都表现出真部各韵没有区分互相押韵的状况。与真部相配的入声韵，如《旄丘》诗中的韵字"葛""节""日"，《正月》诗中的韵字"结""厉""灭""威"，也都不分韵部异同而相押。《泽陂》诗中的韵字"萳""俨""枕"，《烝民》诗中的韵字"业""捷""及"，都表现出侵部各韵连同其入声韵都不加区分而相押的状况。顾氏的韵部分类中，药韵与铎韵不同部，而江氏则不加区分。顾氏原本对这些韵类的划分与《诗经》等作品的实际用韵情况就有出入，因此应该具体考察它们的韵摄情况，用《三百篇》对它们进行验证之后再进行分部。至于第五部支韵不同于第六部脂韵，犹如清韵不同于真韵一样；还有第七部之韵不同于支、脂两韵，也犹如蒸韵不同于清、真两韵一样，这些韵类间的差异都是不能不辨别清楚的。

又按：语音是会变化的，其原因一是由于地域空间的不同，一是由于时间的迁移。由于地域空间而发生的变化，在古人那里即表现为同一个字具有不同读音。例如"隅""愚""齵"三字都是从"禺"这一声符得声，它们在《广韵》归入第十部虞韵，在古代是与侯、幽相通为一韵的。但"颙"字也是从"禺"得声，《广韵》却归入第三部钟韵，古代是与东、冬相通为一韵的。"裘""求"两字，依据《说文》本来是同一个字，而"俅"以及"逑""觩"这三字都是从"求"得声的，它们在今音归入

第十八部尤韵，而在古音系统里“裘”“俅”是与之、咍相通为一韵，“求”“逑”“觩”是与侯、幽相通为一韵。《诗经》中《关雎》“好逑”中的“逑”因为通假的缘故而与《兔罝》“好仇”中的“仇”用语是相同的，但它们一个取自侯、幽韵，一个取自之、咍韵，说明“仇”字在《三百篇》中即是取自两个不同的韵部。“轨”字也是从“九”得声，在《匏有苦叶》第二章里与”牡”押韵，应当属于第四十五部厚韵，而在班孟坚《幽通赋》里与“趾”押韵，则应归入第六部止韵。又如今音读为“母”音的字在古代多与之、止、志、咍、海、代等相通为一韵，在《广韵》中归入第四十五部厚韵，但在《诗经·蝃蝀》第二章里是与“雨”押韵的，则应归入第十部姥韵。今天吴方言中的“雨”字，又是归入第六部止韵的。“土”字属于第十部姥韵，而“牡”字从“土”得声，却与侯、厚、候、幽、黝、幼相通为一韵。《洪范》“曰蒙”中的“蒙”字，徐仙民注音为“亡钩反”，而郑玄本、王肃本都写作“雺”字。《汉书·艺文志》“《逢门射法》二篇”，颜师古解释说：“逢门就是逢蒙。”而《文王》第七章中的“躬”与“天”押韵，《召旻》第六章里的“中”“躬”与“频”押韵，“频”在第十七部真韵，“门”在第二十三部魂韵，“天”在第一部先韵，因此表明《诗经》中的东、冬、钟一类韵与尤、侯、幽一类韵合用，说明这些韵部音值有相通之处。《小戎》里的“中”与“骖”押韵，《七月》里的“冲”与“阴”押韵，《荡》篇里的“谌”与“终”押韵，《云汉》里的“虫”“宫”“宗”“临”“躬”五字相押韵，这已经是东、冬、钟一类韵与邻近的侵、覃一类韵相通的表现了。《韩诗》有“便便左右”诗句，《史记》引《尚书》有“便章”“便秩”以及“王道便便”等词语，今天《诗经》《尚书》里的这些“便”字都写作“平”。“便”字在第二部仙韵，在《洪范》里与“偏”押韵，“平”字在第十二部庚韵。而“零”“苓”“领”这些字是从“令”得声，《卢令》里的“令”“仁”，《车邻》里的“邻”“颠”“令”，《十月之交》里的“电”“令”，《定之方中》里的“零”“人”“田”“渊”“千”，《简兮》里的“榛”“苓”“人”，《采苓》里的“苓”“颠”“信”，《诗经》中的这些韵字都没有出离真、先一类韵的范围。《说文》引《诗经》，将“卢令令”写作“卢獜獜”，这样“令”字的本音就可以确定下来了。然而《小宛》里的“令”字与“鸣”“征”“生”三字押韵，《节南山》里的“领”字与“骋”押韵，《左氏春秋》所引《逸诗》里“令”字与“挺”“扃”“定”押韵，屈原赋《远游》里“零”字与“征”押韵，这种状态实际上已经如同《广韵》中“令”“零”归入第十五部青韵，“领”归入第四十部静韵的情形了。“挥”“辉”“晖”“翚”四字是从“军”得声，“祈”“颀”“旂”“圻”“沂”五字是从“斤”得声，而它们都归入第八部微韵。“敦”字是从“享”得声，但归入第十五部灰韵。《庭燎》里的“晨”“辉”“旗”，《采菽》《泮水》里的“芹”“旗”，《左氏春秋》童谣里的“晨”“辰”“旗”“贲”“焞”“军”“奔”，这些韵字本来就未出离真、文一类韵的范围。《北门》里的“敦”字与“遗”“摧”押韵，《硕人》里的“颀”字与“衣”“妻”“姨”“私”押韵，《周礼》里的“翚衣”两字多写作“袆衣”，“圻”字与“畿”字古代多相互代，表明“翚”“袆”同音、“圻”“畿”同音，正如《广韵》对它们的注音。《中庸》“壹戎衣”，郑康成注释说：“‘衣’字读音如‘殷’，这是齐人的方音。”“殷”字读音如“衣”，这种情况可以证明真、文、魂、先一类韵中的字与脂、微、灰、齐一类韵，有读音相通的一面。“宛”字与“怨”字从“夗”得声，“菀”字从“宛”得声，“惌”字从“怨”得声；《内则》里的“宛脾”，郑康成说“怨”字有的抄本写作“郁”；《考工记》“欲其惌也”，郑司农说“惌”字读作“菀彼北林”中的“菀”，今本《诗经》写作“郁彼北林”。“郁”“菀”“苑”“蔚”四字，古代多相互代。《小戎》中的“苑”字与“群”“錞”押韵，《周易·象传》中的“蔚”字与“君”押韵，《卫风·氓》中的“怨”字与“岸”“泮”“宴”“旦”“反”押韵，《小雅·谷风》中的“怨”字与“嵬”“萎”押韵。其他例子比如《中谷有蓷》中的“难”字与“乾”“叹”押韵，《常棣》中的“难”字与“原”“叹”押韵，《桑扈》中的“翰”“宪”“难”等字与“那”押韵，《隰桑》中的“难”字与“阿”“何”押韵。“傩”字从“难”得声，古代也通用“难”代替“傩”。而《东门之枌》则是“原”字与“差”“麻”“娑”押韵。五方方言各不相同，这种现象是随着语音的变化而产生的，这种情况见于六经当中的例子太多，以至于一时间仓促计数是不能够穷尽的。“六书”当中的谐声假借，《诗经》当中用不同韵部的字押韵，是因为相关韵类中有一两个字因语音变化而由其他韵类转入，所以会有假借，会有与不同部的字押韵的现象，而不是这两韵中所有的字都能通押。因语音变化所转入的字，其发音都如同其所属方言地区的语音。在古人那里并不非议这种方音，将其作为正音也不会怀疑这样做有谬误。大概当时列国使用的方音，即各是其地方的正音，所以不能强行要求列国方音一致。顾氏《音学五书》却说："后人误将某字混入某韵，应当将其改正过来正确归入某韵"，"混入他韵的字应当削除去，将其并入到某韵"。他的《诗本音》和《易音》里，有把本来没有入韵的字而注明为韵字的，有已经换韵但还看作同一韵的，有实际上入韵而不注明为韵字的。他未能明白对于语音来说，是既有相对固定不变的一面，又有发展变化的一面，所以其看法偏滞在一端。隋、唐时期的二百零六韵，是依据当时的语音编撰为韵书定本的。虽然编者未能考究古音，书中韵类的划分不乏符合今音却大大违逆古音的地方，然而能够将第四部江韵另立，使它位于东、冬、钟三韵之后，这恐怕是因为有见于在古代用韵的诗文里，江韵字归入东、冬、钟一类韵而不归入阳、唐，所以特别设立了一个韵目。不将它附入于东、冬、锺三韵之中的原因是，江韵今音读法明显与这三韵不同，故而编撰韵书不能湮没其今音特点，而且也不可以将今音和古音混杂成一个韵类。不把江韵放在阳、唐二韵后面的原因是，撰写韵书时是把可通用的韵部放在相近之处，而不能因为今音近似就混淆紊乱了韵类的古音特点。可惜的是，唐宋韵书未能完全遵从这一条例。例如第五部支韵包含有从歌、戈两韵因语音变化而转入的字，对这类字应当另立韵目加以展示，位置放在歌、戈两韵之后（即另立"仪"韵一类。相应地，要分别从上声第四部纸韵中区别出一部分字另立为"杝"韵，从去声第五部置韵中区别出一部分字另立为"陂"韵）。从第十部虞韵区别出从侯、幽两韵因语音变化而转入的字另立一韵目，放在侯、幽两韵的后面（即另立"禺"韵。相应地，要从上声第九部麌韵中区别出一部分字另立为

"俯"韵,从去声第十部遇韵仍然保留旧有目类,但要将这一类的字区分一部分改立为"芋"韵)。从第十二部齐韵中将在古音里与支、佳韵相通的字区别出来另立一韵目,放在支、佳两韵的后面(即另立"圭"韵。相应地,要从上声第十一部荠韵中区别出一部分字另立为"徯"韵,从去声第十二部霁韵中区别出一部分字另立为"系"韵)。第十三部佳韵的处理如同第五部支韵(即另立"騧"韵。相应地,要分别从上声第十二部蟹韵中区别出一部分字另立为"洒"韵,从去声第十五部卦韵中区别出一部分字另立为"瘥"韵)。应分别从第十四部皆韵、第十五部灰韵中区别出在古音里与之、咍二韵相通的字另立韵目,放在之、咍两韵的后面(即另立"荄"韵和"杯"韵。上声中的第十三部骇韵、去声第十四部贿韵仍然保留旧有目类。但应从皆韵的上声中区别出一部分字另立为锴韵,从灰类的上声区别出一部分字另立为"汇"韵,从第十六部怪韵中区别出一部分字另立为"戒"韵、第十八部队韵中区别出一部分字另立为"诲"韵)。应从第十六部咍韵区别出在古音与脂、微二韵相通的字另立韵目,放在脂、微两韵的后面(即另立"开"韵。相应地,要从上声第十五部海韵中区别出一部分字另立为"恺"韵,从去声第十九部代韵中区别出一部分字另立为"溉"韵)。应从第三部萧韵、第四部宵韵、第五部肴韵、第六部豪韵中区别出从侯、幽韵中因语音变化而转入的字,将它们归入萧韵,放在侯、幽两韵的后面(萧韵里的本类字并入宵韵。相应地,要从上声中区别出一部分字归入到第二十九部篠韵,从去声中区别出一部分字归入第三十四部啸韵,而篠、啸二韵的本类字则分别归并到第三十部小韵、第三十五部笑韵)。应在第九部麻韵里区别出从鱼、模韵中因语音变化而转入的字另立韵目,放在鱼、模两韵的后面(即另立"家"韵。上声第三十五部马韵、去声第四十部祃韵仍然保留旧有目类,但其中从歌、戈韵中因语音变化而转入的字则另立为"瓦"韵和"驾"韵)。应从第十二部庚韵和第十三部耕韵中区别出从阳、唐韵因语音变化而转入的字,将它们归入庚韵(庚韵的本类字归并"耕"韵。相应地,要将从上声区别出的字归入到第三十八部梗韵，从去声区别出的字归入第四十三部映韵，而梗、映这二韵的本类字分别归并上声第三十九部耿韵和去声第四十四部诤韵）。应从第十八部尤韵区别出从之、哈二韵里因语音变化而转入的字，将其归入尤韵，放在之、哈两韵的后面（尤韵的本类字归并第二十部幽韵。相应地，要将从上声区别出的字归入第四十四部有韵，从去声区别出的字归入到第四十九部宥韵，有、宥这二韵的本类字分别归并上声第四十六部黝韵和去声第五十一部幼韵）。应从入声第一部屋韵中因语音变化而转入的字另立为一韵目，放在职、德两韵的后面（即另立"服"韵）。应从第一部屋韵、第二部沃韵、第四部觉韵区别出从药韵因语音变化而转入这三韵的字另立一韵目，放在药韵的后面（即从屋韵区别出一部分字另立为"瀑"韵。沃、觉两韵仍然保留旧有目类，它们的本类字另立为"笃"韵和"角"韵）。应从第十八部药韵中区别出在古音里与铎韵相通的字另立一韵目，放在铎韵的后面（即另立"若"韵）。应从第十九部铎韵、第二十部陌韵、第二十一部麦韵、第二十三部锡韵中区别出在古音里与药韵相通的字另立一韵目，放在药韵的后面（即从铎韵中区别出一部分字另立为"襮"韵，从陌、麦、锡三韵中区别出一部分字另立为"翟"韵）。应从麦、昔、锡三韵里区别出从铎韵中因语音变化而转入的字，归入陌韵（陌韵的本类字并入到麦韵。"麦"韵字归入第二十四部职韵，改为"檗"韵。"昔"韵字归入第二十部陌韵，其本类字改为"脊"韵）。应从锡韵中区别出从屋、烛两韵因语音变化而转入的字另立一韵目，放在屋、烛两韵的后面（即另立"戚"韵）。大致上，从语音角度所区划的类别限定为七类，所以入声只有七部。真、臻、谆、殷、文、痕、魂、先、仙、元、删、山、寒、桓与脂、微、灰、齐、祭、废、皆、夬、泰这一类韵（"开"韵字当从十六部哈韵分出划归此类），其入声就是质、栉、术、迄、物、没、屑、薛、月、黠、辖、曷、末这些韵部。蒸、登与之、哈、尤这一类韵（"荄"韵字当从第十四部皆韵分出划归此类，"杯"韵字当从第十五部灰韵分出划归此类），其入声就是职、德这些韵类（"服"韵字当从第一部屋韵分出划归此类)。东、冬、钟、江与幽、侯、萧这一类韵("禺"韵字当从第十部虞韵分出划归此类),其入声就是包括屋、烛这些韵类("笃"韵字当从第二部沃韵分出划归此类,"角"韵字当从第四部觉韵分出划归此类,"戚"韵字当从第二十三部锡韵分出划归此类)。阳、唐、庚与宵、肴、豪这一类韵,其入声就是药、觉、沃("襮"韵字当从第十九部铎韵分出划归此类,"翟"韵字当从第二十部陌韵、第二十一部麦韵、第二十三部锡韵分出划归此类)。清、青、庚与支、佳这一类韵("圭"韵字当从第十二部齐韵分出划归此类),其入声就是昔(改为"脊"韵)、锡、麦(改为"檗"韵)这些韵类。歌、戈、麻("仪"韵字当从第五部支韵分出划归此类,"弱"韵字当从第十三部佳韵分出划归此类)与鱼、虞、模这一类韵("家"韵字当从第九部麻韵分出划归此类),其入声就是铎、陌这些韵类("若"韵字当从十八药韵分出划归此类)。侵、覃、谈、盐、添、咸、衔、严、凡这一类韵,其入声就是缉、合、盍、叶、怗、洽、狎、业、乏这些韵类。在这七类的基础上再划分为二十部。二十部中有的是语音微有变化但没有轶越出其韵类的,如真、谆两韵对于先、仙两韵来说,脂韵对于皆韵来说,蒸韵对于登韵来说,之韵对于咍韵来说,幽韵对于侯韵来说,支韵对于佳韵来说,鱼韵和虞韵对于模韵来说,侵韵对于覃韵来说,就都是如此;有的是语音发生变化轶越出其韵类,另为新的韵类而再与旧韵连贯排序的,如蒸、登两韵对于东韵来说,之、咍两韵对于尤韵来说,职、德两韵对于屋韵来说,东、冬两韵对于江韵来说,幽、侯两韵对于萧韵来说,屋、烛两韵对于觉韵来说,阳韵对于庚韵来说,药、觉两韵对于陌、麦、锡三韵来说,歌韵对于麻韵来说,鱼、虞、模三韵对于麻韵来说,铎韵对于陌韵来说,就都是如此;还有的是与邻近的韵因音近而相通用的,如真韵对于蒸以及青两韵来说,寒、桓两韵对于歌、戈两韵来说,之韵对于真及支两韵来说,幽、侯两韵对于虞韵来说,屋、烛两韵对于锡韵来说,宵韵对于魂以及之两韵来说,支、佳两韵对于麻韵来说,歌韵对于支、佳两韵来说,模韵对于支韵来说,侵、凡两韵对于东韵来说,就都是如此；另外有的是同其入声一起相互转韵的，如真、文、魂、先四韵对于脂、微、灰、齐四韵来说，换韵对于泰韵来说，咍韵对于登韵来说，侯韵对于东韵来说，厚、侯两韵对于讲、绛两韵来说，支韵对于清韵来说，模韵对于歌、戈两韵来说，就都是如此。以上是由于语音的洪细变化，导致韵字在不同韵类出入转移的自然现象。知道其中道理，就不会对古今语言的差异和五方方言的不同有疑惑了。从前的人研究古韵和今韵，都是以此来判断其用韵的疏与密，这种做法是可行的。

《声韵考》卷四(原文及注释)

书《玉篇》卷末《声论》《反纽图》后[①]

宋、元已来,为反切字母之学者,归之西域,归之释神珙[②]。盖由郑樵、沈括诸人论古疏漏,惑于释氏一二翦劣之徒,眠娗诬欺,据其言以为言也。今珙之《反纽图》具存,其自为《叙》曰:"昔梁沈约创立纽字之图。"然则珙所为图远在沈休文后[③],祖述休文者也。彼夫竟指珙为北魏时人,始传西域三十六字母于中土,徒因世俗言休文始造韵,欲追而上之,以前于休文,为中土之有反切韵学本乎西域左证耳。释氏之徒,举凡书传所必资,窃取而学之,即得则相欺相诞,以造为西域之说,固不足指数。独怪信之者之数典不能稽远,又笔之书,以惑后人。噫!其陋也。况珙《叙》内并及《元和韵谱》,自齐永明、梁天监下迄唐宪宗元和间,三百二三十载,珙更后乎元和而移其人于四三百载之前,而莫之或辨,何哉?珙图无所谓"字母"者,惟《五音声论》列字四十,而不曰"字母",与今所传三十六字相与龃龉。深宁叟言[④]:"《玉篇》卷末附以沙门神珙《五音声论》、《四声五音九弄反纽图》。"考珙自叙,不一语涉及《五音声论》,殆唐末宋初或杂取以附《玉篇》末,非珙之为,故列之珙《反纽图》前,不题作者名氏。《玉海》有《三十六字母图》一卷,僧守温撰[⑤]。吕介孺曰[⑥]:"大唐舍利创字母三十,后温首座益以'娘''床''帮''滂''微''奉'六个字母。"然则字母三十六定于守

---

① "书玉"句:声论,即《五音声论》。反纽图:即《四声五音九弄反纽图》。传两篇皆为唐释神珙所撰。《反纽图》属于声韵调兼顾的反切图谱。

② 释神珙:唐时西域人。明清人多以为是他创造了反切字母,并创立了等韵学。

③ "然则"句:王健庵校注:"原作'然则所为珙图',据经韵楼本东原文集改。"

④ 深宁叟:即王应麟。王应麟号深宁居士。

⑤ 守温:唐末五代时期僧人,传为三十六字母的创制者。

⑥ 吕介孺:即明人吕维祺,"介孺"系其字。下文引自其《同文铎》。

温，在珙后者也。虽唐之季已有是，而其学不著，故终唐之代以迄宋初，绝不闻“字母”之称。今经传字书所有反切，仍魏、晋、齐、梁、隋、唐相传之旧。方汉时崇治经艺，郑康成氏尤为世所宗。其后乐安孙炎受学康成之门人，称“东州大儒”。陆德明《经典释文》、颜之推《家训》、张守节《史记正义》皆曰孙炎创立反语。《崇文目叙》曰：“孙炎始作字音，于是有音韵之学。”深宁叟曰：“世谓仓颉制字，孙炎作音，沈约撰韵，〔同〕为椎轮之始[①]。”此唐、宋人论反切字音，咸溯原叔然也。迨乎末失，则谓出神珙、出梵僧矣。反语之兴，不啻七八百载，而后竟传守温之字母。近儒乃莫有能言叔然者，吾故书此，以见经史字音。儒生结发从事，勿迷失其师承也。

书刘鉴《切韵指南》后[②]

世之专书论字母等韵者，多不本所始[③]，何与？其法以唐之季释守温为断，称之若无足征信。然流俗惑于字母之云，疑声音文字谅由母孳生，况其又假古人所谓“宫、商、角、徵、羽”自文以取重哉！前乎守温有《辨字五音法》，凡十字；《五音声论》凡四十字，皆与字母三十六参互龃龉。而宋时之以三十六分隶唇、齿、喉、舌、牙，与近所传复违异。刘士明是编[④]，独有取于金韩道昭《五音集韵》，次成十六通摄，辨其开口呼、合口呼。其谱之也，横为字母三十六，从为“平、上、去、入”暨“一二三四”等列。一等洪大，二等次大，三四俱细，而四尤细。其以配五音也，牙为角，舌为徵，唇为羽，齿为商，喉为宫。方未有四声之前，就用韵比类区分，拟于五音。《魏书・江式传》言“吕忱弟静仿故左校令李登《声类》之法，作《韵集》五卷。宫、商、龣、徵、羽，各为一篇”是也。齐永明中周颙、沈约始以平上去入韵，平声字繁，厘为上

---

① 〔同〕为：原文无“同”字，据王应麟《玉篇》补。

② 刘鉴：元代学者，其《切韵指南》为韵图类书籍。

③ “世之”两句：戴震于《声韵考》卷一《反切之始》“附考”中说：“字母三十六，起于唐末。自释守温撰《三十六字母图》一卷，独释氏奉为专习反切之一法。”“本所始”意指此。

④ 刘士明：即刘鉴，士明为其字。

下。徐景安《乐书》乃曰[①]:“凡宫为上平,商为下平,角为入,徵为上,羽为去。”迨宋人竞传字母,则讥江左撰韵时[②],识四声,不识七音。近又或析等列之四成五,谓五音乃在是者。于是五音之说岐,而傅会诚无施不可。予以谓皆非也。《虞书》曰:“诗言志,歌永言,声依永,律和声。”古之所为“五声”,宫、商、角、徵、羽也者,非以定文字音读也。凡一字则函五声,诵歌者欲大不逾“宫”,细不过“羽”。使如后之人胶于一字,缪配宫商,将作诗者此字用“商”,彼字用“宫”,合宫商矣,有不失其性情违其志意乎?惟宫商非字之定音,而字字可“宫”可“商”,以为高下之节,抑扬之叙,故作者写其性情,而诵之者宛转高下以成歌乐。语言文字,其音读本乎师承者有定,而及夫歌以永其言,大而为“宫”,细而为“羽”,无一定也。学病于后人皮傅。于虖!此古义之所以流失其本与?

顾氏《音论》跋

右三卷[③],考论韵之原委。盖欲据唐人正宋已后之失,据古音正唐人之失,意甚善也。隋陆法言、唐孙愐之书,不可得见,顾君所见,止于宋陈彭年、丘雍所刊益名“广韵”者耳。《广韵》已无善本,致使唐、宋用韵沿革异同,莫之或知。以顾君之精博,而犹核之疏,它人无论矣。方开皇初法言同刘臻、萧该、颜之推等八人论难。后十数年,八人或亡或存。法言独自屏居,乃定为《切韵》五卷。唐仪凤二年,长孙讷言为之笺注,距仁寿初法言撰韵时,凡七十有七年。其后郭知玄更以朱笺三百字。粤七十有五年,为天宝十载,孙愐增修,改名《唐韵》。天宝末《集贤注记》称:“上以自古用韵不甚区分,陆法言《切韵》又未能厘革,乃改撰《韵英》,仍旧为五卷。旧韵四百三十九,新加百

---

① 徐景安《乐书》:徐景安,唐代学者。徐景安《乐书》,即《新纂乐书》,又名“历代乐仪”。

② 江左:谓南朝。

③ 右三卷:指《音论》三卷。顾炎武《音学五书》中,《音论》三卷为第一种,置于其他四书之前。

五十一，合五百八十韵，万九千一百七十七字，分析至细。”而《南部新书》“天宝时有陈庭坚撰《韵英》十卷”①，然则《注记》所谓“旧韵四百三十九”，殆庭坚之为与？所谓“仍旧为五卷”者，殆仍法言卷帙与？自天宝末又二百五十三年，为宋景德四年，而崇文院上《校定切韵》五卷，依《九经书例》颁行。明年，大中祥符元年，改为《大宋重修广韵》。法言韵凡万二千一百五十八字，孙愐自叙俊列其前后引据入注中诸书②，总加四万二千三百八十三言。晁公武误以为增加字至是其多，非也。《集韵韵例》曰：“先帝时，令陈彭年、丘雍因法言韵就为刊益。”盖二百六韵实法言区分旧目，故《广韵》卷首犹题云“陆法言撰本”。法言韵既经郭知玄、关亮等九人增加，更有诸家增字，至宋合集共勒成一部，是以改《广韵》之名，而字数止二万六千一百九十四，孙亦九人者之一耳。宝元《集韵》就《广韵》刊修③，新增字二万七千三百三十一，合新旧字凡五万三千五百二十五。当景德中，诏殿中丞丘雍重定《切韵》也，龙图待制戚纶复承诏详定考试声韵，于是略取《切韵》要字，备礼部科试，谓之《韵略》。其“同用”“独用”例未改。后三十有一年，为景祐四年，更刊修《广韵》《韵略》，以贾昌朝请韵窄者凡十三处，许令附近通用。是年四月，奉诏修韵，六月即以所修《礼部韵略》颁行。今《广韵》上、去声末六韵，与《礼部韵略》《集韵》同，而与平声、入声龃龉④，前此不宜尔也。吴才老《韵补》上声五十二赚、五十三槛、五

① 陈：当为“元”。段志凌、刘东平《新出唐〈元庭坚墓志〉与〈韵英〉作者考》（文博2015第5期）考据出《南部新书》此条记载为引《纪闻》，但《纪闻》原文“陈庭坚”为“元庭坚”；唐代《元庭坚墓志》记载元庭坚为义王与陈王的僚友，后人作“陈庭坚”者或因此而误。

② “孙愐”句：孙愐《序》文列出其修订《切韵》时所引书目数十种，涉及经史子集各类。

③ 宝元《集韵》：宝元为宋仁宗年号（1038－1040）。《集韵》于宝元二年编成。

④ “今广”至“龃龉”：谓《广韵》《礼部韵略》《集韵》上声、去声最后六韵都因注明“同用”或“通用”的方式而作为三韵使用，但《礼部韵略》平声、入声通过同样处理最终却作为二类使用，故与《广韵》不同。戴氏在后文“附举正十九事”中说《广韵》“盖上、去声亦犹平声、入声之以六韵通为三韵，《礼部韵略》始通为两韵”。

十四俨，犹旧次，去声亦同《集韵》。盖由习于景祐通用例[1]，合俨于琰、忝，合范于豏、槛，合酽于艳、㮇，合梵于陷、鉴，遂迷失乎旧。顾君严辨《广韵》《礼部韵略》之异同，于《广韵》上、去声末六韵弗省，于《礼部韵略》合废于队、代，遗而未举。所举二书"同用""独用"例，异者八处，不知并是而十有三处，犁然可考，而唐、宋用韵沿革之大节目，实存其间。已上《音论》中所失考暨考之而疏，足以滋惑。予故书其详，补正之。至如"六书转注"一条[2]，所是者萧楚诸人之臆说[3]，所非者裴务齐、郑渔仲诸人之谬误[4]。古所谓"转注"，汉许氏之所传，概未之有闻焉[5]。予别有辨正，见《答江先生论小学书》[6]。兹不具论，论其尤关音韵者。

附举正十九事[7]

引《毛诗郑笺》"声谓宫、商、角、徵、羽也"以论韵[8]，未当。后引《唐书·杨收传》、《晋》《宋书》律志及《乐汁图徵》《鹖冠子》，同此失。

---

① "盖由"句：谓产生于景祐年间的韵书《广韵》《礼部韵略》的情况。下举不同韵部合用之例，与《广韵》合。

② 六书转注一条：即《音论》卷下之"六书转注之解"条。

③ 萧楚臆说：指《音论》所述萧楚有关转注的解释。萧楚，明代学者。他主张"一字转其声而读之，是为转注"，即多音字从一个读音转为另一个读音，就是转注。

④ 裴务齐、郑渔仲诸人之谬误：指《音论》所述裴务齐谓转注即"考字左回、老字右转"之说，郑樵从许慎"同意相受，考老是也"之说。裴务齐，唐代音韵学家。郑樵，宋代著名学者。

⑤ "汉许"两句：戴氏意为许慎说有师承，但其解说，顾炎武并不能真正理解。戴震《答江慎修先生论小学书》："(《说文》)论六书，则不失师承。……虽好古如顾炎武亦不复深省。《说文》于假借举'令''长'字，(顾炎武)乃移而属转注。"

⑥ 答江先生论小学书：即《答江慎修先生论小学书》，或名《答江丈慎修先生论小学书》，系戴震写给老师江永的一封书信。

⑦ 举正十九事：谓针对顾炎武《音论》里的十九处失误而予以纠谬正误。

⑧ "引毛"句：顾炎武《音论》卷上："《诗序》曰：'情发于声，声成文谓之音。'《笺》云：'声谓宫、商、角、徵、羽也。声成文者，宫商上下相应。'按此所谓'音'即今之所谓韵也。"顾炎武以古人无"韵"字而以"音"表示韵，误将五音组合构成的乐调解释为韵。

毛大可《古今通韵》竟附会五均分部矣①。

引《说文》"韵"字注②，此徐氏所新附③，《说文》元书无"韵"字。

引陆机《文赋》④，谓"文人言韵，始见于此"，阎百诗《尚书古文疏证》卷五下，曾举正其失⑤。"音降而为韵矣"⑥，语有渗漏。

误以刘臻等八人当郭知玄等九人之数⑦。法言《自叙》称"亡者则生死路殊，空怀可作之叹"，正谓定《切韵》时，前开皇初同论韵八人，有亡者矣。八人不但在郭知玄前，且前于定《切韵》。

引李焘《五音谱叙》"别为《唐韵》之名⑧"下，删去"在本朝太平兴国及雍熙、景德皆尝命官讨论"十有八字，径接以"大中祥符元年改赐新名曰《广韵》"，下注之云："据此，《广韵》即《唐韵》，但改其名耳。"此处援证失实。盖顾君自名其书曰《唐韵正》，所据乃宋景德中刊益之《广韵》，故嫌于言二书有异。

《广韵》元书，前有陆法言、长孙讷言、孙愐三《叙》，今具存。《广韵》乃因法言韵，就为刊益，不据《唐韵》。

周颙、沈约，同在齐永明中始别四声之人也。约之书不传。考

---

① "毛大"句：指清代学者毛奇龄（字大可）《古今通韵》用宫、商、角、徵、羽"五音"将韵划分为五部。均，古"韵"字。

② 《说文》韵字注：为《音论》卷上"古曰音今曰韵"条之语。

③ 徐氏所新附：指"韵"字为宋人徐铉为增补《说文》撰写的《新附字》中的文字。

④ 引陆机《文赋》：指引《文赋》"收百世之阙文，采千载之遗韵"句，见《音论》卷上"古曰音今曰韵"条。

⑤ 阎百诗举正其失：指清人阎若璩在其《尚书古文疏证》中批评顾炎武所说"韵"字产生时间。阎氏认为该字在曹操之时已经出现。百诗，为阎若璩字。

⑥ 音降而为韵：意思是汉魏以前没有"韵"这一称谓，只笼统地用"音"表示，汉魏以后才用"韵"字来更准确地表达其概念。顾炎武《音论》："汉魏以上之书，皆言'音'不言'韵'。自晋以后，音降而为韵矣"。

⑦ "误以"句：顾氏原文："按《切韵》隋陆法言撰本，仪同三司刘臻……八人同撰集，唐长孙讷言笺注，郭知玄拾遗绪正更以朱笺三百字，是十人。今云九人者，长孙讷言但笺注而未增加也。"（见《音论》卷上"韵书之始"条。）戴震认为顾氏误将郭知玄与刘臻等八人同列为"同撰集"《切韵》的人。

⑧ "引李"句：指李焘《五音谱叙》叙述孙愐增补修订《切韵》之后，将这部改编后的书另行命名为"唐韵"。

《集贤注记》称[1]："自古用韵，不甚区分，陆法言《切韵》又未能厘革。"而《广韵》据法言撰本，是二百六韵法言所定。李登、吕静但比类其音之相近[2]，未别四声；周颙、沈约作四声，未区分为二百六部。顾君谓"约特总而谱之"[3]，于原委殊失详审。

《广韵》元书，上声当如吴才老《韵补》作五十二豏、五十三槛、五十四俨，而琰注"忝同用"，豏注"槛同用"，俨注"范同用"；去声当作五十七陷、五十八鉴、五十九酽，而艳注"标同用"，陷注"鉴同用"，酽注"梵同用"。盖上、去声亦犹平声、入声之以六韵通为三韵，《礼部韵略》始通为两韵，而移其叙次。顾君所列后人误本也。此尤属宋韵非唐韵。

引《韵会举要》卷之一注[4]，驳之曰："今考《广韵》已分上平声、下平声，不始于丁翰林也。"考《举要》所言，乃谓前此称"上平声""下平声"，丁度撰《集韵》始作"平声上""平声下"耳。此误解其语意而驳之。

引"恭"字下注，此无从知为孙愐语[5]。

景德中修韵，即应避宣祖讳[6]，不待景祐《礼部韵略》始改"二十一

---

① 集贤注记：为唐人韦述所编撰的一部书。书中记录唐玄宗时所建集贤院之事。

② "李登"句：即《封氏闻见记》所记：李登《声类》"以五声命字，不立诸部"；吕静《韵集》仿李登《声类》，而以宫商角徵羽各自为篇。

③ 约特总而谱之：指沈约在周颙等人音韵研究的基础上撰作《四声谱》。顾炎武《音论》卷上"韵书之始"条："齐中书郎周颙，字彦伦，始作《四声切韵》行于时。《隋志》《旧唐志》亦载《声类》等凡十余家。隋潘徽为秦王俊作《韵纂》，序曰：《三苍》《急就》之流，防存章句；《说文》《字林》之属，唯别体形。至于寻声推韵，良为疑混。末有李登《声类》吕静《韵集》始判清浊，才分宫羽。又知约之前已有此书，约特总而谱之。"

④ 《韵会举要》卷之一注：即《古今韵会举要》卷一注文。据戴氏下文，此处"注"文具体指"平声本无上下之分，旧韵但以平声字繁故厘为二卷，宋景祐间丁翰林奉诏与司马文正公诸儒作《集韵》始以'平声上''平声下'"为卷目，今因之"一段。

⑤ "引恭"两句：顾炎武《音论》卷上"韵书之始"条："《广韵》三钟部中'恭'字下注曰：'陆以恭蜙枞等入冬韵，非也。'盖谓陆法言《切韵》。若此，则孙之与陆颇有不同而冬之与钟又必不可以相杂，乃今人则全不知之矣。"戴意即谓据顾之引述，无从知道《广韵》"恭"下此注为孙愐语。

⑥ 宣祖：指宋开国皇帝赵匡胤父亲赵弘殷。

殷”为“二十一欣”。

《广韵》十八队、十九代同用，二十废独用，《礼部韵略》十八队与代、废通。顾君遗而未举。《礼部韵略》“独用”“同用”例，顾君举其异于《广韵》者八，而遗其五。此景祐四年改韵窄者十三处，所以不能详也①。

《韵略》与《广韵》为景德中详略二书，顾君未之考；《礼部韵略》与《集韵》为景祐后详略二书，而《集韵》成于《礼部韵略》颁行后二年。其书具存，顾君未之见，故曰“《集韵》不存”。

虽云列唐、宋异同之辨②，而于唐、宋异同与作韵已来沿革，皆考之未悉。

引陈氏《书录解题》“反切之学，自西域入中国，至齐、梁盛行”。此惑于释氏诬欺之辞，不当以为言。

入声不必转为三声③。《小戎》首章“收”“辀”“驱”一韵，“续”“毂”“馵”“玉”“屋”“曲”一韵，顾君于此牵强，且于虞、侯二韵有舛谬在④。

张说所撰碑文用“形声转注”四字⑤。此后世辞章家凑句属对，不足为典要处。

---

① “此景”两句：谓顾炎武未能看到景祐四年修改颁行的《礼部韵略》。参见下“书卢侍讲所藏旧本《广韵》后”条。

② 虽云列唐宋异同之辨：顾炎武《音论》卷上“唐宋韵谱异同”条：“故宋韵出而古音乃全亡矣！欲审古音，必从唐韵始，愚所以列唐宋异同之辨于书之首卷欤！”其首卷并将《广韵》与《礼部韵略》韵目作了异同区别，以《广韵》为唐及宋初用韵，《韵略》为宋韵。

③ 入声不必转为三声：这是戴氏的主张。顾炎武《音论》卷中“入为闰声”条：“《诗三百篇》中亦往往用入声之字。其入与入为韵者什之七，入与平上去为韵者什之三。以其什之七而知古人未尝无入声也，以其什之三而知入声可转为三声也。”

④ “小戎”至“谬在”：戴震认为“收”“辀”“驱”为平声字；“续”“毂”“馵”“玉”“屋”“曲”为入声字，两组字在《小戎》中各自为韵，而顾炎武《音论》卷中“近代入声之误”条谓“屋之平声为乌，故《小戎》以韵‘驱’‘馵’”，所以是牵强之说。此外，按戴震分类，屋之平声不应是乌，而应是尤侯，故谓顾氏“虞、侯二韵有舛谬在”。

⑤ “张说”句：指顾炎武《音论》卷下“六书转注之解”条：“唐张说《故广州都督甄公碑文》曰：‘锡姓因生，如坚之读，形声转注，以真为音。’”

引张有、赵古则、杨慎、陆深论转声为“转注”[1]，乃自宋而后无稽之说。引《礼部韵略》则又指一字数义[2]。宋人好为臆说，于是不特六书之“转注”亡，并“假借”亦亡矣[3]。

顾君好古精博，其书足以征信，故为之举正，俾学者知去短就长也。

书卢侍讲所藏旧本《广韵》后[4]

予少时得顾宁人氏所校刻《广韵》。后又于友人处见大版《广韵》，与顾刻无异，殆即顾君所据之书也。朱锡鬯为吴下张氏重刊宋本《广韵》作叙有曰：“曩昆山顾处士炎武校《广韵》，力欲复古，刊之淮阴，第仍明内库镂版。缘古本笺注多寡不齐，中涓取而删之[5]，略均其字数。”所称“中涓取而删”者，未知其审。而叙端言周颙以“天”“子”“圣”“哲”分四声，则已误举周舍对梁武帝语归之颙。此本无从得其刻书年月，注文亦既删整者矣。韵自淳祐末刘渊并后[6]，几莫复识别

---

① “引张”句：顾炎武《音论》卷下“六书转注之解”：“宋张有曰：转注者，展转其声注释他字之用也，如其无少长之类。”“赵古则曰：‘自许叔重以来，以同意相受考老字为转注、依声托事令长字为假借之说，既兴康成以之而解经、渔仲以之而成略，遂失假借转注之本指。萧楚谓一字转其声而读之是为转注，近世程端礼谓转注为转声假借为借声，足正考老之谬。’杨慎曰：‘六书当分六体，班固云象形、象事、象意、象声、假借、转注是也。六书以十分计之，象形居其一，象事居其二，象意居其三，象声居其四，假借借此四者也，转注注此四者也。四象以为经，假借转注以为纬。四象之书有限，假借转注无穷也。郑渔仲《六书考》论假借，极有发明；至说转注之义，则谬以千里矣。’陆深《书辑》曰：‘转注者，转其音以注为别字，令长之类是也。假借者，不转音而借为别用，能朋之类是也。’”转声为“转注”，即“展转其声注释他字之用”的意思。

② “引礼”句：顾炎武《音论》卷下“六书转注之解”引《礼部韵略》：“一字有数义展转注释而后可通。”此处戴氏约引顾炎武。

③ “宋人”至“亡矣”：这些话特别针对的是赵古则。赵古则不认同许慎《说文解字》有关“转注”与“假借”的解释，认为转注是转声，假借是借声。

④ 卢侍讲：即清代学者卢文弨。

⑤ 中涓：官名，指君王近臣，一般由宦官担任。

⑥ 韵自淳祐末刘渊并后：指淳祐十二年（1252 年）刘渊编著刊行《壬子新刊礼部韵略》，将《广韵》206 部韵类合并为 107 部。

二百六韵之旧。明内库犹取《广韵》锓版[①]，事属希有，讵旋有刻此本者与？抑此本实在前，为宋时详略兼行，去其繁重者与？上声目录"十八吻"，注"隐同用"，而卷内仍各注"独用"不使连属[②]。去声代、废连属于队，注"通用"，目录队下，注"代同用"，废注"独用"。上、去之末六韵，俨、酽列豏、槛、陷、鉴之前，连属为二，与平声、入声连属为三者违异[③]。而五十琰注"与忝同用"，无"俨"字，目录下，注"忝、俨同用"。此宋景祐、宝元已前所决无有也。其间或云"某同用"，或云"与某同用"。参差不治如此。当景祐中修《礼部韵略》，以贾昌朝请韵窄者凡十三处，许令附近通用。于是平声，合欣于文，合严于盐、添，合凡于咸、衔；上声，合隐于吻，合俨于琰、忝，合范于豏、槛；去声，合废于队、代，合焮于问，合酽于艳、㮇，合梵于陷、鉴；入声，合迄于物，合业于叶、怗，合乏于洽、狎。毛大可臆为之说曰："其所云窄者，如冬、臻、殷、痕、山、谈、添、衔、凡等。"何弗之考也？后人不睹《广韵》善本，即吴下张氏所重刊，注文完好，而二十文下，注"欣同用"，十八吻下，注"隐同用"，及上、去之末六韵与平、入龃龉，皆自《礼部韵略》施行。检《广韵》者依现行新例，加涂乙，遂致舛谬。幸其参差不治，改之未尽。苟寻求踪迹，古书所由舛谬之故，章章具存。复阅数十百年，旧本荡然泯灭，学者将益茫如，岂不逾可致惜乎哉！卢公雅才闳博，今之笃古君子也。予从假此本，因志数言而归之。

答江慎修先生论小学书

《说文》所载九千余文，当小学废失之后，固未能一一合于古。即

---

① "明内"句：明内库，指明代皇室直接管理的财政仓储，设置在宫廷。锓版，即刻书版。

② 连属：谓不同的韵相连排列，并注明有"通用"或"同用"的关系。如《广韵》上声目录"十八吻"与"十九隐"相连，"吻"下注明"隐同用"，两韵即为连属。

③ "上去"至"违异"：谓上声中，俨排列在豏、槛二韵之前，"俨"下注明"豏槛同用"，这三韵即连属为一类，去声酽排列在陷、鉴二韵之前，"酽"下注明"陷鉴同用"，这三韵连属为另一类，六韵共为二类。平声、入声连属为三，是因为这两个声类末尾之韵以两韵为一类，六韵即有三类。

《尔雅》亦多不足据。姑以《释诂》言之,如“台、朕、赉、畀、卜、阳,予也”。“台”“朕”“阳”,当训予我之“予”;“赉”“畀”“卜”,训赐予之“予”,不得错见一句中。“孔、魄、哉、延、虚、无、之、言,间也。”郭氏注云:“孔穴、延、魄、虚、无,皆有间隙。余未详。”考之《说文》“哉,言之间也”。言之间,即辞助。然则“哉”“之”“言”三字,乃言之间。“言”为辞助,见于《诗》《易》多矣。“豫、射,猒也。”郭氏注云:“《诗》曰‘服之无射’[①]。豫,未详。”豫,盖当训猒足、饱饫之“猒”;射,训猒倦、猒憎之“猒”。此皆掇拾之病。其解释《诗》《书》,缘辞生训,非字义之本然者,不一而足。然今所有传注,莫先《毛诗》,其为书又出《尔雅》后。《尔雅》“甘,棠”;“梨山,樆”;“榆白,枌”。立文少变。杜涩,棠甘,而名类可互见。“杜,赤棠;白者,棠”。以“棠”见“杜”;“杜甘,棠”,以“杜”见“棠”。《毛诗》“甘棠,杜也”,误。“枌,白榆也”,不误。杜甘曰“棠”,梨山生曰“樆”,榆白曰“枌”。朱子《诗集传》于《陈·东门之枌》云:“枌,白榆也。”本《毛诗》;于《唐·山有莜》云[②]:“榆,白枌也。”殆稽《尔雅》而失其读。其他《毛诗》误用《尔雅》者甚多。先儒言《尔雅》往往取诸《毛诗》,非也。若《说文》视《尔雅》《毛诗》固最后,沿本处多,要亦各有师承。《尔雅》“以衣涉水为厉”,“繇带已上为厉”[③]。《说文》“砅(字又作濿,省用厉),履石渡水也”,引《诗》“深则砅”。《诗》之意,以水深必依桥梁乃可过,喻礼义之大防不可犯。若浅水则褰衣而过,尚不濡衣。郦道元《水经注》云:“《段国沙洲记》:吐谷浑于河上作桥,谓之‘河厉’。”此可证桥有“厉”之名。《卫诗》“淇梁”“淇厉”并举,“厉”固“梁”之属也。就兹一字,《尔雅》失其传,《说文》得其传。触类推求,遽数之不能终其物。用是知汉人之书,就一书中,有师承可据者,有失传傅会者。《说文》于字体字训,罅漏不免。其论六书,则不失师承。刘歆、班固云:“象形、象事、象意、象声、转注、假借。”郑众

---

① 服之无射:《诗经·周南》诗句,意思是穿戴葛布衣服从没有厌足的时候。射,厌足。

② 山有莜:即山有枢。

③ 繇:同“由”

云："象形、会意、转注、处事、假借、谐声。"所言各乖失伦。《说文叙》称：一指事，二象形，三形声，四会意，五转注，六假借。转注"考""老"字，后人不解。裴务齐《切韵》猥云[①]："'考'字左回，'老'字右转。"戴仲达、周伯琦之书[②]，虽正"老"字属会意，"考"字属谐声，而不能不承用"左回""右转"为转注，别举"侧山为阜，反人为匕"等象形之变转者当之。徐铉、徐锴、郑樵之书[③]，就"考"字傅会，谓祖考之"考"，古铭识通用"丂"，(与)〔于〕"丂"之本训转其义[④]，而加"老"省注明之。又如犬走貌为"猋"，《尔雅》"扶摇谓之猋"，于"猋"之本训转其义，"飈"则偏旁加"风"注明之。此以谐声中声义两近者当转注，不特一类分为二类甚难[⑤]，且校义之远近必多穿凿。王介甫《字说》强以意解加之谐声字[⑥]，陆佃《埤雅》中时摭之[⑦]。使按之理义不悖，如程子、朱子论"中心为忠，如心为恕"[⑧]，犹失六书本法，岐惑学者。今区分谐声一类为转注，势必强求其义之近似。况古字多假借，后人始增偏旁，其得尽

---

① 裴务齐《切韵》：即裴务齐《正字本刊缪补缺切韵》。裴务齐，唐代音韵学家。

② 戴仲达、周伯琦之书：分别指南宋戴侗的《六书故》和元人周伯琦的《六书正伪》。仲达，戴侗字。

③ 徐铉、徐锴、郑樵之书：分别指徐铉《说文解字校定》、徐锴《说文解字系传》、郑樵《通志》。此处主要是指徐锴与郑樵之书。两人对转注的看法有一致性，即认为转注是不同的字表达同一个意义，这些字大体上拥有相同的偏旁。详参徐锴《说文解字系传》卷一"通释"、卷三十九"疑义"及郑樵《通志·六书略》。

④ (与)〔于〕："于"原作"与"，不辞，就下文文例来看当为"于"字之误。查微波榭本《声韵考》正作"于"，因据正。

⑤ 一类分为二类：谓将形声字这一类划分为形声字与转注字两类。徐锴《说文解字系传》卷三十九"疑义"对形声字与转注字异同有说明，戴意以为徐氏所谓转注字与形声字的特点一致。

⑥ "王介甫"句：指王安石认为字音及字体的曲直横竖乃至其所据位置等都有意义，可以帮助解说字义。王安石《字说序》："文者，奇偶刚柔，杂比以相承。如天地之文，故谓之文。字者，始于一二，而生生至于无穷。如母之字子，故谓之字。其声之抑扬开塞，合散出入，其形之衡纵曲直，邪正上下，内外左右，皆有义。"

⑦ 摭：摘取、采撷。

⑧ "中心"两句：语见朱熹《论语集注》，是朱熹所认同的解释"忠恕"之义的一种说法。

证之使自为类乎？杨桓又谓三体已上展转附注①，是曰转注。斯说之谬易见。而莫谬于萧楚、张有诸人"转声"为"转注"之说，虽好古如顾炎武亦不复深省。《说文》于假借举"令""长"字，乃移而属转注。古今音读莫考，如好恶之"恶"，今读去声，古人有读入声者；美恶之"恶"，今读入声，古人有读去声者。宋魏文靖论《观卦》云②："今转注之说，则彖象为观示之'观'，六爻为观瞻之'观'③。窃意未有四声反切已前，安知不为一音乎？"据此言之，转声已不易定④，转注、假借何以辨？今读先生手教曰："本义外，展转引伸为它义，或变音，或不变音，皆为转注。其无义而但借其音，或相似之音，则为假借。"又曰："字之本义亦有不可晓者。"震之疑不在本义之不可晓，而在展转引伸为它义，有远有近，有似远义实相因，有近而义不相因，有绝不相涉而旁推曲取又可强言其义。区分假借一类而两之，殆无异区分谐声一类而两之也。六书之谐声、假借并出于声。谐声以类附声，而更成字；假借依声托事，不更制字。或同声，或转声，或声义相倚而俱近，或声近而义绝远。谐声具是数者，假借亦具是数者。后世求转注之说不得，并破坏谐声、假借，此震之所甚惑也。《说文》："老，从人毛匕，言须变白也"；"考，从老省，丂声。"其解字体，一会意，一谐声，甚明。而引之于《叙》，以实其所论"转注"，不宜自相矛盾，是固别有说也。使许氏说不可用，亦必得其说然后驳正之，何二千年间纷纷立说者众，而以猥云左回、右转者之谬悠，目为许氏，可乎哉？震谓"考""老"二字属谐声、会意者，字之体；引之言转注者，字之用。转注之

---

① "杨桓"句：杨桓，元人。三体：当是指象形、会意、指事三体。杨桓认为，六书中，先有象形、会意，其余四种由这两种滋生变化而来："象形不足而为会意，会意不足而为指事，指事不足而为转注。"转注由指示字变化而来，即由二个以上的字组合而构成为"一形一意"。可见，杨桓以象形、会意、指事为最为重要的三种造字法。参见杨桓《六书统》卷一。

② 魏文靖：即南宋思想家魏了翁，"文靖"为其谥号。

③ "则象"两句：此系据朱熹之语而言。观示：意即展示。朱熹"有以示人而为人所仰"之意(朱熹《周易本义》语。

④ 转声：古人对"转注"的一种解释，意即一字因变化读音而注为别的字词。如上举"观"字，不同读音即表示不同义项，意随音转。

云，古人以其语言立为名类，通以今人语言犹曰“互训”云尔。转相为注，互相为训，古今语也。《说文》于“考”字训之曰“老也”，于“老”字训之曰“考也”。是以《叙》中论转注举之。《尔雅·释诂》有多至四十字共一义，其六书“转注”之法与？别俗异言，古雅殊语，转注而可知，故曰“建类一首，同意相受”。大致造字之始，无所冯依，宇宙间事与形两大端而已，指其事之实曰“指事”，一二、上下是也；象其形之大体曰“象形”，日月、水火是也。文字既立，则声寄于字，而字有可调之声；意寄于字，而字有可通之意。是又文字之两大端也。因而博衍之，取乎声谐，曰“谐声”；声不谐，而会合其意曰“会意”。四者，书之体止此矣。由是之于用，数字共一用者，如“初、哉、首、基”之皆为“始”；“卬、吾、台、予”之皆为“我”，其义转相为注，曰“转注”。一字具数用者，依于义以引伸，依于声而旁寄，假此以施于彼，曰“假借”。所以用文字者，斯其两大端也。六者之次第出于自然，立法归于易简。震所以信许叔重论六书必有师承，而“考”“老”二字，以《说文》证《说文》，可不复疑也。存诸心十余载，因闻教未达，遂纵言之。

论韵书中字义答秦尚书①

字书主于训诂，韵书主于音声，然二者恒相因。音声有不随诂训变者，则一音或数义；音声有随诂训而变者，则一字或数音。大致一字既定其本义，则外此音义引伸，咸六书之假借。其例或义由声出。如“胡”字，惟《诗》“狼跋其胡②”，与《考工记》“戈胡”“戟胡”用本义。至于“永受胡福”，义同“降尔遐福”③，则因“胡”“遐”一声之转，而“胡”亦从“遐”为远。“胡不万年”“遐不眉寿”④又因“胡”“遐”“何”一声之转，而“胡”“遐”皆从“何”。又如《诗》中曰“宁莫之知”，曰“胡宁忍

---

① 秦尚书：即清人秦蕙田。秦氏精于治《礼》，撰有巨著《五经通考》。

② 狼跋其胡：《豳风·狼跋》诗句。

③ “至于”两句：永受胡福，《仪礼·士冠礼》辞句。降尔遐福，《小雅·天保》诗句。

④ “胡不“两句：胡不万年，《曹风·鸤鸠》诗句。遐不眉寿，《小雅·南山有台》诗句。

予”，曰“宁莫我听”，曰“宁丁我躬”，曰“宁俾我遁”，曰“胡宁瘨我以旱”①，“宁”字之义，传《诗》者失之。以转语之法类推②，“宁”之言“乃”也。凡训诂之失传者，于此亦可因声而知义矣。或声同义别。如蜥易之“易”（注：蜥易，即蜥蜴。），借为变易之“易”；象犀之“象”，借为象形之“象”。或声义各别。如户关之“关”③，为关弓之“关”④；燕燕之“燕”，为燕国之“燕”⑤。六书假借之法，举例可推。若夫讹舛相承，如《诗》“山有枢”，字本作“樞”，乌侯反，刺榆之名；或不加反音，读如户枢之“枢”，则失之矣。其或异字异音，绝不相通，而传写致讹，淆溷莫辨。如《诗·月出》篇“劳心惨兮”，与“照”“燎”“绍”为韵，而《释文》“七感反”；《正月》篇“忧心惨惨”，与“沼”“乐”“照”“虐”为韵；《抑》篇“我心惨惨”，与“昭”“乐”“藐”“教”“虐”“耄”为韵；及《北山》篇“或惨惨劬劳”，“或惨惨畏咎”，《释文》反音同，不知皆“懆”字之讹也。懆，采老切，愁不安也。《白华》篇“念子懆懆”，此一处幸而未讹，《释文》亦加以“七感反”之音，是直不辨“懆”“惨”之为二字矣。《陈风》“歌以讯之”⑥，与“萃”为韵；《小雅》“莫肯用讯”⑦，与“退”“遂”“瘁”为韵，而《释文》以音“信”为正，不知皆“谇”字之讹也。”谇，告；讯，问。“谇”音“粹”，“讯”音“信”。《广韵》二十一震“讯”字下云：“问也，告也。”不知“告”之义属“谇”，不属“讯”，入六至不入二十一震也。《释文》于《尔雅》既作“谇，告也”，引沈音“粹”、郭音“碎”，幸而未讹矣。又云：本作“讯”，音“信“，是直不辨“谇”“讯”之为二字。今《尔雅》注疏本“谇”字亦与《诗》同讹，而王逸注《楚辞》引《诗》“谇予不顾”，《后汉书·张衡

① “又如“至“以旱”：宁莫之知，《小雅·小弁》诗句。其余引文均为《大雅·云汉》诗句。

② 转语：指按一定规律转变读音的词，转变读音之后，词义不变。

③ 户关：指为收税而设置的关口。

④ 关弓：即弯弓。戴震之意，此处“关”声义同“弯弓”之“弯”。

⑤ “燕燕”两句：“燕燕”即燕子，两字均读去声；燕国之“燕”为国名，读平声。

⑥ 歌以讯之：《陈风·墓门》诗句。

⑦ 莫肯用讯：《小雅·雨无正》诗句。

传》注引《尔雅》“谇，告也”，《广韵》六至“谇”字下引《诗》“歌以谇止”，然则此句“止”字与上句“止”字相应①，为语辞。凡古人之诗，韵在句中者，韵下用字，不得或异。《三百篇》惟“不可休思”，“思”讹作“息”②，与此处“止”讹作“之”，失《诗》句用韵之通例，得此正之，尤稽古所宜详。《考工记》“搏埴之工”，郑注云：“搏之言拍也。”（张参《五经文字》“拍”音搏。）刘熙《释名》云：“拍，搏也，手搏其上也。”又云：“搏，博也，四指广博，亦似击之也。”则“搏”当音“博”，不音“团”。而《释文》列“团”“博”两音，且“团”音在前，是直不辨“摶”“搏”之为二字。它如“厎”“底”、“痕”“疷”“寔”“实”“慉”“畜”之属，相习混淆，不可胜数。又有本无其字，因讹而成字。如《尔雅》之“竜䶬”，“竜”，力竹反，从“尗”得声，讹而为“（竜）〔竜〕③”，遂读起据反；《方言》之“槊䲖”，郭璞音“朿”，曹宪于《博雅》音“鍊”，《集韵》据郭忠恕“佩觽”之臆说，于一东增“鍊”字，引《方言》则“鍊”讹而为“铼”，遂与“东”同音。有字虽不讹，本无其音，讹而成音。如《诗》“有瀰济盈，有鷕雉鸣”，“鷕”从“唯”得声，与“瀰”为句中韵，下复举“济盈”“雉鸣”，亦句中韵。旧音“鷕”以水反，见《释文》。“水”讹作“小”，遂有“以小反”之音。《广韵》于是收入三十小改“小”作“沼”，其所由致讹，几不可考。《汉书·地理志》“汝南郡鲖阳”，孟康曰：“鲖，音纣红反。”“鲖”从“同”得声，“纣红反”之音是也。《广韵》《集韵》皆收入四十四有，与“纣”同音，岂不见“红反”二字，而以为“音纣“与？诂训音声，自汉已来，莫之能考也久，无怪乎释经论字，茫然失据。此则字书、韵书所宜审慎不苟也。虽旧韵相承，其中显然讹谬者，宜从订正。

---

① 此句“止”字与上句“止”字：谓《陈风·墓门》“歌以谇止（即诗作“歌以讯之”）”与同诗上文“有鸮萃止”。

② “三百”两句：谓《周南·汉广》“不可休息”之“息”当作“思”，因其他相关韵句里都以“思”字结尾。

③ （竜）〔竜〕：“竜”原作“竜”，据戴震文意正之。

《声韵考》卷四(译文)

书《玉篇》卷末《声论反纽图》后

宋、元以来,研究反切、字母的人,认为这一学问来自于西域,在中土的传播则是由于释神珙的缘故。这大概是由于郑樵、沈括等人论说古事时粗疏有漏洞,一两个受到佛教徒迷惑的肤浅低劣的人就瞒蒙欺骗,依据他们的言论编撰谎言。释神珙的《反纽图》现今完整存在,作者自己所作《叙》说:"从前,梁代沈约开创性地撰作纽字之图。"这样看来,释神珙所作的《声论反纽图》就远在沈休文撰作之后,是效仿沈休文图表的制作。那些人竞相指认释神珙是北魏时期的人,说他最早把西域三十六字母传到中土,其原因只是由于世俗认为沈休文最早开始创立韵学,想要使释神珙超越在上,使之成为生活在沈休文之前的人,以此作为中土所拥有的反切韵学是源于西域的佐证罢了。对佛教徒来说,凡是书传当中所必须借资的内容,就都窃取过来加以学习,学会后就相互欺诈瞒骗,以此制造这些内容是来源于西域的说法。这样的事例有多少本来就不值得指出具体数字,令人独感奇怪的是相信这些谎话的人在列举这些来源的时候,却不能对以往的相关情况进行稽考,就又将谎话书写成文字用来迷惑后人。噫!这些人做事之鄙陋啊!何况释神珙《叙》文中还连并提及《元和韵谱》。从齐代永明年间经过梁代天监年间一直到唐宪宗元和年间有三百二三十年的时间,释神珙更是生活在元和之后,却被人移到了三、四百年之前。但是没有人对此辨白,为什么呢?释神珙的图中没有所谓"字母"的说法,只是在《五音声论》里列出四十个字而不把它们叫作"字母",这些字与今天所传下来的三十六字相互间也龃龉不合。深宁叟说:"《玉篇》卷末附录有沙门神珙《五音声论》和《四声五音九弄反纽图》。"查考神珙自己所写的《叙》文没有一言一语涉及《五音声论》，因此《五音声论》恐怕是唐末宋初时期的人杂取其他文献材料作成这篇文字附录到了《玉篇》卷末。因为不是神珙撰写，所以列在神珙《反纽图》之前而不题作者姓名。《玉海》有《三十六字母图》一卷，是僧人守温撰制的。吕介孺说："大唐时期的僧人创置字母三十个，后来温首座增加了'娘''床''帮''滂''微''奉'六个字母。"因此三十六字母就是守温确定的，这事发生在神珙之后。虽然唐朝末期已经有了这些字母，但有关学问在当时并不显明，所以整个唐代以至宋初，绝对没有听闻"字母"这一称呼。今天经籍传注以及字典辞书中所具有的反切内容，是沿袭了魏、晋、齐、梁、隋、唐相传下来的旧有材料。当时汉代正崇尚研治经学，郑康成氏的研究成果尤其被世人所尊崇。后来乐安人孙炎跟随康成门人学习，被称为"东州大儒"。陆德明《经典释文》、颜之推《颜氏家训》、张守节《史记正义》都说是孙炎创立了"反语"注音法。《崇文总目叙》说："孙炎是最早创建文字注音方法的人，从此就有了音韵学。"深宁叟说："人们认为仓颉创造了文字，孙炎创建了文字注音方法，沈约撰制了韵谱，他们都是开创者。"这些话说明唐宋人论说反切注音之时，都会溯源到孙叔然那里。等到后来这一说法失传，反切注音就被说成是出自神珙、出自西域僧人了。"反语"注音法兴起不下七、八百年，然后世间才竞相传用守温的字母。近代儒者却没有人能够论述孙叔然的贡献，所以我写下这些文字，借以展示经史文献中的字音标注历史。儒生从成年束发开始就从事经籍研究，因此不能对相关学问的传承迷惑不清。

书刘鉴《切韵指南》后

世上专门著书论说字母等韵之学的，大多不依据这些术语的初始来源来说明问题，为什么呢？因为这种方法是以唐末释守温开创的"字母"作为判断标准的，但称述"字母"似乎不足以作为相关学问来由的可靠依据。然而世俗受"字母"称谓的迷惑，怀疑声音文字真的是由其"母"孳生而来，何况当时这种学问又借助了古人所用音乐术语“宫、商、角、徵、羽”来文饰自身，借以加重分量呢？在守温之前，有《辨字五音法》，其文共设置十个字母；还有《五音声论》，共设置四十个字母，它们都与守温的三十六字母相互龃龉不合。而宋代那种将三十六字母按类分别隶属于唇音、齿音、喉音、舌音和牙音的做法，与近世流传的分类情况也是违逆不同的。刘士明这一著作，独独吸收了金代韩道昭《五音集韵》的成果，将韵类依次编成十六通摄，并辨析它们是开口呼还是合口呼。书中用图谱形式展示这些内容，体例是，横行排列字母三十六，纵行排列“平上去入”四声兼“一二三四”四个等列。四等之中，一等韵声音洪大，二等韵次大，三、四等韵都是细音，而四等韵尤其“细”。在图表里还展示出声母发音部位与五音相配的情况：牙音是角，舌音是徵，唇音是羽，齿音是商，喉音是宫。当四声没有被发现之前，就是用这种分类来区别韵部，即将韵用五音来加以比拟分类。如同《魏书·江式传》所记载的那样：“吕忱的弟弟吕静仿效昔日左校令李登《声类》的做法，撰作《韵集》五卷。书中设置宫、商、龣、徵、羽五类，每类各为一篇。”齐代永明年间，周颙、沈约开始用平上去入四声约束诗文用韵，因为平声字繁多，所以将其厘析为上平声和下平声。徐景安《乐书》就说道：“凡是宫音就是上平，商音是下平，角音是入声，徵音是上声，羽音是去声。”等到宋人竞相传播字母之时，就讥讽起南朝人撰作韵谱的时候只知道四声，不认识七音。近来又有人将韵母从四个等列离析成五个等列，说五音运用在音韵学中就是与五个等列相配。于是有关五音的说法产生了分歧，而附会的做法又确实让五音到了无处不可施用的地步。我因此认为这些都是不对的。《虞书》说：“诗借助语言来抒发思想感情，歌吟借助音乐加强语言表达的效果，音乐要按照语意表现出高低缓急的不同，音律则要使五音和谐。”古代所创制的“五声”宫、商、角、徵、羽，不是用来确定文字读音的。凡是一个字就须包含五声，吟诵歌唱的人就要在声音方面洪大不超过宫声，细音不低于羽声。假使像后人那样胶着于一个字只能有一音，而错误地给它配搭上宫音或者商音，一定要让作诗者此字符合“商”音，彼字符合“宫”音，结果宫商倒是相合了，但因此不会有不失诗人性情、违逆诗人意志的情况发生吗？只有认识到宫商不是字的确定读音，而每一个字都可以是“宫”音也可以是“商”音，以此表现声音高低的节奏、抑扬的先后变化，这样以来作者就抒写出个人性情，而吟诵的人随着语音的宛转高低就会使诗歌具有音乐性。就语言文字来说，文字的读音若是依据师承念诵就会有限定，但若是用歌唱的形式来强化语言效果的时候，字音是洪大而成为“宫”音还是细小而成为“羽”音，就没有一定之规了。学问研究的弊病产生于后人的肤浅附会。呜呼！这就是古义流失的根本原因吧？

顾氏《音论》跋

《音论》三卷，内容是考论音韵学的源起发展。作者大概是想依据唐人的音韵成就来纠正宋代以来的失误，依据古音来纠正唐人的失误，他的想法是非常好的。隋人陆法言和唐人孙愐的韵书今天都不能够见到了，顾君所看见的最早的韵书，是宋人陈彭年和丘雍刊正扩充《切韵》的成果而命名为“广韵”的那部韵书而已。《广韵》已经没有善本，致使唐、宋之间用韵的传承、变革等异同状况也没有人能够知道。凭着顾君那样专精博学的程度，仍然在有关内容的核检方面失于疏漏，其他人就更不用提及了。在开皇初期，陆法言同刘臻、萧该、颜之推等八人讨论了南北语音折中的困难问题。十几年之后，八人当中有的已经去世，有的仍然生存着。这时陆法言独自屏客隐居，最终将众人讨论内容撰成《切韵》五卷。唐代仪凤二年，长孙讷言为这部书作了笺注，此时距离仁寿初期陆法言撰写韵书已过去了七十七年。之后，郭知玄对此书进行更改，他用朱笔笺注了三百字。又过了七十五年，是天宝十年，孙愐又增字增注并加以修订，事毕改书名为《唐韵》。天宝末年完成的《集贤注记》一书称说：“皇上因为从古代以来在用韵方面不太讲究区分韵部，陆法言的《切韵》又未能就此厘清改变，于是令人另外撰写《韵英》一书，仍旧是五卷。此书保留旧韵四百三十九部，新增韵部一百五十一，合起来是五百八十韵，共一万九千一百七十七个字，对韵类的分析非常细致。”而《南部新书》记载“天宝时有位名叫陈庭坚的人，撰著《韵英》十卷”。这样的话，《集贤注记》所说的“旧韵四百三十九”，大概就是庭坚所区分的吧？所说的“仍旧是五卷”，大概是说《韵英》仍然沿袭陆法言《切韵》一书的分卷吧？从天宝末年又经过二百五十三年，是宋朝的景德四年。当时崇文院呈上《校定切韵》五卷，于是朝廷依照《九经书例》的模式将它颁行天下。第二年，即大中祥符元年，这部韵书改名为“大宋重修广韵”。陆法言的韵书共一万二千一百五十八字，孙愐《自叙》按照文献面世的前后顺序，广泛列举了《唐韵》里作为注释材料而引用的书目，总共将全书文字增加到四万二千三百八十三字。晁公武误以为这个数字是增加的字数有如此之多，这种理解是不对的。《集韵韵例》记载：“先帝之时，命令陈彭年、丘雍依据陆法言韵书直接刊正和增益文字。”大概《广韵》二百零六韵实际上就是陆法言所区分的旧有韵目，所以《广韵》卷首仍然题写说“陆法言撰本”。陆法言旧有韵部数量既已经过郭知玄、关亮等九人增加，而且有诸家增加文字，到宋代汇集这些材料，总起来编刻成一部，所以改成了“广韵”的名字。而《广韵》字数只有二万六千一百九十四个，孙愐也是九人中的一位罢了。宝元年间编制的《集韵》是就《广韵》进行刊正编修，新增字数二万七千三百三十一，新加与旧有的字数合起来共有五万三千五百二十五个。在景德年间，皇帝诏令殿中丞丘雍重新修订《切韵》，龙图待制戚纶也接受诏令考核审定供考试所用韵字，于是主要从《切韵》中选择重要的韵字编修成一部简化的韵书，提供给学子参加礼部科考时运用，并将这部简化的韵书称作“韵略”。此书对《切韵》当中的“同用”“独用”等用韵条例未做修改。三十一年后，是景祐四年，又刊正修订《广韵》和《韵略》，依据贾昌朝请示处理的十三处韵窄的目类，允许它们与邻近的韵通用。这一年四月，奉诏修订韵书，到六月就将修订好的《礼部韵略》颁行天下了。今本《广韵》对上声和去声的最后六韵使用规定，与《礼部韵略》《集韵》的相应六韵的处理相同，但是与《礼部韵略》对平声和入声最后六韵的处理龃龉不合，这是由于之前的韵部分类不适宜这时语言的缘故。吴才老《韵补》上声第五十二部豏韵、五十三部槛韵、五十四部俨韵，还是沿用旧有次序，去声也与《集韵》相同。大概是由于习惯于景祐年间通行的韵例。当时韵书将俨韵与琰、忝两韵合用，将范韵与豏、槛两韵合用，将酽韵与艳、㮇两韵合用，将梵韵与陷、鉴两韵合用，于是吴才老受到旧有韵目的拘束而迷失。顾君严格分辨出《广韵》和《礼部韵略》的异同之处，但对于《广韵》上声和去声的末尾六韵未加省查，对于《礼部韵略》将废韵与队、代二韵的合用也遗漏而未曾列举。他列举出《广韵》和《礼部韵略》二书中"同用""独用"韵例中的八处不同，不知道连同这八处实际上共有十三处，这些都是犁然清晰可以考察到的。而唐、宋用韵的承传与变革的主要情况，实际上已经包含在当中。以上是《音论》失于考察或考察粗疏的地方，这些失误足以让人滋生困惑，所以我写出详委来予以补正。至于"六书转注"一条，顾炎武认同萧楚等人的臆说，而反对裴务齐、郑渔仲诸人的谬误说法。古代所谓"转注"的解释，是经汉代许氏传留下来的，大概顾炎武未能理解。我对此另有辨正文字见于《答江先生论小学书》，此处不再论述，只论述顾君那些与音韵之学特别相关的文字。

附举正十九事

顾炎武《音论》引用《毛诗郑笺》中的"声谓宫、商、角、徵、羽也"一句来论说韵的问题，是不妥当的。后文引用《唐书·杨收传》，还有《晋书》《宋书》中的"律志"，以及《乐汁图征》《鹖冠子》等文献，失误与此相同。其后毛大可《古今通韵》竟然用宫、商、角、徵、羽五音来附会其所划分的五部韵类了。

引用《说文》对"韵"字的注释，但"韵"字及其注释是徐氏新附加的,《说文》原书没有“韵”字。

引用陆机《文赋》,认为“文人论说‘韵’的问题,最早见于此文”。阎百诗《尚书古文疏证》卷五下曾举出顾炎武此处失误并加以纠正。因而,顾炎武“晋代以来,文人逐渐由笼统地用‘音’表示相关概念而变成准确地用‘韵’字表示”,这一说法是疏失而不严密的。

误将当年讨论南北语音的刘臻等八人看作是后来修订增补《切韵》的郭知玄等九位中的人数。陆法言《切韵自叙》称说“认识的人当中逝世的,已经同我生死异路,我只能空自心怀可以对朋友有所作为的慨叹”,正是说在定稿《切韵》的时候,之前在开皇初年共同讨论韵字的刘臻等八人已经有去世的了。这八人的生活年代不但在郭知玄之前,而且还前于《切韵》定稿的时间。

引用李焘《五音谱叙》“另外起了‘唐韵’这一名称”的下面,删去了原文“在本朝太平兴国及雍熙、景德皆尝命官讨论”十八个字,径直接上“大中祥符元年改赐新名曰《广韵》”字样,然后在其下注释说:“依据此文,这部《广韵》就是《唐韵》,只是改了名字而已。”此处援引证据失实。大概顾君把自己的书命名为“唐韵正”,但该书内容所依据的是宋代景德中刊正增益本《广韵》,所以要避免说《广韵》与《唐韵》两书有差异。

《广韵》原书,前面附有陆法言、长孙讷言、孙愐的三篇《叙》文,它们今天都存留下来。《广韵》这部韵书是依据陆法言韵书而直接进行刊正和文字增益形成的,并不是依据《唐韵》而编成。

周颙、沈约同是在南朝齐代永明年间最早识别出四声的人。沈约的相关著作没有流传下来。考察到《集贤注记》称说:“从古代以来,用韵就不太讲究区分韵部,陆法言的《切韵》又未能就此处理改变。”而《广韵》依据的是陆法言的撰著,因此二百零六韵应是陆法言所确定下的类别。李登、吕静只是按照读音相近来划分文字,没有区别四声;周颙、沈约划分了四声,而没有将韵字区分为二百零六部。顾君说“沈约《四声谱》特地将四声研究与韵部成果汇总而系统分类”，这种说法尤其失误的地方是在于未能核查清楚声韵分类的原委。

《广韵》原书中的上声应当如同吴才老《韵补》所作的处理，第五十二部为豏韵、第五十三部为槛韵、第五十四部为俨韵，而在“琰”目下注明“忝同用”，在“豏”目下注明“槛同用”，在“俨”目下注明“范同用”；去声第五十七部为陷韵、第五十八部为鉴韵、第五十九部为酽韵，而在“艳”目下注明“㮇同用”，“陷”目下注明“鉴同用”，“酽”目下注明“梵同用”。大概上声和去声也犹如平声和入声一般，经过韵部通用的处理方式而将六韵作为三韵使用，到《礼部韵略》才开始将六韵经过通用方式而仅作为两韵使用，因而更改了韵目序次。顾君所列出的材料系出于后人错误的本子。上述这些分类更体现的是宋人用韵的状况而非唐人用韵的情形。

在引用《韵会举要》卷之一注文后，对它加以批驳说：“现在考察到在《广韵》中已经将平声分为上平声和下平声，所以平声的这种区分不是从丁翰林才开始的。”查考《韵会举要》所说的原话，其意是说在丁度之前将平声称为“上平声”“下平声”，而丁度撰写《集韵》时才开始称之为“平声上”“平声下”。顾君这是因为误解前人语意而批驳错了。

引用《广韵》“恭”字下注，这种引用方式让人无从知道其下所引是孙愐的注语。

宋人既然是在景德年间修定韵目，就应该避宣祖名讳，不会等到景祐年间的《礼部韵略》才将“第二十一部殷韵”改称为“第二十一部欣韵”。

《广韵》第十八部队韵与第十九部代韵同用，第二十部废韵独用，《礼部韵略》第十八队韵与代韵、废韵通用。顾君却将它们遗漏而未能列举出来。《礼部韵略》当中“独用”“同用”不同于《广韵》中的情况，顾君举出八例，而遗漏了五例。这十三例都在景祐四年朝廷就十三例韵窄作修改处理的范围，这就是顾君未能完备列举的原因。

《韵略》与《广韵》是景德年间编撰的内容有详略之分的两部韵书，顾君对此未能考察；《礼部韵略》与《集韵》是景祐之后编撰的内容有详略之分的两部韵书，而《集韵》是在《礼部韵略》颁行两年后完成的。这部书完好存世，顾君没有见到，所以他说“《集韵》不存于世”。

虽然说是列有辨析唐、宋韵部异同的内容，但实际上对于唐、宋这种异同与韵部划分以来的沿袭变革，都未能作周详考查。

引用了陈氏《书录解题》中的“反切的学问从西域传入中土，到齐、梁时期盛行起来”。这是受到释氏的诬妄欺骗而发表的言辞，不应当引述它来论说。

不必为了解释古代用韵宽缓的现象而认为入声可以转读为其他三声。《小戎》首章“收”“辀”“驱”三个平声字为同一韵，“续”“毂”“馵”“玉”“屋”“曲”六个入声字为同一韵。顾君对于此篇用韵的说法牵强，而且对于虞、侯二韵的看法存在舛谬之处。

张说所撰写的碑文使用了“形声转注”四个字。这是张说作为后世辞章家为了凑合句式，以及语词属对而使用的词语，不足以作为权威、重要的证据。

引用了张有、赵古则、杨慎、陆深等人的说法，将“转声”看作为“转注”，但这种论述乃是从宋朝开始才有的无稽之说。引用了《礼部韵略》，又认为“转注”的意思是一字有数义因而辗转可通。宋人喜好发表臆说，于是不只是六书中的“转注”因此失去正确解释，连并六书中的“假借”也因此失去正确解释。

顾君爱好古典，学问精深博大，他的著作足以值得征信取用。所以为他举出不足用以拨正，目的是使学者知道去除哪些短处而吸收其长处。

书卢侍讲所藏旧本《广韵》后

我年少之时获得顾宁人氏所校刻的《广韵》。后来，又在友人处见到大版《广韵》，它与顾刻本没有差异，大概就是顾君所依据的本子。朱锡鬯为吴下人张氏所重新刊刻的宋本《广韵》所撰写的《叙》文有这样的文字:“从前昆山人顾炎武处士校勘《广韵》,力图恢复此书原貌,把它在淮阴刊刻出来,而依据的仍然是明朝内库的雕刻本。原因是古本《广韵》的笺注文字本来就详略不齐,于是宫中近臣吸取其中精要内容而将其余文字删除,目的是大略均衡字数。”《叙》文所称述的“宫中近臣吸取其中精要内容而将其余文字删除”,不知道其具体情况如何。而《叙》文开端说周颙利用“天”“子”“圣”“哲”四字来分别指代四声,就已经是误将周舍回答梁武帝的话当成周颙说的话了。卢侍讲所藏这一旧本《广韵》,无从获知其刻书之年月,注文也已经是经过删除整理过的。其韵目自从淳祐末年刘渊进行合并之后,几乎不能够从中识别出二百零六韵的原初状貌。明朝内库仍然能获取《广韵》雕版,这件事实属稀罕,难道是删除整理不久之后就有翻刻这一版本的了?还是这一版本实际刻制在前,只因为宋朝之时详本略本兼相发行而删除了繁多或重复的文字?书中上声目录“十八吻”下注明“隐韵同用”,但卷内却仍然是“吻”韵与“隐”韵各自注明“独用”而未让它们相连属。卷内去声代韵、废韵与队韵相连属,在“队”下注明三韵“通用”,但目录队韵下只注明“代韵同用”,而在废韵下注明“独用”。上声和去声的末尾六韵中,俨、酽两韵排列在豏、槛、陷、鉴四韵之前,“豏”“槛”与“俨”连属为一类,“陷”“鉴”与“酽”连属为一类,因此这六韵就因连属而成为二类,这与平声、入声末尾六韵因为两韵连属为一类而共有三类的情况相违异。而卷内第五十部琰韵注明“与忝同用”,没有“俨”字,目录下却注明“忝、俨同用”。这是宋代景祐、宝元以前所绝对没有的现象。书中有时注明“某同用”,有时注明“与某同用”,体例参差而未能统一的情况诸如此类。当景祐年间撰修《礼部韵略》之时,因为贾昌朝请示对十三处窄韵进行处理,皇帝允许让它们与各自邻近的韵通用。于是在平声中,将欣韵与文韵合用,将严韵与盐、添两韵合用,将凡韵与咸、衔两韵合用;在上声中,将隐韵与吻韵合用,将俨韵与琰、忝两韵合用,将范韵与豏、槛两韵合用；在去声中，将废韵与队、代两韵合用，将焮韵与问韵合用，将酽韵与艳、㮇两韵合用，将梵韵与陷、鉴两韵合用；在入声中，将迄韵与物韵合用，将业韵与叶、怗两韵合用，将乏韵与洽、狎两韵合用。毛大可为此发表臆说："贾昌朝所说的'韵窄'，例如冬、臻、殷、痕、山、谈、添、衔、凡等韵就是。"为什么就不能加以考查呢？后人没有看到善本《广韵》，即使是吴下张氏所重新刊刻的本子，其注文虽然完好，但第二十部文韵下注明"欣韵同用"，第十八部吻韵下注明"隐韵同用"，以及上声和去声的末尾六韵与平声和入声相应韵目那种连属上的龃龉不相符合，都是来自于《礼部韵略》的施行。检视《广韵》的人依照当时新的规则，对原文加以涂改、乙倒，于是导致原书舛误乖谬。幸亏注文参差不统一，没有修改彻底。如果寻找这些踪迹，那么古书产生舛误乖谬的缘故，在每一章都存在着。反复阅读这样的版本，经数十百年之后，旧本就荡然泯灭，学者将更加茫然，岂不是愈发会导致令人惋惜的事情发生吗！卢公雅才宏博，是当今笃意古代的君子。我从他那里借阅这一版本的《广韵》，因此记下这些话而归还他。

答江慎修先生论小学书

《说文》所记载的九千多个文字，在小学一科废弃失传之后，作者对于这些文字字义的解释就自然不能一一与其古义相吻合。即使是《尔雅》，其词义解说也大多不足以依据。姑且以《释诂》为例说明。如"台、朕、赉、畀、卜、阳，予也"条，"台""朕""阳"这三个词，应当训释为予我之"予"；"赉""畀""卜"这三个词，应当训释为赐予之"予"，所以这几个词不能错杂安排在一个句子当中统一作解。"孔、魄、哉、延、虚、无、之、言，间也"条，郭氏注释说："孔穴、延、魄、虚、无，这几个词都具有'间隙'的意义。其余几个词为什么解释为'间隙'，原因不详。"就此考察《说文》的解释："哉，言之间也。""言之间"的意思即是辞助。因此"哉""之""言"三词就是"言之间"一类意义。"言"作为辞助，见于《诗经》《周易》中的例子多了。又如"豫、射，猒也"条，郭氏注释说："《诗经》说'服之无射'，说明'射'有'猒'义。至于'豫'为什么解释为'猒'，原因不详。"豫，大概应当训释为猒足、饱饫之类的"猒"；射，应当训释为猒倦、猒憎之类的"猒"。与前两例一样，这些都是由于《尔雅》对所解释的词语掇拾选择不当而产生的弊病。《尔雅》解释《诗经》《尚书》词语的时候，因为缘辞生训，所以其解释不符合文字原本意义的例子不一而足。然而现在所有的传注文献，没有比《毛诗》更早问世的了，《毛诗》撰著成书却又在《尔雅》之后。《尔雅》中的"甘，棠"；"梨山，樆"；"榆白，枌"，这类条目的解释体例很少变化。杜性涩，棠性甘，而两种植物的名称在《尔雅》里可以相互参见通用。如"杜，赤棠；白者，棠"，是借"棠"这一植物来解释"杜"这一植物；"杜甘，棠"，是借"杜"这一植物来解释"棠"这一植物。因此《毛诗》"甘棠，杜也"的解释是错误的，其"枌，白榆也"的解释则没有错。杜，甘甜的叫作"棠"；梨，山生的叫作"樆"；榆，白色的叫作"枌"。朱子《诗集传》在对《陈风·东门之枌》的解释中说："枌，是白色的榆。"依据的是《毛诗》；在对《唐风·山有荎》的解释中说："榆，是白色的枌。"大概依据的是《尔雅》，但对《尔雅》的句读理解失误。《毛诗》其他地方误用《尔雅》的例子还有很多。先儒认为《尔雅》的解释往往采自于《毛诗》，这种看法是不对的。至于《说文》，它与《尔雅》《毛诗》相比较固然是最后完成，其解释文字沿用依据两书的地方较多，但重要的是其解说有师承来源。《尔雅》说："身着衣服渡水叫作厉"，"在深度超过衣带的水中渡涉叫作厉"。《说文》称"砅（此字又写作'濿'，减省笔划就用'厉'），字义是履石渡水的意思"，接下来引《诗经》"深则砅"一句为证。《诗经》原句的意思是，因为水深就必然要依靠桥梁才可渡过，借以比喻礼义的重要堤防不可侵犯。如果是浅水的话，挽起衣服渡水过去也不会濡湿衣服。郦道元《水经注》说："《段国沙洲记》记载：吐谷浑在黄河上建造了一座桥梁，把它叫作'河厉'。"这些文字可以证明桥有"厉"的名称。在《卫诗》这首诗篇里，"淇梁""淇厉"两语同时列举，说明"厉"本来就是属于"梁"一类的事物。仅仅就这一个字的释义来看,《尔雅》的解释不符古义,《说文》的解释则符合古义。借由此例推求两书同类情况,数量之多是仓促间不能统计完备的。由此可以知道汉人所著书籍中,就一部书而言,其内容有因为保留师承而可以依据的,有误失传承而牵强傅会的。《说文》对于字形分析和字义训释来说,不免有罅漏之处。但它论述六书理论,却未丢失师承内容。刘歆、班固说六书是:"象形、象事、象意、象声、转注、假借。"郑众说是:"象形、会意、转注、处事、假借、谐声。"他们所说的六书内容都与古义乖违而且伦次顺序不同。《说文叙》称六书是:一指事,二象形,三形声,四会意,五转注,六假借。《叙》文就转注一项列举"考""老"两字为例,后人不理解。裴务齐《切韵》见识卑下地说:转注的意思与字形有关,"'考'字形体末端往左回还,'老'字形体末端往右转去"。戴仲达、周伯琦两人的著作虽然都纠正这一谬误,说到在造字法上"老"字属于会意,"考"字属于谐声,却不能不沿用裴务齐"左回""右转"为"转注"说法,只是另外举了"侧山为阜,反人为匕"等由象形字字形变转而产生新字作为例子。徐铉、徐锴、郑樵三人的著作对"考"字进行了附会牵强的解释,说祖考的"考"字,古代铭文款识中通常写作"丂",其"考老"的含义对于"丂"的本义来说已经发生了转移,因而加上减省了笔画的"老"字作为偏旁来注明新义。又如犬奔走的样子是"猋"字的本义,《尔雅》所说的"扶摇谓之猋"这种释义对于"猋"的本义来说已经发生了转移,"飚"这个字就是将"猋"字加上偏旁"风"用来注明新义。这是将在声义两方面都各相近的谐声字当作了转注。这样一来不只是将形声字一类分成为形声字与转注字二类特别困难,而且在校正说明字义的远近上必定会产生很多穿凿附会的说法。王介甫《字说》强行从字形的角度说明谐声字,陆佃《埤雅》一书时时采撷他的说法。倘若说这样的解释与理义不相悖逆,例如程子、朱子论说"中心为忠,如心为恕",但仍然失去了六书原本蕴含的法则,这是在以歧说困惑学者。现在将谐声字的一部分区别出来作为转注,势必会强求本来字义不同的谐声字字义相近。何况古字在运用时多存在假借现象，后人才给这些假借字增加了义符偏旁，对这些字难道能够全部加以证明使它们自成转注一类吗？杨桓又说，由三个以上的文字形体组合而产生新字，这些形体之间的意义辗转附注，就叫作“转注”。这种说法的谬误之处显而易见。上述说法中，没有比萧楚、张有等人将“转声”看作“转注”更为谬误的了，但即使像顾炎武这样爱好古说的人对这种谬误说法都没有深入检讨核查。《说文》针对“假借”这一方法举出“令”“长”两字为例，却被移动为对于“转注”的说明。对古今音读异同也不加以考辨，例如好恶之“恶”，今天读去声，古人却有读入声的；美恶之“恶”，今天读入声，古人却有读去声的。宋人魏文靖在论及《观卦》时说：“按照今天对于转注的解说，彖象‘观’的意义被视作观示予人的‘观’，六爻‘观’的意义被视作观瞻的‘观’。我个人的看法是，在没有四声反切以前，怎么知道两个‘观’字不是同一种读音呢？”据此言之，转声已经不容易确定了，将转注看作为转声又能依据什么来与假借作区分呢？今天读先生手书上给我的教诲说：“字在本义之外，辗转引申出其他意义，新义产生或导致改变该字的读音，或不改变读音，但这些情况都属于转注。如果没有新义而只是借助该字读音相同或是相近的关系，就是假借。”又说：“字的本义也有不可知晓的。”我的疑惑不在于本义的不可知晓，而在于辗转引申出的其他意义与本义的关系有远有近，有的看似意义相隔较远但其实与本义是相因袭的关系，有的看似意义相近而与本义却不相因袭，有的与本义绝对不相关但经过旁推曲求又可以强行说它们意义相通。将假借一类区分成转注与假借两类，恐怕与将谐声一类区分成两类没有什么不同。六书之中的谐声、假借，其产生都是因为语音的缘故。谐声是将义类附加上声符，从而形成另外一个字；假借是采用依声托事的方法，不另外造字。或者同声，或者转变读音，或者声义相依而都相近，或者声近而意义相差很远，这些表现在谐声里都具备，在假借里也都具备。后世寻求对转注的解说不但未能恰当，还一并损害了对谐声与假借的理解，这是我特别困惑的地方。《说文》:“老,从人毛匕,言须变白也。”“考,从老省,丂声。”作者解说这两个字的造字体式,一个解说为会意,一个解说为谐声,十分明晰。但他在《叙》文里引用这两个字却是充作其论说“转注”的实例,不应如此自相矛盾,因此作者对于转注本当另有解说。但即使许氏的解说不可采用,也一定要对这种解说有了正确的理解之后再去驳正它。但为什么两千年来另立异说那么纷然众多,却只将见识卑下的“左回”“右转”这种荒诞说法看作许氏的意思,难道可以这样做吗?我认为《说文》正文认为“考”“老”二字分别属于谐声、会意的看法,是从造字体式的角度而言;《叙》文引用它们来论述转注问题,则是从用字的角度出发。“转注”的称谓,是古人用当时语言所定立的名目,用今人通行的语言来表达就犹如说“互训”而已。转相作注,互相训释,这两者的差异只是古今用语不同。《说文》对于“考”字解释为“老也”,对于“老”字解释为“考也”,因此在《叙》中解说转注时举了这两个字为例子。《尔雅·释诂》有多达四十个字同用一义作解的例子,这种训释就属于六书中的“转注”方法吧?不同的习俗会产生不同的言辞,语体方面古朴与典雅的不同也会产生不同用语,这些差异借助于“转注”方法进行解释而变得互相可以理解,所以《说文》说转注的意思是“同一部首设为一类,同类中的字其意义相同的可以互相训释”。大致最初造字时无所依凭借鉴,但宇宙间无非存在着事理与物形两大方面而已,指明事理的造字方法叫作“指事”,如“一”“二”“上”“下”这些字就是指事字;摹画事物大体形状的造字法叫作“象形”,如“日”“月”“水”“火”这些字就是象形字。文字既已造出,语音可以寄托于文字,而字也就有了可以调度的声音;语意可以寄托于文字,而字也就有了可以用来交流的意义。这样,表音与表义又成为文字的两大功能。借助于这两种功能顺势可以广为衍生造字,利用声音谐同而造字的方法叫作“谐声”;将声音不相谐同的字符会合在一起用以表意的造字法叫作“会意”。这四种方法,就限定了造字体式的范围了。由这样的方式创造的文字,其在运用时,有数字共同具有一个用法的，例如(《尔雅》)“初、哉、首、基”一组字都表达“开始”的意思，“卬、吾、台、予”一组字都表达“我”的意思。这种同组字义之间的转相注释，叫作“转注”。也有一字具有数种用法的，当中有的是依托意义引申而产生新的用法，有的是依托读音相同而具有了他字的用法，即借此字用于表达彼字字义，这叫作“假借”。所以运用文字的方法，就在这两大方面了。上述六种方法的前后排序是自然产生的，为它们制定的规则也属于简易一类。这是我相信许叔重对六书的论述一定具有师承的原因。而“考”“老”，用《说文》本身来证明《说文》，这二字作为“转注”用例就令人可以不再疑惑了。我这些看法存在心中已经十余年，因为听您教诲中还有未解释到的地方，所以就放口开言了。

论韵书中字义答秦尚书

字书编撰的目的主要在于词义训诂，韵书编撰的目的主要在于字音辨析，然而词义训诂与字音辨析二者常常是相互依凭的关系。字词读音有不随着训诂释义的改变而改变的，于是一种读音就可能表示数种意义；字词读音有随着训诂释义的不同而改变的，于是一字就可能具有数种读音。大致一个字的本义既已确定，那么其本义之外的音义变化，就都属于六书中的假借。这方面的例子分几类，有由于字音相同或相近而产生新义的。如“胡”字，古代典籍中只有《诗经》“狼跋其胡”与《考工记》“戈胡”“戟胡”中的“胡”用的是其本义。至于“永受胡福”中的“胡”，词义同于“降尔遐福”中的“遐”，就是因为“胡”“遐”二字是一声之转的关系，因而“胡”也就随从“遐”字而有了久远这一义项。“胡不万年”“遐不眉寿”这两例中的“胡”“遐”两字，又因为与“何”字是一声之转的关系，因而就都随从“何”而有了新的义项。又如《诗经》中说“宁莫之知”，说“胡宁忍予”，说“宁莫我听”，说“宁丁我躬”，说“宁俾我遁”，说“胡宁瘨我以旱”，其中“宁”字的意义，传统解释《诗经》的都失误了。按照转语的规则类推，“宁”犹如

“乃”。凡是在训诂方面解释失当的字词，对它们也就可以根据其读音而知道其词义了。有的是读音相同但词义不同的例子，如蜥易的“易”借为变易的“易”，大象犀牛的“象”借为象形的“象”。有的是声与义各不相同的例子，如税关的“关”字，又是关弓的“关”字；燕燕的“燕”字，又是燕国的“燕”字。有关六书中的假借方法，用举例的方式就可以推求到对这个术语的正确解释。至于那些流传下来的错误舛逆的解说，例如《诗经》“山有枢”，“枢”字本来应该写作“樞”，读音乌侯反，其义是表示刺榆的名称；有的解释者对这个字不加反切注音，将它读如户枢之“枢”，解释也就随之失误了。甚或本是异字异音，在意义上绝对不相通的，但因为传抄导致错误，使这些字相互混淆难以区分清楚。如《诗经·月出》篇，“劳心惨兮”中的“惨”字，与“照”“燎”“绍”押韵，而《释文》却注音为“七感反”；《正月》篇，“忧心惨惨”中的“惨”字，与“沼”“乐”“照”“虐”押韵；《抑》篇“我心惨惨”中的“惨”字，与“昭”“乐”“藐”“教”“虐”“耄”押韵；还有《北山》篇“或惨惨劬劳”，“或惨惨畏咎”中的“惨”字，《释文》对它们的反切注音都相同，不知道它们都是“懆”字的形误。懆，读音采老切，是忧愁不安的意思。《白华》篇“念子懆懆”，这一处诗文幸亏没有错误，但《释文》对“懆”字附上的还是“七感反”注音，这是直接不区分“懆”“惨”为两个字了。《陈风》“歌以讯之”中的“讯”字，与“萃”押韵；《小雅》“莫肯用讯”中的“讯”字与“退”“遂”“瘁”押韵，而《释文》却认为两处“讯”的读音为“信”是正确的，不知道它们都是“谇”字的错误。谇，是告诉的意思；讯，是询问的意思。“谇”读音为“粹”，“讯”读音为“信”。《广韵》第二十一部震韵“讯”字下面注释说：“询问，告诉。”不知道“告诉”这一意义属于“谇”字，不属于“讯”字，“谇”字的韵部归类是第六部至韵而不是第二十一部震韵。《释文》对于《尔雅》已经有“谇，告诉”的解释了，并且还引用沈氏注音为“粹”，引用郭氏注音为“碎”，幸而都未曾失误。但又说：本来写作“讯”，读音为“信“。这是直接不区分“谇”“讯”为两个字了。今天的《尔雅》注疏本“谇”字也与《诗经》一样产生了错误，而王逸注解《楚辞》时引用《诗》文为“谇予不顾”，《后汉书·张衡传》注文引用《尔雅》为“谇，告也”，《广韵》第六部至韵“谇”字之下引用《诗》文为“歌以谇止”。因此“歌以谇止”这一句的“止”字与诗文上一句“有鸮萃止”的“止”字相应，都是虚词。凡是古人诗文中韵字在句中的，其他不同句子里的同韵之字后面的用字就不能不同。《三百篇》中只有“不可休思”，“思”字误成“息”字，与这一处的“止”误成“之”这两个例子，有失于《诗经》诗句用韵的通例。理解这一体例就可纠正错误，所以稽核古文的人在这方面尤其应该审慎查对。《考工记》“抟埴之工”，郑玄《注》说：“抟，音义犹如‘拍’。”（张参《五经文字》“拍”字读音为“抟”。）刘熙《释名》解释说：“拍，就是‘博’，意思是用手在上面抟打。”又说：“抟，就是‘博’，四根手指大张博开，也好像击打的样子。”因此“抟”字读音应当是“博”，不是“团”。但《释文》对其列出“团”“博”两种读音，而且“团”音标注在前，这是直接不区分“抟”“摶”为两个字了。其他例子如“汦”与“泜”相混，“痕”与“疷”相混，“寔”与“实”相混，“慉”与“畜”相混，这类沿袭前人混淆不分的例子，不可胜数。又有本无其字，因为错误的缘故而形成其字。如《尔雅》中的“鼀䵶”，“鼀”字的读音是力竹反，从“先”得声，因传写错误而成为“鼀”，此字遂即改变读音为起据反；《方言》“鍊鏅”中的“鍊”字，郭璞读音为“柬”，曹宪在《博雅》中读音为“鍊”，《集韵》根据郭忠恕“佩觿”中的臆说，在第一部东韵里增加“鍊”字，所引《方言》中的“鍊”字错误而成为“鍊”，该字于是与“东”字同音。也有的情况是，字形虽然不误，但其字本来没有某种读音，却因错误而有了该种读音。如《诗经》“有㳽济盈，有鷕雉鸣”中，“鷕”字从“唯”得声，与“㳽”一样作为句中韵字，诗文在后面又列举的“济盈”“雉鸣”里“济”“雉”二字也是句中韵字。“鷕”字旧音为以水反（见于《释文》），“水”字误成“小”字，该字遂具有“以小反”的读音。《广韵》于是将它收入到第三十部小韵，改“小”为“沼”字，于是连同产生其错误的缘由都几乎不可稽考了。《汉书·地理志》“汝南郡鲖阳”，孟康解释说：“鲖，读音为纣红反。”

“鲖”字从“同”得声，所以“纣红反”的读音是正确的。《广韵》《集韵》都将此字收入第四十四部有韵里，与“纣”同音，难道是没有看见“红反”二字而就以为“音纣”啊？字词诂训与字音辨析的关系，从汉代以来，未能稽考的时间已经很久了。无怪乎在解释经籍、注说文字之时，会感觉茫然而缺乏依据。这是编撰字书、韵书所应该审慎注意一丝不苟的地方。即使有的内容是从旧有韵书承袭而来，但其中明显错误的地方也应该秉持这种态度加以订正。

《声类表卷首》（《答段若膺论韵》）（原文及注释）

答段若膺论韵[1]

陆德明于《邶风》“南”字云：“古人韵缓[2]，不烦改字。”顾氏取其说[3]。江慎修先生见于覃至凡八韵字实有古音改读入侵者，元寒至仙七韵字实有古音改读入真者[4]，音韵即至谐，故真已下十四韵、侵已下九韵，各析而二，自信剖别入微。在此大著更析真、臻、先与谆、文、殷、魂、痕为二[5]，尤幽与侯为二，且悟“古四声不同今韵，犹古本音不同今韵”[6]，遂以此断古无平仄通押、去入通押。书中自信剖别入微，亦在“古音韵至谐”之云然[7]。

仆谓古人以音韵从其意言。《帝舜歌》“喜”“起”“熙”二上一平，音节自佳[8]，若并读平声，“喜”“熙”转嫌于积韵。夫音韵之谐，密近而

---

① 答段若膺论韵：王健庵校记：经韵楼本题下有“丙申”二字，即乾隆四十一年(1776)。

② “陆德明”两句：《邶风》“南”字指《诗经·邶风·燕燕》第三章中的“南”字。此章原文：“燕燕于飞，下上其音。之子于归，远送于南。瞻望弗及，实劳我心。”韵字“音”“南”“心”同属侵部。“南”字在中古时期与“音”“心”不韵，陆德明因《诗经》这种现象而提出古人韵缓的看法，以此反对叶韵(协韵)之说。韵缓：即用韵宽缓之意。

③ 顾氏取其说：顾氏，即顾炎武。顾氏采用陆德明之说，见其《音学五书·音论中》“古人韵缓不烦改字”条。

④ “江慎修”两句：江慎修，即江永，清代音韵学家，戴震之师，“慎修”为其字。江永论述覃至凡八部韵字有古音改读入侵者，及元寒至仙七部韵字有古音改读入真者的问题，见其《古韵标准》中“平声第四部”“平声第五部”及“平声第十二部”韵目分类及“总论”。

⑤ 大著：指段玉裁《六书音均表》。下同。

⑥ “古四”两句：系段玉裁《六书音均表》表一“古四声说”中语。古本音，即古音。段氏《六书音均表》表一“古十七部本音说”：“凡一字而古今异部，以古音为本音，以今音为音转。”

⑦ 古音韵至谐：段玉裁《六书音均表》表一有“古音韵至谐说”条。段氏反对“协韵”之说，认为“古人用韵精严，无出韵之句”。

⑧ “帝舜”两句：帝舜歌见于《尚书·益稷》，传为舜所作。歌词为：“股肱喜哉，元首起哉，百工熙哉。”此歌句末语气词不入韵，倒数第二字为韵字。戴震认为“古人用韵，未有平上去入之限”(《声韵考》)，《帝舜歌》中“喜”“起”“熙”三字虽然声调不同但皆为韵字。

成节奏为谐，稍远而成节奏亦谐，远而隔碍为不谐，字异音同或积相似之音亦不谐。

癸巳春[①]，仆在浙东，据《广韵》分为七类。侵已下九韵皆收唇音[②]，其入声古今无异说。又方之诸韵，声气最敛[③]，词家谓之闭口音。在《广韵》虽属有入之韵[④]，而其无入诸韵无与之配，仍居后为一类；其前昔无入者，今皆得其入声，两两相配，以入声为相配之枢纽[⑤]。真已下十四韵皆收舌齿音，脂、微、齐、皆、灰亦收舌齿音[⑥]，入声质、术、栉、物、迄、月、没、曷、末、黠、辖、屑、薛合为一类。东、冬、钟、江、阳、唐、庚、耕、清、青、蒸、登皆收鼻音，支、佳、之、咍、萧、宵、肴、豪、尤、侯、幽亦收鼻音，入声屋、沃、烛、觉、药、陌、麦、昔、锡、职、德。分蒸、登、之、咍、职、德为一类，东、冬、钟、江、尤、侯、幽、屋、沃、烛、觉为一类；阳、唐、萧、宵、肴、豪、药为一类；庚、耕、清、青、支、佳、陌、麦、昔、锡为一类。“弓”“冯”“熊”“雄”“梦”“骞”等字由蒸、登转东；“尤”“邮”“牛”“丘”“裘”“紑”“谋”等字由之、咍转尤；“服”“伏”“鞴”“福”“郁”“彧”“牧”“塺”“穋”等字由职、德、转屋；而东、冬转为江；尤、侯转为萧；屋、烛韵字转觉；阳、唐转为庚；及药韵字转陌、麦、昔、锡。音之流变无定

① 癸巳：即乾隆三十八年(1773)。

② 侵已下九韵皆收唇音：侵已下九韵，指《广韵》中的侵、覃、谈、盐、添、咸、衔、严、凡九韵。唇音：此处指韵尾为唇音。王力《汉语语音史》拟段玉裁古侵部音值为〔im〕。戴氏下所分六类亦仿此以尾音相似之韵为同类：“收喉音者，其音引喉；收鼻音者，其音引喉穿鼻；收舌齿音者，其音舒舌而齿；收唇音者，其音敛唇。”

③ 声气最敛：指四等字的发音特点。古人按发声洪细将字分为四等：“一等洪大，二等次大，三四皆细，而四尤细。”（江永《音学辨微》）敛，指与洪音相对的细音。戴震以“侈敛”代替洪细，源自江永。

④ 有入之韵：又称“有入之平”，指附有入声韵的平声韵。切韵系统韵书中，入声韵为平声韵附类，平声韵分为有入之平与无入之平两类。有入之平为阳声韵，无入之平为阴声韵。

⑤ 以入声为相配之枢纽：戴震认为古韵分部以阴声韵、阳声韵、入声韵三分为宜，阴阳相配，而以入声为相配之枢纽。段玉裁则仍以入声韵为平声韵之附属。

⑥ “真已”至“齿音”：真以下十四韵为阳声韵，脂、微、齐、皆、灰为阴声韵。在戴震分类里，它们与下举入声韵相配为一类。属于同一类的韵部，须主要元音相同，韵尾发音部位相当。后举五类似此。

方，而可以推其相配者有如是。歌、戈、麻皆收喉音，鱼、虞、模亦收喉音，入声铎，合为一类。以七类之平、上、去分十三部，及入声七部，得二十部。陆德明所谓“古人韵缓”者，仍有取焉。

大著内第一部之、咍，第十五部脂、微、齐、皆、灰，第十六部支、佳分用[①]，说至精确。举三部入声，论其分用之故，尤得之[②]。其余论“异平同入[③]”，或得或失。蒸、之、职、登、咍、德一类，如“陾”由之转登，“能”由咍转登，“等”由海转等，及“凝”从“疑”之属[④]。书内举“得来”为“登来”，“螟蟘”为“螟螣”，证陆韵以职、德配蒸、登非无见，因谓蒸、登与之、咍同入，此说是也。陆氏惟此类所分之韵，多寡适同，余则或此分而彼合，盖陆氏未知音声洪细，如阴阳表里之相配，是以参差不均。真、谆、臻（分为三）、脂（合为一）、质、术、栉（亦分为三）；文、殷（分为二）、微（合为一）、物、迄（亦分为二）；元、废、月；魂、痕（分为二）、灰（合为一）、没（合为一）；寒、桓（分为二）、泰（合为一）、曷、末（亦分为二）；删、皆、黠；山、夬、辖；先、齐、屑；仙、祭、薛一类[⑤]，如“寅”由真转脂，“挥”“晖”“翚”由文转微，“旗”“圻”“沂”由殷转微，“西”由先转齐，“洗”“洒”由铣转荠，“狝”由旨转狝，“浼”由铣转贿，“敦”由魂转灰[⑥]，“窜”由泰转换，及“吻”从“勿”，“谳”“钀”从”献”之属[⑦]。书内

① “大著”至“分用”：段玉裁《六书音均表》表一“第一部第十五部第十六部分用说”条，主要结合《诗经》用韵论述此三部韵在唐代才同用，而“唐以前分别最严”。

② 举三部入声论其分用之故：段玉裁所论见于《六书音均表》表一“第一部第十五部第十六部分用说”条。段氏认为自己所分韵部之第一部、第十五部、第十六部这三部的入声“古分用甚严”，直到唐初用韵仍大体上处于分用的状态。

③ 异平同入：指有些不同部类的平声韵配置相同的入声韵。段玉裁《六书音均表》表三“古异平同入说”条：“入为平委，平音十七，入音不能具也，故异平而同入。”例如，“职、德二韵为第一部之入声，而第二部、第六部之入即此也”。是将入声韵视作平声韵的附类，因入声韵少，故有“异平同入”现象。

④ “凝”从“疑”：凝，蒸部；疑，之部。“凝”字从“疑”得声，表明其字最初与“疑”同部。下举“吻”从“勿”、“谳”“钀”从”献”、“掷”从“郑”、“幎”“塓”从“冥”等例类此。

⑤ 一类：指古音系统中同一类韵，即主要元音相同、韵尾发音部位相当的韵部。

⑥ “如寅”至“转灰”：这几句所举诸例都是由阳声韵转为阴声韵的例子。

⑦ “窜由”至“之属”：这几句所举诸例属于入声韵与阳声韵间互转的例子。泰、勿、谳、钀，入声字。换、吻、献，阳声字。

言第十三部谆、文、欣、魂、痕，第十四部元、寒、桓、删、山、仙，与第十五部同入，是也。而遗第十二部真、臻、先，则于脂韵字以质、栉为入者，及齐以屑为入[①]，有未察矣。真已下分三部，脂、微诸韵与相配者仅一部[②]，又言第十一部庚、耕、清、青与第十二部同入，殊失其伦。第十一部乃与第十六部同入。庚、清、青（分为三）、支（合为一）、陌、昔、锡（亦分为三），耕、佳、麦，一类，如"掷"从"郑"，"幎""塓"从"冥"[③]，亦可证陆韵以陌、麦、昔、锡配庚、耕、清、青[④]，非无见。书内言第十七部歌、戈、麻与十六部支、佳同入，第十部阳、唐与第五部鱼、虞、模同入，皆失伦。盖陌、麦、昔、锡为庚、耕、清、青及支、佳之入，今音字也；其古音字与铎通者，陌韵之"陌""莫""伯""白""坼""宅""泽""赫""客""格""索""柞""哑""虢""绤""剧""戟""逆""虢""擭"等字，麦韵之"获""愬"等字，昔韵之"昔""舄""席""夕""绎""奕""射""释""尺""赤""斥""炙""石""硕""碧"等字，锡韵之"赦""言赤"等字，是为歌、戈、麻及鱼、虞、模之入。麻韵半由歌、戈流变，半由鱼、虞、模流变。如"个"由暮转个[⑤]，古音"华"读如"敷"，转而为"花"，再转而为今音[⑥]，及"若""婼""惹""作""哑""咋""柂"等字皆铎之类，平、上、去声见于麻、马、个、祃数韵，同类互转也。陆氏所分有入声及无入声之韵，截然不同，惟歌、戈、麻与有入者同，与无入者异。陆氏溷同药、铎为一，

① "遗第"至"为入"：戴震之意谓第十二部与前述第十三、十四部一样也与第十五部同入。脂、微、齐三韵，段玉裁均归为第十五部。

② 脂、微诸韵与相配者仅一部：戴意谓此部较真部而言，所含韵日过多。段玉裁《六书音均表》表三"古十七部合用类分表"第十五部为平声脂微齐皆灰、上声旨脂尾荠骇贿、去声至未霁祭泰怪夬队废、入声术物迄月没曷末黠辖薛"，含有三十韵。

③ "掷"从"郑"，"幎""塓"从"冥"：举此两例为证明这五字所属韵部为同一类。掷，昔部。郑、冥，耕部。幎、塓，锡部。

④ 陌、麦、昔、锡配庚、耕、清、青：陌、麦、昔、锡四韵，段玉裁归为第十六部入声韵；庚、耕、清、青，段氏归为第十一部之平声韵。

⑤ "个"由暮转个：暮，铎部；个，歌部。戴意谓阴声歌部与入声铎部为一类，故两部可互转。

⑥ "华"读如"敷"，转而为"花"：敷，鱼部；葩、华，麻部。

故失其入声[1]，不知觉、药一类，铎又一类。铎韵之“襮”“乐”“栎”“凿”“鹤”“熇”等字当别出归于药，而屋韵之“熇”“瀑”“罛”等字，沃韵之“沃”“嚣”“襮”等字，陌韵之“翟”“搦”等字，麦韵之“核”字，锡韵之“的”“趯”“轹”“溺”“激”等字，古音皆与觉、药为一类。觉韵之“朔”“斫”“箨”等字，药韵之“若”“箸”“略”“蚿”“郄”“臄”“碏”“斫”“缚”“矍”“蒦”等字，当别出归于铎。一为阳、唐之入，一为歌、戈、麻之入，不可溷也。阳、唐与萧、宵、肴、豪相配，歌、戈、麻与鱼、虞、模相配。

大著六（蒸、登）、七（侵、盐、添）、八（覃、谈、咸、衔、严、凡）、九（东、冬、钟、江）、十（阳、唐）、十一（庚、耕、清、青）、十二（真、臻、先）、十三（谆、文、欣、魂、痕）、十四（元、寒、桓、删、山、仙），凡九部，旧皆有入声[2]。以金石音喻之，犹击金成声也[3]。一（之、咍）、二（萧、宵、肴、豪）、三（尤、幽）、四（侯）、五（鱼、虞、模）、十五（脂、微、齐、皆、灰）、十六（支、佳）、十七（歌、戈、麻），凡八部，旧皆无入声。前七部以金石音喻之，犹击石成声也。惟第十七部歌、戈与有入者近，麻与无入者近，旧遂失其入声，于是入声药、铎混淆不分。仆审其音，有入者如气之阳，如物之雄，如衣之表；无入者如气之阴，如物之雌，如衣之里。又平上去三声近乎气之阳、物之雄、衣之表，入声近乎气之阴、物之雌、衣之里。故有入之入与无入之去近，从此得其阴阳、雌雄、表里之相配。而侵已下九韵独无配，则以其为闭口音，而配之者更微不成声也。

---

① “惟歌”至“入声”：意谓陆氏将入声韵药、铎混而为一部，成为阳唐韵类的入声韵，因此本应有入声韵铎部相配的歌、戈、麻变得无入声相配。

② 凡九部旧皆有入声：此指切韵系统韵书中的情况。

③ “以金”两句：王国维指出意即“以金声比阳类，石声比阴类”：盖金声肸清扬而常不易尽，故其类只有平声；若改读为上去，则如击钟者以一手援桴击之而即以他手案之，其近得之声决非钟声之自然也。”（见王国维《五声说》。）

顾氏分古音十部[①]，入声仅分为四部，侵已下如旧，余则以配其无入之韵[②]。其第五部，虽误以尤、幽合于萧、宵、肴、豪，而分一屋之半、二沃之半、四觉之半、十八药之半、十九铎之半、二十三锡之半为萧、宵、肴、豪之入者，独得之。其第三部，虽误转侯以合于鱼、虞、模，又误以一屋之半、二沃之半、三烛四觉之半为鱼、虞、模之入，而不知此乃尤、侯、幽之入也，其以十八药之半、十九铎之半、二十陌二十一麦之半、二十二昔之半为鱼、虞、模之入者，亦得之。其第二部虽混淆不分，从而分之以五质、六术、七栉、八物、九迄为脂、微、齐、灰之入；十月、十一没、十二曷、十三末、十四黠、十五辖、十六屑、十七薛为皆、祭、泰、夬、废之入；二十一麦之半、二十二昔之半、二十三锡之半、为支、佳之入；二十四职、二十五德、一屋之半为之、咍之入。此四者之平上去，昔人淆溷不分，而入声有分。顾氏因其平、上、去不分，并入声亦合之。然顾氏列真至仙为第四部，庚之半及耕、清、青为第八部，蒸、登为第九部[③]。苟知相配之说，昔人以入声隶于四部者非无见，则知入声当分为四；知入声可隶于彼又可隶于此，必无平上去分而入不分，入分而平上去不分，则彼分为四，此亦当分为四。今书内举入声以论三部之分，实发昔人所未发。然昔人以职、德隶蒸、登，今以隶

---

① 顾氏分古音十部：顾炎武依据《诗经》等先秦典籍的用韵情况，用离析唐韵的方式将古韵分为十部。有关情况见其《音学五书》之《音论》中卷、《古音表》与《唐韵正》。顾炎武所分古音十部："一东冬钟江，二脂之防齐佳皆灰咍，三鱼虞模侯、四真谆臻文殷元魂痕寒桓删山先仙，五萧宵肴豪幽，六歌戈，七阳唐，八耕清青，九蒸登，十侵覃谈盐添咸衔严凡。"（见《音论》中卷）

② "侵以"至"之韵"：谓顾氏按切韵系统韵书分配法将入声韵的 部与平声的阳声韵侵类等相配，其他三部入声韵则配给了平声的阴声韵。切韵系统韵书里，"其平声中、冬、东、钟、江、真、淳、臻、文、殷、元、魂、痕、寒、桓、删、山、先、仙、阳、唐、庚、耕、清、青、蒸、登、侵、覃、谈、盐、添、咸、衔、严，凡三十五韵，为有入之平；而支、脂、之、微、鱼、虞、模、齐、佳、皆、灰、咍、萧、宵、肴、豪、歌、戈、麻、尤、侯、幽，二十二韵，为无入之平。"（王国维《五声说》）阴声韵不配入声。

③ "然顾"至"九部"：戴氏之意，谓顾氏这几部韵都属于平声韵，因此是顾及了声调，而不是平上去入不分。江从东冬流变：谓江韵在古音系统中同于东冬韵，后来发生音变，从中分离出来。段玉裁《六书音均表》表一"第九部独用说"条云：古韵第九部"上平一东二冬三锺四江"，"江韵音转近唐韵，古音同东韵"。下"庚从阳、唐流变"意仿此。

之、咍，而明其同入，于彼此相配，得矣。昔人以陌、麦、昔、锡隶庚、耕、清、青，今以隶支、佳，而讥昔人于音理未审，则于彼此相配未有见故耳。昔人以质、术、栉、物、迄、月、没、曷、末、黠、辖、屑、薛隶真、谆、臻、文、殷、元、魂、痕、寒、桓、删、山、先、仙，今独质、栉、屑仍其旧，余以隶脂、微、齐、皆、灰，而谓谆、文至山、仙同入，是谆、文至山、仙与脂、微、齐、皆、灰相配，亦得矣。特彼分二部，此仅一部，分合未当。又六术韵字不足配脂，合质、栉与术始足相配，其平声亦合真、臻、谆始足相配。屑，配齐者也，其平声则先、齐相配。今不能别出六脂韵字配真、臻、质、栉者，合齐配先、屑为一部，且别出脂韵字配谆、术者，合微配文、殷、物、迄，灰配魂、痕、没为一部，废配元、月，泰配寒、桓、曷、末，皆配删、黠，夬配山、辖，祭配仙、薛为一部，而以质、栉、屑隶旧有入之韵，余乃隶旧无入之韵，或分或合，或隶彼或隶此，尚宜详审。

第九、第十、第十一，此三部之次，观江从东、冬流变，庚从阳、唐流变，得其序矣[①]。东韵字有从蒸、登流变者，而列为第六部，隔越七、八两部[②]；尤从之、咍流变，萧从尤、幽流变，而以萧、宵、肴、豪处之、咍后，尤、幽、侯前，未知音声相配故耳。支、佳韵字虽有从歌、戈流变者，虞韵字虽有从侯、幽流变者，皆属“旁转[③]”，不必以例“正转”。其“正转”之法有三：一为转而不出其类[④]，脂转皆，之转咍，支转佳，是也；一为相配互转[⑤]，真、文、魂、先转脂、微、灰、齐，换转泰，咍、海转

---

① 第九”至“序矣”：段玉裁《六书音均表》中，第九、十、十一部分别为东冬钟江、阳唐、庚耕清青。

② “东韵”至“两部”：段玉裁《六书音均表》中，东韵在第九部，蒸、登两韵在第六部，故戴震有如此说法。

③ 旁转：古代音韵学术语。指古音中不同韵部因主要元音相近、韵尾相同而发生的互相转变。这种变化限于阴声与阴声、阳声与阳声、入声与入声间的互转。

④ 转而不出其类：据戴震下举例，是指同一部类之间的韵转。

⑤ 相配互转：结合戴震《声韵考·古音》举例，是指配置同一入声韵的阴声韵与阳声韵之间的互转。这是针对段玉裁入声不独立的分类而言。但戴震主张阴阳入分立，所以旁转应是指同一类中的阴阳入之间的互转。

登、等，侯转东，厚转讲，模转歌，是也；一为联贯递转[1]，蒸、登转东，之、哈转尤，职、德转屋，东、冬转江，尤、幽转萧，屋、烛转觉，阳、唐转庚，药转锡，真转先，侵转覃，是也。以正转知其相配及次序，而不以旁转惑之；以正转之同入相配定其分合，而不徒恃古人用韵为证。仆之所见如此。盖援古以证其合，易明也；援古以证其分，不易明也。古人用韵之文，传者希矣，或偶用此数字，或偶用彼数字，似彼此不相涉，未足断其截然为二为三也。况据其不相涉者分之，其又有相涉者则不得不归之"合韵"。是"合韵"适以通吾说之穷，故曰援古以证其分，不易明也。

江先生分真已下十四韵、侵已下九韵各为二[2]，今又分真已下为三[3]，分尤、幽与侯为二，而脂、微、齐、皆、灰不分为三，东、冬、锺不分为二，谆、文至山、仙虽分而同入不分，尤、幽、侯虽分而同入不分。试以声位之洪细言之，真之"筠"与文之"云"，本无以别，犹脂之"帷"与微之"韦"本无以别也。侯之"钩""讴"与尤之"鸠""忧"虽洪细不同矣，犹东之"公""翁"与钟之"恭""雍"洪细不同也。他如模之"孤""乌"与鱼之"居""于"，痕之"根""恩"与殷之"斤""殷"，魂之"昆""温"与文之"君""煴"（于分切），豪之"高""爊"（于刀切）与宵之"骄""夭"，其洪细皆然。而据《三百篇·山有枢》首章"枢"、"榆""娄""驱""愉"，二章"栲""杻""埽""考""保"[4]，《南山有台》五章"枸""楰""耇""后"，

---

① 联贯递转：结合戴震《声韵考·古音》举例，是指不同韵部之间因音近而发生的互转，这种情况还可在相邻部类间发生，即"转而轶出其类递相条贯者"。戴震《声类表》列蒸、登等韵为第二类阳声韵，东韵属于第三类阳声韵；之、哈等韵为第二类阴声韵，尤韵属于第三类阴声韵；职、德等韵为第二类入声韵，屋韵属于第三类入声韵，都是其例。

② "江先生"句：谓江永将顾炎武所立真部分为真、元两部，将顾炎武所立侵部分为侵、谈两部。

③ "今又"句：谓段玉裁在江永真、元两部的基础上再将真部分为真、文两部，故成三部。

④ "三百"两句：《山有枢》系《唐风》中的一篇。枢、榆、娄、驱、愉，侯部字。栲、杻、埽、考、保，幽部字。

四章“栲”“杻”“寿”“茂”，谓侯与尤、幽不相杂[①]；《载驰》之“驱”“侯”，则谓其不连“悠”“曹”“忧”为一韵[②]；《生民》之“揄”“蹂”“叟”“浮”，《棫朴》之“槱”“趋”，《角弓》之“裕”“愈”[③]，则谓为“合韵”[④]。仆谓审音本一类，而古人之文，偶有相涉有不相涉，不得舍其相涉者，而以不相涉为断；审音非一类，而古人之文，偶有相涉，始可以五方之音不同，断为“合韵”。今书内列十七部，仆之意第三、第四当并，第十二、第十三亦当并。惟第七、第八及第十四，江先生力辨其当分，仆曩者亦以为然，故江先生撰《古韵标准》时，曾代为举“艰”“鳏”二字，辨论其偏旁得声，江先生喜而用之。后以真至先皆收舌齿音，侵至凡皆收唇音，其各分为二也，不过在侈敛之间，遂主陆氏“古人韵缓”为断[⑤]。

上年于《永乐大典》内得宋淳熙初杨倓《韵谱》[⑥]，校正一过。其书亦即“呼”“等”之说，于旧有入者不改，旧无入者悉以入隶之[⑦]，与江先生《四声切韵表》合。仆巳年定声韵考[⑧]，别十九铎不与觉、药通者，又分觉、药、陌、麦、昔、锡之通铎者，为歌、戈之入，谓江先生以曷为歌之

---

① “南山”两句：《南山有台》系《小雅》中的一篇。枸、楰、耇、后，侯部字。栲、杻、寿、茂，幽部字。

② “载驰”两句：《载驰》系《墉风》中的一篇。驱、侯，侯部字。悠、曹、忧，幽部字。

③ “生民”两句：《生民》系《大雅》中的一篇。揄，侯部字。蹂、叟、浮，幽部字。四字为该篇第七章韵字。《棫朴》系《大雅》中的一篇。槱，幽部字。趋，侯部字。两字为该篇第一章韵字。《角弓》系《小雅》中的一篇。裕，屋部字。愈，侯部字。两字为该篇第三章韵字。

④ 合韵：段玉裁认为上古音近而不同韵部的文字有合韵现象，以上例幽、侯字相押为合韵，屋、侯字相押亦为合韵。其《六书音均表》以幽韵字为第三部，屋韵是其入声；侯韵字音近于幽部故列为第四部。两部又同属于第二韵类(段氏划古韵为六大类共十七部)，故因音近而合韵。见《六书音均表》表四第三部、第四部之“古合韵”说明。

⑤ “后以”至“为断”：戴震最终所分殷部(即真部)包括真臻谆文欣魂痕，以及先韵的一半；音部(即侵部)包括侵韵全部以及覃谈咸盐添五韵各一半字；安部(即元部)元寒桓删山仙，以及先韵的一半。段玉裁将侵盐添三韵立为第七部，覃谈咸衔严凡列为第八部，元寒桓删山仙列为第十四部。

⑥ 上年：指乙未年即 1775 年。从王健庵校记。

⑦ 旧有入者、旧无入者：《韵镜》等旧有韵图以入声韵配平声中的阳声韵；不以入声韵配平声中的阴声韵，此则旧无入者。

⑧ 巳年：即癸巳年(1773)。据王健庵校记。下同。

入、末为戈之入者，应改正。杨氏虽不能辨别药、铎之异，而以药、铎配阳、唐，配萧、宵、肴、豪，又以铎配歌。仆因究韵之呼等，一东内一等字，与二冬无别；六脂内三等字，与八微无别；十七真二等字，与十九臻无别；十七真、十八谆内三等合口呼，与二十文三韵皆无别；真韵内三等开口呼，与二十一殷无别，二十七删与二十八山无别；二仙内四等字，与一先无别；四宵内四等字，与三萧无别；十二庚内二等字，与十三耕无别；十二庚、十四清内三等开口呼，两韵无别；清韵内四等字，与十五青无别；十八尤内四等字，与二十幽无别；二十二覃与二十三谈无别；二十四盐内四等字，与二十五添无别；盐韵内三等字，与二十八严、二十九凡，三韵皆无别；二十六咸与二十七衔无别。其余呼等同者，音必无别。盖定韵时，有意求其密，用意太过，强生轻重。其读一东内一等字，必稍重读，二冬内字必稍轻。观"东，德红切"，"冬，都宗切"，洪细自见。然人之语言音声，或此方读其字洪大，彼方读其字微细；或共一方而此人读之洪大，易一人读之又微细；或一人语言，此时言之洪大，移时而言之微细。强生重轻，定为音切，不足凭也。

唐国子祭酒李涪撰《刊误》，论陆法言《切韵》一条有云："上声为去，去声为上，又有字同一声，分为两韵①。……法言平声以'东''农'非韵，以'东''崇'为切；上声以'董''勇'非韵，以'董''动'为切；去声以'送''种'非韵，以'送''众'为切；入声以'屋''烛'非韵，以'屋''宿'为切②。……何须'东''冬''中''终'妄别声律③？"涪去法言未远，已读"东""冬"如一，"中""终"如一，讥其妄别矣。又今人语言，矢口而出，作去声者，《广韵》多在上声；作上声者，《广韵》多在去声。李

① "上声"至"两韵"：李涪之意指吴音。李涪《刊误》卷下《切韵》："吴音乖舛不亦甚乎！上声为去，去声为上，又有字同一声分为两韵。"

② "法言"至"宿为切"：陆法言所处初唐时期，"农"属冬部，与东部字不同韵；"勇"属肿部，与董部不同韵；"种"属宋部，与宋部字不同韵；"动"为上声，属董部。李涪所处为晚唐时期，有些韵部已有音变。

③ "何须"句：李涪《刊误》卷下《切韵》此句针对《诗经》押韵有时"不切声律"，故认为后人也无需按韵类来强行区别其声律。按，陆法言所处初唐时期，"东""冬"不同韵，"中""终"不同韵，到了李涪所处晚唐时期已发生音变而同韵。

涪又云："予今别白去、上[①]，各归本音；详较轻重，以符古义。理尽于此，岂无知音？"是今人语言与《广韵》上、去互异者，非后代始流变，在唐人已语言与韵书互异矣。韵书既出，视为约定俗成，然如"东""冬"、"中""终"之妄别，不必强为之辞也。

仆已年分七类为二十部者，上年以呼等考之，真至仙，侵至凡，同呼而具有四等者二[②]；脂、微、齐、皆、灰，及祭、泰、夬、废，亦同呼而具四等者二；仍分真已下十四韵，侵已下九韵，各为二；而脂、微诸韵与之配者，亦各为二[③]。其配元、寒至山、仙者[④]，《周南·芣苢》二章"掇""捋"；《召南·草虫》二章"蕨""惙""说"，《甘棠》首章"伐""茇"，二章"败""憩"，三章"拜""说"，《野有死麕》三章"脱""帨""吠"；《邶·击鼓》四章"阔""说"，五章"阔""活"，《匏有苦叶》首章"厉""揭"，《泉水》三章"舝""迈""卫""害"，《二子乘舟》二章"逝""害"；《卫·硕人》四章"活""濊""发""揭""孽""朅"，《伯兮》首章"朅""桀"，《有狐》二章"厉""带"；《王·君子于役》二章"月""佸""桀""括""渴"，《采葛》首章"葛""月"，三章"艾""岁"；《郑·子衿》三章"达""阙""月"；《齐·东方之日》二章"月""闼""闼""发"，《甫田》二章"桀""怛"；《魏·十亩之间》二章"外""泄""逝"；《唐·蟋蟀》二章"逝""迈""外""蹶"；《陈·东门之枌》三章"逝""迈"，《东门之杨》二章"肺""晢"；《桧·匪风》首章"发""偈""怛"；《曹·蜉蝣》三章"阅""雪""说"，《候人》首章"祋""芾"；《豳·七月》首章"发""烈""褐""岁"；《小雅·采薇》二章"烈""渴"，《庭燎》三章"艾""晣""哕"，《正月》八章"厉""灭""威"（此章第

---

① 别白：区别清楚。

② 同呼而具有四等者二：谓本是同一部韵，按照同呼而又具有四等的，有两种。如真部真至仙十四韵，同为开口呼又共有四等的韵，为一等痕寒，二等臻删山，三等真欣仙，四等先；余下为合口呼而也有四等的韵，即一等魂桓。二等删山，三等真谆文仙人，四等先。戴震据此将真部十四韵一分为二，分属真部、元部。下"脂微"云云类此。

③ "而脂"两句：与之配者，谓与真部相配。脂微诸韵是与真以下十四韵配伍的的阴声韵，戴震将真部一分为二，遂即将与之配伍的脂部也按等呼条件一分为二。微与脂原同属一部，此时分离出来。

④ 其配元、寒至山、仙者：谓与元、寒至山、仙这一类相配的入声韵。

二句“结”字非韵，乃四句见韵之例），《小旻》五章“艾”“败”，《蓼莪》五章”“烈”“发”“害”，《大东》七章“舌”“揭”，《四月》三章“烈”“发”“害”，《鸳鸯》三章”“秣”“艾”，《车舝》首章”“舝”“逝”“渴”“括”，《菀柳》二章“愒”“瘵”“迈”，《都人士》二章“撮”“发”“说”，四章“厉”“虿”“迈”，《白华》五章“外”“迈”；《大雅·文王》二章“世”“世”，《绵》八章“拔”“兑”“駾”“喙”，《皇矣》二章“翳”“栵”，三章“拔”“兑”（此章“拔”“兑”一韵，”“对”“季”一韵，下重“季”字及”“友”字不入韵），《生民》二章“月”“达”“害”，七章”“軷”“烈”“岁”，《民劳》四章“愒”“泄”“厉”“败”，《大板》二章“蹶”“泄”，《荡》八章“揭”“害”“拨”“世”，《抑》六章“舌”“逝”，《烝民》三章“舌”“外”“发”，《瞻卬》首章“厉”“瘵”（此章及后二章皆四句见韵，次句“惠”字非韵，下四句“疾”“届”一韵，“收”“瘳”一韵），二章“夺”“说”，《召旻》六章“竭”“竭”“月”；《周颂·载芟》“活”“达”“杰”；《鲁颂·泮水》首章“茷”“哕”“大”“迈”，《閟宫》五章“大”“艾”“岁”“害”；《商颂·长发》二章“拨”“达”“达”“越”“发”“烈”“截”，《长发》六章“旆”（此字误。《荀子》引此诗作“载发”[①]，《说文》引作“载坺”。“发”“坺”，皆于韵合。）“钺”“蘖”“达”“截”“伐”“桀”。已上分出，以配元、寒、桓、删、山、仙之别于真、谆、臻、文、殷、魂、痕。

仆初定七类者，上年改为九类[②]，以九类分二十五部，若入声附而不列，则十六部。阿第一[③]，乌第二，垩第三，此三部皆收喉音；膺第四，噫第五，亿第六，翁第七，讴第八，屋第九，央第十，夭第十一，约第十二，婴第十三，娃第十四，厄第十五，此十二部皆收鼻音；殷第十六，衣第十七，乙第十八，安第十九，霭第二十，遏第二十一，此六部皆收

---

① 引此诗作“载发”：谓引《长发》第六章第一句末两字为“载发”。今诗作“载旆”。

② 九类：戴震对古韵最终的分类之数。戴氏将古韵分为阴声韵、阳声韵和入声韵，凡主要元音相同的阴、阳、入三韵相配作为一类，共九类。王健庵《校注》谓“九类”与戴氏《声类表》中九卷相当。

③ 阿第一：即阿部第一，阿部即传统歌部。戴震主张韵部代表字为零声母，故将传统韵部代表字都用影母字做了更换。下“乌”“垩”至“腌”“諜”等代表字依次相当于传统韵目鱼、铎、蒸、之、职、东、幽、屋、阳、宵、药、耕、支、锡、真、脂、物、元、祭、月、侵、缉、谈、叶。

舌齿音；音第二十二，邑第二十三，腌第二十四，諜第二十五，此四部皆收唇音。收喉音者，其音引喉；收鼻音者，其音引喉穿鼻；收舌齿音者，其音舒舌而齿；收唇音者，其音敛唇。以此为次，似几于自然。郑庠《古音辨》分阳、支、先、虞、尤、覃六部①；顾氏《古音表》析东、阳、耕、蒸而四，析鱼、歌而二，故增多四部；江先生《古韵标准》更析真、元而二，宵、侯而二，侵、谈而二，故多于顾氏三部；今析支、脂、之、祭而四，故又多三部。入声顾氏仅分屋、质、药、缉四部；江君析质、月、锡、职而四，析缉、盍而二，故增多四部②；今更析药、铎而二。顾氏铎并屋后，而药、铎有分③，江君适未省照也。顾以屋、质、药、缉隶鱼、支、宵、侵，江以屋、质、月、药、锡、职、缉、盍隶东、真、元、阳、耕、蒸、侵、谈，又以屋隶侯，质、月、锡、职隶支，药隶鱼，缉、盍隶侵、谈，而《广韵》歌、戈、麻，取其所分月之属曷、末及药之属陌、昔隶之。盖江君未知音声相配，故分合犹未当。知皆有入声，而未知歌、戈本与旧有入之韵近④，因引喉而不激扬，昔人遂以其所定无入之韵例之。凡音声皆起于喉，故有以歌韵为声音之元者⑤，其同于旧有入之韵，不同于旧无入之韵，明矣。江君亦未明于音声相配，此虽仆所独得，而非敢穿凿也。

仆以为考古宜心平，凡论一事，勿以人之见蔽我，勿以我之见自蔽。尝恐求之太过，强生区别，故宁用陆德明"古人韵缓"之说。后以

---

① 郑庠《古音辨》：郑庠为南宋人，其《古音辨》原书已佚。戴震《声韵考》卷三《古音》"郑庠作《古音辨》分阳支先虞尤覃六部"自注："东、冬、钟、江、唐、庚、耕、清、青、蒸、登，从阳韵；脂、之、微、齐、佳、皆、灰、咍，从支韵；真、谆、臻、文、殷、元、魂、痕、寒、桓、删、山、仙，从先韵；鱼、模、歌、戈、麻，从虞韵；萧、宵、肴、豪、侯、幽，从尤韵；侵、谈、盐、添、咸、衔、严、凡，从覃韵。"

② "江君"至"四部"：江永《古韵标准》分古韵为十三部（平、上、去各十三部，入声八部），具有入声独立的看法。

③ "顾氏"两句：顾炎武《古音表》将药、铎两韵各分为两部分，分别归属于鱼、萧两部的入声。

④ 歌、戈本与旧有入之韵近：谓歌、戈两韵在声音上与阳声韵相近。古人以阳声韵为有入之韵，阴声韵为无入之韵。

⑤ "凡音"两句：江永和戴震都认为喉是人发声的初始部位，歌韵恰好是喉音，故有"以歌韵为声音之元者"的说法。

殷、衣、乙及音、邑五部[①]，字数过多，推之等韵他部，皆止于四等，此独得四等者二，故增安、霭、遏及腌、諜五部[②]。至若殷、乙及讴更析之则呼等不全，于《三百篇》以“合韵”之说通其穷者必多。凡五方之音不同[③]，古犹今也。故有“合韵”必转其读，彼此不同乃为“合韵”。如《载驰》之“济”“闷”，《抑》之“疾”“戾”，此不必改读而自谐者也。“闷”属六至，“济”属十二霁，在去声本一类，即读入声如五质之“珌”，脂、旨、至、质，真、轸、震、质，相配共入，亦无不谐。“疾”属质韵，“戾”属霁韵，亦然。特以质、栉、屑专隶真、臻、先，使真、臻、先不与谆、文、殷、魂、痕通，以脂、微、齐、皆、灰与谆、文至山、仙共入，不与真、臻、先共入，而“济”“戾”二字便将脂、微、齐、皆、灰及术、物、迄、没诸韵字牵连，而至割之不断矣[④]。“揄”“趣”“苟”“驱”“附”“奏”“垢”“裕”之互相牵连[⑤]，亦然。顾氏于古音有草创之功，江君与足下皆因而加密。顾改侯从虞，江改虞从侯，此江优于顾处；顾药、铎有别，而江不分，此顾优于江处。其郑为六，顾为十，江为十三，江补顾之不逮，用心亦勤矣。此其得者，宜引顾、江之说，述而不作。至支、脂、之有别，此足下卓识，可以千古矣。仆更分祭、泰、夬、废及月、曷、末、黠、辖、薛，而后彼此相配，四声一贯，则仆所以补前人而整之就叙者，愿及大着未刻，或降心相从而参酌焉。

谐声字，半主义，半主声。《说文》九千余字，以义相统。今作《谐声表》若尽取而列之，使以声相统条贯而下如谱[⑥]，则亦必传之绝作也。

---

① 殷、衣、乙及音、邑五部：即真、脂、物及侵、缉五部。

② 安、霭、遏及腌、諜五部：即元、祭、月及谈、叶五部。

③ 五方：谓东西南北中五个方位。

④ “而济”至“断矣”：戴震以“济”“戾”二字属于霁韵，霁韵属于脂部，脂、微、齐、皆、灰五部的入声即术、物、迄、没诸韵，故有此言。

⑤ “揄趣”句：“揄”“裕”二字属屋部，“趣”“苟”“驱”“附”“奏”“垢”七字属侯部。侯部的入声即屋部。

⑥ “今作”至“如谱”：《谐声表》，即段玉裁《六书音均表》表二之“古十七部谐声表”。此表将谐声字声符按《切韵》韵部顺序排列。

《诗经韵分若干部表》《群经韵分若干部表》合并为“古韵分若干部表”，每部作四条，曰“诗经韵”，曰“群经韵”，曰“古本音”，曰“古合韵”[①]，似省两阅，亦免“群经韵”内字有列于“古本音”“古合韵”两条者，离在两处。

《诗》中上下句相间为节奏者，以下句韵为正。上句本可不用韵，故多假借近似之音[②]。《十月之交》四章“士“宰”“史”“氏”，《桑柔》三章“资”“疑”“维”“阶”，四章“殷”“辰”“东”“瘖”，五章“毖”“恤”“热”“溆”，杂用“氏”“疑”“热”相近之音，及“东”“溆”至远之音[③]，此等乃相间成节奏，非用韵之正，俱不以为韵亦可。

《六月》首章“饬”“服”“炽”“急”“国”，《盐铁论》引“我用是戒”[④]。戒，备也，义优于“急”，不特于韵得也。“炽”字亦不当略之[⑤]。

《月出》三章、《正月》十一章、《抑》十一章，此三处“惨”字皆“懆”之讹。懆，愁不安也；惨，毒也。以义考之，亦作“懆”为得。今于《月出》作“惨”，以为合韵，于《正月》略之，于《抑》作“懆”，应合考。

《匏有苦叶》二章，应是“轨”字。轨，车辙也，谓道路中车行之辙迹。济虽盈，于道路两不相涉，故云“不濡轨”，与“雉鸣求其牡”意相

---

① “诗经”至“合韵”：这是戴震提的修改建议。段玉裁没有采纳。段氏《六书音均表》表四《诗经韵分若干部表》、表五《群经韵分若干部表》将古韵分为十七部，每部辖若干韵，韵按平上去入归类。《诗经韵分若干部表》另有“古本音”“古合韵”两条，《群经韵分若干部表》则无。

② “上句”两句：戴震的意思是，在一首诗的连续几个上句里用一些读音彼此相近的字来形成类似于用韵的状态，但其实并不是真正的用韵。如下举《十月之交》四章“士”“宰”“史”“氏”四字均出现在上句同一位置，又下举《桑柔》例类似。这种情况今人多视作相间用韵，即上句与上句押韵，下句与下句押韵。

③ “十月”至“远之音”：“士“宰”“史”三字，之部；“氏”是支部字。“资”“阶”是脂部字，“疑”是之部字，“维”是微部字。“殷”“辰”“瘖”是文部字，“东”是东部字。“毖”“恤”是质部字，“热”是月部字，“溆”是屋部字。

④ 我用是戒：即《毛诗·六月》“我是用急”句。急，缉部字。戒，职部字。

⑤ “炽”字亦不当略之：“炽”字在《诗经·六月》首章出现，是上句用字，其余例字“饬”“服”“急”“国”为下句韵字。戴震之意，“炽”字也是韵字，故论此章用韵不应忽略之。

反对[1]，不必泥于车前轨也[2]。《毛诗》不可从[3]。既曰“济盈”则必“濡轨”，车不可行水中矣。引起下句之意不知所属。“雉鸣求其牡”讥求非其牡者耳[4]。援前侯以证前轨[5]，而读“轨”如“阜”太迂曲。

《小旻》三章，《古韵标准》以“厌”“集”为韵[6]，似得之。

《女曰鸡鸣》三章“赠”字，江先生谓“贻”字讹为“赠”，不必以改字为嫌而读“来”如“凌”也[7]。

疷，《释文》作“疷”，都礼反[8]，则此字非唐人避讳所改[9]，明矣。然不必非“痻”字之讹也。

《诗》中第四句始用韵者甚多。如《生民》首章“民”“嫄”，《江汉》五章“卣”字之类，不必以为“合韵”[10]。

《绵》首章“瓞”“漆”“穴”“室”为韵，节奏自合。盖“绵绵瓜瓞”一

---

① “济虽”至“反对”：此处是解释《匏有苦叶》第二章“济盈不濡轨，雉鸣求其牡”两句。济，水名。濡，沾湿。

② 车前轨：指处于车子前端的一个部件。见下“《毛诗》不可从”注。

③ 《毛诗》不可从：指《毛传》“由辀以上为轨”的解释不可从。辀，车辕。《毛传》“轨”，字或作“轨”，戴震《毛郑诗考正》引作“轨”，认为诗文当作“轨”。

④ 前侯：车辕颈部。

⑤ “雉鸣”句：《毛传》以为雌雉不应主动追求雄，诗句“雉鸣求其牡”以此讥刺违背礼仪、不由其道的求偶情形。牡，谓雄雉。

⑥ “古韵”句：《古韵标准》卷四“入声第七部”之“缉部”举《小旻》三章“我龟既厌”“是用不集”，谓“集”在缉部，“‘厌’字虽在去声，而入声叶韵亦有‘厌’字。叶韵本与缉韵相通。此‘厌’字亦读入声如‘集’字……故‘厌’与‘集’可为韵。”故戴氏有此说。

⑦ “不必”句：此系针对《女曰鸡鸣》第三章“知子之来之，杂佩以赠之”两句“来”“赠”押韵的问题。段玉裁《六书音均表》表四《诗经韵分若十部表》第六部“古合韵”以“来”字读如“凌”而与“赠”合韵，不赞同江永改字的做法。

⑧ “疷”《释文》作“疷”都礼反：针对《小雅·无将大车》第一章“只自疷兮”中的“疷”字而言。戴震《毛郑诗考正》：“此与‘尘’为韵者，乃‘痻’省作‘痕’，又转写讹耳。《释文》‘都礼反’，误，当音珉。”

⑨ 唐人避讳：指此处字不音“民”，非关李世民名讳，不必改字。段玉裁云：一作“疷”，无此字。阮元《十三经注疏校勘记》指出唐石经正作“疷”。

⑩ “如生”两句：谓《生民》首章“民”与“嫄”，《江汉》五章第二句“卣”字与其所在章节的韵字，本不同韵，它们也不入韵。“民”“嫄”分别是《生民》首章第一、二句的末字，“卣”为《江汉》第五章第二句末字。

句，其意已足[①]；“民之初生，自土沮漆”，两句一气读，其意始足。《诗》中用韵，使语止而有余音，此类甚多。今以“瓞”“生”为韵，“穴”“室”为韵，反遗“漆”字[②]，似未允。

《正月》〔十〕二章“邻”“云”“殷”[③]，乃真、文、殷不可分之证，非“合韵”。

《宾之初筵》首章第三句始用韵，三章第四句始用韵，三章之第一句承首章起句发端[④]，偶与下韵同耳。“秩”字“恭”字[⑤]，不必以为“合韵”。

《载芟》篇“载获济济”一句，其意已足。“有实其积，万亿及秭”，两句一气读，其意始足。故“积”字非韵。

《声类表卷首》(《答段若膺论韵》)(译文)

答段若膺论韵

陆德明在解释到《邶风》“南”字的时候说：“古人用韵宽缓，因此后人不必为了使古诗叶韵而临时改变字的读音。”顾氏采纳了他的说法。江慎修先生发现在覃韵至凡韵这八韵中的字其实在古音里有改变读音而归入侵韵的，元寒至仙韵这七韵中的字其实在古音里有改变读音而归入真韵的，这样理解，古代用韵就显得极为和谐。所以他将真韵以下十四韵、侵韵以下九韵都各自离析为二韵，自信对韵字的

---

① “盖绵”两句：谓“绵绵瓜瓞”自成一句。

② “今以”至“漆字”：《绵》诗首章：“绵绵瓜瓞。民之初生，自土沮漆。古公亶父，陶复陶穴，未有家室。”戴意“漆”字入韵，“生”字不入韵。按“瓞”“穴”“室”“漆”皆为质部，“生”为耕部。

③ “正月”句：“十”字原无，王健庵校记指出应作“十二章”。是，故补之。戴意“邻”为真部字，“云”为文部字，“殷”为殷部字。

④ “三章之”句：《宾之初筵》第三章与首章一样，首句都是“宾之初筵”，故戴震有此说法。

⑤ “秩”字“恭”字：“秩”为《宾之初筵》首章第二句末字，“恭”为第三章第二句末字。

剖析分类已经细致入微。而在你这部大著里更是将真、臻、先这几部与谆、文、殷、魂、痕这几部再各自离析为二韵，又将尤幽韵与侯韵区别为两部，而且悟解到“古代四声不同于今韵中的四声，犹如古本音韵部分类不同于今韵分部一样”，遂即由此判断古代没有平仄通押以及去声字与入声字通押的情况。著述中自信对韵字的剖析分类细致入微，也在于能说明“古人对音韵的使用极为和谐”的情形。

我认为古人对音韵的运用是随从心意表达的需要。《帝舜歌》里“喜”“起”“熙”这三个韵字中，二个上声一个平声，音节自然和谐。若是一并读为平声，“喜”“熙”两字完全同音，它们的使用反倒使诗歌有积韵之嫌。在音韵和谐与否的问题上，韵字密集相近而构成的节奏是和谐的，间隔稍微疏远而构成的节奏也是和谐的，但韵字相距过远而造成押韵隔碍就是不和谐的，韵字不同但读音相同或是将读音相近的字累积在一起用以押韵也是不和谐的。

癸巳年春天，我居住在浙东，依据《广韵》韵目将古韵分为七类。从侵部以下的九韵都收尾于唇音，对附属于这一类的入声韵古今没有不同说法。此外，与其他韵类比较，这九部韵发音最为细敛，诗文作家称之为闭口音。在《广韵》里，它们虽然属于有入之韵，但其中那些无入之韵就没有入声韵与之相配了，所以仍旧将这九韵作为一类列在其他韵类的后面。列在这一类之前的以往没有入声相配的韵类，今天都寻获到相配伍的入声韵类，于是让它们阴阳两两相配，而将入声作为阴阳相配的枢纽。阳声韵真韵以下十四韵都收尾于舌齿音，阴声韵脂、微、齐、皆、灰也都收尾于舌齿音，于是将它们与入声韵质、术、栉、物、迄、月、没、曷、末、黠、辖、屑、薛等放在一起作为一类。东、冬、钟、江、阳、唐、庚、耕、清、青、蒸、登这些韵部都收尾于鼻音，支、佳、之、咍、萧、宵、肴、豪、尤、侯、幽这些韵部也是收尾于鼻音，与之相配的入声韵有屋、沃、烛、觉、药、陌、麦、昔、锡、职、德。于是将其中的阳声韵蒸、登，阴声韵之、咍，入声韵职、德，相配作为一类；阳声韵东、冬、钟、江，阴声韵尤、侯、幽，入声韵屋、沃、烛、觉，相配作为一类；阳声韵阳、唐，阴声韵萧、宵、肴、豪，入声韵药，相配作为一类；阳声韵庚、耕、清、青，阴声韵支、佳，入声韵陌、麦、昔、锡，相配作为一类。将“弓”“冯”“熊”“雄”“梦”“瞢”等字由蒸、登韵转为东韵，“尤”“邮”“牛”“丘”“裘”“紑”“谋”等字由之、咍韵转为尤韵，“服”“伏”“鞴”“福”“郁”“彧”“牧”“坶”“穋”等字由职、德韵转为屋韵，而原先的东、冬韵转为江韵，尤、侯韵转为萧韵，屋、烛韵转为觉韵，阳、唐韵转为庚韵。还有，将药韵字分别转属为陌、麦、昔、锡四韵。语音的演变没有固定规律，不过可以推求出古韵韵部的配伍有如此这般情况。歌、戈、麻三部韵尾都收于喉音，鱼、虞、模三部韵尾也收于喉音，与它们相配的入声是铎韵，这三组就合成了一类。以上七类按平、上、去三声各分为十三部，入声分为七部，总共得到二十部。这些部类的划分表明，陆德明所说的“古人用韵宽缓”仍然有可取之处。

在大著里面，第一部的之、咍韵，第十五部的脂、微、齐、皆、灰韵，第十六部的支、佳韵这三类是独立分用的，说明的文字也极为精切至当。特别是举出它们的入声来论说其分用的缘故，这一点尤其得当。但是，论说“异平同入”的看法，就有得当之处也有失误之处了。蒸、之、职，登、咍、德，这些阴阳入不同的韵是属于一类的，如像“陾”字是由之韵转为登韵的，“能”字是由咍韵转为登韵的，“等”字是由海韵转为等韵的，以及“凝”字从声符“疑”得声之类的例子都可以说明。书内列举“得来”两字是从“登来”两字音变而来，“螟蛉”两字是从“螟螣”两字音变而来，证明陆法言在韵部分类上将入声韵职、德与平声韵蒸、登相配并非没有见地，因而认为蒸、登和之、咍两种不同部类的平声韵，相配的入声韵是相同的。这种说法是正确的。陆氏惟有这一类在韵部划分上，其平声韵与相配的入声韵多寡正好相同，其余类别则有时呈现出此分而彼合的不恰当划分。陆氏大概不了解等韵洪细的区别，例如洪细一致的阴声韵与阳声韵是表里相配的，因此这部分韵类划分在数目上就参差不均。韵部真谆臻(分为三类)、脂(合并为一类)、质术栉(也分为三类);文殷(分为二类)、微(合并为一类)、物迄(也分为二类);元、废、月;魂痕(分为二类)、灰(合并为一类)、没(合并为一类);寒桓(分为二类)、泰(合并为一类)、曷末(也分为二类);删、皆、黠;山、夬、辖;先、齐、屑;仙、祭、薛,以上九组韵部为一类。如"寅"字是由真韵转为脂韵的,"挥""晖""群"三字是由文韵转为微韵的,"旗""圻""沂"三字是由殷韵转为微韵的,"西"字是由先韵转为齐韵的,"洗""洒"二字是由铣韵转为荠韵的,"狸"字是由旨韵转为狸韵的,"浼"字是由铣韵转为贿韵的,"敦"字是由魂韵转为灰韵的,"窜"字是由泰韵转为换韵的,以及"吻"从"勿"得声,"谳""轍"从"献"得声之类例子都可以说明。大著里说第十三部谆、文、欣、魂、痕,第十四部元、寒、桓、删、山、仙这两部的入声韵,与第十五部的入声韵相同,这是正确的。但忽略了第十二部真、臻、先也是与第十五部同入,于是就将第十五部中与脂韵字中相配的入声韵质、栉,以及该部与齐韵字中相配的入声韵屑来充当第十二部的入声,这当中存在着未能审察清楚的问题。真部之下分成三部,但脂、微等诸韵与相配的其他声类的韵才仅仅一部;又说第十一部庚、耕、清、青等韵与第十二部相配的入声韵相同,这在类别划分上尤其失误。第十一部的入声韵是与第十六部的入声韵相同。庚清青(分为三类)、支(合并为一类)、陌昔锡(也分为三类)这一组,与耕、佳、麦这一组应为一类,例如"擲"字从"郑"得声,"幎""塓"从"冥"得声,也可以证明陆法言所划分韵类用入声陌、麦、昔、锡四韵与平声庚、耕、清、青四韵相配并非没有见地。书内说第十七部歌、戈、麻三韵的入声韵与第十六部支、佳两韵的入声韵相同,第十部阳、唐两韵的入声韵与第五部鱼、虞、模三韵的入声韵相同,这是在分类上失误了。因为陌、麦、昔、锡四韵作为分别与庚、耕、清、青四韵以及支、佳两韵相配的入声韵,反映的是今音状况;在古音中与铎韵相通的字,有陌韵中的"陌""莫""伯""白"

"坼""宅""泽""赫""客""格""索""柞""哑""虢""绤""剧""戟""逆""虢""攫"等字，麦韵中的"获""诉"等字，昔韵中的"昔""舄""席""夕""绎""奕""射""释""尺""赤""斥""炙""石""硕""碧"等字，锡韵中的"赦""言赤"等字，它们是与歌、戈、麻三韵以及鱼、虞、模三韵相配的入声字。今音麻韵中的字一半是由古音歌、戈两韵因语音变化而转入的，另一半是由鱼、虞、模三韵因语音变化而转入的。如"个"字由暮韵转为个韵；"华"字的古音读如"敷"，因语音变化而读作"花"，再次变化而成为今音；还有"若""婼""惹""作""哑""咋""檴"等字，古音都属于铎韵，与之相配的平、上、去声字分别属于麻、马、个、祃数韵，这些音变例子反映的都是同类互转的现象。陆氏所划分的有入声的平声韵与无入声的平声韵是截然不同的，只有歌、戈、麻三韵与有入声的韵类相同而与无入声的韵类不同，但却无入声韵相配。这是因为陆氏将药、铎两韵混同为一体，所以配置上使歌、戈、麻三韵失去了入声，不知道觉、药两韵才是同一类韵，铎是另一类韵。铎韵中的"襮""乐""栎""凿""鹤""熇"等字应当另行划出归于药韵，而屋韵中的"熇""瀑""罨"等字，沃韵中的"沃""嚣""襮"等字，陌韵中的"翟""搦"等字，麦韵中的"核"字，锡韵中的"的""趯""铄""溺""激"等字，在古音里都是与觉、药两韵为一类的。觉韵中的"朔""斫""籗"等字，药韵中的"若""箸""略""蟟""却""臄""碏""斫""缚""矍""获"等字，应当另行划出归于铎韵。铎韵与觉、药，一个是与阳、唐韵相配的入声韵，一个是与歌、戈、麻韵相配的入声韵，两者不可相混。从阳声韵与阴声韵相配的角度来看，阳、唐是与萧、宵、肴、豪相配，歌、戈、麻则是与鱼、虞、模相配。

大著中所划分的第六部（蒸、登两韵）、第七部（侵、盐、添三韵）、第八部（覃、谈、咸、衔、严、凡六韵）、第九部（东、冬、钟、江四韵）、第十部（阳、唐两韵）、第十一部（庚、耕、清、青四韵）、第十二部（真、臻、先三韵）、第十三部（谆、文、欣、魂、痕五韵）、第十四部（元、寒、桓、删、山、仙六韵），总共九部，按旧有分类都有入声韵与之相配。这些阳声韵，其发声若用金石乐音做比喻，就犹如敲击金属乐器发出的声音。第一部（之、咍两韵）、第二部（萧、宵、肴、豪两韵）、第三部（尤、幽两韵）、第四部（侯韵）、第五部（鱼、虞、模三韵）、第十五部（脂、微、齐、皆、灰五韵）、第十六部（支、佳两韵）、第十七部（歌、戈、麻三韵），总共八部，按旧有分类都没有入声韵相配。这些阴声韵当中，前七部发声若用金石之音做比喻，就犹如敲击石质乐器发出的声音。只是第十七部的歌、戈两韵与有入声的韵部接近，麻韵与无入声的韵部接近，旧有分类因此误失其入声，于是入声药、铎两韵混淆不分。我审察这些韵部的发音，发现有入声相配的那些韵部的语音特点，如果用气来比喻就犹如阳气，用物类来比喻就犹如雄性，用衣服来比喻就犹如衣面；无入声相配的那些韵部的语音特点，用气来比喻就犹如阴气，用物类来比喻就犹如雌性，用衣服来比喻就犹如衣服的衬里。又，平上去三声用气来比喻接近阳气、用物类来比喻接近雄性、用衣服来比喻接近衣面，而入声则接近阴气、接近雌性、接近衣里。所以有入声韵的一类，其入声发音，与无入声韵一类的去声发音相近，由此就寻求到这些韵部阴阳、雌雄、表里间的相配。而侵以下九韵独独没有入声韵相配，是因为它们是闭口音，如果有相配的入声韵，这些入声韵的独特声音就更其微弱地体现不出来了。

顾氏将古韵分为十部，但入声韵仅仅划分为四部，侵部以下的有入之平按旧有方式配置了入声韵，而其余三部入声韵被配给了原属于无入之平的阴声韵。顾炎武分类的第五部，虽然误将尤、幽韵合并到萧、宵、肴、豪韵中，但他将唐韵第一部屋韵字的半数、第二部沃韵字的半数、第四部觉韵字的半数、第十八部药韵字的半数、第十九部铎韵字的半数、第二十三部锡韵字的半数分离出来作为与萧、宵、肴、豪等韵相配的入声韵，这是他独特的创举。其第三部，虽然误转侯韵而将其合并到鱼、虞、模韵中，又误将唐韵第一部屋韵字的半数、第二部沃韵字的半数、第三部蜡韵字以及第四部觉韵字的半数分离出来作为鱼、虞、模等韵的入声字而不知道它们是与尤、侯、幽等韵相配的入声字，但他将第十八部药韵字的半数、第十九部铎韵字的半数、第二十部陌韵字以及第二十一部麦韵字的半数、第二十二部昔韵字的半数分离出来作为鱼、虞、模等韵的入声字，也是得当的。顾氏的第二部韵类混淆不清，并因此将唐韵第五部质韵、第六部术韵、第七部栉韵、第八部物韵、第九部迄韵作为脂、微、齐、灰等韵的入声；将第十部月韵、第十一部没韵、第十二部曷韵、第十三部末韵、第十四部黠韵、第十五部辖韵、第十六部屑韵、第十七部薛韵作为皆、祭、泰、夬、废等韵的入声；将第二十一部麦韵字的半数、二十二昔韵字的半数、二十三锡韵字的半数作为支、佳等韵的入声；将第二十四部职韵、第二十五部德韵、第一部屋韵字的半数作为之、咍等韵的入声。这四类韵部的平上去三声，从前的人是混淆不加区分的，但却将入声进行了区分。而顾氏因为前人对这些韵类的平上去三声不加区分，就连并将入声韵也与其他三声合在了一起。不过顾氏还是将平声的真韵至仙韵独立出来作为第四部，将平声的庚韵字的半数以及耕、清、青三韵独立作为第八部，平声蒸、登两韵则独立作为第九部。如果他知道同一韵类不同声调的韵部相配的道理，知道过去将入声韵分为四部的做法并非没有见地，就会知道入声韵应当分为四部。知道同一种入声韵可隶属于彼部，又可隶属于此部，就不会将平上去三声韵类作区分却对入声韵不加区分，或者将入声韵作区分却对平上去三声韵类不加区分。因此彼分为四类，此也当分为四类。现在你书中列举入声韵以此论述阴阳入三部的划分，实在是发前人所未发。但前人将入声韵职、德隶属于阳声韵蒸、登，现在你改而将其隶属于阴声韵之、咍，表明它们的入声韵相同，这种见解是得当的。前人将入声韵陌、麦、昔、锡隶属于阳声韵庚、耕、清、青，现在你将其改而隶属于阴声韵支、佳，批评前人未能审察音理，则是由于对它们彼此之间的相配还没有认识到的缘故。前人将入声韵质、术、栉、物、迄、月、没、曷、末、黠、辖、屑、薛隶属于阳声韵真、谆、臻、文、殷、元、魂、痕、寒、桓、删、山、先、仙等韵，你现在的划分独有质、栉、屑三个入声韵仍然保持着旧有归属，其余的就被隶属于阴声韵脂、微、齐、皆、灰，认为从谆、文韵至山、仙韵这些阳声韵拥有同一类入声韵，这样谆、文韵至山、仙就与脂、微、齐、皆、灰等阴声韵相配，这种做法也是得当的。只是前人将谆、文韵至山、仙这些韵分为二部，大著仅列为一部，说明分合尚未得当。此外，第六部入声术韵字不足与阴声脂韵字相配，要将入声质、栉两韵与术韵合在一起才足够相配，它的平声也是要将真、臻、谆三韵合在一起才足够相配。入声屑韵是与阴声齐韵相配的，其平声就是阳声先韵与齐韵相配，大著现在不能从第六部区分出脂韵字用来与真、臻、质、栉等韵相配，将齐韵与先、屑韵合在一起作为一部，再另行区分出脂韵字与谆、术韵相配，微韵与文、殷、物、迄三韵相配，灰韵与魂、痕、没三韵相配作为一部，将废韵与元、月相配，泰韵与寒、桓、曷、末等韵相配，皆韵与删、黠韵相配，夬韵与山、辖韵相配，祭韵与仙、薛韵相配作为一部，而是将质、栉、屑三韵隶属于前人划分的有入之韵类，其余就隶属于前人划分的无入之韵。这当中的韵类是分是合，是隶属于彼还是隶属于此，尚需缜密审核。

有关书内第九部、第十部、第十一部这三部的序次问题，由于观察到江韵是从东、冬韵转变而来，庚韵是从阳、唐韵转变而来，因此这种前后序次就是正确的了。但东韵字有的是从蒸、登韵中转变过来的，而蒸、登韵被列为第六部，其距第九部东韵之间相隔了七、八两部；尤韵是从之、咍两韵转变而来的，萧韵是从尤、幽两韵转变而来的，而书中将萧、宵、肴、豪安排在之、咍韵之后，尤、幽、侯韵之前，这是未能弄清音声相配的缘故导致的。支、佳韵字虽然有从歌、戈韵转变而来的，虞韵字虽然有从侯、幽韵转变而来的，但这种转变都属于“旁转”现象，不必用来作为解释“正转”的例子。“正转”的方式有三种：一是语音转变但未能轶越出原来的韵类，如脂韵转为皆韵，之韵转为咍韵，支韵转为佳韵，都是这一种；一是有相配关系的韵类互相转化，如真、文、魂、先四韵转为脂、微、灰、齐四韵，换韵转为泰韵，咍、海两韵转为登、等两韵，侯韵转为东韵，厚韵转为讲韵，模韵字转为歌韵，都是这一种；一是音近但属于不同韵类间的韵部发生联贯递进的转变，如蒸、登两韵转为东韵，之、咍两韵转为尤韵，职、德两韵转为屋韵，东、冬两韵转为江韵，尤、幽两韵转为萧韵，屋、烛两韵转为觉韵，阳、唐两韵转为庚韵，药韵转为锡韵，真韵转为先韵，侵韵转为覃韵，都是这一种。根据正转知道韵类间的相配情况及其次序，而不因为只是依据旁转导致认识迷乱；根据正转知道韵类不同但配置相同的入声韵来确定这些韵类的分合，而不只是依靠古人的用韵作为凭证。我的看法就是这样。一般援引古代材料来证明韵类的相合是容易明确的，援引古代材料来证明韵类的相分就不容易明确了。古人用韵的文字，流传下来的很稀少，其中有的偶然用这几个韵字，有的偶然用那几个韵字，似乎彼此之间不相关涉，因此不足以据此截然分明地判断它们是两韵还是三韵。何况根据不相关涉的材料来区分韵部，其中有本来不同韵但实际用韵又相关涉的，就不能不将它们归入"合韵"一类。说明"合韵"正好可用来疏通我看法的困窘之处。所以说，只是援引古代材料来证明韵类相分的情况是不容易说明清楚的。

江先生将真部以下的十四韵、侵部以下的九韵各分为两类，现在大著又将真部以下的十四韵分为三部，将尤、幽与侯区分为两部，而脂、微、齐、皆、灰这一类却没有被分为三部，东、冬、钟这一类也没有分为二部，谆、文一类与山、仙一类虽然区分成了二部然而对它们共同的入声韵部却不曾加以区分，尤、幽与侯韵之间虽然作了区分然而对这两部共同的入声韵部也没有加以区分。试从声位洪细的角度来探讨这个问题：真韵中的"筠"字与文韵中的"云"字在语音上本来就无从区别，犹如脂韵中的"帷"字与微韵中的"韦"字语音上本来无从区别一样。至于侯韵中的“钩”“讴”两字与尤韵中的“鸠”“忧”两字，语音上仅仅只是洪细各不相同，犹如东韵中的“公”“翁”两字与钟东韵中的“恭”“雍”两字洪细不同一样。其他如模韵中的“孤”“乌”两字与鱼韵中的“居”“于”两字，痕韵中的“根”“恩”两字与殷韵中的“斤”“殷”两字，魂韵中的“昆”“温”两字与文韵中的“君”“煴”（音于分切）两字，豪韵中的“高”“爊”（音于刀切）两字与宵韵中的之“骄”“夭”两字，在声音的洪细差别方面也都是如此。而根据《三百篇·山有枢》首章“枢”“榆”“娄”“驱”“愉”等字押韵，二章“栲”“杻”“埽”“考”“保”等字押韵，《南山有台》五章“枸”“楰”“耇”“后”等字押韵，四章“栲”“杻”“寿”“茂”等字押韵，认为侯部字与尤、幽部字是不相押韵的；对于《载驰》中的“驱”“侯”两字，则认为它们没有连同“悠”“曹”“忧”等字为一韵；对于《生民》中的“揄”“蹂”“叟”“浮”等字，《棫朴》中的“槱”“趋”等字，《角弓》中的“裕”“愈”两字，又认为是“合韵”。我认为，如果从审音角度看本是同一类的字，而在古人诗文里会偶然出现相押韵和不相押韵同时并存的现象，对此是不能舍弃相押韵的现象而仅仅依据不相押韵的现象得出同类不合韵的判断；从审音角度看本不是同一类的字，而在古人诗文里偶然出现了押韵的现象，这种情况下才可以利用因五方语音差异造成不同这一原因而断定为“合韵”。现在你书内列出十七个韵部，我的意思是，第三部和第四部应当合并，第十二部和第十三部也应当合并。只有第七、第八及第十四这三部，江先生力辨它们应当分列，我从前也认为是正确的，所以在江先生撰写《古韵标准》的时候，曾代为列举“艰”“鳏”二字为例来辨析和说明它们从声符得声，江先生高兴地采用了。后来依据真韵至先韵这一类都是收于舌齿音，侵韵至凡韵这一类都是收于唇音，将它们各自分为二类不过是由于其读音有介于洪细之间的差异，于是就改而主张用陆氏“古人韵缓”的观点来作判断，不再主张分为两部。

上一年我在《永乐大典》中查获到宋朝淳熙初年杨倓撰写的《韵

谱》，对它进行了校勘。这部书也运用"呼""等"说法，对旧有的有入之韵在配置上不做改动，对无入之韵则悉数配补了入声韵，这种做法与江先生的《四声切韵表》正相符合。我在癸巳年定稿《声韵考》时，另立了第十九部铎韵，不让它与觉、药两韵相通用，又从觉、药、陌、麦、昔、锡数韵中分离出与铎韵相通的字归入铎韵，将铎韵作为与歌、戈两韵相配的入声韵。这样做的原因是，我认为江先生以曷韵为歌韵的入声韵、以末韵为戈韵的入声韵这种配置应该改正。杨氏原本未能辨别出药、铎两韵的差异，因而既用药、铎与阳、唐两韵相配，也用以与萧、宵、肴、豪数韵相配，又用铎韵配伍歌韵。我因此考究了韵母的等呼情况，发现第一部东韵之内的一等字，与第二部冬韵字语音上没有差别；第六部脂韵之内的三等字，与第八部微韵字语音没有差别；第十七部真韵之内的二等字，与第十九部臻韵字语音没有差别；第十七部真韵字、第十八部谆韵之内的三等合口呼字，与第二十部文韵字语音没有差别；真韵之内的三等开口呼字，与第二十一部殷韵字语音没有差别，第二十七部删韵字与第二十八部山韵字语音没有差别；第二部仙韵之内的四等字，与第一部先韵字语音没有差别；第四部宵韵之内的四等字，与第三部萧韵字语音没有差别；第十二部庚韵之内的二等字，与第十三部耕韵字语音没有差别；第十二部庚韵字，与十四部清韵之内的三等开口呼字语音没有差别；清韵之内的四等字，与第十五部青韵字语音没有差别；第十八部尤韵之内的四等字，与第二十部幽韵字语音没有差别；第二十二部覃韵字，与第二十三部谈韵字语音没有差别；第二十四部盐韵之内的四等字，与第二十五部添韵字语音没有差别；盐韵之内的三等字，与第二十八部严韵字、第二十九部凡韵字语音没有差别；第二十六部咸韵字，与第二十七部衔韵字语音没有差别。其余等呼相同的韵，语音也必定没有差别。大概当时在制定韵类的时候，是有意追求细密，结果用心太过度，强行寻觅出了这些韵类之间语音的轻重差异。制定者读第一部东韵之内的一等字，必定是稍稍重读，读第二部冬韵之内的字必定是稍稍轻读。观察“东，德红切”，“冬，都宗切”，声音的洪细差异自然可见。然而现实生活中人们的语言音声，会出现此处地方读其字开口洪大，彼处地方读其字开口微细；或者同是一个地方而此人读其字开口洪大，换一个人读其字又开口微细；或者一个人说话，这段时间其开口洪大，换一个时间再开口就变得微细。因此，强行区分声音的轻重差异以此来确定字的反切读音，是不足凭信的。

唐代国子祭酒李涪撰著《刊误》，其中论述陆法言《切韵》一条有这样的话：“吴音将上声读为去声，去声读为上声，另外，有的字本来同一读音却被分属到两个韵部。”“陆法言认为平声中的‘东’‘农’两字不同韵，就用‘东’‘崇’作为相切用字；认为上声中的‘董’‘勇’两字不同韵，就用‘董’‘动’作为相切用字；认为去声中的‘送’‘种’两字不同韵，就用‘送’‘众’作为相切的用字；认为入声中的‘屋’‘烛’两字不同韵，就用‘屋’‘宿’作为相切用字。……何必一定要区分出‘东’与‘冬’、‘中’与‘终’的不同，这是妄行区分语音。”李涪距离陆法言的时代不远，但已经读“东”“冬”两字为同一音，读“中”“终”两字为同一音，所以讥讽陆法言在妄行区别了。此外，当今之人说话，脱口而出之时读作去声的，在《广韵》中多属于上声；读作上声的，在《广韵》中多属于去声。李涪又说：“我现在将去声和上声区别清楚，让它们各自归属本音；细致比较字的平仄轻重，以便让类别划分更符合古义。道理已经在此论述完备，难道会没有知音？”因此今人口语与《广韵》所记在上声、去声方面互不相同的情况，不是后代才开始具有的变化，在唐人那里已经出现口语与韵书互不相符的情况了。韵书既已颁行，其内容就被视为约定俗成，然而如像“东”与“冬”、“中”与“终”那样的强行区分，是不必勉强为之辨说的。

我在癸巳年将古韵七类划分为二十部，上一年用等呼分析的方式对这些韵部进行了考察。发现从真韵到仙韵这十四韵，从侵韵到凡韵这九韵，按照同呼条件下而共具有四等的，这两种韵又各有二类；脂、微、齐、皆、灰四韵，以及祭、泰、夬、废四韵，这八韵也是按照同呼条件下而共具有四等的，也有二类。所以，就按照等呼情况将真部十四韵和侵部九韵各分为二类，而上述脂、微等与真部相配的韵，也按照同样条件分为二类。与元、寒到山、仙诸韵相配的入声字，在《诗经》中，《周南·芣苢》第二章有“掇”“捋”；《召南·草虫》第二章有“蕨”“惙”“说”，《甘棠》首章有“伐”“茇”，第二章有“败”“憩”，第三章有“拜”“说”，《野有死麕》第三章有“脱”“帨”“吠”；《邶风·击鼓》第四章有“阔”“说”，第五章有“阔”“活”，《匏有苦叶》首章有“厉”“揭”，《泉水》第三章有“舝”“迈”“卫”“害”，《二子乘舟》第二章有“逝”“害”；《卫风·硕人》第四章有“活”“涉”“发”“揭”“孽”“朅”，《伯兮》首章有“朅”“桀”，《有狐》第二章有“厉”“带”；《王风·君子于役》第二章有“月”“佸”“桀”“括”“渴”，《采葛》首章有“葛”“月”，第三章有“艾”“岁”；《郑风·子衿》第三章有“达”“阙”“月”；《齐风·东方之日》第二章有“月”“闼”“闼”“发”，《甫田》第二章有“桀”“怛”；《魏风·十亩之间》第二章有“外”“泄”“逝”；《唐风·蟋蟀》第二章有“逝”“迈”“外”“蹶”；《陈风·东门之枌》第三章有“逝”“迈”，《东门之杨》第二章有“肺”“晢”；《桧风·匪风》首章有“发”“偈”“怛”；《曹风·蜉蝣》第三章有“阅”“雪”“说”，《候人》首章有“祋”“芾”；《豳风·七月》首章有“发”“烈”“褐”“岁”；《小雅·采薇》第二章有“烈”“渴”，《庭燎》第三章有“艾”“晣”“哕”，《正月》第八章有“厉”“灭”“威”（此章第二句“结”字不是韵字。这一章是第四句才出现韵字的例子），《小旻》第五章有“艾”“败”，《蓼莪》五章有“烈”“发”“害”，《大东》第七章有“舌”“揭”，《四月》三章有“烈”“发”“害”，《鸳鸯》第三章有“秣”“艾”，《车舝》首章有“舝”“逝”“渴”“括”，《菀柳》第二章有“愒”“瘵”“迈”，《都人士》第二章有“撮”“发”“说”，第四章有“厉”“虿”“迈”，《白华》第五章有“外”“迈”；《大雅·文王》第二章有“世”“世”，《绵》第八章有“拔”“兑”“駾”“喙”，《皇矣》第二章有“翳”“栵”，第三章有“拔”“兑”（此章“拔”“兑”一韵，“对”“季”一韵，下面重出的“季”字及”“友”字不入韵），《生民》第二章有“月”“达”“害”，第七章有“軷”“烈”“岁”，《民劳》第四章有“愒”“泄”“厉”“败”，《大板》第二章有“蹶”“泄”，《荡》第八章有“揭”“害”“拨”“世”，《抑》第六章有“舌”“逝”，《烝民》第三章有“舌”“外”“发”，《瞻卬》首章有“厉”“瘵”（这一章以及后面二章都是第四句才出现韵字，次句“惠”字不是韵字。下面四句中，“疾”“届”为一韵，“收”“瘳”为一韵），第二章有“夺”“说”，《召旻》六章有“竭”“竭”“月”；《周颂・载芟》中有“活”“达”“杰”；《鲁颂・泮水》首章有“茷”“哕”“大”“迈”，《閟宫》第五章有“大”“艾”“岁”“害”；《商颂・长发》第二章有“拨”“达”“达”“越”“发”“烈”“截”，《长发》第六章有“旆”（此字误。《荀子》引此诗第六章首句末两字为“载发”，《说文》引作“载坺”。“发”或“坺”对于此章用韵来说，都是符合要求的）“钺”“蘖”“达”“截”“伐”“桀”。我将以上入声韵字分拣出来，用来配伍元、寒、桓、删、山、仙这一有别于真、谆、臻、文、殷、魂、痕的韵类。

我最初将古韵定为七类，上一年改为九类，将这九类再分为二十五部。如若将入声韵作为平声韵的附属而不单列，就是十六部。二十五部是以阿部为第一，乌部第二，垩部第三，此三部的韵母都是收于喉音；膺部第四，噫部第五，亿部第六，翁部第七，讴部第八，屋部第九，央部第十，夭部第十一，约部第十二，婴部第十三，娃部第十四，厄部第十五，这十二部的韵母都以鼻音收尾；殷部第十六，衣部第十七，乙部第十八，安部第十九，霭部第二十，遏部第二十一，这六部的韵母都是收于舌齿音；音部第二十二，邑部第二十三，腌部第二十四，諜部第二十五，这四部的韵母都收于唇音。收于喉音的韵类，其声音发自喉部；收于鼻音的韵类，其声音发自喉部再穿过鼻腔；收于舌齿音的韵类，其发声方法是舒展舌头至于上齿；收于唇音的韵类，是敛合嘴唇发音。按这样的顺序排列韵部序次，似乎就差不多能够等同于自然发声的顺序了。郑庠《古音辨》将古韵分为阳、支、先、虞、尤、覃六部。顾氏《古音表》离析《古音辨》阳部而分立为东、阳、耕、蒸四部，离析虞部而分立为鱼、歌二部，故而较《古音辨》增多了四部。江先生《古韵标准》又离析《古音表》真部而分立为真、元二部，离析萧部而分立为宵、侯二部，离析侵部而分立为侵、谈二部，故而比顾氏的分类多了三部。现在我进一步离析支部而分立为支、脂、之、祭四部，所以又比《古韵标准》多了三部。对入声韵，顾氏仅仅分为屋、质、药、缉四部。江君离析顾氏质部而分立为质、月、锡、职四部，离析缉部而分立为缉、盍二部，所以增加了四部。现在我又离析药部而分立为药、铎二部。顾氏将铎韵合并于屋部之后，于是药、铎两韵有了区分，江君恰恰对此未能省查关照。顾氏将屋、质、药、缉四个入声韵部分别隶属于鱼、支、宵、侵四个韵部，江君将屋、质、月、药、锡、职、缉、盍八个入声韵部分别隶属于东、真、元、阳、耕、蒸、侵、谈八个韵部，又将屋韵的一部分隶属于侯部，将质、月、锡、职的一部分隶属于支部，药韵的一部分隶属于鱼部，缉、盍两韵分别隶属于侵、谈。而对于《广韵》歌、戈、麻三部，江君就将月部中的曷、末两韵以及药部中的陌、昔两韵隶属于这三部。大概江君未能弄清楚同一类韵中音声相配的问题，所以在分合归类上还不够妥当。他知道每个部类都有入声，但不知道歌、戈两部本来是与过去所谓有入之韵相近，只是因为这两部发音来自于喉部而不激切高扬，古人就按照无入之韵类来看待它了。其实凡是音声都是从喉部引发而出，所以有一种将歌韵看作原初音声的说法。歌韵与过去所谓有入之韵相同，与过去所谓无入之韵不同，这是清楚明了的。江君也未能明白音声相配的道理，这种道理仅仅是我独自寻求到的，是不敢穿凿臆说的。

我认为从事考古研究应该心平气静，凡考查一个事项，不要以他人见解遮蔽自我见解，也不要以个人成见来自我遮蔽。我曾经害怕太过于追求音声相配而强行使本是同韵的部类被区分开来，所以宁肯采用陆德明“古人用韵宽缓”的说法。后来因为殷、衣、乙及音、邑这五部字数过多，推求等韵图中其他韵部，发现它们都只是以四等为限度，殷、衣、乙、音、邑五部却独独拥有两套四等，所以就离析它们从而增加了安、霭、遏及腌、譺五部。至于殷、乙及讴这三部，若再加以离析就会造成呼等不全的情况，这样以“合韵”来解释《三百篇》用韵中后人认为窘困难通的地方就必定会很多。大凡五方方音不同，古代的情形犹如今天，一直都存在着。所以有“合韵”就必定有转变字的音读的情况，因为彼此语音不同才会是“合韵”。例如《载驰》中的韵字“济”与“闷”，《抑》诗中的韵字“疾”与“戾”，两处都是不必改读字音就相谐和的例子。“闷”字属于六部至韵，“济”字属于十二部霁韵，在去声韵中本来就是一类，即使它们读为入声如第五部质韵中的“珌”，但因为脂、旨、至、质与真、轸、震、质这两类韵相配的是同一入声韵，所以押起韵来也没有什么不和谐。至于《抑》诗之例，“疾”字属于质韵，“戾”字属于霁韵，情况也是这样。如果特意将质、栉、屑三韵专门隶属于真、臻、先三韵，使真、臻、先三韵不与谆、文、殷、魂、痕这些韵类通押，让脂、微、齐、皆、灰这类韵与谆、文韵至山、仙两类韵配置同一入声韵，而不与真、臻、先三韵配置同一入声韵，“济”“戾”二字就会将阴声韵脂、微、齐、皆、灰与入声韵术、物、迄、没诸韵的字牵连起来，进而到了割舍不断的程度。“揄”“趣”“苟”“驱”“附”“奏”“垢”“裕”这些不同声类的韵字互相牵连的情况，也是这样。顾氏对于古音韵部分类的研究有草创之功，江君与足下都继承了他的成果而在古韵分部方面更加细密。顾氏将侯韵改为从属于虞韵，江君将虞韵改为从属于侯韵，这是江君分类优于顾氏的地方；顾氏将药、铎两韵区分开来，而江君不区分，这是顾氏分类优于江君的地方。对于古韵，郑庠分为六部，顾氏分为十部，江君分为十三部。江君在弥补顾氏分部的不足方面，也是勤勉用心了。对于他们分类的得当之处，恰当的做法是引用顾、江的说法，述而不作。至于认为支、脂、之三韵有区别，这是足下的卓识见解，可以流传千古。我另行将祭、泰、夬、废四个去声韵和月、曷、末、黠、锗、薛六个入声韵分立，这样使得两类彼此相配，而使一类之中四声贯通。这是我对于前人成果的补充，这样作，就整齐了阴阳入分类而使各类韵进入合理的序位。希望你趁大著还未刊刻，或者能降心屈就接受我的看法而有所参考酌定。

谐声字的特点是在形体结构上一半表示字义，一半表示字音。《说文》收录九千多字，以意义为线索将它们统贯排列。你现在所编撰的《谐声表》如果将这些字全部录入而排列，用声音将它们统贯起来使之条理化一如谱系，就也必定成为传世绝作了。

大著如果将《诗经韵分若干部表》《群经韵分若干部表》合并为“古韵分若干部表”，每部再统辖四条标目即“诗经韵”“群经韵”“古本音”“古合韵”，似乎可以省却读者分两次阅读，也可避免“群经韵”内的同一个韵字被列在“古本音”“古合韵”两条之中，因而被分离在两处。

《诗经》当中，诗篇若是以上下句相间作为节奏的，就以下句入韵作为常规用韵。上句本来就可以不用韵，所以在韵字的位置上多借用有近似读音的字来形成节奏。例如《十月之交》第四章分别处于四个上句句末的“士“宰”“史”“氏”四字，《桑柔》第三章分别处于四个上句句末的“资”“疑”“维”“阶”四字，第四章分别处于四个上句句末的“殷”“辰”“东”“瘏”四字，第五章分别处于四个上句句末的“毖”“恤”“热”“淑”四字，就分别杂用了“氏”“疑”“热”这三个分别与“士“宰”“史”、“资”“维”“阶”、“毖”“恤”音韵相近的字，以及“东”“淑”这两个分别与“殷”“辰”“瘏”、“毖”“恤”音韵相差很远的字。这些语音上不同类型的字相间而出，于是上句与上句之间形成节奏，但这并不是用韵的常规情况，因此把它们全都不当作韵字看待也可以。

《六月》首章韵字为“饬”“服”“炽”“急”“国”。《盐铁论》引此章“我用是急”一句为“我用是戒”。“戒”是防备的意思，语义上比“急”

优长一些,诗文不只是从押韵的角度来考虑用字。此章处于上句的“炽”字也是韵字,不应当忽略。

《月出》第三章、《正月》第十一章、《抑》第十一章,这三章中的“惨”都是“懆”的别字。懆,是忧愁不安的意思;惨,是毒害的意思。从语义的角度来考察,也是作“懆”字得当。现在《月出》中的“惨”字被认为是合韵,《正月》中的“惨”字却忽略不论,《抑》诗中的“惨”字又被认为应当写作“懆”——这几处的“惨”字应该合起来作统一研究。

《匏有苦叶》第二章第三句末字应该是“轨”字。轨,是车辙,指的是道路上车辆行驶留下的车辙痕迹。“济盈不濡轨”这一诗句的意思是说济水虽然水势满盈,但跟岸上道路却是两不相关,所以说“不濡轨”。这与下句“雉鸣求其牡”的意思正好相反相对,因而对“轨”字的理解不必拘泥于其车辆前端部件这一含义。这一处,《毛诗》“由辀以上为轨”的解释不可相从。因为《毛诗》既然说“济盈”就必定会“濡轨”,但是车辆却不可以行驶水中。若依照《毛诗》的解释,就会导致下句句意不知归属。“雉鸣求其牡”的意思是讥刺雌鸟觅求的不是其应当觅求的雄鸟而已。如果依据车辕前端这一意义来印证“轨”在此处是车辆前端部件这一解释,从而将“轨”字读如“阜”音,就太过迂曲了。

《小旻》第三章,《古韵标准》认为“厌”“集”两字相押韵,似乎得当。

《女曰鸡鸣》第三章中的“赠”字,江先生说是由“贻”字误成了“赠”,不必因为疑惑这是改过的字就不采用江先生的说法,而将诗中“来”字读如“凌”以便能与“赠”字押韵。

“疷”字,《释文》引作“疷”,读音为都礼反。所以这个字不是唐人为避讳所改的用字,这一点是明确的。然而不必因此就肯定它不是“痻”的别字。

《诗经》当中从第四句才开始用韵的诗篇有很多。像《生民》首章首句“民”字与第二句“嫄”字，以及《江汉》第五章第二句的“卣”字之类，本来就不入韵，都不必认为是“合韵”现象。

《绵》首章“瓞”“漆”“穴”“室”四字押韵，由此带来的诗歌节奏本来就自相和谐。大概第一句“绵绵瓜瓞”，意思已经完整；第二、三句“民之初生，自土沮漆”要一鼓作气地诵读下来，语意才显得完整。《诗经》中的用韵，其作用可以使诗意在语句结束之后还余音不止，这类例子很多。现在将“瓞”“生”看作相押韵的两个字，“穴”“室”看作相押韵的两个字，反倒遗漏了“漆”字，认为它不入韵，似乎不够妥当。

《正月》第十二章中的“邻”“云”“殷”三字入韵，乃是真、文、殷三韵在当时不可区分的证明，而不是“合韵”现象。

《宾之初筵》首章从第三句才开始用韵，第三章从第四句才开始用韵，第三章第一句是承袭首章起句发端的模式而末字偶然与下句同韵罢了，所以首章第二句末尾“秩”字、第三章第二句末尾“恭”字不必认为分别与同章韵字“合韵”。

《载芟》篇“载获济济”一句，意思已经完整；其下“有实其积，万亿及秭”这两句要一鼓作气地诵读下来，语意才显得完整。所以“积”字不是韵字。

后 记

《戴震朴学著作选译》终于完成,即将付梓。

戴震著述丰富,此次翻译戴震的朴学著作其实仅仅针对的是作者两种专书训诂及其音韵学部分成果。尽管如此,再次深切感受到戴震的学广业精。其未完成著作《尚书义考》只有两卷,就涉及自然科学、人文科学、社会科学及义考方法等,而且如自然科学中的数学、天文、历法等研究内容还反映出作者在相关领域中的极高造诣。戴震善于将各科融会贯通。例如《尚书》"日中星鸟,以殷仲春"两句涉及天象与不同季节及节气的关系,作者为此在解释中讲到古代刻漏、日晷计时方式,既描述了春分、夏至等重要节气来临时的天象,又说明了不同时间太阳的运行方式及位置迁移,并论述太阳、月亮、二十八宿的运行,以及它们与日食、昼夜时长、节气变化、岁差间的关系,等等,还厘清了古人四千余年来在相关问题上的惑乱不清。对这些内容的把握都不是只凭训诂就能解决的,因此我在翻译时常心怀惴惴,唯恐错会原意或不能达意。好在前人今贤对《尚书》释义贡献巨丰,对戴震也研究至深,这些成果是理解戴震著述的基础。而蒋立甫先生对《尚书义考》的整理工作则是直接为翻译提供了点校精本。

与之相类,此次翻译还利用了孙以昭先生点校的《毛郑诗考正》、王健庵先生点校的《声韵考》《声类表卷首》。

译事工作是在黄山市戴震研究会、黄山学院等单位的大力支持下才得以进行的。黄山学院潘定武先生更是直接统筹安排相关事务,他对我的工作予以了具体的帮助。译文还得到安徽大学出版社的肯定;吴泽宇先生在编辑过程中认真负责,对拙译提出了不少建议,凡此皆利于拙译的完善。

在此,专致谢忱!